North from Winterfell

HODOR

Dedication

Hodor. Hodor, hodor; hodor hodor; hodor hodor. Hodor. Hodor, hodor. Hodor. Hodor, hodor; hodor hodor. Hodor. Hodor hodor - hodor hodor hodor... Hodor hodor hodor.

Contents

1 HODOR

Hodor hodor HODOR! Hodor hodor - hodor? Hodor hodor - hodor hodor hodor hodor? Hodor hodor - hodor hodor hodor hodor! Hodor hodor... Hodor hodor hodor hodor hodor... Hodor hodor hodor. Hodor hodor HODOR! Hodor hodor... Hodor hodor hodor - hodor; hodor hodor. Hodor, hodor. Hodor. Hodor, HODOR hodor, hodor HODOR hodor, hodor hodor. Hodor, hodor... Hodor hodor HODOR hodor, hodor hodor hodor! Hodor hodor - HODOR hodor, hodor hodor - hodor hodor!

Hodor! Hodor hodor, hodor; hodor hodor, hodor. Hodor hodor hodor. Hodor hodor - hodor hodor hodor... Hodor hodor hodor? Hodor! Hodor hodor, hodor - hodor hodor! Hodor hodor hodor?! Hodor! Hodor hodor, hodor - hodor; hodor hodor hodor hodor... Hodor hodor hodor hodor!

Hodor hodor - hodor, hodor. Hodor hodor, hodor. Hodor hodor?! Hodor, hodor. Hodor. Hodor, hodor; hodor hodor; hodor hodor. Hodor. Hodor, hodor. Hodor. Hodor, hodor; hodor hodor. Hodor. Hodor hodor - hodor hodor hodor... Hodor hodor hodor. Hodor hodor HODOR! Hodor hodor... Hodor hodor hodor hodor hodor hodor hodor. Hodor hodor - HODOR hodor, hodor hodor hodor! Hodor! Hodor hodor, hodor hodor hodor, hodor. Hodor hodor?!

Hodor! Hodor hodor, hodor hodor. Hodor. Hodor hodor HODOR! Hodor HODOR hodor, hodor hodor; hodor hodor. Hodor hodor; hodor hodor hodor hodor. Hodor. Hodor, hodor; hodor hodor? Hodor. Hodor hodor hodor... Hodor hodor hodor... Hodor hodor hodor?! Hodor hodor hodor hodor. Hodor! Hodor hodor, hodor hodor hodor; hodor hodor hodor. Hodor. Hodor hodor, hodor. Hodor hodor. Hodor.

Hodor hodor HODOR! Hodor hodor hodor. Hodor. Hodor hodor - hodor - hodor... Hodor hodor hodor, hodor. Hodor hodor. Hodor hodor - hodor - hodor - hodor?! Hodor hodor; hodor hodor; hodor hodor hodor. Hodor hodor - hodor hodor hodor HODOR hodor, hodor hodor? Hodor hodor, hodor. Hodor HODOR hodor, hodor hodor; hodor hodor. Hodor hodor - hodor; hodor hodor **HODOR** hodor, hodor hodor?! IHodor! Hodor hodor, hodor; hodor hodor, hodor. Hodor hodor hodor. Hodor hodor - hodor hodor hodor... Hodor hodor hodor? Hodor! Hodor hodor, hodor - hodor hodor! Hodor hodor hodor?! Hodor! Hodor hodor, hodor - hodor; hodor hodor hodor hodor... Hodor hodor hodor hodor!

Hodor! Hodor hodor, hodor hodor. Hodor. Hodor hodor HODOR! Hodor HODOR hodor, hodor hodor; hodor hodor. Hodor hodor; hodor hodor hodor hodor. Hodor. Hodor, hodor; hodor hodor? Hodor. Hodor hodor hodor... Hodor hodor hodor... Hodor hodor hodor?! Hodor hodor hodor hodor. Hodor! Hodor hodor, hodor hodor hodor; hodor hodor hodor. Hodor. Hodor hodor, hodor. Hodor hodor. Hodor.

Hodor hodor HODOR! Hodor hodor hodor. Hodor. Hodor hodor - hodor - hodor... Hodor hodor hodor, hodor. Hodor hodor. Hodor hodor - hodor - hodor - hodor?! Hodor hodor; hodor hodor; hodor hodor hodor. Hodor hodor - hodor hodor hodor HODOR hodor, hodor hodor? Hodor hodor, hodor. Hodor HODOR hodor, hodor hodor; hodor hodor. Hodor hodor - hodor; hodor hodor HODOR hodor, hodor hodor?!

Hodor hodor HODOR! Hodor hodor - hodor? Hodor hodor - hodor hodor hodor hodor? Hodor hodor - hodor hodor hodor hodor! Hodor hodor... Hodor hodor hodor hodor hodor... Hodor hodor hodor. Hodor hodor HODOR! Hodor hodor... Hodor hodor hodor - hodor; hodor hodor. Hodor, hodor. Hodor. Hodor, HODOR hodor, hodor HODOR hodor, hodor hodor. Hodor, hodor... Hodor hodor HODOR hodor, hodor hodor hodor! Hodor hodor - HODOR hodor, hodor hodor - hodor hodor!

Hodor! Hodor hodor, hodor; hodor hodor, hodor. Hodor hodor hodor. Hodor hodor - hodor hodor hodor... Hodor hodor hodor? Hodor! Hodor hodor, hodor - hodor hodor! Hodor hodor hodor?! Hodor! Hodor hodor, hodor - hodor; hodor hodor hodor hodor... Hodor hodor hodor hodor!

Hodor hodor - hodor, hodor. Hodor hodor, hodor. Hodor hodor?! Hodor, hodor. Hodor. Hodor, hodor; hodor hodor; hodor hodor. Hodor. Hodor, hodor. Hodor. Hodor, hodor; hodor hodor. Hodor. Hodor hodor - hodor hodor hodor... Hodor hodor hodor. Hodor hodor HODOR! Hodor hodor... Hodor hodor hodor hodor hodor hodor hodor. Hodor hodor - HODOR hodor, hodor hodor

hodor! Hodor! Hodor hodor, hodor hodor hodor, hodor. Hodor hodor?!

Hodor! Hodor hodor, hodor hodor. Hodor. Hodor hodor HODOR! Hodor HODOR hodor, hodor hodor; hodor hodor. Hodor hodor; hodor hodor hodor hodor. Hodor. Hodor, hodor; hodor hodor? Hodor. Hodor hodor hodor... Hodor hodor hodor... Hodor hodor hodor?! Hodor hodor hodor hodor. Hodor! Hodor hodor, hodor hodor hodor; hodor hodor hodor. Hodor. Hodor hodor, hodor. Hodor hodor. Hodor.

Hodor hodor HODOR! Hodor hodor hodor. Hodor. Hodor hodor - hodor - hodor... Hodor hodor hodor, hodor. Hodor hodor. Hodor hodor - hodor - hodor - hodor?! Hodor hodor; hodor hodor; hodor hodor hodor. Hodor hodor - hodor hodor hodor HODOR hodor, hodor hodor? Hodor hodor, hodor. Hodor HODOR hodor, hodor hodor; hodor hodor. Hodor hodor - hodor; hodor hodor HODOR hodor, hodor hodor?!

2 HODOR?

Hodor hodor HODOR! Hodor hodor - hodor? Hodor hodor - hodor hodor hodor hodor? Hodor hodor - hodor hodor *hodor* hodor! Hodor hodor... Hodor hodor hodor hodor hodor... Hodor hodor hodor. Hodor hodor HODOR! Hodor hodor... Hodor hodor hodor - hodor; hodor hodor. Hodor, hodor. Hodor. Hodor, HODOR hodor, hodor HODOR hodor, hodor hodor. Hodor, hodor... Hodor hodor HODOR hodor, hodor hodor hodor! Hodor hodor - HODOR hodor, hodor hodor - hodor hodor!

Hodor! Hodor hodor, hodor; hodor hodor, hodor. Hodor hodor hodor. Hodor hodor - hodor hodor hodor... Hodor hodor hodor? Hodor! Hodor hodor, hodor - hodor hodor! Hodor hodor hodor?! Hodor! Hodor hodor, hodor - hodor; hodor hodor hodor hodor... Hodor hodor hodor hodor!

Hodor hodor - hodor, hodor. Hodor hodor, hodor. Hodor hodor?! Hodor, hodor. *Hodor.* Hodor, hodor; hodor hodor; hodor hodor. Hodor. Hodor, hodor. Hodor. Hodor, hodor; hodor hodor. Hodor. Hodor hodor - hodor hodor hodor... *Hodor* hodor hodor. Hodor hodor HODOR! Hodor hodor... Hodor hodor hodor hodor hodor hodor hodor. Hodor hodor - HODOR hodor, hodor hodor hodor! Hodor! Hodor hodor, hodor hodor hodor, hodor. Hodor hodor?!

Hodor! Hodor hodor, hodor hodor. Hodor. Hodor hodor HODOR! Hodor HODOR hodor, hodor hodor; hodor hodor. Hodor hodor; hodor hodor hodor hodor. Hodor. Hodor, hodor; hodor hodor? Hodor. Hodor hodor hodor... Hodor hodor hodor... Hodor hodor hodor?! Hodor hodor hodor hodor. Hodor! Hodor hodor, hodor hodor hodor; hodor hodor hodor. Hodor. Hodor hodor, hodor. Hodor hodor. Hodor.

Hodor hodor Hodor? Hodor hodor hodor. Hodor. Hodor hodor - hodor - hodor... Hodor hodor hodor, hodor. Hodor hodor. Hodor hodor - hodor - hodor - hodor?! Hodor hodor; hodor hodor; hodor hodor hodor. Hodor hodor - hodor hodor hodor HODOR hodor, hodor hodor? Hodor hodor, hodor. Hodor *HODOR hodor*, hodor hodor; hodor hodor. Hodor hodor - hodor; hodor hodor HODOR hodor, hodor hodor?! IHodor! Hodor hodor, hodor; hodor hodor, hodor. Hodor hodor hodor. Hodor hodor - hodor hodor hodor... Hodor hodor hodor? Hodor! Hodor hodor, hodor - hodor hodor! Hodor hodor hodor?! Hodor! Hodor hodor, hodor - hodor; hodor hodor hodor hodor... Hodor hodor hodor hodor!

Hodor! Hodor hodor, hodor hodor. Hodor. Hodor hodor HODOR! Hodor HODOR hodor, hodor hodor; hodor hodor. Hodor hodor; hodor hodor hodor hodor. Hodor. Hodor, hodor; hodor hodor? Hodor. Hodor hodor hodor... Hodor hodor hodor... Hodor hodor hodor?! Hodor hodor hodor hodor. Hodor! Hodor hodor, hodor hodor hodor; hodor hodor hodor. Hodor. Hodor hodor, hodor. Hodor hodor. Hodor.

Hodor hodor HODOR! Hodor hodor hodor. Hodor. Hodor hodor - hodor - hodor... Hodor hodor hodor, *hodor*. Hodor hodor. Hodor hodor - hodor - hodor - hodor?! Hodor hodor; hodor hodor; hodor hodor hodor. Hodor hodor - hodor hodor hodor HODOR hodor, hodor hodor? Hodor hodor, hodor. Hodor HODOR hodor, hodor hodor; hodor hodor. Hodor hodor - hodor; hodor hodor HODOR hodor, hodor hodor?!

Hodor hodor Hodor? Hodor hodor - hodor? Hodor hodor - hodor hodor hodor hodor? Hodor hodor - hodor hodor hodor hodor! Hodor hodor... Hodor hodor hodor hodor hodor... Hodor hodor hodor. Hodor hodor

3 HODOR!

Hodor! Hodor hodor, hodor; hodor hodor, hodor. Hodor hodor hodor. Hodor hodor - hodor hodor hodor... Hodor hodor hodor? Hodor! Hodor hodor, hodor - hodor hodor! Hodor hodor hodor?! Hodor! Hodor hodor, hodor - hodor; hodor hodor hodor hodor... Hodor hodor hodor hodor!

Hodor hodor - hodor, hodor. Hodor hodor, hodor. Hodor hodor?! Hodor, hodor. *Hodor.* Hodor, hodor; hodor hodor; hodor hodor. Hodor. Hodor, hodor. Hodor. Hodor, hodor; hodor hodor. Hodor. Hodor hodor - hodor hodor hodor... *Hodor* hodor hodor. Hodor hodor HODOR! Hodor hodor... Hodor hodor hodor hodor hodor hodor hodor. Hodor hodor - HODOR hodor, hodor hodor hodor! Hodor! Hodor hodor, hodor hodor hodor, hodor. Hodor hodor?!

Hodor hodor HODOR! Hodor hodor - hodor? Hodor hodor - hodor hodor hodor hodor? Hodor hodor - hodor hodor *hodor* hodor! Hodor hodor... Hodor hodor hodor hodor hodor... Hodor hodor hodor. Hodor hodor HODOR! Hodor hodor... Hodor hodor hodor - hodor; hodor hodor. Hodor, hodor. Hodor. Hodor, HODOR hodor, hodor HODOR hodor, hodor hodor. Hodor, hodor... Hodor hodor HODOR hodor, hodor hodor hodor! Hodor hodor - HODOR hodor, hodor hodor - hodor hodor!

Hodor! Hodor hodor, hodor; hodor hodor, hodor. Hodor hodor hodor. Hodor hodor - hodor hodor hodor... Hodor hodor hodor? Hodor! Hodor hodor, hodor - hodor hodor! Hodor hodor hodor?! Hodor! Hodor hodor, hodor - hodor; hodor hodor hodor hodor... Hodor hodor hodor hodor!

Hodor hodor - hodor, hodor. Hodor hodor, hodor. Hodor hodor?! Hodor, hodor. *Hodor.* Hodor, hodor; hodor hodor; hodor hodor. Hodor.

Hodor, hodor. Hodor. Hodor, hodor; hodor hodor. Hodor. Hodor hodor - hodor hodor hodor... *Hodor* hodor hodor. Hodor hodor HODOR! Hodor hodor... Hodor hodor hodor hodor hodor hodor hodor. Hodor hodor - HODOR hodor, hodor hodor hodor! Hodor! Hodor hodor, hodor hodor hodor, hodor. Hodor hodor?!

Hodor! Hodor hodor, hodor hodor. Hodor. Hodor hodor HODOR! Hodor HODOR hodor, hodor hodor; hodor hodor. Hodor hodor; hodor hodor hodor hodor. Hodor. Hodor, hodor; hodor hodor? Hodor. Hodor hodor hodor... Hodor hodor hodor... Hodor hodor hodor?! Hodor hodor hodor hodor. Hodor! Hodor hodor, hodor hodor hodor; hodor hodor hodor. Hodor. Hodor hodor, hodor. Hodor hodor. Hodor.

Hodor hodor Hodor? Hodor hodor hodor. Hodor. Hodor hodor - hodor - hodor... Hodor hodor hodor, hodor. Hodor hodor. Hodor hodor - hodor - hodor - hodor?! Hodor hodor; hodor hodor; hodor hodor hodor. Hodor hodor - hodor hodor hodor HODOR hodor, hodor hodor? Hodor hodor, hodor. Hodor HODOR hodor, hodor hodor; hodor hodor. Hodor hodor - hodor; hodor hodor HODOR hodor, hodor hodor?! IHodor! Hodor hodor, hodor; hodor hodor, hodor. Hodor hodor hodor. Hodor hodor - hodor hodor hodor... Hodor hodor hodor? Hodor! Hodor hodor, hodor - hodor hodor! Hodor hodor hodor?! Hodor! Hodor hodor, hodor - hodor; hodor hodor hodor hodor... Hodor hodor hodor hodor!

Hodor! Hodor hodor, hodor hodor. Hodor. Hodor hodor HODOR! Hodor HODOR hodor, hodor hodor; hodor hodor. Hodor hodor; hodor hodor hodor hodor. Hodor. Hodor, hodor; hodor hodor? Hodor. Hodor hodor hodor... Hodor hodor hodor... Hodor hodor hodor?! Hodor hodor hodor hodor. Hodor! Hodor hodor, hodor hodor hodor; hodor hodor hodor. Hodor. Hodor hodor, hodor. Hodor hodor. Hodor. HOOOOOOOODOOOOOOOR!

4 HODOR

Hodor.

5 HODOR HODOR

Hodor hodor HODOR! Hodor hodor - hodor? Hodor hodor - hodor hodor hodor hodor? Hodor hodor - hodor hodor hodor hodor! Hodor hodor... Hodor hodor hodor hodor hodor... Hodor hodor hodor. Hodor hodor HODOR! Hodor hodor... Hodor hodor hodor - hodor; hodor hodor. Hodor, hodor. Hodor. Hodor, HODOR hodor, hodor HODOR hodor, hodor hodor. Hodor, hodor... Hodor hodor HODOR hodor, hodor hodor hodor! Hodor hodor - HODOR hodor, hodor hodor - hodor hodor!

Hodor! Hodor hodor, hodor; hodor hodor, hodor. Hodor hodor hodor. Hodor hodor - hodor hodor hodor... Hodor hodor hodor? Hodor! Hodor hodor, hodor - hodor hodor! Hodor hodor hodor?! Hodor! Hodor hodor, hodor - hodor; hodor hodor hodor hodor... Hodor hodor hodor hodor!Hodor hodor - hodor, hodor. Hodor hodor, hodor. Hodor hodor?! Hodor, hodor. Hodor. Hodor, hodor; hodor hodor; hodor hodor. Hodor. Hodor, hodor. Hodor. Hodor, hodor; hodor hodor. Hodor. Hodor hodor - hodor hodor hodor... Hodor hodor hodor. Hodor hodor HODOR! Hodor hodor... Hodor hodor hodor hodor hodor hodor hodor. Hodor hodor - HODOR hodor, hodor hodor hodor! Hodor! Hodor hodor, hodor hodor hodor, hodor. Hodor hodor?!

Hodor! Hodor hodor, hodor hodor. Hodor. Hodor hodor HODOR! Hodor HODOR hodor, hodor hodor; hodor hodor. Hodor hodor; hodor hodor hodor hodor. Hodor. Hodor, hodor; hodor hodor? Hodor. Hodor hodor hodor... Hodor hodor hodor... Hodor hodor hodor?! Hodor hodor hodor hodor. Hodor! Hodor hodor, hodor hodor hodor; hodor hodor hodor. Hodor. Hodor hodor, hodor. Hodor hodor. Hodor.hodor... Hodor hodor hodor hodor hodor hodor hodor. Hodor hodor - HODOR hodor, hodor hodor hodor! Hodor! Hodor hodor, hodor hodor hodor, hodor. Hodor

hodor?!

Hodor! Hodor hodor, hodor hodor. Hodor. Hodor hodor HODOR! Hodor HODOR hodor, hodor hodor; hodor hodor. Hodor hodor; hodor hodor hodor hodor. Hodor. Hodor, hodor; hodor hodor? Hodor. Hodor hodor hodor... Hodor hodor hodor... Hodor hodor hodor?! Hodor hodor hodor hodor. Hodor! Hodor hodor, hodor hodor hodor; hodor hodor hodor. Hodor. Hodor hodor, hodor. Hodor hodor. Hodor.

Hodor
hodor
HODOR!
Hodor
hodor
hodor.
Hodor.

Hodor hodor - hodor - hodor... Hodor hodor hodor, hodor. Hodor hodor. Hodor hodor - hodor - hodor - hodor?! Hodor hodor; hodor hodor; hodor hodor hodor.

Hodor hodor - hodor hodor hodor HODOR hodor, hodor hodor? Hodor hodor, hodor. Hodor HODOR hodor, hodor hodor; hodor hodor. Hodor hodor - hodor; hodor hodor HODOR hodor, hodor hodor?! IHodor! Hodor hodor, hodor; hodor hodor, hodor. Hodor hodor hodor. Hodor hodor - hodor hodor hodor... Hodor hodor hodor? Hodor! Hodor hodor, hodor - hodor hodor! Hodor hodor hodor?! Hodor! Hodor hodor, hodor - hodor; hodor hodor hodor hodor... Hodor hodor hodor hodor!

Hodor! Hodor hodor, *hodor* hodor. Hodor. Hodor hodor HODOR! Hodor HODOR hodor, hodor hodor; hodor hodor. Hodor hodor; hodor hodor hodor hodor. Hodor. Hodor, hodor; hodor hodor? Hodor. Hodor hodor hodor... Hodor hodor hodor... Hodor hodor hodor?! Hodor hodor hodor hodor. Hodor! Hodor hodor, hodor hodor hodor; hodor hodor hodor. Hodor. Hodor hodor, hodor. Hodor hodor. Hodor.

Hodor hodor HODOR! Hodor hodor hodor. Hodor. Hodor hodor - hodor - hodor... Hodor hodor hodor, hodor. Hodor hodor. Hodor hodor - hodor - hodor - hodor?! Hodor hodor; hodor hodor; hodor hodor hodor. Hodor hodor - hodor hodor hodor HODOR hodor, hodor hodor? Hodor hodor, hodor. Hodor HODOR hodor, hodor hodor; hodor hodor. Hodor hodor - hodor; hodor hodor HODOR hodor, hodor hodor?!

Hodor hodor HODOR! Hodor hodor - hodor? Hodor hodor - hodor

hodor hodor hodor? Hodor hodor - hodor hodor hodor hodor! Hodor
hodor... Hodor hodor hodor hodor hodor... Hodor hodor hodor. Hodor
hodor HODOR! Hodor hodor... Hodor hodor hodor - hodor; hodor hodor.
Hodor, hodor. Hodor. Hodor, HODOR hodor, hodor HODOR hodor,
hodor hodor. Hodor, hodor... Hodor hodor HODOR hodor, hodor hodor
hodor! Hodor hodor - HODOR hodor, hodor hodor - hodor hodor!

Hodor! Hodor hodor, hodor; hodor hodor, hodor. Hodor hodor hodor.
Hodor hodor - hodor hodor hodor... Hodor hodor hodor? Hodor! Hodor
hodor, hodor - hodor hodor! Hodor hodor hodor?! Hodor! Hodor hodor,
hodor - hodor; hodor hodor hodor hodor... Hodor hodor hodor
hodor!Hodor hodor - hodor, hodor. Hodor hodor, hodor. Hodor hodor?!
Hodor, hodor. Hodor. Hodor, hodor; hodor hodor; hodor hodor. Hodor.
Hodor, hodor. Hodor. Hodor, hodor; hodor hodor. Hodor. Hodor hodor -
hodor hodor hodor... Hodor hodor hodor. Hodor hodor HODOR! Hodor
hodor... Hodor hodor hodor hodor hodor hodor hodor. Hodor hodor -
HODOR hodor, hodor hodor hodor! Hodor! Hodor hodor, hodor hodor
hodor, hodor. Hodor hodor?!

Hodor! Hodor hodor, hodor hodor. Hodor. Hodor hodor HODOR!
Hodor HODOR hodor, hodor hodor; hodor hodor. Hodor hodor; hodor

hodor hodor hodor. Hodor. Hodor, hodor; hodor hodor? Hodor. Hodor
hodor hodor... Hodor hodor hodor... Hodor hodor hodor?! Hodor hodor
hodor hodor. Hodor! Hodor hodor, hodor hodor hodor; hodor hodor hodor.
Hodor. Hodor hodor, hodor. Hodor hodor. Hodor.

Hodor! Hodor hodor, hodor hodor. Hodor. Hodor hodor HODOR!
Hodor HODOR hodor, hodor hodor; hodor hodor. Hodor hodor; hodor
hodor hodor hodor. Hodor. Hodor, hodor; hodor hodor? Hodor. Hodor
hodor hodor... Hodor hodor hodor... Hodor hodor hodor?! Hodor hodor
hodor hodor. Hodor! Hodor hodor, hodor hodor hodor; hodor hodor hodor.
Hodor. Hodor hodor, hodor. Hodor hodor. Hodor.

Hodor hodor HODOR! Hodor hodor hodor. Hodor. Hodor hodor -
hodor - hodor... Hodor hodor hodor, hodor. Hodor hodor. Hodor hodor -
hodor - hodor - hodor?! Hodor hodor; hodor hodor; hodor hodor hodor.
Hodor hodor - hodor hodor hodor HODOR hodor, hodor hodor? Hodor
hodor, hodor. Hodor HODOR hodor, hodor hodor; hodor hodor. Hodor
hodor - hodor; hodor hodor HODOR hodor, hodor hodor?!Hodor hodor
HODOR! Hodor hodor - hodor? Hodor hodor - hodor hodor hodor hodor?
Hodor hodor - hodor hodor hodor hodor! Hodor hodor... Hodor hodor
hodor hodor hodor... Hodor hodor hodor. Hodor hodor HODOR! Hodor

hodor... Hodor hodor hodor - hodor; hodor hodor. Hodor, hodor. Hodor. Hodor, HODOR hodor, hodor HODOR hodor, hodor hodor. Hodor, hodor... Hodor hodor HODOR hodor, hodor hodor hodor! Hodor hodor - HODOR hodor, hodor hodor - hodor hodor!

Hodor! Hodor hodor, hodor; hodor hodor, hodor. Hodor hodor hodor. Hodor hodor - hodor hodor hodor... Hodor hodor hodor? Hodor! Hodor hodor, hodor - hodor hodor! Hodor hodor hodor?! Hodor! Hodor hodor, hodor - hodor; hodor hodor hodor hodor... Hodor hodor hodor hodor!

6 "HODOR"

Hodor hodor hodor? Hodor. Hodor hodor... Hodor hodor hodor hodor...
Hodor hodor hodor? Hodor, hodor. Hodor. Hodor, hodor; hodor hodor
hodor hodor. Hodor. Hodor. Hodor hodor; hodor HODOR hodor, hodor
hodor hodor! Hodor hodor HODOR! Hodor hodor hodor? Hodor hodor –
hodor; hodor hodor, hodor. Hodor HODOR hodor, hodor hodor. Hodor
hodor – hodor... Hodor hodor hodor hodor?!

Hodor. Hodor hodor; hodor hodor. Hodor! Hodor hodor, hodor...
Hodor hodor hodor hodor hodor – hodor, hodor, hodor hodor. Hodor,
hodor. Hodor. Hodor, hodor – hodor; hodor hodor hodor! Hodor hodor
HODOR hodor, hodor hodor?! Hodor! Hodor hodor, hodor hodor hodor...
Hodor hodor hodor?! Hodor, hodor – hodor hodor hodor! Hodor hodor,
hodor. Hodor hodor, hodor. Hodor hodor. Hodor. Hodor hodor – hodor,
hodor. Hodor hodor; hodor hodor. Hodor! Hodor hodor, HODOR hodor,
hodor hodor... Hodor hodor hodor hodor hodor.

Hodor hodor HODOR! Hodor hodor hodor – hodor, hodor, hodor
hodor. Hodor hodor HODOR! Hodor hodor... Hodor hodor hodor hodor
hodor hodor! Hodor hodor – hodor; hodor hodor hodor! Hodor, hodor.
Hodor. Hodor, hodor, hodor. Hodor hodor, hodor, hodor hodor. Hodor
hodor HODOR! Hodor hodor; hodor hodor?! Hodor hodor HODOR!
Hodor HODOR hodor, hodor hodor. Hodor. Hodor hodor hodor hodor –
hodor, hodor, hodor hodor. Hodor, hodor. Hodor. Hodor, hodor hodor
hodor... Hodor hodor hodor. Hodor. Hodor! Hodor hodor, hodor; hodor
hodor, hodor. Hodor hodor hodor. Hodor hodor - hodor hodor hodor...
Hodor hodor hodor? Hodor! Hodor hodor, hodor - hodor hodor! Hodor
hodor hodor?! Hodor! Hodor hodor, hodor - hodor; hodor hodor hodor
hodor... Hodor hodor hodor hodor!Hodor hodor - hodor, hodor. Hodor

hodor, hodor. Hodor hodor?! Hodor, hodor. Hodor. Hodor, hodor; hodor hodor; hodor hodor. Hodor. Hodor, hodor. Hodor. Hodor, hodor; hodor hodor. Hodor. Hodor hodor - hodor hodor hodor... Hodor hodor hodor. Hodor hodor HODOR! Hodor hodor... Hodor hodor hodor hodor hodor hodor hodor. Hodor hodor - HODOR hodor, hodor hodor hodor! Hodor! Hodor hodor, hodor hodor hodor, hodor. Hodor hodor?!

Hodor! Hodor hodor, hodor hodor. Hodor. Hodor hodor HODOR! Hodor HODOR hodor, hodor hodor; hodor hodor. Hodor hodor; hodor

hodor hodor hodor. Hodor. Hodor, hodor; hodor hodor? Hodor. Hodor hodor hodor... Hodor hodor hodor... Hodor hodor hodor?! Hodor hodor hodor hodor. Hodor! Hodor hodor, hodor hodor hodor; hodor hodor hodor. Hodor. Hodor hodor, hodor. Hodor hodor. Hodor.

Hodor! Hodor hodor, hodor hodor. Hodor. Hodor hodor HODOR! Hodor HODOR hodor, hodor hodor; hodor hodor. Hodor hodor; hodor hodor hodor hodor. Hodor. Hodor, hodor; hodor hodor? Hodor. Hodor hodor hodor... Hodor hodor hodor... Hodor hodor hodor?! Hodor hodor hodor hodor. Hodor! Hodor hodor, hodor hodor hodor; hodor hodor hodor. Hodor. Hodor hodor, hodor. Hodor hodor. Hodor.
Hodor hodor - hodor, hodor. Hodor hodor, hodor. Hodor hodor?! Hodor, hodor. *Hodor.* Hodor, hodor; hodor hodor; hodor hodor. Hodor. Hodor, hodor. Hodor. Hodor, hodor; hodor hodor. Hodor. Hodor hodor - hodor hodor hodor... *Hodor* hodor hodor. Hodor hodor HODOR! Hodor hodor... Hodor hodor hodor hodor hodor hodor hodor. Hodor hodor - HODOR hodor, hodor hodor hodor! Hodor! Hodor hodor, hodor hodor hodor, hodor. Hodor hodor?!

Hodor hodor HODOR! Hodor hodor - hodor? Hodor hodor - hodor hodor hodor hodor? Hodor hodor - hodor hodor *hodor* hodor! Hodor hodor... Hodor hodor hodor hodor hodor... Hodor hodor hodor. Hodor hodor HODOR! Hodor hodor... Hodor hodor hodor - hodor; hodor hodor. Hodor, hodor. Hodor. Hodor, HODOR hodor, hodor HODOR hodor, hodor hodor. Hodor, hodor... Hodor hodor HODOR hodor, hodor hodor hodor! Hodor hodor - HODOR hodor, hodor hodor - hodor hodor!

Hodor! Hodor hodor, hodor; hodor hodor, hodor. Hodor hodor hodor. Hodor hodor - hodor hodor hodor... Hodor hodor hodor? Hodor! Hodor hodor, hodor - hodor hodor! Hodor hodor hodor?! Hodor! Hodor hodor, hodor - hodor; hodor hodor hodor hodor... Hodor hodor hodor hodor!

Hodor hodor - hodor, hodor. Hodor hodor, hodor. Hodor hodor?!

Hodor, hodor. *Hodor.* Hodor, hodor; hodor hodor; hodor hodor. Hodor.
Hodor, hodor. Hodor. Hodor, hodor; hodor hodor. Hodor. Hodor hodor -
hodor hodor hodor... *Hodor* hodor hodor. Hodor hodor HODOR! Hodor
hodor... Hodor hodor hodor hodor hodor hodor hodor. Hodor hodor -
HODOR hodor, hodor hodor hodor! Hodor! Hodor hodor, hodor hodor
hodor, hodor. Hodor hodor?!

"Hodor! Hodor hodor, hodor hodor. Hodor."
"Hodor hodor HODOR!"
"Hodor"
"HODOR hodor, hodor hodor; hodor hodor."

Hodor hodor; hodor hodor hodor hodor. Hodor. Hodor, hodor; hodor
hodor? Hodor. Hodor hodor hodor... Hodor hodor hodor... Hodor hodor
hodor?! Hodor hodor hodor hodor. Hodor! Hodor hodor, hodor hodor
hodor; hodor hodor hodor. Hodor. Hodor hodor, hodor. Hodor hodor.
Hodor.

Hodor hodor Hodor? Hodor hodor hodor. Hodor. Hodor hodor - hodor
- hodor... Hodor hodor hodor, hodor. Hodor hodor. Hodor hodor - hodor -
hodor - hodor?! Hodor hodor; hodor hodor; hodor hodor hodor. Hodor
hodor - hodor hodor hodor HODOR hodor, hodor hodor? Hodor hodor,
hodor. Hodor HODOR hodor, hodor hodor; hodor hodor. Hodor hodor -
hodor; hodor hodor HODOR hodor, hodor hodor?! IHodor! Hodor hodor,
hodor; hodor hodor, hodor. Hodor hodor hodor. Hodor hodor - hodor
hodor hodor... Hodor hodor hodor? Hodor! Hodor hodor, hodor - hodor
hodor! Hodor hodor hodor?! Hodor! Hodor hodor, hodor - hodor; hodor
hodor hodor hodor... Hodor hodor hodor hodor!
Hodor! Hodor hodor, hodor hodor. Hodor. Hodor hodor HODOR!
Hodor HODOR hodor, hodor hodor; hodor hodor. Hodor hodor; hodor

"hodor"
"hodor"
"hodor."
"Hodor."
"Hodor, hodor; hodor hodor?"
"Hodor."
"Hodor"
"hodor"
"hodor... Hodor hodor hodor... Hodor hodor hodor?!"

Hodor hodor hodor hodor. Hodor! Hodor hodor, hodor hodor hodor;
hodor hodor hodor. Hodor. Hodor hodor, hodor. Hodor hodor. Hodor.

Hodor! Hodor hodor, hodor hodor. Hodor. Hodor hodor HODOR!
Hodor HODOR hodor, hodor hodor; hodor hodor. Hodor hodor; hodor
hodor hodor hodor. Hodor. Hodor, hodor; hodor hodor? Hodor. Hodor
hodor hodor... Hodor hodor hodor... Hodor hodor hodor?! Hodor hodor
hodor hodor. Hodor! Hodor hodor, hodor hodor hodor; hodor hodor hodor.
Hodor. Hodor hodor, hodor. Hodor hodor. Hodor.

Hodor hodor - hodor, hodor. Hodor hodor, hodor. Hodor hodor?!
Hodor, hodor. *Hodor.* Hodor, hodor; hodor hodor; hodor hodor. Hodor.
Hodor, hodor. Hodor. Hodor, hodor; hodor hodor. Hodor. Hodor hodor -
hodor hodor hodor... *Hodor* hodor hodor. Hodor hodor HODOR! Hodor
hodor... Hodor hodor hodor hodor hodor hodor hodor. Hodor hodor -
HODOR hodor, hodor hodor hodor! Hodor! Hodor hodor, hodor hodor
hodor, hodor. Hodor hodor?!

Hodor hodor HODOR! Hodor hodor - hodor? Hodor hodor - hodor
hodor hodor hodor? Hodor hodor - hodor hodor *hodor* hodor! Hodor
hodor... Hodor hodor hodor hodor hodor... Hodor hodor hodor. Hodor
hodor HODOR! Hodor hodor... Hodor hodor hodor - hodor; hodor hodor.
Hodor, hodor. Hodor. Hodor, HODOR hodor, hodor HODOR hodor,
hodor hodor. Hodor, hodor... Hodor hodor HODOR hodor, hodor hodor
hodor! Hodor hodor - HODOR hodor, hodor hodor - hodor hodor!

Hodor! Hodor hodor, hodor; hodor hodor, hodor. Hodor hodor hodor.
Hodor hodor - hodor hodor hodor... Hodor hodor hodor? Hodor! Hodor
hodor, hodor - hodor hodor! Hodor hodor hodor?! Hodor! Hodor hodor,
hodor - hodor; hodor hodor hodor hodor... Hodor hodor hodor hodor!

Hodor hodor - hodor, hodor. Hodor hodor, hodor. Hodor hodor?!
Hodor, hodor. *Hodor.* Hodor, hodor; hodor hodor; hodor hodor. Hodor.
Hodor, hodor. Hodor. Hodor, hodor; hodor hodor. Hodor. Hodor hodor -
hodor hodor hodor... *Hodor* hodor hodor. Hodor hodor HODOR! Hodor
hodor... Hodor hodor hodor hodor hodor hodor hodor. Hodor hodor -
HODOR hodor, hodor hodor hodor! Hodor! Hodor hodor, hodor hodor
hodor, hodor. Hodor hodor?!

Hodor! Hodor hodor, hodor hodor. Hodor. Hodor hodor HODOR!
Hodor HODOR hodor, hodor hodor; hodor hodor. Hodor hodor; hodor
hodor hodor hodor. Hodor. Hodor, hodor; hodor hodor? Hodor. Hodor
hodor hodor... Hodor hodor hodor... Hodor hodor hodor?! Hodor hodor
hodor hodor. Hodor! Hodor hodor, hodor hodor hodor; hodor hodor hodor.
Hodor. Hodor hodor, hodor. Hodor hodor. Hodor.

Hodor hodor Hodor? Hodor hodor hodor. Hodor. Hodor hodor - hodor - hodor... Hodor hodor hodor, hodor. Hodor hodor. Hodor hodor - hodor - hodor - hodor?! Hodor hodor; hodor hodor; hodor hodor hodor. Hodor hodor - hodor hodor hodor HODOR hodor, hodor hodor? Hodor hodor, hodor. Hodor HODOR hodor, hodor hodor; hodor hodor. Hodor hodor - hodor; hodor hodor HODOR hodor, hodor hodor?! IHodor! Hodor hodor, hodor; hodor hodor, hodor. Hodor hodor hodor. Hodor hodor - hodor hodor hodor... Hodor hodor hodor? Hodor! Hodor hodor, hodor - hodor hodor! Hodor hodor hodor?! Hodor! Hodor hodor, hodor - hodor; hodor hodor hodor hodor... Hodor hodor hodor hodor!

7 HOOOOODOR

Hodor hodor HODOR! Hodor hodor - hodor? Hodor hodor - hodor hodor hodor hodor? Hodor hodor - hodor hodor hodor hodor! Hodor hodor... Hodor hodor hodor hodor hodor... Hodor hodor hodor. Hodor hodor HODOR! Hodor hodor... Hodor hodor hodor - hodor; hodor hodor.

Hodor hodor HODOR! Hodor hodor - hodor? Hodor hodor - hodor hodor hodor hodor? Hodor hodor - hodor hodor hodor hodor! Hodor hodor... Hodor hodor hodor hodor hodor... Hodor hodor hodor. Hodor hodor HODOR! Hodor hodor... Hodor hodor hodor - hodor; hodor hodor. Hodor, hodor. Hodor. Hodor, HODOR hodor, hodor HODOR hodor, hodor hodor. Hodor, hodor... Hodor hodor HODOR hodor, hodor hodor hodor! Hodor hodor - HODOR hodor, hodor hodor - hodor hodor!

Hodor! Hodor hodor, hodor; hodor hodor, hodor. Hodor hodor hodor. Hodor hodor - hodor hodor hodor... Hodor hodor hodor? Hodor! Hodor hodor, hodor - hodor hodor! Hodor hodor hodor?! Hodor! Hodor hodor, hodor - hodor; hodor hodor hodor hodor... Hodor hodor hodor hodor!Hodor hodor - hodor, hodor. Hodor hodor, hodor. Hodor hodor?! Hodor, hodor. Hodor. Hodor, hodor; hodor hodor; hodor hodor. Hodor. Hodor, hodor. Hodor. Hodor, hodor; hodor hodor. Hodor. Hodor hodor - hodor hodor hodor... Hodor hodor hodor. Hodor hodor HODOR! Hodor hodor... Hodor hodor hodor hodor hodor hodor hodor. Hodor hodor - HODOR hodor, hodor hodor hodor! Hodor! Hodor hodor, hodor hodor hodor, hodor. Hodor hodor?!

Hodor! Hodor hodor, hodor hodor. Hodor. Hodor hodor HODOR! Hodor HODOR hodor, hodor hodor; hodor hodor. Hodor hodor; hodor

hodor hodor hodor. Hodor. Hodor, hodor; hodor hodor? Hodor. Hodor hodor hodor... Hodor hodor hodor... Hodor hodor hodor?! Hodor hodor hodor hodor. Hodor! Hodor hodor, hodor hodor hodor; hodor hodor hodor. Hodor. Hodor hodor, hodor. Hodor hodor. Hodor.

Hodor! Hodor hodor, hodor hodor. Hodor. Hodor hodor HODOR! Hodor HODOR hodor, hodor hodor; hodor hodor. Hodor hodor; hodor hodor hodor hodor. Hodor. Hodor, hodor; hodor hodor? Hodor. Hodor hodor hodor... Hodor hodor hodor... Hodor hodor hodor?! Hodor hodor hodor hodor. Hodor! Hodor hodor, hodor hodor hodor; hodor hodor hodor. Hodor. Hodor hodor, hodor. Hodor hodor. Hodor.

Hodor hodor HODOR! Hodor hodor hodor. Hodor. Hodor hodor - hodor - hodor... Hodor hodor hodor, hodor. Hodor hodor. Hodor hodor - hodor - hodor - hodor?! Hodor hodor; hodor hodor; hodor hodor hodor. Hodor hodor - hodor hodor hodor HODOR hodor, hodor hodor? Hodor hodor, hodor. Hodor HODOR hodor, hodor hodor; hodor hodor. Hodor hodor - hodor; hodor hodor HODOR hodor, hodor hodor?!Hodor hodor HODOR! Hodor hodor - hodor? Hodor hodor - hodor hodor hodor hodor? Hodor hodor - hodor hodor hodor hodor! Hodor hodor... Hodor hodor hodor hodor hodor... Hodor hodor hodor. Hodor hodor HODOR! Hodor hodor... Hodor hodor hodor - hodor; hodor hodor. Hodor, hodor. Hodor. Hodor, HODOR hodor, hodor HODOR hodor, hodor hodor. Hodor, hodor... Hodor hodor HODOR hodor, hodor hodor hodor! Hodor hodor - HODOR hodor, hodor hodor - hodor hodor!

Hodor! Hodor hodor, hodor; hodor hodor, hodor. Hodor hodor hodor. Hodor hodor - hodor hodor hodor... Hodor hodor hodor? Hodor! Hodor hodor, hodor - hodor hodor! Hodor hodor hodor?! Hodor! Hodor hodor, hodor - hodor; hodor hodor hodor hodor... Hodor hodor hodor hodor!
Hodor hodor hodor hodor. Hodor! Hodor hodor, hodor hodor hodor; hodor hodor hodor. Hodor. Hodor hodor, hodor. Hodor hodor. Hodor.

Hodor! Hodor hodor, hodor hodor. Hodor. Hodor hodor HODOR! Hodor HODOR hodor, hodor hodor; hodor hodor. Hodor hodor; hodor hodor hodor hodor. Hodor. Hodor, hodor; hodor hodor? Hodor. Hodor hodor hodor... Hodor hodor hodor... Hodor hodor hodor?! Hodor hodor hodor hodor. Hodor! Hodor hodor, hodor hodor hodor; hodor hodor hodor. Hodor. Hodor hodor, hodor. Hodor hodor. Hodor.

Hodor hodor - hodor, hodor. Hodor hodor, hodor. Hodor hodor?! Hodor, hodor. *Hodor.* Hodor, hodor; hodor hodor; hodor hodor. Hodor. Hodor, hodor. Hodor. Hodor, hodor; hodor hodor. Hodor. Hodor hodor -

hodor hodor hodor... *Hodor* hodor hodor. Hodor hodor HODOR! Hodor hodor... Hodor hodor hodor hodor hodor hodor hodor. Hodor hodor - HODOR hodor, hodor hodor hodor! Hodor! Hodor hodor, hodor hodor hodor, hodor. Hodor hodor?!

Hodor hodor HODOR! Hodor hodor - hodor? Hodor hodor - hodor hodor hodor hodor? Hodor hodor - hodor hodor *hodor* hodor! Hodor hodor... Hodor hodor hodor hodor hodor... Hodor hodor hodor. Hodor hodor HODOR! Hodor hodor... Hodor hodor hodor - hodor; hodor hodor. Hodor, hodor. Hodor. Hodor, HODOR hodor, hodor HODOR hodor, hodor hodor. Hodor, hodor... Hodor hodor HODOR hodor, hodor hodor hodor! Hodor hodor - HODOR hodor, hodor hodor - hodor hodor!

Hodor! Hodor hodor, hodor; hodor hodor, hodor. Hodor hodor hodor. Hodor hodor - hodor hodor hodor... Hodor hodor hodor? Hodor! Hodor hodor, hodor - hodor hodor! Hodor hodor hodor?! Hodor! Hodor hodor, hodor - hodor; hodor hodor hodor hodor... Hodor hodor hodor hodor!

Hodor hodor - hodor, hodor. Hodor hodor, hodor. Hodor hodor?! Hodor, hodor. *Hodor.* Hodor, hodor; hodor hodor; hodor hodor. Hodor. Hodor, hodor. Hodor. Hodor, hodor; hodor hodor. Hodor. Hodor hodor - hodor hodor hodor... *Hodor* hodor hodor. Hodor hodor HODOR! Hodor hodor... Hodor hodor hodor hodor hodor hodor hodor. Hodor hodor - HODOR hodor, hodor hodor hodor! Hodor! Hodor hodor, hodor hodor hodor, hodor. Hodor hodor?!

Hodor! Hodor hodor, hodor hodor. Hodor. Hodor hodor HODOR! Hodor HODOR hodor, hodor hodor; hodor hodor. Hodor hodor; hodor hodor hodor hodor. Hodor. Hodor, hodor; hodor hodor? Hodor. Hodor hodor hodor... Hodor hodor hodor... Hodor hodor hodor?! Hodor hodor hodor hodor. Hodor! Hodor hodor, hodor hodor hodor; hodor hodor hodor. Hodor. Hodor hodor, hodor. Hodor hodor. Hodor.

Hodor hodor HODOR! Hodor hodor hodor. Hodor. Hodor hodor - hodor - hodor... Hodor hodor hodor, hodor. Hodor hodor. Hodor hodor - hodor - hodor - hodor?! Hodor hodor; hodor hodor; hodor hodor hodor. Hodor hodor - hodor hodor hodor HODOR hodor, hodor hodor? Hodor hodor, hodor. Hodor HODOR hodor, hodor hodor; hodor hodor. Hodor hodor - hodor; hodor hodor HODOR hodor, hodor hodor?!

Hodor hodor HODOR! Hodor hodor - hodor? Hodor hodor - hodor hodor hodor hodor? Hodor hodor - hodor hodor hodor hodor! Hodor hodor... Hodor hodor hodor hodor hodor... Hodor hodor hodor. Hodor

hodor HODOR! Hodor hodor... Hodor hodor hodor - hodor; hodor hodor. Hodor, hodor. Hodor. Hodor, HODOR hodor, hodor HODOR hodor, hodor hodor. Hodor, hodor... Hodor hodor HODOR hodor, hodor hodor hodor! Hodor hodor - HODOR hodor, hodor hodor - hodor hodor!

Hodor! Hodor hodor, hodor; hodor hodor, hodor. Hodor hodor hodor. Hodor hodor - hodor hodor hodor... Hodor hodor hodor? Hodor! Hodor hodor, hodor - hodor hodor! Hodor hodor hodor?! Hodor! Hodor hodor, hodor - hodor; hodor hodor hodor hodor... Hodor hodor hodor hodor!Hodor hodor - hodor, hodor. Hodor hodor, hodor. Hodor hodor?! Hodor, hodor. Hodor. Hodor, hodor; hodor hodor; hodor hodor. Hodor. Hodor, hodor. Hodor. Hodor, hodor; hodor hodor. Hodor. Hodor hodor - hodor hodor hodor... Hodor hodor hodor. Hodor hodor HODOR! Hodor hodor... Hodor hodor hodor hodor hodor hodor hodor. Hodor hodor - HODOR hodor, hodor hodor hodor! Hodor! Hodor hodor, hodor hodor hodor, hodor. Hodor hodor?!

Hodor! Hodor hodor, hodor hodor. Hodor. Hodor hodor HODOR! Hodor HODOR hodor, hodor hodor; hodor hodor. Hodor hodor; hodor

hodor hodor hodor. Hodor. Hodor, hodor; hodor hodor? Hodor. Hodor hodor hodor... Hodor hodor hodor... Hodor hodor hodor?! Hodor hodor hodor hodor. Hodor! Hodor hodor, hodor hodor hodor; hodor hodor hodor. Hodor. Hodor hodor, hodor. Hodor hodor. Hodor.

Hodor! Hodor hodor, hodor hodor. Hodor. Hodor hodor HODOR! Hodor HODOR hodor, hodor hodor; hodor hodor. Hodor hodor; hodor hodor hodor hodor. Hodor. Hodor, hodor; hodor hodor? Hodor. Hodor hodor hodor... Hodor hodor hodor... Hodor hodor hodor?! Hodor hodor hodor hodor. Hodor! Hodor hodor, hodor hodor hodor; hodor hodor hodor. Hodor. Hodor hodor, hodor. Hodor hodor. Hodor.

Hodor hodor HODOR! Hodor hodor hodor. Hodor. Hodor hodor - hodor - hodor... Hodor hodor hodor, hodor. Hodor hodor. Hodor hodor - hodor - hodor - hodor?! Hodor hodor; hodor hodor; hodor hodor hodor. Hodor hodor - hodor hodor hodor HODOR hodor, hodor hodor? Hodor hodor, hodor. Hodor HODOR hodor, hodor hodor; hodor hodor. Hodor hodor - hodor; hodor hodor HODOR hodor, hodor hodor?!Hodor hodor HODOR! Hodor hodor - hodor? Hodor hodor - hodor hodor hodor hodor? Hodor hodor - hodor hodor hodor hodor! Hodor hodor... Hodor hodor hodor hodor hodor... Hodor hodor hodor. Hodor hodor HODOR! Hodor hodor... Hodor hodor hodor - hodor; hodor hodor. Hodor, hodor. Hodor. Hodor, HODOR hodor, hodor HODOR hodor, hodor hodor. Hodor,

hodor... Hodor hodor HODOR hodor, hodor hodor hodor! Hodor hodor -
HODOR hodor, hodor hodor - hodor hodor!

Hodor! Hodor hodor, hodor; hodor hodor, hodor. Hodor hodor hodor.
Hodor hodor - hodor hodor hodor... Hodor hodor hodor? Hodor! Hodor
hodor, hodor - hodor hodor! Hodor hodor hodor?! Hodor! Hodor hodor,
hodor - hodor; hodor hodor hodor hodor... Hodor hodor hodor hodor!
Hodor hodor hodor hodor. Hodor! Hodor hodor, hodor hodor hodor;
hodor hodor hodor. Hodor. Hodor hodor, hodor. Hodor hodor. Hodor.

Hodor! Hodor hodor, hodor hodor. Hodor. Hodor hodor HODOR!
Hodor HODOR hodor, hodor hodor; hodor hodor. Hodor hodor; hodor
hodor hodor hodor. Hodor. Hodor, hodor; hodor hodor? Hodor. Hodor
hodor hodor... Hodor hodor hodor... Hodor hodor hodor?! Hodor hodor
hodor hodor. Hodor! Hodor hodor, hodor hodor hodor; hodor hodor hodor.
Hodor. Hodor hodor, hodor. Hodor hodor. Hodor.

Hodor hodor - hodor, hodor. Hodor hodor, hodor. Hodor hodor?!
Hodor, hodor. *Hodor.* Hodor, hodor; hodor hodor; hodor hodor. Hodor.
Hodor, hodor. Hodor. Hodor, hodor; hodor hodor. Hodor. Hodor hodor -
hodor hodor hodor... *Hodor* hodor hodor. Hodor hodor HODOR! Hodor
hodor... Hodor hodor hodor hodor hodor hodor hodor. Hodor hodor -
HODOR hodor, hodor hodor hodor! Hodor! Hodor hodor, hodor hodor
hodor, hodor. Hodor hodor?!

Hodor hodor HODOR! Hodor hodor - hodor? Hodor hodor - hodor
hodor hodor hodor? Hodor hodor - hodor hodor *hodor* hodor! Hodor
hodor... Hodor hodor hodor hodor hodor... Hodor hodor hodor. Hodor
hodor HODOR! Hodor hodor... Hodor hodor hodor - hodor; hodor hodor.
Hodor, hodor. Hodor. Hodor, HODOR hodor, hodor HODOR hodor,
hodor hodor. Hodor, hodor... Hodor hodor HODOR hodor, hodor hodor
hodor! Hodor hodor - HODOR hodor, hodor hodor - hodor hodor!

Hodor! Hodor hodor, hodor; hodor hodor, hodor. Hodor hodor hodor.
Hodor hodor - hodor hodor hodor... Hodor hodor hodor? Hodor! Hodor
hodor, hodor - hodor hodor! Hodor hodor hodor?! Hodor! Hodor hodor,
hodor - hodor; hodor hodor hodor hodor... Hodor hodor hodor hodor!

Hodor hodor - hodor, hodor. Hodor hodor, hodor. Hodor hodor?!
Hodor, hodor. *Hodor.* Hodor, hodor; hodor hodor; hodor hodor. Hodor.
Hodor, hodor. Hodor. Hodor, hodor; hodor hodor. Hodor. Hodor hodor -
hodor hodor hodor... *Hodor* hodor hodor. Hodor hodor HODOR! Hodor
hodor... Hodor hodor hodor hodor hodor hodor hodor. Hodor hodor -

HODOR hodor, hodor hodor hodor! Hodor! Hodor hodor, hodor hodor hodor, hodor. Hodor hodor?!

Hodor! Hodor hodor, hodor hodor. Hodor. Hodor hodor HODOR! Hodor HODOR hodor, hodor hodor; hodor hodor. Hodor hodor; hodor hodor hodor hodor. Hodor. Hodor, hodor; hodor hodor? Hodor. Hodor hodor hodor... Hodor hodor hodor... Hodor hodor hodor?! Hodor hodor hodor hodor. Hodor! Hodor hodor, hodor hodor hodor; hodor hodor hodor. Hodor. Hodor hodor, hodor. Hodor hodor. Hodor.

Hodor hodor HODOR! Hodor hodor hodor. Hodor. Hodor hodor - hodor - hodor... Hodor hodor hodor, hodor. Hodor hodor. Hodor hodor - hodor - hodor - hodor?! Hodor hodor; hodor hodor; hodor hodor hodor. Hodor hodor - hodor hodor hodor HODOR hodor, hodor hodor? Hodor hodor, hodor. Hodor HODOR hodor, hodor hodor; hodor hodor. Hodor hodor - hodor; hodor hodor HODOR hodor, hodor hodor?!

Hodor hodor HODOR! Hodor hodor - hodor? Hodor hodor - hodor hodor hodor hodor? Hodor hodor - hodor hodor hodor hodor! Hodor hodor... Hodor hodor hodor hodor hodor... Hodor hodor hodor. Hodor hodor HODOR! Hodor hodor... Hodor hodor hodor - hodor; hodor hodor. Hodor, hodor. Hodor. Hodor, HODOR hodor, hodor HODOR hodor, hodor hodor. Hodor, hodor... Hodor hodor HODOR hodor, hodor hodor hodor! Hodor hodor - HODOR hodor, hodor hodor - hodor hodor!

Hodor! Hodor hodor, hodor; hodor hodor, hodor. Hodor hodor hodor. Hodor hodor - hodor hodor hodor... Hodor hodor hodor? Hodor! Hodor hodor, hodor - hodor hodor! Hodor hodor hodor?! Hodor! Hodor hodor, hodor - hodor; hodor hodor hodor hodor... Hodor hodor hodor hodor!Hodor hodor - hodor, hodor. Hodor hodor, hodor. Hodor hodor?! Hodor, hodor. Hodor. Hodor, hodor; hodor hodor; hodor hodor. Hodor. Hodor, hodor. Hodor. Hodor, hodor; hodor hodor. Hodor. Hodor hodor - hodor hodor hodor... Hodor hodor hodor. Hodor hodor HODOR! Hodor hodor... Hodor hodor hodor hodor hodor hodor hodor. Hodor hodor - HODOR hodor, hodor hodor hodor! Hodor! Hodor hodor, hodor hodor hodor, hodor. Hodor hodor?!

Hodor! Hodor hodor, hodor hodor. Hodor. Hodor hodor HODOR! Hodor HODOR hodor, hodor hodor; hodor hodor. Hodor hodor; hodor

hodor hodor hodor. Hodor. Hodor, hodor; hodor hodor? Hodor. Hodor hodor hodor... Hodor hodor hodor... Hodor hodor hodor?! Hodor hodor hodor hodor. Hodor! Hodor hodor, hodor hodor hodor; hodor hodor hodor. Hodor. Hodor hodor, hodor. Hodor hodor. Hodor.

Hodor! Hodor hodor, hodor hodor. Hodor. Hodor hodor HODOR! Hodor HODOR hodor, hodor hodor; hodor hodor. Hodor hodor; hodor hodor hodor hodor. Hodor. Hodor, hodor; hodor hodor? Hodor. Hodor hodor hodor... Hodor hodor hodor... Hodor hodor hodor?! Hodor hodor hodor hodor. Hodor! Hodor hodor, hodor hodor hodor; hodor hodor hodor. Hodor. Hodor hodor, hodor. Hodor hodor. Hodor.

Hodor hodor HODOR! Hodor hodor hodor. Hodor. Hodor hodor - hodor - hodor... Hodor hodor hodor, hodor. Hodor hodor. Hodor hodor - hodor - hodor - hodor?! Hodor hodor; hodor hodor; hodor hodor hodor. Hodor hodor - hodor hodor hodor HODOR hodor, hodor hodor? Hodor hodor, hodor. Hodor HODOR hodor, hodor hodor; hodor hodor. Hodor hodor - hodor; hodor hodor HODOR hodor, hodor hodor?!Hodor hodor HODOR! Hodor hodor - hodor? Hodor hodor - hodor hodor hodor hodor? Hodor hodor - hodor hodor hodor hodor! Hodor hodor... Hodor hodor hodor hodor hodor... Hodor hodor hodor. Hodor hodor HODOR! Hodor hodor... Hodor hodor hodor - hodor; hodor hodor. Hodor, hodor. Hodor. Hodor, HODOR hodor, hodor HODOR hodor, hodor hodor. Hodor, hodor... Hodor hodor HODOR hodor, hodor hodor hodor! Hodor hodor - HODOR hodor, hodor hodor - hodor hodor!

Hodor! Hodor hodor, hodor; hodor hodor, hodor. Hodor hodor hodor. Hodor hodor - hodor hodor hodor... Hodor hodor hodor? Hodor! Hodor hodor, hodor - hodor hodor! Hodor hodor hodor?! Hodor! Hodor hodor, hodor - hodor; hodor hodor hodor hodor... Hodor hodor hodor hodor!
Hodor hodor hodor hodor. Hodor! Hodor hodor, hodor hodor hodor; hodor hodor hodor. Hodor. Hodor hodor, hodor. Hodor hodor. Hodor.

Hodor! Hodor hodor, hodor hodor. Hodor. Hodor hodor HODOR! Hodor HODOR hodor, hodor hodor; hodor hodor. Hodor hodor; hodor hodor hodor hodor. Hodor. Hodor, hodor; hodor hodor? Hodor. Hodor hodor hodor... Hodor hodor hodor... Hodor hodor hodor?! Hodor hodor hodor hodor. Hodor! Hodor hodor, hodor hodor hodor; hodor hodor hodor. Hodor. Hodor hodor, hodor. Hodor hodor. Hodor.

Hodor hodor - hodor, hodor. Hodor hodor, hodor. Hodor hodor?! Hodor, hodor. *Hodor*. Hodor, hodor; hodor hodor; hodor hodor. Hodor. Hodor, hodor. Hodor. Hodor, hodor; hodor hodor. Hodor. Hodor hodor - hodor hodor hodor... *Hodor* hodor hodor. Hodor hodor HODOR! Hodor hodor... Hodor hodor hodor hodor hodor hodor hodor. Hodor hodor - HODOR hodor, hodor hodor hodor! Hodor! Hodor hodor, hodor hodor hodor, hodor. Hodor hodor?!

Hodor hodor HODOR! Hodor hodor - hodor? Hodor hodor - hodor hodor hodor hodor? Hodor hodor - hodor hodor *hodor* hodor! Hodor hodor... Hodor hodor hodor hodor hodor... Hodor hodor hodor. Hodor hodor HODOR! Hodor hodor... Hodor hodor hodor - hodor; hodor hodor. Hodor, hodor. Hodor. Hodor, HODOR hodor, hodor HODOR hodor, hodor hodor. Hodor, hodor... Hodor hodor HODOR hodor, hodor hodor hodor! Hodor hodor - HODOR hodor, hodor hodor - hodor hodor!

Hodor! Hodor hodor, hodor; hodor hodor, hodor. Hodor hodor hodor. Hodor hodor - hodor hodor hodor... Hodor hodor hodor? Hodor! Hodor hodor, hodor - hodor hodor! Hodor hodor hodor?! Hodor! Hodor hodor, hodor - hodor; hodor hodor hodor hodor... Hodor hodor hodor hodor!

Hodor hodor - hodor, hodor. Hodor hodor, hodor. Hodor hodor?! Hodor, hodor. *Hodor.* Hodor, hodor; hodor hodor; hodor hodor. Hodor. Hodor, hodor. Hodor. Hodor, hodor; hodor hodor. Hodor. Hodor hodor - hodor hodor hodor... *Hodor* hodor hodor. Hodor hodor HODOR! Hodor hodor... Hodor hodor hodor hodor hodor hodor hodor. Hodor hodor - HODOR hodor, hodor hodor hodor! Hodor! Hodor hodor, hodor hodor hodor, hodor. Hodor hodor?!

Hodor! Hodor hodor, hodor hodor. Hodor. Hodor hodor HODOR! Hodor HODOR hodor, hodor hodor; hodor hodor. Hodor hodor; hodor hodor hodor hodor. Hodor. Hodor, hodor; hodor hodor? Hodor. Hodor hodor hodor... Hodor hodor hodor... Hodor hodor hodor?! Hodor hodor hodor hodor. Hodor! Hodor hodor, hodor hodor hodor; hodor hodor hodor. Hodor. Hodor hodor, hodor. Hodor hodor. Hodor.

Hodor hodor HODOR! Hodor hodor hodor. Hodor. Hodor hodor - hodor - hodor... Hodor hodor hodor, hodor. Hodor hodor. Hodor hodor - hodor - hodor - hodor?! Hodor hodor; hodor hodor; hodor hodor hodor. Hodor hodor - hodor hodor hodor HODOR hodor, hodor hodor? Hodor hodor, hodor. Hodor HODOR hodor, hodor hodor; hodor hodor. Hodor hodor - hodor; hodor hodor HODOR hodor, hodor hodor?!

Hodor hodor HODOR! Hodor hodor - hodor? Hodor hodor - hodor hodor hodor hodor? Hodor hodor - hodor hodor hodor hodor! Hodor hodor... Hodor hodor hodor hodor hodor... Hodor hodor hodor. Hodor hodor HODOR! Hodor hodor... Hodor hodor hodor - hodor; hodor hodor. Hodor, hodor. Hodor. Hodor, HODOR hodor, hodor HODOR hodor, hodor hodor. Hodor, hodor... Hodor hodor HODOR hodor, hodor hodor hodor! Hodor hodor - HODOR hodor, hodor hodor - hodor hodor!

Hodor! Hodor hodor, hodor; hodor hodor, hodor. Hodor hodor hodor. Hodor hodor - hodor hodor hodor... Hodor hodor hodor? Hodor! Hodor hodor, hodor - hodor hodor! Hodor hodor hodor?! Hodor! Hodor hodor, hodor - hodor; hodor hodor hodor hodor... Hodor hodor hodor hodor!Hodor hodor - hodor, hodor. Hodor hodor, hodor. Hodor hodor?! Hodor, hodor. Hodor. Hodor, hodor; hodor hodor; hodor hodor. Hodor. Hodor, hodor. Hodor. Hodor, hodor; hodor hodor. Hodor. Hodor hodor - hodor hodor hodor... Hodor hodor hodor. Hodor hodor HODOR! Hodor hodor... Hodor hodor hodor hodor hodor hodor hodor. Hodor hodor - HODOR hodor, hodor hodor hodor! Hodor! Hodor hodor, hodor hodor hodor, hodor. Hodor hodor?!

Hodor! Hodor hodor, hodor hodor. Hodor. Hodor hodor HODOR! Hodor HODOR hodor, hodor hodor; hodor hodor. Hodor hodor; hodor

hodor hodor hodor. Hodor. Hodor, hodor; hodor hodor? Hodor. Hodor hodor hodor... Hodor hodor hodor... Hodor hodor hodor?! Hodor hodor hodor hodor. Hodor! Hodor hodor, hodor hodor hodor; hodor hodor hodor. Hodor. Hodor hodor, hodor. Hodor hodor. Hodor.

Hodor! Hodor hodor, hodor hodor. Hodor. Hodor hodor HODOR! Hodor HODOR hodor, hodor hodor; hodor hodor. Hodor hodor; hodor hodor hodor hodor. Hodor. Hodor, hodor; hodor hodor? Hodor. Hodor hodor hodor... Hodor hodor hodor... Hodor hodor hodor?! Hodor hodor hodor hodor. Hodor! Hodor hodor, hodor hodor hodor; hodor hodor hodor. Hodor. Hodor hodor, hodor. Hodor hodor. Hodor.

Hodor hodor HODOR! Hodor hodor hodor. Hodor. Hodor hodor - hodor - hodor... Hodor hodor hodor, hodor. Hodor hodor. Hodor hodor - hodor - hodor - hodor?! Hodor hodor; hodor hodor; hodor hodor hodor. Hodor hodor - hodor hodor hodor HODOR hodor, hodor hodor? Hodor hodor, hodor. Hodor HODOR hodor, hodor hodor; hodor hodor. Hodor hodor - hodor; hodor hodor HODOR hodor, hodor hodor?!Hodor hodor HODOR! Hodor hodor - hodor? Hodor hodor - hodor hodor hodor hodor? Hodor hodor - hodor hodor hodor hodor! Hodor hodor... Hodor hodor hodor hodor hodor... Hodor hodor hodor. Hodor hodor HODOR! Hodor hodor... Hodor hodor hodor - hodor; hodor hodor. Hodor, hodor. Hodor. Hodor, HODOR hodor, hodor HODOR hodor, hodor hodor. Hodor, hodor... Hodor hodor HODOR hodor, hodor hodor hodor! Hodor hodor - HODOR hodor, hodor hodor - hodor hodor!

Hodor! Hodor hodor, hodor; hodor hodor, hodor. Hodor hodor hodor.

Hodor hodor - hodor hodor hodor... Hodor hodor hodor? Hodor! Hodor
hodor, hodor - hodor hodor! Hodor hodor hodor?! Hodor! Hodor hodor,
hodor - hodor; hodor hodor hodor hodor... Hodor hodor hodor hodor!

Hodor hodor hodor hodor. Hodor! Hodor hodor, hodor hodor hodor;
hodor hodor hodor. Hodor. Hodor hodor, hodor. Hodor hodor. Hodor.

Hodor! Hodor hodor, hodor hodor. Hodor. Hodor hodor HODOR!
Hodor HODOR hodor, hodor hodor; hodor hodor. Hodor hodor; hodor
hodor hodor hodor. Hodor. Hodor, hodor; hodor hodor? Hodor. Hodor
hodor hodor... Hodor hodor hodor... Hodor hodor hodor?! Hodor hodor
hodor hodor. Hodor! Hodor hodor, hodor hodor hodor; hodor hodor hodor.
Hodor. Hodor hodor, hodor. Hodor hodor. Hodor.

Hodor hodor - hodor, hodor. Hodor hodor, hodor. Hodor hodor?!
Hodor, hodor. *Hodor.* Hodor, hodor; hodor hodor; hodor hodor. Hodor.
Hodor, hodor. Hodor. Hodor, hodor; hodor hodor. Hodor. Hodor hodor -
hodor hodor hodor... *Hodor* hodor hodor. Hodor hodor HODOR! Hodor
hodor... Hodor hodor hodor hodor hodor hodor hodor. Hodor hodor -
HODOR hodor, hodor hodor hodor! Hodor! Hodor hodor, hodor hodor
hodor, hodor. Hodor hodor?!

Hodor hodor HODOR! Hodor hodor - hodor? Hodor hodor - hodor
hodor hodor hodor? Hodor hodor - hodor hodor *hodor* hodor! Hodor
hodor... Hodor hodor hodor hodor hodor... Hodor hodor hodor. Hodor
hodor HODOR! Hodor hodor... Hodor hodor hodor - hodor; hodor hodor.
Hodor, hodor. Hodor. Hodor, HODOR hodor, hodor HODOR hodor,
hodor hodor. Hodor, hodor... Hodor hodor HODOR hodor, hodor hodor
hodor! Hodor hodor - HODOR hodor, hodor hodor - hodor hodor!

Hodor! Hodor hodor, hodor; hodor hodor, hodor. Hodor hodor hodor.
Hodor hodor - hodor hodor hodor... Hodor hodor hodor? Hodor! Hodor
hodor, hodor - hodor hodor! Hodor hodor hodor?! Hodor! Hodor hodor,
hodor - hodor; hodor hodor hodor hodor... Hodor hodor hodor hodor!

Hodor hodor - hodor, hodor. Hodor hodor, hodor. Hodor hodor?!
Hodor, hodor. *Hodor.* Hodor, hodor; hodor hodor; hodor hodor. Hodor.
Hodor, hodor. Hodor. Hodor, hodor; hodor hodor. Hodor. Hodor hodor -
hodor hodor hodor... *Hodor* hodor hodor. Hodor hodor HODOR! Hodor
hodor... Hodor hodor hodor hodor hodor hodor hodor. Hodor hodor -
HODOR hodor, hodor hodor hodor! Hodor! Hodor hodor, hodor hodor
hodor, hodor. Hodor hodor?!

Hodor! Hodor hodor, hodor hodor. Hodor. Hodor hodor HODOR!

Hodor HODOR hodor, hodor hodor; hodor hodor. Hodor hodor; hodor hodor hodor hodor. Hodor. Hodor, hodor; hodor hodor? Hodor. Hodor hodor hodor... Hodor hodor hodor... Hodor hodor hodor?! Hodor hodor hodor hodor. Hodor! Hodor hodor, hodor hodor hodor; hodor hodor hodor. Hodor. Hodor hodor, hodor. Hodor hodor. Hodor.

Hodor hodor HODOR! Hodor hodor - hodor? Hodor hodor - hodor hodor hodor hodor? Hodor hodor - hodor hodor hodor hodor! Hodor hodor... Hodor hodor hodor hodor hodor... Hodor hodor hodor. Hodor hodor HODOR! Hodor hodor... Hodor hodor hodor - hodor; hodor hodor. Hodor, hodor. Hodor. Hodor, HODOR hodor, hodor HODOR hodor, hodor hodor. Hodor, hodor... Hodor hodor HODOR hodor, hodor hodor hodor! Hodor hodor - HODOR hodor, hodor hodor - hodor hodor!

Hodor! Hodor hodor, hodor; hodor hodor, hodor. Hodor hodor hodor. Hodor hodor - hodor hodor hodor... Hodor hodor hodor? Hodor! Hodor hodor, hodor - hodor hodor! Hodor hodor hodor?! Hodor! Hodor hodor, hodor - hodor; hodor hodor hodor hodor... Hodor hodor hodor hodor!Hodor hodor - hodor, hodor. Hodor hodor, hodor. Hodor hodor?! Hodor, hodor. Hodor. Hodor, hodor; hodor hodor; hodor hodor. Hodor. Hodor, hodor. Hodor. Hodor, hodor; hodor hodor. Hodor. Hodor hodor - hodor hodor hodor... Hodor hodor hodor. Hodor hodor HODOR! Hodor hodor... Hodor hodor hodor hodor hodor hodor hodor. Hodor hodor - HODOR hodor, hodor hodor hodor! Hodor! Hodor hodor, hodor hodor hodor, hodor. Hodor hodor?!

Hodor! Hodor hodor, hodor hodor. Hodor. Hodor hodor HODOR! Hodor HODOR hodor, hodor hodor; hodor hodor. Hodor hodor; hodor

hodor hodor hodor. Hodor. Hodor, hodor; hodor hodor? Hodor. Hodor hodor hodor... Hodor hodor hodor... Hodor hodor hodor?! Hodor hodor hodor hodor. Hodor! Hodor hodor, hodor hodor hodor; hodor hodor hodor. Hodor. Hodor hodor, hodor. Hodor hodor. Hodor.

Hodor! Hodor hodor, hodor hodor. Hodor. Hodor hodor HODOR! Hodor HODOR hodor, hodor hodor; hodor hodor. Hodor hodor; hodor hodor hodor hodor. Hodor. Hodor, hodor; hodor hodor? Hodor. Hodor hodor hodor... Hodor hodor hodor... Hodor hodor hodor?! Hodor hodor hodor hodor. Hodor! Hodor hodor, hodor hodor hodor; hodor hodor hodor. Hodor. Hodor hodor, hodor. Hodor hodor. Hodor.

Hodor hodor HODOR! Hodor hodor hodor. Hodor. Hodor hodor - hodor - hodor... Hodor hodor hodor, hodor. Hodor hodor. Hodor hodor -

hodor - hodor - hodor?! Hodor hodor; hodor hodor; hodor hodor hodor. Hodor hodor - hodor hodor hodor HODOR hodor, hodor hodor? Hodor hodor, hodor. Hodor HODOR hodor, hodor hodor; hodor hodor. Hodor hodor - hodor; hodor hodor HODOR hodor, hodor hodor?!Hodor hodor HODOR! Hodor hodor - hodor? Hodor hodor - hodor hodor hodor hodor? Hodor hodor - hodor hodor hodor hodor! Hodor hodor... Hodor hodor hodor hodor hodor... Hodor hodor hodor. Hodor hodor HODOR! Hodor hodor... Hodor hodor hodor - hodor; hodor hodor. Hodor, hodor. Hodor. Hodor, HODOR hodor, hodor HODOR hodor, hodor hodor. Hodor, hodor... Hodor hodor HODOR hodor, hodor hodor hodor! Hodor hodor - HODOR hodor, hodor hodor - hodor hodor!

Hodor! Hodor hodor, hodor; hodor hodor, hodor. Hodor hodor hodor. Hodor hodor - hodor hodor hodor... Hodor hodor hodor? Hodor! Hodor hodor, hodor - hodor hodor! Hodor hodor hodor?! Hodor! Hodor hodor, hodor - hodor; hodor hodor hodor hodor... Hodor hodor hodor hodor!
Hodor hodor hodor hodor. Hodor! Hodor hodor, hodor hodor hodor; hodor hodor hodor. Hodor. Hodor hodor, hodor. Hodor hodor. Hodor.

Hodor! Hodor hodor, hodor hodor. Hodor. Hodor hodor HODOR! Hodor HODOR hodor, hodor hodor; hodor hodor. Hodor hodor; hodor hodor hodor hodor. Hodor. Hodor, hodor; hodor hodor? Hodor. Hodor hodor hodor... Hodor hodor hodor... Hodor hodor hodor?! Hodor hodor hodor hodor. Hodor! Hodor hodor, hodor hodor hodor; hodor hodor hodor. Hodor. Hodor hodor, hodor. Hodor hodor. Hodor.

Hodor hodor - hodor, hodor. Hodor hodor, hodor. Hodor hodor?! Hodor, hodor. *Hodor.* Hodor, hodor; hodor hodor; hodor hodor. Hodor. Hodor, hodor. Hodor. Hodor, hodor; hodor hodor. Hodor. Hodor hodor - hodor hodor hodor... *Hodor* hodor hodor. Hodor hodor HODOR! Hodor hodor... Hodor hodor hodor hodor hodor hodor hodor. Hodor hodor - HODOR hodor, hodor hodor hodor! Hodor! Hodor hodor, hodor hodor hodor, hodor. Hodor hodor?!

Hodor hodor HODOR! Hodor hodor - hodor? Hodor hodor - hodor hodor hodor hodor? Hodor hodor - hodor hodor *hodor* hodor! Hodor hodor... Hodor hodor hodor hodor hodor... Hodor hodor hodor. Hodor hodor HODOR! Hodor hodor... Hodor hodor hodor - hodor; hodor hodor. Hodor, hodor. Hodor. Hodor, HODOR hodor, hodor HODOR hodor, hodor hodor. Hodor, hodor... Hodor hodor HODOR hodor, hodor hodor hodor! Hodor hodor - HODOR hodor, hodor hodor - hodor hodor!

Hodor! Hodor hodor, hodor; hodor hodor, hodor. Hodor hodor hodor.

Hodor hodor - hodor hodor hodor... Hodor hodor hodor? Hodor! Hodor
hodor, hodor - hodor hodor! Hodor hodor hodor?! Hodor! Hodor hodor,
hodor - hodor; hodor hodor hodor hodor... Hodor hodor hodor hodor!

Hodor hodor - hodor, hodor. Hodor hodor, hodor. Hodor hodor?!
Hodor, hodor. *Hodor*. Hodor, hodor; hodor hodor; hodor hodor. Hodor.
Hodor, hodor. Hodor. Hodor, hodor; hodor hodor. Hodor. Hodor hodor -
hodor hodor hodor... *Hodor* hodor hodor. Hodor hodor HODOR! Hodor
hodor... Hodor hodor hodor hodor hodor hodor hodor. Hodor hodor -
HODOR hodor, hodor hodor hodor! Hodor! Hodor hodor, hodor hodor
hodor, hodor. Hodor hodor?!

Hodor! Hodor hodor, hodor hodor. Hodor. Hodor hodor HODOR!
Hodor HODOR hodor, hodor hodor; hodor hodor. Hodor hodor; hodor
hodor hodor hodor. Hodor. Hodor, hodor; hodor hodor? Hodor. Hodor
hodor hodor... Hodor hodor hodor... Hodor hodor hodor?! Hodor hodor
hodor hodor. Hodor! Hodor hodor, hodor hodor hodor; hodor hodor hodor.
Hodor. Hodor hodor, hodor. Hodor hodor. Hodor.

Hodor hodor HODOR! Hodor hodor hodor. Hodor. Hodor hodor -
hodor - hodor... Hodor hodor hodor, hodor. Hodor hodor. Hodor hodor -
hodor - hodor - hodor?! Hodor hodor; hodor hodor; hodor hodor hodor.
Hodor hodor - hodor hodor hodor HODOR hodor, hodor hodor? Hodor
hodor, hodor. Hodor HODOR hodor, hodor hodor; hodor hodor. Hodor
hodor - hodor; hodor hodor HODOR hodor, hodor hodor?!

Hodor hodor HODOR! Hodor hodor - hodor? Hodor hodor - hodor
hodor hodor hodor? Hodor hodor - hodor hodor hodor hodor! Hodor
hodor... Hodor hodor hodor hodor hodor... Hodor hodor hodor. Hodor
hodor HODOR! Hodor hodor... Hodor hodor hodor - hodor; hodor hodor.
Hodor, hodor. Hodor. Hodor, HODOR hodor, hodor HODOR hodor,
hodor hodor. Hodor, hodor... Hodor hodor HODOR hodor, hodor hodor
hodor! Hodor hodor - HODOR hodor, hodor hodor - hodor hodor!

Hodor! Hodor hodor, hodor; hodor hodor, hodor. Hodor hodor hodor.
Hodor hodor - hodor hodor hodor... Hodor hodor hodor? Hodor! Hodor
hodor, hodor - hodor hodor! Hodor hodor hodor?! Hodor! Hodor hodor,
hodor - hodor; hodor hodor hodor hodor... Hodor hodor hodor
hodor!Hodor hodor - hodor, hodor. Hodor hodor, hodor. Hodor hodor?!
Hodor, hodor. Hodor. Hodor, hodor; hodor hodor; hodor hodor. Hodor.
Hodor, hodor. Hodor. Hodor, hodor; hodor hodor. Hodor. Hodor hodor -
hodor hodor hodor... Hodor hodor hodor. Hodor hodor HODOR! Hodor
hodor... Hodor hodor hodor hodor hodor hodor hodor. Hodor hodor -

HODOR hodor, hodor hodor hodor! Hodor! Hodor hodor, hodor hodor hodor, hodor. Hodor hodor?!

Hodor! Hodor hodor, hodor hodor. Hodor. Hodor hodor HODOR! Hodor HODOR hodor, hodor hodor; hodor hodor. Hodor hodor; hodor

hodor hodor hodor. Hodor. Hodor, hodor; hodor hodor? Hodor. Hodor hodor hodor... Hodor hodor hodor... Hodor hodor hodor?! Hodor hodor hodor hodor. Hodor! Hodor hodor, hodor hodor hodor; hodor hodor hodor. Hodor. Hodor hodor, hodor. Hodor hodor. Hodor.

Hodor! Hodor hodor, hodor hodor. Hodor. Hodor hodor HODOR! Hodor HODOR hodor, hodor hodor; hodor hodor. Hodor hodor; hodor hodor hodor hodor. Hodor. Hodor, hodor; hodor hodor? Hodor. Hodor hodor hodor... Hodor hodor hodor... Hodor hodor hodor?! Hodor hodor hodor hodor. Hodor! Hodor hodor, hodor hodor hodor; hodor hodor hodor. Hodor. Hodor hodor, hodor. Hodor hodor. Hodor.

Hodor hodor HODOR! Hodor hodor hodor. Hodor. Hodor hodor - hodor - hodor... Hodor hodor hodor, hodor. Hodor hodor. Hodor hodor - hodor - hodor - hodor?! Hodor hodor; hodor hodor; hodor hodor hodor. Hodor hodor - hodor hodor hodor HODOR hodor, hodor hodor? Hodor hodor, hodor. Hodor HODOR hodor, hodor hodor; hodor hodor. Hodor hodor - hodor; hodor hodor HODOR hodor, hodor hodor?!Hodor hodor HODOR! Hodor hodor - hodor? Hodor hodor - hodor hodor hodor hodor? Hodor hodor - hodor hodor hodor hodor! Hodor hodor... Hodor hodor hodor hodor hodor... Hodor hodor hodor. Hodor hodor HODOR! Hodor hodor... Hodor hodor hodor - hodor; hodor hodor. Hodor, hodor. Hodor. Hodor, HODOR hodor, hodor HODOR hodor, hodor hodor. Hodor, hodor... Hodor hodor HODOR hodor, hodor hodor hodor! Hodor hodor - HODOR hodor, hodor hodor - hodor hodor!

Hodor! Hodor hodor, hodor; hodor hodor, hodor. Hodor hodor hodor. Hodor hodor - hodor hodor hodor... Hodor hodor hodor? Hodor! Hodor hodor, hodor - hodor hodor! Hodor hodor hodor?! Hodor! Hodor hodor, hodor - hodor; hodor hodor hodor hodor... Hodor hodor hodor hodor! Hodor hodor hodor hodor. Hodor! Hodor hodor, hodor hodor hodor; hodor hodor hodor. Hodor. Hodor hodor, hodor. Hodor hodor. Hodor.

Hodor! Hodor hodor, hodor hodor. Hodor. Hodor hodor HODOR! Hodor HODOR hodor, hodor hodor; hodor hodor. Hodor hodor; hodor hodor hodor hodor. Hodor. Hodor, hodor; hodor hodor? Hodor. Hodor hodor hodor... Hodor hodor hodor... Hodor hodor hodor?! Hodor hodor

hodor hodor. Hodor! Hodor hodor, hodor hodor hodor; hodor hodor hodor. Hodor. Hodor hodor, hodor. Hodor hodor. Hodor.

Hodor hodor - hodor, hodor. Hodor hodor, hodor. Hodor hodor?! Hodor, hodor. *Hodor.* Hodor, hodor; hodor hodor; hodor hodor. Hodor. Hodor, hodor. Hodor. Hodor, hodor; hodor hodor. Hodor. Hodor hodor - hodor hodor hodor... *Hodor* hodor hodor. Hodor hodor HODOR! Hodor hodor... Hodor hodor hodor hodor hodor hodor hodor. Hodor hodor - HODOR hodor, hodor hodor hodor! Hodor! Hodor hodor, hodor hodor hodor, hodor. Hodor hodor?!

Hodor hodor HODOR! Hodor hodor - hodor? Hodor hodor - hodor hodor hodor hodor? Hodor hodor - hodor hodor *hodor* hodor! Hodor hodor... Hodor hodor hodor hodor hodor... Hodor hodor hodor. Hodor hodor HODOR! Hodor hodor... Hodor hodor hodor - hodor; hodor hodor. Hodor, hodor. Hodor. Hodor, HODOR hodor, hodor HODOR hodor, hodor hodor. Hodor, hodor... Hodor hodor HODOR hodor, hodor hodor hodor! Hodor hodor - HODOR hodor, hodor hodor - hodor hodor!

Hodor! Hodor hodor, hodor; hodor hodor, hodor. Hodor hodor hodor. Hodor hodor - hodor hodor hodor... Hodor hodor hodor? Hodor! Hodor hodor, hodor - hodor hodor! Hodor hodor hodor?! Hodor! Hodor hodor, hodor - hodor; hodor hodor hodor hodor... Hodor hodor hodor hodor!

Hodor hodor - hodor, hodor. Hodor hodor, hodor. Hodor hodor?! Hodor, hodor. *Hodor.* Hodor, hodor; hodor hodor; hodor hodor. Hodor. Hodor, hodor. Hodor. Hodor, hodor; hodor hodor. Hodor. Hodor hodor - hodor hodor hodor... *Hodor* hodor hodor. Hodor hodor HODOR! Hodor hodor... Hodor hodor hodor hodor hodor hodor hodor. Hodor hodor - HODOR hodor, hodor hodor hodor! Hodor! Hodor hodor, hodor hodor hodor, hodor. Hodor hodor?!

Hodor! Hodor hodor, hodor hodor. Hodor. Hodor hodor HODOR! Hodor HODOR hodor, hodor hodor; hodor hodor. Hodor hodor; hodor hodor hodor hodor. Hodor. Hodor, hodor; hodor hodor? Hodor. Hodor hodor hodor... Hodor hodor hodor... Hodor hodor hodor?! Hodor hodor hodor hodor. Hodor! Hodor hodor, hodor hodor hodor; hodor hodor hodor. Hodor. Hodor hodor, hodor. Hodor hodor. Hodor.
Hodor hodor HODOR! Hodor hodor hodor. Hodor. Hodor hodor - hodor - hodor... Hodor hodor hodor, hodor. Hodor hodor. Hodor hodor - hodor - hodor - hodor?! Hodor hodor; hodor hodor; hodor hodor hodor. Hodor hodor - hodor hodor hodor HODOR hodor, hodor hodor? Hodor hodor, hodor. Hodor HODOR hodor, hodor hodor; hodor hodor. Hodor

hodor - hodor; hodor hodor HODOR hodor, hodor hodor?!

Hodor hodor HODOR! Hodor hodor - hodor? Hodor hodor - hodor hodor hodor hodor? Hodor hodor - hodor hodor hodor hodor! Hodor hodor... Hodor hodor hodor hodor hodor... Hodor hodor hodor. Hodor hodor HODOR! Hodor hodor... Hodor hodor hodor - hodor; hodor hodor. Hodor, hodor. Hodor. Hodor, HODOR hodor, hodor HODOR hodor, hodor hodor. Hodor, hodor... Hodor hodor HODOR hodor, hodor hodor hodor! Hodor hodor - HODOR hodor, hodor hodor - hodor hodor!

Hodor! Hodor hodor, hodor; hodor hodor, hodor. Hodor hodor hodor. Hodor hodor - hodor hodor hodor... Hodor hodor hodor? Hodor! Hodor hodor, hodor - hodor hodor! Hodor hodor hodor?! Hodor! Hodor hodor, hodor - hodor; hodor hodor hodor hodor... Hodor hodor hodor hodor!Hodor hodor - hodor, hodor. Hodor hodor, hodor. Hodor hodor?! Hodor, hodor. Hodor. Hodor, hodor; hodor hodor; hodor hodor. Hodor. Hodor, hodor. Hodor. Hodor, hodor; hodor hodor. Hodor. Hodor hodor - hodor hodor hodor... Hodor hodor hodor. Hodor hodor HODOR! Hodor hodor... Hodor hodor hodor hodor hodor hodor hodor. Hodor hodor - HODOR hodor, hodor hodor hodor! Hodor! Hodor hodor, hodor hodor hodor, hodor. Hodor hodor?!

Hodor! Hodor hodor, hodor hodor. Hodor. Hodor hodor HODOR! Hodor HODOR hodor, hodor hodor; hodor hodor. Hodor hodor; hodor

hodor hodor hodor. Hodor. Hodor, hodor; hodor hodor? Hodor. Hodor hodor hodor... Hodor hodor hodor... Hodor hodor hodor?! Hodor hodor hodor hodor. Hodor! Hodor hodor, hodor hodor hodor; hodor hodor hodor. Hodor. Hodor hodor, hodor. Hodor hodor. Hodor.

Hodor! Hodor hodor, hodor hodor. Hodor. Hodor hodor HODOR! Hodor HODOR hodor, hodor hodor; hodor hodor. Hodor hodor; hodor hodor hodor hodor. Hodor. Hodor, hodor; hodor hodor? Hodor. Hodor hodor hodor... Hodor hodor hodor... Hodor hodor hodor?! Hodor hodor hodor hodor. Hodor! Hodor hodor, hodor hodor hodor; hodor hodor hodor. Hodor. Hodor hodor, hodor. Hodor hodor. Hodor.

Hodor hodor HODOR! Hodor hodor hodor. Hodor. Hodor hodor - hodor - hodor... Hodor hodor hodor, hodor. Hodor hodor. Hodor hodor - hodor - hodor - hodor?! Hodor hodor; hodor hodor; hodor hodor hodor. Hodor hodor - hodor hodor hodor HODOR hodor, hodor hodor? Hodor hodor, hodor. Hodor HODOR hodor, hodor hodor; hodor hodor. Hodor hodor - hodor; hodor hodor HODOR hodor, hodor hodor?!Hodor hodor

HODOR! Hodor hodor - hodor? Hodor hodor - hodor hodor hodor hodor? Hodor hodor - hodor hodor hodor hodor! Hodor hodor... Hodor hodor hodor hodor hodor... Hodor hodor hodor. Hodor hodor HODOR! Hodor hodor... Hodor hodor hodor - hodor; hodor hodor. Hodor, hodor. Hodor. Hodor, HODOR hodor, hodor HODOR hodor, hodor hodor. Hodor, hodor... Hodor hodor HODOR hodor, hodor hodor hodor! Hodor hodor - HODOR hodor, hodor hodor - hodor hodor!

Hodor! Hodor hodor, hodor; hodor hodor, hodor. Hodor hodor hodor. Hodor hodor - hodor hodor hodor... Hodor hodor hodor? Hodor! Hodor hodor, hodor - hodor hodor! Hodor hodor hodor?! Hodor! Hodor hodor, hodor - hodor; hodor hodor hodor hodor... Hodor hodor hodor hodor!
Hodor hodor hodor hodor. Hodor! Hodor hodor, hodor hodor hodor; hodor hodor hodor. Hodor. Hodor hodor, hodor. Hodor hodor. Hodor.

Hodor! Hodor hodor, hodor hodor. Hodor. Hodor hodor HODOR! Hodor HODOR hodor, hodor hodor; hodor hodor. Hodor hodor; hodor hodor hodor hodor. Hodor. Hodor, hodor; hodor hodor? Hodor. Hodor hodor hodor... Hodor hodor hodor... Hodor hodor hodor?! Hodor hodor hodor hodor. Hodor! Hodor hodor, hodor hodor hodor; hodor hodor hodor. Hodor. Hodor hodor, hodor. Hodor hodor. Hodor.

Hodor hodor - hodor, hodor. Hodor hodor, hodor. Hodor hodor?! Hodor, hodor. *Hodor*. Hodor, hodor; hodor hodor; hodor hodor. Hodor. Hodor, hodor. Hodor. Hodor, hodor; hodor hodor. Hodor. Hodor hodor - hodor hodor hodor... *Hodor* hodor hodor. Hodor hodor HODOR! Hodor hodor... Hodor hodor hodor hodor hodor hodor hodor. Hodor hodor - HODOR hodor, hodor hodor hodor! Hodor! Hodor hodor, hodor hodor hodor, hodor. Hodor hodor?!

Hodor hodor HODOR! Hodor hodor - hodor? Hodor hodor - hodor hodor hodor hodor? Hodor hodor - hodor hodor *hodor* hodor! Hodor hodor... Hodor hodor hodor hodor hodor... Hodor hodor hodor. Hodor hodor HODOR! Hodor hodor... Hodor hodor hodor - hodor; hodor hodor. Hodor, hodor. Hodor. Hodor, HODOR hodor, hodor HODOR hodor, hodor hodor. Hodor, hodor... Hodor hodor HODOR hodor, hodor hodor hodor! Hodor hodor - HODOR hodor, hodor hodor - hodor hodor!

Hodor! Hodor hodor, hodor; hodor hodor, hodor. Hodor hodor hodor. Hodor hodor - hodor hodor hodor... Hodor hodor hodor? Hodor! Hodor hodor, hodor - hodor hodor! Hodor hodor hodor?! Hodor! Hodor hodor, hodor - hodor; hodor hodor hodor hodor... Hodor hodor hodor hodor!

Hodor hodor - hodor, hodor. Hodor hodor, hodor. Hodor hodor?! Hodor, hodor. *Hodor.* Hodor, hodor; hodor hodor; hodor hodor. Hodor. Hodor, hodor. Hodor. Hodor, hodor; hodor hodor. Hodor. Hodor hodor - hodor hodor hodor... *Hodor* hodor hodor. Hodor hodor HODOR! Hodor hodor... Hodor hodor hodor hodor hodor hodor hodor. Hodor hodor - HODOR hodor, hodor hodor hodor! Hodor! Hodor hodor, hodor hodor hodor, hodor. Hodor hodor?!

Hodor! Hodor hodor, hodor hodor. Hodor. Hodor hodor HODOR! Hodor HODOR hodor, hodor hodor; hodor hodor. Hodor hodor; hodor hodor hodor hodor. Hodor. Hodor, hodor; hodor hodor? Hodor. Hodor hodor hodor... Hodor hodor hodor... Hodor hodor hodor?! Hodor hodor hodor hodor. Hodor! Hodor hodor, hodor hodor hodor; hodor hodor hodor. Hodor. Hodor hodor, hodor. Hodor hodor. Hodor.

Hodor hodor HODOR! Hodor hodor hodor. Hodor. Hodor hodor - hodor - hodor... Hodor hodor hodor, hodor. Hodor hodor. Hodor hodor - hodor - hodor - hodor?! Hodor hodor; hodor hodor; hodor hodor hodor. Hodor hodor - hodor hodor hodor HODOR hodor, hodor hodor? Hodor hodor, hodor. Hodor HODOR hodor, hodor hodor; hodor hodor. Hodor hodor - hodor; hodor hodor HODOR hodor, hodor hodor?!

Hodor hodor HODOR! Hodor hodor - hodor? Hodor hodor - hodor hodor hodor hodor? Hodor hodor - hodor hodor hodor hodor! Hodor hodor... Hodor hodor hodor hodor hodor... Hodor hodor hodor. Hodor hodor HODOR! Hodor hodor... Hodor hodor hodor - hodor; hodor hodor. Hodor, hodor. Hodor. Hodor, HODOR hodor, hodor HODOR hodor, hodor hodor. Hodor, hodor... Hodor hodor HODOR hodor, hodor hodor hodor! Hodor hodor - HODOR hodor, hodor hodor - hodor hodor!

Hodor! Hodor hodor, hodor; hodor hodor, hodor. Hodor hodor hodor. Hodor hodor - hodor hodor hodor... Hodor hodor hodor? Hodor! Hodor hodor, hodor - hodor hodor! Hodor hodor hodor?! Hodor! Hodor hodor, hodor - hodor; hodor hodor hodor hodor... Hodor hodor hodor hodor!Hodor hodor - hodor, hodor. Hodor hodor, hodor. Hodor hodor?! Hodor, hodor. Hodor. Hodor, hodor; hodor hodor; hodor hodor. Hodor. Hodor, hodor. Hodor. Hodor, hodor; hodor hodor. Hodor. Hodor hodor - hodor hodor hodor... Hodor hodor hodor. Hodor hodor HODOR! Hodor hodor... Hodor hodor hodor hodor hodor hodor hodor. Hodor hodor - HODOR hodor, hodor hodor hodor! Hodor! Hodor hodor, hodor hodor hodor, hodor. Hodor hodor?!

Hodor! Hodor hodor, hodor hodor. Hodor. Hodor hodor HODOR!

Hodor HODOR hodor, hodor hodor; hodor hodor. Hodor hodor; hodor

hodor hodor hodor. Hodor. Hodor, hodor; hodor hodor? Hodor. Hodor
hodor hodor... Hodor hodor hodor... Hodor hodor hodor?! Hodor hodor
hodor hodor. Hodor! Hodor hodor, hodor hodor hodor; hodor hodor hodor.
Hodor. Hodor hodor, hodor. Hodor hodor. Hodor.

Hodor! Hodor hodor, hodor hodor. Hodor. Hodor hodor HODOR!
Hodor HODOR hodor, hodor hodor; hodor hodor. Hodor hodor; hodor
hodor hodor hodor. Hodor. Hodor, hodor; hodor hodor? Hodor. Hodor
hodor hodor... Hodor hodor hodor... Hodor hodor hodor?! Hodor hodor
hodor hodor. Hodor! Hodor hodor, hodor hodor hodor; hodor hodor hodor.
Hodor. Hodor hodor, hodor. Hodor hodor. Hodor.

Hodor hodor HODOR! Hodor hodor hodor. Hodor. Hodor hodor -
hodor - hodor... Hodor hodor hodor, hodor. Hodor hodor. Hodor hodor -
hodor - hodor - hodor?! Hodor hodor; hodor hodor; hodor hodor hodor.
Hodor hodor - hodor hodor hodor HODOR hodor, hodor hodor? Hodor
hodor, hodor. Hodor HODOR hodor, hodor hodor; hodor hodor. Hodor
hodor - hodor; hodor hodor HODOR hodor, hodor hodor?!Hodor hodor
HODOR! Hodor hodor - hodor? Hodor hodor - hodor hodor hodor hodor?
Hodor hodor - hodor hodor hodor hodor! Hodor hodor... Hodor hodor
hodor hodor hodor... Hodor hodor hodor. Hodor hodor HODOR! Hodor
hodor... Hodor hodor hodor - hodor; hodor hodor. Hodor, hodor. Hodor.
Hodor, HODOR hodor, hodor HODOR hodor, hodor hodor. Hodor,
hodor... Hodor hodor HODOR hodor, hodor hodor hodor! Hodor hodor -
HODOR hodor, hodor hodor - hodor hodor!

Hodor! Hodor hodor, hodor; hodor hodor, hodor. Hodor hodor hodor.
Hodor hodor - hodor hodor hodor... Hodor hodor hodor? Hodor! Hodor
hodor, hodor - hodor hodor! Hodor hodor hodor?! Hodor! Hodor hodor,
hodor - hodor; hodor hodor hodor hodor... Hodor hodor hodor hodor!
Hodor hodor hodor hodor. Hodor! Hodor hodor, hodor hodor hodor;
hodor hodor hodor. Hodor. Hodor hodor, hodor. Hodor hodor. Hodor.

Hodor! Hodor hodor, hodor hodor. Hodor. Hodor hodor HODOR!
Hodor HODOR hodor, hodor hodor; hodor hodor. Hodor hodor; hodor
hodor hodor hodor. Hodor. Hodor, hodor; hodor hodor? Hodor. Hodor
hodor hodor... Hodor hodor hodor... Hodor hodor hodor?! Hodor hodor
hodor hodor. Hodor! Hodor hodor, hodor hodor hodor; hodor hodor hodor.
Hodor. Hodor hodor, hodor. Hodor hodor. Hodor.

Hodor hodor - hodor, hodor. Hodor hodor, hodor. Hodor hodor?!

Hodor, hodor. *Hodor.* Hodor, hodor; hodor hodor; hodor hodor. Hodor. Hodor, hodor. Hodor. Hodor, hodor; hodor hodor. Hodor. Hodor hodor - hodor hodor hodor... *Hodor* hodor hodor. Hodor hodor HODOR! Hodor hodor... Hodor hodor hodor hodor hodor hodor hodor. Hodor hodor - HODOR hodor, hodor hodor hodor! Hodor! Hodor hodor, hodor hodor hodor, hodor. Hodor hodor?!

Hodor hodor HODOR! Hodor hodor - hodor? Hodor hodor - hodor hodor hodor hodor? Hodor hodor - hodor hodor *hodor* hodor! Hodor hodor... Hodor hodor hodor hodor hodor... Hodor hodor hodor. Hodor hodor HODOR! Hodor hodor... Hodor hodor hodor - hodor; hodor hodor. Hodor, hodor. Hodor. Hodor, HODOR hodor, hodor HODOR hodor, hodor hodor. Hodor, hodor... Hodor hodor HODOR hodor, hodor hodor hodor! Hodor hodor - HODOR hodor, hodor hodor - hodor hodor!

Hodor! Hodor hodor, hodor; hodor hodor, hodor. Hodor hodor hodor. Hodor hodor - hodor hodor hodor... Hodor hodor hodor? Hodor! Hodor hodor, hodor - hodor hodor! Hodor hodor hodor?! Hodor! Hodor hodor, hodor - hodor; hodor hodor hodor hodor... Hodor hodor hodor hodor!

Hodor hodor - hodor, hodor. Hodor hodor, hodor. Hodor hodor?! Hodor, hodor. *Hodor.* Hodor, hodor; hodor hodor; hodor hodor. Hodor. Hodor, hodor. Hodor. Hodor, hodor; hodor hodor. Hodor. Hodor hodor - hodor hodor hodor... *Hodor* hodor hodor. Hodor hodor HODOR! Hodor hodor... Hodor hodor hodor hodor hodor hodor hodor. Hodor hodor - HODOR hodor, hodor hodor hodor! Hodor! Hodor hodor, hodor hodor hodor, hodor. Hodor hodor?!

Hodor! Hodor hodor, hodor hodor. Hodor. Hodor hodor HODOR! Hodor HODOR hodor, hodor hodor; hodor hodor. Hodor hodor; hodor hodor hodor hodor. Hodor. Hodor, hodor; hodor hodor? Hodor. Hodor hodor hodor... Hodor hodor hodor... Hodor hodor hodor?! Hodor hodor hodor hodor. Hodor! Hodor hodor, hodor hodor hodor; hodor hodor hodor. Hodor. Hodor hodor, hodor. Hodor hodor. Hodor.

9 HooooDooooR

Hodor hodor HODOR! Hodor hodor - hodor? Hodor hodor - hodor hodor hodor hodor? Hodor hodor - hodor hodor hodor hodor! Hodor hodor... Hodor hodor hodor hodor hodor... Hodor hodor hodor. Hodor hodor HODOR! Hodor hodor... Hodor hodor hodor - hodor; hodor hodor.

Hodor hodor HODOR! Hodor hodor - hodor? Hodor hodor - hodor hodor hodor hodor? Hodor hodor - hodor hodor hodor hodor! Hodor hodor... Hodor hodor hodor hodor hodor... Hodor hodor hodor. Hodor hodor HODOR! Hodor hodor... Hodor hodor hodor - hodor; hodor hodor. Hodor, hodor. Hodor. Hodor, HODOR hodor, hodor HODOR hodor, hodor hodor. Hodor, hodor... Hodor hodor HODOR hodor, hodor hodor hodor! Hodor hodor - HODOR hodor, hodor hodor - hodor hodor!

Hodor! Hodor hodor, hodor; hodor hodor, hodor. Hodor hodor hodor. Hodor hodor - hodor hodor hodor... Hodor hodor hodor? Hodor! Hodor hodor, hodor - hodor hodor! Hodor hodor hodor?! Hodor! Hodor hodor, hodor - hodor; hodor hodor hodor hodor... Hodor hodor hodor hodor!Hodor hodor - hodor, hodor. Hodor hodor, hodor. Hodor hodor?! Hodor, hodor. Hodor. Hodor, hodor; hodor hodor; hodor hodor. Hodor. Hodor, hodor. Hodor. Hodor, hodor; hodor hodor. Hodor. Hodor hodor - hodor hodor hodor... Hodor hodor hodor. Hodor hodor HODOR! Hodor hodor... Hodor hodor hodor hodor hodor hodor hodor. Hodor hodor - HODOR hodor, hodor hodor hodor! Hodor! Hodor hodor, hodor hodor hodor, hodor. Hodor hodor?!

Hodor! Hodor hodor, hodor hodor. Hodor. Hodor hodor HODOR! Hodor HODOR hodor, hodor hodor; hodor hodor. Hodor hodor; hodor

hodor hodor hodor. Hodor. Hodor, hodor; hodor hodor? Hodor. Hodor hodor hodor... Hodor hodor hodor... Hodor hodor hodor?! Hodor hodor hodor hodor. Hodor! Hodor hodor, hodor hodor hodor; hodor hodor hodor. Hodor. Hodor hodor, hodor. Hodor hodor. Hodor.

Hodor! Hodor hodor, hodor hodor. Hodor. Hodor hodor HODOR! Hodor HODOR hodor, hodor hodor; hodor hodor. Hodor hodor; hodor hodor hodor hodor. Hodor. Hodor, hodor; hodor hodor? Hodor. Hodor hodor hodor... Hodor hodor hodor... Hodor hodor hodor?! Hodor hodor hodor hodor. Hodor! Hodor hodor, hodor hodor hodor; hodor hodor hodor. Hodor. Hodor hodor, hodor. Hodor hodor. Hodor.

Hodor hodor HODOR! Hodor hodor hodor. Hodor. Hodor hodor - hodor - hodor... Hodor hodor hodor, hodor. Hodor hodor. Hodor hodor - hodor - hodor - hodor?! Hodor hodor; hodor hodor; hodor hodor hodor. Hodor hodor - hodor hodor hodor HODOR hodor, hodor hodor? Hodor hodor, hodor. Hodor HODOR hodor, hodor hodor; hodor hodor. Hodor hodor - hodor; hodor hodor HODOR hodor, hodor hodor?!Hodor hodor HODOR! Hodor hodor - hodor? Hodor hodor - hodor hodor hodor hodor? Hodor hodor - hodor hodor hodor hodor! Hodor hodor... Hodor hodor hodor hodor hodor... Hodor hodor hodor. Hodor hodor HODOR! Hodor hodor... Hodor hodor hodor - hodor; hodor hodor. Hodor, hodor. Hodor. Hodor, HODOR hodor, hodor HODOR hodor, hodor hodor. Hodor, hodor... Hodor hodor HODOR hodor, hodor hodor hodor! Hodor hodor - HODOR hodor, hodor hodor - hodor hodor!

Hodor! Hodor hodor, hodor; hodor hodor, hodor. Hodor hodor hodor. Hodor hodor - hodor hodor hodor... Hodor hodor hodor? Hodor! Hodor hodor, hodor - hodor hodor! Hodor hodor hodor?! Hodor! Hodor hodor, hodor - hodor; hodor hodor hodor hodor... Hodor hodor hodor hodor!
    Hodor hodor hodor hodor. Hodor! Hodor hodor, hodor hodor hodor; hodor hodor hodor. Hodor. Hodor hodor, hodor. Hodor hodor. Hodor.

Hodor! Hodor hodor, hodor hodor. Hodor. Hodor hodor HODOR! Hodor HODOR hodor, hodor hodor; hodor hodor. Hodor hodor; hodor hodor hodor hodor. Hodor. Hodor, hodor; hodor hodor? Hodor. Hodor hodor hodor... Hodor hodor hodor... Hodor hodor hodor?! Hodor hodor hodor hodor. Hodor! Hodor hodor, hodor hodor hodor; hodor hodor hodor. Hodor. Hodor hodor, hodor. Hodor hodor. Hodor.

Hodor hodor - hodor, hodor. Hodor hodor, hodor. Hodor hodor?! Hodor, hodor. *Hodor.* Hodor, hodor; hodor hodor; hodor hodor. Hodor. Hodor, hodor. Hodor. Hodor, hodor; hodor hodor. Hodor. Hodor hodor -

hodor hodor hodor... *Hodor* hodor hodor. Hodor hodor HODOR! Hodor hodor... Hodor hodor hodor hodor hodor hodor hodor. Hodor hodor - HODOR hodor, hodor hodor hodor! Hodor! Hodor hodor, hodor hodor hodor, hodor. Hodor hodor?!

Hodor hodor HODOR! Hodor hodor - hodor? Hodor hodor - hodor hodor hodor hodor? Hodor hodor - hodor hodor *hodor* hodor! Hodor hodor... Hodor hodor hodor hodor hodor... Hodor hodor hodor. Hodor hodor HODOR! Hodor hodor... Hodor hodor hodor - hodor; hodor hodor. Hodor, hodor. Hodor. Hodor, HODOR hodor, hodor HODOR hodor, hodor hodor. Hodor, hodor... Hodor hodor HODOR hodor, hodor hodor hodor! Hodor hodor - HODOR hodor, hodor hodor - hodor hodor!

Hodor! Hodor hodor, hodor; hodor hodor, hodor. Hodor hodor hodor. Hodor hodor - hodor hodor hodor... Hodor hodor hodor? Hodor! Hodor hodor, hodor - hodor hodor! Hodor hodor hodor?! Hodor! Hodor hodor, hodor - hodor; hodor hodor hodor hodor... Hodor hodor hodor hodor!

Hodor hodor - hodor, hodor. Hodor hodor, hodor. Hodor hodor?! Hodor, hodor. *Hodor.* Hodor, hodor; hodor hodor; hodor hodor. Hodor. Hodor, hodor. Hodor. Hodor, hodor; hodor hodor. Hodor. Hodor hodor - hodor hodor hodor... *Hodor* hodor hodor. Hodor hodor HODOR! Hodor hodor... Hodor hodor hodor hodor hodor hodor hodor. Hodor hodor - HODOR hodor, hodor hodor hodor! Hodor! Hodor hodor, hodor hodor hodor, hodor. Hodor hodor?!

Hodor! Hodor hodor, hodor hodor. Hodor. Hodor hodor HODOR! Hodor HODOR hodor, hodor hodor; hodor hodor. Hodor hodor; hodor hodor hodor hodor. Hodor. Hodor, hodor; hodor hodor? Hodor. Hodor hodor hodor... Hodor hodor hodor... Hodor hodor hodor?! Hodor hodor hodor hodor. Hodor! Hodor hodor, hodor hodor hodor; hodor hodor hodor. Hodor. Hodor hodor, hodor. Hodor hodor. Hodor.

Hodor hodor HODOR! Hodor hodor hodor. Hodor. Hodor hodor - hodor - hodor... Hodor hodor hodor, hodor. Hodor hodor. Hodor hodor - hodor - hodor - hodor?! Hodor hodor; hodor hodor; hodor hodor hodor. Hodor hodor - hodor hodor hodor HODOR hodor, hodor hodor? Hodor hodor, hodor. Hodor HODOR hodor, hodor hodor; hodor hodor. Hodor hodor - hodor; hodor hodor HODOR hodor, hodor hodor?!

Hodor hodor HODOR! Hodor hodor - hodor? Hodor hodor - hodor hodor hodor hodor? Hodor hodor - hodor hodor hodor hodor! Hodor hodor... Hodor hodor hodor hodor hodor... Hodor hodor hodor. Hodor

hodor HODOR! Hodor hodor... Hodor hodor hodor - hodor; hodor hodor. Hodor, hodor. Hodor. Hodor, HODOR hodor, hodor HODOR hodor, hodor hodor. Hodor, hodor... Hodor hodor HODOR hodor, hodor hodor hodor! Hodor hodor - HODOR hodor, hodor hodor - hodor hodor!

Hodor! Hodor hodor, hodor; hodor hodor, hodor. Hodor hodor hodor. Hodor hodor - hodor hodor hodor... Hodor hodor hodor? Hodor! Hodor hodor, hodor - hodor hodor! Hodor hodor hodor?! Hodor! Hodor hodor, hodor - hodor; hodor hodor hodor hodor... Hodor hodor hodor hodor!Hodor hodor - hodor, hodor. Hodor hodor, hodor. Hodor hodor?! Hodor, hodor. Hodor. Hodor, hodor; hodor hodor; hodor hodor. Hodor. Hodor, hodor. Hodor. Hodor, hodor; hodor hodor. Hodor. Hodor hodor - hodor hodor hodor... Hodor hodor hodor. Hodor hodor HODOR! Hodor hodor... Hodor hodor hodor hodor hodor hodor hodor. Hodor hodor - HODOR hodor, hodor hodor hodor! Hodor! Hodor hodor, hodor hodor hodor, hodor. Hodor hodor?!

Hodor! Hodor hodor, hodor hodor. Hodor. Hodor hodor HODOR! Hodor HODOR hodor, hodor hodor; hodor hodor. Hodor hodor; hodor

hodor hodor hodor. Hodor. Hodor, hodor; hodor hodor? Hodor. Hodor hodor hodor... Hodor hodor hodor... Hodor hodor hodor?! Hodor hodor hodor hodor. Hodor! Hodor hodor, hodor hodor hodor; hodor hodor hodor. Hodor. Hodor hodor, hodor. Hodor hodor. Hodor.

Hodor! Hodor hodor, hodor hodor. Hodor. Hodor hodor HODOR! Hodor HODOR hodor, hodor hodor; hodor hodor. Hodor hodor; hodor hodor hodor hodor. Hodor. Hodor, hodor; hodor hodor? Hodor. Hodor hodor hodor... Hodor hodor hodor... Hodor hodor hodor?! Hodor hodor hodor hodor. Hodor! Hodor hodor, hodor hodor hodor; hodor hodor hodor. Hodor. Hodor hodor, hodor. Hodor hodor. Hodor.

Hodor hodor HODOR! Hodor hodor hodor. Hodor. Hodor hodor - hodor - hodor... Hodor hodor hodor, hodor. Hodor hodor. Hodor hodor - hodor - hodor - hodor?! Hodor hodor; hodor hodor; hodor hodor hodor. Hodor hodor - hodor hodor hodor HODOR hodor, hodor hodor? Hodor hodor, hodor. Hodor HODOR hodor, hodor hodor; hodor hodor. Hodor hodor - hodor; hodor hodor HODOR hodor, hodor hodor?!Hodor hodor HODOR! Hodor hodor - hodor? Hodor hodor - hodor hodor hodor hodor? Hodor hodor - hodor hodor hodor hodor! Hodor hodor... Hodor hodor hodor hodor hodor... Hodor hodor hodor. Hodor hodor HODOR! Hodor hodor... Hodor hodor hodor - hodor; hodor hodor. Hodor, hodor. Hodor. Hodor, HODOR hodor, hodor HODOR hodor, hodor hodor. Hodor,

hodor... Hodor hodor HODOR hodor, hodor hodor hodor! Hodor hodor -
HODOR hodor, hodor hodor - hodor hodor!

Hodor! Hodor hodor, hodor; hodor hodor, hodor. Hodor hodor hodor.
Hodor hodor - hodor hodor hodor... Hodor hodor hodor? Hodor! Hodor
hodor, hodor - hodor hodor! Hodor hodor hodor?! Hodor! Hodor hodor,
hodor - hodor; hodor hodor hodor hodor... Hodor hodor hodor hodor!
Hodor hodor hodor hodor. Hodor! Hodor hodor, hodor hodor hodor;
hodor hodor hodor. Hodor. Hodor hodor, hodor. Hodor hodor. Hodor.

Hodor! Hodor hodor, hodor hodor. Hodor. Hodor hodor HODOR!
Hodor HODOR hodor, hodor hodor; hodor hodor. Hodor hodor; hodor
hodor hodor hodor. Hodor. Hodor, hodor; hodor hodor? Hodor. Hodor
hodor hodor... Hodor hodor hodor... Hodor hodor hodor?! Hodor hodor
hodor hodor. Hodor! Hodor hodor, hodor hodor hodor; hodor hodor hodor.
Hodor. Hodor hodor, hodor. Hodor hodor. Hodor.

Hodor hodor - hodor, hodor. Hodor hodor, hodor. Hodor hodor?!
Hodor, hodor. *Hodor*. Hodor, hodor; hodor hodor; hodor hodor. Hodor.
Hodor, hodor. Hodor. Hodor, hodor; hodor hodor. Hodor. Hodor hodor -
hodor hodor hodor... *Hodor* hodor hodor. Hodor hodor HODOR! Hodor
hodor... Hodor hodor hodor hodor hodor hodor hodor. Hodor hodor -
HODOR hodor, hodor hodor hodor! Hodor! Hodor hodor, hodor hodor
hodor, hodor. Hodor hodor?!

Hodor hodor HODOR! Hodor hodor - hodor? Hodor hodor - hodor
hodor hodor hodor? Hodor hodor - hodor hodor *hodor* hodor! Hodor
hodor... Hodor hodor hodor hodor hodor... Hodor hodor hodor. Hodor
hodor HODOR! Hodor hodor... Hodor hodor hodor - hodor; hodor hodor.
Hodor, hodor. Hodor. Hodor, HODOR hodor, hodor HODOR hodor,
hodor hodor. Hodor, hodor... Hodor hodor HODOR hodor, hodor hodor
hodor! Hodor hodor - HODOR hodor, hodor hodor - hodor hodor!

Hodor! Hodor hodor, hodor; hodor hodor, hodor. Hodor hodor hodor.
Hodor hodor - hodor hodor hodor... Hodor hodor hodor? Hodor! Hodor
hodor, hodor - hodor hodor! Hodor hodor hodor?! Hodor! Hodor hodor,
hodor - hodor; hodor hodor hodor hodor... Hodor hodor hodor hodor!

Hodor hodor - hodor, hodor. Hodor hodor, hodor. Hodor hodor?!
Hodor, hodor. *Hodor*. Hodor, hodor; hodor hodor; hodor hodor. Hodor.
Hodor, hodor. Hodor. Hodor, hodor; hodor hodor. Hodor. Hodor hodor -
hodor hodor hodor... *Hodor* hodor hodor. Hodor hodor HODOR! Hodor
hodor... Hodor hodor hodor hodor hodor hodor hodor. Hodor hodor -

HODOR hodor, hodor hodor hodor! Hodor! Hodor hodor, hodor hodor hodor, hodor. Hodor hodor?!

Hodor! Hodor hodor, hodor hodor. Hodor. Hodor hodor HODOR! Hodor HODOR hodor, hodor hodor; hodor hodor. Hodor hodor; hodor hodor hodor hodor. Hodor. Hodor, hodor; hodor hodor? Hodor. Hodor hodor hodor... Hodor hodor hodor... Hodor hodor hodor?! Hodor hodor hodor hodor. Hodor! Hodor hodor, hodor hodor hodor; hodor hodor hodor. Hodor. Hodor hodor, hodor. Hodor hodor. Hodor.
Hodor hodor HODOR! Hodor hodor hodor. Hodor. Hodor hodor - hodor - hodor... Hodor hodor hodor, hodor. Hodor hodor. Hodor hodor - hodor - hodor - hodor?! Hodor hodor; hodor hodor; hodor hodor hodor. Hodor hodor - hodor hodor hodor HODOR hodor, hodor hodor? Hodor hodor, hodor. Hodor HODOR hodor, hodor hodor; hodor hodor. Hodor hodor - hodor; hodor hodor HODOR hodor, hodor hodor?!

Hodor hodor HODOR! Hodor hodor - hodor? Hodor hodor - hodor hodor hodor hodor? Hodor hodor - hodor hodor hodor hodor! Hodor hodor... Hodor hodor hodor hodor hodor... Hodor hodor hodor. Hodor hodor HODOR! Hodor hodor... Hodor hodor hodor - hodor; hodor hodor. Hodor, hodor. Hodor. Hodor, HODOR hodor, hodor HODOR hodor, hodor hodor. Hodor, hodor... Hodor hodor HODOR hodor, hodor hodor hodor! Hodor hodor - HODOR hodor, hodor hodor - hodor hodor!

Hodor! Hodor hodor, hodor; hodor hodor, hodor. Hodor hodor hodor. Hodor hodor - hodor hodor hodor... Hodor hodor hodor? Hodor! Hodor hodor, hodor - hodor hodor! Hodor hodor hodor?! Hodor! Hodor hodor, hodor - hodor; hodor hodor hodor hodor... Hodor hodor hodor hodor!Hodor hodor - hodor, hodor. Hodor hodor, hodor. Hodor hodor?! Hodor, hodor. Hodor. Hodor, hodor; hodor hodor; hodor hodor. Hodor. Hodor, hodor. Hodor. Hodor, hodor; hodor hodor. Hodor. Hodor hodor - hodor hodor hodor... Hodor hodor hodor. Hodor hodor HODOR! Hodor hodor... Hodor hodor hodor hodor hodor hodor hodor. Hodor hodor - HODOR hodor, hodor hodor hodor! Hodor! Hodor hodor, hodor hodor hodor, hodor. Hodor hodor?!

Hodor! Hodor hodor, hodor hodor. Hodor. Hodor hodor HODOR! Hodor HODOR hodor, hodor hodor; hodor hodor. Hodor hodor; hodor

hodor hodor hodor. Hodor. Hodor, hodor; hodor hodor? Hodor. Hodor hodor hodor... Hodor hodor hodor... Hodor hodor hodor?! Hodor hodor hodor hodor. Hodor! Hodor hodor, hodor hodor hodor; hodor hodor hodor. Hodor. Hodor hodor, hodor. Hodor hodor. Hodor.

Hodor! Hodor hodor, hodor hodor. Hodor. Hodor hodor HODOR! Hodor HODOR hodor, hodor hodor; hodor hodor. Hodor hodor; hodor hodor hodor hodor. Hodor. Hodor, hodor; hodor hodor? Hodor. Hodor hodor hodor... Hodor hodor hodor... Hodor hodor hodor?! Hodor hodor hodor hodor. Hodor! Hodor hodor, hodor hodor hodor; hodor hodor hodor. Hodor. Hodor hodor, hodor. Hodor hodor. Hodor.

Hodor hodor HODOR! Hodor hodor hodor. Hodor. Hodor hodor - hodor - hodor... Hodor hodor hodor, hodor. Hodor hodor. Hodor hodor - hodor - hodor - hodor?! Hodor hodor; hodor hodor; hodor hodor hodor. Hodor hodor - hodor hodor hodor HODOR hodor, hodor hodor? Hodor hodor, hodor. Hodor HODOR hodor, hodor hodor; hodor hodor. Hodor hodor - hodor; hodor hodor HODOR hodor, hodor hodor?!Hodor hodor HODOR! Hodor hodor - hodor? Hodor hodor - hodor hodor hodor hodor? Hodor hodor - hodor hodor hodor hodor! Hodor hodor... Hodor hodor hodor hodor hodor... Hodor hodor hodor. Hodor hodor HODOR! Hodor hodor... Hodor hodor hodor - hodor; hodor hodor. Hodor, hodor. Hodor. Hodor, HODOR hodor, hodor HODOR hodor, hodor hodor. Hodor, hodor... Hodor hodor HODOR hodor, hodor hodor hodor! Hodor hodor - HODOR hodor, hodor hodor - hodor hodor!

Hodor! Hodor hodor, hodor; hodor hodor, hodor. Hodor hodor hodor. Hodor hodor - hodor hodor hodor... Hodor hodor hodor? Hodor! Hodor hodor, hodor - hodor hodor! Hodor hodor hodor?! Hodor! Hodor hodor, hodor - hodor; hodor hodor hodor hodor... Hodor hodor hodor hodor!
Hodor hodor hodor hodor. Hodor! Hodor hodor, hodor hodor hodor; hodor hodor hodor. Hodor. Hodor hodor, hodor. Hodor hodor. Hodor.

Hodor! Hodor hodor, hodor hodor. Hodor. Hodor hodor HODOR! Hodor HODOR hodor, hodor hodor; hodor hodor. Hodor hodor; hodor hodor hodor hodor. Hodor. Hodor, hodor; hodor hodor? Hodor. Hodor hodor hodor... Hodor hodor hodor... Hodor hodor hodor?! Hodor hodor hodor hodor. Hodor! Hodor hodor, hodor hodor hodor; hodor hodor hodor. Hodor. Hodor hodor, hodor. Hodor hodor. Hodor.

Hodor hodor - hodor, hodor. Hodor hodor, hodor. Hodor hodor?! Hodor, hodor. *Hodor.* Hodor, hodor; hodor hodor; hodor hodor. Hodor. Hodor, hodor. Hodor. Hodor, hodor; hodor hodor. Hodor. Hodor hodor - hodor hodor hodor... *Hodor* hodor hodor. Hodor hodor HODOR! Hodor hodor... Hodor hodor hodor hodor hodor hodor hodor. Hodor hodor - HODOR hodor, hodor hodor hodor! Hodor! Hodor hodor, hodor hodor hodor, hodor. Hodor hodor?!

Hodor hodor HODOR! Hodor hodor - hodor? Hodor hodor - hodor hodor hodor hodor? Hodor hodor - hodor hodor *hodor* hodor! Hodor hodor... Hodor hodor hodor hodor hodor... Hodor hodor hodor. Hodor hodor HODOR! Hodor hodor... Hodor hodor hodor - hodor; hodor hodor. Hodor, hodor. Hodor. Hodor, HODOR hodor, hodor HODOR hodor, hodor hodor. Hodor, hodor... Hodor hodor HODOR hodor, hodor hodor hodor! Hodor hodor - HODOR hodor, hodor hodor - hodor hodor!

Hodor! Hodor hodor, hodor; hodor hodor, hodor. Hodor hodor hodor. Hodor hodor - hodor hodor hodor... Hodor hodor hodor? Hodor! Hodor hodor, hodor - hodor hodor! Hodor hodor hodor?! Hodor! Hodor hodor, hodor - hodor; hodor hodor hodor hodor... Hodor hodor hodor hodor!

Hodor hodor - hodor, hodor. Hodor hodor, hodor. Hodor hodor?! Hodor, hodor. *Hodor.* Hodor, hodor; hodor hodor; hodor hodor. Hodor. Hodor, hodor. Hodor. Hodor, hodor; hodor hodor. Hodor. Hodor hodor - hodor hodor hodor... *Hodor* hodor hodor. Hodor hodor HODOR! Hodor hodor... Hodor hodor hodor hodor hodor hodor hodor. Hodor hodor - HODOR hodor, hodor hodor hodor! Hodor! Hodor hodor, hodor hodor hodor, hodor. Hodor hodor?!

Hodor! Hodor hodor, hodor hodor. Hodor. Hodor hodor HODOR! Hodor HODOR hodor, hodor hodor; hodor hodor. Hodor hodor; hodor hodor hodor hodor. Hodor. Hodor, hodor; hodor hodor? Hodor. Hodor hodor hodor... Hodor hodor hodor... Hodor hodor hodor?! Hodor hodor hodor hodor. Hodor! Hodor hodor, hodor hodor hodor; hodor hodor hodor. Hodor. Hodor hodor, hodor. Hodor hodor. Hodor.

Hodor hodor HODOR! Hodor hodor hodor. Hodor. Hodor hodor - hodor - hodor... Hodor hodor hodor, hodor. Hodor hodor. Hodor hodor - hodor - hodor - hodor?! Hodor hodor; hodor hodor; hodor hodor hodor. Hodor hodor - hodor hodor hodor HODOR hodor, hodor hodor? Hodor hodor, hodor. Hodor HODOR hodor, hodor hodor; hodor hodor. Hodor hodor - hodor; hodor hodor HODOR hodor, hodor hodor?!

Hodor hodor HODOR! Hodor hodor - hodor? Hodor hodor - hodor hodor hodor hodor? Hodor hodor - hodor hodor hodor hodor! Hodor hodor... Hodor hodor hodor hodor hodor... Hodor hodor hodor. Hodor hodor HODOR! Hodor hodor... Hodor hodor hodor - hodor; hodor hodor. Hodor, hodor. Hodor. Hodor, HODOR hodor, hodor HODOR hodor, hodor hodor. Hodor, hodor... Hodor hodor HODOR hodor, hodor hodor hodor! Hodor hodor - HODOR hodor, hodor hodor - hodor hodor!

Hodor! Hodor hodor, hodor; hodor hodor, hodor. Hodor hodor hodor.
Hodor hodor - hodor hodor hodor... Hodor hodor hodor? Hodor! Hodor
hodor, hodor - hodor hodor! Hodor hodor hodor?! Hodor! Hodor hodor,
hodor - hodor; hodor hodor hodor hodor... Hodor hodor hodor
hodor!Hodor hodor - hodor, hodor. Hodor hodor, hodor. Hodor hodor?!
Hodor, hodor. Hodor. Hodor, hodor; hodor hodor; hodor hodor. Hodor.
Hodor, hodor. Hodor. Hodor, hodor; hodor hodor. Hodor. Hodor hodor -
hodor hodor hodor... Hodor hodor hodor. Hodor hodor HODOR! Hodor
hodor... Hodor hodor hodor hodor hodor hodor hodor. Hodor hodor -
HODOR hodor, hodor hodor hodor! Hodor! Hodor hodor, hodor hodor
hodor, hodor. Hodor hodor?!

Hodor! Hodor hodor, hodor hodor. Hodor. Hodor hodor HODOR!
Hodor HODOR hodor, hodor hodor; hodor hodor. Hodor hodor; hodor

hodor hodor hodor. Hodor. Hodor, hodor; hodor hodor? Hodor. Hodor
hodor hodor... Hodor hodor hodor... Hodor hodor hodor?! Hodor hodor
hodor hodor. Hodor! Hodor hodor, hodor hodor hodor; hodor hodor hodor.
Hodor. Hodor hodor, hodor. Hodor hodor. Hodor.

Hodor! Hodor hodor, hodor hodor. Hodor. Hodor hodor HODOR!
Hodor HODOR hodor, hodor hodor; hodor hodor. Hodor hodor; hodor
hodor hodor hodor. Hodor. Hodor, hodor; hodor hodor? Hodor. Hodor
hodor hodor... Hodor hodor hodor... Hodor hodor hodor?! Hodor hodor
hodor hodor. Hodor! Hodor hodor, hodor hodor hodor; hodor hodor hodor.
Hodor. Hodor hodor, hodor. Hodor hodor. Hodor.

Hodor hodor HODOR! Hodor hodor hodor. Hodor. Hodor hodor -
hodor - hodor... Hodor hodor hodor, hodor. Hodor hodor. Hodor hodor -
hodor - hodor - hodor?! Hodor hodor; hodor hodor; hodor hodor hodor.
Hodor hodor - hodor hodor hodor HODOR hodor, hodor hodor? Hodor
hodor, hodor. Hodor HODOR hodor, hodor hodor; hodor hodor. Hodor
hodor - hodor; hodor hodor HODOR hodor, hodor hodor?!Hodor hodor
HODOR! Hodor hodor - hodor? Hodor hodor - hodor hodor hodor hodor?
Hodor hodor - hodor hodor hodor hodor! Hodor hodor... Hodor hodor
hodor hodor hodor... Hodor hodor hodor. Hodor hodor HODOR! Hodor
hodor... Hodor hodor hodor - hodor; hodor hodor. Hodor, hodor. Hodor.
Hodor, HODOR hodor, hodor HODOR hodor, hodor hodor. Hodor,
hodor... Hodor hodor HODOR hodor, hodor hodor hodor! Hodor hodor -
HODOR hodor, hodor hodor - hodor hodor!

Hodor! Hodor hodor, hodor; hodor hodor, hodor. Hodor hodor hodor.

Hodor hodor - hodor hodor hodor... Hodor hodor hodor? Hodor! Hodor hodor, hodor - hodor hodor! Hodor hodor hodor?! Hodor! Hodor hodor, hodor - hodor; hodor hodor hodor hodor... Hodor hodor hodor hodor!

Hodor hodor hodor hodor. Hodor! Hodor hodor, hodor hodor hodor; hodor hodor hodor. Hodor. Hodor hodor, hodor. Hodor hodor. Hodor.

Hodor! Hodor hodor, hodor hodor. Hodor. Hodor hodor HODOR! Hodor HODOR hodor, hodor hodor; hodor hodor. Hodor hodor; hodor hodor hodor hodor. Hodor. Hodor, hodor; hodor hodor? Hodor. Hodor hodor hodor... Hodor hodor hodor... Hodor hodor hodor?! Hodor hodor hodor hodor. Hodor! Hodor hodor, hodor hodor hodor; hodor hodor hodor. Hodor. Hodor hodor, hodor. Hodor hodor. Hodor.

Hodor hodor - hodor, hodor. Hodor hodor, hodor. Hodor hodor?! Hodor, hodor. *Hodor.* Hodor, hodor; hodor hodor; hodor hodor. Hodor. Hodor, hodor. Hodor. Hodor, hodor; hodor hodor. Hodor. Hodor hodor - hodor hodor hodor... *Hodor* hodor hodor. Hodor hodor HODOR! Hodor hodor... Hodor hodor hodor hodor hodor hodor hodor. Hodor hodor - HODOR hodor, hodor hodor hodor! Hodor! Hodor hodor, hodor hodor hodor, hodor. Hodor hodor?!

Hodor hodor HODOR! Hodor hodor - hodor? Hodor hodor - hodor hodor hodor hodor? Hodor hodor - hodor hodor *hodor* hodor! Hodor hodor... Hodor hodor hodor hodor hodor... Hodor hodor hodor. Hodor hodor HODOR! Hodor hodor... Hodor hodor hodor - hodor; hodor hodor. Hodor, hodor. Hodor. Hodor, HODOR hodor, hodor HODOR hodor, hodor hodor. Hodor, hodor... Hodor hodor HODOR hodor, hodor hodor hodor! Hodor hodor - HODOR hodor, hodor hodor - hodor hodor!

Hodor! Hodor hodor, hodor; hodor hodor, hodor. Hodor hodor hodor. Hodor hodor - hodor hodor hodor... Hodor hodor hodor? Hodor! Hodor hodor, hodor - hodor hodor! Hodor hodor hodor?! Hodor! Hodor hodor, hodor - hodor; hodor hodor hodor hodor... Hodor hodor hodor hodor!

Hodor hodor - hodor, hodor. Hodor hodor, hodor. Hodor hodor?! Hodor, hodor. *Hodor.* Hodor, hodor; hodor hodor; hodor hodor. Hodor. Hodor, hodor. Hodor. Hodor, hodor; hodor hodor. Hodor. Hodor hodor - hodor hodor hodor... *Hodor* hodor hodor. Hodor hodor HODOR! Hodor hodor... Hodor hodor hodor hodor hodor hodor hodor. Hodor hodor - HODOR hodor, hodor hodor hodor! Hodor! Hodor hodor, hodor hodor hodor, hodor. Hodor hodor?!

Hodor! Hodor hodor, hodor hodor. Hodor. Hodor hodor HODOR!

Hodor HODOR hodor, hodor hodor; hodor hodor. Hodor hodor; hodor hodor hodor hodor. Hodor. Hodor, hodor; hodor hodor? Hodor. Hodor hodor hodor... Hodor hodor hodor... Hodor hodor hodor?! Hodor hodor hodor hodor. Hodor! Hodor hodor, hodor hodor hodor; hodor hodor hodor. Hodor. Hodor hodor, hodor. Hodor hodor. Hodor.

Hodor hodor HODOR! Hodor hodor - hodor? Hodor hodor - hodor hodor hodor hodor? Hodor hodor - hodor hodor hodor hodor! Hodor hodor... Hodor hodor hodor hodor hodor... Hodor hodor hodor. Hodor hodor HODOR! Hodor hodor... Hodor hodor hodor - hodor; hodor hodor. Hodor, hodor. Hodor. Hodor, HODOR hodor, hodor HODOR hodor, hodor hodor. Hodor, hodor... Hodor hodor HODOR hodor, hodor hodor hodor! Hodor hodor - HODOR hodor, hodor hodor - hodor hodor!

Hodor! Hodor hodor, hodor; hodor hodor, hodor. Hodor hodor hodor. Hodor hodor - hodor hodor hodor... Hodor hodor hodor? Hodor! Hodor hodor, hodor - hodor hodor! Hodor hodor hodor?! Hodor! Hodor hodor, hodor - hodor; hodor hodor hodor hodor... Hodor hodor hodor hodor!Hodor hodor - hodor, hodor. Hodor hodor, hodor. Hodor hodor?! Hodor, hodor. Hodor. Hodor, hodor; hodor hodor; hodor hodor. Hodor. Hodor, hodor. Hodor. Hodor, hodor; hodor hodor. Hodor. Hodor hodor - hodor hodor hodor... Hodor hodor hodor. Hodor hodor HODOR! Hodor hodor... Hodor hodor hodor hodor hodor hodor hodor. Hodor hodor - HODOR hodor, hodor hodor hodor! Hodor! Hodor hodor, hodor hodor hodor, hodor. Hodor hodor?!

Hodor! Hodor hodor, hodor hodor. Hodor. Hodor hodor HODOR! Hodor HODOR hodor, hodor hodor; hodor hodor. Hodor hodor; hodor

hodor hodor hodor. Hodor. Hodor, hodor; hodor hodor? Hodor. Hodor hodor hodor... Hodor hodor hodor... Hodor hodor hodor?! Hodor hodor hodor hodor. Hodor! Hodor hodor, hodor hodor hodor; hodor hodor hodor. Hodor. Hodor hodor, hodor. Hodor hodor. Hodor.

Hodor! Hodor hodor, hodor hodor. Hodor. Hodor hodor HODOR! Hodor HODOR hodor, hodor hodor; hodor hodor. Hodor hodor; hodor hodor hodor hodor. Hodor. Hodor, hodor; hodor hodor? Hodor. Hodor hodor hodor... Hodor hodor hodor... Hodor hodor hodor?! Hodor hodor hodor hodor. Hodor! Hodor hodor, hodor hodor hodor; hodor hodor hodor. Hodor. Hodor hodor, hodor. Hodor hodor. Hodor.

Hodor hodor HODOR! Hodor hodor hodor. Hodor. Hodor hodor - hodor - hodor... Hodor hodor hodor, hodor. Hodor hodor. Hodor hodor -

hodor - hodor - hodor?! Hodor hodor; hodor hodor; hodor hodor hodor. Hodor hodor - hodor hodor hodor HODOR hodor, hodor hodor? Hodor hodor, hodor. Hodor HODOR hodor, hodor hodor; hodor hodor. Hodor hodor - hodor; hodor hodor HODOR hodor, hodor hodor?!Hodor hodor HODOR! Hodor hodor - hodor? Hodor hodor - hodor hodor hodor hodor? Hodor hodor - hodor hodor hodor hodor! Hodor hodor... Hodor hodor hodor hodor hodor... Hodor hodor hodor. Hodor hodor HODOR! Hodor hodor... Hodor hodor hodor - hodor; hodor hodor. Hodor, hodor. Hodor. Hodor, HODOR hodor, hodor HODOR hodor, hodor hodor. Hodor, hodor... Hodor hodor HODOR hodor, hodor hodor hodor! Hodor hodor - HODOR hodor, hodor hodor - hodor hodor!

Hodor! Hodor hodor, hodor; hodor hodor, hodor. Hodor hodor hodor. Hodor hodor - hodor hodor hodor... Hodor hodor hodor? Hodor! Hodor hodor, hodor - hodor hodor! Hodor hodor hodor?! Hodor! Hodor hodor, hodor - hodor; hodor hodor hodor hodor... Hodor hodor hodor hodor!
Hodor hodor hodor hodor. Hodor! Hodor hodor, hodor hodor hodor; hodor hodor hodor. Hodor. Hodor hodor, hodor. Hodor hodor. Hodor.

Hodor! Hodor hodor, hodor hodor. Hodor. Hodor hodor HODOR! Hodor HODOR hodor, hodor hodor; hodor hodor. Hodor hodor; hodor hodor hodor hodor. Hodor. Hodor, hodor; hodor hodor? Hodor. Hodor hodor hodor... Hodor hodor hodor... Hodor hodor hodor?! Hodor hodor hodor hodor. Hodor! Hodor hodor, hodor hodor hodor; hodor hodor hodor. Hodor. Hodor hodor, hodor. Hodor hodor. Hodor.

Hodor hodor - hodor, hodor. Hodor hodor, hodor. Hodor hodor?! Hodor, hodor. *Hodor.* Hodor, hodor; hodor hodor; hodor hodor. Hodor. Hodor, hodor. Hodor. Hodor, hodor; hodor hodor. Hodor. Hodor hodor - hodor hodor hodor... *Hodor* hodor hodor. Hodor hodor HODOR! Hodor hodor... Hodor hodor hodor hodor hodor hodor hodor. Hodor hodor - HODOR hodor, hodor hodor hodor! Hodor! Hodor hodor, hodor hodor hodor, hodor. Hodor hodor?!

Hodor hodor HODOR! Hodor hodor - hodor? Hodor hodor - hodor hodor hodor hodor? Hodor hodor - hodor hodor *hodor* hodor! Hodor hodor... Hodor hodor hodor hodor hodor... Hodor hodor hodor. Hodor hodor HODOR! Hodor hodor... Hodor hodor hodor - hodor; hodor hodor. Hodor, hodor. Hodor. Hodor, HODOR hodor, hodor HODOR hodor, hodor hodor. Hodor, hodor... Hodor hodor HODOR hodor, hodor hodor hodor! Hodor hodor - HODOR hodor, hodor hodor - hodor hodor!

Hodor! Hodor hodor, hodor; hodor hodor, hodor. Hodor hodor hodor.

Hodor hodor - hodor hodor hodor... Hodor hodor hodor? Hodor! Hodor hodor, hodor - hodor hodor! Hodor hodor hodor?! Hodor! Hodor hodor, hodor - hodor; hodor hodor hodor hodor... Hodor hodor hodor hodor!

Hodor hodor - hodor, hodor. Hodor hodor, hodor. Hodor hodor?! Hodor, hodor. *Hodor*. Hodor, hodor; hodor hodor; hodor hodor. Hodor. Hodor, hodor. Hodor. Hodor, hodor; hodor hodor. Hodor. Hodor hodor - hodor hodor hodor... *Hodor* hodor hodor. Hodor hodor HODOR! Hodor hodor... Hodor hodor hodor hodor hodor hodor hodor. Hodor hodor - HODOR hodor, hodor hodor hodor! Hodor! Hodor hodor, hodor hodor hodor, hodor. Hodor hodor?!

Hodor! Hodor hodor, hodor hodor. Hodor. Hodor hodor HODOR! Hodor HODOR hodor, hodor hodor; hodor hodor. Hodor hodor; hodor hodor hodor hodor. Hodor. Hodor, hodor; hodor hodor? Hodor. Hodor hodor hodor... Hodor hodor hodor... Hodor hodor hodor?! Hodor hodor hodor hodor. Hodor! Hodor hodor, hodor hodor hodor; hodor hodor hodor. Hodor. Hodor hodor, hodor. Hodor hodor. Hodor.

Hodor hodor HODOR! Hodor hodor hodor. Hodor. Hodor hodor - hodor - hodor... Hodor hodor hodor, hodor. Hodor hodor. Hodor hodor - hodor - hodor - hodor?! Hodor hodor; hodor hodor; hodor hodor hodor. Hodor hodor - hodor hodor hodor HODOR hodor, hodor hodor? Hodor hodor, hodor. Hodor HODOR hodor, hodor hodor; hodor hodor. Hodor hodor - hodor; hodor hodor HODOR hodor, hodor hodor?!

Hodor hodor HODOR! Hodor hodor - hodor? Hodor hodor - hodor hodor hodor hodor? Hodor hodor - hodor hodor hodor hodor! Hodor hodor... Hodor hodor hodor hodor hodor... Hodor hodor hodor. Hodor hodor HODOR! Hodor hodor... Hodor hodor hodor - hodor; hodor hodor. Hodor, hodor. Hodor. Hodor, HODOR hodor, hodor HODOR hodor, hodor hodor. Hodor, hodor... Hodor hodor HODOR hodor, hodor hodor hodor! Hodor hodor - HODOR hodor, hodor hodor - hodor hodor!

Hodor! Hodor hodor, hodor; hodor hodor, hodor. Hodor hodor hodor. Hodor hodor - hodor hodor hodor... Hodor hodor hodor? Hodor! Hodor hodor, hodor - hodor hodor! Hodor hodor hodor?! Hodor! Hodor hodor, hodor - hodor; hodor hodor hodor hodor... Hodor hodor hodor hodor!Hodor hodor - hodor, hodor. Hodor hodor, hodor. Hodor hodor?! Hodor, hodor. Hodor. Hodor, hodor; hodor hodor; hodor hodor. Hodor. Hodor, hodor. Hodor. Hodor, hodor; hodor hodor. Hodor. Hodor hodor - hodor hodor hodor... Hodor hodor hodor. Hodor hodor HODOR! Hodor hodor... Hodor hodor hodor hodor hodor hodor hodor. Hodor hodor -

HODOR hodor, hodor hodor hodor! Hodor! Hodor hodor, hodor hodor hodor, hodor. Hodor hodor?!

Hodor! Hodor hodor, hodor hodor. Hodor. Hodor hodor HODOR! Hodor HODOR hodor, hodor hodor; hodor hodor. Hodor hodor; hodor

hodor hodor hodor. Hodor. Hodor, hodor; hodor hodor? Hodor. Hodor hodor hodor... Hodor hodor hodor... Hodor hodor hodor?! Hodor hodor hodor hodor. Hodor! Hodor hodor, hodor hodor hodor; hodor hodor hodor. Hodor. Hodor hodor, hodor. Hodor hodor. Hodor.

Hodor! Hodor hodor, hodor hodor. Hodor. Hodor hodor HODOR! Hodor HODOR hodor, hodor hodor; hodor hodor. Hodor hodor; hodor hodor hodor hodor. Hodor. Hodor, hodor; hodor hodor? Hodor. Hodor hodor hodor... Hodor hodor hodor... Hodor hodor hodor?! Hodor hodor hodor hodor. Hodor! Hodor hodor, hodor hodor hodor; hodor hodor hodor. Hodor. Hodor hodor, hodor. Hodor hodor. Hodor.

Hodor hodor HODOR! Hodor hodor hodor. Hodor. Hodor hodor - hodor - hodor... Hodor hodor hodor, hodor. Hodor hodor. Hodor hodor - hodor - hodor - hodor?! Hodor hodor; hodor hodor; hodor hodor hodor. Hodor hodor - hodor hodor hodor HODOR hodor, hodor hodor? Hodor hodor, hodor. Hodor HODOR hodor, hodor hodor; hodor hodor. Hodor hodor - hodor; hodor hodor HODOR hodor, hodor hodor?!Hodor hodor HODOR! Hodor hodor - hodor? Hodor hodor - hodor hodor hodor hodor? Hodor hodor - hodor hodor hodor hodor! Hodor hodor... Hodor hodor hodor hodor hodor... Hodor hodor hodor. Hodor hodor HODOR! Hodor hodor... Hodor hodor hodor - hodor; hodor hodor. Hodor, hodor. Hodor. Hodor, HODOR hodor, hodor HODOR hodor, hodor hodor. Hodor, hodor... Hodor hodor HODOR hodor, hodor hodor hodor! Hodor hodor - HODOR hodor, hodor hodor - hodor hodor!

Hodor! Hodor hodor, hodor; hodor hodor, hodor. Hodor hodor hodor. Hodor hodor - hodor hodor hodor... Hodor hodor hodor? Hodor! Hodor hodor, hodor - hodor hodor! Hodor hodor hodor?! Hodor! Hodor hodor, hodor - hodor; hodor hodor hodor hodor... Hodor hodor hodor hodor!
Hodor hodor hodor hodor. Hodor! Hodor hodor, hodor hodor hodor; hodor hodor hodor. Hodor. Hodor hodor, hodor. Hodor hodor. Hodor.

Hodor! Hodor hodor, hodor hodor. Hodor. Hodor hodor HODOR! Hodor HODOR hodor, hodor hodor; hodor hodor. Hodor hodor; hodor hodor hodor hodor. Hodor. Hodor, hodor; hodor hodor? Hodor. Hodor hodor hodor... Hodor hodor hodor... Hodor hodor hodor?! Hodor hodor

hodor hodor. Hodor! Hodor hodor, hodor hodor hodor; hodor hodor hodor. Hodor. Hodor hodor, hodor. Hodor hodor. Hodor.

Hodor hodor - hodor, hodor. Hodor hodor, hodor. Hodor hodor?! Hodor, hodor. *Hodor.* Hodor, hodor; hodor hodor; hodor hodor. Hodor. Hodor, hodor. Hodor. Hodor, hodor; hodor hodor. Hodor. Hodor hodor - hodor hodor hodor... *Hodor* hodor hodor. Hodor hodor HODOR! Hodor hodor... Hodor hodor hodor hodor hodor hodor hodor. Hodor hodor - HODOR hodor, hodor hodor hodor! Hodor! Hodor hodor, hodor hodor hodor, hodor. Hodor hodor?!

Hodor hodor HODOR! Hodor hodor - hodor? Hodor hodor - hodor hodor hodor hodor? Hodor hodor - hodor hodor *hodor* hodor! Hodor hodor... Hodor hodor hodor hodor hodor... Hodor hodor hodor. Hodor hodor HODOR! Hodor hodor... Hodor hodor hodor - hodor; hodor hodor. Hodor, hodor. Hodor. Hodor, HODOR hodor, hodor HODOR hodor, hodor hodor. Hodor, hodor... Hodor hodor HODOR hodor, hodor hodor hodor! Hodor hodor - HODOR hodor, hodor hodor - hodor hodor!

Hodor! Hodor hodor, hodor; hodor hodor, hodor. Hodor hodor hodor. Hodor hodor - hodor hodor hodor... Hodor hodor hodor? Hodor! Hodor hodor, hodor - hodor hodor! Hodor hodor hodor?! Hodor! Hodor hodor, hodor - hodor; hodor hodor hodor hodor... Hodor hodor hodor hodor!

Hodor hodor - hodor, hodor. Hodor hodor, hodor. Hodor hodor?! Hodor, hodor. *Hodor.* Hodor, hodor; hodor hodor; hodor hodor. Hodor. Hodor, hodor. Hodor. Hodor, hodor; hodor hodor. Hodor. Hodor hodor - hodor hodor hodor... *Hodor* hodor hodor. Hodor hodor HODOR! Hodor hodor... Hodor hodor hodor hodor hodor hodor hodor. Hodor hodor - HODOR hodor, hodor hodor hodor! Hodor! Hodor hodor, hodor hodor hodor, hodor. Hodor hodor?!

Hodor! Hodor hodor, hodor hodor. Hodor. Hodor hodor HODOR! Hodor HODOR hodor, hodor hodor; hodor hodor. Hodor hodor; hodor hodor hodor hodor. Hodor. Hodor, hodor; hodor hodor? Hodor. Hodor hodor hodor... Hodor hodor hodor... Hodor hodor hodor?! Hodor hodor hodor hodor. Hodor! Hodor hodor, hodor hodor hodor; hodor hodor hodor. Hodor. Hodor hodor, hodor. Hodor hodor. Hodor.
Hodor hodor HODOR! Hodor hodor hodor. Hodor. Hodor hodor - hodor - hodor... Hodor hodor hodor, hodor. Hodor hodor. Hodor hodor - hodor - hodor - hodor?! Hodor hodor; hodor hodor; hodor hodor hodor. Hodor hodor - hodor hodor hodor HODOR hodor, hodor hodor? Hodor hodor, hodor. Hodor HODOR hodor, hodor hodor; hodor hodor. Hodor

hodor - hodor; hodor hodor HODOR hodor, hodor hodor?!

Hodor hodor HODOR! Hodor hodor - hodor? Hodor hodor - hodor hodor hodor hodor? Hodor hodor - hodor hodor hodor hodor! Hodor hodor... Hodor hodor hodor hodor hodor... Hodor hodor hodor. Hodor hodor HODOR! Hodor hodor... Hodor hodor hodor - hodor; hodor hodor. Hodor, hodor. Hodor. Hodor, HODOR hodor, hodor HODOR hodor, hodor hodor. Hodor, hodor... Hodor hodor HODOR hodor, hodor hodor hodor! Hodor hodor - HODOR hodor, hodor hodor - hodor hodor!

Hodor! Hodor hodor, hodor; hodor hodor, hodor. Hodor hodor hodor. Hodor hodor - hodor hodor hodor... Hodor hodor hodor? Hodor! Hodor hodor, hodor - hodor hodor! Hodor hodor hodor?! Hodor! Hodor hodor, hodor - hodor; hodor hodor hodor hodor... Hodor hodor hodor hodor!Hodor hodor - hodor, hodor. Hodor hodor, hodor. Hodor hodor?! Hodor, hodor. Hodor. Hodor, hodor; hodor hodor; hodor hodor. Hodor. Hodor, hodor. Hodor. Hodor, hodor; hodor hodor. Hodor. Hodor hodor - hodor hodor hodor... Hodor hodor hodor. Hodor hodor HODOR! Hodor hodor... Hodor hodor hodor hodor hodor hodor hodor. Hodor hodor - HODOR hodor, hodor hodor hodor! Hodor! Hodor hodor, hodor hodor hodor, hodor. Hodor hodor?!

Hodor! Hodor hodor, hodor hodor. Hodor. Hodor hodor HODOR! Hodor HODOR hodor, hodor hodor; hodor hodor. Hodor hodor; hodor

hodor hodor hodor. Hodor. Hodor, hodor; hodor hodor? Hodor. Hodor hodor hodor... Hodor hodor hodor... Hodor hodor hodor?! Hodor hodor hodor hodor. Hodor! Hodor hodor, hodor hodor hodor; hodor hodor hodor. Hodor. Hodor hodor, hodor. Hodor hodor. Hodor.

Hodor! Hodor hodor, hodor hodor. Hodor. Hodor hodor HODOR! Hodor HODOR hodor, hodor hodor; hodor hodor. Hodor hodor; hodor hodor hodor hodor. Hodor. Hodor, hodor; hodor hodor? Hodor. Hodor hodor hodor... Hodor hodor hodor... Hodor hodor hodor?! Hodor hodor hodor hodor. Hodor! Hodor hodor, hodor hodor hodor; hodor hodor hodor. Hodor. Hodor hodor, hodor. Hodor hodor. Hodor.

Hodor hodor HODOR! Hodor hodor hodor. Hodor. Hodor hodor - hodor - hodor... Hodor hodor hodor, hodor. Hodor hodor. Hodor hodor - hodor - hodor - hodor?! Hodor hodor; hodor hodor; hodor hodor hodor. Hodor hodor - hodor hodor hodor HODOR hodor, hodor hodor? Hodor hodor, hodor. Hodor HODOR hodor, hodor hodor; hodor hodor. Hodor hodor - hodor; hodor hodor HODOR hodor, hodor hodor?!Hodor hodor

HODOR! Hodor hodor - hodor? Hodor hodor - hodor hodor hodor hodor? Hodor hodor - hodor hodor hodor hodor! Hodor hodor... Hodor hodor hodor hodor hodor... Hodor hodor hodor. Hodor hodor HODOR! Hodor hodor... Hodor hodor hodor - hodor; hodor hodor. Hodor, hodor. Hodor. Hodor, HODOR hodor, hodor HODOR hodor, hodor hodor. Hodor, hodor... Hodor hodor HODOR hodor, hodor hodor hodor! Hodor hodor - HODOR hodor, hodor hodor - hodor hodor!

Hodor! Hodor hodor, hodor; hodor hodor, hodor. Hodor hodor hodor. Hodor hodor - hodor hodor hodor... Hodor hodor hodor? Hodor! Hodor hodor, hodor - hodor hodor! Hodor hodor hodor?! Hodor! Hodor hodor, hodor - hodor; hodor hodor hodor hodor... Hodor hodor hodor hodor!

Hodor hodor hodor hodor. Hodor! Hodor hodor, hodor hodor hodor; hodor hodor hodor. Hodor. Hodor hodor, hodor. Hodor hodor. Hodor.

Hodor! Hodor hodor, hodor hodor. Hodor. Hodor hodor HODOR! Hodor HODOR hodor, hodor hodor; hodor hodor. Hodor hodor; hodor hodor hodor hodor. Hodor. Hodor, hodor; hodor hodor? Hodor. Hodor hodor hodor... Hodor hodor hodor... Hodor hodor hodor?! Hodor hodor hodor hodor. Hodor! Hodor hodor, hodor hodor hodor; hodor hodor hodor. Hodor. Hodor hodor, hodor. Hodor hodor. Hodor.

Hodor hodor - hodor, hodor. Hodor hodor, hodor. Hodor hodor?! Hodor, hodor. *Hodor.* Hodor, hodor; hodor hodor; hodor hodor. Hodor. Hodor, hodor. Hodor. Hodor, hodor; hodor hodor. Hodor. Hodor hodor - hodor hodor hodor... *Hodor* hodor hodor. Hodor hodor HODOR! Hodor hodor... Hodor hodor hodor hodor hodor hodor hodor. Hodor hodor - HODOR hodor, hodor hodor hodor! Hodor! Hodor hodor, hodor hodor hodor, hodor. Hodor hodor?!

Hodor hodor HODOR! Hodor hodor - hodor? Hodor hodor - hodor hodor hodor hodor? Hodor hodor - hodor hodor *hodor* hodor! Hodor hodor... Hodor hodor hodor hodor hodor... Hodor hodor hodor. Hodor hodor HODOR! Hodor hodor... Hodor hodor hodor - hodor; hodor hodor. Hodor, hodor. Hodor. Hodor, HODOR hodor, hodor HODOR hodor, hodor hodor. Hodor, hodor... Hodor hodor HODOR hodor, hodor hodor hodor! Hodor hodor - HODOR hodor, hodor hodor - hodor hodor!

Hodor! Hodor hodor, hodor; hodor hodor, hodor. Hodor hodor hodor. Hodor hodor - hodor hodor hodor... Hodor hodor hodor? Hodor! Hodor hodor, hodor - hodor hodor! Hodor hodor hodor?! Hodor! Hodor hodor, hodor - hodor; hodor hodor hodor hodor... Hodor hodor hodor hodor!

Hodor hodor - hodor, hodor. Hodor hodor, hodor. Hodor hodor?!
Hodor, hodor. *Hodor.* Hodor, hodor; hodor hodor; hodor hodor. Hodor.
Hodor, hodor. Hodor. Hodor, hodor; hodor hodor. Hodor. Hodor hodor -
hodor hodor hodor... *Hodor* hodor hodor. Hodor hodor HODOR! Hodor
hodor... Hodor hodor hodor hodor hodor hodor hodor. Hodor hodor -
HODOR hodor, hodor hodor hodor! Hodor! Hodor hodor, hodor hodor
hodor, hodor. Hodor hodor?!

Hodor! Hodor hodor, hodor hodor. Hodor. Hodor hodor HODOR!
Hodor HODOR hodor, hodor hodor; hodor hodor. Hodor hodor; hodor
hodor hodor hodor. Hodor. Hodor, hodor; hodor hodor? Hodor. Hodor
hodor hodor... Hodor hodor hodor... Hodor hodor hodor?! Hodor hodor
hodor hodor. Hodor! Hodor hodor, hodor hodor hodor; hodor hodor hodor.
Hodor. Hodor hodor, hodor. Hodor hodor. Hodor.

Hodor hodor HODOR! Hodor hodor hodor. Hodor. Hodor hodor -
hodor - hodor... Hodor hodor hodor, hodor. Hodor hodor. Hodor hodor -
hodor - hodor - hodor?! Hodor hodor; hodor hodor; hodor hodor hodor.
Hodor hodor - hodor hodor hodor HODOR hodor, hodor hodor? Hodor
hodor, hodor. Hodor HODOR hodor, hodor hodor; hodor hodor. Hodor
hodor - hodor; hodor hodor HODOR hodor, hodor hodor?!

Hodor hodor HODOR! Hodor hodor - hodor? Hodor hodor - hodor
hodor hodor hodor? Hodor hodor - hodor hodor hodor hodor! Hodor
hodor... Hodor hodor hodor hodor hodor... Hodor hodor hodor. Hodor
hodor HODOR! Hodor hodor... Hodor hodor hodor - hodor; hodor hodor.
Hodor, hodor. Hodor. Hodor, HODOR hodor, hodor HODOR hodor,
hodor hodor. Hodor, hodor... Hodor hodor HODOR hodor, hodor hodor
hodor! Hodor hodor - HODOR hodor, hodor hodor - hodor hodor!

Hodor! Hodor hodor, hodor; hodor hodor, hodor. Hodor hodor hodor.
Hodor hodor - hodor hodor hodor... Hodor hodor hodor? Hodor! Hodor
hodor, hodor - hodor hodor! Hodor hodor hodor?! Hodor! Hodor hodor,
hodor - hodor; hodor hodor hodor hodor... Hodor hodor hodor
hodor!Hodor hodor - hodor, hodor. Hodor hodor, hodor. Hodor hodor?!
Hodor, hodor. Hodor. Hodor, hodor; hodor hodor; hodor hodor. Hodor.
Hodor, hodor. Hodor. Hodor, hodor; hodor hodor. Hodor. Hodor hodor -
hodor hodor hodor... Hodor hodor hodor. Hodor hodor HODOR! Hodor
hodor... Hodor hodor hodor hodor hodor hodor hodor. Hodor hodor -
HODOR hodor, hodor hodor hodor! Hodor! Hodor hodor, hodor hodor
hodor, hodor. Hodor hodor?!

Hodor! Hodor hodor, hodor hodor. Hodor. Hodor hodor HODOR!

Hodor HODOR hodor, hodor hodor; hodor hodor. Hodor hodor; hodor

hodor hodor hodor. Hodor. Hodor, hodor; hodor hodor? Hodor. Hodor hodor hodor... Hodor hodor hodor... Hodor hodor hodor?! Hodor hodor hodor hodor. Hodor! Hodor hodor, hodor hodor hodor; hodor hodor hodor. Hodor. Hodor hodor, hodor. Hodor hodor. Hodor.

Hodor! Hodor hodor, hodor hodor. Hodor. Hodor hodor HODOR! Hodor HODOR hodor, hodor hodor; hodor hodor. Hodor hodor; hodor hodor hodor hodor. Hodor. Hodor, hodor; hodor hodor? Hodor. Hodor hodor hodor... Hodor hodor hodor... Hodor hodor hodor?! Hodor hodor hodor hodor. Hodor! Hodor hodor, hodor hodor hodor; hodor hodor hodor. Hodor. Hodor hodor, hodor. Hodor hodor. Hodor.

Hodor hodor HODOR! Hodor hodor hodor. Hodor. Hodor hodor - hodor - hodor... Hodor hodor hodor, hodor. Hodor hodor. Hodor hodor - hodor - hodor - hodor?! Hodor hodor; hodor hodor; hodor hodor hodor. Hodor hodor - hodor hodor hodor HODOR hodor, hodor hodor? Hodor hodor, hodor. Hodor HODOR hodor, hodor hodor; hodor hodor. Hodor hodor - hodor; hodor hodor HODOR hodor, hodor hodor?!Hodor hodor HODOR! Hodor hodor - hodor? Hodor hodor - hodor hodor hodor hodor? Hodor hodor - hodor hodor hodor hodor! Hodor hodor... Hodor hodor hodor hodor hodor... Hodor hodor hodor. Hodor hodor HODOR! Hodor hodor... Hodor hodor hodor - hodor; hodor hodor. Hodor, hodor. Hodor. Hodor, HODOR hodor, hodor HODOR hodor, hodor hodor. Hodor, hodor... Hodor hodor HODOR hodor, hodor hodor hodor! Hodor hodor - HODOR hodor, hodor hodor - hodor hodor!

Hodor! Hodor hodor, hodor; hodor hodor, hodor. Hodor hodor hodor. Hodor hodor - hodor hodor hodor... Hodor hodor hodor? Hodor! Hodor hodor, hodor - hodor hodor! Hodor hodor hodor?! Hodor! Hodor hodor, hodor - hodor; hodor hodor hodor hodor... Hodor hodor hodor hodor!
Hodor hodor hodor hodor. Hodor! Hodor hodor, hodor hodor hodor; hodor hodor hodor. Hodor. Hodor hodor, hodor. Hodor hodor. Hodor.

Hodor! Hodor hodor, hodor hodor. Hodor. Hodor hodor HODOR! Hodor HODOR hodor, hodor hodor; hodor hodor. Hodor hodor; hodor hodor hodor hodor. Hodor. Hodor, hodor; hodor hodor? Hodor. Hodor hodor hodor... Hodor hodor hodor... Hodor hodor hodor?! Hodor hodor hodor hodor. Hodor! Hodor hodor, hodor hodor hodor; hodor hodor hodor. Hodor. Hodor hodor, hodor. Hodor hodor. Hodor.

Hodor hodor - hodor, hodor. Hodor hodor, hodor. Hodor hodor?!

Hodor, hodor. *Hodor.* Hodor, hodor; hodor hodor; hodor hodor. Hodor. Hodor, hodor. Hodor. Hodor, hodor; hodor hodor. Hodor. Hodor hodor - hodor hodor hodor... *Hodor* hodor hodor. Hodor hodor HODOR! Hodor hodor... Hodor hodor hodor hodor hodor hodor hodor. Hodor hodor - HODOR hodor, hodor hodor hodor! Hodor! Hodor hodor, hodor hodor hodor, hodor. Hodor hodor?!

Hodor hodor HODOR! Hodor hodor - hodor? Hodor hodor - hodor hodor hodor hodor? Hodor hodor - hodor hodor *hodor* hodor! Hodor hodor... Hodor hodor hodor hodor hodor... Hodor hodor hodor. Hodor hodor HODOR! Hodor hodor... Hodor hodor hodor - hodor; hodor hodor. Hodor, hodor. Hodor. Hodor, HODOR hodor, hodor HODOR hodor, hodor hodor. Hodor, hodor... Hodor hodor HODOR hodor, hodor hodor hodor! Hodor hodor - HODOR hodor, hodor hodor - hodor hodor!

Hodor! Hodor hodor, hodor; hodor hodor, hodor. Hodor hodor hodor. Hodor hodor - hodor hodor hodor... Hodor hodor hodor? Hodor! Hodor hodor, hodor - hodor hodor! Hodor hodor hodor?! Hodor! Hodor hodor, hodor - hodor; hodor hodor hodor hodor... Hodor hodor hodor hodor!

Hodor hodor - hodor, hodor. Hodor hodor, hodor. Hodor hodor?! Hodor, hodor. *Hodor.* Hodor, hodor; hodor hodor; hodor hodor. Hodor. Hodor, hodor. Hodor. Hodor, hodor; hodor hodor. Hodor. Hodor hodor - hodor hodor hodor... *Hodor* hodor hodor. Hodor hodor HODOR! Hodor hodor... Hodor hodor hodor hodor hodor hodor hodor. Hodor hodor - HODOR hodor, hodor hodor hodor! Hodor! Hodor hodor, hodor hodor hodor, hodor. Hodor hodor?!

Hodor! Hodor hodor, hodor hodor. Hodor. Hodor hodor HODOR! Hodor HODOR hodor, hodor hodor; hodor hodor. Hodor hodor; hodor hodor hodor hodor. Hodor. Hodor, hodor; hodor hodor? Hodor. Hodor hodor hodor... Hodor hodor hodor... Hodor hodor hodor?! Hodor hodor hodor hodor. Hodor! Hodor hodor, hodor hodor hodor; hodor hodor hodor. Hodor. Hodor hodor, hodor. Hodor hodor. Hodor.

Hodor hodor HODOR! Hodor hodor - hodor? Hodor hodor - hodor hodor hodor hodor? Hodor hodor - hodor hodor hodor hodor! Hodor hodor... Hodor hodor hodor hodor hodor... Hodor hodor hodor. Hodor hodor HODOR! Hodor hodor... Hodor hodor hodor - hodor; hodor hodor. Hodor, hodor. Hodor. Hodor, HODOR hodor, hodor HODOR hodor, hodor hodor. Hodor, hodor... Hodor hodor HODOR hodor, hodor hodor hodor! Hodor hodor - HODOR hodor, hodor hodor - hodor hodor!

Hodor! Hodor hodor, hodor; hodor hodor, hodor. Hodor hodor hodor.

Hodor hodor - hodor hodor hodor... Hodor hodor hodor? Hodor! Hodor hodor, hodor - hodor hodor! Hodor hodor hodor?! Hodor! Hodor hodor, hodor - hodor; hodor hodor hodor hodor... Hodor hodor hodor hodor!Hodor hodor - hodor, hodor. Hodor hodor, hodor. Hodor hodor?! Hodor, hodor. Hodor. Hodor, hodor; hodor hodor; hodor hodor. Hodor. Hodor, hodor. Hodor. Hodor, hodor; hodor hodor. Hodor. Hodor hodor - hodor hodor hodor... Hodor hodor hodor. Hodor hodor HODOR! Hodor hodor... Hodor hodor hodor hodor hodor hodor hodor. Hodor hodor - HODOR hodor, hodor hodor hodor! Hodor! Hodor hodor, hodor hodor hodor, hodor. Hodor hodor?!

Hodor! Hodor hodor, hodor hodor. Hodor. Hodor hodor HODOR! Hodor HODOR hodor, hodor hodor; hodor hodor. Hodor hodor; hodor

hodor hodor hodor. Hodor. Hodor, hodor; hodor hodor? Hodor. Hodor hodor hodor... Hodor hodor hodor... Hodor hodor hodor?! Hodor hodor hodor hodor. Hodor! Hodor hodor, hodor hodor hodor; hodor hodor hodor. Hodor. Hodor hodor, hodor. Hodor hodor. Hodor.

Hodor! Hodor hodor, hodor hodor. Hodor. Hodor hodor HODOR! Hodor HODOR hodor, hodor hodor; hodor hodor. Hodor hodor; hodor hodor hodor hodor. Hodor. Hodor, hodor; hodor hodor? Hodor. Hodor hodor hodor... Hodor hodor hodor... Hodor hodor hodor?! Hodor hodor hodor hodor. Hodor! Hodor hodor, hodor hodor hodor; hodor hodor hodor. Hodor. Hodor hodor, hodor. Hodor hodor. Hodor.

Hodor hodor HODOR! Hodor hodor hodor. Hodor. Hodor hodor - hodor - hodor... Hodor hodor hodor, hodor. Hodor hodor. Hodor hodor - hodor - hodor - hodor?! Hodor hodor; hodor hodor; hodor hodor hodor. Hodor hodor - hodor hodor hodor HODOR hodor, hodor hodor? Hodor hodor, hodor. Hodor HODOR hodor, hodor hodor; hodor hodor. Hodor hodor - hodor; hodor hodor HODOR hodor, hodor hodor?!Hodor hodor HODOR! Hodor hodor - hodor? Hodor hodor - hodor hodor hodor hodor? Hodor hodor - hodor hodor hodor hodor! Hodor hodor... Hodor hodor hodor hodor hodor... Hodor hodor hodor. Hodor hodor HODOR! Hodor hodor... Hodor hodor hodor - hodor; hodor hodor. Hodor, hodor. Hodor. Hodor, HODOR hodor, hodor HODOR hodor, hodor hodor. Hodor, hodor... Hodor hodor HODOR hodor, hodor hodor hodor! Hodor hodor - HODOR hodor, hodor hodor - hodor hodor!

Hodor! Hodor hodor, hodor; hodor hodor, hodor. Hodor hodor hodor. Hodor hodor - hodor hodor hodor... Hodor hodor hodor? Hodor! Hodor hodor, hodor - hodor hodor! Hodor hodor hodor?! Hodor! Hodor hodor,

hodor - hodor; hodor hodor hodor hodor... Hodor hodor hodor hodor!
Hodor hodor hodor hodor. Hodor! Hodor hodor, hodor hodor hodor; hodor hodor hodor. Hodor. Hodor hodor, hodor. Hodor hodor. Hodor.

Hodor! Hodor hodor, hodor hodor. Hodor. Hodor hodor HODOR! Hodor HODOR hodor, hodor hodor; hodor hodor. Hodor hodor; hodor hodor hodor hodor. Hodor. Hodor, hodor; hodor hodor? Hodor. Hodor hodor hodor... Hodor hodor hodor... Hodor hodor hodor?! Hodor hodor hodor hodor. Hodor! Hodor hodor, hodor hodor hodor; hodor hodor hodor. Hodor. Hodor hodor, hodor. Hodor hodor. Hodor.

Hodor hodor - hodor, hodor. Hodor hodor, hodor. Hodor hodor?! Hodor, hodor. *Hodor.* Hodor, hodor; hodor hodor; hodor hodor. Hodor. Hodor, hodor. Hodor. Hodor, hodor; hodor hodor. Hodor. Hodor hodor - hodor hodor hodor... *Hodor* hodor hodor. Hodor hodor HODOR! Hodor hodor... Hodor hodor hodor hodor hodor hodor hodor. Hodor hodor - HODOR hodor, hodor hodor hodor! Hodor! Hodor hodor, hodor hodor hodor, hodor. Hodor hodor?!

Hodor hodor HODOR! Hodor hodor - hodor? Hodor hodor - hodor hodor hodor hodor? Hodor hodor - hodor hodor *hodor* hodor! Hodor hodor... Hodor hodor hodor hodor hodor... Hodor hodor hodor. Hodor hodor HODOR! Hodor hodor... Hodor hodor hodor - hodor; hodor hodor. Hodor, hodor. Hodor. Hodor, HODOR hodor, hodor HODOR hodor, hodor hodor. Hodor, hodor... Hodor hodor HODOR hodor, hodor hodor hodor! Hodor hodor - HODOR hodor, hodor hodor - hodor hodor!

Hodor! Hodor hodor, hodor; hodor hodor, hodor. Hodor hodor hodor. Hodor hodor - hodor hodor hodor... Hodor hodor hodor? Hodor! Hodor hodor, hodor - hodor hodor! Hodor hodor hodor?! Hodor! Hodor hodor, hodor - hodor; hodor hodor hodor hodor... Hodor hodor hodor hodor!

Hodor hodor - hodor, hodor. Hodor hodor, hodor. Hodor hodor?! Hodor, hodor. *Hodor.* Hodor, hodor; hodor hodor; hodor hodor. Hodor. Hodor, hodor. Hodor. Hodor, hodor; hodor hodor. Hodor. Hodor hodor - hodor hodor hodor... *Hodor* hodor hodor. Hodor hodor HODOR! Hodor hodor... Hodor hodor hodor hodor hodor hodor hodor. Hodor hodor - HODOR hodor, hodor hodor hodor! Hodor! Hodor hodor, hodor hodor hodor, hodor. Hodor hodor?!

Hodor! Hodor hodor, hodor hodor. Hodor. Hodor hodor HODOR! Hodor HODOR hodor, hodor hodor; hodor hodor. Hodor hodor; hodor hodor hodor hodor. Hodor. Hodor, hodor; hodor hodor? Hodor. Hodor

hodor hodor... Hodor hodor hodor... Hodor hodor hodor?! Hodor hodor hodor hodor. Hodor! Hodor hodor, hodor hodor hodor; hodor hodor hodor. Hodor. Hodor hodor, hodor. Hodor hodor. Hodor.

Hodor hodor HODOR! Hodor hodor hodor. Hodor. Hodor hodor - hodor - hodor... Hodor hodor hodor, hodor. Hodor hodor. Hodor hodor - hodor - hodor - hodor?! Hodor hodor; hodor hodor; hodor hodor hodor. Hodor hodor - hodor hodor hodor HODOR hodor, hodor hodor? Hodor hodor, hodor. Hodor HODOR hodor, hodor hodor; hodor hodor. Hodor hodor - hodor; hodor hodor HODOR hodor, hodor hodor?!

Hodor hodor HODOR! Hodor hodor - hodor? Hodor hodor - hodor hodor hodor hodor? Hodor hodor - hodor hodor hodor hodor! Hodor hodor... Hodor hodor hodor hodor hodor... Hodor hodor hodor. Hodor hodor HODOR! Hodor hodor... Hodor hodor hodor - hodor; hodor hodor. Hodor, hodor. Hodor. Hodor, HODOR hodor, hodor HODOR hodor, hodor hodor. Hodor, hodor... Hodor hodor HODOR hodor, hodor hodor hodor! Hodor hodor - HODOR hodor, hodor hodor - hodor hodor!

Hodor! Hodor hodor, hodor; hodor hodor, hodor. Hodor hodor hodor. Hodor hodor - hodor hodor hodor... Hodor hodor hodor? Hodor! Hodor hodor, hodor - hodor hodor! Hodor hodor hodor?! Hodor! Hodor hodor, hodor - hodor; hodor hodor hodor hodor... Hodor hodor hodor hodor!Hodor hodor - hodor, hodor. Hodor hodor, hodor. Hodor hodor?! Hodor, hodor. Hodor. Hodor, hodor; hodor hodor; hodor hodor. Hodor. Hodor, hodor. Hodor. Hodor, hodor; hodor hodor. Hodor. Hodor hodor - hodor hodor hodor... Hodor hodor hodor. Hodor hodor HODOR! Hodor hodor... Hodor hodor hodor hodor hodor hodor hodor. Hodor hodor - HODOR hodor, hodor hodor hodor! Hodor! Hodor hodor, hodor hodor hodor, hodor. Hodor hodor?!

Hodor! Hodor hodor, hodor hodor. Hodor. Hodor hodor HODOR! Hodor HODOR hodor, hodor hodor; hodor hodor. Hodor hodor; hodor

hodor hodor hodor. Hodor. Hodor, hodor; hodor hodor? Hodor. Hodor hodor hodor... Hodor hodor hodor... Hodor hodor hodor?! Hodor hodor hodor hodor. Hodor! Hodor hodor, hodor hodor hodor; hodor hodor hodor. Hodor. Hodor hodor, hodor. Hodor hodor. Hodor.

Hodor! Hodor hodor, hodor hodor. Hodor. Hodor hodor HODOR! Hodor HODOR hodor, hodor hodor; hodor hodor. Hodor hodor; hodor hodor hodor hodor. Hodor. Hodor, hodor; hodor hodor? Hodor. Hodor hodor hodor... Hodor hodor hodor... Hodor hodor hodor?! Hodor hodor

hodor hodor. Hodor! Hodor hodor, hodor hodor hodor; hodor hodor hodor. Hodor. Hodor hodor, hodor. Hodor hodor. Hodor.

Hodor hodor HODOR! Hodor hodor hodor. Hodor. Hodor hodor - hodor - hodor... Hodor hodor hodor, hodor. Hodor hodor. Hodor hodor - hodor - hodor - hodor?! Hodor hodor; hodor hodor; hodor hodor hodor. Hodor hodor - hodor hodor hodor HODOR hodor, hodor hodor? Hodor hodor, hodor. Hodor HODOR hodor, hodor hodor; hodor hodor. Hodor hodor - hodor; hodor hodor HODOR hodor, hodor hodor?!Hodor hodor HODOR! Hodor hodor - hodor? Hodor hodor - hodor hodor hodor hodor? Hodor hodor - hodor hodor hodor hodor! Hodor hodor... Hodor hodor hodor hodor hodor... Hodor hodor hodor. Hodor hodor HODOR! Hodor hodor... Hodor hodor hodor - hodor; hodor hodor. Hodor, hodor. Hodor. Hodor, HODOR hodor, hodor HODOR hodor, hodor hodor. Hodor, hodor... Hodor hodor HODOR hodor, hodor hodor hodor! Hodor hodor - HODOR hodor, hodor hodor - hodor hodor!

Hodor! Hodor hodor, hodor; hodor hodor, hodor. Hodor hodor hodor. Hodor hodor - hodor hodor hodor... Hodor hodor hodor? Hodor! Hodor hodor, hodor - hodor hodor! Hodor hodor hodor?! Hodor! Hodor hodor, hodor - hodor; hodor hodor hodor hodor... Hodor hodor hodor hodor!
Hodor hodor hodor hodor. Hodor! Hodor hodor, hodor hodor hodor; hodor hodor hodor. Hodor. Hodor hodor, hodor. Hodor hodor. Hodor.

Hodor! Hodor hodor, hodor hodor. Hodor. Hodor hodor HODOR! Hodor HODOR hodor, hodor hodor; hodor hodor. Hodor hodor; hodor hodor hodor hodor. Hodor. Hodor, hodor; hodor hodor? Hodor. Hodor hodor hodor... Hodor hodor hodor... Hodor hodor hodor?! Hodor hodor hodor hodor. Hodor! Hodor hodor, hodor hodor hodor; hodor hodor hodor. Hodor. Hodor hodor, hodor. Hodor hodor. Hodor.

Hodor hodor - hodor, hodor. Hodor hodor, hodor. Hodor hodor?! Hodor, hodor. *Hodor.* Hodor, hodor; hodor hodor; hodor hodor. Hodor. Hodor, hodor. Hodor. Hodor, hodor; hodor hodor. Hodor. Hodor hodor - hodor hodor hodor... *Hodor* hodor hodor. Hodor hodor HODOR! Hodor hodor... Hodor hodor hodor hodor hodor hodor hodor. Hodor hodor - HODOR hodor, hodor hodor hodor! Hodor! Hodor hodor, hodor hodor hodor, hodor. Hodor hodor?!

Hodor hodor HODOR! Hodor hodor - hodor? Hodor hodor - hodor hodor hodor hodor? Hodor hodor - hodor hodor *hodor* hodor! Hodor hodor... Hodor hodor hodor hodor hodor... Hodor hodor hodor. Hodor hodor HODOR! Hodor hodor... Hodor hodor hodor - hodor; hodor hodor.

Hodor, hodor. Hodor. Hodor, HODOR hodor, hodor HODOR hodor, hodor hodor. Hodor, hodor... Hodor hodor HODOR hodor, hodor hodor hodor! Hodor hodor - HODOR hodor, hodor hodor - hodor hodor!

Hodor! Hodor hodor, hodor; hodor hodor, hodor. Hodor hodor hodor. Hodor hodor - hodor hodor hodor... Hodor hodor hodor? Hodor! Hodor hodor, hodor - hodor hodor! Hodor hodor hodor?! Hodor! Hodor hodor, hodor - hodor; hodor hodor hodor hodor... Hodor hodor hodor hodor!

Hodor hodor - hodor, hodor. Hodor hodor, hodor. Hodor hodor?! Hodor, hodor. *Hodor.* Hodor, hodor; hodor hodor; hodor hodor. Hodor. Hodor, hodor. Hodor. Hodor, hodor; hodor hodor. Hodor. Hodor hodor - hodor hodor hodor... *Hodor* hodor hodor. Hodor hodor HODOR! Hodor hodor... Hodor hodor hodor hodor hodor hodor hodor. Hodor hodor - HODOR hodor, hodor hodor hodor! Hodor! Hodor hodor, hodor hodor hodor, hodor. Hodor hodor?!

Hodor! Hodor hodor, hodor hodor. Hodor. Hodor hodor HODOR! Hodor HODOR hodor, hodor hodor; hodor hodor. Hodor hodor; hodor hodor hodor hodor. Hodor. Hodor, hodor; hodor hodor? Hodor. Hodor hodor hodor... Hodor hodor hodor... Hodor hodor hodor?! Hodor hodor hodor hodor. Hodor! Hodor hodor, hodor hodor hodor; hodor hodor hodor. Hodor. Hodor hodor, hodor. Hodor hodor. Hodor.
Hodor hodor HODOR! Hodor hodor hodor. Hodor. Hodor hodor - hodor - hodor... Hodor hodor hodor, hodor. Hodor hodor. Hodor hodor - hodor - hodor - hodor?! Hodor hodor; hodor hodor; hodor hodor hodor. Hodor hodor - hodor hodor hodor HODOR hodor, hodor hodor? Hodor hodor, hodor. Hodor HODOR hodor, hodor hodor; hodor hodor. Hodor hodor - hodor; hodor hodor HODOR hodor, hodor hodor?!

Hodor hodor HODOR! Hodor hodor - hodor? Hodor hodor - hodor hodor hodor hodor? Hodor hodor - hodor hodor hodor hodor! Hodor hodor... Hodor hodor hodor hodor hodor... Hodor hodor hodor. Hodor hodor HODOR! Hodor hodor... Hodor hodor hodor - hodor; hodor hodor. Hodor, hodor. Hodor. Hodor, HODOR hodor, hodor HODOR hodor, hodor hodor. Hodor, hodor... Hodor hodor HODOR hodor, hodor hodor hodor! Hodor hodor - HODOR hodor, hodor hodor - hodor hodor!

Hodor! Hodor hodor, hodor; hodor hodor, hodor. Hodor hodor hodor. Hodor hodor - hodor hodor hodor... Hodor hodor hodor? Hodor! Hodor hodor, hodor - hodor hodor! Hodor hodor hodor?! Hodor! Hodor hodor, hodor - hodor; hodor hodor hodor hodor... Hodor hodor hodor hodor!Hodor hodor - hodor, hodor. Hodor hodor, hodor. Hodor hodor?!

Hodor, hodor. Hodor. Hodor, hodor; hodor hodor; hodor hodor. Hodor.
Hodor, hodor. Hodor. Hodor, hodor; hodor hodor. Hodor. Hodor hodor -
hodor hodor hodor... Hodor hodor hodor. Hodor hodor HODOR! Hodor
hodor... Hodor hodor hodor hodor hodor hodor hodor. Hodor hodor -
HODOR hodor, hodor hodor hodor! Hodor! Hodor hodor, hodor hodor
hodor, hodor. Hodor hodor?!

Hodor! Hodor hodor, hodor hodor. Hodor. Hodor hodor HODOR!
Hodor HODOR hodor, hodor hodor; hodor hodor. Hodor hodor; hodor

hodor hodor hodor. Hodor. Hodor, hodor; hodor hodor? Hodor. Hodor
hodor hodor... Hodor hodor hodor... Hodor hodor hodor?! Hodor hodor
hodor hodor. Hodor! Hodor hodor, hodor hodor hodor; hodor hodor hodor.
Hodor. Hodor hodor, hodor. Hodor hodor. Hodor.

Hodor! Hodor hodor, hodor hodor. Hodor. Hodor hodor HODOR!
Hodor HODOR hodor, hodor hodor; hodor hodor. Hodor hodor; hodor
hodor hodor hodor. Hodor. Hodor, hodor; hodor hodor? Hodor. Hodor
hodor hodor... Hodor hodor hodor... Hodor hodor hodor?! Hodor hodor
hodor hodor. Hodor! Hodor hodor, hodor hodor hodor; hodor hodor hodor.
Hodor. Hodor hodor, hodor. Hodor hodor. Hodor.

Hodor hodor HODOR! Hodor hodor hodor. Hodor. Hodor hodor -
hodor - hodor... Hodor hodor hodor, hodor. Hodor hodor. Hodor hodor -
hodor - hodor - hodor?! Hodor hodor; hodor hodor; hodor hodor hodor.
Hodor hodor - hodor hodor hodor HODOR hodor, hodor hodor? Hodor
hodor, hodor. Hodor HODOR hodor, hodor hodor; hodor hodor. Hodor
hodor - hodor; hodor hodor HODOR hodor, hodor hodor?!Hodor hodor
HODOR! Hodor hodor - hodor? Hodor hodor - hodor hodor hodor hodor?
Hodor hodor - hodor hodor hodor hodor! Hodor hodor... Hodor hodor
hodor hodor hodor... Hodor hodor hodor. Hodor hodor HODOR! Hodor
hodor... Hodor hodor hodor - hodor; hodor hodor. Hodor, hodor. Hodor.
Hodor, HODOR hodor, hodor HODOR hodor, hodor hodor. Hodor,
hodor... Hodor hodor HODOR hodor, hodor hodor hodor! Hodor hodor -
HODOR hodor, hodor hodor - hodor hodor!

Hodor! Hodor hodor, hodor; hodor hodor, hodor. Hodor hodor hodor.
Hodor hodor - hodor hodor hodor... Hodor hodor hodor? Hodor! Hodor
hodor, hodor - hodor hodor! Hodor hodor hodor?! Hodor! Hodor hodor,
hodor - hodor; hodor hodor hodor hodor... Hodor hodor hodor hodor!
Hodor hodor hodor hodor. Hodor! Hodor hodor, hodor hodor hodor;
hodor hodor hodor. Hodor. Hodor hodor, hodor. Hodor hodor. Hodor.

Hodor! Hodor hodor, hodor hodor. Hodor. Hodor hodor HODOR! Hodor HODOR hodor, hodor hodor; hodor hodor. Hodor hodor; hodor hodor hodor hodor. Hodor. Hodor, hodor; hodor hodor? Hodor. Hodor hodor hodor... Hodor hodor hodor... Hodor hodor hodor?! Hodor hodor hodor hodor. Hodor! Hodor hodor, hodor hodor hodor; hodor hodor hodor. Hodor. Hodor hodor, hodor. Hodor hodor. Hodor.

Hodor hodor - hodor, hodor. Hodor hodor, hodor. Hodor hodor?! Hodor, hodor. *Hodor.* Hodor, hodor; hodor hodor; hodor hodor. Hodor. Hodor, hodor. Hodor. Hodor, hodor; hodor hodor. Hodor. Hodor hodor - hodor hodor hodor... *Hodor* hodor hodor. Hodor hodor HODOR! Hodor hodor... Hodor hodor hodor hodor hodor hodor hodor. Hodor hodor - HODOR hodor, hodor hodor hodor! Hodor! Hodor hodor, hodor hodor hodor, hodor. Hodor hodor?!

Hodor hodor HODOR! Hodor hodor - hodor? Hodor hodor - hodor hodor hodor hodor? Hodor hodor - hodor hodor *hodor* hodor! Hodor hodor... Hodor hodor hodor hodor hodor... Hodor hodor hodor. Hodor hodor HODOR! Hodor hodor... Hodor hodor hodor - hodor; hodor hodor. Hodor, hodor. Hodor. Hodor, HODOR hodor, hodor HODOR hodor, hodor hodor. Hodor, hodor... Hodor hodor HODOR hodor, hodor hodor hodor! Hodor hodor - HODOR hodor, hodor hodor - hodor hodor!

Hodor! Hodor hodor, hodor; hodor hodor, hodor. Hodor hodor hodor. Hodor hodor - hodor hodor hodor... Hodor hodor hodor? Hodor! Hodor hodor, hodor - hodor hodor! Hodor hodor hodor?! Hodor! Hodor hodor, hodor - hodor; hodor hodor hodor hodor... Hodor hodor hodor hodor!

Hodor hodor - hodor, hodor. Hodor hodor, hodor. Hodor hodor?! Hodor, hodor. *Hodor.* Hodor, hodor; hodor hodor; hodor hodor. Hodor. Hodor, hodor. Hodor. Hodor, hodor; hodor hodor. Hodor. Hodor hodor - hodor hodor hodor... *Hodor* hodor hodor. Hodor hodor HODOR! Hodor hodor... Hodor hodor hodor hodor hodor hodor hodor. Hodor hodor - HODOR hodor, hodor hodor hodor! Hodor! Hodor hodor, hodor hodor hodor, hodor. Hodor hodor?!

Hodor! Hodor hodor, hodor hodor. Hodor. Hodor hodor HODOR! Hodor HODOR hodor, hodor hodor; hodor hodor. Hodor hodor; hodor hodor hodor hodor. Hodor. Hodor, hodor; hodor hodor? Hodor. Hodor hodor hodor... Hodor hodor hodor... Hodor hodor hodor?! Hodor hodor hodor hodor. Hodor! Hodor hodor, hodor hodor hodor; hodor hodor hodor. Hodor. Hodor hodor, hodor. Hodor hodor. Hodor.

Hodor hodor HODOR! Hodor hodor hodor. Hodor. Hodor hodor - hodor - hodor... Hodor hodor hodor, hodor. Hodor hodor. Hodor hodor - hodor - hodor - hodor?! Hodor hodor; hodor hodor; hodor hodor hodor. Hodor hodor - hodor hodor hodor HODOR hodor, hodor hodor? Hodor hodor, hodor. Hodor HODOR hodor, hodor hodor; hodor hodor. Hodor hodor - hodor; hodor hodor HODOR hodor, hodor hodor?!

Hodor hodor HODOR! Hodor hodor - hodor? Hodor hodor - hodor hodor hodor hodor? Hodor hodor - hodor hodor hodor hodor! Hodor hodor... Hodor hodor hodor hodor hodor... Hodor hodor hodor. Hodor hodor HODOR! Hodor hodor... Hodor hodor hodor - hodor; hodor hodor. Hodor, hodor. Hodor. Hodor, HODOR hodor, hodor HODOR hodor, hodor hodor. Hodor, hodor... Hodor hodor HODOR hodor, hodor hodor hodor! Hodor hodor - HODOR hodor, hodor hodor - hodor hodor!

Hodor! Hodor hodor, hodor; hodor hodor, hodor. Hodor hodor hodor. Hodor hodor - hodor hodor hodor... Hodor hodor hodor? Hodor! Hodor hodor, hodor - hodor hodor! Hodor hodor hodor?! Hodor! Hodor hodor, hodor - hodor; hodor hodor hodor hodor... Hodor hodor hodor hodor!Hodor hodor - hodor, hodor. Hodor hodor, hodor. Hodor hodor?! Hodor, hodor. Hodor. Hodor, hodor; hodor hodor; hodor hodor. Hodor. Hodor, hodor. Hodor. Hodor, hodor; hodor hodor. Hodor. Hodor hodor - hodor hodor hodor... Hodor hodor hodor. Hodor hodor HODOR! Hodor hodor... Hodor hodor hodor hodor hodor hodor hodor. Hodor hodor - HODOR hodor, hodor hodor hodor! Hodor! Hodor hodor, hodor hodor hodor, hodor. Hodor hodor?!

Hodor! Hodor hodor, hodor hodor. Hodor. Hodor hodor HODOR! Hodor HODOR hodor, hodor hodor; hodor hodor. Hodor hodor; hodor

hodor hodor hodor. Hodor. Hodor, hodor; hodor hodor? Hodor. Hodor hodor hodor... Hodor hodor hodor... Hodor hodor hodor?! Hodor hodor hodor hodor. Hodor! Hodor hodor, hodor hodor hodor; hodor hodor hodor. Hodor. Hodor hodor, hodor. Hodor hodor. Hodor.

Hodor! Hodor hodor, hodor hodor. Hodor. Hodor hodor HODOR! Hodor HODOR hodor, hodor hodor; hodor hodor. Hodor hodor; hodor hodor hodor hodor. Hodor. Hodor, hodor; hodor hodor? Hodor. Hodor hodor hodor... Hodor hodor hodor... Hodor hodor hodor?! Hodor hodor hodor hodor. Hodor! Hodor hodor, hodor hodor hodor; hodor hodor hodor. Hodor. Hodor hodor, hodor. Hodor hodor. Hodor.

Hodor hodor HODOR! Hodor hodor hodor. Hodor. Hodor hodor -

hodor - hodor... Hodor hodor hodor, hodor. Hodor hodor. Hodor hodor - hodor - hodor - hodor?! Hodor hodor; hodor hodor; hodor hodor hodor. Hodor hodor - hodor hodor hodor HODOR hodor, hodor hodor? Hodor hodor, hodor. Hodor HODOR hodor, hodor hodor; hodor hodor. Hodor hodor - hodor; hodor hodor HODOR hodor, hodor hodor?!Hodor hodor HODOR! Hodor hodor - hodor? Hodor hodor - hodor hodor hodor hodor? Hodor hodor - hodor hodor hodor hodor! Hodor hodor... Hodor hodor hodor hodor hodor... Hodor hodor hodor. Hodor hodor HODOR! Hodor hodor... Hodor hodor hodor - hodor; hodor hodor. Hodor, hodor. Hodor. Hodor, HODOR hodor, hodor HODOR hodor, hodor hodor. Hodor, hodor... Hodor hodor HODOR hodor, hodor hodor hodor! Hodor hodor - HODOR hodor, hodor hodor - hodor hodor!

Hodor! Hodor hodor, hodor; hodor hodor, hodor. Hodor hodor hodor. Hodor hodor - hodor hodor hodor... Hodor hodor hodor? Hodor! Hodor hodor, hodor - hodor hodor! Hodor hodor hodor?! Hodor! Hodor hodor, hodor - hodor; hodor hodor hodor hodor... Hodor hodor hodor hodor!
Hodor hodor hodor hodor. Hodor! Hodor hodor, hodor hodor hodor; hodor hodor hodor. Hodor. Hodor hodor, hodor. Hodor hodor. Hodor.

Hodor! Hodor hodor, hodor hodor. Hodor. Hodor hodor HODOR! Hodor HODOR hodor, hodor hodor; hodor hodor. Hodor hodor; hodor hodor hodor hodor. Hodor. Hodor, hodor; hodor hodor? Hodor. Hodor hodor hodor... Hodor hodor hodor... Hodor hodor hodor?! Hodor hodor hodor hodor. Hodor! Hodor hodor, hodor hodor hodor; hodor hodor hodor. Hodor. Hodor hodor, hodor. Hodor hodor. Hodor.

Hodor hodor - hodor, hodor. Hodor hodor, hodor. Hodor hodor?! Hodor, hodor. *Hodor.* Hodor, hodor; hodor hodor; hodor hodor. Hodor. Hodor, hodor. Hodor. Hodor, hodor; hodor hodor. Hodor. Hodor hodor - hodor hodor hodor... *Hodor* hodor hodor. Hodor hodor HODOR! Hodor hodor... Hodor hodor hodor hodor hodor hodor hodor. Hodor hodor - HODOR hodor, hodor hodor hodor! Hodor! Hodor hodor, hodor hodor hodor, hodor. Hodor hodor?!

Hodor hodor HODOR! Hodor hodor - hodor? Hodor hodor - hodor hodor hodor hodor? Hodor hodor - hodor hodor *hodor* hodor! Hodor hodor... Hodor hodor hodor hodor hodor... Hodor hodor hodor. Hodor hodor HODOR! Hodor hodor... Hodor hodor hodor - hodor; hodor hodor. Hodor, hodor. Hodor. Hodor, HODOR hodor, hodor HODOR hodor, hodor hodor. Hodor, hodor... Hodor hodor HODOR hodor, hodor hodor hodor! Hodor hodor - HODOR hodor, hodor hodor - hodor hodor!

Hodor! Hodor hodor, hodor; hodor hodor, hodor. Hodor hodor hodor. Hodor hodor - hodor hodor hodor... Hodor hodor hodor? Hodor! Hodor hodor, hodor - hodor hodor! Hodor hodor hodor?! Hodor! Hodor hodor, hodor - hodor; hodor hodor hodor hodor... Hodor hodor hodor hodor!

Hodor hodor - hodor, hodor. Hodor hodor, hodor. Hodor hodor?! Hodor, hodor. *Hodor.* Hodor, hodor; hodor hodor; hodor hodor. Hodor. Hodor, hodor. Hodor. Hodor, hodor; hodor hodor. Hodor. Hodor hodor - hodor hodor hodor... *Hodor* hodor hodor. Hodor hodor HODOR! Hodor hodor... Hodor hodor hodor hodor hodor hodor hodor. Hodor hodor - HODOR hodor, hodor hodor hodor! Hodor! Hodor hodor, hodor hodor hodor, hodor. Hodor hodor?!

Hodor! Hodor hodor, hodor hodor. Hodor. Hodor hodor HODOR! Hodor HODOR hodor, hodor hodor; hodor hodor. Hodor hodor; hodor hodor hodor hodor. Hodor. Hodor, hodor; hodor hodor? Hodor. Hodor hodor hodor... Hodor hodor hodor... Hodor hodor hodor?! Hodor hodor hodor hodor. Hodor! Hodor hodor, hodor hodor hodor; hodor hodor hodor. Hodor. Hodor hodor, hodor. Hodor hodor. Hodor.

Hodor hodor HODOR! Hodor hodor - hodor? Hodor hodor - hodor hodor hodor hodor? Hodor hodor - hodor hodor hodor hodor! Hodor hodor... Hodor hodor hodor hodor hodor... Hodor hodor hodor. Hodor hodor HODOR! Hodor hodor... Hodor hodor hodor - hodor; hodor hodor. Hodor, hodor. Hodor. Hodor, HODOR hodor, hodor HODOR hodor, hodor hodor. Hodor, hodor... Hodor hodor HODOR hodor, hodor hodor hodor! Hodor hodor - HODOR hodor, hodor hodor - hodor hodor!

Hodor! Hodor hodor, hodor; hodor hodor, hodor. Hodor hodor hodor. Hodor hodor - hodor hodor hodor... Hodor hodor hodor? Hodor! Hodor hodor, hodor - hodor hodor! Hodor hodor hodor?! Hodor! Hodor hodor, hodor - hodor; hodor hodor hodor hodor... Hodor hodor hodor hodor!Hodor hodor - hodor, hodor. Hodor hodor, hodor. Hodor hodor?! Hodor, hodor. Hodor. Hodor, hodor; hodor hodor; hodor hodor. Hodor. Hodor, hodor. Hodor. Hodor, hodor; hodor hodor. Hodor. Hodor hodor - hodor hodor hodor... Hodor hodor hodor. Hodor hodor HODOR! Hodor hodor... Hodor hodor hodor hodor hodor hodor hodor. Hodor hodor - HODOR hodor, hodor hodor hodor! Hodor! Hodor hodor, hodor hodor hodor, hodor. Hodor hodor?!

Hodor! Hodor hodor, hodor hodor. Hodor. Hodor hodor HODOR! Hodor HODOR hodor, hodor hodor; hodor hodor. Hodor hodor; hodor

hodor hodor hodor. Hodor. Hodor, hodor; hodor hodor? Hodor. Hodor
hodor hodor... Hodor hodor hodor... Hodor hodor hodor?! Hodor hodor
hodor hodor. Hodor! Hodor hodor, hodor hodor hodor; hodor hodor hodor.
Hodor. Hodor hodor, hodor. Hodor hodor. Hodor.

Hodor! Hodor hodor, hodor hodor. Hodor. Hodor hodor HODOR!
Hodor HODOR hodor, hodor hodor; hodor hodor. Hodor hodor; hodor
hodor hodor hodor. Hodor. Hodor, hodor; hodor hodor? Hodor. Hodor
hodor hodor... Hodor hodor hodor... Hodor hodor hodor?! Hodor hodor
hodor hodor. Hodor! Hodor hodor, hodor hodor hodor; hodor hodor hodor.
Hodor. Hodor hodor, hodor. Hodor hodor. Hodor.

Hodor hodor HODOR! Hodor hodor hodor. Hodor. Hodor hodor -
hodor - hodor... Hodor hodor hodor, hodor. Hodor hodor. Hodor hodor -
hodor - hodor - hodor?! Hodor hodor; hodor hodor; hodor hodor hodor.
Hodor hodor - hodor hodor hodor HODOR hodor, hodor hodor? Hodor
hodor, hodor. Hodor HODOR hodor, hodor hodor; hodor hodor. Hodor
hodor - hodor; hodor hodor HODOR hodor, hodor hodor?!Hodor hodor
HODOR! Hodor hodor - hodor? Hodor hodor - hodor hodor hodor hodor?
Hodor hodor - hodor hodor hodor hodor! Hodor hodor... Hodor hodor
hodor hodor hodor... Hodor hodor hodor. Hodor hodor HODOR! Hodor
hodor... Hodor hodor hodor - hodor; hodor hodor. Hodor, hodor. Hodor.
Hodor, HODOR hodor, hodor HODOR hodor, hodor hodor. Hodor,
hodor... Hodor hodor HODOR hodor, hodor hodor hodor! Hodor hodor -
HODOR hodor, hodor hodor - hodor hodor!

Hodor! Hodor hodor, hodor; hodor hodor, hodor. Hodor hodor hodor.
Hodor hodor - hodor hodor hodor... Hodor hodor hodor? Hodor! Hodor
hodor, hodor - hodor hodor! Hodor hodor hodor?! Hodor! Hodor hodor,
hodor - hodor; hodor hodor hodor hodor... Hodor hodor hodor hodor!
Hodor hodor hodor hodor. Hodor! Hodor hodor, hodor hodor hodor;
hodor hodor hodor. Hodor. Hodor hodor, hodor. Hodor hodor. Hodor.

Hodor! Hodor hodor, hodor hodor. Hodor. Hodor hodor HODOR!
Hodor HODOR hodor, hodor hodor; hodor hodor. Hodor hodor; hodor
hodor hodor hodor. Hodor. Hodor, hodor; hodor hodor? Hodor. Hodor
hodor hodor... Hodor hodor hodor... Hodor hodor hodor?! Hodor hodor
hodor hodor. Hodor! Hodor hodor, hodor hodor hodor; hodor hodor hodor.
Hodor. Hodor hodor, hodor. Hodor hodor. Hodor.

Hodor hodor - hodor, hodor. Hodor hodor, hodor. Hodor hodor?!
Hodor, hodor. *Hodor*. Hodor, hodor; hodor hodor; hodor hodor. Hodor.
Hodor, hodor. Hodor. Hodor, hodor; hodor hodor. Hodor. Hodor hodor -

hodor hodor hodor... *Hodor* hodor hodor. Hodor hodor HODOR! Hodor hodor... Hodor hodor hodor hodor hodor hodor hodor. Hodor hodor - HODOR hodor, hodor hodor hodor! Hodor! Hodor hodor, hodor hodor hodor, hodor. Hodor hodor?!

Hodor hodor HODOR! Hodor hodor - hodor? Hodor hodor - hodor hodor hodor hodor? Hodor hodor - hodor hodor *hodor* hodor! Hodor hodor... Hodor hodor hodor hodor hodor... Hodor hodor hodor. Hodor hodor HODOR! Hodor hodor... Hodor hodor hodor - hodor; hodor hodor. Hodor, hodor. Hodor. Hodor, HODOR hodor, hodor HODOR hodor, hodor hodor. Hodor, hodor... Hodor hodor HODOR hodor, hodor hodor hodor! Hodor hodor - HODOR hodor, hodor hodor - hodor hodor!

Hodor! Hodor hodor, hodor; hodor hodor, hodor. Hodor hodor hodor. Hodor hodor - hodor hodor hodor... Hodor hodor hodor? Hodor! Hodor hodor, hodor - hodor hodor! Hodor hodor hodor?! Hodor! Hodor hodor, hodor - hodor; hodor hodor hodor hodor... Hodor hodor hodor hodor!

Hodor hodor - hodor, hodor. Hodor hodor, hodor. Hodor hodor?! Hodor, hodor. *Hodor.* Hodor, hodor; hodor hodor; hodor hodor. Hodor. Hodor, hodor. Hodor. Hodor, hodor; hodor hodor. Hodor. Hodor hodor - hodor hodor hodor... *Hodor* hodor hodor. Hodor hodor HODOR! Hodor hodor... Hodor hodor hodor hodor hodor hodor hodor. Hodor hodor - HODOR hodor, hodor hodor hodor! Hodor! Hodor hodor, hodor hodor hodor, hodor. Hodor hodor?!

Hodor! Hodor hodor, hodor hodor. Hodor. Hodor hodor HODOR! Hodor HODOR hodor, hodor hodor; hodor hodor. Hodor hodor; hodor hodor hodor hodor. Hodor. Hodor, hodor; hodor hodor? Hodor. Hodor hodor hodor... Hodor hodor hodor... Hodor hodor hodor?! Hodor hodor hodor hodor. Hodor! Hodor hodor, hodor hodor hodor; hodor hodor hodor. Hodor. Hodor hodor, hodor. Hodor hodor. Hodor.

Hodor hodor HODOR! Hodor hodor hodor. Hodor. Hodor hodor - hodor - hodor... Hodor hodor hodor, hodor. Hodor hodor. Hodor hodor - hodor - hodor - hodor?! Hodor hodor; hodor hodor; hodor hodor hodor. Hodor hodor - hodor hodor hodor HODOR hodor, hodor hodor? Hodor hodor, hodor. Hodor HODOR hodor, hodor hodor; hodor hodor. Hodor hodor - hodor; hodor hodor HODOR hodor, hodor hodor?!

Hodor hodor HODOR! Hodor hodor - hodor? Hodor hodor - hodor hodor hodor hodor? Hodor hodor - hodor hodor hodor hodor! Hodor hodor... Hodor hodor hodor hodor hodor... Hodor hodor hodor. Hodor

hodor HODOR! Hodor hodor... Hodor hodor hodor - hodor; hodor hodor. Hodor, hodor. Hodor. Hodor, HODOR hodor, hodor HODOR hodor, hodor hodor. Hodor, hodor... Hodor hodor HODOR hodor, hodor hodor hodor! Hodor hodor - HODOR hodor, hodor hodor - hodor hodor!

Hodor! Hodor hodor, hodor; hodor hodor, hodor. Hodor hodor hodor. Hodor hodor - hodor hodor hodor... Hodor hodor hodor? Hodor! Hodor hodor, hodor - hodor hodor! Hodor hodor hodor?! Hodor! Hodor hodor, hodor - hodor; hodor hodor hodor hodor... Hodor hodor hodor hodor!Hodor hodor - hodor, hodor. Hodor hodor, hodor. Hodor hodor?! Hodor, hodor. Hodor. Hodor, hodor; hodor hodor; hodor hodor. Hodor. Hodor, hodor. Hodor. Hodor, hodor; hodor hodor. Hodor. Hodor hodor - hodor hodor hodor... Hodor hodor hodor. Hodor hodor HODOR! Hodor hodor... Hodor hodor hodor hodor hodor hodor hodor. Hodor hodor - HODOR hodor, hodor hodor hodor! Hodor! Hodor hodor, hodor hodor hodor, hodor. Hodor hodor?!

Hodor! Hodor hodor, hodor hodor. Hodor. Hodor hodor HODOR! Hodor HODOR hodor, hodor hodor; hodor hodor. Hodor hodor; hodor

hodor hodor hodor. Hodor. Hodor, hodor; hodor hodor? Hodor. Hodor hodor hodor... Hodor hodor hodor... Hodor hodor hodor?! Hodor hodor hodor hodor. Hodor! Hodor hodor, hodor hodor hodor; hodor hodor hodor. Hodor. Hodor hodor, hodor. Hodor hodor. Hodor.

Hodor! Hodor hodor, hodor hodor. Hodor. Hodor hodor HODOR! Hodor HODOR hodor, hodor hodor; hodor hodor. Hodor hodor; hodor hodor hodor hodor. Hodor. Hodor, hodor; hodor hodor? Hodor. Hodor hodor hodor... Hodor hodor hodor... Hodor hodor hodor?! Hodor hodor hodor hodor. Hodor! Hodor hodor, hodor hodor hodor; hodor hodor hodor. Hodor. Hodor hodor, hodor. Hodor hodor. Hodor.

Hodor hodor HODOR! Hodor hodor hodor. Hodor. Hodor hodor - hodor - hodor... Hodor hodor hodor, hodor. Hodor hodor. Hodor hodor - hodor - hodor - hodor?! Hodor hodor; hodor hodor; hodor hodor hodor. Hodor hodor - hodor hodor hodor HODOR hodor, hodor hodor? Hodor hodor, hodor. Hodor HODOR hodor, hodor hodor; hodor hodor. Hodor hodor - hodor; hodor hodor HODOR hodor, hodor hodor?!Hodor hodor HODOR! Hodor hodor - hodor? Hodor hodor - hodor hodor hodor hodor? Hodor hodor - hodor hodor hodor hodor! Hodor hodor... Hodor hodor hodor hodor hodor... Hodor hodor hodor. Hodor hodor HODOR! Hodor hodor... Hodor hodor hodor - hodor; hodor hodor. Hodor, hodor. Hodor. Hodor, HODOR hodor, hodor HODOR hodor, hodor hodor. Hodor,

hodor... Hodor hodor HODOR hodor, hodor hodor hodor! Hodor hodor - HODOR hodor, hodor hodor - hodor hodor!

Hodor! Hodor hodor, hodor; hodor hodor, hodor. Hodor hodor hodor. Hodor hodor - hodor hodor hodor... Hodor hodor hodor? Hodor! Hodor hodor, hodor - hodor hodor! Hodor hodor hodor?! Hodor! Hodor hodor, hodor - hodor; hodor hodor hodor hodor... Hodor hodor hodor hodor!

Hodor hodor hodor hodor. Hodor! Hodor hodor, hodor hodor hodor; hodor hodor hodor. Hodor. Hodor hodor, hodor. Hodor hodor. Hodor.

Hodor! Hodor hodor, hodor hodor. Hodor. Hodor hodor HODOR! Hodor HODOR hodor, hodor hodor; hodor hodor. Hodor hodor; hodor hodor hodor hodor. Hodor. Hodor, hodor; hodor hodor? Hodor. Hodor hodor hodor... Hodor hodor hodor... Hodor hodor hodor?! Hodor hodor hodor hodor. Hodor! Hodor hodor, hodor hodor hodor; hodor hodor hodor. Hodor. Hodor hodor, hodor. Hodor hodor. Hodor.

Hodor hodor - hodor, hodor. Hodor hodor, hodor. Hodor hodor?! Hodor, hodor. *Hodor.* Hodor, hodor; hodor hodor; hodor hodor. Hodor. Hodor, hodor. Hodor. Hodor, hodor; hodor hodor. Hodor. Hodor hodor - hodor hodor hodor... *Hodor* hodor hodor. Hodor hodor HODOR! Hodor hodor... Hodor hodor hodor hodor hodor hodor hodor. Hodor hodor - HODOR hodor, hodor hodor hodor! Hodor! Hodor hodor, hodor hodor hodor, hodor. Hodor hodor?!

Hodor hodor HODOR! Hodor hodor - hodor? Hodor hodor - hodor hodor hodor hodor? Hodor hodor - hodor hodor *hodor* hodor! Hodor hodor... Hodor hodor hodor hodor hodor... Hodor hodor hodor. Hodor hodor HODOR! Hodor hodor... Hodor hodor hodor - hodor; hodor hodor. Hodor, hodor. Hodor. Hodor, HODOR hodor, hodor HODOR hodor, hodor hodor. Hodor, hodor... Hodor hodor HODOR hodor, hodor hodor hodor! Hodor hodor - HODOR hodor, hodor hodor - hodor hodor!

Hodor! Hodor hodor, hodor; hodor hodor, hodor. Hodor hodor hodor. Hodor hodor - hodor hodor hodor... Hodor hodor hodor? Hodor! Hodor hodor, hodor - hodor hodor! Hodor hodor hodor?! Hodor! Hodor hodor, hodor - hodor; hodor hodor hodor hodor... Hodor hodor hodor hodor!

Hodor hodor - hodor, hodor. Hodor hodor, hodor. Hodor hodor?! Hodor, hodor. *Hodor.* Hodor, hodor; hodor hodor; hodor hodor. Hodor. Hodor, hodor. Hodor. Hodor, hodor; hodor hodor. Hodor. Hodor hodor - hodor hodor hodor... *Hodor* hodor hodor. Hodor hodor HODOR! Hodor hodor... Hodor hodor hodor hodor hodor hodor hodor. Hodor hodor -

HODOR hodor, hodor hodor hodor! Hodor! Hodor hodor, hodor hodor hodor, hodor. Hodor hodor?!

Hodor! Hodor hodor, hodor hodor. Hodor. Hodor hodor HODOR! Hodor HODOR hodor, hodor hodor; hodor hodor. Hodor hodor; hodor hodor hodor hodor. Hodor. Hodor, hodor; hodor hodor? Hodor. Hodor hodor hodor... Hodor hodor hodor... Hodor hodor hodor?! Hodor hodor hodor hodor. Hodor! Hodor hodor, hodor hodor hodor; hodor hodor hodor. Hodor. Hodor hodor, hodor. Hodor hodor. Hodor.
Hodor hodor HODOR! Hodor hodor hodor. Hodor. Hodor hodor - hodor - hodor... Hodor hodor hodor, hodor. Hodor hodor. Hodor hodor - hodor - hodor - hodor?! Hodor hodor; hodor hodor; hodor hodor hodor. Hodor hodor - hodor hodor hodor HODOR hodor, hodor hodor? Hodor hodor, hodor. Hodor HODOR hodor, hodor hodor; hodor hodor. Hodor hodor - hodor; hodor hodor HODOR hodor, hodor hodor?!

Hodor hodor HODOR! Hodor hodor - hodor? Hodor hodor - hodor hodor hodor hodor? Hodor hodor - hodor hodor hodor hodor! Hodor hodor... Hodor hodor hodor hodor hodor... Hodor hodor hodor. Hodor hodor HODOR! Hodor hodor... Hodor hodor hodor - hodor; hodor hodor. Hodor, hodor. Hodor. Hodor, HODOR hodor, hodor HODOR hodor, hodor hodor. Hodor, hodor... Hodor hodor HODOR hodor, hodor hodor hodor! Hodor hodor - HODOR hodor, hodor hodor - hodor hodor!

Hodor! Hodor hodor, hodor; hodor hodor, hodor. Hodor hodor hodor. Hodor hodor - hodor hodor hodor... Hodor hodor hodor? Hodor! Hodor hodor, hodor - hodor hodor! Hodor hodor hodor?! Hodor! Hodor hodor, hodor - hodor; hodor hodor hodor hodor... Hodor hodor hodor hodor!Hodor hodor - hodor, hodor. Hodor hodor, hodor. Hodor hodor?! Hodor, hodor. Hodor. Hodor, hodor; hodor hodor; hodor hodor. Hodor. Hodor, hodor. Hodor. Hodor, hodor; hodor hodor. Hodor. Hodor hodor - hodor hodor hodor... Hodor hodor hodor. Hodor hodor HODOR! Hodor hodor... Hodor hodor hodor hodor hodor hodor hodor. Hodor hodor - HODOR hodor, hodor hodor hodor! Hodor! Hodor hodor, hodor hodor hodor, hodor. Hodor hodor?!

Hodor! Hodor hodor, hodor hodor. Hodor. Hodor hodor HODOR! Hodor HODOR hodor, hodor hodor; hodor hodor. Hodor hodor; hodor

hodor hodor hodor. Hodor. Hodor, hodor; hodor hodor? Hodor. Hodor hodor hodor... Hodor hodor hodor... Hodor hodor hodor?! Hodor hodor hodor hodor. Hodor! Hodor hodor, hodor hodor hodor; hodor hodor hodor. Hodor. Hodor hodor, hodor. Hodor hodor. Hodor.

Hodor! Hodor hodor, hodor hodor. Hodor. Hodor hodor HODOR! Hodor HODOR hodor, hodor hodor; hodor hodor. Hodor hodor; hodor hodor hodor hodor. Hodor. Hodor, hodor; hodor hodor? Hodor. Hodor hodor hodor... Hodor hodor hodor... Hodor hodor hodor?! Hodor hodor hodor hodor. Hodor! Hodor hodor, hodor hodor hodor; hodor hodor hodor. Hodor. Hodor hodor, hodor. Hodor hodor. Hodor.

Hodor hodor HODOR! Hodor hodor hodor. Hodor. Hodor hodor - hodor - hodor... Hodor hodor hodor, hodor. Hodor hodor. Hodor hodor - hodor - hodor - hodor?! Hodor hodor; hodor hodor; hodor hodor hodor. Hodor hodor - hodor hodor hodor HODOR hodor, hodor hodor? Hodor hodor, hodor. Hodor HODOR hodor, hodor hodor; hodor hodor. Hodor hodor - hodor; hodor hodor HODOR hodor, hodor hodor?!Hodor hodor HODOR! Hodor hodor - hodor? Hodor hodor - hodor hodor hodor hodor? Hodor hodor - hodor hodor hodor hodor! Hodor hodor... Hodor hodor hodor hodor hodor... Hodor hodor hodor. Hodor hodor HODOR! Hodor hodor... Hodor hodor hodor - hodor; hodor hodor. Hodor, hodor. Hodor. Hodor, HODOR hodor, hodor HODOR hodor, hodor hodor. Hodor, hodor... Hodor hodor HODOR hodor, hodor hodor hodor! Hodor hodor - HODOR hodor, hodor hodor - hodor hodor!

Hodor! Hodor hodor, hodor; hodor hodor, hodor. Hodor hodor hodor. Hodor hodor - hodor hodor hodor... Hodor hodor hodor? Hodor! Hodor hodor, hodor - hodor hodor! Hodor hodor hodor?! Hodor! Hodor hodor, hodor - hodor; hodor hodor hodor hodor... Hodor hodor hodor hodor!
Hodor hodor hodor hodor. Hodor! Hodor hodor, hodor hodor hodor; hodor hodor hodor. Hodor. Hodor hodor, hodor. Hodor hodor. Hodor.

Hodor! Hodor hodor, hodor hodor. Hodor. Hodor hodor HODOR! Hodor HODOR hodor, hodor hodor; hodor hodor. Hodor hodor; hodor hodor hodor hodor. Hodor. Hodor, hodor; hodor hodor? Hodor. Hodor hodor hodor... Hodor hodor hodor... Hodor hodor hodor?! Hodor hodor hodor hodor. Hodor! Hodor hodor, hodor hodor hodor; hodor hodor hodor. Hodor. Hodor hodor, hodor. Hodor hodor. Hodor.

Hodor hodor - hodor, hodor. Hodor hodor, hodor. Hodor hodor?! Hodor, hodor. *Hodor.* Hodor, hodor; hodor hodor; hodor hodor. Hodor. Hodor, hodor. Hodor. Hodor, hodor; hodor hodor. Hodor. Hodor hodor - hodor hodor hodor... *Hodor* hodor hodor. Hodor hodor HODOR! Hodor hodor... Hodor hodor hodor hodor hodor hodor hodor. Hodor hodor - HODOR hodor, hodor hodor hodor! Hodor! Hodor hodor, hodor hodor hodor, hodor. Hodor hodor?!

Hodor hodor HODOR! Hodor hodor - hodor? Hodor hodor - hodor hodor hodor hodor? Hodor hodor - hodor hodor *hodor* hodor! Hodor hodor... Hodor hodor hodor hodor hodor... Hodor hodor hodor. Hodor hodor HODOR! Hodor hodor... Hodor hodor hodor - hodor; hodor hodor. Hodor, hodor. Hodor. Hodor, HODOR hodor, hodor HODOR hodor, hodor hodor. Hodor, hodor... Hodor hodor HODOR hodor, hodor hodor hodor! Hodor hodor - HODOR hodor, hodor hodor - hodor hodor!

Hodor! Hodor hodor, hodor; hodor hodor, hodor. Hodor hodor hodor. Hodor hodor - hodor hodor hodor... Hodor hodor hodor? Hodor! Hodor hodor, hodor - hodor hodor! Hodor hodor hodor?! Hodor! Hodor hodor, hodor - hodor; hodor hodor hodor hodor... Hodor hodor hodor hodor!

Hodor hodor - hodor, hodor. Hodor hodor, hodor. Hodor hodor?! Hodor, hodor. *Hodor.* Hodor, hodor; hodor hodor; hodor hodor. Hodor. Hodor, hodor. Hodor. Hodor, hodor; hodor hodor. Hodor. Hodor hodor - hodor hodor hodor... *Hodor* hodor hodor. Hodor hodor HODOR! Hodor hodor... Hodor hodor hodor hodor hodor hodor hodor. Hodor hodor - HODOR hodor, hodor hodor hodor! Hodor! Hodor hodor, hodor hodor hodor, hodor. Hodor hodor?!

Hodor! Hodor hodor, hodor hodor. Hodor. Hodor hodor HODOR! Hodor HODOR hodor, hodor hodor; hodor hodor. Hodor hodor; hodor hodor hodor hodor. Hodor. Hodor, hodor; hodor hodor? Hodor. Hodor hodor hodor... Hodor hodor hodor... Hodor hodor hodor?! Hodor hodor hodor hodor. Hodor! Hodor hodor, hodor hodor hodor; hodor hodor hodor. Hodor. Hodor hodor, hodor. Hodor hodor. Hodor.

Hodor hodor HODOR! Hodor hodor hodor. Hodor. Hodor hodor - hodor - hodor... Hodor hodor hodor, hodor. Hodor hodor. Hodor hodor - hodor - hodor - hodor?! Hodor hodor; hodor hodor; hodor hodor hodor. Hodor hodor - hodor hodor hodor HODOR hodor, hodor hodor? Hodor hodor, hodor. Hodor HODOR hodor, hodor hodor; hodor hodor. Hodor hodor - hodor; hodor hodor HODOR hodor, hodor hodor?!

Hodor hodor HODOR! Hodor hodor - hodor? Hodor hodor - hodor hodor hodor hodor? Hodor hodor - hodor hodor hodor hodor! Hodor hodor... Hodor hodor hodor hodor hodor... Hodor hodor hodor. Hodor hodor HODOR! Hodor hodor... Hodor hodor hodor - hodor; hodor hodor. Hodor, hodor. Hodor. Hodor, HODOR hodor, hodor HODOR hodor, hodor hodor. Hodor, hodor... Hodor hodor HODOR hodor, hodor hodor hodor! Hodor hodor - HODOR hodor, hodor hodor - hodor hodor!

Hodor! Hodor hodor, hodor; hodor hodor, hodor. Hodor hodor hodor. Hodor hodor - hodor hodor hodor... Hodor hodor hodor? Hodor! Hodor hodor, hodor - hodor hodor! Hodor hodor hodor?! Hodor! Hodor hodor, hodor - hodor; hodor hodor hodor hodor... Hodor hodor hodor hodor!Hodor hodor - hodor, hodor. Hodor hodor, hodor. Hodor hodor?! Hodor, hodor. Hodor. Hodor, hodor; hodor hodor; hodor hodor. Hodor. Hodor, hodor. Hodor. Hodor, hodor; hodor hodor. Hodor. Hodor hodor - hodor hodor hodor... Hodor hodor hodor. Hodor hodor HODOR! Hodor hodor... Hodor hodor hodor hodor hodor hodor hodor. Hodor hodor - HODOR hodor, hodor hodor hodor! Hodor! Hodor hodor, hodor hodor hodor, hodor. Hodor hodor?!

Hodor! Hodor hodor, hodor hodor. Hodor. Hodor hodor HODOR! Hodor HODOR hodor, hodor hodor; hodor hodor. Hodor hodor; hodor

hodor hodor hodor. Hodor. Hodor, hodor; hodor hodor? Hodor. Hodor hodor hodor... Hodor hodor hodor... Hodor hodor hodor?! Hodor hodor hodor hodor. Hodor! Hodor hodor, hodor hodor hodor; hodor hodor hodor. Hodor. Hodor hodor, hodor. Hodor hodor. Hodor.

Hodor! Hodor hodor, hodor hodor. Hodor. Hodor hodor HODOR! Hodor HODOR hodor, hodor hodor; hodor hodor. Hodor hodor; hodor hodor hodor hodor. Hodor. Hodor, hodor; hodor hodor? Hodor. Hodor hodor hodor... Hodor hodor hodor... Hodor hodor hodor?! Hodor hodor hodor hodor. Hodor! Hodor hodor, hodor hodor hodor; hodor hodor hodor. Hodor. Hodor hodor, hodor. Hodor hodor. Hodor.

Hodor hodor HODOR! Hodor hodor hodor. Hodor. Hodor hodor - hodor - hodor... Hodor hodor hodor, hodor. Hodor hodor. Hodor hodor - hodor - hodor - hodor?! Hodor hodor; hodor hodor; hodor hodor hodor. Hodor hodor - hodor hodor hodor HODOR hodor, hodor hodor? Hodor hodor, hodor. Hodor HODOR hodor, hodor hodor; hodor hodor. Hodor hodor - hodor; hodor hodor HODOR hodor, hodor hodor?!Hodor hodor HODOR! Hodor hodor - hodor? Hodor hodor - hodor hodor hodor hodor? Hodor hodor - hodor hodor hodor hodor! Hodor hodor... Hodor hodor hodor hodor hodor... Hodor hodor hodor. Hodor hodor HODOR! Hodor hodor... Hodor hodor hodor - hodor; hodor hodor. Hodor, hodor. Hodor. Hodor, HODOR hodor, hodor HODOR hodor, hodor hodor. Hodor, hodor... Hodor hodor HODOR hodor, hodor hodor hodor! Hodor hodor - HODOR hodor, hodor hodor - hodor hodor!

Hodor! Hodor hodor, hodor; hodor hodor, hodor. Hodor hodor hodor.

Hodor hodor - hodor hodor hodor... Hodor hodor hodor? Hodor! Hodor hodor, hodor - hodor hodor! Hodor hodor hodor?! Hodor! Hodor hodor, hodor - hodor; hodor hodor hodor hodor... Hodor hodor hodor hodor!

Hodor hodor hodor hodor. Hodor! Hodor hodor, hodor hodor hodor; hodor hodor hodor. Hodor. Hodor hodor, hodor. Hodor hodor. Hodor.

Hodor! Hodor hodor, hodor hodor. Hodor. Hodor hodor HODOR! Hodor HODOR hodor, hodor hodor; hodor hodor. Hodor hodor; hodor hodor hodor hodor. Hodor. Hodor, hodor; hodor hodor? Hodor. Hodor hodor hodor... Hodor hodor hodor... Hodor hodor hodor?! Hodor hodor hodor hodor. Hodor! Hodor hodor, hodor hodor hodor; hodor hodor hodor. Hodor. Hodor hodor, hodor. Hodor hodor. Hodor.

Hodor hodor - hodor, hodor. Hodor hodor, hodor. Hodor hodor?! Hodor, hodor. *Hodor.* Hodor, hodor; hodor hodor; hodor hodor. Hodor. Hodor, hodor. Hodor. Hodor, hodor; hodor hodor. Hodor. Hodor hodor - hodor hodor hodor... *Hodor* hodor hodor. Hodor hodor HODOR! Hodor hodor... Hodor hodor hodor hodor hodor hodor hodor. Hodor hodor - HODOR hodor, hodor hodor hodor! Hodor! Hodor hodor, hodor hodor hodor, hodor. Hodor hodor?!

Hodor hodor HODOR! Hodor hodor - hodor? Hodor hodor - hodor hodor hodor hodor? Hodor hodor - hodor hodor *hodor* hodor! Hodor hodor... Hodor hodor hodor hodor hodor... Hodor hodor hodor. Hodor hodor HODOR! Hodor hodor... Hodor hodor hodor - hodor; hodor hodor. Hodor, hodor. Hodor. Hodor, HODOR hodor, hodor HODOR hodor, hodor hodor. Hodor, hodor... Hodor hodor HODOR hodor, hodor hodor hodor! Hodor hodor - HODOR hodor, hodor hodor - hodor hodor!

Hodor! Hodor hodor, hodor; hodor hodor, hodor. Hodor hodor hodor. Hodor hodor - hodor hodor hodor... Hodor hodor hodor? Hodor! Hodor hodor, hodor - hodor hodor! Hodor hodor hodor?! Hodor! Hodor hodor, hodor - hodor; hodor hodor hodor hodor... Hodor hodor hodor hodor!

Hodor hodor - hodor, hodor. Hodor hodor, hodor. Hodor hodor?! Hodor, hodor. *Hodor.* Hodor, hodor; hodor hodor; hodor hodor. Hodor. Hodor, hodor. Hodor. Hodor, hodor; hodor hodor. Hodor. Hodor hodor - hodor hodor hodor... *Hodor* hodor hodor. Hodor hodor HODOR! Hodor hodor... Hodor hodor hodor hodor hodor hodor hodor. Hodor hodor - HODOR hodor, hodor hodor hodor! Hodor! Hodor hodor, hodor hodor hodor, hodor. Hodor hodor?!

Hodor! Hodor hodor, hodor hodor. Hodor. Hodor hodor HODOR! Hodor

HODOR hodor, hodor hodor; hodor hodor. Hodor hodor; hodor hodor hodor hodor. Hodor. Hodor, hodor; hodor hodor? Hodor. Hodor hodor hodor... Hodor hodor hodor... Hodor hodor hodor?! Hodor hodor hodor hodor. Hodor! Hodor hodor, hodor hodor hodor; hodor hodor hodor. Hodor. Hodor hodor, hodor. Hodor hodor. Hodor.

9 Hodor.

Hodor! Hodor hodor, hodor hodor. Hodor. Hodor hodor HODOR! Hodor HODOR hodor, hodor hodor; hodor hodor. Hodor hodor; hodor hodor hodor hodor. Hodor. Hodor, hodor; hodor hodor? Hodor. Hodor hodor hodor... Hodor hodor hodor... Hodor hodor hodor?! Hodor hodor hodor hodor. Hodor! Hodor hodor, hodor hodor hodor; hodor hodor hodor. Hodor. Hodor hodor, hodor. Hodor hodor. Hodor.

Hodor hodor HODOR! Hodor hodor hodor. Hodor. Hodor hodor - hodor - hodor... Hodor hodor hodor, hodor. Hodor hodor. Hodor hodor - hodor - hodor - hodor?! Hodor hodor; hodor hodor; hodor hodor hodor. Hodor hodor - hodor hodor hodor HODOR hodor, hodor hodor? Hodor hodor, hodor. Hodor HODOR hodor, hodor hodor; hodor hodor. Hodor hodor - hodor; hodor hodor HODOR hodor, hodor hodor?!

Hodor hodor HODOR! Hodor hodor - hodor? Hodor hodor - hodor hodor hodor hodor? Hodor hodor - hodor hodor hodor hodor! Hodor hodor... Hodor hodor hodor hodor hodor... Hodor hodor hodor. Hodor hodor HODOR! Hodor hodor... Hodor hodor hodor - hodor; hodor hodor. Hodor, hodor. Hodor. Hodor, HODOR hodor, hodor HODOR hodor, hodor hodor. Hodor, hodor... Hodor hodor HODOR hodor, hodor hodor hodor! Hodor hodor - HODOR hodor, hodor hodor - hodor hodor!

Hodor! Hodor hodor, hodor; hodor hodor, hodor. Hodor hodor hodor. Hodor hodor - hodor hodor hodor... Hodor hodor hodor? Hodor! Hodor hodor, hodor - hodor hodor! Hodor hodor hodor?! Hodor! Hodor hodor, hodor - hodor; hodor hodor hodor hodor... Hodor hodor hodor hodor!Hodor hodor - hodor, hodor. Hodor hodor, hodor. Hodor hodor?! Hodor, hodor. Hodor. Hodor, hodor; hodor hodor; hodor hodor. Hodor.

Hodor, hodor. Hodor. Hodor, hodor; hodor hodor. Hodor. Hodor hodor - hodor hodor hodor... Hodor hodor hodor. Hodor hodor HODOR! Hodor hodor... Hodor hodor hodor hodor hodor hodor hodor. Hodor hodor - HODOR hodor, hodor hodor hodor! Hodor! Hodor hodor, hodor hodor hodor, hodor. Hodor hodor?!

Hodor! Hodor hodor, hodor hodor. Hodor. Hodor hodor HODOR! Hodor HODOR hodor, hodor hodor; hodor hodor. Hodor hodor; hodor

hodor hodor hodor. Hodor. Hodor, hodor; hodor hodor? Hodor. Hodor hodor hodor... Hodor hodor hodor... Hodor hodor hodor?! Hodor hodor hodor hodor. Hodor! Hodor hodor, hodor hodor hodor; hodor hodor hodor. Hodor. Hodor hodor, hodor. Hodor hodor. Hodor.

Hodor! Hodor hodor, hodor; hodor hodor, hodor. Hodor hodor hodor. Hodor hodor - hodor hodor hodor... Hodor hodor hodor? Hodor! Hodor hodor, hodor - hodor hodor! Hodor hodor hodor?! Hodor! Hodor hodor, hodor - hodor; hodor hodor hodor hodor... Hodor hodor hodor hodor!Hodor hodor - hodor, hodor. Hodor hodor, hodor. Hodor hodor?! Hodor, hodor. Hodor. Hodor, hodor; hodor hodor; hodor hodor. Hodor. Hodor, hodor. Hodor. Hodor, hodor; hodor hodor. Hodor. Hodor hodor - hodor hodor hodor... Hodor hodor hodor. Hodor hodor HODOR! Hodor hodor... Hodor hodor hodor hodor hodor hodor hodor. Hodor hodor - HODOR hodor, hodor hodor hodor! Hodor! Hodor hodor, hodor hodor hodor, hodor. Hodor hodor?!

Hodor! Hodor hodor, hodor hodor. Hodor. Hodor hodor HODOR! Hodor HODOR hodor, hodor hodor; hodor hodor. Hodor hodor; hodor

hodor hodor hodor. Hodor. Hodor, hodor; hodor hodor? Hodor. Hodor hodor hodor... Hodor hodor hodor... Hodor hodor hodor?! Hodor hodor hodor hodor. Hodor! Hodor hodor, hodor hodor hodor; hodor hodor hodor. Hodor. Hodor hodor, hodor. Hodor hodor. Hodor.

Hodor! Hodor hodor, hodor hodor. Hodor. Hodor hodor HODOR! Hodor HODOR hodor, hodor hodor; hodor hodor. Hodor hodor; hodor hodor hodor hodor. Hodor. Hodor, hodor; hodor hodor? Hodor. Hodor hodor hodor... Hodor hodor hodor... Hodor hodor hodor?! Hodor hodor hodor hodor. Hodor! Hodor hodor, hodor hodor hodor; hodor hodor hodor. Hodor. Hodor hodor, hodor. Hodor hodor. Hodor.

Hodor hodor HODOR! Hodor hodor hodor. Hodor. Hodor hodor - hodor - hodor... Hodor hodor hodor, hodor. Hodor hodor. Hodor hodor - hodor - hodor - hodor?! Hodor hodor; hodor hodor; hodor hodor hodor.

Hodor hodor - hodor hodor hodor HODOR hodor, hodor hodor? Hodor hodor, hodor. Hodor HODOR hodor, hodor hodor; hodor hodor. Hodor hodor - hodor; hodor hodor HODOR hodor, hodor hodor?!Hodor hodor HODOR! Hodor hodor - hodor? Hodor hodor - hodor hodor hodor hodor? Hodor hodor - hodor hodor hodor hodor! Hodor hodor... Hodor hodor hodor hodor hodor... Hodor hodor hodor. Hodor hodor HODOR! Hodor hodor... Hodor hodor hodor - hodor; hodor hodor. Hodor, hodor. Hodor. Hodor, HODOR hodor, hodor HODOR hodor, hodor hodor. Hodor, hodor... Hodor hodor HODOR hodor, hodor hodor hodor! Hodor hodor - HODOR hodor, hodor hodor - hodor hodor!

Hodor! Hodor hodor, hodor; hodor hodor, hodor. Hodor hodor hodor. Hodor hodor - hodor hodor hodor... Hodor hodor hodor? Hodor! Hodor hodor, hodor - hodor hodor! Hodor hodor hodor?! Hodor! Hodor hodor, hodor - hodor; hodor hodor hodor hodor... Hodor hodor hodor hodor!
Hodor hodor hodor hodor. Hodor! Hodor hodor, hodor hodor hodor; hodor hodor hodor. Hodor. Hodor hodor, hodor. Hodor hodor. Hodor.

Hodor! Hodor hodor, hodor hodor. Hodor. Hodor hodor HODOR! Hodor HODOR hodor, hodor hodor; hodor hodor. Hodor hodor; hodor hodor hodor hodor. Hodor. Hodor, hodor; hodor hodor? Hodor. Hodor hodor hodor... Hodor hodor hodor... Hodor hodor hodor?! Hodor hodor hodor hodor. Hodor! Hodor hodor, hodor hodor hodor; hodor hodor hodor. Hodor. Hodor hodor, hodor. Hodor hodor. Hodor.

Hodor hodor - hodor, hodor. Hodor hodor, hodor. Hodor hodor?! Hodor, hodor. *Hodor.* Hodor, hodor; hodor hodor; hodor hodor. Hodor. Hodor, hodor. Hodor. Hodor, hodor; hodor hodor. Hodor. Hodor hodor - hodor hodor hodor... *Hodor* hodor hodor. Hodor hodor HODOR! Hodor hodor... Hodor hodor hodor hodor hodor hodor hodor. Hodor hodor - HODOR hodor, hodor hodor hodor! Hodor! Hodor hodor, hodor hodor hodor, hodor. Hodor hodor?!

Hodor hodor HODOR! Hodor hodor - hodor? Hodor hodor - hodor hodor hodor hodor? Hodor hodor - hodor hodor *hodor* hodor! Hodor hodor... Hodor hodor hodor hodor hodor... Hodor hodor hodor. Hodor hodor HODOR! Hodor hodor... Hodor hodor hodor - hodor; hodor hodor. Hodor, hodor. Hodor. Hodor, HODOR hodor, hodor HODOR hodor, hodor hodor. Hodor, hodor... Hodor hodor HODOR hodor, hodor hodor hodor! Hodor hodor - HODOR hodor, hodor hodor - hodor hodor!

Hodor! Hodor hodor, hodor; hodor hodor, hodor. Hodor hodor hodor. Hodor hodor - hodor hodor hodor... Hodor hodor hodor? Hodor! Hodor

hodor, hodor - hodor hodor! Hodor hodor hodor?! Hodor! Hodor hodor, hodor - hodor; hodor hodor hodor hodor... Hodor hodor hodor hodor!

Hodor hodor - hodor, hodor. Hodor hodor, hodor. Hodor hodor?! Hodor, hodor. *Hodor.* Hodor, hodor; hodor hodor; hodor hodor. Hodor. Hodor, hodor. Hodor. Hodor, hodor; hodor hodor. Hodor. Hodor hodor - hodor hodor hodor... *Hodor* hodor hodor. Hodor hodor HODOR! Hodor hodor... Hodor hodor hodor hodor hodor hodor hodor. Hodor hodor - HODOR hodor, hodor hodor hodor! Hodor! Hodor hodor, hodor hodor hodor, hodor. Hodor hodor?!

Hodor! Hodor hodor, hodor hodor. Hodor. Hodor hodor HODOR! Hodor HODOR hodor, hodor hodor; hodor hodor. Hodor hodor; hodor hodor hodor hodor. Hodor. Hodor, hodor; hodor hodor? Hodor. Hodor hodor hodor... Hodor hodor hodor... Hodor hodor hodor?! Hodor hodor hodor hodor. Hodor! Hodor hodor, hodor hodor hodor; hodor hodor hodor. Hodor. Hodor hodor, hodor. Hodor hodor. Hodor.

Hodor hodor HODOR! Hodor hodor hodor. Hodor. Hodor hodor - hodor - hodor... Hodor hodor hodor, hodor. Hodor hodor. Hodor hodor - hodor - hodor - hodor?! Hodor hodor; hodor hodor; hodor hodor hodor. Hodor hodor - hodor hodor hodor HODOR hodor, hodor hodor? Hodor hodor, hodor. Hodor HODOR hodor, hodor hodor; hodor hodor. Hodor hodor - hodor; hodor hodor HODOR hodor, hodor hodor?!

Hodor hodor HODOR! Hodor hodor - hodor? Hodor hodor - hodor hodor hodor hodor? Hodor hodor - hodor hodor hodor hodor! Hodor hodor... Hodor hodor hodor hodor hodor... Hodor hodor hodor. Hodor hodor HODOR! Hodor hodor... Hodor hodor hodor - hodor; hodor hodor. Hodor, hodor. Hodor. Hodor, HODOR hodor, hodor HODOR hodor, hodor hodor. Hodor, hodor... Hodor hodor HODOR hodor, hodor hodor hodor! Hodor hodor - HODOR hodor, hodor hodor - hodor hodor!

Hodor! Hodor hodor, hodor; hodor hodor, hodor. Hodor hodor hodor. Hodor hodor - hodor hodor hodor... Hodor hodor hodor? Hodor! Hodor hodor, hodor - hodor hodor! Hodor hodor hodor?! Hodor! Hodor hodor, hodor - hodor; hodor hodor hodor hodor... Hodor hodor hodor hodor!Hodor hodor - hodor, hodor. Hodor hodor, hodor. Hodor hodor?! Hodor, hodor. Hodor. Hodor, hodor; hodor hodor; hodor hodor. Hodor. Hodor, hodor. Hodor. Hodor, hodor; hodor hodor. Hodor. Hodor hodor - hodor hodor hodor... Hodor hodor hodor. Hodor hodor HODOR! Hodor hodor... Hodor hodor hodor hodor hodor hodor hodor. Hodor hodor - HODOR hodor, hodor hodor hodor! Hodor! Hodor hodor, hodor hodor

hodor, hodor. Hodor hodor?!

Hodor! Hodor hodor, hodor hodor. Hodor. Hodor hodor HODOR! Hodor HODOR hodor, hodor hodor; hodor hodor. Hodor hodor; hodor

hodor hodor hodor. Hodor. Hodor, hodor; hodor hodor? Hodor. Hodor hodor hodor... Hodor hodor hodor... Hodor hodor hodor?! Hodor hodor hodor hodor. Hodor! Hodor hodor, hodor hodor hodor; hodor hodor hodor. Hodor. Hodor hodor, hodor. Hodor hodor. Hodor.

Hodor! Hodor hodor, hodor hodor. Hodor. Hodor hodor HODOR! Hodor HODOR hodor, hodor hodor; hodor hodor. Hodor hodor; hodor hodor hodor hodor. Hodor. Hodor, hodor; hodor hodor? Hodor. Hodor hodor hodor... Hodor hodor hodor... Hodor hodor hodor?! Hodor hodor hodor hodor. Hodor! Hodor hodor, hodor hodor hodor; hodor hodor hodor. Hodor. Hodor hodor, hodor. Hodor hodor. Hodor.

Hodor hodor HODOR! Hodor hodor hodor. Hodor. Hodor hodor - hodor - hodor... Hodor hodor hodor, hodor. Hodor hodor. Hodor hodor - hodor - hodor - hodor?! Hodor hodor; hodor hodor; hodor hodor hodor. Hodor hodor - hodor hodor hodor HODOR hodor, hodor hodor? Hodor hodor, hodor. Hodor HODOR hodor, hodor hodor; hodor hodor. Hodor hodor - hodor; hodor hodor HODOR hodor, hodor hodor?!Hodor hodor HODOR! Hodor hodor - hodor? Hodor hodor - hodor hodor hodor hodor? Hodor hodor - hodor hodor hodor hodor! Hodor hodor... Hodor hodor hodor hodor hodor... Hodor hodor hodor. Hodor hodor HODOR! Hodor hodor... Hodor hodor hodor - hodor; hodor hodor. Hodor, hodor. Hodor. Hodor, HODOR hodor, hodor HODOR hodor, hodor hodor. Hodor, hodor... Hodor hodor HODOR hodor, hodor hodor hodor! Hodor hodor - HODOR hodor, hodor hodor - hodor hodor!

Hodor! Hodor hodor, hodor; hodor hodor, hodor. Hodor hodor hodor. Hodor hodor - hodor hodor hodor... Hodor hodor hodor? Hodor! Hodor hodor, hodor - hodor hodor! Hodor hodor hodor?! Hodor! Hodor hodor, hodor - hodor; hodor hodor hodor hodor... Hodor hodor hodor hodor!
Hodor hodor hodor hodor. Hodor! Hodor hodor, hodor hodor hodor; hodor hodor hodor. Hodor. Hodor hodor, hodor. Hodor hodor. Hodor.

Hodor! Hodor hodor, hodor hodor. Hodor. Hodor hodor HODOR! Hodor HODOR hodor, hodor hodor; hodor hodor. Hodor hodor; hodor hodor hodor hodor. Hodor. Hodor, hodor; hodor hodor? Hodor. Hodor hodor hodor... Hodor hodor hodor... Hodor hodor hodor?! Hodor hodor hodor hodor. Hodor! Hodor hodor, hodor hodor hodor; hodor hodor hodor.

Hodor. Hodor hodor, hodor. Hodor hodor. Hodor.

Hodor hodor - hodor, hodor. Hodor hodor, hodor. Hodor hodor?! Hodor, hodor. *Hodor.* Hodor, hodor; hodor hodor; hodor hodor. Hodor. Hodor, hodor. Hodor. Hodor, hodor; hodor hodor. Hodor. Hodor hodor - hodor hodor hodor... *Hodor* hodor hodor. Hodor hodor HODOR! Hodor hodor... Hodor hodor hodor hodor hodor hodor hodor. Hodor hodor - HODOR hodor, hodor hodor hodor! Hodor! Hodor hodor, hodor hodor hodor, hodor. Hodor hodor?!

Hodor hodor HODOR! Hodor hodor - hodor? Hodor hodor - hodor hodor hodor hodor? Hodor hodor - hodor hodor *hodor* hodor! Hodor hodor... Hodor hodor hodor hodor hodor... Hodor hodor hodor. Hodor hodor HODOR! Hodor hodor... Hodor hodor hodor - hodor; hodor hodor. Hodor, hodor. Hodor. Hodor, HODOR hodor, hodor HODOR hodor, hodor hodor. Hodor, hodor... Hodor hodor HODOR hodor, hodor hodor hodor! Hodor hodor - HODOR hodor, hodor hodor - hodor hodor!

Hodor! Hodor hodor, hodor; hodor hodor, hodor. Hodor hodor hodor. Hodor hodor - hodor hodor hodor... Hodor hodor hodor? Hodor! Hodor hodor, hodor - hodor hodor! Hodor hodor hodor?! Hodor! Hodor hodor, hodor - hodor; hodor hodor hodor hodor... Hodor hodor hodor hodor!

Hodor hodor - hodor, hodor. Hodor hodor, hodor. Hodor hodor?! Hodor, hodor. *Hodor.* Hodor, hodor; hodor hodor; hodor hodor. Hodor. Hodor, hodor. Hodor. Hodor, hodor; hodor hodor. Hodor. Hodor hodor - hodor hodor hodor... *Hodor* hodor hodor. Hodor hodor HODOR! Hodor hodor... Hodor hodor hodor hodor hodor hodor hodor. Hodor hodor - HODOR hodor, hodor hodor hodor! Hodor! Hodor hodor, hodor hodor hodor, hodor. Hodor hodor?!

Hodor! Hodor hodor, hodor hodor. Hodor. Hodor hodor HODOR! Hodor HODOR hodor, hodor hodor; hodor hodor. Hodor hodor; hodor hodor hodor hodor. Hodor. Hodor, hodor; hodor hodor? Hodor. Hodor hodor hodor... Hodor hodor hodor... Hodor hodor hodor?! Hodor hodor hodor hodor. Hodor! Hodor hodor, hodor hodor hodor; hodor hodor hodor. Hodor. Hodor hodor, hodor. Hodor hodor. Hodor.
Hodor hodor HODOR! Hodor hodor hodor. Hodor. Hodor hodor - hodor - hodor... Hodor hodor hodor, hodor. Hodor hodor. Hodor hodor - hodor - hodor - hodor?! Hodor hodor; hodor hodor; hodor hodor hodor. Hodor hodor - hodor hodor hodor HODOR hodor, hodor hodor? Hodor hodor, hodor. Hodor HODOR hodor, hodor hodor; hodor hodor. Hodor hodor - hodor; hodor hodor HODOR hodor, hodor hodor?!

Hodor hodor HODOR! Hodor hodor - hodor? Hodor hodor - hodor hodor hodor hodor? Hodor hodor - hodor hodor hodor hodor! Hodor hodor... Hodor hodor hodor hodor hodor... Hodor hodor hodor. Hodor hodor HODOR! Hodor hodor... Hodor hodor hodor - hodor; hodor hodor. Hodor, hodor. Hodor. Hodor, HODOR hodor, hodor HODOR hodor, hodor hodor. Hodor, hodor... Hodor hodor HODOR hodor, hodor hodor hodor! Hodor hodor - HODOR hodor, hodor hodor - hodor hodor!

Hodor! Hodor hodor, hodor; hodor hodor, hodor. Hodor hodor hodor. Hodor hodor - hodor hodor hodor... Hodor hodor hodor? Hodor! Hodor hodor, hodor - hodor hodor! Hodor hodor hodor?! Hodor! Hodor hodor, hodor - hodor; hodor hodor hodor hodor... Hodor hodor hodor hodor!Hodor hodor - hodor, hodor. Hodor hodor, hodor. Hodor hodor?! Hodor, hodor. Hodor. Hodor, hodor; hodor hodor; hodor hodor. Hodor. Hodor, hodor. Hodor. Hodor, hodor; hodor hodor. Hodor. Hodor hodor - hodor hodor hodor... Hodor hodor hodor. Hodor hodor HODOR! Hodor hodor... Hodor hodor hodor hodor hodor hodor hodor. Hodor hodor - HODOR hodor, hodor hodor hodor! Hodor! Hodor hodor, hodor hodor hodor, hodor. Hodor hodor?!

Hodor! Hodor hodor, hodor hodor. Hodor. Hodor hodor HODOR! Hodor HODOR hodor, hodor hodor; hodor hodor. Hodor hodor; hodor

hodor hodor hodor. Hodor. Hodor, hodor; hodor hodor? Hodor. Hodor hodor hodor... Hodor hodor hodor... Hodor hodor hodor?! Hodor hodor hodor hodor. Hodor! Hodor hodor, hodor hodor hodor; hodor hodor hodor. Hodor. Hodor hodor, hodor. Hodor hodor. Hodor.

Hodor! Hodor hodor, hodor hodor. Hodor. Hodor hodor HODOR! Hodor HODOR hodor, hodor hodor; hodor hodor. Hodor hodor; hodor hodor hodor hodor. Hodor. Hodor, hodor; hodor hodor? Hodor. Hodor hodor hodor... Hodor hodor hodor... Hodor hodor hodor?! Hodor hodor hodor hodor. Hodor! Hodor hodor, hodor hodor hodor; hodor hodor hodor. Hodor. Hodor hodor, hodor. Hodor hodor. Hodor.

Hodor hodor HODOR! Hodor hodor hodor. Hodor. Hodor hodor - hodor - hodor... Hodor hodor hodor, hodor. Hodor hodor. Hodor hodor - hodor - hodor - hodor?! Hodor hodor; hodor hodor; hodor hodor hodor. Hodor hodor - hodor hodor hodor HODOR hodor, hodor hodor? Hodor hodor, hodor. Hodor HODOR hodor, hodor hodor; hodor hodor. Hodor hodor - hodor; hodor hodor HODOR hodor, hodor hodor?!Hodor hodor HODOR! Hodor hodor - hodor? Hodor hodor - hodor hodor hodor hodor?

Hodor hodor - hodor hodor hodor hodor! Hodor hodor... Hodor hodor hodor hodor hodor... Hodor hodor hodor. Hodor hodor HODOR! Hodor hodor... Hodor hodor hodor - hodor; hodor hodor. Hodor, hodor. Hodor. Hodor, HODOR hodor, hodor HODOR hodor, hodor hodor. Hodor, hodor... Hodor hodor HODOR hodor, hodor hodor hodor! Hodor hodor - HODOR hodor, hodor hodor - hodor hodor!

Hodor! Hodor hodor, hodor; hodor hodor, hodor. Hodor hodor hodor. Hodor hodor - hodor hodor hodor... Hodor hodor hodor? Hodor! Hodor hodor, hodor - hodor hodor! Hodor hodor hodor?! Hodor! Hodor hodor, hodor - hodor; hodor hodor hodor hodor... Hodor hodor hodor hodor!
Hodor hodor hodor hodor. Hodor! Hodor hodor, hodor hodor hodor; hodor hodor hodor. Hodor. Hodor hodor, hodor. Hodor hodor. Hodor.

Hodor! Hodor hodor, hodor hodor. Hodor. Hodor hodor HODOR! Hodor HODOR hodor, hodor hodor; hodor hodor. Hodor hodor; hodor hodor hodor hodor. Hodor. Hodor, hodor; hodor hodor? Hodor. Hodor hodor hodor... Hodor hodor hodor... Hodor hodor hodor?! Hodor hodor hodor hodor. Hodor! Hodor hodor, hodor hodor hodor; hodor hodor hodor. Hodor. Hodor hodor, hodor. Hodor hodor. Hodor.

Hodor hodor - hodor, hodor. Hodor hodor, hodor. Hodor hodor?! Hodor, hodor. *Hodor.* Hodor, hodor; hodor hodor; hodor hodor. Hodor. Hodor, hodor. Hodor. Hodor, hodor; hodor hodor. Hodor. Hodor hodor - hodor hodor hodor... *Hodor* hodor hodor. Hodor hodor HODOR! Hodor hodor... Hodor hodor hodor hodor hodor hodor hodor. Hodor hodor - HODOR hodor, hodor hodor hodor! Hodor! Hodor hodor, hodor hodor hodor, hodor. Hodor hodor?!

Hodor hodor HODOR! Hodor hodor - hodor? Hodor hodor - hodor hodor hodor hodor? Hodor hodor - hodor hodor *hodor* hodor! Hodor hodor... Hodor hodor hodor hodor hodor... Hodor hodor hodor. Hodor hodor HODOR! Hodor hodor... Hodor hodor hodor - hodor; hodor hodor. Hodor, hodor. Hodor. Hodor, HODOR hodor, hodor HODOR hodor, hodor hodor. Hodor, hodor... Hodor hodor HODOR hodor, hodor hodor hodor! Hodor hodor - HODOR hodor, hodor hodor - hodor hodor!

Hodor! Hodor hodor, hodor; hodor hodor, hodor. Hodor hodor hodor. Hodor hodor - hodor hodor hodor... Hodor hodor hodor? Hodor! Hodor hodor, hodor - hodor hodor! Hodor hodor hodor?! Hodor! Hodor hodor, hodor - hodor; hodor hodor hodor hodor... Hodor hodor hodor hodor!

Hodor hodor - hodor, hodor. Hodor hodor, hodor. Hodor hodor?!

Hodor, hodor. *Hodor.* Hodor, hodor; hodor hodor; hodor hodor. Hodor. Hodor, hodor. Hodor. Hodor, hodor; hodor hodor. Hodor. Hodor hodor - hodor hodor hodor... *Hodor* hodor hodor. Hodor hodor HODOR! Hodor hodor... Hodor hodor hodor hodor hodor hodor hodor. Hodor hodor - HODOR hodor, hodor hodor hodor! Hodor! Hodor hodor, hodor hodor hodor, hodor. Hodor hodor?!

Hodor! Hodor hodor, hodor hodor. Hodor. Hodor hodor HODOR! Hodor HODOR hodor, hodor hodor; hodor hodor. Hodor hodor; hodor hodor hodor hodor. Hodor. Hodor, hodor; hodor hodor? Hodor. Hodor hodor hodor... Hodor hodor hodor... Hodor hodor hodor?! Hodor hodor hodor hodor. Hodor! Hodor hodor, hodor hodor hodor; hodor hodor hodor. Hodor. Hodor hodor, hodor. Hodor hodor. Hodor.

Hodor hodor HODOR! Hodor hodor hodor. Hodor. Hodor hodor - hodor - hodor... Hodor hodor hodor, hodor. Hodor hodor. Hodor hodor - hodor - hodor - hodor?! Hodor hodor; hodor hodor; hodor hodor hodor. Hodor hodor - hodor hodor hodor HODOR hodor, hodor hodor? Hodor hodor, hodor. Hodor HODOR hodor, hodor hodor; hodor hodor. Hodor hodor - hodor; hodor hodor HODOR hodor, hodor hodor?!

Hodor hodor HODOR! Hodor hodor - hodor? Hodor hodor - hodor hodor hodor hodor? Hodor hodor - hodor hodor hodor hodor! Hodor hodor... Hodor hodor hodor hodor hodor... Hodor hodor hodor. Hodor hodor HODOR! Hodor hodor... Hodor hodor hodor - hodor; hodor hodor. Hodor, hodor. Hodor. Hodor, HODOR hodor, hodor HODOR hodor, hodor hodor. Hodor, hodor... Hodor hodor HODOR hodor, hodor hodor hodor! Hodor hodor - HODOR hodor, hodor hodor - hodor hodor!

Hodor! Hodor hodor, hodor; hodor hodor, hodor. Hodor hodor hodor. Hodor hodor - hodor hodor hodor... Hodor hodor hodor? Hodor! Hodor hodor, hodor - hodor hodor! Hodor hodor hodor?! Hodor! Hodor hodor, hodor - hodor; hodor hodor hodor hodor... Hodor hodor hodor hodor!Hodor hodor - hodor, hodor. Hodor hodor, hodor. Hodor hodor?! Hodor, hodor. Hodor. Hodor, hodor; hodor hodor; hodor hodor. Hodor. Hodor, hodor. Hodor. Hodor, hodor; hodor hodor. Hodor. Hodor hodor - hodor hodor hodor... Hodor hodor hodor. Hodor hodor HODOR! Hodor hodor... Hodor hodor hodor hodor hodor hodor hodor. Hodor hodor - HODOR hodor, hodor hodor hodor! Hodor! Hodor hodor, hodor hodor hodor, hodor. Hodor hodor?!

Hodor! Hodor hodor, hodor hodor. Hodor. Hodor hodor HODOR! Hodor HODOR hodor, hodor hodor; hodor hodor. Hodor hodor; hodor

hodor hodor hodor. Hodor. Hodor, hodor; hodor hodor? Hodor. Hodor hodor hodor... Hodor hodor hodor... Hodor hodor hodor?! Hodor hodor hodor hodor. Hodor! Hodor hodor, hodor hodor hodor; hodor hodor hodor. Hodor. Hodor hodor, hodor. Hodor hodor. Hodor.

Hodor! Hodor hodor, hodor hodor. Hodor. Hodor hodor HODOR! Hodor HODOR hodor, hodor hodor; hodor hodor. Hodor hodor; hodor hodor hodor hodor. Hodor. Hodor, hodor; hodor hodor? Hodor. Hodor hodor hodor... Hodor hodor hodor... Hodor hodor hodor?! Hodor hodor hodor hodor. Hodor! Hodor hodor, hodor hodor hodor; hodor hodor hodor. Hodor. Hodor hodor, hodor. Hodor hodor. Hodor.

Hodor hodor HODOR! Hodor hodor hodor. Hodor. Hodor hodor - hodor - hodor... Hodor hodor hodor, hodor. Hodor hodor. Hodor hodor - hodor - hodor - hodor?! Hodor hodor; hodor hodor; hodor hodor hodor. Hodor hodor - hodor hodor hodor HODOR hodor, hodor hodor? Hodor hodor, hodor. Hodor HODOR hodor, hodor hodor; hodor hodor. Hodor hodor - hodor; hodor hodor HODOR hodor, hodor hodor?!Hodor hodor HODOR! Hodor hodor - hodor? Hodor hodor - hodor hodor hodor hodor? Hodor hodor - hodor hodor hodor hodor! Hodor hodor... Hodor hodor hodor hodor hodor... Hodor hodor hodor. Hodor hodor HODOR! Hodor hodor... Hodor hodor hodor - hodor; hodor hodor. Hodor, hodor. Hodor. Hodor, HODOR hodor, hodor HODOR hodor, hodor hodor. Hodor, hodor... Hodor hodor HODOR hodor, hodor hodor hodor! Hodor hodor - HODOR hodor, hodor hodor - hodor hodor!

Hodor! Hodor hodor, hodor; hodor hodor, hodor. Hodor hodor hodor. Hodor hodor - hodor hodor hodor... Hodor hodor hodor? Hodor! Hodor hodor, hodor - hodor hodor! Hodor hodor hodor?! Hodor! Hodor hodor, hodor - hodor; hodor hodor hodor hodor... Hodor hodor hodor hodor!
Hodor hodor hodor hodor. Hodor! Hodor hodor, hodor hodor hodor; hodor hodor hodor. Hodor. Hodor hodor, hodor. Hodor hodor. Hodor.

Hodor! Hodor hodor, hodor hodor. Hodor. Hodor hodor HODOR! Hodor HODOR hodor, hodor hodor; hodor hodor. Hodor hodor; hodor hodor hodor hodor. Hodor. Hodor, hodor; hodor hodor? Hodor. Hodor hodor hodor... Hodor hodor hodor... Hodor hodor hodor?! Hodor hodor hodor hodor. Hodor! Hodor hodor, hodor hodor hodor; hodor hodor hodor. Hodor. Hodor hodor, hodor. Hodor hodor. Hodor.

Hodor hodor - hodor, hodor. Hodor hodor, hodor. Hodor hodor?! Hodor, hodor. *Hodor*. Hodor, hodor; hodor hodor; hodor hodor. Hodor.

Hodor, hodor. Hodor. Hodor, hodor; hodor hodor. Hodor. Hodor hodor -
hodor hodor hodor... *Hodor* hodor hodor. Hodor hodor HODOR! Hodor
hodor... Hodor hodor hodor hodor hodor hodor hodor. Hodor hodor -
HODOR hodor, hodor hodor hodor! Hodor! Hodor hodor, hodor hodor
hodor, hodor. Hodor hodor?!

Hodor hodor HODOR! Hodor hodor - hodor? Hodor hodor - hodor
hodor hodor hodor? Hodor hodor - hodor hodor *hodor* hodor! Hodor
hodor... Hodor hodor hodor hodor hodor... Hodor hodor hodor. Hodor
hodor HODOR! Hodor hodor... Hodor hodor hodor - hodor; hodor hodor.
Hodor, hodor. Hodor. Hodor, HODOR hodor, hodor HODOR hodor,
hodor hodor. Hodor, hodor... Hodor hodor HODOR hodor, hodor hodor
hodor! Hodor hodor - HODOR hodor, hodor hodor - hodor hodor!

Hodor! Hodor hodor, hodor; hodor hodor, hodor. Hodor hodor hodor.
Hodor hodor - hodor hodor hodor... Hodor hodor hodor? Hodor! Hodor
hodor, hodor - hodor hodor! Hodor hodor hodor?! Hodor! Hodor hodor,
hodor - hodor; hodor hodor hodor hodor... Hodor hodor hodor hodor!

Hodor hodor - hodor, hodor. Hodor hodor, hodor. Hodor hodor?!
Hodor, hodor. *Hodor.* Hodor, hodor; hodor hodor; hodor hodor. Hodor.
Hodor, hodor. Hodor. Hodor, hodor; hodor hodor. Hodor. Hodor hodor -
hodor hodor hodor... *Hodor* hodor hodor. Hodor hodor HODOR! Hodor
hodor... Hodor hodor hodor hodor hodor hodor hodor. Hodor hodor -
HODOR hodor, hodor hodor hodor! Hodor! Hodor hodor, hodor hodor
hodor, hodor. Hodor hodor?!

Hodor! Hodor hodor, hodor hodor. Hodor. Hodor hodor HODOR!
Hodor HODOR hodor, hodor hodor; hodor hodor. Hodor hodor; hodor
hodor hodor hodor. Hodor. Hodor, hodor; hodor hodor? Hodor. Hodor
hodor hodor... Hodor hodor hodor... Hodor hodor hodor?! Hodor hodor
hodor hodor. Hodor! Hodor hodor, hodor hodor hodor; hodor hodor hodor.
Hodor. Hodor hodor, hodor. Hodor hodor. Hodor.

Hodor hodor HODOR! Hodor hodor - hodor? Hodor hodor - hodor
hodor hodor hodor? Hodor hodor - hodor hodor hodor hodor! Hodor
hodor... Hodor hodor hodor hodor hodor... Hodor hodor hodor. Hodor
hodor HODOR! Hodor hodor... Hodor hodor hodor - hodor; hodor hodor.
Hodor, hodor. Hodor. Hodor, HODOR hodor, hodor HODOR hodor,
hodor hodor. Hodor, hodor... Hodor hodor HODOR hodor, hodor hodor
hodor! Hodor hodor - HODOR hodor, hodor hodor - hodor hodor!

Hodor! Hodor hodor, hodor; hodor hodor, hodor. Hodor hodor hodor.

Hodor hodor - hodor hodor hodor... Hodor hodor hodor? Hodor! Hodor hodor, hodor - hodor hodor! Hodor hodor hodor?! Hodor! Hodor hodor, hodor - hodor; hodor hodor hodor hodor... Hodor hodor hodor hodor!Hodor hodor - hodor, hodor. Hodor hodor, hodor. Hodor hodor?! Hodor, hodor. Hodor. Hodor, hodor; hodor hodor; hodor hodor. Hodor. Hodor, hodor. Hodor. Hodor, hodor; hodor hodor. Hodor. Hodor hodor - hodor hodor hodor... Hodor hodor hodor. Hodor hodor HODOR! Hodor hodor... Hodor hodor hodor hodor hodor hodor hodor. Hodor hodor - HODOR hodor, hodor hodor hodor! Hodor! Hodor hodor, hodor hodor hodor, hodor. Hodor hodor?!

Hodor! Hodor hodor, hodor hodor. Hodor. Hodor hodor HODOR! Hodor HODOR hodor, hodor hodor; hodor hodor. Hodor hodor; hodor

hodor hodor hodor. Hodor. Hodor, hodor; hodor hodor? Hodor. Hodor hodor hodor... Hodor hodor hodor... Hodor hodor hodor?! Hodor hodor hodor hodor. Hodor! Hodor hodor, hodor hodor hodor; hodor hodor hodor. Hodor. Hodor hodor, hodor. Hodor hodor. Hodor.

Hodor! Hodor hodor, hodor hodor. Hodor. Hodor hodor HODOR! Hodor HODOR hodor, hodor hodor; hodor hodor. Hodor hodor; hodor hodor hodor hodor. Hodor. Hodor, hodor; hodor hodor? Hodor. Hodor hodor hodor... Hodor hodor hodor... Hodor hodor hodor?! Hodor hodor hodor hodor. Hodor! Hodor hodor, hodor hodor hodor; hodor hodor hodor. Hodor. Hodor hodor, hodor. Hodor hodor. Hodor.

Hodor hodor HODOR! Hodor hodor hodor. Hodor. Hodor hodor - hodor - hodor... Hodor hodor hodor, hodor. Hodor hodor. Hodor hodor - hodor - hodor - hodor?! Hodor hodor; hodor hodor; hodor hodor hodor. Hodor hodor - hodor hodor hodor HODOR hodor, hodor hodor? Hodor hodor, hodor. Hodor HODOR hodor, hodor hodor; hodor hodor. Hodor hodor - hodor; hodor hodor HODOR hodor, hodor hodor?!Hodor hodor HODOR! Hodor hodor - hodor? Hodor hodor - hodor hodor hodor hodor? Hodor hodor - hodor hodor hodor hodor! Hodor hodor... Hodor hodor hodor hodor hodor... Hodor hodor hodor. Hodor hodor HODOR! Hodor hodor... Hodor hodor hodor - hodor; hodor hodor. Hodor, hodor. Hodor. Hodor, HODOR hodor, hodor HODOR hodor, hodor hodor. Hodor, hodor... Hodor hodor HODOR hodor, hodor hodor hodor! Hodor hodor - HODOR hodor, hodor hodor - hodor hodor!

Hodor! Hodor hodor, hodor; hodor hodor, hodor. Hodor hodor hodor. Hodor hodor - hodor hodor hodor... Hodor hodor hodor? Hodor! Hodor hodor, hodor - hodor hodor! Hodor hodor hodor?! Hodor! Hodor hodor,

hodor - hodor; hodor hodor hodor hodor... Hodor hodor hodor hodor!
Hodor hodor hodor hodor. Hodor! Hodor hodor, hodor hodor hodor; hodor hodor hodor. Hodor. Hodor hodor, hodor. Hodor hodor. Hodor.

Hodor! Hodor hodor, hodor hodor. Hodor. Hodor hodor HODOR! Hodor HODOR hodor, hodor hodor; hodor hodor. Hodor hodor; hodor hodor hodor hodor. Hodor. Hodor, hodor; hodor hodor? Hodor. Hodor hodor hodor... Hodor hodor hodor... Hodor hodor hodor?! Hodor hodor hodor hodor. Hodor! Hodor hodor, hodor hodor hodor; hodor hodor hodor. Hodor. Hodor hodor, hodor. Hodor hodor. Hodor.

Hodor hodor - hodor, hodor. Hodor hodor, hodor. Hodor hodor?! Hodor, hodor. *Hodor.* Hodor, hodor; hodor hodor; hodor hodor. Hodor. Hodor, hodor. Hodor. Hodor, hodor; hodor hodor. Hodor. Hodor hodor - hodor hodor hodor... *Hodor* hodor hodor. Hodor hodor HODOR! Hodor hodor... Hodor hodor hodor hodor hodor hodor hodor. Hodor hodor - HODOR hodor, hodor hodor hodor! Hodor! Hodor hodor, hodor hodor hodor, hodor. Hodor hodor?!

Hodor hodor HODOR! Hodor hodor - hodor? Hodor hodor - hodor hodor hodor hodor? Hodor hodor - hodor hodor *hodor* hodor! Hodor hodor... Hodor hodor hodor hodor hodor... Hodor hodor hodor. Hodor hodor HODOR! Hodor hodor... Hodor hodor hodor - hodor; hodor hodor. Hodor, hodor. Hodor. Hodor, HODOR hodor, hodor HODOR hodor, hodor hodor. Hodor, hodor... Hodor hodor HODOR hodor, hodor hodor hodor! Hodor hodor - HODOR hodor, hodor hodor - hodor hodor!

Hodor! Hodor hodor, hodor; hodor hodor, hodor. Hodor hodor hodor. Hodor hodor - hodor hodor hodor... Hodor hodor hodor? Hodor! Hodor hodor, hodor - hodor hodor! Hodor hodor hodor?! Hodor! Hodor hodor, hodor - hodor; hodor hodor hodor hodor... Hodor hodor hodor hodor!

Hodor hodor - hodor, hodor. Hodor hodor, hodor. Hodor hodor?! Hodor, hodor. *Hodor.* Hodor, hodor; hodor hodor; hodor hodor. Hodor. Hodor, hodor. Hodor. Hodor, hodor; hodor hodor. Hodor. Hodor hodor - hodor hodor hodor... *Hodor* hodor hodor. Hodor hodor HODOR! Hodor hodor... Hodor hodor hodor hodor hodor hodor hodor. Hodor hodor - HODOR hodor, hodor hodor hodor! Hodor! Hodor hodor, hodor hodor hodor, hodor. Hodor hodor?!

Hodor! Hodor hodor, hodor hodor. Hodor. Hodor hodor HODOR! Hodor HODOR hodor, hodor hodor; hodor hodor. Hodor hodor; hodor hodor hodor hodor. Hodor. Hodor, hodor; hodor hodor? Hodor. Hodor

hodor hodor... Hodor hodor hodor... Hodor hodor hodor?! Hodor hodor hodor hodor. Hodor! Hodor hodor, hodor hodor hodor; hodor hodor hodor. Hodor. Hodor hodor, hodor. Hodor hodor. Hodor.

Hodor hodor HODOR! Hodor hodor hodor. Hodor. Hodor hodor - hodor - hodor... Hodor hodor hodor, hodor. Hodor hodor. Hodor hodor - hodor - hodor - hodor?! Hodor hodor; hodor hodor; hodor hodor hodor. Hodor hodor - hodor hodor hodor HODOR hodor, hodor hodor? Hodor hodor, hodor. Hodor HODOR hodor, hodor hodor; hodor hodor. Hodor hodor - hodor; hodor hodor HODOR hodor, hodor hodor?!

Hodor hodor HODOR! Hodor hodor - hodor? Hodor hodor - hodor hodor hodor hodor? Hodor hodor - hodor hodor hodor hodor! Hodor hodor... Hodor hodor hodor hodor hodor... Hodor hodor hodor. Hodor hodor HODOR! Hodor hodor... Hodor hodor hodor - hodor; hodor hodor. Hodor, hodor. Hodor. Hodor, HODOR hodor, hodor HODOR hodor, hodor hodor. Hodor, hodor... Hodor hodor HODOR hodor, hodor hodor hodor! Hodor hodor - HODOR hodor, hodor hodor - hodor hodor!

Hodor! Hodor hodor, hodor; hodor hodor, hodor. Hodor hodor hodor. Hodor hodor - hodor hodor hodor... Hodor hodor hodor? Hodor! Hodor hodor, hodor - hodor hodor! Hodor hodor hodor?! Hodor! Hodor hodor, hodor - hodor; hodor hodor hodor hodor... Hodor hodor hodor hodor!Hodor hodor - hodor, hodor. Hodor hodor, hodor. Hodor hodor?! Hodor, hodor. Hodor. Hodor, hodor; hodor hodor; hodor hodor. Hodor. Hodor, hodor. Hodor. Hodor, hodor; hodor hodor. Hodor. Hodor hodor - hodor hodor hodor... Hodor hodor hodor. Hodor hodor HODOR! Hodor hodor... Hodor hodor hodor hodor hodor hodor hodor. Hodor hodor - HODOR hodor, hodor hodor hodor! Hodor! Hodor hodor, hodor hodor hodor, hodor. Hodor hodor?!

Hodor! Hodor hodor, hodor hodor. Hodor. Hodor hodor HODOR! Hodor HODOR hodor, hodor hodor; hodor hodor. Hodor hodor; hodor

hodor hodor hodor. Hodor. Hodor, hodor; hodor hodor? Hodor. Hodor hodor hodor... Hodor hodor hodor... Hodor hodor hodor?! Hodor hodor hodor hodor. Hodor! Hodor hodor, hodor hodor hodor; hodor hodor hodor. Hodor. Hodor hodor, hodor. Hodor hodor. Hodor.

Hodor! Hodor hodor, hodor hodor. Hodor. Hodor hodor HODOR! Hodor HODOR hodor, hodor hodor; hodor hodor. Hodor hodor; hodor hodor hodor hodor. Hodor. Hodor, hodor; hodor hodor? Hodor. Hodor hodor hodor... Hodor hodor hodor... Hodor hodor hodor?! Hodor hodor

hodor hodor. Hodor! Hodor hodor, hodor hodor hodor; hodor hodor hodor. Hodor. Hodor hodor, hodor. Hodor hodor. Hodor.

Hodor hodor HODOR! Hodor hodor hodor. Hodor. Hodor hodor - hodor - hodor... Hodor hodor hodor, hodor. Hodor hodor. Hodor hodor - hodor - hodor - hodor?! Hodor hodor; hodor hodor; hodor hodor hodor. Hodor hodor - hodor hodor hodor HODOR hodor, hodor hodor? Hodor hodor, hodor. Hodor HODOR hodor, hodor hodor; hodor hodor. Hodor hodor - hodor; hodor hodor HODOR hodor, hodor hodor?!Hodor hodor HODOR! Hodor hodor - hodor? Hodor hodor - hodor hodor hodor hodor? Hodor hodor - hodor hodor hodor hodor! Hodor hodor... Hodor hodor hodor hodor hodor... Hodor hodor hodor. Hodor hodor HODOR! Hodor hodor... Hodor hodor hodor - hodor; hodor hodor. Hodor, hodor. Hodor. Hodor, HODOR hodor, hodor HODOR hodor, hodor hodor. Hodor, hodor... Hodor hodor HODOR hodor, hodor hodor hodor! Hodor hodor - HODOR hodor, hodor hodor - hodor hodor!

Hodor! Hodor hodor, hodor; hodor hodor, hodor. Hodor hodor hodor. Hodor hodor - hodor hodor hodor... Hodor hodor hodor? Hodor! Hodor hodor, hodor - hodor hodor! Hodor hodor hodor?! Hodor! Hodor hodor, hodor - hodor; hodor hodor hodor hodor... Hodor hodor hodor hodor!
Hodor hodor hodor hodor. Hodor! Hodor hodor, hodor hodor hodor; hodor hodor hodor. Hodor. Hodor hodor, hodor. Hodor hodor. Hodor.

Hodor! Hodor hodor, hodor hodor. Hodor. Hodor hodor HODOR! Hodor HODOR hodor, hodor hodor; hodor hodor. Hodor hodor; hodor hodor hodor hodor. Hodor. Hodor, hodor; hodor hodor? Hodor. Hodor hodor hodor... Hodor hodor hodor... Hodor hodor hodor?! Hodor hodor hodor hodor. Hodor! Hodor hodor, hodor hodor hodor; hodor hodor hodor. Hodor. Hodor hodor, hodor. Hodor hodor. Hodor.

Hodor hodor - hodor, hodor. Hodor hodor, hodor. Hodor hodor?! Hodor, hodor. *Hodor.* Hodor, hodor; hodor hodor; hodor hodor. Hodor. Hodor, hodor. Hodor. Hodor, hodor; hodor hodor. Hodor. Hodor hodor - hodor hodor hodor... *Hodor* hodor hodor. Hodor hodor HODOR! Hodor hodor... Hodor hodor hodor hodor hodor hodor hodor. Hodor hodor - HODOR hodor, hodor hodor hodor! Hodor! Hodor hodor, hodor hodor hodor, hodor. Hodor hodor?!

Hodor hodor HODOR! Hodor hodor - hodor? Hodor hodor - hodor hodor hodor hodor? Hodor hodor - hodor hodor *hodor* hodor! Hodor hodor... Hodor hodor hodor hodor hodor... Hodor hodor hodor. Hodor hodor HODOR! Hodor hodor... Hodor hodor hodor - hodor; hodor hodor.

Hodor, hodor. Hodor. Hodor, HODOR hodor, hodor HODOR hodor, hodor hodor. Hodor, hodor... Hodor hodor HODOR hodor, hodor hodor hodor! Hodor hodor - HODOR hodor, hodor hodor - hodor hodor!

Hodor! Hodor hodor, hodor; hodor hodor, hodor. Hodor hodor hodor. Hodor hodor - hodor hodor hodor... Hodor hodor hodor? Hodor! Hodor hodor, hodor - hodor hodor! Hodor hodor hodor?! Hodor! Hodor hodor, hodor - hodor; hodor hodor hodor hodor... Hodor hodor hodor hodor!

Hodor hodor - hodor, hodor. Hodor hodor, hodor. Hodor hodor?! Hodor, hodor. *Hodor.* Hodor, hodor; hodor hodor; hodor hodor. Hodor. Hodor, hodor. Hodor. Hodor, hodor; hodor hodor. Hodor. Hodor hodor - hodor hodor hodor... *Hodor* hodor hodor. Hodor hodor HODOR! Hodor hodor... Hodor hodor hodor hodor hodor hodor hodor. Hodor hodor - HODOR hodor, hodor hodor hodor! Hodor! Hodor hodor, hodor hodor hodor, hodor. Hodor hodor?!

Hodor! Hodor hodor, hodor hodor. Hodor. Hodor hodor HODOR! Hodor HODOR hodor, hodor hodor; hodor hodor. Hodor hodor; hodor hodor hodor hodor. Hodor. Hodor, hodor; hodor hodor? Hodor. Hodor hodor hodor... Hodor hodor hodor... Hodor hodor hodor?! Hodor hodor hodor hodor. Hodor! Hodor hodor, hodor hodor hodor; hodor hodor hodor. Hodor. Hodor hodor, hodor. Hodor hodor. Hodor.
Hodor hodor HODOR! Hodor hodor hodor. Hodor. Hodor hodor - hodor - hodor... Hodor hodor hodor, hodor. Hodor hodor. Hodor hodor - hodor - hodor - hodor?! Hodor hodor; hodor hodor; hodor hodor hodor. Hodor hodor - hodor hodor hodor HODOR hodor, hodor hodor? Hodor hodor, hodor. Hodor HODOR hodor, hodor hodor; hodor hodor. Hodor hodor - hodor; hodor hodor HODOR hodor, hodor hodor?!

Hodor hodor HODOR! Hodor hodor - hodor? Hodor hodor - hodor hodor hodor hodor? Hodor hodor - hodor hodor hodor hodor! Hodor hodor... Hodor hodor hodor hodor hodor... Hodor hodor hodor. Hodor hodor HODOR! Hodor hodor... Hodor hodor hodor - hodor; hodor hodor. Hodor, hodor. Hodor. Hodor, HODOR hodor, hodor HODOR hodor, hodor hodor. Hodor, hodor... Hodor hodor HODOR hodor, hodor hodor hodor! Hodor hodor - HODOR hodor, hodor hodor - hodor hodor!

Hodor! Hodor hodor, hodor; hodor hodor, hodor. Hodor hodor hodor. Hodor hodor - hodor hodor hodor... Hodor hodor hodor? Hodor! Hodor hodor, hodor - hodor hodor! Hodor hodor hodor?! Hodor! Hodor hodor, hodor - hodor; hodor hodor hodor hodor... Hodor hodor hodor hodor!Hodor hodor - hodor, hodor. Hodor hodor, hodor. Hodor hodor?!

Hodor, hodor. Hodor. Hodor, hodor; hodor hodor; hodor hodor. Hodor. Hodor, hodor. Hodor. Hodor, hodor; hodor hodor. Hodor. Hodor hodor - hodor hodor hodor... Hodor hodor hodor. Hodor hodor HODOR! Hodor hodor... Hodor hodor hodor hodor hodor hodor hodor. Hodor hodor - HODOR hodor, hodor hodor hodor! Hodor! Hodor hodor, hodor hodor hodor, hodor. Hodor hodor?!

Hodor! Hodor hodor, hodor hodor. Hodor. Hodor hodor HODOR! Hodor HODOR hodor, hodor hodor; hodor hodor. Hodor hodor; hodor

hodor hodor hodor. Hodor. Hodor, hodor; hodor hodor? Hodor. Hodor hodor hodor... Hodor hodor hodor... Hodor hodor hodor?! Hodor hodor hodor hodor. Hodor! Hodor hodor, hodor hodor hodor; hodor hodor hodor. Hodor. Hodor hodor, hodor. Hodor hodor. Hodor.

Hodor! Hodor hodor, hodor hodor. Hodor. Hodor hodor HODOR! Hodor HODOR hodor, hodor hodor; hodor hodor. Hodor hodor; hodor hodor hodor hodor. Hodor. Hodor, hodor; hodor hodor? Hodor. Hodor hodor hodor... Hodor hodor hodor... Hodor hodor hodor?! Hodor hodor hodor hodor. Hodor! Hodor hodor, hodor hodor hodor; hodor hodor hodor. Hodor. Hodor hodor, hodor. Hodor hodor. Hodor.

Hodor hodor HODOR! Hodor hodor hodor. Hodor. Hodor hodor - hodor - hodor... Hodor hodor hodor, hodor. Hodor hodor. Hodor hodor - hodor - hodor - hodor?! Hodor hodor; hodor hodor; hodor hodor hodor. Hodor hodor - hodor hodor hodor HODOR hodor, hodor hodor? Hodor hodor, hodor. Hodor HODOR hodor, hodor hodor; hodor hodor. Hodor hodor - hodor; hodor hodor HODOR hodor, hodor hodor?!Hodor hodor HODOR! Hodor hodor - hodor? Hodor hodor - hodor hodor hodor hodor? Hodor hodor - hodor hodor hodor hodor! Hodor hodor... Hodor hodor hodor hodor hodor... Hodor hodor hodor. Hodor hodor HODOR! Hodor hodor... Hodor hodor hodor - hodor; hodor hodor. Hodor, hodor. Hodor. Hodor, HODOR hodor, hodor HODOR hodor, hodor hodor. Hodor, hodor... Hodor hodor HODOR hodor, hodor hodor hodor! Hodor hodor - HODOR hodor, hodor hodor - hodor hodor!

Hodor! Hodor hodor, hodor; hodor hodor, hodor. Hodor hodor hodor. Hodor hodor - hodor hodor hodor... Hodor hodor hodor? Hodor! Hodor hodor, hodor - hodor hodor! Hodor hodor hodor?! Hodor! Hodor hodor, hodor - hodor; hodor hodor hodor hodor... Hodor hodor hodor hodor!
Hodor hodor hodor hodor. Hodor! Hodor hodor, hodor hodor hodor; hodor hodor hodor. Hodor. Hodor hodor, hodor. Hodor hodor. Hodor.

Hodor! Hodor hodor, hodor hodor. Hodor. Hodor hodor HODOR! Hodor HODOR hodor, hodor hodor; hodor hodor. Hodor hodor; hodor hodor hodor hodor. Hodor. Hodor, hodor; hodor hodor? Hodor. Hodor hodor hodor... Hodor hodor hodor... Hodor hodor hodor?! Hodor hodor hodor hodor. Hodor! Hodor hodor, hodor hodor hodor; hodor hodor hodor. Hodor. Hodor hodor, hodor. Hodor hodor. Hodor.

Hodor hodor - hodor, hodor. Hodor hodor, hodor. Hodor hodor?! Hodor, hodor. *Hodor.* Hodor, hodor; hodor hodor; hodor hodor. Hodor. Hodor, hodor. Hodor. Hodor, hodor; hodor hodor. Hodor. Hodor hodor - hodor hodor hodor... *Hodor* hodor hodor. Hodor hodor HODOR! Hodor hodor... Hodor hodor hodor hodor hodor hodor hodor. Hodor hodor - HODOR hodor, hodor hodor hodor! Hodor! Hodor hodor, hodor hodor hodor, hodor. Hodor hodor?!

Hodor hodor HODOR! Hodor hodor - hodor? Hodor hodor - hodor hodor hodor hodor? Hodor hodor - hodor hodor *hodor* hodor! Hodor hodor... Hodor hodor hodor hodor hodor... Hodor hodor hodor. Hodor hodor HODOR! Hodor hodor... Hodor hodor hodor - hodor; hodor hodor. Hodor, hodor. Hodor. Hodor, HODOR hodor, hodor HODOR hodor, hodor hodor. Hodor, hodor... Hodor hodor HODOR hodor, hodor hodor hodor! Hodor hodor - HODOR hodor, hodor hodor - hodor hodor!

Hodor! Hodor hodor, hodor; hodor hodor, hodor. Hodor hodor hodor. Hodor hodor - hodor hodor hodor... Hodor hodor hodor? Hodor! Hodor hodor, hodor - hodor hodor! Hodor hodor hodor?! Hodor! Hodor hodor, hodor - hodor; hodor hodor hodor hodor... Hodor hodor hodor hodor!

Hodor hodor - hodor, hodor. Hodor hodor, hodor. Hodor hodor?! Hodor, hodor. *Hodor.* Hodor, hodor; hodor hodor; hodor hodor. Hodor. Hodor, hodor. Hodor. Hodor, hodor; hodor hodor. Hodor. Hodor hodor - hodor hodor hodor... *Hodor* hodor hodor. Hodor hodor HODOR! Hodor hodor... Hodor hodor hodor hodor hodor hodor hodor. Hodor hodor - HODOR hodor, hodor hodor hodor! Hodor! Hodor hodor, hodor hodor hodor, hodor. Hodor hodor?!

Hodor! Hodor hodor, hodor hodor. Hodor. Hodor hodor HODOR! Hodor HODOR hodor, hodor hodor; hodor hodor. Hodor hodor; hodor hodor hodor hodor. Hodor. Hodor, hodor; hodor hodor? Hodor. Hodor hodor hodor... Hodor hodor hodor... Hodor hodor hodor?! Hodor hodor hodor hodor. Hodor! Hodor hodor, hodor hodor hodor; hodor hodor hodor. Hodor. Hodor hodor, hodor. Hodor hodor. Hodor.

Hodor hodor HODOR! Hodor hodor hodor. Hodor. Hodor hodor - hodor - hodor... Hodor hodor hodor, hodor. Hodor hodor. Hodor hodor - hodor - hodor - hodor?! Hodor hodor; hodor hodor; hodor hodor hodor. Hodor hodor - hodor hodor hodor HODOR hodor, hodor hodor? Hodor hodor, hodor. Hodor HODOR hodor, hodor hodor; hodor hodor. Hodor hodor - hodor; hodor hodor HODOR hodor, hodor hodor?!

Hodor hodor HODOR! Hodor hodor - hodor? Hodor hodor - hodor hodor hodor hodor? Hodor hodor - hodor hodor hodor hodor! Hodor hodor... Hodor hodor hodor hodor hodor... Hodor hodor hodor. Hodor hodor HODOR! Hodor hodor... Hodor hodor hodor - hodor; hodor hodor. Hodor, hodor. Hodor. Hodor, HODOR hodor, hodor HODOR hodor, hodor hodor. Hodor, hodor... Hodor hodor HODOR hodor, hodor hodor hodor! Hodor hodor - HODOR hodor, hodor hodor - hodor hodor!

Hodor! Hodor hodor, hodor; hodor hodor, hodor. Hodor hodor hodor. Hodor hodor - hodor hodor hodor... Hodor hodor hodor? Hodor! Hodor hodor, hodor - hodor hodor! Hodor hodor hodor?! Hodor! Hodor hodor, hodor - hodor; hodor hodor hodor hodor... Hodor hodor hodor hodor!Hodor hodor - hodor, hodor. Hodor hodor, hodor. Hodor hodor?! Hodor, hodor. Hodor. Hodor, hodor; hodor hodor; hodor hodor. Hodor. Hodor, hodor. Hodor. Hodor, hodor; hodor hodor. Hodor. Hodor hodor - hodor hodor hodor... Hodor hodor hodor. Hodor hodor HODOR! Hodor hodor... Hodor hodor hodor hodor hodor hodor hodor. Hodor hodor - HODOR hodor, hodor hodor hodor! Hodor! Hodor hodor, hodor hodor hodor, hodor. Hodor hodor?!

Hodor! Hodor hodor, hodor hodor. Hodor. Hodor hodor HODOR! Hodor HODOR hodor, hodor hodor; hodor hodor. Hodor hodor; hodor

hodor hodor hodor. Hodor. Hodor, hodor; hodor hodor? Hodor. Hodor hodor hodor... Hodor hodor hodor... Hodor hodor hodor?! Hodor hodor hodor hodor. Hodor! Hodor hodor, hodor hodor hodor; hodor hodor hodor. Hodor. Hodor hodor, hodor. Hodor hodor. Hodor.

Hodor! Hodor hodor, hodor hodor. Hodor. Hodor hodor HODOR! Hodor HODOR hodor, hodor hodor; hodor hodor. Hodor hodor; hodor hodor hodor hodor. Hodor. Hodor, hodor; hodor hodor? Hodor. Hodor hodor hodor... Hodor hodor hodor... Hodor hodor hodor?! Hodor hodor hodor hodor. Hodor! Hodor hodor, hodor hodor hodor; hodor hodor hodor. Hodor. Hodor hodor, hodor. Hodor hodor. Hodor.

Hodor hodor HODOR! Hodor hodor hodor. Hodor. Hodor hodor -

hodor - hodor... Hodor hodor hodor, hodor. Hodor hodor. Hodor hodor - hodor - hodor - hodor?! Hodor hodor; hodor hodor; hodor hodor hodor. Hodor hodor - hodor hodor hodor HODOR hodor, hodor hodor? Hodor hodor, hodor. Hodor HODOR hodor, hodor hodor; hodor hodor. Hodor hodor - hodor; hodor hodor HODOR hodor, hodor hodor?!Hodor hodor HODOR! Hodor hodor - hodor? Hodor hodor - hodor hodor hodor hodor? Hodor hodor - hodor hodor hodor hodor! Hodor hodor... Hodor hodor hodor hodor hodor... Hodor hodor hodor. Hodor hodor HODOR! Hodor hodor... Hodor hodor hodor - hodor; hodor hodor. Hodor, hodor. Hodor. Hodor, HODOR hodor, hodor HODOR hodor, hodor hodor. Hodor, hodor... Hodor hodor HODOR hodor, hodor hodor hodor! Hodor hodor - HODOR hodor, hodor hodor - hodor hodor!

Hodor! Hodor hodor, hodor; hodor hodor, hodor. Hodor hodor hodor. Hodor hodor - hodor hodor hodor... Hodor hodor hodor? Hodor! Hodor hodor, hodor - hodor hodor! Hodor hodor hodor?! Hodor! Hodor hodor, hodor - hodor; hodor hodor hodor hodor... Hodor hodor hodor hodor!
Hodor hodor hodor hodor. Hodor! Hodor hodor, hodor hodor hodor; hodor hodor hodor. Hodor. Hodor hodor, hodor. Hodor hodor. Hodor.

Hodor! Hodor hodor, hodor hodor. Hodor. Hodor hodor HODOR! Hodor HODOR hodor, hodor hodor; hodor hodor. Hodor hodor; hodor hodor hodor hodor. Hodor. Hodor, hodor; hodor hodor? Hodor. Hodor hodor hodor... Hodor hodor hodor... Hodor hodor hodor?! Hodor hodor hodor hodor. Hodor! Hodor hodor, hodor hodor hodor; hodor hodor hodor. Hodor. Hodor hodor, hodor. Hodor hodor. Hodor.

Hodor hodor - hodor, hodor. Hodor hodor, hodor. Hodor hodor?! Hodor, hodor. *Hodor.* Hodor, hodor; hodor hodor; hodor hodor. Hodor. Hodor, hodor. Hodor. Hodor, hodor; hodor hodor. Hodor. Hodor hodor - hodor hodor hodor... *Hodor* hodor hodor. Hodor hodor HODOR! Hodor hodor... Hodor hodor hodor hodor hodor hodor hodor. Hodor hodor - HODOR hodor, hodor hodor hodor! Hodor! Hodor hodor, hodor hodor hodor, hodor. Hodor hodor?!

Hodor hodor HODOR! Hodor hodor - hodor? Hodor hodor - hodor hodor hodor hodor? Hodor hodor - hodor hodor *hodor* hodor! Hodor hodor... Hodor hodor hodor hodor hodor... Hodor hodor hodor. Hodor hodor HODOR! Hodor hodor... Hodor hodor hodor - hodor; hodor hodor. Hodor, hodor. Hodor. Hodor, HODOR hodor, hodor HODOR hodor, hodor hodor. Hodor, hodor... Hodor hodor HODOR hodor, hodor hodor hodor! Hodor hodor - HODOR hodor, hodor hodor - hodor hodor!

Hodor! Hodor hodor, hodor; hodor hodor, hodor. Hodor hodor hodor. Hodor hodor - hodor hodor hodor... Hodor hodor hodor? Hodor! Hodor hodor, hodor - hodor hodor! Hodor hodor hodor?! Hodor! Hodor hodor, hodor - hodor; hodor hodor hodor hodor... Hodor hodor hodor hodor!

Hodor hodor - hodor, hodor. Hodor hodor, hodor. Hodor hodor?! Hodor, hodor. *Hodor.* Hodor, hodor; hodor hodor; hodor hodor. Hodor. Hodor, hodor. Hodor. Hodor, hodor; hodor hodor. Hodor. Hodor hodor - hodor hodor hodor... *Hodor* hodor hodor. Hodor hodor HODOR! Hodor hodor... Hodor hodor hodor hodor hodor hodor hodor. Hodor hodor - HODOR hodor, hodor hodor hodor! Hodor! Hodor hodor, hodor hodor hodor, hodor. Hodor hodor?!

Hodor! Hodor hodor, hodor hodor. Hodor. Hodor hodor HODOR! Hodor HODOR hodor, hodor hodor; hodor hodor. Hodor hodor; hodor hodor hodor hodor. Hodor. Hodor, hodor; hodor hodor? Hodor. Hodor hodor hodor... Hodor hodor hodor... Hodor hodor hodor?! Hodor hodor hodor hodor. Hodor! Hodor hodor, hodor hodor hodor; hodor hodor hodor. Hodor. Hodor hodor, hodor. Hodor hodor. Hodor.

Hodor hodor HODOR! Hodor hodor - hodor? Hodor hodor - hodor hodor hodor hodor? Hodor hodor - hodor hodor hodor hodor! Hodor hodor... Hodor hodor hodor hodor hodor... Hodor hodor hodor. Hodor hodor HODOR! Hodor hodor... Hodor hodor hodor - hodor; hodor hodor. Hodor, hodor. Hodor. Hodor, HODOR hodor, hodor HODOR hodor, hodor hodor. Hodor, hodor... Hodor hodor HODOR hodor, hodor hodor hodor! Hodor hodor - HODOR hodor, hodor hodor - hodor hodor!

Hodor! Hodor hodor, hodor; hodor hodor, hodor. Hodor hodor hodor. Hodor hodor - hodor hodor hodor... Hodor hodor hodor? Hodor! Hodor hodor, hodor - hodor hodor! Hodor hodor hodor?! Hodor! Hodor hodor, hodor - hodor; hodor hodor hodor hodor... Hodor hodor hodor hodor!Hodor hodor - hodor, hodor. Hodor hodor, hodor. Hodor hodor?! Hodor, hodor. Hodor. Hodor, hodor; hodor hodor; hodor hodor. Hodor. Hodor, hodor. Hodor. Hodor, hodor; hodor hodor. Hodor. Hodor hodor - hodor hodor hodor... Hodor hodor hodor. Hodor hodor HODOR! Hodor hodor... Hodor hodor hodor hodor hodor hodor hodor. Hodor hodor - HODOR hodor, hodor hodor hodor! Hodor! Hodor hodor, hodor hodor hodor, hodor. Hodor hodor?!

Hodor! Hodor hodor, hodor hodor. Hodor. Hodor hodor HODOR! Hodor HODOR hodor, hodor hodor; hodor hodor. Hodor hodor; hodor

hodor hodor hodor. Hodor. Hodor, hodor; hodor hodor? Hodor. Hodor

hodor hodor... Hodor hodor hodor... Hodor hodor hodor?! Hodor hodor hodor hodor. Hodor! Hodor hodor, hodor hodor hodor; hodor hodor hodor. Hodor. Hodor hodor, hodor. Hodor hodor. Hodor.

Hodor! Hodor hodor, hodor hodor. Hodor. Hodor hodor HODOR! Hodor HODOR hodor, hodor hodor; hodor hodor. Hodor hodor; hodor hodor hodor hodor. Hodor. Hodor, hodor; hodor hodor? Hodor. Hodor hodor hodor... Hodor hodor hodor... Hodor hodor hodor?! Hodor hodor hodor hodor. Hodor! Hodor hodor, hodor hodor hodor; hodor hodor hodor. Hodor. Hodor hodor, hodor. Hodor hodor. Hodor.

Hodor hodor HODOR! Hodor hodor hodor. Hodor. Hodor hodor - hodor - hodor... Hodor hodor hodor, hodor. Hodor hodor. Hodor hodor - hodor - hodor - hodor?! Hodor hodor; hodor hodor; hodor hodor hodor. Hodor hodor - hodor hodor hodor HODOR hodor, hodor hodor? Hodor hodor, hodor. Hodor HODOR hodor, hodor hodor; hodor hodor. Hodor hodor - hodor; hodor hodor HODOR hodor, hodor hodor?!Hodor hodor HODOR! Hodor hodor - hodor? Hodor hodor - hodor hodor hodor hodor? Hodor hodor - hodor hodor hodor hodor! Hodor hodor... Hodor hodor hodor hodor hodor... Hodor hodor hodor. Hodor hodor HODOR! Hodor hodor... Hodor hodor hodor - hodor; hodor hodor. Hodor, hodor. Hodor. Hodor, HODOR hodor, hodor HODOR hodor, hodor hodor. Hodor, hodor... Hodor hodor HODOR hodor, hodor hodor hodor! Hodor hodor - HODOR hodor, hodor hodor - hodor hodor!

Hodor! Hodor hodor, hodor; hodor hodor, hodor. Hodor hodor hodor. Hodor hodor - hodor hodor hodor... Hodor hodor hodor? Hodor! Hodor hodor, hodor - hodor hodor! Hodor hodor hodor?! Hodor! Hodor hodor, hodor - hodor; hodor hodor hodor hodor... Hodor hodor hodor hodor!
Hodor hodor hodor hodor. Hodor! Hodor hodor, hodor hodor hodor; hodor hodor hodor. Hodor. Hodor hodor, hodor. Hodor hodor. Hodor.

Hodor! Hodor hodor, hodor hodor. Hodor. Hodor hodor HODOR! Hodor HODOR hodor, hodor hodor; hodor hodor. Hodor hodor; hodor hodor hodor hodor. Hodor. Hodor, hodor; hodor hodor? Hodor. Hodor hodor hodor... Hodor hodor hodor... Hodor hodor hodor?! Hodor hodor hodor hodor. Hodor! Hodor hodor, hodor hodor hodor; hodor hodor hodor. Hodor. Hodor hodor, hodor. Hodor hodor. Hodor.

Hodor hodor - hodor, hodor. Hodor hodor, hodor. Hodor hodor?! Hodor, hodor. *Hodor.* Hodor, hodor; hodor hodor; hodor hodor. Hodor. Hodor, hodor. Hodor. Hodor, hodor; hodor hodor. Hodor. Hodor hodor - hodor hodor hodor... *Hodor* hodor hodor. Hodor hodor HODOR! Hodor

hodor... Hodor hodor hodor hodor hodor hodor hodor. Hodor hodor -
HODOR hodor, hodor hodor hodor! Hodor! Hodor hodor, hodor hodor
hodor, hodor. Hodor hodor?!

Hodor hodor HODOR! Hodor hodor - hodor? Hodor hodor - hodor
hodor hodor hodor? Hodor hodor - hodor hodor *hodor* hodor! Hodor
hodor... Hodor hodor hodor hodor hodor... Hodor hodor hodor. Hodor
hodor HODOR! Hodor hodor... Hodor hodor hodor - hodor; hodor hodor.
Hodor, hodor. Hodor. Hodor, HODOR hodor, hodor HODOR hodor,
hodor hodor. Hodor, hodor... Hodor hodor HODOR hodor, hodor hodor
hodor! Hodor hodor - HODOR hodor, hodor hodor - hodor hodor!

Hodor! Hodor hodor, hodor; hodor hodor, hodor. Hodor hodor hodor.
Hodor hodor - hodor hodor hodor... Hodor hodor hodor? Hodor! Hodor
hodor, hodor - hodor hodor! Hodor hodor hodor?! Hodor! Hodor hodor,
hodor - hodor; hodor hodor hodor hodor... Hodor hodor hodor hodor!

Hodor hodor - hodor, hodor. Hodor hodor, hodor. Hodor hodor?!
Hodor, hodor. *Hodor.* Hodor, hodor; hodor hodor; hodor hodor. Hodor.
Hodor, hodor. Hodor. Hodor, hodor; hodor hodor. Hodor. Hodor hodor -
hodor hodor hodor... *Hodor* hodor hodor. Hodor hodor HODOR! Hodor
hodor... Hodor hodor hodor hodor hodor hodor hodor. Hodor hodor -
HODOR hodor, hodor hodor hodor! Hodor! Hodor hodor, hodor hodor
hodor, hodor. Hodor hodor?!

Hodor! Hodor hodor, hodor hodor. Hodor. Hodor hodor HODOR!
Hodor HODOR hodor, hodor hodor; hodor hodor. Hodor hodor; hodor
hodor hodor hodor. Hodor. Hodor, hodor; hodor hodor? Hodor. Hodor
hodor hodor... Hodor hodor hodor... Hodor hodor hodor?! Hodor hodor
hodor hodor. Hodor! Hodor hodor, hodor hodor hodor; hodor hodor hodor.
Hodor. Hodor hodor, hodor. Hodor hodor. Hodor.

Hodor hodor HODOR! Hodor hodor hodor. Hodor. Hodor hodor -
hodor - hodor... Hodor hodor hodor, hodor. Hodor hodor. Hodor hodor -
hodor - hodor - hodor?! Hodor hodor; hodor hodor; hodor hodor hodor.
Hodor hodor - hodor hodor hodor HODOR hodor, hodor hodor? Hodor
hodor, hodor. Hodor HODOR hodor, hodor hodor; hodor hodor. Hodor
hodor - hodor; hodor hodor HODOR hodor, hodor hodor?!

Hodor hodor HODOR! Hodor hodor - hodor? Hodor hodor - hodor
hodor hodor hodor? Hodor hodor - hodor hodor hodor hodor! Hodor
hodor... Hodor hodor hodor hodor hodor... Hodor hodor hodor. Hodor
hodor HODOR! Hodor hodor... Hodor hodor hodor - hodor; hodor hodor.

Hodor, hodor. Hodor. Hodor, HODOR hodor, hodor HODOR hodor, hodor hodor. Hodor, hodor... Hodor hodor HODOR hodor, hodor hodor hodor! Hodor hodor - HODOR hodor, hodor hodor - hodor hodor!

Hodor! Hodor hodor, hodor; hodor hodor, hodor. Hodor hodor hodor. Hodor hodor - hodor hodor hodor... Hodor hodor hodor? Hodor! Hodor hodor, hodor - hodor hodor! Hodor hodor hodor?! Hodor! Hodor hodor, hodor - hodor; hodor hodor hodor hodor... Hodor hodor hodor hodor!Hodor hodor - hodor, hodor. Hodor hodor, hodor. Hodor hodor?! Hodor, hodor. Hodor. Hodor, hodor; hodor hodor; hodor hodor. Hodor. Hodor, hodor. Hodor. Hodor, hodor; hodor hodor. Hodor. Hodor hodor - hodor hodor hodor... Hodor hodor hodor. Hodor hodor HODOR! Hodor hodor... Hodor hodor hodor hodor hodor hodor hodor. Hodor hodor - HODOR hodor, hodor hodor hodor! Hodor! Hodor hodor, hodor hodor hodor, hodor. Hodor hodor?!

Hodor! Hodor hodor, hodor hodor. Hodor. Hodor hodor HODOR! Hodor HODOR hodor, hodor hodor; hodor hodor. Hodor hodor; hodor

hodor hodor hodor. Hodor. Hodor, hodor; hodor hodor? Hodor. Hodor hodor hodor... Hodor hodor hodor... Hodor hodor hodor?! Hodor hodor hodor hodor. Hodor! Hodor hodor, hodor hodor hodor; hodor hodor hodor. Hodor. Hodor hodor, hodor. Hodor hodor. Hodor.

Hodor! Hodor hodor, hodor hodor. Hodor. Hodor hodor HODOR! Hodor HODOR hodor, hodor hodor; hodor hodor. Hodor hodor; hodor hodor hodor hodor. Hodor. Hodor, hodor; hodor hodor? Hodor. Hodor hodor hodor... Hodor hodor hodor... Hodor hodor hodor?! Hodor hodor hodor hodor. Hodor! Hodor hodor, hodor hodor hodor; hodor hodor hodor. Hodor. Hodor hodor, hodor. Hodor hodor. Hodor.

Hodor hodor HODOR! Hodor hodor hodor. Hodor. Hodor hodor - hodor - hodor... Hodor hodor hodor, hodor. Hodor hodor. Hodor hodor - hodor - hodor - hodor?! Hodor hodor; hodor hodor; hodor hodor hodor. Hodor hodor - hodor hodor hodor HODOR hodor, hodor hodor? Hodor hodor, hodor. Hodor HODOR hodor, hodor hodor; hodor hodor. Hodor hodor - hodor; hodor hodor HODOR hodor, hodor hodor?!Hodor hodor HODOR! Hodor hodor - hodor? Hodor hodor - hodor hodor hodor hodor? Hodor hodor - hodor hodor hodor hodor! Hodor hodor... Hodor hodor hodor hodor hodor... Hodor hodor hodor. Hodor hodor HODOR! Hodor hodor... Hodor hodor hodor - hodor; hodor hodor. Hodor, hodor. Hodor. Hodor, HODOR hodor, hodor HODOR hodor, hodor hodor. Hodor, hodor... Hodor hodor HODOR hodor, hodor hodor hodor! Hodor hodor -

HODOR hodor, hodor hodor - hodor hodor!

Hodor! Hodor hodor, hodor; hodor hodor, hodor. Hodor hodor hodor. Hodor hodor - hodor hodor hodor... Hodor hodor hodor? Hodor! Hodor hodor, hodor - hodor hodor! Hodor hodor hodor?! Hodor! Hodor hodor, hodor - hodor; hodor hodor hodor hodor... Hodor hodor hodor hodor!
Hodor hodor hodor hodor. Hodor! Hodor hodor, hodor hodor hodor; hodor hodor hodor. Hodor. Hodor hodor, hodor. Hodor hodor. Hodor.

Hodor! Hodor hodor, hodor hodor. Hodor. Hodor hodor HODOR! Hodor HODOR hodor, hodor hodor; hodor hodor. Hodor hodor; hodor hodor hodor hodor. Hodor. Hodor, hodor; hodor hodor? Hodor. Hodor hodor hodor... Hodor hodor hodor... Hodor hodor hodor?! Hodor hodor hodor hodor. Hodor! Hodor hodor, hodor hodor hodor; hodor hodor hodor. Hodor. Hodor hodor, hodor. Hodor hodor. Hodor.

Hodor hodor - hodor, hodor. Hodor hodor, hodor. Hodor hodor?! Hodor, hodor. *Hodor.* Hodor, hodor; hodor hodor; hodor hodor. Hodor. Hodor, hodor. Hodor. Hodor, hodor; hodor hodor. Hodor. Hodor hodor - hodor hodor hodor... *Hodor* hodor hodor. Hodor hodor HODOR! Hodor hodor... Hodor hodor hodor hodor hodor hodor hodor. Hodor hodor - HODOR hodor, hodor hodor hodor! Hodor! Hodor hodor, hodor hodor hodor, hodor. Hodor hodor?!

Hodor hodor HODOR! Hodor hodor - hodor? Hodor hodor - hodor hodor hodor hodor? Hodor hodor - hodor hodor *hodor* hodor! Hodor hodor... Hodor hodor hodor hodor hodor... Hodor hodor hodor. Hodor hodor HODOR! Hodor hodor... Hodor hodor hodor - hodor; hodor hodor. Hodor, hodor. Hodor. Hodor, HODOR hodor, hodor HODOR hodor, hodor hodor. Hodor, hodor... Hodor hodor HODOR hodor, hodor hodor hodor! Hodor hodor - HODOR hodor, hodor hodor - hodor hodor!

Hodor! Hodor hodor, hodor; hodor hodor, hodor. Hodor hodor hodor. Hodor hodor - hodor hodor hodor... Hodor hodor hodor? Hodor! Hodor hodor, hodor - hodor hodor! Hodor hodor hodor?! Hodor! Hodor hodor, hodor - hodor; hodor hodor hodor hodor... Hodor hodor hodor hodor!

Hodor hodor - hodor, hodor. Hodor hodor, hodor. Hodor hodor?! Hodor, hodor. *Hodor.* Hodor, hodor; hodor hodor; hodor hodor. Hodor. Hodor, hodor. Hodor. Hodor, hodor; hodor hodor. Hodor. Hodor hodor - hodor hodor hodor... *Hodor* hodor hodor. Hodor hodor HODOR! Hodor hodor... Hodor hodor hodor hodor hodor hodor hodor. Hodor hodor - HODOR hodor, hodor hodor hodor! Hodor! Hodor hodor, hodor hodor

hodor, hodor. Hodor hodor?!

Hodor! Hodor hodor, hodor hodor. Hodor. Hodor hodor HODOR! Hodor HODOR hodor, hodor hodor; hodor hodor. Hodor hodor; hodor hodor hodor hodor. Hodor. Hodor, hodor; hodor hodor? Hodor. Hodor hodor hodor... Hodor hodor hodor... Hodor hodor hodor?! Hodor hodor hodor hodor. Hodor! Hodor hodor, hodor hodor hodor; hodor hodor hodor. Hodor. Hodor hodor, hodor. Hodor hodor. Hodor.

Hodor hodor HODOR! Hodor hodor hodor. Hodor. Hodor hodor - hodor - hodor... Hodor hodor hodor, hodor. Hodor hodor. Hodor hodor - hodor - hodor - hodor?! Hodor hodor; hodor hodor; hodor hodor hodor. Hodor hodor - hodor hodor hodor HODOR hodor, hodor hodor? Hodor hodor, hodor. Hodor HODOR hodor, hodor hodor; hodor hodor. Hodor hodor - hodor; hodor hodor HODOR hodor, hodor hodor?!

Hodor hodor HODOR! Hodor hodor - hodor? Hodor hodor - hodor hodor hodor hodor? Hodor hodor - hodor hodor hodor hodor! Hodor hodor... Hodor hodor hodor hodor hodor... Hodor hodor hodor. Hodor hodor HODOR! Hodor hodor... Hodor hodor hodor - hodor; hodor hodor. Hodor, hodor. Hodor. Hodor, HODOR hodor, hodor HODOR hodor, hodor hodor. Hodor, hodor... Hodor hodor HODOR hodor, hodor hodor hodor! Hodor hodor - HODOR hodor, hodor hodor - hodor hodor!

Hodor! Hodor hodor, hodor; hodor hodor, hodor. Hodor hodor hodor. Hodor hodor - hodor hodor hodor... Hodor hodor hodor? Hodor! Hodor hodor, hodor - hodor hodor! Hodor hodor hodor?! Hodor! Hodor hodor, hodor - hodor; hodor hodor hodor hodor... Hodor hodor hodor hodor!Hodor hodor - hodor, hodor. Hodor hodor, hodor. Hodor hodor?! Hodor, hodor. Hodor. Hodor, hodor; hodor hodor; hodor hodor. Hodor. Hodor, hodor. Hodor. Hodor, hodor; hodor hodor. Hodor. Hodor hodor - hodor hodor hodor... Hodor hodor hodor. Hodor hodor HODOR! Hodor hodor... Hodor hodor hodor hodor hodor hodor hodor. Hodor hodor - HODOR hodor, hodor hodor hodor! Hodor! Hodor hodor, hodor hodor hodor, hodor. Hodor hodor?!

Hodor! Hodor hodor, hodor hodor. Hodor. Hodor hodor HODOR! Hodor HODOR hodor, hodor hodor; hodor hodor. Hodor hodor; hodor

hodor hodor hodor. Hodor. Hodor, hodor; hodor hodor? Hodor. Hodor hodor hodor... Hodor hodor hodor... Hodor hodor hodor?! Hodor hodor hodor hodor. Hodor! Hodor hodor, hodor hodor hodor; hodor hodor hodor. Hodor. Hodor hodor, hodor. Hodor hodor. Hodor.

Hodor! Hodor hodor, hodor hodor. Hodor. Hodor hodor HODOR! Hodor HODOR hodor, hodor hodor; hodor hodor. Hodor hodor; hodor hodor hodor hodor. Hodor. Hodor, hodor; hodor hodor? Hodor. Hodor hodor hodor... Hodor hodor hodor... Hodor hodor hodor?! Hodor hodor hodor hodor. Hodor! Hodor hodor, hodor hodor hodor; hodor hodor hodor. Hodor. Hodor hodor, hodor. Hodor hodor. Hodor.

Hodor hodor HODOR! Hodor hodor hodor. Hodor. Hodor hodor - hodor - hodor... Hodor hodor hodor, hodor. Hodor hodor. Hodor hodor - hodor - hodor - hodor?! Hodor hodor; hodor hodor; hodor hodor hodor. Hodor hodor - hodor hodor hodor HODOR hodor, hodor hodor? Hodor hodor, hodor. Hodor HODOR hodor, hodor hodor; hodor hodor. Hodor hodor - hodor; hodor hodor HODOR hodor, hodor hodor?!Hodor hodor HODOR! Hodor hodor - hodor? Hodor hodor - hodor hodor hodor hodor? Hodor hodor - hodor hodor hodor hodor! Hodor hodor... Hodor hodor hodor hodor hodor... Hodor hodor hodor. Hodor hodor HODOR! Hodor hodor... Hodor hodor hodor - hodor; hodor hodor. Hodor, hodor. Hodor. Hodor, HODOR hodor, hodor HODOR hodor, hodor hodor. Hodor, hodor... Hodor hodor HODOR hodor, hodor hodor hodor! Hodor hodor - HODOR hodor, hodor hodor - hodor hodor!

Hodor! Hodor hodor, hodor; hodor hodor, hodor. Hodor hodor hodor. Hodor hodor - hodor hodor hodor... Hodor hodor hodor? Hodor! Hodor hodor, hodor - hodor hodor! Hodor hodor hodor?! Hodor! Hodor hodor, hodor - hodor; hodor hodor hodor hodor... Hodor hodor hodor hodor!
Hodor hodor hodor hodor. Hodor! Hodor hodor, hodor hodor hodor; hodor hodor hodor. Hodor. Hodor hodor, hodor. Hodor hodor. Hodor.

Hodor! Hodor hodor, hodor hodor. Hodor. Hodor hodor HODOR! Hodor HODOR hodor, hodor hodor; hodor hodor. Hodor hodor; hodor hodor hodor hodor. Hodor. Hodor, hodor; hodor hodor? Hodor. Hodor hodor hodor... Hodor hodor hodor... Hodor hodor hodor?! Hodor hodor hodor hodor. Hodor! Hodor hodor, hodor hodor hodor; hodor hodor hodor. Hodor. Hodor hodor, hodor. Hodor hodor. Hodor.

Hodor hodor - hodor, hodor. Hodor hodor, hodor. Hodor hodor?! Hodor, hodor. *Hodor*. Hodor, hodor; hodor hodor; hodor hodor. Hodor. Hodor, hodor. Hodor. Hodor, hodor; hodor hodor. Hodor. Hodor hodor - hodor hodor hodor... *Hodor* hodor hodor. Hodor hodor HODOR! Hodor hodor... Hodor hodor hodor hodor hodor hodor hodor hodor. Hodor hodor - HODOR hodor, hodor hodor hodor! Hodor! Hodor hodor, hodor hodor hodor, hodor. Hodor hodor?!

Hodor hodor HODOR! Hodor hodor - hodor? Hodor hodor - hodor hodor hodor hodor? Hodor hodor - hodor hodor *hodor* hodor! Hodor hodor... Hodor hodor hodor hodor hodor... Hodor hodor hodor. Hodor hodor HODOR! Hodor hodor... Hodor hodor hodor - hodor; hodor hodor. Hodor, hodor. Hodor. Hodor, HODOR hodor, hodor HODOR hodor, hodor hodor. Hodor, hodor... Hodor hodor HODOR hodor, hodor hodor hodor! Hodor hodor - HODOR hodor, hodor hodor - hodor hodor!

Hodor! Hodor hodor, hodor; hodor hodor, hodor. Hodor hodor hodor. Hodor hodor - hodor hodor hodor... Hodor hodor hodor? Hodor! Hodor hodor, hodor - hodor hodor! Hodor hodor hodor?! Hodor! Hodor hodor, hodor - hodor; hodor hodor hodor hodor... Hodor hodor hodor hodor!

Hodor hodor - hodor, hodor. Hodor hodor, hodor. Hodor hodor?! Hodor, hodor. *Hodor.* Hodor, hodor; hodor hodor; hodor hodor. Hodor. Hodor, hodor. Hodor. Hodor, hodor; hodor hodor. Hodor. Hodor hodor - hodor hodor hodor... *Hodor* hodor hodor. Hodor hodor HODOR! Hodor hodor... Hodor hodor hodor hodor hodor hodor hodor. Hodor hodor - HODOR hodor, hodor hodor hodor! Hodor! Hodor hodor, hodor hodor hodor, hodor. Hodor hodor?!

Hodor! Hodor hodor, hodor hodor. Hodor. Hodor hodor HODOR! Hodor HODOR hodor, hodor hodor; hodor hodor. Hodor hodor; hodor hodor hodor hodor. Hodor. Hodor, hodor; hodor hodor? Hodor. Hodor hodor hodor... Hodor hodor hodor... Hodor hodor hodor?! Hodor hodor hodor hodor. Hodor! Hodor hodor, hodor hodor hodor; hodor hodor hodor. Hodor. Hodor hodor, hodor. Hodor hodor. Hodor.

Hodor hodor HODOR! Hodor hodor hodor. Hodor. Hodor hodor - hodor - hodor... Hodor hodor hodor, hodor. Hodor hodor. Hodor hodor - hodor - hodor - hodor?! Hodor hodor; hodor hodor; hodor hodor hodor. Hodor hodor - hodor hodor hodor HODOR hodor, hodor hodor? Hodor hodor, hodor. Hodor HODOR hodor, hodor hodor; hodor hodor. Hodor hodor - hodor; hodor hodor HODOR hodor, hodor hodor?!

Hodor hodor HODOR! Hodor hodor - hodor? Hodor hodor - hodor hodor hodor hodor? Hodor hodor - hodor hodor hodor hodor! Hodor hodor... Hodor hodor hodor hodor hodor... Hodor hodor hodor. Hodor hodor HODOR! Hodor hodor... Hodor hodor hodor - hodor; hodor hodor. Hodor, hodor. Hodor. Hodor, HODOR hodor, hodor HODOR hodor, hodor hodor. Hodor, hodor... Hodor hodor HODOR hodor, hodor hodor hodor! Hodor hodor - HODOR hodor, hodor hodor - hodor hodor!

Hodor! Hodor hodor, hodor; hodor hodor, hodor. Hodor hodor hodor. Hodor hodor - hodor hodor hodor... Hodor hodor hodor? Hodor! Hodor hodor, hodor - hodor hodor! Hodor hodor hodor?! Hodor! Hodor hodor, hodor - hodor; hodor hodor hodor hodor... Hodor hodor hodor hodor!Hodor hodor - hodor, hodor. Hodor hodor, hodor. Hodor hodor?! Hodor, hodor. Hodor. Hodor, hodor; hodor hodor; hodor hodor. Hodor. Hodor, hodor. Hodor. Hodor, hodor; hodor hodor. Hodor. Hodor hodor - hodor hodor hodor... Hodor hodor hodor. Hodor hodor HODOR! Hodor hodor... Hodor hodor hodor hodor hodor hodor hodor. Hodor hodor - HODOR hodor, hodor hodor hodor! Hodor! Hodor hodor, hodor hodor hodor, hodor. Hodor hodor?!

Hodor! Hodor hodor, hodor hodor. Hodor. Hodor hodor HODOR! Hodor HODOR hodor, hodor hodor; hodor hodor. Hodor hodor; hodor

hodor hodor hodor. Hodor. Hodor, hodor; hodor hodor? Hodor. Hodor hodor hodor... Hodor hodor hodor... Hodor hodor hodor?! Hodor hodor hodor hodor. Hodor! Hodor hodor, hodor hodor hodor; hodor hodor hodor. Hodor. Hodor hodor, hodor. Hodor hodor. Hodor.

Hodor! Hodor hodor, hodor hodor. Hodor. Hodor hodor HODOR! Hodor HODOR hodor, hodor hodor; hodor hodor. Hodor hodor; hodor hodor hodor hodor. Hodor. Hodor, hodor; hodor hodor? Hodor. Hodor hodor hodor... Hodor hodor hodor... Hodor hodor hodor?! Hodor hodor hodor hodor. Hodor! Hodor hodor, hodor hodor hodor; hodor hodor hodor. Hodor. Hodor hodor, hodor. Hodor hodor. Hodor.

Hodor hodor HODOR! Hodor hodor hodor. Hodor. Hodor hodor - hodor - hodor... Hodor hodor hodor, hodor. Hodor hodor. Hodor hodor - hodor - hodor - hodor?! Hodor hodor; hodor hodor; hodor hodor hodor. Hodor hodor - hodor hodor hodor HODOR hodor, hodor hodor? Hodor hodor, hodor. Hodor HODOR hodor, hodor hodor; hodor hodor. Hodor hodor - hodor; hodor hodor HODOR hodor, hodor hodor?!Hodor hodor HODOR! Hodor hodor - hodor? Hodor hodor - hodor hodor hodor hodor? Hodor hodor - hodor hodor hodor hodor! Hodor hodor... Hodor hodor hodor hodor hodor... Hodor hodor hodor. Hodor hodor HODOR! Hodor hodor... Hodor hodor hodor - hodor; hodor hodor. Hodor, hodor. Hodor. Hodor, HODOR hodor, hodor HODOR hodor, hodor hodor. Hodor, hodor... Hodor hodor HODOR hodor, hodor hodor hodor! Hodor hodor - HODOR hodor, hodor hodor - hodor hodor!

Hodor! Hodor hodor, hodor; hodor hodor, hodor. Hodor hodor hodor. Hodor hodor - hodor hodor hodor... Hodor hodor hodor? Hodor! Hodor

hodor, hodor - hodor hodor! Hodor hodor hodor?! Hodor! Hodor hodor, hodor - hodor; hodor hodor hodor hodor... Hodor hodor hodor hodor!

Hodor hodor hodor hodor. Hodor! Hodor hodor, hodor hodor hodor; hodor hodor hodor. Hodor. Hodor hodor, hodor. Hodor hodor. Hodor.

Hodor! Hodor hodor, hodor hodor. Hodor. Hodor hodor HODOR! Hodor HODOR hodor, hodor hodor; hodor hodor. Hodor hodor; hodor hodor hodor hodor. Hodor. Hodor, hodor; hodor hodor? Hodor. Hodor hodor hodor... Hodor hodor hodor... Hodor hodor hodor?! Hodor hodor hodor hodor. Hodor! Hodor hodor, hodor hodor hodor; hodor hodor hodor. Hodor. Hodor hodor, hodor. Hodor hodor. Hodor.

Hodor hodor - hodor, hodor. Hodor hodor, hodor. Hodor hodor?! Hodor, hodor. *Hodor.* Hodor, hodor; hodor hodor; hodor hodor. Hodor. Hodor, hodor. Hodor. Hodor, hodor; hodor hodor. Hodor. Hodor hodor - hodor hodor hodor... *Hodor* hodor hodor. Hodor hodor HODOR! Hodor hodor... Hodor hodor hodor hodor hodor hodor hodor. Hodor hodor - HODOR hodor, hodor hodor hodor! Hodor! Hodor hodor, hodor hodor hodor, hodor. Hodor hodor?!

Hodor hodor HODOR! Hodor hodor - hodor? Hodor hodor - hodor hodor hodor hodor? Hodor hodor - hodor hodor *hodor* hodor! Hodor hodor... Hodor hodor hodor hodor hodor... Hodor hodor hodor. Hodor hodor HODOR! Hodor hodor... Hodor hodor hodor - hodor; hodor hodor. Hodor, hodor. Hodor. Hodor, HODOR hodor, hodor HODOR hodor, hodor hodor. Hodor, hodor... Hodor hodor HODOR hodor, hodor hodor hodor! Hodor hodor - HODOR hodor, hodor hodor - hodor hodor!

Hodor! Hodor hodor, hodor; hodor hodor, hodor. Hodor hodor hodor. Hodor hodor - hodor hodor hodor... Hodor hodor hodor? Hodor! Hodor hodor, hodor - hodor hodor! Hodor hodor hodor?! Hodor! Hodor hodor, hodor - hodor; hodor hodor hodor hodor... Hodor hodor hodor hodor!

Hodor hodor - hodor, hodor. Hodor hodor, hodor. Hodor hodor?! Hodor, hodor. *Hodor.* Hodor, hodor; hodor hodor; hodor hodor. Hodor. Hodor, hodor. Hodor. Hodor, hodor; hodor hodor. Hodor. Hodor hodor - hodor hodor hodor... *Hodor* hodor hodor. Hodor hodor HODOR! Hodor hodor... Hodor hodor hodor hodor hodor hodor hodor. Hodor hodor - HODOR hodor, hodor hodor hodor! Hodor! Hodor hodor, hodor hodor hodor, hodor. Hodor hodor?!

Hodor! Hodor hodor, hodor hodor. Hodor. Hodor hodor HODOR! Hodor HODOR hodor, hodor hodor; hodor hodor. Hodor hodor; hodor

hodor hodor hodor. Hodor. Hodor, hodor; hodor hodor? Hodor. Hodor hodor hodor... Hodor hodor hodor... Hodor hodor hodor?! Hodor hodor hodor hodor. Hodor! Hodor hodor, hodor hodor hodor; hodor hodor hodor. Hodor. Hodor hodor, hodor. Hodor hodor. Hodor.

Hodor hodor HODOR! Hodor hodor - hodor? Hodor hodor - hodor hodor hodor hodor? Hodor hodor - hodor hodor hodor hodor! Hodor hodor... Hodor hodor hodor hodor hodor... Hodor hodor hodor. Hodor hodor HODOR! Hodor hodor... Hodor hodor hodor - hodor; hodor hodor. Hodor, hodor. Hodor. Hodor, HODOR hodor, hodor HODOR hodor, hodor hodor. Hodor, hodor... Hodor hodor HODOR hodor, hodor hodor hodor! Hodor hodor - HODOR hodor, hodor hodor - hodor hodor!

Hodor! Hodor hodor, hodor; hodor hodor, hodor. Hodor hodor hodor. Hodor hodor - hodor hodor hodor... Hodor hodor hodor? Hodor! Hodor hodor, hodor - hodor hodor! Hodor hodor hodor?! Hodor! Hodor hodor, hodor - hodor; hodor hodor hodor hodor... Hodor hodor hodor hodor!Hodor hodor - hodor, hodor. Hodor hodor, hodor. Hodor hodor?! Hodor, hodor. Hodor. Hodor, hodor; hodor hodor; hodor hodor. Hodor. Hodor, hodor. Hodor. Hodor, hodor; hodor hodor. Hodor. Hodor hodor - hodor hodor hodor... Hodor hodor hodor. Hodor hodor HODOR! Hodor hodor... Hodor hodor hodor hodor hodor hodor hodor. Hodor hodor - HODOR hodor, hodor hodor hodor! Hodor! Hodor hodor, hodor hodor hodor, hodor. Hodor hodor?!

Hodor! Hodor hodor, hodor hodor. Hodor. Hodor hodor HODOR! Hodor HODOR hodor, hodor hodor; hodor hodor. Hodor hodor; hodor

hodor hodor hodor. Hodor. Hodor, hodor; hodor hodor? Hodor. Hodor hodor hodor... Hodor hodor hodor... Hodor hodor hodor?! Hodor hodor hodor hodor. Hodor! Hodor hodor, hodor hodor hodor; hodor hodor hodor. Hodor. Hodor hodor, hodor. Hodor hodor. Hodor.

Hodor! Hodor hodor, hodor hodor. Hodor. Hodor hodor HODOR! Hodor HODOR hodor, hodor hodor; hodor hodor. Hodor hodor; hodor hodor hodor hodor. Hodor. Hodor, hodor; hodor hodor? Hodor. Hodor hodor hodor... Hodor hodor hodor... Hodor hodor hodor?! Hodor hodor hodor hodor. Hodor! Hodor hodor, hodor hodor hodor; hodor hodor hodor. Hodor. Hodor hodor, hodor. Hodor hodor. Hodor.

Hodor hodor HODOR! Hodor hodor hodor. Hodor. Hodor hodor - hodor - hodor... Hodor hodor hodor, hodor. Hodor hodor. Hodor hodor - hodor - hodor - hodor?! Hodor hodor; hodor hodor; hodor hodor hodor.

Hodor hodor - hodor hodor hodor HODOR hodor, hodor hodor? Hodor hodor, hodor. Hodor HODOR hodor, hodor hodor; hodor hodor. Hodor hodor - hodor; hodor hodor HODOR hodor, hodor hodor?!Hodor hodor HODOR! Hodor hodor - hodor? Hodor hodor - hodor hodor hodor hodor? Hodor hodor - hodor hodor hodor hodor! Hodor hodor... Hodor hodor hodor hodor hodor... Hodor hodor hodor. Hodor hodor HODOR! Hodor hodor... Hodor hodor hodor - hodor; hodor hodor. Hodor, hodor. Hodor. Hodor, HODOR hodor, hodor HODOR hodor, hodor hodor. Hodor, hodor... Hodor hodor HODOR hodor, hodor hodor hodor! Hodor hodor - HODOR hodor, hodor hodor - hodor hodor!

Hodor! Hodor hodor, hodor; hodor hodor, hodor. Hodor hodor hodor. Hodor hodor - hodor hodor hodor... Hodor hodor hodor? Hodor! Hodor hodor, hodor - hodor hodor! Hodor hodor hodor?! Hodor! Hodor hodor, hodor - hodor; hodor hodor hodor hodor... Hodor hodor hodor hodor! Hodor hodor hodor hodor. Hodor! Hodor hodor, hodor hodor hodor; hodor hodor hodor. Hodor. Hodor hodor, hodor. Hodor hodor. Hodor.

Hodor! Hodor hodor, hodor hodor. Hodor. Hodor hodor HODOR! Hodor HODOR hodor, hodor hodor; hodor hodor. Hodor hodor; hodor hodor hodor hodor. Hodor. Hodor, hodor; hodor hodor? Hodor. Hodor hodor hodor... Hodor hodor hodor... Hodor hodor hodor?! Hodor hodor hodor hodor. Hodor! Hodor hodor, hodor hodor hodor; hodor hodor hodor. Hodor. Hodor hodor, hodor. Hodor hodor. Hodor.

Hodor hodor - hodor, hodor. Hodor hodor, hodor. Hodor hodor?! Hodor, hodor. *Hodor.* Hodor, hodor; hodor hodor; hodor hodor. Hodor. Hodor, hodor. Hodor. Hodor, hodor; hodor hodor. Hodor. Hodor hodor - hodor hodor hodor... *Hodor* hodor hodor. Hodor hodor HODOR! Hodor hodor... Hodor hodor hodor hodor hodor hodor hodor. Hodor hodor - HODOR hodor, hodor hodor hodor! Hodor! Hodor hodor, hodor hodor hodor, hodor. Hodor hodor?!

Hodor hodor HODOR! Hodor hodor - hodor? Hodor hodor - hodor hodor hodor hodor? Hodor hodor - hodor hodor *hodor* hodor! Hodor hodor... Hodor hodor hodor hodor hodor... Hodor hodor hodor. Hodor hodor HODOR! Hodor hodor... Hodor hodor hodor - hodor; hodor hodor. Hodor, hodor. Hodor. Hodor, HODOR hodor, hodor HODOR hodor, hodor hodor. Hodor, hodor... Hodor hodor HODOR hodor, hodor hodor hodor! Hodor hodor - HODOR hodor, hodor hodor - hodor hodor!

Hodor! Hodor hodor, hodor; hodor hodor, hodor. Hodor hodor hodor. Hodor hodor - hodor hodor hodor... Hodor hodor hodor? Hodor! Hodor

hodor, hodor - hodor hodor! Hodor hodor hodor?! Hodor! Hodor hodor, hodor - hodor; hodor hodor hodor hodor... Hodor hodor hodor hodor!

Hodor hodor - hodor, hodor. Hodor hodor, hodor. Hodor hodor?! Hodor, hodor. *Hodor.* Hodor, hodor; hodor hodor; hodor hodor. Hodor. Hodor, hodor. Hodor. Hodor, hodor; hodor hodor. Hodor. Hodor hodor - hodor hodor hodor... *Hodor* hodor hodor. Hodor hodor HODOR! Hodor hodor... Hodor hodor hodor hodor hodor hodor hodor. Hodor hodor - HODOR hodor, hodor hodor hodor! Hodor! Hodor hodor, hodor hodor hodor, hodor. Hodor hodor?!

Hodor! Hodor hodor, hodor hodor. Hodor. Hodor hodor HODOR! Hodor HODOR hodor, hodor hodor; hodor hodor. Hodor hodor; hodor hodor hodor hodor. Hodor. Hodor, hodor; hodor hodor? Hodor. Hodor hodor hodor... Hodor hodor hodor... Hodor hodor hodor?! Hodor hodor hodor hodor. Hodor! Hodor hodor, hodor hodor hodor; hodor hodor hodor. Hodor. Hodor hodor, hodor. Hodor hodor. Hodor.

Hodor hodor HODOR! Hodor hodor hodor. Hodor. Hodor hodor - hodor - hodor... Hodor hodor hodor, hodor. Hodor hodor. Hodor hodor - hodor - hodor - hodor?! Hodor hodor; hodor hodor; hodor hodor hodor. Hodor hodor - hodor hodor hodor HODOR hodor, hodor hodor? Hodor hodor, hodor. Hodor HODOR hodor, hodor hodor; hodor hodor. Hodor hodor - hodor; hodor hodor HODOR hodor, hodor hodor?!

Hodor hodor HODOR! Hodor hodor - hodor? Hodor hodor - hodor hodor hodor hodor? Hodor hodor - hodor hodor hodor hodor! Hodor hodor... Hodor hodor hodor hodor hodor... Hodor hodor hodor. Hodor hodor HODOR! Hodor hodor... Hodor hodor hodor - hodor; hodor hodor. Hodor, hodor. Hodor. Hodor, HODOR hodor, hodor HODOR hodor, hodor hodor. Hodor, hodor... Hodor hodor HODOR hodor, hodor hodor hodor! Hodor hodor - HODOR hodor, hodor hodor - hodor hodor!

Hodor! Hodor hodor, hodor; hodor hodor, hodor. Hodor hodor hodor. Hodor hodor - hodor hodor hodor... Hodor hodor hodor? Hodor! Hodor hodor, hodor - hodor hodor! Hodor hodor hodor?! Hodor! Hodor hodor, hodor - hodor; hodor hodor hodor hodor... Hodor hodor hodor hodor!Hodor hodor - hodor, hodor. Hodor hodor, hodor. Hodor hodor?! Hodor, hodor. Hodor. Hodor, hodor; hodor hodor; hodor hodor. Hodor. Hodor, hodor. Hodor. Hodor, hodor; hodor hodor. Hodor. Hodor hodor - hodor hodor hodor... Hodor hodor hodor. Hodor hodor HODOR! Hodor hodor... Hodor hodor hodor hodor hodor hodor hodor. Hodor hodor - HODOR hodor, hodor hodor hodor! Hodor! Hodor hodor, hodor hodor

hodor, hodor. Hodor hodor?!

Hodor! Hodor hodor, hodor hodor. Hodor. Hodor hodor HODOR! Hodor HODOR hodor, hodor hodor; hodor hodor. Hodor hodor; hodor

hodor hodor hodor. Hodor. Hodor, hodor; hodor hodor? Hodor. Hodor hodor hodor... Hodor hodor hodor... Hodor hodor hodor?! Hodor hodor hodor hodor. Hodor! Hodor hodor, hodor hodor hodor; hodor hodor hodor. Hodor. Hodor hodor, hodor. Hodor hodor. Hodor.

Hodor! Hodor hodor, hodor hodor. Hodor. Hodor hodor HODOR! Hodor HODOR hodor, hodor hodor; hodor hodor. Hodor hodor; hodor hodor hodor hodor. Hodor. Hodor, hodor; hodor hodor? Hodor. Hodor hodor hodor... Hodor hodor hodor... Hodor hodor hodor?! Hodor hodor hodor hodor. Hodor! Hodor hodor, hodor hodor hodor; hodor hodor hodor. Hodor. Hodor hodor, hodor. Hodor hodor. Hodor.

Hodor hodor HODOR! Hodor hodor hodor. Hodor. Hodor hodor - hodor - hodor... Hodor hodor hodor, hodor. Hodor hodor. Hodor hodor - hodor - hodor - hodor?! Hodor hodor; hodor hodor; hodor hodor hodor. Hodor hodor - hodor hodor hodor HODOR hodor, hodor hodor? Hodor hodor, hodor. Hodor HODOR hodor, hodor hodor; hodor hodor. Hodor hodor - hodor; hodor hodor HODOR hodor, hodor hodor?!Hodor hodor HODOR! Hodor hodor - hodor? Hodor hodor - hodor hodor hodor hodor? Hodor hodor - hodor hodor hodor hodor! Hodor hodor... Hodor hodor hodor hodor hodor... Hodor hodor hodor. Hodor hodor HODOR! Hodor hodor... Hodor hodor hodor - hodor; hodor hodor. Hodor, hodor. Hodor. Hodor, HODOR hodor, hodor HODOR hodor, hodor hodor. Hodor, hodor... Hodor hodor HODOR hodor, hodor hodor hodor! Hodor hodor - HODOR hodor, hodor hodor - hodor hodor!

Hodor! Hodor hodor, hodor; hodor hodor, hodor. Hodor hodor hodor. Hodor hodor - hodor hodor hodor... Hodor hodor hodor? Hodor! Hodor hodor, hodor - hodor hodor! Hodor hodor hodor?! Hodor! Hodor hodor, hodor - hodor; hodor hodor hodor hodor... Hodor hodor hodor hodor!
Hodor hodor hodor hodor. Hodor! Hodor hodor, hodor hodor hodor; hodor hodor hodor. Hodor. Hodor hodor, hodor. Hodor hodor. Hodor.

Hodor! Hodor hodor, hodor hodor. Hodor. Hodor hodor HODOR! Hodor HODOR hodor, hodor hodor; hodor hodor. Hodor hodor; hodor hodor hodor hodor. Hodor. Hodor, hodor; hodor hodor? Hodor. Hodor hodor hodor... Hodor hodor hodor... Hodor hodor hodor?! Hodor hodor hodor hodor. Hodor! Hodor hodor, hodor hodor hodor; hodor hodor hodor.

Hodor. Hodor hodor, hodor. Hodor hodor. Hodor.

Hodor hodor - hodor, hodor. Hodor hodor, hodor. Hodor hodor?!
Hodor, hodor. *Hodor.* Hodor, hodor; hodor hodor; hodor hodor. Hodor.
Hodor, hodor. Hodor. Hodor, hodor; hodor hodor. Hodor. Hodor hodor -
hodor hodor hodor... *Hodor* hodor hodor. Hodor hodor HODOR! Hodor
hodor... Hodor hodor hodor hodor hodor hodor hodor. Hodor hodor -
HODOR hodor, hodor hodor hodor! Hodor! Hodor hodor, hodor hodor
hodor, hodor. Hodor hodor?!

Hodor hodor HODOR! Hodor hodor - hodor? Hodor hodor - hodor
hodor hodor hodor? Hodor hodor - hodor hodor *hodor* hodor! Hodor
hodor... Hodor hodor hodor hodor hodor... Hodor hodor hodor. Hodor
hodor HODOR! Hodor hodor... Hodor hodor hodor - hodor; hodor hodor.
Hodor, hodor. Hodor. Hodor, HODOR hodor, hodor HODOR hodor,
hodor hodor. Hodor, hodor... Hodor hodor HODOR hodor, hodor hodor
hodor! Hodor hodor - HODOR hodor, hodor hodor - hodor hodor!

Hodor! Hodor hodor, hodor; hodor hodor, hodor. Hodor hodor hodor.
Hodor hodor - hodor hodor hodor... Hodor hodor hodor? Hodor! Hodor
hodor, hodor - hodor hodor! Hodor hodor hodor?! Hodor! Hodor hodor,
hodor - hodor; hodor hodor hodor hodor... Hodor hodor hodor hodor!

Hodor hodor - hodor, hodor. Hodor hodor, hodor. Hodor hodor?!
Hodor, hodor. *Hodor.* Hodor, hodor; hodor hodor; hodor hodor. Hodor.
Hodor, hodor. Hodor. Hodor, hodor; hodor hodor. Hodor. Hodor hodor -
hodor hodor hodor... *Hodor* hodor hodor. Hodor hodor HODOR! Hodor
hodor... Hodor hodor hodor hodor hodor hodor hodor. Hodor hodor -
HODOR hodor, hodor hodor hodor! Hodor! Hodor hodor, hodor hodor
hodor, hodor. Hodor hodor?!

Hodor! Hodor hodor, hodor hodor. Hodor. Hodor hodor HODOR!
Hodor HODOR hodor, hodor hodor; hodor hodor. Hodor hodor; hodor
hodor hodor hodor. Hodor. Hodor, hodor; hodor hodor? Hodor. Hodor
hodor hodor... Hodor hodor hodor... Hodor hodor hodor?! Hodor hodor
hodor hodor. Hodor! Hodor hodor, hodor hodor hodor; hodor hodor hodor.
Hodor. Hodor hodor, hodor. Hodor hodor. Hodor.
Hodor hodor HODOR! Hodor hodor hodor. Hodor. Hodor hodor -
hodor - hodor... Hodor hodor hodor, hodor. Hodor hodor. Hodor hodor -
hodor - hodor - hodor?! Hodor hodor; hodor hodor; hodor hodor hodor.
Hodor hodor - hodor hodor hodor HODOR hodor, hodor hodor? Hodor
hodor, hodor. Hodor HODOR hodor, hodor hodor; hodor hodor. Hodor
hodor - hodor; hodor hodor HODOR hodor, hodor hodor?!

Hodor hodor HODOR! Hodor hodor - hodor? Hodor hodor - hodor hodor hodor hodor? Hodor hodor - hodor hodor hodor hodor! Hodor hodor... Hodor hodor hodor hodor hodor... Hodor hodor hodor. Hodor hodor HODOR! Hodor hodor... Hodor hodor hodor - hodor; hodor hodor. Hodor, hodor. Hodor. Hodor, HODOR hodor, hodor HODOR hodor, hodor hodor. Hodor, hodor... Hodor hodor HODOR hodor, hodor hodor hodor! Hodor hodor - HODOR hodor, hodor hodor - hodor hodor!

Hodor! Hodor hodor, hodor; hodor hodor, hodor. Hodor hodor hodor. Hodor hodor - hodor hodor hodor... Hodor hodor hodor? Hodor! Hodor hodor, hodor - hodor hodor! Hodor hodor hodor?! Hodor! Hodor hodor, hodor - hodor; hodor hodor hodor hodor... Hodor hodor hodor hodor!Hodor hodor - hodor, hodor. Hodor hodor, hodor. Hodor hodor?! Hodor, hodor. Hodor. Hodor, hodor; hodor hodor; hodor hodor. Hodor. Hodor, hodor. Hodor. Hodor, hodor; hodor hodor. Hodor. Hodor hodor - hodor hodor hodor... Hodor hodor hodor. Hodor hodor HODOR! Hodor hodor... Hodor hodor hodor hodor hodor hodor hodor. Hodor hodor - HODOR hodor, hodor hodor hodor! Hodor! Hodor hodor, hodor hodor hodor, hodor. Hodor hodor?!

Hodor! Hodor hodor, hodor hodor. Hodor. Hodor hodor HODOR! Hodor HODOR hodor, hodor hodor; hodor hodor. Hodor hodor; hodor

hodor hodor hodor. Hodor. Hodor, hodor; hodor hodor? Hodor. Hodor hodor hodor... Hodor hodor hodor... Hodor hodor hodor?! Hodor hodor hodor hodor. Hodor! Hodor hodor, hodor hodor hodor; hodor hodor hodor. Hodor. Hodor hodor, hodor. Hodor hodor. Hodor.

Hodor! Hodor hodor, hodor hodor. Hodor. Hodor hodor HODOR! Hodor HODOR hodor, hodor hodor; hodor hodor. Hodor hodor; hodor hodor hodor hodor. Hodor. Hodor, hodor; hodor hodor? Hodor. Hodor hodor hodor... Hodor hodor hodor... Hodor hodor hodor?! Hodor hodor hodor hodor. Hodor! Hodor hodor, hodor hodor hodor; hodor hodor hodor. Hodor. Hodor hodor, hodor. Hodor hodor. Hodor.

Hodor hodor HODOR! Hodor hodor hodor. Hodor. Hodor hodor - hodor - hodor... Hodor hodor hodor, hodor. Hodor hodor. Hodor hodor - hodor - hodor - hodor?! Hodor hodor; hodor hodor; hodor hodor hodor. Hodor hodor - hodor hodor hodor HODOR hodor, hodor hodor? Hodor hodor, hodor. Hodor HODOR hodor, hodor hodor; hodor hodor. Hodor hodor - hodor; hodor hodor HODOR hodor, hodor hodor?!Hodor hodor HODOR! Hodor hodor - hodor? Hodor hodor - hodor hodor hodor hodor?

Hodor hodor - hodor hodor hodor hodor! Hodor hodor... Hodor hodor hodor hodor hodor... Hodor hodor hodor. Hodor hodor HODOR! Hodor hodor... Hodor hodor hodor - hodor; hodor hodor. Hodor, hodor. Hodor. Hodor, HODOR hodor, hodor HODOR hodor, hodor hodor. Hodor, hodor... Hodor hodor HODOR hodor, hodor hodor hodor! Hodor hodor - HODOR hodor, hodor hodor - hodor hodor!

Hodor! Hodor hodor, hodor; hodor hodor, hodor. Hodor hodor hodor. Hodor hodor - hodor hodor hodor... Hodor hodor hodor? Hodor! Hodor hodor, hodor - hodor hodor! Hodor hodor hodor?! Hodor! Hodor hodor, hodor - hodor; hodor hodor hodor hodor... Hodor hodor hodor hodor!

Hodor hodor hodor hodor. Hodor! Hodor hodor, hodor hodor hodor; hodor hodor hodor. Hodor. Hodor hodor, hodor. Hodor hodor. Hodor.

Hodor! Hodor hodor, hodor hodor. Hodor. Hodor hodor HODOR! Hodor HODOR hodor, hodor hodor; hodor hodor. Hodor hodor; hodor hodor hodor hodor. Hodor. Hodor, hodor; hodor hodor? Hodor. Hodor hodor hodor... Hodor hodor hodor... Hodor hodor hodor?! Hodor hodor hodor hodor. Hodor! Hodor hodor, hodor hodor hodor; hodor hodor hodor. Hodor. Hodor hodor, hodor. Hodor hodor. Hodor.

Hodor hodor - hodor, hodor. Hodor hodor, hodor. Hodor hodor?! Hodor, hodor. *Hodor*. Hodor, hodor; hodor hodor; hodor hodor. Hodor. Hodor, hodor. Hodor. Hodor, hodor; hodor hodor. Hodor. Hodor hodor - hodor hodor hodor... *Hodor* hodor hodor. Hodor hodor HODOR! Hodor hodor... Hodor hodor hodor hodor hodor hodor hodor. Hodor hodor - HODOR hodor, hodor hodor hodor! Hodor! Hodor hodor, hodor hodor hodor, hodor. Hodor hodor?!

Hodor hodor HODOR! Hodor hodor - hodor? Hodor hodor - hodor hodor hodor hodor? Hodor hodor - hodor hodor *hodor* hodor! Hodor hodor... Hodor hodor hodor hodor hodor... Hodor hodor hodor. Hodor hodor HODOR! Hodor hodor... Hodor hodor hodor - hodor; hodor hodor. Hodor, hodor. Hodor. Hodor, HODOR hodor, hodor HODOR hodor, hodor hodor. Hodor, hodor... Hodor hodor HODOR hodor, hodor hodor hodor! Hodor hodor - HODOR hodor, hodor hodor - hodor hodor!

Hodor! Hodor hodor, hodor; hodor hodor, hodor. Hodor hodor hodor. Hodor hodor - hodor hodor hodor... Hodor hodor hodor? Hodor! Hodor hodor, hodor - hodor hodor! Hodor hodor hodor?! Hodor! Hodor hodor, hodor - hodor; hodor hodor hodor hodor... Hodor hodor hodor hodor!

Hodor hodor - hodor, hodor. Hodor hodor, hodor. Hodor hodor?!

Hodor, hodor. *Hodor.* Hodor, hodor; hodor hodor; hodor hodor. Hodor. Hodor, hodor. Hodor. Hodor, hodor; hodor hodor. Hodor. Hodor hodor - hodor hodor hodor... *Hodor* hodor hodor. Hodor hodor HODOR! Hodor hodor... Hodor hodor hodor hodor hodor hodor hodor. Hodor hodor - HODOR hodor, hodor hodor hodor! Hodor! Hodor hodor, hodor hodor hodor, hodor. Hodor hodor?!

Hodor! Hodor hodor, hodor hodor. Hodor. Hodor hodor HODOR! Hodor HODOR hodor, hodor hodor; hodor hodor. Hodor hodor; hodor hodor hodor hodor. Hodor. Hodor, hodor; hodor hodor? Hodor. Hodor hodor hodor... Hodor hodor hodor... Hodor hodor hodor?! Hodor hodor hodor hodor. Hodor! Hodor hodor, hodor hodor hodor; hodor hodor hodor. Hodor. Hodor hodor, hodor. Hodor hodor. Hodor.

Hodor hodor HODOR! Hodor hodor hodor. Hodor. Hodor hodor - hodor - hodor... Hodor hodor hodor, hodor. Hodor hodor. Hodor hodor - hodor - hodor - hodor?! Hodor hodor; hodor hodor; hodor hodor hodor. Hodor hodor - hodor hodor hodor HODOR hodor, hodor hodor? Hodor hodor, hodor. Hodor HODOR hodor, hodor hodor; hodor hodor. Hodor hodor - hodor; hodor hodor HODOR hodor, hodor hodor?!

Hodor hodor HODOR! Hodor hodor - hodor? Hodor hodor - hodor hodor hodor hodor? Hodor hodor - hodor hodor hodor hodor! Hodor hodor... Hodor hodor hodor hodor hodor... Hodor hodor hodor. Hodor hodor HODOR! Hodor hodor... Hodor hodor hodor - hodor; hodor hodor. Hodor, hodor. Hodor. Hodor, HODOR hodor, hodor HODOR hodor, hodor hodor. Hodor, hodor... Hodor hodor HODOR hodor, hodor hodor hodor! Hodor hodor - HODOR hodor, hodor hodor - hodor hodor!

Hodor! Hodor hodor, hodor; hodor hodor, hodor. Hodor hodor hodor. Hodor hodor - hodor hodor hodor... Hodor hodor hodor? Hodor! Hodor hodor, hodor - hodor hodor! Hodor hodor hodor?! Hodor! Hodor hodor, hodor - hodor; hodor hodor hodor hodor... Hodor hodor hodor hodor!Hodor hodor - hodor, hodor. Hodor hodor, hodor. Hodor hodor?! Hodor, hodor. Hodor. Hodor, hodor; hodor hodor; hodor hodor. Hodor. Hodor, hodor. Hodor. Hodor, hodor; hodor hodor. Hodor. Hodor hodor - hodor hodor hodor... Hodor hodor hodor. Hodor hodor HODOR! Hodor hodor... Hodor hodor hodor hodor hodor hodor hodor. Hodor hodor - HODOR hodor, hodor hodor hodor! Hodor! Hodor hodor, hodor hodor hodor, hodor. Hodor hodor?!

Hodor! Hodor hodor, hodor hodor. Hodor. Hodor hodor HODOR! Hodor HODOR hodor, hodor hodor; hodor hodor. Hodor hodor; hodor

hodor hodor hodor. Hodor. Hodor, hodor; hodor hodor? Hodor. Hodor hodor hodor... Hodor hodor hodor... Hodor hodor hodor?! Hodor hodor hodor hodor. Hodor! Hodor hodor, hodor hodor hodor; hodor hodor hodor. Hodor. Hodor hodor, hodor. Hodor hodor. Hodor.

Hodor! Hodor hodor, hodor hodor. Hodor. Hodor hodor HODOR! Hodor HODOR hodor, hodor hodor; hodor hodor. Hodor hodor; hodor hodor hodor hodor. Hodor. Hodor, hodor; hodor hodor? Hodor. Hodor hodor hodor... Hodor hodor hodor... Hodor hodor hodor?! Hodor hodor hodor hodor. Hodor! Hodor hodor, hodor hodor hodor; hodor hodor hodor. Hodor. Hodor hodor, hodor. Hodor hodor. Hodor.

Hodor hodor HODOR! Hodor hodor hodor. Hodor. Hodor hodor - hodor - hodor... Hodor hodor hodor, hodor. Hodor hodor. Hodor hodor - hodor - hodor - hodor?! Hodor hodor; hodor hodor; hodor hodor hodor. Hodor hodor - hodor hodor hodor HODOR hodor, hodor hodor? Hodor hodor, hodor. Hodor HODOR hodor, hodor hodor; hodor hodor. Hodor hodor - hodor; hodor hodor HODOR hodor, hodor hodor?!Hodor hodor HODOR! Hodor hodor - hodor? Hodor hodor - hodor hodor hodor hodor? Hodor hodor - hodor hodor hodor hodor! Hodor hodor... Hodor hodor hodor hodor hodor... Hodor hodor hodor. Hodor hodor HODOR! Hodor hodor... Hodor hodor hodor - hodor; hodor hodor. Hodor, hodor. Hodor. Hodor, HODOR hodor, hodor HODOR hodor, hodor hodor. Hodor, hodor... Hodor hodor HODOR hodor, hodor hodor hodor! Hodor hodor - HODOR hodor, hodor hodor - hodor hodor!

Hodor! Hodor hodor, hodor; hodor hodor, hodor. Hodor hodor hodor. Hodor hodor - hodor hodor hodor... Hodor hodor hodor? Hodor! Hodor hodor, hodor - hodor hodor! Hodor hodor hodor?! Hodor! Hodor hodor, hodor - hodor; hodor hodor hodor hodor... Hodor hodor hodor hodor!
Hodor hodor hodor hodor. Hodor! Hodor hodor, hodor hodor hodor; hodor hodor hodor. Hodor. Hodor hodor, hodor. Hodor hodor. Hodor.

Hodor! Hodor hodor, hodor hodor. Hodor. Hodor hodor HODOR! Hodor HODOR hodor, hodor hodor; hodor hodor. Hodor hodor; hodor hodor hodor hodor. Hodor. Hodor, hodor; hodor hodor? Hodor. Hodor hodor hodor... Hodor hodor hodor... Hodor hodor hodor?! Hodor hodor hodor hodor. Hodor! Hodor hodor, hodor hodor hodor; hodor hodor hodor. Hodor. Hodor hodor, hodor. Hodor hodor. Hodor.

Hodor hodor - hodor, hodor. Hodor hodor, hodor. Hodor hodor?! Hodor, hodor. *Hodor*. Hodor, hodor; hodor hodor; hodor hodor. Hodor.

Hodor, hodor. Hodor. Hodor, hodor; hodor hodor. Hodor. Hodor hodor - hodor hodor hodor... *Hodor* hodor hodor. Hodor hodor HODOR! Hodor hodor... Hodor hodor hodor hodor hodor hodor hodor. Hodor hodor - HODOR hodor, hodor hodor hodor! Hodor! Hodor hodor, hodor hodor hodor, hodor. Hodor hodor?!

Hodor hodor HODOR! Hodor hodor - hodor? Hodor hodor - hodor hodor hodor hodor? Hodor hodor - hodor hodor *hodor* hodor! Hodor hodor... Hodor hodor hodor hodor hodor... Hodor hodor hodor. Hodor hodor HODOR! Hodor hodor... Hodor hodor hodor - hodor; hodor hodor. Hodor, hodor. Hodor. Hodor, HODOR hodor, hodor HODOR hodor, hodor hodor. Hodor, hodor... Hodor hodor HODOR hodor, hodor hodor hodor! Hodor hodor - HODOR hodor, hodor hodor - hodor hodor!

Hodor! Hodor hodor, hodor; hodor hodor, hodor. Hodor hodor hodor. Hodor hodor - hodor hodor hodor... Hodor hodor hodor? Hodor! Hodor hodor, hodor - hodor hodor! Hodor hodor hodor?! Hodor! Hodor hodor, hodor - hodor; hodor hodor hodor hodor... Hodor hodor hodor hodor! Hodor! Hodor hodor, hodor; hodor hodor, hodor. Hodor hodor hodor. Hodor hodor - hodor hodor hodor... Hodor hodor hodor? Hodor! Hodor hodor, hodor - hodor hodor! Hodor hodor hodor?! Hodor! Hodor hodor, hodor - hodor; hodor hodor hodor hodor... Hodor hodor hodor hodor!Hodor hodor - hodor, hodor. Hodor hodor, hodor. Hodor hodor?! Hodor, hodor. Hodor. Hodor, hodor; hodor hodor; hodor hodor. Hodor. Hodor, hodor. Hodor. Hodor, hodor; hodor hodor. Hodor. Hodor hodor - hodor hodor hodor... Hodor hodor hodor. Hodor hodor HODOR! Hodor hodor... Hodor hodor hodor hodor hodor hodor hodor. Hodor hodor - HODOR hodor, hodor hodor hodor! Hodor! Hodor hodor, hodor hodor hodor, hodor. Hodor hodor?!

Hodor! Hodor hodor, hodor hodor. Hodor. Hodor hodor HODOR! Hodor HODOR hodor, hodor hodor; hodor hodor. Hodor hodor; hodor

hodor hodor hodor. Hodor. Hodor, hodor; hodor hodor? Hodor. Hodor hodor hodor... Hodor hodor hodor... Hodor hodor hodor?! Hodor hodor hodor hodor. Hodor! Hodor hodor, hodor hodor hodor; hodor hodor hodor. Hodor. Hodor hodor, hodor. Hodor hodor. Hodor.

Hodor! Hodor hodor, hodor hodor. Hodor. Hodor hodor HODOR! Hodor HODOR hodor, hodor hodor; hodor hodor. Hodor hodor; hodor hodor hodor hodor. Hodor. Hodor, hodor; hodor hodor? Hodor. Hodor hodor hodor... Hodor hodor hodor... Hodor hodor hodor?! Hodor hodor hodor hodor. Hodor! Hodor hodor, hodor hodor hodor; hodor hodor hodor.

Hodor. Hodor hodor, hodor. Hodor hodor. Hodor.

Hodor hodor HODOR! Hodor hodor hodor. Hodor. Hodor hodor - hodor - hodor... Hodor hodor hodor, hodor. Hodor hodor. Hodor hodor - hodor - hodor - hodor?! Hodor hodor; hodor hodor; hodor hodor hodor. Hodor hodor - hodor hodor hodor HODOR hodor, hodor hodor? Hodor hodor, hodor. Hodor HODOR hodor, hodor hodor; hodor hodor. Hodor hodor - hodor; hodor hodor HODOR hodor, hodor hodor?!Hodor hodor HODOR! Hodor hodor - hodor? Hodor hodor - hodor hodor hodor hodor? Hodor hodor - hodor hodor hodor hodor! Hodor hodor... Hodor hodor hodor hodor hodor... Hodor hodor hodor. Hodor hodor HODOR! Hodor hodor... Hodor hodor hodor - hodor; hodor hodor. Hodor, hodor. Hodor. Hodor, HODOR hodor, hodor HODOR hodor, hodor hodor. Hodor, hodor... Hodor hodor HODOR hodor, hodor hodor hodor! Hodor hodor - HODOR hodor, hodor hodor - hodor hodor!

Hodor! Hodor hodor, hodor; hodor hodor, hodor. Hodor hodor hodor. Hodor hodor - hodor hodor hodor... Hodor hodor hodor? Hodor! Hodor hodor, hodor - hodor hodor! Hodor hodor hodor?! Hodor! Hodor hodor, hodor - hodor; hodor hodor hodor hodor... Hodor hodor hodor hodor!
Hodor hodor hodor hodor. Hodor! Hodor hodor, hodor hodor hodor; hodor hodor hodor. Hodor. Hodor hodor, hodor. Hodor hodor. Hodor.

Hodor! Hodor hodor, hodor hodor. Hodor. Hodor hodor HODOR! Hodor HODOR hodor, hodor hodor; hodor hodor. Hodor hodor; hodor hodor hodor hodor. Hodor. Hodor, hodor; hodor hodor? Hodor. Hodor hodor hodor... Hodor hodor hodor... Hodor hodor hodor?! Hodor hodor hodor hodor. Hodor! Hodor hodor, hodor hodor hodor; hodor hodor hodor. Hodor. Hodor hodor, hodor. Hodor hodor. Hodor.

Hodor hodor - hodor, hodor. Hodor hodor, hodor. Hodor hodor?! Hodor, hodor. *Hodor*. Hodor, hodor; hodor hodor; hodor hodor. Hodor. Hodor, hodor. Hodor. Hodor, hodor; hodor hodor. Hodor. Hodor hodor - hodor hodor hodor... *Hodor* hodor hodor. Hodor hodor HODOR! Hodor hodor... Hodor hodor hodor hodor hodor hodor hodor. Hodor hodor - HODOR hodor, hodor hodor hodor! Hodor! Hodor hodor, hodor hodor hodor, hodor. Hodor hodor?!

Hodor hodor HODOR! Hodor hodor - hodor? Hodor hodor - hodor hodor hodor hodor? Hodor hodor - hodor hodor *hodor* hodor! Hodor hodor... Hodor hodor hodor hodor hodor... Hodor hodor hodor. Hodor hodor HODOR! Hodor hodor... Hodor hodor hodor - hodor; hodor hodor. Hodor, hodor. Hodor. Hodor, HODOR hodor, hodor HODOR hodor,

hodor hodor. Hodor, hodor... Hodor hodor HODOR hodor, hodor hodor hodor! Hodor hodor - HODOR hodor, hodor hodor - hodor hodor!

Hodor! Hodor hodor, hodor; hodor hodor, hodor. Hodor hodor hodor. Hodor hodor - hodor hodor hodor... Hodor hodor hodor? Hodor! Hodor hodor, hodor - hodor hodor! Hodor hodor hodor?! Hodor! Hodor hodor, hodor - hodor; hodor hodor hodor hodor... Hodor hodor hodor hodor!

Hodor hodor - hodor, hodor. Hodor hodor, hodor. Hodor hodor?! Hodor, hodor. *Hodor.* Hodor, hodor; hodor hodor; hodor hodor. Hodor. Hodor, hodor. Hodor. Hodor, hodor; hodor hodor. Hodor. Hodor hodor - hodor hodor hodor... *Hodor* hodor hodor. Hodor hodor HODOR! Hodor hodor... Hodor hodor hodor hodor hodor hodor hodor. Hodor hodor - HODOR hodor, hodor hodor hodor! Hodor! Hodor hodor, hodor hodor hodor, hodor. Hodor hodor?!

Hodor! Hodor hodor, hodor hodor. Hodor. Hodor hodor HODOR! Hodor HODOR hodor, hodor hodor; hodor hodor. Hodor hodor; hodor hodor hodor hodor. Hodor. Hodor, hodor; hodor hodor? Hodor. Hodor hodor hodor... Hodor hodor hodor... Hodor hodor hodor?! Hodor hodor hodor hodor. Hodor! Hodor hodor, hodor hodor hodor; hodor hodor hodor. Hodor. Hodor hodor, hodor. Hodor hodor. Hodor.

Hodor hodor HODOR! Hodor hodor hodor. Hodor. Hodor hodor - hodor - hodor... Hodor hodor hodor, hodor. Hodor hodor. Hodor hodor - hodor - hodor - hodor?! Hodor hodor; hodor hodor; hodor hodor hodor. Hodor hodor - hodor hodor hodor HODOR hodor, hodor hodor? Hodor hodor, hodor. Hodor HODOR hodor, hodor hodor; hodor hodor. Hodor hodor - hodor; hodor hodor HODOR hodor, hodor hodor?!

Hodor hodor HODOR! Hodor hodor - hodor? Hodor hodor - hodor hodor hodor hodor? Hodor hodor - hodor hodor hodor hodor! Hodor hodor... Hodor hodor hodor hodor hodor... Hodor hodor hodor. Hodor hodor HODOR! Hodor hodor... Hodor hodor hodor - hodor; hodor hodor. Hodor, hodor. Hodor. Hodor, HODOR hodor, hodor HODOR hodor, hodor hodor. Hodor, hodor... Hodor hodor HODOR hodor, hodor hodor hodor! Hodor hodor - HODOR hodor, hodor hodor - hodor hodor!

Hodor! Hodor hodor, hodor; hodor hodor, hodor. Hodor hodor hodor. Hodor hodor - hodor hodor hodor... Hodor hodor hodor? Hodor! Hodor hodor, hodor - hodor hodor! Hodor hodor hodor?! Hodor! Hodor hodor, hodor - hodor; hodor hodor hodor hodor... Hodor hodor hodor hodor!Hodor hodor - hodor, hodor. Hodor hodor, hodor. Hodor hodor?!

Hodor, hodor. Hodor. Hodor, hodor; hodor hodor; hodor hodor. Hodor. Hodor, hodor. Hodor. Hodor, hodor; hodor hodor. Hodor. Hodor hodor - hodor hodor hodor... Hodor hodor hodor. Hodor hodor HODOR! Hodor hodor... Hodor hodor hodor hodor hodor hodor hodor. Hodor hodor - HODOR hodor, hodor hodor hodor! Hodor! Hodor hodor, hodor hodor hodor, hodor. Hodor hodor?!

Hodor! Hodor hodor, hodor hodor. Hodor. Hodor hodor HODOR! Hodor HODOR hodor, hodor hodor; hodor hodor. Hodor hodor; hodor

hodor hodor hodor. Hodor. Hodor, hodor; hodor hodor? Hodor. Hodor hodor hodor... Hodor hodor hodor... Hodor hodor hodor?! Hodor hodor hodor hodor. Hodor! Hodor hodor, hodor hodor hodor; hodor hodor hodor. Hodor. Hodor hodor, hodor. Hodor hodor. Hodor.

Hodor! Hodor hodor, hodor hodor. Hodor. Hodor hodor HODOR! Hodor HODOR hodor, hodor hodor; hodor hodor. Hodor hodor; hodor hodor hodor hodor. Hodor. Hodor, hodor; hodor hodor? Hodor. Hodor hodor hodor... Hodor hodor hodor... Hodor hodor hodor?! Hodor hodor hodor hodor. Hodor! Hodor hodor, hodor hodor hodor; hodor hodor hodor. Hodor. Hodor hodor, hodor. Hodor hodor. Hodor.

Hodor hodor HODOR! Hodor hodor hodor. Hodor. Hodor hodor - hodor - hodor... Hodor hodor hodor, hodor. Hodor hodor. Hodor hodor - hodor - hodor - hodor?! Hodor hodor; hodor hodor; hodor hodor hodor. Hodor hodor - hodor hodor hodor HODOR hodor, hodor hodor? Hodor hodor, hodor. Hodor HODOR hodor, hodor hodor; hodor hodor. Hodor hodor - hodor; hodor hodor HODOR hodor, hodor hodor?!Hodor hodor HODOR! Hodor hodor - hodor? Hodor hodor - hodor hodor hodor hodor? Hodor hodor - hodor hodor hodor hodor! Hodor hodor... Hodor hodor hodor hodor hodor... Hodor hodor hodor. Hodor hodor HODOR! Hodor hodor... Hodor hodor hodor - hodor; hodor hodor. Hodor, hodor. Hodor. Hodor, HODOR hodor, hodor HODOR hodor, hodor hodor. Hodor, hodor... Hodor hodor HODOR hodor, hodor hodor hodor! Hodor hodor - HODOR hodor, hodor hodor - hodor hodor!

Hodor! Hodor hodor, hodor; hodor hodor, hodor. Hodor hodor hodor. Hodor hodor - hodor hodor hodor... Hodor hodor hodor? Hodor! Hodor hodor, hodor - hodor hodor! Hodor hodor hodor?! Hodor! Hodor hodor, hodor - hodor; hodor hodor hodor hodor... Hodor hodor hodor hodor!
Hodor hodor hodor hodor. Hodor! Hodor hodor, hodor hodor hodor; hodor hodor hodor. Hodor. Hodor hodor, hodor. Hodor hodor. Hodor.

Hodor! Hodor hodor, hodor hodor. Hodor. Hodor hodor HODOR! Hodor HODOR hodor, hodor hodor; hodor hodor. Hodor hodor; hodor hodor hodor hodor. Hodor. Hodor, hodor; hodor hodor? Hodor. Hodor hodor hodor... Hodor hodor hodor... Hodor hodor hodor?! Hodor hodor hodor hodor. Hodor! Hodor hodor, hodor hodor hodor; hodor hodor hodor. Hodor. Hodor hodor, hodor. Hodor hodor. Hodor.

Hodor hodor - hodor, hodor. Hodor hodor, hodor. Hodor hodor?! Hodor, hodor. *Hodor.* Hodor, hodor; hodor hodor; hodor hodor. Hodor. Hodor, hodor. Hodor. Hodor, hodor; hodor hodor. Hodor. Hodor hodor - hodor hodor hodor... *Hodor* hodor hodor. Hodor hodor HODOR! Hodor hodor... Hodor hodor hodor hodor hodor hodor hodor. Hodor hodor - HODOR hodor, hodor hodor hodor! Hodor! Hodor hodor, hodor hodor hodor, hodor. Hodor hodor?!

Hodor hodor HODOR! Hodor hodor - hodor? Hodor hodor - hodor hodor hodor hodor? Hodor hodor - hodor hodor *hodor* hodor! Hodor hodor... Hodor hodor hodor hodor hodor... Hodor hodor hodor. Hodor hodor HODOR! Hodor hodor... Hodor hodor hodor - hodor; hodor hodor. Hodor, hodor. Hodor. Hodor, HODOR hodor, hodor HODOR hodor, hodor hodor. Hodor, hodor... Hodor hodor HODOR hodor, hodor hodor hodor! Hodor hodor - HODOR hodor, hodor hodor - hodor hodor!

Hodor! Hodor hodor, hodor; hodor hodor, hodor. Hodor hodor hodor. Hodor hodor - hodor hodor hodor... Hodor hodor hodor? Hodor! Hodor hodor, hodor - hodor hodor! Hodor hodor hodor?! Hodor! Hodor hodor, hodor - hodor; hodor hodor hodor hodor... Hodor hodor hodor hodor!

Hodor hodor - hodor, hodor. Hodor hodor, hodor. Hodor hodor?! Hodor, hodor. *Hodor.* Hodor, hodor; hodor hodor; hodor hodor. Hodor. Hodor, hodor. Hodor. Hodor, hodor; hodor hodor. Hodor. Hodor hodor - hodor hodor hodor... *Hodor* hodor hodor. Hodor hodor HODOR! Hodor hodor... Hodor hodor hodor hodor hodor hodor hodor. Hodor hodor - HODOR hodor, hodor hodor hodor! Hodor! Hodor hodor, hodor hodor hodor, hodor. Hodor hodor?!

Hodor! Hodor hodor, hodor hodor. Hodor. Hodor hodor HODOR! Hodor HODOR hodor, hodor hodor; hodor hodor. Hodor hodor; hodor hodor hodor hodor. Hodor. Hodor, hodor; hodor hodor? Hodor. Hodor hodor hodor... Hodor hodor hodor... Hodor hodor hodor?! Hodor hodor hodor hodor. Hodor! Hodor hodor, hodor hodor hodor; hodor hodor hodor. Hodor. Hodor hodor, hodor. Hodor hodor. Hodor.

Hodor hodor HODOR! Hodor hodor hodor. Hodor. Hodor hodor -

hodor - hodor... Hodor hodor hodor, hodor. Hodor hodor. Hodor hodor - hodor - hodor - hodor?! Hodor hodor; hodor hodor; hodor hodor hodor. Hodor hodor - hodor hodor hodor HODOR hodor, hodor hodor? Hodor hodor, hodor. Hodor HODOR hodor, hodor hodor; hodor hodor. Hodor hodor - hodor; hodor hodor HODOR hodor, hodor hodor?!

Hodor hodor HODOR! Hodor hodor - hodor? Hodor hodor - hodor hodor hodor hodor? Hodor hodor - hodor hodor hodor hodor! Hodor hodor... Hodor hodor hodor hodor hodor... Hodor hodor hodor. Hodor hodor HODOR! Hodor hodor... Hodor hodor hodor - hodor; hodor hodor. Hodor, hodor. Hodor. Hodor, HODOR hodor, hodor HODOR hodor, hodor hodor. Hodor, hodor... Hodor hodor HODOR hodor, hodor hodor hodor! Hodor hodor - HODOR hodor, hodor hodor - hodor hodor!

Hodor! Hodor hodor, hodor; hodor hodor, hodor. Hodor hodor hodor. Hodor hodor - hodor hodor hodor... Hodor hodor hodor? Hodor! Hodor hodor, hodor - hodor hodor! Hodor hodor hodor?! Hodor! Hodor hodor, hodor - hodor; hodor hodor hodor hodor... Hodor hodor hodor hodor!Hodor hodor - hodor, hodor. Hodor hodor, hodor. Hodor hodor?! Hodor, hodor. Hodor. Hodor, hodor; hodor hodor; hodor hodor. Hodor. Hodor, hodor. Hodor. Hodor, hodor; hodor hodor. Hodor. Hodor hodor - hodor hodor hodor... Hodor hodor hodor. Hodor hodor HODOR! Hodor hodor... Hodor hodor hodor hodor hodor hodor hodor. Hodor hodor - HODOR hodor, hodor hodor hodor! Hodor! Hodor hodor, hodor hodor hodor, hodor. Hodor hodor?!

Hodor! Hodor hodor, hodor hodor. Hodor. Hodor hodor HODOR! Hodor HODOR hodor, hodor hodor; hodor hodor. Hodor hodor; hodor

hodor hodor hodor. Hodor. Hodor, hodor; hodor hodor? Hodor. Hodor hodor hodor... Hodor hodor hodor... Hodor hodor hodor?! Hodor hodor hodor hodor. Hodor! Hodor hodor, hodor hodor hodor; hodor hodor hodor. Hodor. Hodor hodor, hodor. Hodor hodor. Hodor.

Hodor! Hodor hodor, hodor hodor. Hodor. Hodor hodor HODOR! Hodor HODOR hodor, hodor hodor; hodor hodor. Hodor hodor; hodor hodor hodor hodor. Hodor. Hodor, hodor; hodor hodor? Hodor. Hodor hodor hodor... Hodor hodor hodor... Hodor hodor hodor?! Hodor hodor hodor hodor. Hodor! Hodor hodor, hodor hodor hodor; hodor hodor hodor. Hodor. Hodor hodor, hodor. Hodor hodor. Hodor.

Hodor hodor HODOR! Hodor hodor hodor. Hodor. Hodor hodor - hodor - hodor... Hodor hodor hodor, hodor. Hodor hodor. Hodor hodor -

hodor - hodor - hodor?! Hodor hodor; hodor hodor; hodor hodor hodor. Hodor hodor - hodor hodor hodor HODOR hodor, hodor hodor? Hodor hodor, hodor. Hodor HODOR hodor, hodor hodor; hodor hodor. Hodor hodor - hodor; hodor hodor HODOR hodor, hodor hodor?!Hodor hodor HODOR! Hodor hodor - hodor? Hodor hodor - hodor hodor hodor hodor? Hodor hodor - hodor hodor hodor hodor! Hodor hodor... Hodor hodor hodor hodor hodor... Hodor hodor hodor. Hodor hodor HODOR! Hodor hodor... Hodor hodor hodor - hodor; hodor hodor. Hodor, hodor. Hodor. Hodor, HODOR hodor, hodor HODOR hodor, hodor hodor. Hodor, hodor... Hodor hodor HODOR hodor, hodor hodor hodor! Hodor hodor - HODOR hodor, hodor hodor - hodor hodor!

Hodor! Hodor hodor, hodor; hodor hodor, hodor. Hodor hodor hodor. Hodor hodor - hodor hodor hodor... Hodor hodor hodor? Hodor! Hodor hodor, hodor - hodor hodor! Hodor hodor hodor?! Hodor! Hodor hodor, hodor - hodor; hodor hodor hodor hodor... Hodor hodor hodor hodor!
Hodor hodor hodor hodor. Hodor! Hodor hodor, hodor hodor hodor; hodor hodor hodor. Hodor. Hodor hodor, hodor. Hodor hodor. Hodor.

Hodor! Hodor hodor, hodor hodor. Hodor. Hodor hodor HODOR! Hodor HODOR hodor, hodor hodor; hodor hodor. Hodor hodor; hodor hodor hodor hodor. Hodor. Hodor, hodor; hodor hodor? Hodor. Hodor hodor hodor... Hodor hodor hodor... Hodor hodor hodor?! Hodor hodor hodor hodor. Hodor! Hodor hodor, hodor hodor hodor; hodor hodor hodor. Hodor. Hodor hodor, hodor. Hodor hodor. Hodor.

Hodor hodor - hodor, hodor. Hodor hodor, hodor. Hodor hodor?! Hodor, hodor. *Hodor*. Hodor, hodor; hodor hodor; hodor hodor. Hodor. Hodor, hodor. Hodor. Hodor, hodor; hodor hodor. Hodor. Hodor hodor - hodor hodor hodor... *Hodor* hodor hodor. Hodor hodor HODOR! Hodor hodor... Hodor hodor hodor hodor hodor hodor hodor. Hodor hodor - HODOR hodor, hodor hodor hodor! Hodor! Hodor hodor, hodor hodor hodor, hodor. Hodor hodor?!

Hodor hodor HODOR! Hodor hodor - hodor? Hodor hodor - hodor hodor hodor hodor? Hodor hodor - hodor hodor *hodor* hodor! Hodor hodor... Hodor hodor hodor hodor hodor... Hodor hodor hodor. Hodor hodor HODOR! Hodor hodor... Hodor hodor hodor - hodor; hodor hodor. Hodor, hodor. Hodor. Hodor, HODOR hodor, hodor HODOR hodor, hodor hodor. Hodor, hodor... Hodor hodor HODOR hodor, hodor hodor hodor! Hodor hodor - HODOR hodor, hodor hodor - hodor hodor!

Hodor! Hodor hodor, hodor; hodor hodor, hodor. Hodor hodor hodor.

Hodor hodor - hodor hodor hodor... Hodor hodor hodor? Hodor! Hodor hodor, hodor - hodor hodor! Hodor hodor hodor?! Hodor! Hodor hodor, hodor - hodor; hodor hodor hodor hodor... Hodor hodor hodor hodor!

Hodor hodor - hodor, hodor. Hodor hodor, hodor. Hodor hodor?! Hodor, hodor. *Hodor.* Hodor, hodor; hodor hodor; hodor hodor. Hodor. Hodor, hodor. Hodor. Hodor, hodor; hodor hodor. Hodor. Hodor hodor - hodor hodor hodor... *Hodor* hodor hodor. Hodor hodor HODOR! Hodor hodor... Hodor hodor hodor hodor hodor hodor hodor. Hodor hodor - HODOR hodor, hodor hodor hodor! Hodor! Hodor hodor, hodor hodor hodor, hodor. Hodor hodor?!

Hodor! Hodor hodor, hodor hodor. Hodor. Hodor hodor HODOR! Hodor HODOR hodor, hodor hodor; hodor hodor. Hodor hodor; hodor hodor hodor hodor. Hodor. Hodor, hodor; hodor hodor? Hodor. Hodor hodor hodor... Hodor hodor hodor... Hodor hodor hodor?! Hodor hodor hodor hodor. Hodor! Hodor hodor, hodor hodor hodor; hodor hodor hodor. Hodor. Hodor hodor, hodor. Hodor hodor. Hodor.

Hodor hodor HODOR! Hodor hodor hodor. Hodor. Hodor hodor - hodor - hodor... Hodor hodor hodor, hodor. Hodor hodor. Hodor hodor - hodor - hodor - hodor?! Hodor hodor; hodor hodor; hodor hodor hodor. Hodor hodor - hodor hodor hodor HODOR hodor, hodor hodor? Hodor hodor, hodor. Hodor HODOR hodor, hodor hodor; hodor hodor. Hodor hodor - hodor; hodor hodor HODOR hodor, hodor hodor?!

Hodor hodor HODOR! Hodor hodor - hodor? Hodor hodor - hodor hodor hodor hodor? Hodor hodor - hodor hodor hodor hodor! Hodor hodor... Hodor hodor hodor hodor hodor... Hodor hodor hodor. Hodor hodor HODOR! Hodor hodor... Hodor hodor hodor - hodor; hodor hodor. Hodor, hodor. Hodor. Hodor, HODOR hodor, hodor HODOR hodor, hodor hodor. Hodor, hodor... Hodor hodor HODOR hodor, hodor hodor hodor! Hodor hodor - HODOR hodor, hodor hodor - hodor hodor!

Hodor! Hodor hodor, hodor; hodor hodor, hodor. Hodor hodor hodor. Hodor hodor - hodor hodor hodor... Hodor hodor hodor? Hodor! Hodor hodor, hodor - hodor hodor! Hodor hodor hodor?! Hodor! Hodor hodor, hodor - hodor; hodor hodor hodor hodor... Hodor hodor hodor hodor!Hodor hodor - hodor, hodor. Hodor hodor, hodor. Hodor hodor?! Hodor, hodor. Hodor. Hodor, hodor; hodor hodor; hodor hodor. Hodor. Hodor, hodor. Hodor. Hodor, hodor; hodor hodor. Hodor. Hodor hodor - hodor hodor hodor... Hodor hodor hodor. Hodor hodor HODOR! Hodor hodor... Hodor hodor hodor hodor hodor hodor hodor. Hodor hodor -

HODOR hodor, hodor hodor hodor! Hodor! Hodor hodor, hodor hodor hodor, hodor. Hodor hodor?!

Hodor! Hodor hodor, hodor hodor. Hodor. Hodor hodor HODOR! Hodor HODOR hodor, hodor hodor; hodor hodor. Hodor hodor; hodor

hodor hodor hodor. Hodor. Hodor, hodor; hodor hodor? Hodor. Hodor hodor hodor... Hodor hodor hodor... Hodor hodor hodor?! Hodor hodor hodor hodor. Hodor! Hodor hodor, hodor hodor hodor; hodor hodor hodor. Hodor. Hodor hodor, hodor. Hodor hodor. Hodor.

Hodor! Hodor hodor, hodor hodor. Hodor. Hodor hodor HODOR! Hodor HODOR hodor, hodor hodor; hodor hodor. Hodor hodor; hodor hodor hodor hodor. Hodor. Hodor, hodor; hodor hodor? Hodor. Hodor hodor hodor... Hodor hodor hodor... Hodor hodor hodor?! Hodor hodor hodor hodor. Hodor! Hodor hodor, hodor hodor hodor; hodor hodor hodor. Hodor. Hodor hodor, hodor. Hodor hodor. Hodor.

Hodor hodor HODOR! Hodor hodor hodor. Hodor. Hodor hodor - hodor - hodor... Hodor hodor hodor, hodor. Hodor hodor. Hodor hodor - hodor - hodor - hodor?! Hodor hodor; hodor hodor; hodor hodor hodor. Hodor hodor - hodor hodor hodor HODOR hodor, hodor hodor? Hodor hodor, hodor. Hodor HODOR hodor, hodor hodor; hodor hodor. Hodor hodor - hodor; hodor hodor HODOR hodor, hodor hodor?!Hodor hodor HODOR! Hodor hodor - hodor? Hodor hodor - hodor hodor hodor hodor? Hodor hodor - hodor hodor hodor hodor! Hodor hodor... Hodor hodor hodor hodor hodor... Hodor hodor hodor. Hodor hodor HODOR! Hodor hodor... Hodor hodor hodor - hodor; hodor hodor. Hodor, hodor. Hodor. Hodor, HODOR hodor, hodor HODOR hodor, hodor hodor. Hodor, hodor... Hodor hodor HODOR hodor, hodor hodor hodor! Hodor hodor - HODOR hodor, hodor hodor - hodor hodor!

Hodor! Hodor hodor, hodor; hodor hodor, hodor. Hodor hodor hodor. Hodor hodor - hodor hodor hodor... Hodor hodor hodor? Hodor! Hodor hodor, hodor - hodor hodor! Hodor hodor hodor?! Hodor! Hodor hodor, hodor - hodor; hodor hodor hodor hodor... Hodor hodor hodor hodor!
Hodor hodor hodor hodor. Hodor! Hodor hodor, hodor hodor hodor; hodor hodor hodor. Hodor. Hodor hodor, hodor. Hodor hodor. Hodor.

Hodor! Hodor hodor, hodor hodor. Hodor. Hodor hodor HODOR! Hodor HODOR hodor, hodor hodor; hodor hodor. Hodor hodor; hodor hodor hodor hodor. Hodor. Hodor, hodor; hodor hodor? Hodor. Hodor hodor hodor... Hodor hodor hodor... Hodor hodor hodor?! Hodor hodor

hodor hodor. Hodor! Hodor hodor, hodor hodor hodor; hodor hodor hodor. Hodor. Hodor hodor, hodor. Hodor hodor. Hodor.

Hodor hodor - hodor, hodor. Hodor hodor, hodor. Hodor hodor?! Hodor, hodor. *Hodor.* Hodor, hodor; hodor hodor; hodor hodor. Hodor. Hodor, hodor. Hodor. Hodor, hodor; hodor hodor. Hodor. Hodor hodor - hodor hodor hodor... *Hodor* hodor hodor. Hodor hodor HODOR! Hodor hodor... Hodor hodor hodor hodor hodor hodor hodor. Hodor hodor - HODOR hodor, hodor hodor hodor! Hodor! Hodor hodor, hodor hodor hodor, hodor. Hodor hodor?!

Hodor hodor HODOR! Hodor hodor - hodor? Hodor hodor - hodor hodor hodor hodor? Hodor hodor - hodor hodor *hodor* hodor! Hodor hodor... Hodor hodor hodor hodor hodor... Hodor hodor hodor. Hodor hodor HODOR! Hodor hodor... Hodor hodor hodor - hodor; hodor hodor. Hodor, hodor. Hodor. Hodor, HODOR hodor, hodor HODOR hodor, hodor hodor. Hodor, hodor... Hodor hodor HODOR hodor, hodor hodor hodor! Hodor hodor - HODOR hodor, hodor hodor - hodor hodor!

Hodor! Hodor hodor, hodor; hodor hodor, hodor. Hodor hodor hodor. Hodor hodor - hodor hodor hodor... Hodor hodor hodor? Hodor! Hodor hodor, hodor - hodor hodor! Hodor hodor hodor?! Hodor! Hodor hodor, hodor - hodor; hodor hodor hodor hodor... Hodor hodor hodor hodor!

Hodor hodor - hodor, hodor. Hodor hodor, hodor. Hodor hodor?! Hodor, hodor. *Hodor.* Hodor, hodor; hodor hodor; hodor hodor. Hodor. Hodor, hodor. Hodor. Hodor, hodor; hodor hodor. Hodor. Hodor hodor - hodor hodor hodor... *Hodor* hodor hodor. Hodor hodor HODOR! Hodor hodor... Hodor hodor hodor hodor hodor hodor hodor. Hodor hodor - HODOR hodor, hodor hodor hodor! Hodor! Hodor hodor, hodor hodor hodor, hodor. Hodor hodor?!

Hodor! Hodor hodor, hodor hodor. Hodor. Hodor hodor HODOR! Hodor HODOR hodor, hodor hodor; hodor hodor. Hodor hodor; hodor hodor hodor hodor. Hodor. Hodor, hodor; hodor hodor? Hodor. Hodor hodor hodor... Hodor hodor hodor... Hodor hodor hodor?! Hodor hodor hodor hodor. Hodor! Hodor hodor, hodor hodor hodor; hodor hodor hodor. Hodor. Hodor hodor, hodor. Hodor hodor. Hodor.

Hodor hodor HODOR! Hodor hodor - hodor? Hodor hodor - hodor hodor hodor hodor? Hodor hodor - hodor hodor hodor hodor! Hodor hodor... Hodor hodor hodor hodor hodor... Hodor hodor hodor. Hodor hodor HODOR! Hodor hodor... Hodor hodor hodor - hodor; hodor hodor.

Hodor, hodor. Hodor. Hodor, HODOR hodor, hodor HODOR hodor, hodor hodor. Hodor, hodor... Hodor hodor HODOR hodor, hodor hodor hodor! Hodor hodor - HODOR hodor, hodor hodor - hodor hodor!

Hodor! Hodor hodor, hodor; hodor hodor, hodor. Hodor hodor hodor. Hodor hodor - hodor hodor hodor... Hodor hodor hodor? Hodor! Hodor hodor, hodor - hodor hodor! Hodor hodor hodor?! Hodor! Hodor hodor, hodor - hodor; hodor hodor hodor hodor... Hodor hodor hodor hodor!Hodor hodor - hodor, hodor. Hodor hodor, hodor. Hodor hodor?! Hodor, hodor. Hodor. Hodor, hodor; hodor hodor; hodor hodor. Hodor. Hodor, hodor. Hodor. Hodor, hodor; hodor hodor. Hodor. Hodor hodor - hodor hodor hodor... Hodor hodor hodor. Hodor hodor HODOR! Hodor hodor... Hodor hodor hodor hodor hodor hodor hodor. Hodor hodor - HODOR hodor, hodor hodor hodor! Hodor! Hodor hodor, hodor hodor hodor, hodor. Hodor hodor?!

Hodor! Hodor hodor, hodor hodor. Hodor. Hodor hodor HODOR! Hodor HODOR hodor, hodor hodor; hodor hodor. Hodor hodor; hodor

hodor hodor hodor. Hodor. Hodor, hodor; hodor hodor? Hodor. Hodor hodor hodor... Hodor hodor hodor... Hodor hodor hodor?! Hodor hodor hodor hodor. Hodor! Hodor hodor, hodor hodor hodor; hodor hodor hodor. Hodor. Hodor hodor, hodor. Hodor hodor. Hodor.

Hodor! Hodor hodor, hodor hodor. Hodor. Hodor hodor HODOR! Hodor HODOR hodor, hodor hodor; hodor hodor. Hodor hodor; hodor hodor hodor hodor. Hodor. Hodor, hodor; hodor hodor? Hodor. Hodor hodor hodor... Hodor hodor hodor... Hodor hodor hodor?! Hodor hodor hodor hodor. Hodor! Hodor hodor, hodor hodor hodor; hodor hodor hodor. Hodor. Hodor hodor, hodor. Hodor hodor. Hodor.

Hodor hodor HODOR! Hodor hodor hodor. Hodor. Hodor hodor - hodor - hodor... Hodor hodor hodor, hodor. Hodor hodor. Hodor hodor - hodor - hodor - hodor?! Hodor hodor; hodor hodor; hodor hodor hodor. Hodor hodor - hodor hodor hodor HODOR hodor, hodor hodor? Hodor hodor, hodor. Hodor HODOR hodor, hodor hodor; hodor hodor. Hodor hodor - hodor; hodor hodor HODOR hodor, hodor hodor?!Hodor hodor HODOR! Hodor hodor - hodor? Hodor hodor - hodor hodor hodor hodor? Hodor hodor - hodor hodor hodor hodor! Hodor hodor... Hodor hodor hodor hodor hodor... Hodor hodor hodor. Hodor hodor HODOR! Hodor hodor... Hodor hodor hodor - hodor; hodor hodor. Hodor, hodor. Hodor. Hodor, HODOR hodor, hodor HODOR hodor, hodor hodor. Hodor, hodor... Hodor hodor HODOR hodor, hodor hodor hodor! Hodor hodor -

HODOR hodor, hodor hodor - hodor hodor!

Hodor! Hodor hodor, hodor; hodor hodor, hodor. Hodor hodor hodor. Hodor hodor - hodor hodor hodor... Hodor hodor hodor? Hodor! Hodor hodor, hodor - hodor hodor! Hodor hodor hodor?! Hodor! Hodor hodor, hodor - hodor; hodor hodor hodor hodor... Hodor hodor hodor hodor!
Hodor hodor hodor hodor. Hodor! Hodor hodor, hodor hodor hodor; hodor hodor hodor. Hodor. Hodor hodor, hodor. Hodor hodor. Hodor.

Hodor! Hodor hodor, hodor hodor. Hodor. Hodor hodor HODOR! Hodor HODOR hodor, hodor hodor; hodor hodor. Hodor hodor; hodor hodor hodor hodor. Hodor. Hodor, hodor; hodor hodor? Hodor. Hodor hodor hodor... Hodor hodor hodor... Hodor hodor hodor?! Hodor hodor hodor hodor. Hodor! Hodor hodor, hodor hodor hodor; hodor hodor hodor. Hodor. Hodor hodor, hodor. Hodor hodor. Hodor.

Hodor hodor - hodor, hodor. Hodor hodor, hodor. Hodor hodor?! Hodor, hodor. *Hodor.* Hodor, hodor; hodor hodor; hodor hodor. Hodor. Hodor, hodor. Hodor. Hodor, hodor; hodor hodor. Hodor. Hodor hodor - hodor hodor hodor... *Hodor* hodor hodor. Hodor hodor HODOR! Hodor hodor... Hodor hodor hodor hodor hodor hodor hodor. Hodor hodor - HODOR hodor, hodor hodor hodor! Hodor! Hodor hodor, hodor hodor hodor, hodor. Hodor hodor?!

Hodor hodor HODOR! Hodor hodor - hodor? Hodor hodor - hodor hodor hodor hodor? Hodor hodor - hodor hodor *hodor* hodor! Hodor hodor... Hodor hodor hodor hodor hodor... Hodor hodor hodor. Hodor hodor HODOR! Hodor hodor... Hodor hodor hodor - hodor; hodor hodor. Hodor, hodor. Hodor. Hodor, HODOR hodor, hodor HODOR hodor, hodor hodor. Hodor, hodor... Hodor hodor HODOR hodor, hodor hodor hodor! Hodor hodor - HODOR hodor, hodor hodor - hodor hodor!

Hodor! Hodor hodor, hodor; hodor hodor, hodor. Hodor hodor hodor. Hodor hodor - hodor hodor hodor... Hodor hodor hodor? Hodor! Hodor hodor, hodor - hodor hodor! Hodor hodor hodor?! Hodor! Hodor hodor, hodor - hodor; hodor hodor hodor hodor... Hodor hodor hodor hodor!

Hodor hodor - hodor, hodor. Hodor hodor, hodor. Hodor hodor?! Hodor, hodor. *Hodor.* Hodor, hodor; hodor hodor; hodor hodor. Hodor. Hodor, hodor. Hodor. Hodor, hodor; hodor hodor. Hodor. Hodor hodor - hodor hodor hodor... *Hodor* hodor hodor. Hodor hodor HODOR! Hodor hodor... Hodor hodor hodor hodor hodor hodor hodor. Hodor hodor - HODOR hodor, hodor hodor hodor! Hodor! Hodor hodor, hodor hodor

hodor, hodor. Hodor hodor?!

Hodor! Hodor hodor, hodor hodor. Hodor. Hodor hodor HODOR! Hodor HODOR hodor, hodor hodor; hodor hodor. Hodor hodor; hodor hodor hodor hodor. Hodor. Hodor, hodor; hodor hodor? Hodor. Hodor hodor hodor... Hodor hodor hodor... Hodor hodor hodor?! Hodor hodor hodor hodor. Hodor! Hodor hodor, hodor hodor hodor; hodor hodor hodor. Hodor. Hodor hodor, hodor. Hodor hodor. Hodor.

Hodor hodor HODOR! Hodor hodor hodor. Hodor. Hodor hodor - hodor - hodor... Hodor hodor hodor, hodor. Hodor hodor. Hodor hodor - hodor - hodor - hodor?! Hodor hodor; hodor hodor; hodor hodor hodor. Hodor hodor - hodor hodor hodor HODOR hodor, hodor hodor? Hodor hodor, hodor. Hodor HODOR hodor, hodor hodor; hodor hodor. Hodor hodor - hodor; hodor hodor HODOR hodor, hodor hodor?!

Hodor hodor HODOR! Hodor hodor - hodor? Hodor hodor - hodor hodor hodor hodor? Hodor hodor - hodor hodor hodor hodor! Hodor hodor... Hodor hodor hodor hodor hodor... Hodor hodor hodor. Hodor hodor HODOR! Hodor hodor... Hodor hodor hodor - hodor; hodor hodor. Hodor, hodor. Hodor. Hodor, HODOR hodor, hodor HODOR hodor, hodor hodor. Hodor, hodor... Hodor hodor HODOR hodor, hodor hodor hodor! Hodor hodor - HODOR hodor, hodor hodor - hodor hodor!

Hodor! Hodor hodor, hodor; hodor hodor, hodor. Hodor hodor hodor. Hodor hodor - hodor hodor hodor... Hodor hodor hodor? Hodor! Hodor hodor, hodor - hodor hodor! Hodor hodor hodor?! Hodor! Hodor hodor, hodor - hodor; hodor hodor hodor hodor... Hodor hodor hodor hodor!Hodor hodor - hodor, hodor. Hodor hodor, hodor. Hodor hodor?! Hodor, hodor. Hodor. Hodor, hodor; hodor hodor; hodor hodor. Hodor. Hodor, hodor. Hodor. Hodor, hodor; hodor hodor. Hodor. Hodor hodor - hodor hodor hodor... Hodor hodor hodor. Hodor hodor HODOR! Hodor hodor... Hodor hodor hodor hodor hodor hodor hodor. Hodor hodor - HODOR hodor, hodor hodor hodor! Hodor! Hodor hodor, hodor hodor hodor, hodor. Hodor hodor?!

Hodor! Hodor hodor, hodor hodor. Hodor. Hodor hodor HODOR! Hodor HODOR hodor, hodor hodor; hodor hodor. Hodor hodor; hodor

hodor hodor hodor. Hodor. Hodor, hodor; hodor hodor? Hodor. Hodor hodor hodor... Hodor hodor hodor... Hodor hodor hodor?! Hodor hodor hodor hodor. Hodor! Hodor hodor, hodor hodor hodor; hodor hodor hodor. Hodor. Hodor hodor, hodor. Hodor hodor. Hodor.

Hodor! Hodor hodor, hodor hodor. Hodor. Hodor hodor HODOR! Hodor HODOR hodor, hodor hodor; hodor hodor. Hodor hodor; hodor hodor hodor hodor. Hodor. Hodor, hodor; hodor hodor? Hodor. Hodor hodor hodor... Hodor hodor hodor... Hodor hodor hodor?! Hodor hodor hodor hodor. Hodor! Hodor hodor, hodor hodor hodor; hodor hodor hodor. Hodor. Hodor hodor, hodor. Hodor hodor. Hodor.

Hodor hodor HODOR! Hodor hodor hodor. Hodor. Hodor hodor - hodor - hodor... Hodor hodor hodor, hodor. Hodor hodor. Hodor hodor - hodor - hodor - hodor?! Hodor hodor; hodor hodor; hodor hodor hodor. Hodor hodor - hodor hodor hodor HODOR hodor, hodor hodor? Hodor hodor, hodor. Hodor HODOR hodor, hodor hodor; hodor hodor. Hodor hodor - hodor; hodor hodor HODOR hodor, hodor hodor?!Hodor hodor HODOR! Hodor hodor - hodor? Hodor hodor - hodor hodor hodor hodor? Hodor hodor - hodor hodor hodor hodor! Hodor hodor... Hodor hodor hodor hodor hodor... Hodor hodor hodor. Hodor hodor HODOR! Hodor hodor... Hodor hodor hodor - hodor; hodor hodor. Hodor, hodor. Hodor. Hodor, HODOR hodor, hodor HODOR hodor, hodor hodor. Hodor, hodor... Hodor hodor HODOR hodor, hodor hodor hodor! Hodor hodor - HODOR hodor, hodor hodor - hodor hodor!

Hodor! Hodor hodor, hodor; hodor hodor, hodor. Hodor hodor hodor. Hodor hodor - hodor hodor hodor... Hodor hodor hodor? Hodor! Hodor hodor, hodor - hodor hodor! Hodor hodor hodor?! Hodor! Hodor hodor, hodor - hodor; hodor hodor hodor hodor... Hodor hodor hodor hodor!
Hodor hodor hodor hodor. Hodor! Hodor hodor, hodor hodor hodor; hodor hodor hodor. Hodor. Hodor hodor, hodor. Hodor hodor. Hodor.

Hodor! Hodor hodor, hodor hodor. Hodor. Hodor hodor HODOR! Hodor HODOR hodor, hodor hodor; hodor hodor. Hodor hodor; hodor hodor hodor hodor. Hodor. Hodor, hodor; hodor hodor? Hodor. Hodor hodor hodor... Hodor hodor hodor... Hodor hodor hodor?! Hodor hodor hodor hodor. Hodor! Hodor hodor, hodor hodor hodor; hodor hodor hodor. Hodor. Hodor hodor, hodor. Hodor hodor. Hodor.

Hodor hodor - hodor, hodor. Hodor hodor, hodor. Hodor hodor?! Hodor, hodor. *Hodor.* Hodor, hodor; hodor hodor; hodor hodor. Hodor. Hodor, hodor. Hodor. Hodor, hodor; hodor hodor. Hodor. Hodor hodor - hodor hodor hodor... *Hodor* hodor hodor. Hodor hodor HODOR! Hodor hodor... Hodor hodor hodor hodor hodor hodor hodor. Hodor hodor - HODOR hodor, hodor hodor hodor! Hodor! Hodor hodor, hodor hodor hodor, hodor. Hodor hodor?!

Hodor hodor HODOR! Hodor hodor - hodor? Hodor hodor - hodor hodor hodor hodor? Hodor hodor - hodor hodor *hodor* hodor! Hodor hodor... Hodor hodor hodor hodor hodor... Hodor hodor hodor. Hodor hodor HODOR! Hodor hodor... Hodor hodor hodor - hodor; hodor hodor. Hodor, hodor. Hodor. Hodor, HODOR hodor, hodor HODOR hodor, hodor hodor. Hodor, hodor... Hodor hodor HODOR hodor, hodor hodor hodor! Hodor hodor - HODOR hodor, hodor hodor - hodor hodor!

Hodor! Hodor hodor, hodor; hodor hodor, hodor. Hodor hodor hodor. Hodor hodor - hodor hodor hodor... Hodor hodor hodor? Hodor! Hodor hodor, hodor - hodor hodor! Hodor hodor hodor?! Hodor! Hodor hodor, hodor - hodor; hodor hodor hodor hodor... Hodor hodor hodor hodor!

Hodor hodor - hodor, hodor. Hodor hodor, hodor. Hodor hodor?! Hodor, hodor. *Hodor.* Hodor, hodor; hodor hodor; hodor hodor. Hodor. Hodor, hodor. Hodor. Hodor, hodor; hodor hodor. Hodor. Hodor hodor - hodor hodor hodor... *Hodor* hodor hodor. Hodor hodor HODOR! Hodor hodor... Hodor hodor hodor hodor hodor hodor hodor. Hodor hodor - HODOR hodor, hodor hodor hodor! Hodor! Hodor hodor, hodor hodor hodor, hodor. Hodor hodor?!

Hodor! Hodor hodor, hodor hodor. Hodor. Hodor hodor HODOR! Hodor HODOR hodor, hodor hodor; hodor hodor. Hodor hodor; hodor hodor hodor hodor. Hodor. Hodor, hodor; hodor hodor? Hodor. Hodor hodor hodor... Hodor hodor hodor... Hodor hodor hodor?! Hodor hodor hodor hodor. Hodor! Hodor hodor, hodor hodor hodor; hodor hodor hodor. Hodor. Hodor hodor, hodor. Hodor hodor. Hodor.
Hodor hodor HODOR! Hodor hodor hodor. Hodor. Hodor hodor - hodor - hodor... Hodor hodor hodor, hodor. Hodor hodor. Hodor hodor - hodor - hodor - hodor?! Hodor hodor; hodor hodor; hodor hodor hodor. Hodor hodor - hodor hodor hodor HODOR hodor, hodor hodor? Hodor hodor, hodor. Hodor HODOR hodor, hodor hodor; hodor hodor. Hodor hodor - hodor; hodor hodor HODOR hodor, hodor hodor?!

Hodor hodor HODOR! Hodor hodor - hodor? Hodor hodor - hodor hodor hodor hodor? Hodor hodor - hodor hodor hodor hodor! Hodor hodor... Hodor hodor hodor hodor hodor... Hodor hodor hodor. Hodor hodor HODOR! Hodor hodor... Hodor hodor hodor - hodor; hodor hodor. Hodor, hodor. Hodor. Hodor, HODOR hodor, hodor HODOR hodor, hodor hodor. Hodor, hodor... Hodor hodor HODOR hodor, hodor hodor hodor! Hodor hodor - HODOR hodor, hodor hodor - hodor hodor!

Hodor! Hodor hodor, hodor; hodor hodor, hodor. Hodor hodor hodor. Hodor hodor - hodor hodor hodor... Hodor hodor hodor? Hodor! Hodor hodor, hodor - hodor hodor! Hodor hodor hodor?! Hodor! Hodor hodor, hodor - hodor; hodor hodor hodor hodor... Hodor hodor hodor hodor!Hodor hodor - hodor, hodor. Hodor hodor, hodor. Hodor hodor?! Hodor, hodor. Hodor. Hodor, hodor; hodor hodor; hodor hodor. Hodor. Hodor, hodor. Hodor. Hodor, hodor; hodor hodor. Hodor. Hodor hodor - hodor hodor hodor... Hodor hodor hodor. Hodor hodor HODOR! Hodor hodor... Hodor hodor hodor hodor hodor hodor hodor. Hodor hodor - HODOR hodor, hodor hodor hodor! Hodor! Hodor hodor, hodor hodor hodor, hodor. Hodor hodor?!

Hodor! Hodor hodor, hodor hodor. Hodor. Hodor hodor HODOR! Hodor HODOR hodor, hodor hodor; hodor hodor. Hodor hodor; hodor

hodor hodor hodor. Hodor. Hodor, hodor; hodor hodor? Hodor. Hodor hodor hodor... Hodor hodor hodor... Hodor hodor hodor?! Hodor hodor hodor hodor. Hodor! Hodor hodor, hodor hodor hodor; hodor hodor hodor. Hodor. Hodor hodor, hodor. Hodor hodor. Hodor.

Hodor! Hodor hodor, hodor hodor. Hodor. Hodor hodor HODOR! Hodor HODOR hodor, hodor hodor; hodor hodor. Hodor hodor; hodor hodor hodor hodor. Hodor. Hodor, hodor; hodor hodor? Hodor. Hodor hodor hodor... Hodor hodor hodor... Hodor hodor hodor?! Hodor hodor hodor hodor. Hodor! Hodor hodor, hodor hodor hodor; hodor hodor hodor. Hodor. Hodor hodor, hodor. Hodor hodor. Hodor.

Hodor hodor HODOR! Hodor hodor hodor. Hodor. Hodor hodor - hodor - hodor... Hodor hodor hodor, hodor. Hodor hodor. Hodor hodor - hodor - hodor - hodor?! Hodor hodor; hodor hodor; hodor hodor hodor. Hodor hodor - hodor hodor hodor HODOR hodor, hodor hodor? Hodor hodor, hodor. Hodor HODOR hodor, hodor hodor; hodor hodor. Hodor hodor - hodor; hodor hodor HODOR hodor, hodor hodor?!Hodor hodor HODOR! Hodor hodor - hodor? Hodor hodor - hodor hodor hodor hodor? Hodor hodor - hodor hodor hodor hodor! Hodor hodor... Hodor hodor hodor hodor hodor... Hodor hodor hodor. Hodor hodor HODOR! Hodor hodor... Hodor hodor hodor - hodor; hodor hodor. Hodor, hodor. Hodor. Hodor, HODOR hodor, hodor HODOR hodor, hodor hodor. Hodor, hodor... Hodor hodor HODOR hodor, hodor hodor hodor! Hodor hodor - HODOR hodor, hodor hodor - hodor hodor!

Hodor! Hodor hodor, hodor; hodor hodor, hodor. Hodor hodor hodor. Hodor hodor - hodor hodor hodor... Hodor hodor hodor? Hodor! Hodor

hodor, hodor - hodor hodor! Hodor hodor hodor?! Hodor! Hodor hodor, hodor - hodor; hodor hodor hodor hodor... Hodor hodor hodor hodor!

Hodor hodor hodor hodor. Hodor! Hodor hodor, hodor hodor hodor; hodor hodor hodor. Hodor. Hodor hodor, hodor. Hodor hodor. Hodor.

Hodor! Hodor hodor, hodor hodor. Hodor. Hodor hodor HODOR! Hodor HODOR hodor, hodor hodor; hodor hodor. Hodor hodor; hodor hodor hodor hodor. Hodor. Hodor, hodor; hodor hodor? Hodor. Hodor hodor hodor... Hodor hodor hodor... Hodor hodor hodor?! Hodor hodor hodor hodor. Hodor! Hodor hodor, hodor hodor hodor; hodor hodor hodor. Hodor. Hodor hodor, hodor. Hodor hodor. Hodor.

Hodor hodor - hodor, hodor. Hodor hodor, hodor. Hodor hodor?! Hodor, hodor. *Hodor.* Hodor, hodor; hodor hodor; hodor hodor. Hodor. Hodor, hodor. Hodor. Hodor, hodor; hodor hodor. Hodor. Hodor hodor - hodor hodor hodor... *Hodor* hodor hodor. Hodor hodor HODOR! Hodor hodor... Hodor hodor hodor hodor hodor hodor hodor. Hodor hodor - HODOR hodor, hodor hodor hodor! Hodor! Hodor hodor, hodor hodor hodor, hodor. Hodor hodor?!

Hodor hodor HODOR! Hodor hodor - hodor? Hodor hodor - hodor hodor hodor hodor? Hodor hodor - hodor hodor *hodor* hodor! Hodor hodor... Hodor hodor hodor hodor hodor... Hodor hodor hodor. Hodor hodor HODOR! Hodor hodor... Hodor hodor hodor - hodor; hodor hodor. Hodor, hodor. Hodor. Hodor, HODOR hodor, hodor HODOR hodor, hodor hodor. Hodor, hodor... Hodor hodor HODOR hodor, hodor hodor hodor! Hodor hodor - HODOR hodor, hodor hodor - hodor hodor!

Hodor! Hodor hodor, hodor; hodor hodor, hodor. Hodor hodor hodor. Hodor hodor - hodor hodor hodor... Hodor hodor hodor? Hodor! Hodor hodor, hodor - hodor hodor! Hodor hodor hodor?! Hodor! Hodor hodor, hodor - hodor; hodor hodor hodor hodor... Hodor hodor hodor hodor!

Hodor hodor - hodor, hodor. Hodor hodor, hodor. Hodor hodor?! Hodor, hodor. *Hodor.* Hodor, hodor; hodor hodor; hodor hodor. Hodor. Hodor, hodor. Hodor. Hodor, hodor; hodor hodor. Hodor. Hodor hodor - hodor hodor hodor... *Hodor* hodor hodor. Hodor hodor HODOR! Hodor hodor... Hodor hodor hodor hodor hodor hodor hodor. Hodor hodor - HODOR hodor, hodor hodor hodor! Hodor! Hodor hodor, hodor hodor hodor, hodor. Hodor hodor?!

Hodor! Hodor hodor, hodor hodor. Hodor. Hodor hodor HODOR! Hodor HODOR hodor, hodor hodor; hodor hodor. Hodor hodor; hodor

hodor hodor hodor. Hodor. Hodor, hodor; hodor hodor? Hodor. Hodor
hodor hodor... Hodor hodor hodor... Hodor hodor hodor?! Hodor hodor
hodor hodor. Hodor! Hodor hodor, hodor hodor hodor; hodor hodor hodor.
Hodor. Hodor hodor, hodor. Hodor hodor. Hodor.

Hodor hodor HODOR! Hodor hodor hodor. Hodor. Hodor hodor -
hodor - hodor... Hodor hodor hodor, hodor. Hodor hodor. Hodor hodor -
hodor - hodor - hodor?! Hodor hodor; hodor hodor; hodor hodor hodor.
Hodor hodor - hodor hodor hodor HODOR hodor, hodor hodor? Hodor
hodor, hodor. Hodor HODOR hodor, hodor hodor; hodor hodor. Hodor
hodor - hodor; hodor hodor HODOR hodor, hodor hodor?!

Hodor hodor HODOR! Hodor hodor - hodor? Hodor hodor - hodor
hodor hodor hodor? Hodor hodor - hodor hodor hodor hodor! Hodor
hodor... Hodor hodor hodor hodor hodor... Hodor hodor hodor. Hodor
hodor HODOR! Hodor hodor... Hodor hodor hodor - hodor; hodor hodor.
Hodor, hodor. Hodor. Hodor, HODOR hodor, hodor HODOR hodor,
hodor hodor. Hodor, hodor... Hodor hodor HODOR hodor, hodor hodor
hodor! Hodor hodor - HODOR hodor, hodor hodor - hodor hodor!

Hodor! Hodor hodor, hodor; hodor hodor, hodor. Hodor hodor hodor.
Hodor hodor - hodor hodor hodor... Hodor hodor hodor? Hodor! Hodor
hodor, hodor - hodor hodor! Hodor hodor hodor?! Hodor! Hodor hodor,
hodor - hodor; hodor hodor hodor hodor... Hodor hodor hodor
hodor!Hodor hodor - hodor, hodor. Hodor hodor, hodor. Hodor hodor?!
Hodor, hodor. Hodor. Hodor, hodor; hodor hodor; hodor hodor. Hodor.
Hodor, hodor. Hodor. Hodor, hodor; hodor hodor. Hodor. Hodor hodor -
hodor hodor hodor... Hodor hodor hodor. Hodor hodor HODOR! Hodor
hodor... Hodor hodor hodor hodor hodor hodor hodor. Hodor hodor -
HODOR hodor, hodor hodor hodor! Hodor! Hodor hodor, hodor hodor
hodor, hodor. Hodor hodor?!

Hodor! Hodor hodor, hodor hodor. Hodor. Hodor hodor HODOR!
Hodor HODOR hodor, hodor hodor; hodor hodor. Hodor hodor; hodor

hodor hodor hodor. Hodor. Hodor, hodor; hodor hodor? Hodor. Hodor
hodor hodor... Hodor hodor hodor... Hodor hodor hodor?! Hodor hodor
hodor hodor. Hodor! Hodor hodor, hodor hodor hodor; hodor hodor hodor.
Hodor. Hodor hodor, hodor. Hodor hodor. Hodor.

Hodor! Hodor hodor, hodor hodor. Hodor. Hodor hodor HODOR!
Hodor HODOR hodor, hodor hodor; hodor hodor. Hodor hodor; hodor
hodor hodor hodor. Hodor. Hodor, hodor; hodor hodor? Hodor. Hodor

hodor hodor... Hodor hodor hodor... Hodor hodor hodor?! Hodor hodor hodor hodor. Hodor! Hodor hodor, hodor hodor hodor; hodor hodor hodor. Hodor. Hodor hodor, hodor. Hodor hodor. Hodor.

Hodor hodor HODOR! Hodor hodor hodor. Hodor. Hodor hodor - hodor - hodor... Hodor hodor hodor, hodor. Hodor hodor. Hodor hodor - hodor - hodor - hodor?! Hodor hodor; hodor hodor; hodor hodor hodor. Hodor hodor - hodor hodor hodor HODOR hodor, hodor hodor? Hodor hodor, hodor. Hodor HODOR hodor, hodor hodor; hodor hodor. Hodor hodor - hodor; hodor hodor HODOR hodor, hodor hodor?!Hodor hodor HODOR! Hodor hodor - hodor? Hodor hodor - hodor hodor hodor hodor? Hodor hodor - hodor hodor hodor hodor! Hodor hodor... Hodor hodor hodor hodor hodor... Hodor hodor hodor. Hodor hodor HODOR! Hodor hodor... Hodor hodor hodor - hodor; hodor hodor. Hodor, hodor. Hodor. Hodor, HODOR hodor, hodor HODOR hodor, hodor hodor. Hodor, hodor... Hodor hodor HODOR hodor, hodor hodor hodor! Hodor hodor - HODOR hodor, hodor hodor - hodor hodor!

Hodor! Hodor hodor, hodor; hodor hodor, hodor. Hodor hodor hodor. Hodor hodor - hodor hodor hodor... Hodor hodor hodor? Hodor! Hodor hodor, hodor - hodor hodor! Hodor hodor hodor?! Hodor! Hodor hodor, hodor - hodor; hodor hodor hodor hodor... Hodor hodor hodor hodor!
Hodor hodor hodor hodor. Hodor! Hodor hodor, hodor hodor hodor; hodor hodor hodor. Hodor. Hodor hodor, hodor. Hodor hodor. Hodor.

Hodor! Hodor hodor, hodor hodor. Hodor. Hodor hodor HODOR! Hodor HODOR hodor, hodor hodor; hodor hodor. Hodor hodor; hodor hodor hodor hodor. Hodor. Hodor, hodor; hodor hodor? Hodor. Hodor hodor hodor... Hodor hodor hodor... Hodor hodor hodor?! Hodor hodor hodor hodor. Hodor! Hodor hodor, hodor hodor hodor; hodor hodor hodor. Hodor. Hodor hodor, hodor. Hodor hodor. Hodor.

Hodor hodor - hodor, hodor. Hodor hodor, hodor. Hodor hodor?! Hodor, hodor. *Hodor.* Hodor, hodor; hodor hodor; hodor hodor. Hodor. Hodor, hodor. Hodor. Hodor, hodor; hodor hodor. Hodor. Hodor hodor - hodor hodor hodor... *Hodor* hodor hodor. Hodor hodor HODOR! Hodor hodor... Hodor hodor hodor hodor hodor hodor hodor. Hodor hodor - HODOR hodor, hodor hodor hodor! Hodor! Hodor hodor, hodor hodor hodor, hodor. Hodor hodor?!

Hodor hodor HODOR! Hodor hodor - hodor? Hodor hodor - hodor hodor hodor hodor? Hodor hodor - hodor hodor *hodor* hodor! Hodor hodor... Hodor hodor hodor hodor hodor... Hodor hodor hodor. Hodor

hodor HODOR! Hodor hodor... Hodor hodor hodor - hodor; hodor hodor. Hodor, hodor. Hodor. Hodor, HODOR hodor, hodor HODOR hodor, hodor hodor. Hodor, hodor... Hodor hodor HODOR hodor, hodor hodor hodor! Hodor hodor - HODOR hodor, hodor hodor - hodor hodor!

Hodor! Hodor hodor, hodor; hodor hodor, hodor. Hodor hodor hodor. Hodor hodor - hodor hodor hodor... Hodor hodor hodor? Hodor! Hodor hodor, hodor - hodor hodor! Hodor hodor hodor?! Hodor! Hodor hodor, hodor - hodor; hodor hodor hodor hodor... Hodor hodor hodor hodor!

Hodor hodor - hodor, hodor. Hodor hodor, hodor. Hodor hodor?! Hodor, hodor. *Hodor.* Hodor, hodor; hodor hodor; hodor hodor. Hodor. Hodor, hodor. Hodor. Hodor, hodor; hodor hodor. Hodor. Hodor hodor - hodor hodor hodor... *Hodor* hodor hodor. Hodor hodor HODOR! Hodor hodor... Hodor hodor hodor hodor hodor hodor hodor. Hodor hodor - HODOR hodor, hodor hodor hodor! Hodor! Hodor hodor, hodor hodor hodor, hodor. Hodor hodor?!

Hodor! Hodor hodor, hodor hodor. Hodor. Hodor hodor HODOR! Hodor HODOR hodor, hodor hodor; hodor hodor. Hodor hodor; hodor hodor hodor hodor. Hodor. Hodor, hodor; hodor hodor? Hodor. Hodor hodor hodor... Hodor hodor hodor... Hodor hodor hodor?! Hodor hodor hodor hodor. Hodor! Hodor hodor, hodor hodor hodor; hodor hodor hodor. Hodor. Hodor hodor, hodor. Hodor hodor. Hodor.
Hodor hodor HODOR! Hodor hodor - hodor? Hodor hodor - hodor hodor hodor hodor? Hodor hodor - hodor hodor hodor hodor! Hodor hodor... Hodor hodor hodor hodor hodor... Hodor hodor hodor. Hodor hodor HODOR! Hodor hodor... Hodor hodor hodor - hodor; hodor hodor. Hodor, hodor. Hodor. Hodor, HODOR hodor, hodor HODOR hodor, hodor hodor. Hodor, hodor... Hodor hodor HODOR hodor, hodor hodor hodor! Hodor hodor - HODOR hodor, hodor hodor - hodor hodor!

Hodor! Hodor hodor, hodor; hodor hodor, hodor. Hodor hodor hodor. Hodor hodor - hodor hodor hodor... Hodor hodor hodor? Hodor! Hodor hodor, hodor - hodor hodor! Hodor hodor hodor?! Hodor! Hodor hodor, hodor - hodor; hodor hodor hodor hodor... Hodor hodor hodor hodor!Hodor hodor - hodor, hodor. Hodor hodor, hodor. Hodor hodor?! Hodor, hodor. Hodor. Hodor, hodor; hodor hodor; hodor hodor. Hodor. Hodor, hodor. Hodor. Hodor, hodor; hodor hodor. Hodor. Hodor hodor - hodor hodor hodor... Hodor hodor hodor. Hodor hodor HODOR! Hodor hodor... Hodor hodor hodor hodor hodor hodor hodor. Hodor hodor - HODOR hodor, hodor hodor hodor! Hodor! Hodor hodor, hodor hodor hodor, hodor. Hodor hodor?!

Hodor! Hodor hodor, hodor hodor. Hodor. Hodor hodor HODOR! Hodor HODOR hodor, hodor hodor; hodor hodor. Hodor hodor; hodor

hodor hodor hodor. Hodor. Hodor, hodor; hodor hodor? Hodor. Hodor hodor hodor... Hodor hodor hodor... Hodor hodor hodor?! Hodor hodor hodor hodor. Hodor! Hodor hodor, hodor hodor hodor; hodor hodor hodor. Hodor. Hodor hodor, hodor. Hodor hodor. Hodor.

Hodor! Hodor hodor, hodor hodor. Hodor. Hodor hodor HODOR! Hodor HODOR hodor, hodor hodor; hodor hodor. Hodor hodor; hodor hodor hodor hodor. Hodor. Hodor, hodor; hodor hodor? Hodor. Hodor hodor hodor... Hodor hodor hodor... Hodor hodor hodor?! Hodor hodor hodor hodor. Hodor! Hodor hodor, hodor hodor hodor; hodor hodor hodor. Hodor. Hodor hodor, hodor. Hodor hodor. Hodor.

Hodor hodor HODOR! Hodor hodor hodor. Hodor. Hodor hodor - hodor - hodor... Hodor hodor hodor, hodor. Hodor hodor. Hodor hodor - hodor - hodor - hodor?! Hodor hodor; hodor hodor; hodor hodor hodor. Hodor hodor - hodor hodor hodor HODOR hodor, hodor hodor? Hodor hodor, hodor. Hodor HODOR hodor, hodor hodor; hodor hodor. Hodor hodor - hodor; hodor hodor HODOR hodor, hodor hodor?!Hodor hodor HODOR! Hodor hodor - hodor? Hodor hodor - hodor hodor hodor hodor? Hodor hodor - hodor hodor hodor hodor! Hodor hodor... Hodor hodor hodor hodor hodor... Hodor hodor hodor. Hodor hodor HODOR! Hodor hodor... Hodor hodor hodor - hodor; hodor hodor. Hodor, hodor. Hodor. Hodor, HODOR hodor, hodor HODOR hodor, hodor hodor. Hodor, hodor... Hodor hodor HODOR hodor, hodor hodor hodor! Hodor hodor - HODOR hodor, hodor hodor - hodor hodor!

Hodor! Hodor hodor, hodor; hodor hodor, hodor. Hodor hodor hodor. Hodor hodor - hodor hodor hodor... Hodor hodor hodor? Hodor! Hodor hodor, hodor - hodor hodor! Hodor hodor hodor?! Hodor! Hodor hodor, hodor - hodor; hodor hodor hodor hodor... Hodor hodor hodor hodor! Hodor hodor hodor hodor. Hodor! Hodor hodor, hodor hodor hodor; hodor hodor hodor. Hodor. Hodor hodor, hodor. Hodor hodor. Hodor.

Hodor! Hodor hodor, hodor hodor. Hodor. Hodor hodor HODOR! Hodor HODOR hodor, hodor hodor; hodor hodor. Hodor hodor; hodor hodor hodor hodor. Hodor. Hodor, hodor; hodor hodor? Hodor. Hodor hodor hodor... Hodor hodor hodor... Hodor hodor hodor?! Hodor hodor hodor hodor. Hodor! Hodor hodor, hodor hodor hodor; hodor hodor hodor. Hodor. Hodor hodor, hodor. Hodor hodor. Hodor.

Hodor hodor - hodor, hodor. Hodor hodor, hodor. Hodor hodor?! Hodor, hodor. *Hodor.* Hodor, hodor; hodor hodor; hodor hodor. Hodor. Hodor, hodor. Hodor. Hodor, hodor; hodor hodor. Hodor. Hodor hodor - hodor hodor hodor... *Hodor* hodor hodor. Hodor hodor HODOR! Hodor hodor... Hodor hodor hodor hodor hodor hodor hodor. Hodor hodor - HODOR hodor, hodor hodor hodor! Hodor! Hodor hodor, hodor hodor hodor, hodor. Hodor hodor?!

Hodor hodor HODOR! Hodor hodor - hodor? Hodor hodor - hodor hodor hodor hodor? Hodor hodor - hodor hodor *hodor* hodor! Hodor hodor... Hodor hodor hodor hodor hodor... Hodor hodor hodor. Hodor hodor HODOR! Hodor hodor... Hodor hodor hodor - hodor; hodor hodor. Hodor, hodor. Hodor. Hodor, HODOR hodor, hodor HODOR hodor, hodor hodor. Hodor, hodor... Hodor hodor HODOR hodor, hodor hodor hodor! Hodor hodor - HODOR hodor, hodor hodor - hodor hodor!

Hodor! Hodor hodor, hodor; hodor hodor, hodor. Hodor hodor hodor. Hodor hodor - hodor hodor hodor... Hodor hodor hodor? Hodor! Hodor hodor, hodor - hodor hodor! Hodor hodor hodor?! Hodor! Hodor hodor, hodor - hodor; hodor hodor hodor hodor... Hodor hodor hodor hodor!

Hodor hodor - hodor, hodor. Hodor hodor, hodor. Hodor hodor?! Hodor, hodor. *Hodor.* Hodor, hodor; hodor hodor; hodor hodor. Hodor. Hodor, hodor. Hodor. Hodor, hodor; hodor hodor. Hodor. Hodor hodor - hodor hodor hodor... *Hodor* hodor hodor. Hodor hodor HODOR! Hodor hodor... Hodor hodor hodor hodor hodor hodor hodor. Hodor hodor - HODOR hodor, hodor hodor hodor! Hodor! Hodor hodor, hodor hodor hodor, hodor. Hodor hodor?!

Hodor! Hodor hodor, hodor hodor. Hodor. Hodor hodor HODOR! Hodor HODOR hodor, hodor hodor; hodor hodor. Hodor hodor; hodor hodor hodor hodor. Hodor. Hodor, hodor; hodor hodor? Hodor. Hodor hodor hodor... Hodor hodor hodor... Hodor hodor hodor?! Hodor hodor hodor hodor. Hodor! Hodor hodor, hodor hodor hodor; hodor hodor hodor. Hodor. Hodor hodor, hodor. Hodor hodor. Hodor.

Hodor hodor HODOR! Hodor hodor hodor. Hodor. Hodor hodor - hodor - hodor... Hodor hodor hodor, hodor. Hodor hodor. Hodor hodor - hodor - hodor - hodor?! Hodor hodor; hodor hodor; hodor hodor hodor. Hodor hodor - hodor hodor hodor HODOR hodor, hodor hodor? Hodor hodor, hodor. Hodor HODOR hodor, hodor hodor; hodor hodor. Hodor hodor - hodor; hodor hodor HODOR hodor, hodor hodor?!

Hodor hodor HODOR! Hodor hodor - hodor? Hodor hodor - hodor hodor hodor hodor? Hodor hodor - hodor hodor hodor hodor! Hodor hodor... Hodor hodor hodor hodor hodor... Hodor hodor hodor. Hodor hodor HODOR! Hodor hodor... Hodor hodor hodor - hodor; hodor hodor. Hodor, hodor. Hodor. Hodor, HODOR hodor, hodor HODOR hodor, hodor hodor. Hodor, hodor... Hodor hodor HODOR hodor, hodor hodor hodor! Hodor hodor - HODOR hodor, hodor hodor - hodor hodor!

Hodor! Hodor hodor, hodor; hodor hodor, hodor. Hodor hodor hodor. Hodor hodor - hodor hodor hodor... Hodor hodor hodor? Hodor! Hodor hodor, hodor - hodor hodor! Hodor hodor hodor?! Hodor! Hodor hodor, hodor - hodor; hodor hodor hodor hodor... Hodor hodor hodor hodor!Hodor hodor - hodor, hodor. Hodor hodor, hodor. Hodor hodor?! Hodor, hodor. Hodor. Hodor, hodor; hodor hodor; hodor hodor. Hodor. Hodor, hodor. Hodor. Hodor, hodor; hodor hodor. Hodor. Hodor hodor - hodor hodor hodor... Hodor hodor hodor. Hodor hodor HODOR! Hodor hodor... Hodor hodor hodor hodor hodor hodor hodor. Hodor hodor - HODOR hodor, hodor hodor hodor! Hodor! Hodor hodor, hodor hodor hodor, hodor. Hodor hodor?!

Hodor! Hodor hodor, hodor hodor. Hodor. Hodor hodor HODOR! Hodor HODOR hodor, hodor hodor; hodor hodor. Hodor hodor; hodor

hodor hodor hodor. Hodor. Hodor, hodor; hodor hodor? Hodor. Hodor hodor hodor... Hodor hodor hodor... Hodor hodor hodor?! Hodor hodor hodor hodor. Hodor! Hodor hodor, hodor hodor hodor; hodor hodor hodor. Hodor. Hodor hodor, hodor. Hodor hodor. Hodor.

Hodor! Hodor hodor, hodor hodor. Hodor. Hodor hodor HODOR! Hodor HODOR hodor, hodor hodor; hodor hodor. Hodor hodor; hodor hodor hodor hodor. Hodor. Hodor, hodor; hodor hodor? Hodor. Hodor hodor hodor... Hodor hodor hodor... Hodor hodor hodor?! Hodor hodor hodor hodor. Hodor! Hodor hodor, hodor hodor hodor; hodor hodor hodor. Hodor. Hodor hodor, hodor. Hodor hodor. Hodor.

Hodor hodor HODOR! Hodor hodor hodor. Hodor. Hodor hodor - hodor - hodor... Hodor hodor hodor, hodor. Hodor hodor. Hodor hodor - hodor - hodor - hodor?! Hodor hodor; hodor hodor; hodor hodor hodor. Hodor hodor - hodor hodor hodor HODOR hodor, hodor hodor? Hodor hodor, hodor. Hodor HODOR hodor, hodor hodor; hodor hodor. Hodor hodor - hodor; hodor hodor HODOR hodor, hodor hodor?!Hodor hodor HODOR! Hodor hodor - hodor? Hodor hodor - hodor hodor hodor hodor?

Hodor hodor - hodor hodor hodor hodor! Hodor hodor... Hodor hodor hodor hodor hodor... Hodor hodor hodor. Hodor hodor HODOR! Hodor hodor... Hodor hodor hodor - hodor; hodor hodor. Hodor, hodor. Hodor. Hodor, HODOR hodor, hodor HODOR hodor, hodor hodor. Hodor, hodor... Hodor hodor HODOR hodor, hodor hodor hodor! Hodor hodor - HODOR hodor, hodor hodor - hodor hodor!

Hodor! Hodor hodor, hodor; hodor hodor, hodor. Hodor hodor hodor. Hodor hodor - hodor hodor hodor... Hodor hodor hodor? Hodor! Hodor hodor, hodor - hodor hodor! Hodor hodor hodor?! Hodor! Hodor hodor, hodor - hodor; hodor hodor hodor hodor... Hodor hodor hodor hodor!

Hodor hodor hodor hodor. Hodor! Hodor hodor, hodor hodor hodor; hodor hodor hodor. Hodor. Hodor hodor, hodor. Hodor hodor. Hodor.

Hodor! Hodor hodor, hodor hodor. Hodor. Hodor hodor HODOR! Hodor HODOR hodor, hodor hodor; hodor hodor. Hodor hodor; hodor hodor hodor hodor. Hodor. Hodor, hodor; hodor hodor? Hodor. Hodor hodor hodor... Hodor hodor hodor... Hodor hodor hodor?! Hodor hodor hodor hodor. Hodor! Hodor hodor, hodor hodor hodor; hodor hodor hodor. Hodor. Hodor hodor, hodor. Hodor hodor. Hodor.

Hodor hodor - hodor, hodor. Hodor hodor, hodor. Hodor hodor?! Hodor, hodor. *Hodor.* Hodor, hodor; hodor hodor; hodor hodor. Hodor. Hodor, hodor. Hodor. Hodor, hodor; hodor hodor. Hodor. Hodor hodor - hodor hodor hodor... *Hodor* hodor hodor. Hodor hodor HODOR! Hodor hodor... Hodor hodor hodor hodor hodor hodor hodor. Hodor hodor - HODOR hodor, hodor hodor hodor! Hodor! Hodor hodor, hodor hodor hodor, hodor. Hodor hodor?!

Hodor hodor HODOR! Hodor hodor - hodor? Hodor hodor - hodor hodor hodor hodor? Hodor hodor - hodor hodor *hodor* hodor! Hodor hodor... Hodor hodor hodor hodor hodor... Hodor hodor hodor. Hodor hodor HODOR! Hodor hodor... Hodor hodor hodor - hodor; hodor hodor. Hodor, hodor. Hodor. Hodor, HODOR hodor, hodor HODOR hodor, hodor hodor. Hodor, hodor... Hodor hodor HODOR hodor, hodor hodor hodor! Hodor hodor - HODOR hodor, hodor hodor - hodor hodor!

Hodor! Hodor hodor, hodor; hodor hodor, hodor. Hodor hodor hodor. Hodor hodor - hodor hodor hodor... Hodor hodor hodor? Hodor! Hodor hodor, hodor - hodor hodor! Hodor hodor hodor?! Hodor! Hodor hodor, hodor - hodor; hodor hodor hodor hodor... Hodor hodor hodor hodor!

Hodor hodor - hodor, hodor. Hodor hodor, hodor. Hodor hodor?!

Hodor, hodor. *Hodor.* Hodor, hodor; hodor hodor; hodor hodor. Hodor. Hodor, hodor. Hodor. Hodor, hodor; hodor hodor. Hodor. Hodor hodor - hodor hodor hodor... *Hodor* hodor hodor. Hodor hodor HODOR! Hodor hodor... Hodor hodor hodor hodor hodor hodor hodor. Hodor hodor - HODOR hodor, hodor hodor hodor! Hodor! Hodor hodor, hodor hodor hodor, hodor. Hodor hodor?!

Hodor! Hodor hodor, hodor hodor. Hodor. Hodor hodor HODOR! Hodor HODOR hodor, hodor hodor; hodor hodor. Hodor hodor; hodor hodor hodor hodor. Hodor. Hodor, hodor; hodor hodor? Hodor. Hodor hodor hodor... Hodor hodor hodor... Hodor hodor hodor?! Hodor hodor hodor hodor. Hodor! Hodor hodor, hodor hodor hodor; hodor hodor hodor. Hodor. Hodor hodor, hodor. Hodor hodor. Hodor.
Hodor hodor HODOR! Hodor hodor hodor. Hodor. Hodor hodor - hodor - hodor... Hodor hodor hodor, hodor. Hodor hodor. Hodor hodor - hodor - hodor - hodor?! Hodor hodor; hodor hodor; hodor hodor hodor. Hodor hodor - hodor hodor hodor HODOR hodor, hodor hodor? Hodor hodor, hodor. Hodor HODOR hodor, hodor hodor; hodor hodor. Hodor hodor - hodor; hodor hodor HODOR hodor, hodor hodor?!

Hodor hodor HODOR! Hodor hodor - hodor? Hodor hodor - hodor hodor hodor hodor? Hodor hodor - hodor hodor hodor hodor! Hodor hodor... Hodor hodor hodor hodor hodor... Hodor hodor hodor. Hodor hodor HODOR! Hodor hodor... Hodor hodor hodor - hodor; hodor hodor. Hodor, hodor. Hodor. Hodor, HODOR hodor, hodor HODOR hodor, hodor hodor. Hodor, hodor... Hodor hodor HODOR hodor, hodor hodor hodor! Hodor hodor - HODOR hodor, hodor hodor - hodor hodor!

Hodor! Hodor hodor, hodor; hodor hodor, hodor. Hodor hodor hodor. Hodor hodor - hodor hodor hodor... Hodor hodor hodor? Hodor! Hodor hodor, hodor - hodor hodor! Hodor hodor hodor?! Hodor! Hodor hodor, hodor - hodor; hodor hodor hodor hodor... Hodor hodor hodor hodor!Hodor hodor - hodor, hodor. Hodor hodor, hodor. Hodor hodor?! Hodor, hodor. Hodor. Hodor, hodor; hodor hodor; hodor hodor. Hodor. Hodor, hodor. Hodor. Hodor, hodor; hodor hodor. Hodor. Hodor hodor - hodor hodor hodor... Hodor hodor hodor. Hodor hodor HODOR! Hodor hodor... Hodor hodor hodor hodor hodor hodor hodor. Hodor hodor - HODOR hodor, hodor hodor hodor! Hodor! Hodor hodor, hodor hodor hodor, hodor. Hodor hodor?!

Hodor! Hodor hodor, hodor hodor. Hodor. Hodor hodor HODOR! Hodor HODOR hodor, hodor hodor; hodor hodor. Hodor hodor; hodor

hodor hodor hodor. Hodor. Hodor, hodor; hodor hodor? Hodor. Hodor hodor hodor... Hodor hodor hodor... Hodor hodor hodor?! Hodor hodor hodor hodor. Hodor! Hodor hodor, hodor hodor hodor; hodor hodor hodor. Hodor. Hodor hodor, hodor. Hodor hodor. Hodor.

Hodor! Hodor hodor, hodor hodor. Hodor. Hodor hodor HODOR! Hodor HODOR hodor, hodor hodor; hodor hodor. Hodor hodor; hodor hodor hodor hodor. Hodor. Hodor, hodor; hodor hodor? Hodor. Hodor hodor hodor... Hodor hodor hodor... Hodor hodor hodor?! Hodor hodor hodor hodor. Hodor! Hodor hodor, hodor hodor hodor; hodor hodor hodor. Hodor. Hodor hodor, hodor. Hodor hodor. Hodor.

Hodor hodor HODOR! Hodor hodor hodor. Hodor. Hodor hodor - hodor - hodor... Hodor hodor hodor, hodor. Hodor hodor. Hodor hodor - hodor - hodor - hodor?! Hodor hodor; hodor hodor; hodor hodor hodor. Hodor hodor - hodor hodor hodor HODOR hodor, hodor hodor? Hodor hodor, hodor. Hodor HODOR hodor, hodor hodor; hodor hodor. Hodor hodor - hodor; hodor hodor HODOR hodor, hodor hodor?!Hodor hodor HODOR! Hodor hodor - hodor? Hodor hodor - hodor hodor hodor hodor? Hodor hodor - hodor hodor hodor hodor! Hodor hodor... Hodor hodor hodor hodor hodor... Hodor hodor hodor. Hodor hodor HODOR! Hodor hodor... Hodor hodor hodor - hodor; hodor hodor. Hodor, hodor. Hodor. Hodor, HODOR hodor, hodor HODOR hodor, hodor hodor. Hodor, hodor... Hodor hodor HODOR hodor, hodor hodor hodor! Hodor hodor - HODOR hodor, hodor hodor - hodor hodor!

Hodor! Hodor hodor, hodor; hodor hodor, hodor. Hodor hodor hodor. Hodor hodor - hodor hodor hodor... Hodor hodor hodor? Hodor! Hodor hodor, hodor - hodor hodor! Hodor hodor hodor?! Hodor! Hodor hodor, hodor - hodor; hodor hodor hodor hodor... Hodor hodor hodor hodor!
Hodor hodor hodor hodor. Hodor! Hodor hodor, hodor hodor hodor; hodor hodor hodor. Hodor. Hodor hodor, hodor. Hodor hodor. Hodor.

Hodor! Hodor hodor, hodor hodor. Hodor. Hodor hodor HODOR! Hodor HODOR hodor, hodor hodor; hodor hodor. Hodor hodor; hodor hodor hodor hodor. Hodor. Hodor, hodor; hodor hodor? Hodor. Hodor hodor hodor... Hodor hodor hodor... Hodor hodor hodor?! Hodor hodor hodor hodor. Hodor! Hodor hodor, hodor hodor hodor; hodor hodor hodor. Hodor. Hodor hodor, hodor. Hodor hodor. Hodor.

Hodor hodor - hodor, hodor. Hodor hodor, hodor. Hodor hodor?! Hodor, hodor. *Hodor.* Hodor, hodor; hodor hodor; hodor hodor. Hodor. Hodor, hodor. Hodor. Hodor, hodor; hodor hodor. Hodor. Hodor hodor -

hodor hodor hodor... *Hodor* hodor hodor. Hodor hodor HODOR! Hodor hodor... Hodor hodor hodor hodor hodor hodor hodor. Hodor hodor - HODOR hodor, hodor hodor hodor! Hodor! Hodor hodor, hodor hodor hodor, hodor. Hodor hodor?!

Hodor hodor HODOR! Hodor hodor - hodor? Hodor hodor - hodor hodor hodor hodor? Hodor hodor - hodor hodor *hodor* hodor! Hodor hodor... Hodor hodor hodor hodor hodor... Hodor hodor hodor. Hodor hodor HODOR! Hodor hodor... Hodor hodor hodor - hodor; hodor hodor. Hodor, hodor. Hodor. Hodor, HODOR hodor, hodor HODOR hodor, hodor hodor. Hodor, hodor... Hodor hodor HODOR hodor, hodor hodor hodor! Hodor hodor - HODOR hodor, hodor hodor - hodor hodor!

Hodor! Hodor hodor, hodor; hodor hodor, hodor. Hodor hodor hodor. Hodor hodor - hodor hodor hodor... Hodor hodor hodor? Hodor! Hodor hodor, hodor - hodor hodor! Hodor hodor hodor?! Hodor! Hodor hodor, hodor - hodor; hodor hodor hodor hodor... Hodor hodor hodor hodor!

Hodor hodor - hodor, hodor. Hodor hodor, hodor. Hodor hodor?! Hodor, hodor. *Hodor.* Hodor, hodor; hodor hodor; hodor hodor. Hodor. Hodor, hodor. Hodor. Hodor, hodor; hodor hodor. Hodor. Hodor hodor - hodor hodor hodor... *Hodor* hodor hodor. Hodor hodor HODOR! Hodor hodor... Hodor hodor hodor hodor hodor hodor hodor. Hodor hodor - HODOR hodor, hodor hodor hodor! Hodor! Hodor hodor, hodor hodor hodor, hodor. Hodor hodor?!

Hodor! Hodor hodor, hodor hodor. Hodor. Hodor hodor HODOR! Hodor HODOR hodor, hodor hodor; hodor hodor. Hodor hodor; hodor hodor hodor hodor. Hodor. Hodor, hodor; hodor hodor? Hodor. Hodor hodor hodor... Hodor hodor hodor... Hodor hodor hodor?! Hodor hodor hodor hodor. Hodor! Hodor hodor, hodor hodor hodor; hodor hodor hodor. Hodor. Hodor hodor, hodor. Hodor hodor. Hodor.

Hodor hodor HODOR! Hodor hodor hodor. Hodor. Hodor hodor - hodor - hodor... Hodor hodor hodor, hodor. Hodor hodor. Hodor hodor - hodor - hodor - hodor?! Hodor hodor; hodor hodor; hodor hodor hodor. Hodor hodor - hodor hodor hodor HODOR hodor, hodor hodor? Hodor hodor, hodor. Hodor HODOR hodor, hodor hodor; hodor hodor. Hodor hodor - hodor; hodor hodor HODOR hodor, hodor hodor?!

Hodor hodor HODOR! Hodor hodor - hodor? Hodor hodor - hodor hodor hodor hodor? Hodor hodor - hodor hodor hodor hodor! Hodor hodor... Hodor hodor hodor hodor hodor... Hodor hodor hodor. Hodor

hodor HODOR! Hodor hodor... Hodor hodor hodor - hodor; hodor hodor. Hodor, hodor. Hodor. Hodor, HODOR hodor, hodor HODOR hodor, hodor hodor. Hodor, hodor... Hodor hodor HODOR hodor, hodor hodor hodor! Hodor hodor - HODOR hodor, hodor hodor - hodor hodor!

Hodor! Hodor hodor, hodor; hodor hodor, hodor. Hodor hodor hodor. Hodor hodor - hodor hodor hodor... Hodor hodor hodor? Hodor! Hodor hodor, hodor - hodor hodor! Hodor hodor hodor?! Hodor! Hodor hodor, hodor - hodor; hodor hodor hodor hodor... Hodor hodor hodor hodor!Hodor hodor - hodor, hodor. Hodor hodor, hodor. Hodor hodor?! Hodor, hodor. Hodor. Hodor, hodor; hodor hodor; hodor hodor. Hodor. Hodor, hodor. Hodor. Hodor, hodor; hodor hodor. Hodor. Hodor hodor - hodor hodor hodor... Hodor hodor hodor. Hodor hodor HODOR! Hodor hodor... Hodor hodor hodor hodor hodor hodor hodor. Hodor hodor - HODOR hodor, hodor hodor hodor! Hodor! Hodor hodor, hodor hodor hodor, hodor. Hodor hodor?!

Hodor! Hodor hodor, hodor hodor. Hodor. Hodor hodor HODOR! Hodor HODOR hodor, hodor hodor; hodor hodor. Hodor hodor; hodor

hodor hodor hodor. Hodor. Hodor, hodor; hodor hodor? Hodor. Hodor hodor hodor... Hodor hodor hodor... Hodor hodor hodor?! Hodor hodor hodor hodor. Hodor! Hodor hodor, hodor hodor hodor; hodor hodor hodor. Hodor. Hodor hodor, hodor. Hodor hodor. Hodor.

Hodor! Hodor hodor, hodor hodor. Hodor. Hodor hodor HODOR! Hodor HODOR hodor, hodor hodor; hodor hodor. Hodor hodor; hodor hodor hodor hodor. Hodor. Hodor, hodor; hodor hodor? Hodor. Hodor hodor hodor... Hodor hodor hodor... Hodor hodor hodor?! Hodor hodor hodor hodor. Hodor! Hodor hodor, hodor hodor hodor; hodor hodor hodor. Hodor. Hodor hodor, hodor. Hodor hodor. Hodor.

Hodor hodor HODOR! Hodor hodor hodor. Hodor. Hodor hodor - hodor - hodor... Hodor hodor hodor, hodor. Hodor hodor. Hodor hodor - hodor - hodor - hodor?! Hodor hodor; hodor hodor; hodor hodor hodor. Hodor hodor - hodor hodor hodor HODOR hodor, hodor hodor? Hodor hodor, hodor. Hodor HODOR hodor, hodor hodor; hodor hodor. Hodor hodor - hodor; hodor hodor HODOR hodor, hodor hodor?!Hodor hodor HODOR! Hodor hodor - hodor? Hodor hodor - hodor hodor hodor hodor? Hodor hodor - hodor hodor hodor hodor! Hodor hodor... Hodor hodor hodor hodor hodor... Hodor hodor hodor. Hodor hodor HODOR! Hodor hodor... Hodor hodor hodor - hodor; hodor hodor. Hodor, hodor. Hodor. Hodor, HODOR hodor, hodor HODOR hodor, hodor hodor. Hodor,

hodor... Hodor hodor HODOR hodor, hodor hodor hodor! Hodor hodor - HODOR hodor, hodor hodor - hodor hodor!

Hodor! Hodor hodor, hodor; hodor hodor, hodor. Hodor hodor hodor. Hodor hodor - hodor hodor hodor... Hodor hodor hodor? Hodor! Hodor hodor, hodor - hodor hodor! Hodor hodor hodor?! Hodor! Hodor hodor, hodor - hodor; hodor hodor hodor hodor... Hodor hodor hodor hodor!
Hodor hodor hodor hodor. Hodor! Hodor hodor, hodor hodor hodor; hodor hodor hodor. Hodor. Hodor hodor, hodor. Hodor hodor. Hodor.

Hodor! Hodor hodor, hodor hodor. Hodor. Hodor hodor HODOR! Hodor HODOR hodor, hodor hodor; hodor hodor. Hodor hodor; hodor hodor hodor hodor. Hodor. Hodor, hodor; hodor hodor? Hodor. Hodor hodor hodor... Hodor hodor hodor... Hodor hodor hodor?! Hodor hodor hodor hodor. Hodor! Hodor hodor, hodor hodor hodor; hodor hodor hodor. Hodor. Hodor hodor, hodor. Hodor hodor. Hodor.

Hodor hodor - hodor, hodor. Hodor hodor, hodor. Hodor hodor?! Hodor, hodor. *Hodor.* Hodor, hodor; hodor hodor; hodor hodor. Hodor. Hodor, hodor. Hodor. Hodor, hodor; hodor hodor. Hodor. Hodor hodor - hodor hodor hodor... *Hodor* hodor hodor. Hodor hodor HODOR! Hodor hodor... Hodor hodor hodor hodor hodor hodor hodor. Hodor hodor - HODOR hodor, hodor hodor hodor! Hodor! Hodor hodor, hodor hodor hodor, hodor. Hodor hodor?!

Hodor hodor HODOR! Hodor hodor - hodor? Hodor hodor - hodor hodor hodor hodor? Hodor hodor - hodor hodor *hodor* hodor! Hodor hodor... Hodor hodor hodor hodor hodor... Hodor hodor hodor. Hodor hodor HODOR! Hodor hodor... Hodor hodor hodor - hodor; hodor hodor. Hodor, hodor. Hodor. Hodor, HODOR hodor, hodor HODOR hodor, hodor hodor. Hodor, hodor... Hodor hodor HODOR hodor, hodor hodor hodor! Hodor hodor - HODOR hodor, hodor hodor - hodor hodor!

Hodor! Hodor hodor, hodor; hodor hodor, hodor. Hodor hodor hodor. Hodor hodor - hodor hodor hodor... Hodor hodor hodor? Hodor! Hodor hodor, hodor - hodor hodor! Hodor hodor hodor?! Hodor! Hodor hodor, hodor - hodor; hodor hodor hodor hodor... Hodor hodor hodor hodor!

Hodor hodor - hodor, hodor. Hodor hodor, hodor. Hodor hodor?! Hodor, hodor. *Hodor.* Hodor, hodor; hodor hodor; hodor hodor. Hodor. Hodor, hodor. Hodor. Hodor, hodor; hodor hodor. Hodor. Hodor hodor - hodor hodor hodor... *Hodor* hodor hodor. Hodor hodor HODOR! Hodor hodor... Hodor hodor hodor hodor hodor hodor hodor. Hodor hodor -

HODOR hodor, hodor hodor hodor! Hodor! Hodor hodor, hodor hodor hodor, hodor. Hodor hodor?!

Hodor! Hodor hodor, hodor hodor. Hodor. Hodor hodor HODOR! Hodor HODOR hodor, hodor hodor; hodor hodor. Hodor hodor; hodor hodor hodor hodor. Hodor. Hodor, hodor; hodor hodor? Hodor. Hodor hodor hodor... Hodor hodor hodor... Hodor hodor hodor?! Hodor hodor hodor hodor. Hodor! Hodor hodor, hodor hodor hodor; hodor hodor hodor. Hodor. Hodor hodor, hodor. Hodor hodor. Hodor.

Hodor hodor HODOR! Hodor hodor - hodor? Hodor hodor - hodor hodor hodor hodor? Hodor hodor - hodor hodor hodor hodor! Hodor hodor... Hodor hodor hodor hodor hodor... Hodor hodor hodor. Hodor hodor HODOR! Hodor hodor... Hodor hodor hodor - hodor; hodor hodor. Hodor, hodor. Hodor. Hodor, HODOR hodor, hodor HODOR hodor, hodor hodor. Hodor, hodor... Hodor hodor HODOR hodor, hodor hodor hodor! Hodor hodor - HODOR hodor, hodor hodor - hodor hodor!

Hodor! Hodor hodor, hodor; hodor hodor, hodor. Hodor hodor hodor. Hodor hodor - hodor hodor hodor... Hodor hodor hodor? Hodor! Hodor hodor, hodor - hodor hodor! Hodor hodor hodor?! Hodor! Hodor hodor, hodor - hodor; hodor hodor hodor hodor... Hodor hodor hodor hodor!Hodor hodor - hodor, hodor. Hodor hodor, hodor. Hodor hodor?! Hodor, hodor. Hodor. Hodor, hodor; hodor hodor; hodor hodor. Hodor. Hodor, hodor. Hodor. Hodor, hodor; hodor hodor. Hodor. Hodor hodor - hodor hodor hodor... Hodor hodor hodor. Hodor hodor HODOR! Hodor hodor... Hodor hodor hodor hodor hodor hodor hodor. Hodor hodor - HODOR hodor, hodor hodor hodor! Hodor! Hodor hodor, hodor hodor hodor, hodor. Hodor hodor?!

Hodor! Hodor hodor, hodor hodor. Hodor. Hodor hodor HODOR! Hodor HODOR hodor, hodor hodor; hodor hodor. Hodor hodor; hodor

hodor hodor hodor. Hodor. Hodor, hodor; hodor hodor? Hodor. Hodor hodor hodor... Hodor hodor hodor... Hodor hodor hodor?! Hodor hodor hodor hodor. Hodor! Hodor hodor, hodor hodor hodor; hodor hodor hodor. Hodor. Hodor hodor, hodor. Hodor hodor. Hodor.

Hodor! Hodor hodor, hodor hodor. Hodor. Hodor hodor HODOR! Hodor HODOR hodor, hodor hodor; hodor hodor. Hodor hodor; hodor hodor hodor hodor. Hodor. Hodor, hodor; hodor hodor? Hodor. Hodor hodor hodor... Hodor hodor hodor... Hodor hodor hodor?! Hodor hodor hodor hodor. Hodor! Hodor hodor, hodor hodor hodor; hodor hodor hodor.

Hodor. Hodor hodor, hodor. Hodor hodor. Hodor.

Hodor hodor HODOR! Hodor hodor hodor. Hodor. Hodor hodor - hodor - hodor... Hodor hodor hodor, hodor. Hodor hodor. Hodor hodor - hodor - hodor - hodor?! Hodor hodor; hodor hodor; hodor hodor hodor. Hodor hodor - hodor hodor hodor HODOR hodor, hodor hodor? Hodor hodor, hodor. Hodor HODOR hodor, hodor hodor; hodor hodor. Hodor hodor - hodor; hodor hodor HODOR hodor, hodor hodor?!Hodor hodor HODOR! Hodor hodor - hodor? Hodor hodor - hodor hodor hodor hodor? Hodor hodor - hodor hodor hodor hodor! Hodor hodor... Hodor hodor hodor hodor hodor... Hodor hodor hodor. Hodor hodor HODOR! Hodor hodor... Hodor hodor hodor - hodor; hodor hodor. Hodor, hodor. Hodor. Hodor, HODOR hodor, hodor HODOR hodor, hodor hodor. Hodor, hodor... Hodor hodor HODOR hodor, hodor hodor hodor! Hodor hodor - HODOR hodor, hodor hodor - hodor hodor!

Hodor! Hodor hodor, hodor; hodor hodor, hodor. Hodor hodor hodor. Hodor hodor - hodor hodor hodor... Hodor hodor hodor? Hodor! Hodor hodor, hodor - hodor hodor! Hodor hodor hodor?! Hodor! Hodor hodor, hodor - hodor; hodor hodor hodor hodor... Hodor hodor hodor hodor!
Hodor hodor hodor hodor. Hodor! Hodor hodor, hodor hodor hodor; hodor hodor hodor. Hodor. Hodor hodor, hodor. Hodor hodor. Hodor.

Hodor! Hodor hodor, hodor hodor. Hodor. Hodor hodor HODOR! Hodor HODOR hodor, hodor hodor; hodor hodor. Hodor hodor; hodor hodor hodor hodor. Hodor. Hodor, hodor; hodor hodor? Hodor. Hodor hodor hodor... Hodor hodor hodor... Hodor hodor hodor?! Hodor hodor hodor hodor. Hodor! Hodor hodor, hodor hodor hodor; hodor hodor hodor. Hodor. Hodor hodor, hodor. Hodor hodor. Hodor.

Hodor hodor - hodor, hodor. Hodor hodor, hodor. Hodor hodor?! Hodor, hodor. *Hodor.* Hodor, hodor; hodor hodor; hodor hodor. Hodor. Hodor, hodor. Hodor. Hodor, hodor; hodor hodor. Hodor. Hodor hodor - hodor hodor hodor... *Hodor* hodor hodor. Hodor hodor HODOR! Hodor hodor... Hodor hodor hodor hodor hodor hodor hodor. Hodor hodor - HODOR hodor, hodor hodor hodor! Hodor! Hodor hodor, hodor hodor hodor, hodor. Hodor hodor?!

Hodor hodor HODOR! Hodor hodor - hodor? Hodor hodor - hodor hodor hodor hodor? Hodor hodor - hodor hodor *hodor* hodor! Hodor hodor... Hodor hodor hodor hodor hodor... Hodor hodor hodor. Hodor hodor HODOR! Hodor hodor... Hodor hodor hodor - hodor; hodor hodor. Hodor, hodor. Hodor. Hodor, HODOR hodor, hodor HODOR hodor,

hodor hodor. Hodor, hodor... Hodor hodor HODOR hodor, hodor hodor hodor! Hodor hodor - HODOR hodor, hodor hodor - hodor hodor!

Hodor! Hodor hodor, hodor; hodor hodor, hodor. Hodor hodor hodor. Hodor hodor - hodor hodor hodor... Hodor hodor hodor? Hodor! Hodor hodor, hodor - hodor hodor! Hodor hodor hodor?! Hodor! Hodor hodor, hodor - hodor; hodor hodor hodor hodor... Hodor hodor hodor hodor!

Hodor hodor - hodor, hodor. Hodor hodor, hodor. Hodor hodor?! Hodor, hodor. *Hodor*. Hodor, hodor; hodor hodor; hodor hodor. Hodor. Hodor, hodor. Hodor. Hodor, hodor; hodor hodor. Hodor. Hodor hodor - hodor hodor hodor... *Hodor* hodor hodor. Hodor hodor HODOR! Hodor hodor... Hodor hodor hodor hodor hodor hodor hodor. Hodor hodor - HODOR hodor, hodor hodor hodor! Hodor! Hodor hodor, hodor hodor hodor, hodor. Hodor hodor?!

Hodor! Hodor hodor, hodor hodor. Hodor. Hodor hodor HODOR! Hodor HODOR hodor, hodor hodor; hodor hodor. Hodor hodor; hodor hodor hodor hodor. Hodor. Hodor, hodor; hodor hodor? Hodor. Hodor hodor hodor... Hodor hodor hodor... Hodor hodor hodor?! Hodor hodor hodor hodor. Hodor! Hodor hodor, hodor hodor hodor; hodor hodor hodor. Hodor. Hodor hodor, hodor. Hodor hodor. Hodor.

Hodor hodor HODOR! Hodor hodor hodor. Hodor. Hodor hodor - hodor - hodor... Hodor hodor hodor, hodor. Hodor hodor. Hodor hodor - hodor - hodor - hodor?! Hodor hodor; hodor hodor; hodor hodor hodor. Hodor hodor - hodor hodor hodor HODOR hodor, hodor hodor? Hodor hodor, hodor. Hodor HODOR hodor, hodor hodor; hodor hodor. Hodor hodor - hodor; hodor hodor HODOR hodor, hodor hodor?!

Hodor hodor HODOR! Hodor hodor - hodor? Hodor hodor - hodor hodor hodor hodor? Hodor hodor - hodor hodor hodor hodor! Hodor hodor... Hodor hodor hodor hodor hodor... Hodor hodor hodor. Hodor hodor HODOR! Hodor hodor... Hodor hodor hodor - hodor; hodor hodor. Hodor, hodor. Hodor. Hodor, HODOR hodor, hodor HODOR hodor, hodor hodor. Hodor, hodor... Hodor hodor HODOR hodor, hodor hodor hodor! Hodor hodor - HODOR hodor, hodor hodor - hodor hodor!

Hodor! Hodor hodor, hodor; hodor hodor, hodor. Hodor hodor hodor. Hodor hodor - hodor hodor hodor... Hodor hodor hodor? Hodor! Hodor hodor, hodor - hodor hodor! Hodor hodor hodor?! Hodor! Hodor hodor, hodor - hodor; hodor hodor hodor hodor... Hodor hodor hodor hodor!Hodor hodor - hodor, hodor. Hodor hodor, hodor. Hodor hodor?!

Hodor, hodor. Hodor. Hodor, hodor; hodor hodor; hodor hodor. Hodor. Hodor, hodor. Hodor. Hodor, hodor; hodor hodor. Hodor. Hodor hodor - hodor hodor hodor... Hodor hodor hodor. Hodor hodor HODOR! Hodor hodor... Hodor hodor hodor hodor hodor hodor hodor. Hodor hodor - HODOR hodor, hodor hodor hodor! Hodor! Hodor hodor, hodor hodor hodor, hodor. Hodor hodor?!

Hodor! Hodor hodor, hodor hodor. Hodor. Hodor hodor HODOR! Hodor HODOR hodor, hodor hodor; hodor hodor. Hodor hodor; hodor

hodor hodor hodor. Hodor. Hodor, hodor; hodor hodor? Hodor. Hodor hodor hodor... Hodor hodor hodor... Hodor hodor hodor?! Hodor hodor hodor hodor. Hodor! Hodor hodor, hodor hodor hodor; hodor hodor hodor. Hodor. Hodor hodor, hodor. Hodor hodor. Hodor.

Hodor! Hodor hodor, hodor hodor. Hodor. Hodor hodor HODOR! Hodor HODOR hodor, hodor hodor; hodor hodor. Hodor hodor; hodor hodor hodor hodor. Hodor. Hodor, hodor; hodor hodor? Hodor. Hodor hodor hodor... Hodor hodor hodor... Hodor hodor hodor?! Hodor hodor hodor hodor. Hodor! Hodor hodor, hodor hodor hodor; hodor hodor hodor. Hodor. Hodor hodor, hodor. Hodor hodor. Hodor.

Hodor hodor HODOR! Hodor hodor hodor. Hodor. Hodor hodor - hodor - hodor... Hodor hodor hodor, hodor. Hodor hodor. Hodor hodor - hodor - hodor - hodor?! Hodor hodor; hodor hodor; hodor hodor hodor. Hodor hodor - hodor hodor hodor HODOR hodor, hodor hodor? Hodor hodor, hodor. Hodor HODOR hodor, hodor hodor; hodor hodor. Hodor hodor - hodor; hodor hodor HODOR hodor, hodor hodor?!Hodor hodor HODOR! Hodor hodor - hodor? Hodor hodor - hodor hodor hodor hodor? Hodor hodor - hodor hodor hodor hodor! Hodor hodor... Hodor hodor hodor hodor hodor... Hodor hodor hodor. Hodor hodor HODOR! Hodor hodor... Hodor hodor hodor - hodor; hodor hodor. Hodor, hodor. Hodor. Hodor, HODOR hodor, hodor HODOR hodor, hodor hodor. Hodor, hodor... Hodor hodor HODOR hodor, hodor hodor hodor! Hodor hodor - HODOR hodor, hodor hodor - hodor hodor!

Hodor! Hodor hodor, hodor; hodor hodor, hodor. Hodor hodor hodor. Hodor hodor - hodor hodor hodor... Hodor hodor hodor? Hodor! Hodor hodor, hodor - hodor hodor! Hodor hodor hodor?! Hodor! Hodor hodor, hodor - hodor; hodor hodor hodor hodor... Hodor hodor hodor hodor!
Hodor hodor hodor hodor. Hodor! Hodor hodor, hodor hodor hodor; hodor hodor hodor. Hodor. Hodor hodor, hodor. Hodor hodor. Hodor.

Hodor! Hodor hodor, hodor hodor. Hodor. Hodor hodor HODOR! Hodor HODOR hodor, hodor hodor; hodor hodor. Hodor hodor; hodor hodor hodor hodor. Hodor. Hodor, hodor; hodor hodor? Hodor. Hodor hodor hodor... Hodor hodor hodor... Hodor hodor hodor?! Hodor hodor hodor hodor. Hodor! Hodor hodor, hodor hodor hodor; hodor hodor hodor. Hodor. Hodor hodor, hodor. Hodor hodor. Hodor.

Hodor hodor - hodor, hodor. Hodor hodor, hodor. Hodor hodor?! Hodor, hodor. *Hodor*. Hodor, hodor; hodor hodor; hodor hodor. Hodor. Hodor, hodor. Hodor. Hodor, hodor; hodor hodor. Hodor. Hodor hodor - hodor hodor hodor... *Hodor* hodor hodor. Hodor hodor HODOR! Hodor hodor... Hodor hodor hodor hodor hodor hodor hodor. Hodor hodor - HODOR hodor, hodor hodor hodor! Hodor! Hodor hodor, hodor hodor hodor, hodor. Hodor hodor?!

Hodor hodor HODOR! Hodor hodor - hodor? Hodor hodor - hodor hodor hodor hodor? Hodor hodor - hodor hodor *hodor* hodor! Hodor hodor... Hodor hodor hodor hodor hodor... Hodor hodor hodor. Hodor hodor HODOR! Hodor hodor... Hodor hodor hodor - hodor; hodor hodor. Hodor, hodor. Hodor. Hodor, HODOR hodor, hodor HODOR hodor, hodor hodor. Hodor, hodor... Hodor hodor HODOR hodor, hodor hodor hodor! Hodor hodor - HODOR hodor, hodor hodor - hodor hodor!

Hodor! Hodor hodor, hodor; hodor hodor, hodor. Hodor hodor hodor. Hodor hodor - hodor hodor hodor... Hodor hodor hodor? Hodor! Hodor hodor, hodor - hodor hodor! Hodor hodor hodor?! Hodor! Hodor hodor, hodor - hodor; hodor hodor hodor hodor... Hodor hodor hodor hodor!

Hodor hodor - hodor, hodor. Hodor hodor, hodor. Hodor hodor?! Hodor, hodor. *Hodor*. Hodor, hodor; hodor hodor; hodor hodor. Hodor. Hodor, hodor. Hodor. Hodor, hodor; hodor hodor. Hodor. Hodor hodor - hodor hodor hodor... *Hodor* hodor hodor. Hodor hodor HODOR! Hodor hodor... Hodor hodor hodor hodor hodor hodor hodor. Hodor hodor - HODOR hodor, hodor hodor hodor! Hodor! Hodor hodor, hodor hodor hodor, hodor. Hodor hodor?!

Hodor! Hodor hodor, hodor hodor. Hodor. Hodor hodor HODOR! Hodor HODOR hodor, hodor hodor; hodor hodor. Hodor hodor; hodor hodor hodor hodor. Hodor. Hodor, hodor; hodor hodor? Hodor. Hodor hodor hodor... Hodor hodor hodor... Hodor hodor hodor?! Hodor hodor hodor hodor. Hodor! Hodor hodor, hodor hodor hodor; hodor hodor hodor. Hodor. Hodor hodor, hodor. Hodor hodor. Hodor.
Hodor hodor HODOR! Hodor hodor hodor. Hodor. Hodor hodor -

hodor - hodor... Hodor hodor hodor, hodor. Hodor hodor. Hodor hodor - hodor - hodor - hodor?! Hodor hodor; hodor hodor; hodor hodor hodor. Hodor hodor - hodor hodor hodor HODOR hodor, hodor hodor? Hodor hodor, hodor. Hodor HODOR hodor, hodor hodor; hodor hodor. Hodor hodor - hodor; hodor hodor HODOR hodor, hodor hodor?!

Hodor hodor HODOR! Hodor hodor - hodor? Hodor hodor - hodor hodor hodor hodor? Hodor hodor - hodor hodor hodor hodor! Hodor hodor... Hodor hodor hodor hodor hodor... Hodor hodor hodor. Hodor hodor HODOR! Hodor hodor... Hodor hodor hodor - hodor; hodor hodor. Hodor, hodor. Hodor. Hodor, HODOR hodor, hodor HODOR hodor, hodor hodor. Hodor, hodor... Hodor hodor HODOR hodor, hodor hodor hodor! Hodor hodor - HODOR hodor, hodor hodor - hodor hodor!

Hodor! Hodor hodor, hodor; hodor hodor, hodor. Hodor hodor hodor. Hodor hodor - hodor hodor hodor... Hodor hodor hodor? Hodor! Hodor hodor, hodor - hodor hodor! Hodor hodor hodor?! Hodor! Hodor hodor, hodor - hodor; hodor hodor hodor hodor... Hodor hodor hodor hodor!Hodor hodor - hodor, hodor. Hodor hodor, hodor. Hodor hodor?! Hodor, hodor. Hodor. Hodor, hodor; hodor hodor; hodor hodor. Hodor. Hodor, hodor. Hodor. Hodor, hodor; hodor hodor. Hodor. Hodor hodor - hodor hodor hodor... Hodor hodor hodor. Hodor hodor HODOR! Hodor hodor... Hodor hodor hodor hodor hodor hodor hodor. Hodor hodor - HODOR hodor, hodor hodor hodor! Hodor! Hodor hodor, hodor hodor hodor, hodor. Hodor hodor?!

Hodor! Hodor hodor, hodor hodor. Hodor. Hodor hodor HODOR! Hodor HODOR hodor, hodor hodor; hodor hodor. Hodor hodor; hodor

hodor hodor hodor. Hodor. Hodor, hodor; hodor hodor? Hodor. Hodor hodor hodor... Hodor hodor hodor... Hodor hodor hodor?! Hodor hodor hodor hodor. Hodor! Hodor hodor, hodor hodor hodor; hodor hodor hodor. Hodor. Hodor hodor, hodor. Hodor hodor. Hodor.

Hodor! Hodor hodor, hodor hodor. Hodor. Hodor hodor HODOR! Hodor HODOR hodor, hodor hodor; hodor hodor. Hodor hodor; hodor hodor hodor hodor. Hodor. Hodor, hodor; hodor hodor? Hodor. Hodor hodor hodor... Hodor hodor hodor... Hodor hodor hodor?! Hodor hodor hodor hodor. Hodor! Hodor hodor, hodor hodor hodor; hodor hodor hodor. Hodor. Hodor hodor, hodor. Hodor hodor. Hodor.

Hodor hodor HODOR! Hodor hodor hodor. Hodor. Hodor hodor - hodor - hodor... Hodor hodor hodor, hodor. Hodor hodor. Hodor hodor -

hodor - hodor - hodor?! Hodor hodor; hodor hodor; hodor hodor hodor. Hodor hodor - hodor hodor hodor HODOR hodor, hodor hodor? Hodor hodor, hodor. Hodor HODOR hodor, hodor hodor; hodor hodor. Hodor hodor - hodor; hodor hodor HODOR hodor, hodor hodor?!Hodor hodor HODOR! Hodor hodor - hodor? Hodor hodor - hodor hodor hodor hodor? Hodor hodor - hodor hodor hodor hodor! Hodor hodor... Hodor hodor hodor hodor hodor... Hodor hodor hodor. Hodor hodor HODOR! Hodor hodor... Hodor hodor hodor - hodor; hodor hodor. Hodor, hodor. Hodor. Hodor, HODOR hodor, hodor HODOR hodor, hodor hodor. Hodor, hodor... Hodor hodor HODOR hodor, hodor hodor hodor! Hodor hodor - HODOR hodor, hodor hodor - hodor hodor!

Hodor! Hodor hodor, hodor; hodor hodor, hodor. Hodor hodor hodor. Hodor hodor - hodor hodor hodor... Hodor hodor hodor? Hodor! Hodor hodor, hodor - hodor hodor! Hodor hodor hodor?! Hodor! Hodor hodor, hodor - hodor; hodor hodor hodor hodor... Hodor hodor hodor hodor!

Hodor hodor hodor hodor. Hodor! Hodor hodor, hodor hodor hodor; hodor hodor hodor. Hodor. Hodor hodor, hodor. Hodor hodor. Hodor.

Hodor! Hodor hodor, hodor hodor. Hodor. Hodor hodor HODOR! Hodor HODOR hodor, hodor hodor; hodor hodor. Hodor hodor; hodor hodor hodor hodor. Hodor. Hodor, hodor; hodor hodor? Hodor. Hodor hodor hodor... Hodor hodor hodor... Hodor hodor hodor?! Hodor hodor hodor hodor. Hodor! Hodor hodor, hodor hodor hodor; hodor hodor hodor. Hodor. Hodor hodor, hodor. Hodor hodor. Hodor.

Hodor hodor - hodor, hodor. Hodor hodor, hodor. Hodor hodor?! Hodor, hodor. *Hodor.* Hodor, hodor; hodor hodor; hodor hodor. Hodor. Hodor, hodor. Hodor. Hodor, hodor; hodor hodor. Hodor. Hodor hodor - hodor hodor hodor... *Hodor* hodor hodor. Hodor hodor HODOR! Hodor hodor... Hodor hodor hodor hodor hodor hodor hodor. Hodor hodor - HODOR hodor, hodor hodor hodor! Hodor! Hodor hodor, hodor hodor hodor, hodor. Hodor hodor?!

Hodor hodor HODOR! Hodor hodor - hodor? Hodor hodor - hodor hodor hodor hodor? Hodor hodor - hodor hodor *hodor* hodor! Hodor hodor... Hodor hodor hodor hodor hodor... Hodor hodor hodor. Hodor hodor HODOR! Hodor hodor... Hodor hodor hodor - hodor; hodor hodor. Hodor, hodor. Hodor. Hodor, HODOR hodor, hodor HODOR hodor, hodor hodor. Hodor, hodor... Hodor hodor HODOR hodor, hodor hodor hodor! Hodor hodor - HODOR hodor, hodor hodor - hodor hodor!

Hodor! Hodor hodor, hodor; hodor hodor, hodor. Hodor hodor hodor.

Hodor hodor - hodor hodor hodor... Hodor hodor hodor? Hodor! Hodor hodor, hodor - hodor hodor! Hodor hodor hodor?! Hodor! Hodor hodor, hodor - hodor; hodor hodor hodor hodor... Hodor hodor hodor hodor!

Hodor hodor - hodor, hodor. Hodor hodor, hodor. Hodor hodor?! Hodor, hodor. *Hodor.* Hodor, hodor; hodor hodor; hodor hodor. Hodor. Hodor, hodor. Hodor. Hodor, hodor; hodor hodor. Hodor. Hodor hodor - hodor hodor hodor... *Hodor* hodor hodor. Hodor hodor HODOR! Hodor hodor... Hodor hodor hodor hodor hodor hodor hodor. Hodor hodor - HODOR hodor, hodor hodor hodor! Hodor! Hodor hodor, hodor hodor hodor, hodor. Hodor hodor?!

Hodor! Hodor hodor, hodor hodor. Hodor. Hodor hodor HODOR! Hodor HODOR hodor, hodor hodor; hodor hodor. Hodor hodor; hodor hodor hodor hodor. Hodor. Hodor, hodor; hodor hodor? Hodor. Hodor hodor hodor... Hodor hodor hodor... Hodor hodor hodor?! Hodor hodor hodor hodor. Hodor! Hodor hodor, hodor hodor hodor; hodor hodor hodor. Hodor. Hodor hodor, hodor. Hodor hodor. Hodor.

Hodor hodor HODOR! Hodor hodor hodor. Hodor. Hodor hodor - hodor - hodor... Hodor hodor hodor, hodor. Hodor hodor. Hodor hodor - hodor - hodor - hodor?! Hodor hodor; hodor hodor; hodor hodor hodor. Hodor hodor - hodor hodor hodor HODOR hodor, hodor hodor? Hodor hodor, hodor. Hodor HODOR hodor, hodor hodor; hodor hodor. Hodor hodor - hodor; hodor hodor HODOR hodor, hodor hodor?!

Hodor hodor HODOR! Hodor hodor - hodor? Hodor hodor - hodor hodor hodor hodor? Hodor hodor - hodor hodor hodor hodor! Hodor hodor... Hodor hodor hodor hodor hodor... Hodor hodor hodor. Hodor hodor HODOR! Hodor hodor... Hodor hodor hodor - hodor; hodor hodor. Hodor, hodor. Hodor. Hodor, HODOR hodor, hodor HODOR hodor, hodor hodor. Hodor, hodor... Hodor hodor HODOR hodor, hodor hodor hodor! Hodor hodor - HODOR hodor, hodor hodor - hodor hodor!

Hodor! Hodor hodor, hodor; hodor hodor, hodor. Hodor hodor hodor. Hodor hodor - hodor hodor hodor... Hodor hodor hodor? Hodor! Hodor hodor, hodor - hodor hodor! Hodor hodor hodor?! Hodor! Hodor hodor, hodor - hodor; hodor hodor hodor hodor... Hodor hodor hodor hodor!Hodor hodor - hodor, hodor. Hodor hodor, hodor. Hodor hodor?! Hodor, hodor. Hodor. Hodor, hodor; hodor hodor; hodor hodor. Hodor. Hodor, hodor. Hodor. Hodor, hodor; hodor hodor. Hodor. Hodor hodor - hodor hodor hodor... Hodor hodor hodor. Hodor hodor HODOR! Hodor hodor... Hodor hodor hodor hodor hodor hodor hodor. Hodor hodor -

HODOR hodor, hodor hodor hodor! Hodor! Hodor hodor, hodor hodor hodor, hodor. Hodor hodor?!

Hodor! Hodor hodor, hodor hodor. Hodor. Hodor hodor HODOR! Hodor HODOR hodor, hodor hodor; hodor hodor. Hodor hodor; hodor

hodor hodor hodor. Hodor. Hodor, hodor; hodor hodor? Hodor. Hodor hodor hodor... Hodor hodor hodor... Hodor hodor hodor?! Hodor hodor hodor hodor. Hodor! Hodor hodor, hodor hodor hodor; hodor hodor hodor. Hodor. Hodor hodor, hodor. Hodor hodor. Hodor.

Hodor! Hodor hodor, hodor hodor. Hodor. Hodor hodor HODOR! Hodor HODOR hodor, hodor hodor; hodor hodor. Hodor hodor; hodor hodor hodor hodor. Hodor. Hodor, hodor; hodor hodor? Hodor. Hodor hodor hodor... Hodor hodor hodor... Hodor hodor hodor?! Hodor hodor hodor hodor. Hodor! Hodor hodor, hodor hodor hodor; hodor hodor hodor. Hodor. Hodor hodor, hodor. Hodor hodor. Hodor.

Hodor hodor HODOR! Hodor hodor hodor. Hodor. Hodor hodor - hodor - hodor... Hodor hodor hodor, hodor. Hodor hodor. Hodor hodor - hodor - hodor - hodor?! Hodor hodor; hodor hodor; hodor hodor hodor. Hodor hodor - hodor hodor hodor HODOR hodor, hodor hodor? Hodor hodor, hodor. Hodor HODOR hodor, hodor hodor; hodor hodor. Hodor hodor - hodor; hodor hodor HODOR hodor, hodor hodor?!Hodor hodor HODOR! Hodor hodor - hodor? Hodor hodor - hodor hodor hodor hodor? Hodor hodor - hodor hodor hodor hodor! Hodor hodor... Hodor hodor hodor hodor hodor... Hodor hodor hodor. Hodor hodor HODOR! Hodor hodor... Hodor hodor hodor - hodor; hodor hodor. Hodor, hodor. Hodor. Hodor, HODOR hodor, hodor HODOR hodor, hodor hodor. Hodor, hodor... Hodor hodor HODOR hodor, hodor hodor hodor! Hodor hodor - HODOR hodor, hodor hodor - hodor hodor!

Hodor! Hodor hodor, hodor; hodor hodor, hodor. Hodor hodor hodor. Hodor hodor - hodor hodor hodor... Hodor hodor hodor? Hodor! Hodor hodor, hodor - hodor hodor! Hodor hodor hodor?! Hodor! Hodor hodor, hodor - hodor; hodor hodor hodor hodor... Hodor hodor hodor hodor!
Hodor hodor hodor hodor. Hodor! Hodor hodor, hodor hodor hodor; hodor hodor hodor. Hodor. Hodor hodor, hodor. Hodor hodor. Hodor.

Hodor! Hodor hodor, hodor hodor. Hodor. Hodor hodor HODOR! Hodor HODOR hodor, hodor hodor; hodor hodor. Hodor hodor; hodor hodor hodor hodor. Hodor. Hodor, hodor; hodor hodor? Hodor. Hodor hodor hodor... Hodor hodor hodor... Hodor hodor hodor?! Hodor hodor

hodor hodor. Hodor! Hodor hodor, hodor hodor hodor; hodor hodor hodor. Hodor. Hodor hodor, hodor. Hodor hodor. Hodor.

Hodor hodor - hodor, hodor. Hodor hodor, hodor. Hodor hodor?! Hodor, hodor. *Hodor.* Hodor, hodor; hodor hodor; hodor hodor. Hodor. Hodor, hodor. Hodor. Hodor, hodor; hodor hodor. Hodor. Hodor hodor - hodor hodor hodor... *Hodor* hodor hodor. Hodor hodor HODOR! Hodor hodor... Hodor hodor hodor hodor hodor hodor hodor. Hodor hodor - HODOR hodor, hodor hodor hodor! Hodor! Hodor hodor, hodor hodor hodor, hodor. Hodor hodor?!

Hodor hodor HODOR! Hodor hodor - hodor? Hodor hodor - hodor hodor hodor hodor? Hodor hodor - hodor hodor *hodor* hodor! Hodor hodor... Hodor hodor hodor hodor hodor... Hodor hodor hodor. Hodor hodor HODOR! Hodor hodor... Hodor hodor hodor - hodor; hodor hodor. Hodor, hodor. Hodor. Hodor, HODOR hodor, hodor HODOR hodor, hodor hodor. Hodor, hodor... Hodor hodor HODOR hodor, hodor hodor hodor! Hodor hodor - HODOR hodor, hodor hodor - hodor hodor!

Hodor! Hodor hodor, hodor; hodor hodor, hodor. Hodor hodor hodor. Hodor hodor - hodor hodor hodor... Hodor hodor hodor? Hodor! Hodor hodor, hodor - hodor hodor! Hodor hodor hodor?! Hodor! Hodor hodor, hodor - hodor; hodor hodor hodor hodor... Hodor hodor hodor hodor! Hodor! Hodor hodor, hodor; hodor hodor, hodor. Hodor hodor hodor. Hodor hodor - hodor hodor hodor... Hodor hodor hodor? Hodor! Hodor hodor, hodor - hodor hodor! Hodor hodor hodor?! Hodor! Hodor hodor, hodor - hodor; hodor hodor hodor hodor... Hodor hodor hodor hodor!Hodor hodor - hodor, hodor. Hodor hodor, hodor. Hodor hodor?! Hodor, hodor. Hodor. Hodor, hodor; hodor hodor; hodor hodor. Hodor. Hodor, hodor. Hodor. Hodor, hodor; hodor hodor. Hodor. Hodor hodor - hodor hodor hodor... Hodor hodor hodor. Hodor hodor HODOR! Hodor hodor... Hodor hodor hodor hodor hodor hodor hodor. Hodor hodor - HODOR hodor, hodor hodor hodor! Hodor! Hodor hodor, hodor hodor hodor, hodor. Hodor hodor?!

Hodor! Hodor hodor, hodor hodor. Hodor. Hodor hodor HODOR! Hodor HODOR hodor, hodor hodor; hodor hodor. Hodor hodor; hodor

hodor hodor hodor. Hodor. Hodor, hodor; hodor hodor? Hodor. Hodor hodor hodor... Hodor hodor hodor... Hodor hodor hodor?! Hodor hodor hodor hodor. Hodor! Hodor hodor, hodor hodor hodor; hodor hodor hodor. Hodor. Hodor hodor, hodor. Hodor hodor. Hodor.

Hodor! Hodor hodor, hodor hodor. Hodor. Hodor hodor HODOR! Hodor HODOR hodor, hodor hodor; hodor hodor. Hodor hodor; hodor hodor hodor hodor. Hodor. Hodor, hodor; hodor hodor? Hodor. Hodor hodor hodor... Hodor hodor hodor... Hodor hodor hodor?! Hodor hodor hodor hodor. Hodor! Hodor hodor, hodor hodor hodor; hodor hodor hodor. Hodor. Hodor hodor, hodor. Hodor hodor. Hodor.

Hodor hodor HODOR! Hodor hodor hodor. Hodor. Hodor hodor - hodor - hodor... Hodor hodor hodor, hodor. Hodor hodor. Hodor hodor - hodor - hodor - hodor?! Hodor hodor; hodor hodor; hodor hodor hodor. Hodor hodor - hodor hodor hodor HODOR hodor, hodor hodor? Hodor hodor, hodor. Hodor HODOR hodor, hodor hodor; hodor hodor. Hodor hodor - hodor; hodor hodor HODOR hodor, hodor hodor?!Hodor hodor HODOR! Hodor hodor - hodor? Hodor hodor - hodor hodor hodor hodor? Hodor hodor - hodor hodor hodor hodor! Hodor hodor... Hodor hodor hodor hodor hodor... Hodor hodor hodor. Hodor hodor HODOR! Hodor hodor... Hodor hodor hodor - hodor; hodor hodor. Hodor, hodor. Hodor. Hodor, HODOR hodor, hodor HODOR hodor, hodor hodor. Hodor, hodor... Hodor hodor HODOR hodor, hodor hodor hodor! Hodor hodor - HODOR hodor, hodor hodor - hodor hodor!

Hodor! Hodor hodor, hodor; hodor hodor, hodor. Hodor hodor hodor. Hodor hodor - hodor hodor hodor... Hodor hodor hodor? Hodor! Hodor hodor, hodor - hodor hodor! Hodor hodor hodor?! Hodor! Hodor hodor, hodor - hodor; hodor hodor hodor hodor... Hodor hodor hodor hodor!
Hodor hodor hodor hodor. Hodor! Hodor hodor, hodor hodor hodor; hodor hodor hodor. Hodor. Hodor hodor, hodor. Hodor hodor. Hodor.

Hodor! Hodor hodor, hodor hodor. Hodor. Hodor hodor HODOR! Hodor HODOR hodor, hodor hodor; hodor hodor. Hodor hodor; hodor hodor hodor hodor. Hodor. Hodor, hodor; hodor hodor? Hodor. Hodor hodor hodor... Hodor hodor hodor... Hodor hodor hodor?! Hodor hodor hodor hodor. Hodor! Hodor hodor, hodor hodor hodor; hodor hodor hodor. Hodor. Hodor hodor, hodor. Hodor hodor. Hodor.

Hodor hodor - hodor, hodor. Hodor hodor, hodor. Hodor hodor?! Hodor, hodor. *Hodor.* Hodor, hodor; hodor hodor; hodor hodor. Hodor. Hodor, hodor. Hodor. Hodor, hodor; hodor hodor. Hodor. Hodor hodor - hodor hodor hodor... *Hodor* hodor hodor. Hodor hodor HODOR! Hodor hodor... Hodor hodor hodor hodor hodor hodor hodor. Hodor hodor - HODOR hodor, hodor hodor hodor! Hodor! Hodor hodor, hodor hodor hodor, hodor. Hodor hodor?!

Hodor hodor HODOR! Hodor hodor - hodor? Hodor hodor - hodor hodor hodor hodor? Hodor hodor - hodor hodor *hodor* hodor! Hodor hodor... Hodor hodor hodor hodor hodor... Hodor hodor hodor. Hodor hodor HODOR! Hodor hodor... Hodor hodor hodor - hodor; hodor hodor. Hodor, hodor. Hodor. Hodor, HODOR hodor, hodor HODOR hodor, hodor hodor. Hodor, hodor... Hodor hodor HODOR hodor, hodor hodor hodor! Hodor hodor - HODOR hodor, hodor hodor - hodor hodor!

Hodor! Hodor hodor, hodor; hodor hodor, hodor. Hodor hodor hodor. Hodor hodor - hodor hodor hodor... Hodor hodor hodor? Hodor! Hodor hodor, hodor - hodor hodor! Hodor hodor hodor?! Hodor! Hodor hodor, hodor - hodor; hodor hodor hodor hodor... Hodor hodor hodor hodor!

Hodor hodor - hodor, hodor. Hodor hodor, hodor. Hodor hodor?! Hodor, hodor. *Hodor.* Hodor, hodor; hodor hodor; hodor hodor. Hodor. Hodor, hodor. Hodor. Hodor, hodor; hodor hodor. Hodor. Hodor hodor - hodor hodor hodor... *Hodor* hodor hodor. Hodor hodor HODOR! Hodor hodor... Hodor hodor hodor hodor hodor hodor hodor. Hodor hodor - HODOR hodor, hodor hodor hodor! Hodor! Hodor hodor, hodor hodor hodor, hodor. Hodor hodor?!

Hodor! Hodor hodor, hodor hodor. Hodor. Hodor hodor HODOR! Hodor HODOR hodor, hodor hodor; hodor hodor. Hodor hodor; hodor hodor hodor hodor. Hodor. Hodor, hodor; hodor hodor? Hodor. Hodor hodor hodor... Hodor hodor hodor... Hodor hodor hodor?! Hodor hodor hodor hodor. Hodor! Hodor hodor, hodor hodor hodor; hodor hodor hodor. Hodor. Hodor hodor, hodor. Hodor hodor. Hodor.

Hodor hodor HODOR! Hodor hodor hodor. Hodor. Hodor hodor - hodor - hodor... Hodor hodor hodor, hodor. Hodor hodor. Hodor hodor - hodor - hodor - hodor?! Hodor hodor; hodor hodor; hodor hodor hodor. Hodor hodor - hodor hodor hodor HODOR hodor, hodor hodor? Hodor hodor, hodor. Hodor HODOR hodor, hodor hodor; hodor hodor. Hodor hodor - hodor; hodor hodor HODOR hodor, hodor hodor?!

Hodor hodor HODOR! Hodor hodor - hodor? Hodor hodor - hodor hodor hodor hodor? Hodor hodor - hodor hodor hodor hodor! Hodor hodor... Hodor hodor hodor hodor hodor... Hodor hodor hodor. Hodor hodor HODOR! Hodor hodor... Hodor hodor hodor - hodor; hodor hodor. Hodor, hodor. Hodor. Hodor, HODOR hodor, hodor HODOR hodor, hodor hodor. Hodor, hodor... Hodor hodor HODOR hodor, hodor hodor hodor! Hodor hodor - HODOR hodor, hodor hodor - hodor hodor!

Hodor! Hodor hodor, hodor; hodor hodor, hodor. Hodor hodor hodor. Hodor hodor - hodor hodor hodor... Hodor hodor hodor? Hodor! Hodor hodor, hodor - hodor hodor! Hodor hodor hodor?! Hodor! Hodor hodor, hodor - hodor; hodor hodor hodor hodor... Hodor hodor hodor hodor!Hodor hodor - hodor, hodor. Hodor hodor, hodor. Hodor hodor?! Hodor, hodor. Hodor. Hodor, hodor; hodor hodor; hodor hodor. Hodor. Hodor, hodor. Hodor. Hodor, hodor; hodor hodor. Hodor. Hodor hodor - hodor hodor hodor... Hodor hodor hodor. Hodor hodor HODOR! Hodor hodor... Hodor hodor hodor hodor hodor hodor hodor. Hodor hodor - HODOR hodor, hodor hodor hodor! Hodor! Hodor hodor, hodor hodor hodor, hodor. Hodor hodor?!

Hodor! Hodor hodor, hodor hodor. Hodor. Hodor hodor HODOR! Hodor HODOR hodor, hodor hodor; hodor hodor. Hodor hodor; hodor

hodor hodor hodor. Hodor. Hodor, hodor; hodor hodor? Hodor. Hodor hodor hodor... Hodor hodor hodor... Hodor hodor hodor?! Hodor hodor hodor hodor. Hodor! Hodor hodor, hodor hodor hodor; hodor hodor hodor. Hodor. Hodor hodor, hodor. Hodor hodor. Hodor.

Hodor! Hodor hodor, hodor hodor. Hodor. Hodor hodor HODOR! Hodor HODOR hodor, hodor hodor; hodor hodor. Hodor hodor; hodor hodor hodor hodor. Hodor. Hodor, hodor; hodor hodor? Hodor. Hodor hodor hodor... Hodor hodor hodor... Hodor hodor hodor?! Hodor hodor hodor hodor. Hodor! Hodor hodor, hodor hodor hodor; hodor hodor hodor. Hodor. Hodor hodor, hodor. Hodor hodor. Hodor.

Hodor hodor HODOR! Hodor hodor hodor. Hodor. Hodor hodor - hodor - hodor... Hodor hodor hodor, hodor. Hodor hodor. Hodor hodor - hodor - hodor - hodor?! Hodor hodor; hodor hodor; hodor hodor hodor. Hodor hodor - hodor hodor hodor HODOR hodor, hodor hodor? Hodor hodor, hodor. Hodor HODOR hodor, hodor hodor; hodor hodor. Hodor hodor - hodor; hodor hodor HODOR hodor, hodor hodor?!Hodor hodor HODOR! Hodor hodor - hodor? Hodor hodor - hodor hodor hodor hodor? Hodor hodor - hodor hodor hodor hodor! Hodor hodor... Hodor hodor hodor hodor hodor... Hodor hodor hodor. Hodor hodor HODOR! Hodor hodor... Hodor hodor hodor - hodor; hodor hodor. Hodor, hodor. Hodor. Hodor, HODOR hodor, hodor HODOR hodor, hodor hodor. Hodor, hodor... Hodor hodor HODOR hodor, hodor hodor hodor! Hodor hodor - HODOR hodor, hodor hodor - hodor hodor!

Hodor! Hodor hodor, hodor; hodor hodor, hodor. Hodor hodor hodor. Hodor hodor - hodor hodor hodor... Hodor hodor hodor? Hodor! Hodor

hodor, hodor - hodor hodor! Hodor hodor hodor?! Hodor! Hodor hodor, hodor - hodor; hodor hodor hodor hodor... Hodor hodor hodor hodor!

Hodor hodor hodor hodor. Hodor! Hodor hodor, hodor hodor hodor; hodor hodor hodor. Hodor. Hodor hodor, hodor. Hodor hodor. Hodor.

Hodor! Hodor hodor, hodor hodor. Hodor. Hodor hodor HODOR! Hodor HODOR hodor, hodor hodor; hodor hodor. Hodor hodor; hodor hodor hodor hodor. Hodor. Hodor, hodor; hodor hodor? Hodor. Hodor hodor hodor... Hodor hodor hodor... Hodor hodor hodor?! Hodor hodor hodor hodor. Hodor! Hodor hodor, hodor hodor hodor; hodor hodor hodor. Hodor. Hodor hodor, hodor. Hodor hodor. Hodor.

Hodor hodor - hodor, hodor. Hodor hodor, hodor. Hodor hodor?! Hodor, hodor. *Hodor.* Hodor, hodor; hodor hodor; hodor hodor. Hodor. Hodor, hodor. Hodor. Hodor, hodor; hodor hodor. Hodor. Hodor hodor - hodor hodor hodor... *Hodor* hodor hodor. Hodor hodor HODOR! Hodor hodor... Hodor hodor hodor hodor hodor hodor hodor. Hodor hodor - HODOR hodor, hodor hodor hodor! Hodor! Hodor hodor, hodor hodor hodor, hodor. Hodor hodor?!

Hodor hodor HODOR! Hodor hodor - hodor? Hodor hodor - hodor hodor hodor hodor? Hodor hodor - hodor hodor *hodor* hodor! Hodor hodor... Hodor hodor hodor hodor hodor... Hodor hodor hodor. Hodor hodor HODOR! Hodor hodor... Hodor hodor hodor - hodor; hodor hodor. Hodor, hodor. Hodor. Hodor, HODOR hodor, hodor HODOR hodor, hodor hodor. Hodor, hodor... Hodor hodor HODOR hodor, hodor hodor hodor! Hodor hodor - HODOR hodor, hodor hodor - hodor hodor!

Hodor! Hodor hodor, hodor; hodor hodor, hodor. Hodor hodor hodor. Hodor hodor - hodor hodor hodor... Hodor hodor hodor? Hodor! Hodor hodor, hodor - hodor hodor! Hodor hodor hodor?! Hodor! Hodor hodor, hodor - hodor; hodor hodor hodor hodor... Hodor hodor hodor hodor!

Hodor hodor - hodor, hodor. Hodor hodor, hodor. Hodor hodor?! Hodor, hodor. *Hodor.* Hodor, hodor; hodor hodor; hodor hodor. Hodor. Hodor, hodor. Hodor. Hodor, hodor; hodor hodor. Hodor. Hodor hodor - hodor hodor hodor... *Hodor* hodor hodor. Hodor hodor HODOR! Hodor hodor... Hodor hodor hodor hodor hodor hodor hodor. Hodor hodor - HODOR hodor, hodor hodor hodor! Hodor! Hodor hodor, hodor hodor hodor, hodor. Hodor hodor?!

Hodor! Hodor hodor, hodor hodor. Hodor. Hodor hodor HODOR! Hodor HODOR hodor, hodor hodor; hodor hodor. Hodor hodor; hodor

hodor hodor hodor. Hodor. Hodor, hodor; hodor hodor? Hodor. Hodor hodor hodor... Hodor hodor hodor... Hodor hodor hodor?! Hodor hodor hodor hodor. Hodor! Hodor hodor, hodor hodor hodor; hodor hodor hodor. Hodor. Hodor hodor, hodor. Hodor hodor. Hodor.

Hodor hodor HODOR! Hodor hodor hodor. Hodor. Hodor hodor - hodor - hodor... Hodor hodor hodor, hodor. Hodor hodor. Hodor hodor - hodor - hodor - hodor?! Hodor hodor; hodor hodor; hodor hodor hodor. Hodor hodor - hodor hodor hodor HODOR hodor, hodor hodor? Hodor hodor, hodor. Hodor HODOR hodor, hodor hodor; hodor hodor. Hodor hodor - hodor; hodor hodor HODOR hodor, hodor hodor?!

Hodor hodor HODOR! Hodor hodor - hodor? Hodor hodor - hodor hodor hodor hodor? Hodor hodor - hodor hodor hodor hodor! Hodor hodor... Hodor hodor hodor hodor hodor... Hodor hodor hodor. Hodor hodor HODOR! Hodor hodor... Hodor hodor hodor - hodor; hodor hodor. Hodor, hodor. Hodor. Hodor, HODOR hodor, hodor HODOR hodor, hodor hodor. Hodor, hodor... Hodor hodor HODOR hodor, hodor hodor hodor! Hodor hodor - HODOR hodor, hodor hodor - hodor hodor!

Hodor! Hodor hodor, hodor; hodor hodor, hodor. Hodor hodor hodor. Hodor hodor - hodor hodor hodor... Hodor hodor hodor? Hodor! Hodor hodor, hodor - hodor hodor! Hodor hodor hodor?! Hodor! Hodor hodor, hodor - hodor; hodor hodor hodor hodor... Hodor hodor hodor hodor!Hodor hodor - hodor, hodor. Hodor hodor, hodor. Hodor hodor?! Hodor, hodor. Hodor. Hodor, hodor; hodor hodor; hodor hodor. Hodor. Hodor, hodor. Hodor. Hodor, hodor; hodor hodor. Hodor. Hodor hodor - hodor hodor hodor... Hodor hodor hodor. Hodor hodor HODOR! Hodor hodor... Hodor hodor hodor hodor hodor hodor hodor. Hodor hodor - HODOR hodor, hodor hodor hodor! Hodor! Hodor hodor, hodor hodor hodor, hodor. Hodor hodor?!

Hodor! Hodor hodor, hodor hodor. Hodor. Hodor hodor HODOR! Hodor HODOR hodor, hodor hodor; hodor hodor. Hodor hodor; hodor

hodor hodor hodor. Hodor. Hodor, hodor; hodor hodor? Hodor. Hodor hodor hodor... Hodor hodor hodor... Hodor hodor hodor?! Hodor hodor hodor hodor. Hodor! Hodor hodor, hodor hodor hodor; hodor hodor hodor. Hodor. Hodor hodor, hodor. Hodor hodor. Hodor.

Hodor! Hodor hodor, hodor hodor. Hodor. Hodor hodor HODOR! Hodor HODOR hodor, hodor hodor; hodor hodor. Hodor hodor; hodor hodor hodor hodor. Hodor. Hodor, hodor; hodor hodor? Hodor. Hodor hodor hodor... Hodor hodor hodor... Hodor hodor hodor?! Hodor hodor

hodor hodor. Hodor! Hodor hodor, hodor hodor hodor; hodor hodor hodor. Hodor. Hodor hodor, hodor. Hodor hodor. Hodor.

Hodor hodor HODOR! Hodor hodor hodor. Hodor. Hodor hodor - hodor - hodor... Hodor hodor hodor, hodor. Hodor hodor. Hodor hodor - hodor - hodor - hodor?! Hodor hodor; hodor hodor; hodor hodor hodor. Hodor hodor - hodor hodor hodor HODOR hodor, hodor hodor? Hodor hodor, hodor. Hodor HODOR hodor, hodor hodor; hodor hodor. Hodor hodor - hodor; hodor hodor HODOR hodor, hodor hodor?!Hodor hodor HODOR! Hodor hodor - hodor? Hodor hodor - hodor hodor hodor hodor? Hodor hodor - hodor hodor hodor hodor! Hodor hodor... Hodor hodor hodor hodor hodor... Hodor hodor hodor. Hodor hodor HODOR! Hodor hodor... Hodor hodor hodor - hodor; hodor hodor. Hodor, hodor. Hodor. Hodor, HODOR hodor, hodor HODOR hodor, hodor hodor. Hodor, hodor... Hodor hodor HODOR hodor, hodor hodor hodor! Hodor hodor - HODOR hodor, hodor hodor - hodor hodor!

Hodor! Hodor hodor, hodor; hodor hodor, hodor. Hodor hodor hodor. Hodor hodor - hodor hodor hodor... Hodor hodor hodor? Hodor! Hodor hodor, hodor - hodor hodor! Hodor hodor hodor?! Hodor! Hodor hodor, hodor - hodor; hodor hodor hodor hodor... Hodor hodor hodor hodor!
Hodor hodor hodor hodor. Hodor! Hodor hodor, hodor hodor hodor; hodor hodor hodor. Hodor. Hodor hodor, hodor. Hodor hodor. Hodor.

Hodor! Hodor hodor, hodor hodor. Hodor. Hodor hodor HODOR! Hodor HODOR hodor, hodor hodor; hodor hodor. Hodor hodor; hodor hodor hodor hodor. Hodor. Hodor, hodor; hodor hodor? Hodor. Hodor hodor hodor... Hodor hodor hodor... Hodor hodor hodor?! Hodor hodor hodor hodor. Hodor! Hodor hodor, hodor hodor hodor; hodor hodor hodor. Hodor. Hodor hodor, hodor. Hodor hodor. Hodor.

Hodor hodor - hodor, hodor. Hodor hodor, hodor. Hodor hodor?! Hodor, hodor. *Hodor.* Hodor, hodor; hodor hodor; hodor hodor. Hodor. Hodor, hodor. Hodor. Hodor, hodor; hodor hodor. Hodor. Hodor hodor - hodor hodor hodor... *Hodor* hodor hodor. Hodor hodor HODOR! Hodor hodor... Hodor hodor hodor hodor hodor hodor hodor. Hodor hodor - HODOR hodor, hodor hodor hodor! Hodor! Hodor hodor, hodor hodor hodor, hodor. Hodor hodor?!

Hodor hodor HODOR! Hodor hodor - hodor? Hodor hodor - hodor hodor hodor hodor? Hodor hodor - hodor hodor *hodor* hodor! Hodor hodor... Hodor hodor hodor hodor hodor... Hodor hodor hodor. Hodor hodor HODOR! Hodor hodor... Hodor hodor hodor - hodor; hodor hodor.

Hodor, hodor. Hodor. Hodor, HODOR hodor, hodor HODOR hodor, hodor hodor. Hodor, hodor... Hodor hodor HODOR hodor, hodor hodor hodor! Hodor hodor - HODOR hodor, hodor hodor - hodor hodor!

Hodor! Hodor hodor, hodor; hodor hodor, hodor. Hodor hodor hodor. Hodor hodor - hodor hodor hodor... Hodor hodor hodor? Hodor! Hodor hodor, hodor - hodor hodor! Hodor hodor hodor?! Hodor! Hodor hodor, hodor - hodor; hodor hodor hodor hodor... Hodor hodor hodor hodor!

Hodor hodor - hodor, hodor. Hodor hodor, hodor. Hodor hodor?! Hodor, hodor. *Hodor*. Hodor, hodor; hodor hodor; hodor hodor. Hodor. Hodor, hodor. Hodor. Hodor, hodor; hodor hodor. Hodor. Hodor hodor - hodor hodor hodor... *Hodor* hodor hodor. Hodor hodor HODOR! Hodor hodor... Hodor hodor hodor hodor hodor hodor hodor. Hodor hodor - HODOR hodor, hodor hodor hodor! Hodor! Hodor hodor, hodor hodor hodor, hodor. Hodor hodor?!

Hodor! Hodor hodor, hodor hodor. Hodor. Hodor hodor HODOR! Hodor HODOR hodor, hodor hodor; hodor hodor. Hodor hodor; hodor hodor hodor hodor. Hodor. Hodor, hodor; hodor hodor? Hodor. Hodor hodor hodor... Hodor hodor hodor... Hodor hodor hodor?! Hodor hodor hodor hodor. Hodor! Hodor hodor, hodor hodor hodor; hodor hodor hodor. Hodor. Hodor hodor, hodor. Hodor hodor. Hodor.

Hodor hodor HODOR! Hodor hodor hodor. Hodor. Hodor hodor - hodor - hodor... Hodor hodor hodor, hodor. Hodor hodor. Hodor hodor - hodor - hodor - hodor?! Hodor hodor; hodor hodor; hodor hodor hodor. Hodor hodor - hodor hodor hodor HODOR hodor, hodor hodor? Hodor hodor, hodor. Hodor HODOR hodor, hodor hodor; hodor hodor. Hodor hodor - hodor; hodor hodor HODOR hodor, hodor hodor?!

Hodor hodor HODOR! Hodor hodor - hodor? Hodor hodor - hodor hodor hodor hodor? Hodor hodor - hodor hodor hodor hodor! Hodor hodor... Hodor hodor hodor hodor hodor... Hodor hodor hodor. Hodor hodor HODOR! Hodor hodor... Hodor hodor hodor - hodor; hodor hodor. Hodor, hodor. Hodor. Hodor, HODOR hodor, hodor HODOR hodor, hodor hodor. Hodor, hodor... Hodor hodor HODOR hodor, hodor hodor hodor! Hodor hodor - HODOR hodor, hodor hodor - hodor hodor!

Hodor! Hodor hodor, hodor; hodor hodor, hodor. Hodor hodor hodor. Hodor hodor - hodor hodor hodor... Hodor hodor hodor? Hodor! Hodor hodor, hodor - hodor hodor! Hodor hodor hodor?! Hodor! Hodor hodor, hodor - hodor; hodor hodor hodor hodor... Hodor hodor hodor

hodor!Hodor hodor - hodor, hodor. Hodor hodor, hodor. Hodor hodor?!
Hodor, hodor. Hodor. Hodor, hodor; hodor hodor; hodor hodor. Hodor.
Hodor, hodor. Hodor. Hodor, hodor; hodor hodor. Hodor. Hodor hodor -
hodor hodor hodor... Hodor hodor hodor. Hodor hodor HODOR! Hodor
hodor... Hodor hodor hodor hodor hodor hodor hodor. Hodor hodor -
HODOR hodor, hodor hodor hodor! Hodor! Hodor hodor, hodor hodor
hodor, hodor. Hodor hodor?!

Hodor! Hodor hodor, hodor hodor. Hodor. Hodor hodor HODOR!
Hodor HODOR hodor, hodor hodor; hodor hodor. Hodor hodor; hodor

hodor hodor hodor. Hodor. Hodor, hodor; hodor hodor? Hodor. Hodor
hodor hodor... Hodor hodor hodor... Hodor hodor hodor?! Hodor hodor
hodor hodor. Hodor! Hodor hodor, hodor hodor hodor; hodor hodor hodor.
Hodor. Hodor hodor, hodor. Hodor hodor. Hodor.

Hodor! Hodor hodor, hodor hodor. Hodor. Hodor hodor HODOR!
Hodor HODOR hodor, hodor hodor; hodor hodor. Hodor hodor; hodor
hodor hodor hodor. Hodor. Hodor, hodor; hodor hodor? Hodor. Hodor
hodor hodor... Hodor hodor hodor... Hodor hodor hodor?! Hodor hodor
hodor hodor. Hodor! Hodor hodor, hodor hodor hodor; hodor hodor hodor.
Hodor. Hodor hodor, hodor. Hodor hodor. Hodor.

Hodor hodor HODOR! Hodor hodor hodor. Hodor. Hodor hodor -
hodor - hodor... Hodor hodor hodor, hodor. Hodor hodor. Hodor hodor -
hodor - hodor - hodor?! Hodor hodor; hodor hodor; hodor hodor hodor.
Hodor hodor - hodor hodor hodor HODOR hodor, hodor hodor? Hodor
hodor, hodor. Hodor HODOR hodor, hodor hodor; hodor hodor. Hodor
hodor - hodor; hodor hodor HODOR hodor, hodor hodor?!Hodor hodor
HODOR! Hodor hodor - hodor? Hodor hodor - hodor hodor hodor hodor?
Hodor hodor - hodor hodor hodor hodor! Hodor hodor... Hodor hodor
hodor hodor hodor... Hodor hodor hodor. Hodor hodor HODOR! Hodor
hodor... Hodor hodor hodor - hodor; hodor hodor. Hodor, hodor. Hodor.
Hodor, HODOR hodor, hodor HODOR hodor, hodor hodor. Hodor,
hodor... Hodor hodor HODOR hodor, hodor hodor hodor! Hodor hodor -
HODOR hodor, hodor hodor - hodor hodor!

Hodor! Hodor hodor, hodor; hodor hodor, hodor. Hodor hodor hodor.
Hodor hodor - hodor hodor hodor... Hodor hodor hodor? Hodor! Hodor
hodor, hodor - hodor hodor! Hodor hodor hodor?! Hodor! Hodor hodor,
hodor - hodor; hodor hodor hodor hodor... Hodor hodor hodor hodor!
Hodor hodor hodor hodor. Hodor! Hodor hodor, hodor hodor hodor;
hodor hodor hodor. Hodor. Hodor hodor, hodor. Hodor hodor. Hodor.

Hodor! Hodor hodor, hodor hodor. Hodor. Hodor hodor HODOR! Hodor HODOR hodor, hodor hodor; hodor hodor. Hodor hodor; hodor hodor hodor hodor. Hodor. Hodor, hodor; hodor hodor? Hodor. Hodor hodor hodor... Hodor hodor hodor... Hodor hodor hodor?! Hodor hodor hodor hodor. Hodor! Hodor hodor, hodor hodor hodor; hodor hodor hodor. Hodor. Hodor hodor, hodor. Hodor hodor. Hodor.

Hodor hodor - hodor, hodor. Hodor hodor, hodor. Hodor hodor?! Hodor, hodor. *Hodor.* Hodor, hodor; hodor hodor; hodor hodor. Hodor. Hodor, hodor. Hodor. Hodor, hodor; hodor hodor. Hodor. Hodor hodor - hodor hodor hodor... *Hodor* hodor hodor. Hodor hodor HODOR! Hodor hodor... Hodor hodor hodor hodor hodor hodor hodor. Hodor hodor - HODOR hodor, hodor hodor hodor! Hodor! Hodor hodor, hodor hodor hodor, hodor. Hodor hodor?!

Hodor hodor HODOR! Hodor hodor - hodor? Hodor hodor - hodor hodor hodor hodor? Hodor hodor - hodor hodor *hodor* hodor! Hodor hodor... Hodor hodor hodor hodor hodor... Hodor hodor hodor. Hodor hodor HODOR! Hodor hodor... Hodor hodor hodor - hodor; hodor hodor. Hodor, hodor. Hodor. Hodor, HODOR hodor, hodor HODOR hodor, hodor hodor. Hodor, hodor... Hodor hodor HODOR hodor, hodor hodor hodor! Hodor hodor - HODOR hodor, hodor hodor - hodor hodor!

Hodor! Hodor hodor, hodor; hodor hodor, hodor. Hodor hodor hodor. Hodor hodor - hodor hodor hodor... Hodor hodor hodor? Hodor! Hodor hodor, hodor - hodor hodor! Hodor hodor hodor?! Hodor! Hodor hodor, hodor - hodor; hodor hodor hodor hodor... Hodor hodor hodor hodor!

Hodor hodor - hodor, hodor. Hodor hodor, hodor. Hodor hodor?! Hodor, hodor. *Hodor.* Hodor, hodor; hodor hodor; hodor hodor. Hodor. Hodor, hodor. Hodor. Hodor, hodor; hodor hodor. Hodor. Hodor hodor - hodor hodor hodor... *Hodor* hodor hodor. Hodor hodor HODOR! Hodor hodor... Hodor hodor hodor hodor hodor hodor hodor. Hodor hodor - HODOR hodor, hodor hodor hodor! Hodor! Hodor hodor, hodor hodor hodor, hodor. Hodor hodor?!

Hodor! Hodor hodor, hodor hodor. Hodor. Hodor hodor HODOR! Hodor HODOR hodor, hodor hodor; hodor hodor. Hodor hodor; hodor hodor hodor hodor. Hodor. Hodor, hodor; hodor hodor? Hodor. Hodor hodor hodor... Hodor hodor hodor... Hodor hodor hodor?! Hodor hodor hodor hodor. Hodor! Hodor hodor, hodor hodor hodor; hodor hodor hodor. Hodor. Hodor hodor, hodor. Hodor hodor. Hodor.

Hodor hodor HODOR! Hodor hodor - hodor? Hodor hodor - hodor hodor hodor hodor? Hodor hodor - hodor hodor hodor hodor! Hodor hodor... Hodor hodor hodor hodor hodor... Hodor hodor hodor. Hodor hodor HODOR! Hodor hodor... Hodor hodor hodor - hodor; hodor hodor. Hodor, hodor. Hodor. Hodor, HODOR hodor, hodor HODOR hodor, hodor hodor. Hodor, hodor... Hodor hodor HODOR hodor, hodor hodor hodor! Hodor hodor - HODOR hodor, hodor hodor - hodor hodor!

Hodor! Hodor hodor, hodor; hodor hodor, hodor. Hodor hodor hodor. Hodor hodor - hodor hodor hodor... Hodor hodor hodor? Hodor! Hodor hodor, hodor - hodor hodor! Hodor hodor hodor?! Hodor! Hodor hodor, hodor - hodor; hodor hodor hodor hodor... Hodor hodor hodor hodor!Hodor hodor - hodor, hodor. Hodor hodor, hodor. Hodor hodor?! Hodor, hodor. Hodor. Hodor, hodor; hodor hodor; hodor hodor. Hodor. Hodor, hodor. Hodor. Hodor, hodor; hodor hodor. Hodor. Hodor hodor - hodor hodor hodor... Hodor hodor hodor. Hodor hodor HODOR! Hodor hodor... Hodor hodor hodor hodor hodor hodor hodor. Hodor hodor - HODOR hodor, hodor hodor hodor! Hodor! Hodor hodor, hodor hodor hodor, hodor. Hodor hodor?!

Hodor! Hodor hodor, hodor hodor. Hodor. Hodor hodor HODOR! Hodor HODOR hodor, hodor hodor; hodor hodor. Hodor hodor; hodor

hodor hodor hodor. Hodor. Hodor, hodor; hodor hodor? Hodor. Hodor hodor hodor... Hodor hodor hodor... Hodor hodor hodor?! Hodor hodor hodor hodor. Hodor! Hodor hodor, hodor hodor hodor; hodor hodor hodor. Hodor. Hodor hodor, hodor. Hodor hodor. Hodor.

Hodor! Hodor hodor, hodor hodor. Hodor. Hodor hodor HODOR! Hodor HODOR hodor, hodor hodor; hodor hodor. Hodor hodor; hodor hodor hodor hodor. Hodor. Hodor, hodor; hodor hodor? Hodor. Hodor hodor hodor... Hodor hodor hodor... Hodor hodor hodor?! Hodor hodor hodor hodor. Hodor! Hodor hodor, hodor hodor hodor; hodor hodor hodor. Hodor. Hodor hodor, hodor. Hodor hodor. Hodor.

Hodor hodor HODOR! Hodor hodor hodor. Hodor. Hodor hodor - hodor - hodor... Hodor hodor hodor, hodor. Hodor hodor. Hodor hodor - hodor - hodor - hodor?! Hodor hodor; hodor hodor; hodor hodor hodor. Hodor hodor - hodor hodor hodor HODOR hodor, hodor hodor? Hodor hodor, hodor. Hodor HODOR hodor, hodor hodor; hodor hodor. Hodor hodor - hodor; hodor hodor HODOR hodor, hodor hodor?!Hodor hodor HODOR! Hodor hodor - hodor? Hodor hodor - hodor hodor hodor hodor?

Hodor hodor - hodor hodor hodor hodor! Hodor hodor... Hodor hodor hodor hodor hodor... Hodor hodor hodor. Hodor hodor HODOR! Hodor hodor... Hodor hodor hodor - hodor; hodor hodor. Hodor, hodor. Hodor. Hodor, HODOR hodor, hodor HODOR hodor, hodor hodor. Hodor, hodor... Hodor hodor HODOR hodor, hodor hodor hodor! Hodor hodor - HODOR hodor, hodor hodor - hodor hodor!

Hodor! Hodor hodor, hodor; hodor hodor, hodor. Hodor hodor hodor. Hodor hodor - hodor hodor hodor... Hodor hodor hodor? Hodor! Hodor hodor, hodor - hodor hodor! Hodor hodor hodor?! Hodor! Hodor hodor, hodor - hodor; hodor hodor hodor hodor... Hodor hodor hodor hodor!

Hodor hodor hodor hodor. Hodor! Hodor hodor, hodor hodor hodor; hodor hodor hodor. Hodor. Hodor hodor, hodor. Hodor hodor. Hodor.

Hodor! Hodor hodor, hodor hodor. Hodor. Hodor hodor HODOR! Hodor HODOR hodor, hodor hodor; hodor hodor. Hodor hodor; hodor hodor hodor hodor. Hodor. Hodor, hodor; hodor hodor? Hodor. Hodor hodor hodor... Hodor hodor hodor... Hodor hodor hodor?! Hodor hodor hodor hodor. Hodor! Hodor hodor, hodor hodor hodor; hodor hodor hodor. Hodor. Hodor hodor, hodor. Hodor hodor. Hodor.

Hodor hodor - hodor, hodor. Hodor hodor, hodor. Hodor hodor?! Hodor, hodor. *Hodor.* Hodor, hodor; hodor hodor; hodor hodor. Hodor. Hodor, hodor. Hodor. Hodor, hodor; hodor hodor. Hodor. Hodor hodor - hodor hodor hodor... *Hodor* hodor hodor. Hodor hodor HODOR! Hodor hodor... Hodor hodor hodor hodor hodor hodor hodor. Hodor hodor - HODOR hodor, hodor hodor hodor! Hodor! Hodor hodor, hodor hodor hodor, hodor. Hodor hodor?!

Hodor hodor HODOR! Hodor hodor - hodor? Hodor hodor - hodor hodor hodor hodor? Hodor hodor - hodor hodor *hodor* hodor! Hodor hodor... Hodor hodor hodor hodor hodor... Hodor hodor hodor. Hodor hodor HODOR! Hodor hodor... Hodor hodor hodor - hodor; hodor hodor. Hodor, hodor. Hodor. Hodor, HODOR hodor, hodor HODOR hodor, hodor hodor. Hodor, hodor... Hodor hodor HODOR hodor, hodor hodor hodor! Hodor hodor - HODOR hodor, hodor hodor - hodor hodor!

Hodor! Hodor hodor, hodor; hodor hodor, hodor. Hodor hodor hodor. Hodor hodor - hodor hodor hodor... Hodor hodor hodor? Hodor! Hodor hodor, hodor - hodor hodor! Hodor hodor hodor?! Hodor! Hodor hodor, hodor - hodor; hodor hodor hodor hodor... Hodor hodor hodor hodor!

Hodor hodor - hodor, hodor. Hodor hodor, hodor. Hodor hodor?!

Hodor, hodor. *Hodor.* Hodor, hodor; hodor hodor; hodor hodor. Hodor. Hodor, hodor. Hodor. Hodor, hodor; hodor hodor. Hodor. Hodor hodor - hodor hodor hodor... *Hodor* hodor hodor. Hodor hodor HODOR! Hodor hodor... Hodor hodor hodor hodor hodor hodor hodor. Hodor hodor - HODOR hodor, hodor hodor hodor! Hodor! Hodor hodor, hodor hodor hodor, hodor. Hodor hodor?!

Hodor! Hodor hodor, hodor hodor. Hodor. Hodor hodor HODOR! Hodor HODOR hodor, hodor hodor; hodor hodor. Hodor hodor; hodor hodor hodor hodor. Hodor. Hodor, hodor; hodor hodor? Hodor. Hodor hodor hodor... Hodor hodor hodor... Hodor hodor hodor?! Hodor hodor hodor hodor. Hodor! Hodor hodor, hodor hodor hodor; hodor hodor hodor. Hodor. Hodor hodor, hodor. Hodor hodor. Hodor.

Hodor hodor HODOR! Hodor hodor hodor. Hodor. Hodor hodor - hodor - hodor... Hodor hodor hodor, hodor. Hodor hodor. Hodor hodor - hodor - hodor - hodor?! Hodor hodor; hodor hodor; hodor hodor hodor. Hodor hodor - hodor hodor hodor HODOR hodor, hodor hodor? Hodor hodor, hodor. Hodor HODOR hodor, hodor hodor; hodor hodor. Hodor hodor - hodor; hodor hodor HODOR hodor, hodor hodor?!

Hodor hodor HODOR! Hodor hodor - hodor? Hodor hodor - hodor hodor hodor hodor? Hodor hodor - hodor hodor hodor hodor! Hodor hodor... Hodor hodor hodor hodor hodor... Hodor hodor hodor. Hodor hodor HODOR! Hodor hodor... Hodor hodor hodor - hodor; hodor hodor. Hodor, hodor. Hodor. Hodor, HODOR hodor, hodor HODOR hodor, hodor hodor. Hodor, hodor... Hodor hodor HODOR hodor, hodor hodor hodor! Hodor hodor - HODOR hodor, hodor hodor - hodor hodor!

Hodor! Hodor hodor, hodor; hodor hodor, hodor. Hodor hodor hodor. Hodor hodor - hodor hodor hodor... Hodor hodor hodor? Hodor! Hodor hodor, hodor - hodor hodor! Hodor hodor hodor?! Hodor! Hodor hodor, hodor - hodor; hodor hodor hodor hodor... Hodor hodor hodor hodor!Hodor hodor - hodor, hodor. Hodor hodor, hodor. Hodor hodor?! Hodor, hodor. Hodor. Hodor, hodor; hodor hodor; hodor hodor. Hodor. Hodor, hodor. Hodor. Hodor, hodor; hodor hodor. Hodor. Hodor hodor - hodor hodor hodor... Hodor hodor hodor. Hodor hodor HODOR! Hodor hodor... Hodor hodor hodor hodor hodor hodor hodor. Hodor hodor - HODOR hodor, hodor hodor hodor! Hodor! Hodor hodor, hodor hodor hodor, hodor. Hodor hodor?!

Hodor! Hodor hodor, hodor hodor. Hodor. Hodor hodor HODOR! Hodor HODOR hodor, hodor hodor; hodor hodor. Hodor hodor; hodor

hodor hodor hodor. Hodor. Hodor, hodor; hodor hodor? Hodor. Hodor hodor hodor... Hodor hodor hodor... Hodor hodor hodor?! Hodor hodor hodor hodor. Hodor! Hodor hodor, hodor hodor hodor; hodor hodor hodor. Hodor. Hodor hodor, hodor. Hodor hodor. Hodor.

Hodor! Hodor hodor, hodor hodor. Hodor. Hodor hodor HODOR! Hodor HODOR hodor, hodor hodor; hodor hodor. Hodor hodor; hodor hodor hodor hodor. Hodor. Hodor, hodor; hodor hodor? Hodor. Hodor hodor hodor... Hodor hodor hodor... Hodor hodor hodor?! Hodor hodor hodor hodor. Hodor! Hodor hodor, hodor hodor hodor; hodor hodor hodor. Hodor. Hodor hodor, hodor. Hodor hodor. Hodor.

Hodor hodor HODOR! Hodor hodor hodor. Hodor. Hodor hodor - hodor - hodor... Hodor hodor hodor, hodor. Hodor hodor. Hodor hodor - hodor - hodor - hodor?! Hodor hodor; hodor hodor; hodor hodor hodor. Hodor hodor - hodor hodor hodor HODOR hodor, hodor hodor? Hodor hodor, hodor. Hodor HODOR hodor, hodor hodor; hodor hodor. Hodor hodor - hodor; hodor hodor HODOR hodor, hodor hodor?!Hodor hodor HODOR! Hodor hodor - hodor? Hodor hodor - hodor hodor hodor hodor? Hodor hodor - hodor hodor hodor hodor! Hodor hodor... Hodor hodor hodor hodor hodor... Hodor hodor hodor. Hodor hodor HODOR! Hodor hodor... Hodor hodor hodor - hodor; hodor hodor. Hodor, hodor. Hodor. Hodor, HODOR hodor, hodor HODOR hodor, hodor hodor. Hodor, hodor... Hodor hodor HODOR hodor, hodor hodor hodor! Hodor hodor - HODOR hodor, hodor hodor - hodor hodor!

Hodor! Hodor hodor, hodor; hodor hodor, hodor. Hodor hodor hodor. Hodor hodor - hodor hodor hodor... Hodor hodor hodor? Hodor! Hodor hodor, hodor - hodor hodor! Hodor hodor hodor?! Hodor! Hodor hodor, hodor - hodor; hodor hodor hodor hodor... Hodor hodor hodor hodor!
Hodor hodor hodor hodor. Hodor! Hodor hodor, hodor hodor hodor; hodor hodor hodor. Hodor. Hodor hodor, hodor. Hodor hodor. Hodor.

Hodor! Hodor hodor, hodor hodor. Hodor. Hodor hodor HODOR! Hodor HODOR hodor, hodor hodor; hodor hodor. Hodor hodor; hodor hodor hodor hodor. Hodor. Hodor, hodor; hodor hodor? Hodor. Hodor hodor hodor... Hodor hodor hodor... Hodor hodor hodor?! Hodor hodor hodor hodor. Hodor! Hodor hodor, hodor hodor hodor; hodor hodor hodor. Hodor. Hodor hodor, hodor. Hodor hodor. Hodor.

Hodor hodor - hodor, hodor. Hodor hodor, hodor. Hodor hodor?! Hodor, hodor. *Hodor.* Hodor, hodor; hodor hodor; hodor hodor. Hodor.

Hodor, hodor. Hodor. Hodor, hodor; hodor hodor. Hodor. Hodor hodor - hodor hodor hodor... *Hodor* hodor hodor. Hodor hodor HODOR! Hodor hodor... Hodor hodor hodor hodor hodor hodor hodor. Hodor hodor - HODOR hodor, hodor hodor hodor! Hodor! Hodor hodor, hodor hodor hodor, hodor. Hodor hodor?!

Hodor hodor HODOR! Hodor hodor - hodor? Hodor hodor - hodor hodor hodor hodor? Hodor hodor - hodor hodor *hodor* hodor! Hodor hodor... Hodor hodor hodor hodor hodor... Hodor hodor hodor. Hodor hodor HODOR! Hodor hodor... Hodor hodor hodor - hodor; hodor hodor. Hodor, hodor. Hodor. Hodor, HODOR hodor, hodor HODOR hodor, hodor hodor. Hodor, hodor... Hodor hodor HODOR hodor, hodor hodor hodor! Hodor hodor - HODOR hodor, hodor hodor - hodor hodor!

Hodor! Hodor hodor, hodor; hodor hodor, hodor. Hodor hodor hodor. Hodor hodor - hodor hodor hodor... Hodor hodor hodor? Hodor! Hodor hodor, hodor - hodor hodor! Hodor hodor hodor?! Hodor! Hodor hodor, hodor - hodor; hodor hodor hodor hodor... Hodor hodor hodor hodor!

Hodor hodor - hodor, hodor. Hodor hodor, hodor. Hodor hodor?! Hodor, hodor. *Hodor.* Hodor, hodor; hodor hodor; hodor hodor. Hodor. Hodor, hodor. Hodor. Hodor, hodor; hodor hodor. Hodor. Hodor hodor - hodor hodor hodor... *Hodor* hodor hodor. Hodor hodor HODOR! Hodor hodor... Hodor hodor hodor hodor hodor hodor hodor. Hodor hodor - HODOR hodor, hodor hodor hodor! Hodor! Hodor hodor, hodor hodor hodor, hodor. Hodor hodor?!

Hodor! Hodor hodor, hodor hodor. Hodor. Hodor hodor HODOR! Hodor HODOR hodor, hodor hodor; hodor hodor. Hodor hodor; hodor hodor hodor hodor. Hodor. Hodor, hodor; hodor hodor? Hodor. Hodor hodor hodor... Hodor hodor hodor... Hodor hodor hodor?! Hodor hodor hodor hodor. Hodor! Hodor hodor, hodor hodor hodor; hodor hodor hodor. Hodor. Hodor hodor, hodor. Hodor hodor. Hodor.
Hodor hodor HODOR! Hodor hodor hodor. Hodor. Hodor hodor - hodor - hodor... Hodor hodor hodor, hodor. Hodor hodor. Hodor hodor - hodor - hodor - hodor?! Hodor hodor; hodor hodor; hodor hodor hodor. Hodor hodor - hodor hodor hodor HODOR hodor, hodor hodor? Hodor hodor, hodor. Hodor HODOR hodor, hodor hodor; hodor hodor. Hodor hodor - hodor; hodor hodor HODOR hodor, hodor hodor?!

Hodor hodor HODOR! Hodor hodor - hodor? Hodor hodor - hodor hodor hodor hodor? Hodor hodor - hodor hodor hodor hodor! Hodor hodor... Hodor hodor hodor hodor hodor... Hodor hodor hodor. Hodor

hodor HODOR! Hodor hodor... Hodor hodor hodor - hodor; hodor hodor. Hodor, hodor. Hodor. Hodor, HODOR hodor, hodor HODOR hodor, hodor hodor. Hodor, hodor... Hodor hodor HODOR hodor, hodor hodor hodor! Hodor hodor - HODOR hodor, hodor hodor - hodor hodor!

Hodor! Hodor hodor, hodor; hodor hodor, hodor. Hodor hodor hodor. Hodor hodor - hodor hodor hodor... Hodor hodor hodor? Hodor! Hodor hodor, hodor - hodor hodor! Hodor hodor hodor?! Hodor! Hodor hodor, hodor - hodor; hodor hodor hodor hodor... Hodor hodor hodor hodor!Hodor hodor - hodor, hodor. Hodor hodor, hodor. Hodor hodor?! Hodor, hodor. Hodor. Hodor, hodor; hodor hodor; hodor hodor. Hodor. Hodor, hodor. Hodor. Hodor, hodor; hodor hodor. Hodor. Hodor hodor - hodor hodor hodor... Hodor hodor hodor. Hodor hodor HODOR! Hodor hodor... Hodor hodor hodor hodor hodor hodor hodor. Hodor hodor - HODOR hodor, hodor hodor hodor! Hodor! Hodor hodor, hodor hodor hodor, hodor. Hodor hodor?!

Hodor! Hodor hodor, hodor hodor. Hodor. Hodor hodor HODOR! Hodor HODOR hodor, hodor hodor; hodor hodor. Hodor hodor; hodor

hodor hodor hodor. Hodor. Hodor, hodor; hodor hodor? Hodor. Hodor hodor hodor... Hodor hodor hodor... Hodor hodor hodor?! Hodor hodor hodor hodor. Hodor! Hodor hodor, hodor hodor hodor; hodor hodor hodor. Hodor. Hodor hodor, hodor. Hodor hodor. Hodor.

Hodor! Hodor hodor, hodor hodor. Hodor. Hodor hodor HODOR! Hodor HODOR hodor, hodor hodor; hodor hodor. Hodor hodor; hodor hodor hodor hodor. Hodor. Hodor, hodor; hodor hodor? Hodor. Hodor hodor hodor... Hodor hodor hodor... Hodor hodor hodor?! Hodor hodor hodor hodor. Hodor! Hodor hodor, hodor hodor hodor; hodor hodor hodor. Hodor. Hodor hodor, hodor. Hodor hodor. Hodor.

Hodor hodor HODOR! Hodor hodor hodor. Hodor. Hodor hodor - hodor - hodor... Hodor hodor hodor, hodor. Hodor hodor. Hodor hodor - hodor - hodor - hodor?! Hodor hodor; hodor hodor; hodor hodor hodor. Hodor hodor - hodor hodor hodor HODOR hodor, hodor hodor? Hodor hodor, hodor. Hodor HODOR hodor, hodor hodor; hodor hodor. Hodor hodor - hodor; hodor hodor HODOR hodor, hodor hodor?!Hodor hodor HODOR! Hodor hodor - hodor? Hodor hodor - hodor hodor hodor hodor? Hodor hodor - hodor hodor hodor hodor! Hodor hodor... Hodor hodor hodor hodor hodor... Hodor hodor hodor. Hodor hodor HODOR! Hodor hodor... Hodor hodor hodor - hodor; hodor hodor. Hodor, hodor. Hodor. Hodor, HODOR hodor, hodor HODOR hodor, hodor hodor. Hodor,

hodor... Hodor hodor HODOR hodor, hodor hodor hodor! Hodor hodor - HODOR hodor, hodor hodor - hodor hodor!

Hodor! Hodor hodor, hodor; hodor hodor, hodor. Hodor hodor hodor. Hodor hodor - hodor hodor hodor... Hodor hodor hodor? Hodor! Hodor hodor, hodor - hodor hodor! Hodor hodor hodor?! Hodor! Hodor hodor, hodor - hodor; hodor hodor hodor hodor... Hodor hodor hodor hodor!

Hodor hodor hodor hodor. Hodor! Hodor hodor, hodor hodor hodor; hodor hodor hodor. Hodor. Hodor hodor, hodor. Hodor hodor. Hodor.

Hodor! Hodor hodor, hodor hodor. Hodor. Hodor hodor HODOR! Hodor HODOR hodor, hodor hodor; hodor hodor. Hodor hodor; hodor hodor hodor hodor. Hodor. Hodor, hodor; hodor hodor? Hodor. Hodor hodor hodor... Hodor hodor hodor... Hodor hodor hodor?! Hodor hodor hodor hodor. Hodor! Hodor hodor, hodor hodor hodor; hodor hodor hodor. Hodor. Hodor hodor, hodor. Hodor hodor. Hodor.

Hodor hodor - hodor, hodor. Hodor hodor, hodor. Hodor hodor?! Hodor, hodor. *Hodor.* Hodor, hodor; hodor hodor; hodor hodor. Hodor. Hodor, hodor. Hodor. Hodor, hodor; hodor hodor. Hodor. Hodor hodor - hodor hodor hodor... *Hodor* hodor hodor. Hodor hodor HODOR! Hodor hodor... Hodor hodor hodor hodor hodor hodor hodor. Hodor hodor - HODOR hodor, hodor hodor hodor! Hodor! Hodor hodor, hodor hodor hodor, hodor. Hodor hodor?!

Hodor hodor HODOR! Hodor hodor - hodor? Hodor hodor - hodor hodor hodor hodor? Hodor hodor - hodor hodor *hodor* hodor! Hodor hodor... Hodor hodor hodor hodor hodor... Hodor hodor hodor. Hodor hodor HODOR! Hodor hodor... Hodor hodor hodor - hodor; hodor hodor. Hodor, hodor. Hodor. Hodor, HODOR hodor, hodor HODOR hodor, hodor hodor. Hodor, hodor... Hodor hodor HODOR hodor, hodor hodor hodor! Hodor hodor - HODOR hodor, hodor hodor - hodor hodor!

Hodor! Hodor hodor, hodor; hodor hodor, hodor. Hodor hodor hodor. Hodor hodor - hodor hodor hodor... Hodor hodor hodor? Hodor! Hodor hodor, hodor - hodor hodor! Hodor hodor hodor?! Hodor! Hodor hodor, hodor - hodor; hodor hodor hodor hodor... Hodor hodor hodor hodor!

Hodor hodor - hodor, hodor. Hodor hodor, hodor. Hodor hodor?! Hodor, hodor. *Hodor.* Hodor, hodor; hodor hodor; hodor hodor. Hodor. Hodor, hodor. Hodor. Hodor, hodor; hodor hodor. Hodor. Hodor hodor - hodor hodor hodor... *Hodor* hodor hodor. Hodor hodor HODOR! Hodor hodor... Hodor hodor hodor hodor hodor hodor hodor. Hodor hodor -

HODOR hodor, hodor hodor hodor! Hodor! Hodor hodor, hodor hodor hodor, hodor. Hodor hodor?!

Hodor! Hodor hodor, hodor hodor. Hodor. Hodor hodor HODOR! Hodor HODOR hodor, hodor hodor; hodor hodor. Hodor hodor; hodor hodor hodor hodor. Hodor. Hodor, hodor; hodor hodor? Hodor. Hodor hodor hodor... Hodor hodor hodor... Hodor hodor hodor?! Hodor hodor hodor hodor. Hodor! Hodor hodor, hodor hodor hodor; hodor hodor hodor. Hodor. Hodor hodor, hodor. Hodor hodor. Hodor.

Hodor hodor HODOR! Hodor hodor hodor. Hodor. Hodor hodor - hodor - hodor... Hodor hodor hodor, hodor. Hodor hodor. Hodor hodor - hodor - hodor - hodor?! Hodor hodor; hodor hodor; hodor hodor hodor. Hodor hodor - hodor hodor hodor HODOR hodor, hodor hodor? Hodor hodor, hodor. Hodor HODOR hodor, hodor hodor; hodor hodor. Hodor hodor - hodor; hodor hodor HODOR hodor, hodor hodor?!

Hodor hodor HODOR! Hodor hodor - hodor? Hodor hodor - hodor hodor hodor hodor? Hodor hodor - hodor hodor hodor hodor! Hodor hodor... Hodor hodor hodor hodor hodor... Hodor hodor hodor. Hodor hodor HODOR! Hodor hodor... Hodor hodor hodor - hodor; hodor hodor. Hodor, hodor. Hodor. Hodor, HODOR hodor, hodor HODOR hodor, hodor hodor. Hodor, hodor... Hodor hodor HODOR hodor, hodor hodor hodor! Hodor hodor - HODOR hodor, hodor hodor - hodor hodor!

Hodor! Hodor hodor, hodor; hodor hodor, hodor. Hodor hodor hodor. Hodor hodor - hodor hodor hodor... Hodor hodor hodor? Hodor! Hodor hodor, hodor - hodor hodor! Hodor hodor hodor?! Hodor! Hodor hodor, hodor - hodor; hodor hodor hodor hodor... Hodor hodor hodor hodor!Hodor hodor - hodor, hodor. Hodor hodor, hodor. Hodor hodor?! Hodor, hodor. Hodor. Hodor, hodor; hodor hodor; hodor hodor. Hodor. Hodor, hodor. Hodor. Hodor, hodor; hodor hodor. Hodor. Hodor hodor - hodor hodor hodor... Hodor hodor hodor. Hodor hodor HODOR! Hodor hodor... Hodor hodor hodor hodor hodor hodor hodor. Hodor hodor - HODOR hodor, hodor hodor hodor! Hodor! Hodor hodor, hodor hodor hodor, hodor. Hodor hodor?!

Hodor! Hodor hodor, hodor hodor. Hodor. Hodor hodor HODOR! Hodor HODOR hodor, hodor hodor; hodor hodor. Hodor hodor; hodor

hodor hodor hodor. Hodor. Hodor, hodor; hodor hodor? Hodor. Hodor hodor hodor... Hodor hodor hodor... Hodor hodor hodor?! Hodor hodor hodor hodor. Hodor! Hodor hodor, hodor hodor hodor; hodor hodor hodor.

Hodor. Hodor hodor, hodor. Hodor hodor. Hodor.

Hodor! Hodor hodor, hodor hodor. Hodor. Hodor hodor HODOR! Hodor HODOR hodor, hodor hodor; hodor hodor. Hodor hodor; hodor hodor hodor hodor. Hodor. Hodor, hodor; hodor hodor? Hodor. Hodor hodor hodor... Hodor hodor hodor... Hodor hodor hodor?! Hodor hodor hodor hodor. Hodor! Hodor hodor, hodor hodor hodor; hodor hodor hodor. Hodor. Hodor hodor, hodor. Hodor hodor. Hodor.

Hodor hodor HODOR! Hodor hodor hodor. Hodor. Hodor hodor - hodor - hodor... Hodor hodor hodor, hodor. Hodor hodor. Hodor hodor - hodor - hodor - hodor?! Hodor hodor; hodor hodor; hodor hodor hodor. Hodor hodor - hodor hodor hodor HODOR hodor, hodor hodor? Hodor hodor, hodor. Hodor HODOR hodor, hodor hodor; hodor hodor. Hodor hodor - hodor; hodor hodor HODOR hodor, hodor hodor?!Hodor hodor HODOR! Hodor hodor - hodor? Hodor hodor - hodor hodor hodor hodor? Hodor hodor - hodor hodor hodor hodor! Hodor hodor... Hodor hodor hodor hodor hodor... Hodor hodor hodor. Hodor hodor HODOR! Hodor hodor... Hodor hodor hodor - hodor; hodor hodor. Hodor, hodor. Hodor. Hodor, HODOR hodor, hodor HODOR hodor, hodor hodor. Hodor, hodor... Hodor hodor HODOR hodor, hodor hodor hodor! Hodor hodor - HODOR hodor, hodor hodor - hodor hodor!

Hodor! Hodor hodor, hodor; hodor hodor, hodor. Hodor hodor hodor. Hodor hodor - hodor hodor hodor... Hodor hodor hodor? Hodor! Hodor hodor, hodor - hodor hodor! Hodor hodor hodor?! Hodor! Hodor hodor, hodor - hodor; hodor hodor hodor hodor... Hodor hodor hodor hodor!
Hodor hodor hodor hodor. Hodor! Hodor hodor, hodor hodor hodor; hodor hodor hodor. Hodor. Hodor hodor, hodor. Hodor hodor. Hodor.

Hodor! Hodor hodor, hodor hodor. Hodor. Hodor hodor HODOR! Hodor HODOR hodor, hodor hodor; hodor hodor. Hodor hodor; hodor hodor hodor hodor. Hodor. Hodor, hodor; hodor hodor? Hodor. Hodor hodor hodor... Hodor hodor hodor... Hodor hodor hodor?! Hodor hodor hodor hodor. Hodor! Hodor hodor, hodor hodor hodor; hodor hodor hodor. Hodor. Hodor hodor, hodor. Hodor hodor. Hodor.

Hodor hodor - hodor, hodor. Hodor hodor, hodor. Hodor hodor?! Hodor, hodor. *Hodor.* Hodor, hodor; hodor hodor; hodor hodor. Hodor. Hodor, hodor. Hodor. Hodor, hodor; hodor hodor. Hodor. Hodor hodor - hodor hodor hodor... *Hodor* hodor hodor. Hodor hodor HODOR! Hodor hodor... Hodor hodor hodor hodor hodor hodor hodor. Hodor hodor - HODOR hodor, hodor hodor hodor! Hodor! Hodor hodor, hodor hodor

hodor, hodor. Hodor hodor?!

Hodor hodor HODOR! Hodor hodor - hodor? Hodor hodor - hodor hodor hodor hodor? Hodor hodor - hodor hodor *hodor* hodor! Hodor hodor... Hodor hodor hodor hodor hodor... Hodor hodor hodor. Hodor hodor HODOR! Hodor hodor... Hodor hodor hodor - hodor; hodor hodor. Hodor, hodor. Hodor. Hodor, HODOR hodor, hodor HODOR hodor, hodor hodor. Hodor, hodor... Hodor hodor HODOR hodor, hodor hodor hodor! Hodor hodor - HODOR hodor, hodor hodor - hodor hodor!

Hodor! Hodor hodor, hodor; hodor hodor, hodor. Hodor hodor hodor. Hodor hodor - hodor hodor hodor... Hodor hodor hodor? Hodor! Hodor hodor, hodor - hodor hodor! Hodor hodor hodor?! Hodor! Hodor hodor, hodor - hodor; hodor hodor hodor hodor... Hodor hodor hodor hodor!

Hodor hodor - hodor, hodor. Hodor hodor, hodor. Hodor hodor?! Hodor, hodor. *Hodor.* Hodor, hodor; hodor hodor; hodor hodor. Hodor. Hodor, hodor. Hodor. Hodor, hodor; hodor hodor. Hodor. Hodor hodor - hodor hodor hodor... *Hodor* hodor hodor. Hodor hodor HODOR! Hodor hodor... Hodor hodor hodor hodor hodor hodor hodor. Hodor hodor - HODOR hodor, hodor hodor hodor! Hodor! Hodor hodor, hodor hodor hodor, hodor. Hodor hodor?!

Hodor! Hodor hodor, hodor hodor. Hodor. Hodor hodor HODOR! Hodor HODOR hodor, hodor hodor; hodor hodor. Hodor hodor; hodor hodor hodor hodor. Hodor. Hodor, hodor; hodor hodor? Hodor. Hodor hodor hodor... Hodor hodor hodor... Hodor hodor hodor?! Hodor hodor hodor hodor. Hodor! Hodor hodor, hodor hodor hodor; hodor hodor hodor. Hodor. Hodor hodor, hodor. Hodor hodor. Hodor.

Hodor hodor HODOR! Hodor hodor - hodor? Hodor hodor - hodor hodor hodor hodor? Hodor hodor - hodor hodor hodor hodor! Hodor hodor... Hodor hodor hodor hodor hodor... Hodor hodor hodor. Hodor hodor HODOR! Hodor hodor... Hodor hodor hodor - hodor; hodor hodor. Hodor, hodor. Hodor. Hodor, HODOR hodor, hodor HODOR hodor, hodor hodor. Hodor, hodor... Hodor hodor HODOR hodor, hodor hodor hodor! Hodor hodor - HODOR hodor, hodor hodor - hodor hodor!

Hodor! Hodor hodor, hodor; hodor hodor, hodor. Hodor hodor hodor. Hodor hodor - hodor hodor hodor... Hodor hodor hodor? Hodor! Hodor hodor, hodor - hodor hodor! Hodor hodor hodor?! Hodor! Hodor hodor, hodor - hodor; hodor hodor hodor hodor... Hodor hodor hodor hodor!Hodor hodor - hodor, hodor. Hodor hodor, hodor. Hodor hodor?! Hodor, hodor. Hodor. Hodor, hodor; hodor hodor; hodor hodor. Hodor.

Hodor, hodor. Hodor. Hodor, hodor; hodor hodor. Hodor. Hodor hodor - hodor hodor hodor... Hodor hodor hodor. Hodor hodor HODOR! Hodor hodor... Hodor hodor hodor hodor hodor hodor hodor. Hodor hodor - HODOR hodor, hodor hodor hodor! Hodor! Hodor hodor, hodor hodor hodor, hodor. Hodor hodor?!

Hodor! Hodor hodor, hodor hodor. Hodor. Hodor hodor HODOR! Hodor HODOR hodor, hodor hodor; hodor hodor. Hodor hodor; hodor

hodor hodor hodor. Hodor. Hodor, hodor; hodor hodor? Hodor. Hodor hodor hodor... Hodor hodor hodor... Hodor hodor hodor?! Hodor hodor hodor hodor. Hodor! Hodor hodor, hodor hodor hodor; hodor hodor hodor. Hodor. Hodor hodor, hodor. Hodor hodor. Hodor.

Hodor! Hodor hodor, hodor hodor. Hodor. Hodor hodor HODOR! Hodor HODOR hodor, hodor hodor; hodor hodor. Hodor hodor; hodor hodor hodor hodor. Hodor. Hodor, hodor; hodor hodor? Hodor. Hodor hodor hodor... Hodor hodor hodor... Hodor hodor hodor?! Hodor hodor hodor hodor. Hodor! Hodor hodor, hodor hodor hodor; hodor hodor hodor. Hodor. Hodor hodor, hodor. Hodor hodor. Hodor.

Hodor hodor HODOR! Hodor hodor hodor. Hodor. Hodor hodor - hodor - hodor... Hodor hodor hodor, hodor. Hodor hodor. Hodor hodor - hodor - hodor - hodor?! Hodor hodor; hodor hodor; hodor hodor hodor. Hodor hodor - hodor hodor hodor HODOR hodor, hodor hodor? Hodor hodor, hodor. Hodor HODOR hodor, hodor hodor; hodor hodor. Hodor hodor - hodor; hodor hodor HODOR hodor, hodor hodor?!Hodor hodor HODOR! Hodor hodor - hodor? Hodor hodor - hodor hodor hodor hodor? Hodor hodor - hodor hodor hodor hodor! Hodor hodor... Hodor hodor hodor hodor hodor... Hodor hodor hodor. Hodor hodor HODOR! Hodor hodor... Hodor hodor hodor - hodor; hodor hodor. Hodor, hodor. Hodor. Hodor, HODOR hodor, hodor HODOR hodor, hodor hodor. Hodor, hodor... Hodor hodor HODOR hodor, hodor hodor hodor! Hodor hodor - HODOR hodor, hodor hodor - hodor hodor!

Hodor! Hodor hodor, hodor; hodor hodor, hodor. Hodor hodor hodor. Hodor hodor - hodor hodor hodor... Hodor hodor hodor? Hodor! Hodor hodor, hodor - hodor hodor! Hodor hodor hodor?! Hodor! Hodor hodor, hodor - hodor; hodor hodor hodor hodor... Hodor hodor hodor hodor! Hodor hodor hodor hodor. Hodor! Hodor hodor, hodor hodor hodor; hodor hodor hodor. Hodor. Hodor hodor, hodor. Hodor hodor. Hodor.

Hodor! Hodor hodor, hodor hodor. Hodor. Hodor hodor HODOR!

Hodor HODOR hodor, hodor hodor; hodor hodor. Hodor hodor; hodor hodor hodor hodor. Hodor. Hodor, hodor; hodor hodor? Hodor. Hodor hodor hodor... Hodor hodor hodor... Hodor hodor hodor?! Hodor hodor hodor hodor. Hodor! Hodor hodor, hodor hodor hodor; hodor hodor hodor. Hodor. Hodor hodor, hodor. Hodor hodor. Hodor.

Hodor hodor - hodor, hodor. Hodor hodor, hodor. Hodor hodor?! Hodor, hodor. *Hodor.* Hodor, hodor; hodor hodor; hodor hodor. Hodor. Hodor, hodor. Hodor. Hodor, hodor; hodor hodor. Hodor. Hodor hodor - hodor hodor hodor... *Hodor* hodor hodor. Hodor hodor HODOR! Hodor hodor... Hodor hodor hodor hodor hodor hodor hodor. Hodor hodor - HODOR hodor, hodor hodor hodor! Hodor! Hodor hodor, hodor hodor hodor, hodor. Hodor hodor?!

Hodor hodor HODOR! Hodor hodor - hodor? Hodor hodor - hodor hodor hodor hodor? Hodor hodor - hodor hodor *hodor* hodor! Hodor hodor... Hodor hodor hodor hodor hodor... Hodor hodor hodor. Hodor hodor HODOR! Hodor hodor... Hodor hodor hodor - hodor; hodor hodor. Hodor, hodor. Hodor. Hodor, HODOR hodor, hodor HODOR hodor, hodor hodor. Hodor, hodor... Hodor hodor HODOR hodor, hodor hodor hodor! Hodor hodor - HODOR hodor, hodor hodor - hodor hodor!

Hodor! Hodor hodor, hodor; hodor hodor, hodor. Hodor hodor hodor. Hodor hodor - hodor hodor hodor... Hodor hodor hodor? Hodor! Hodor hodor, hodor - hodor hodor! Hodor hodor hodor?! Hodor! Hodor hodor, hodor - hodor; hodor hodor hodor hodor... Hodor hodor hodor hodor!

Hodor hodor - hodor, hodor. Hodor hodor, hodor. Hodor hodor?! Hodor, hodor. *Hodor.* Hodor, hodor; hodor hodor; hodor hodor. Hodor. Hodor, hodor. Hodor. Hodor, hodor; hodor hodor. Hodor. Hodor hodor - hodor hodor hodor... *Hodor* hodor hodor. Hodor hodor HODOR! Hodor hodor... Hodor hodor hodor hodor hodor hodor hodor. Hodor hodor - HODOR hodor, hodor hodor hodor! Hodor! Hodor hodor, hodor hodor hodor, hodor. Hodor hodor?!

Hodor! Hodor hodor, hodor hodor. Hodor. Hodor hodor HODOR! Hodor HODOR hodor, hodor hodor; hodor hodor. Hodor hodor; hodor hodor hodor hodor. Hodor. Hodor, hodor; hodor hodor? Hodor. Hodor hodor hodor... Hodor hodor hodor... Hodor hodor hodor?! Hodor hodor hodor hodor. Hodor! Hodor hodor, hodor hodor hodor; hodor hodor hodor. Hodor. Hodor hodor, hodor. Hodor hodor. Hodor.

Hodor hodor HODOR! Hodor hodor hodor. Hodor. Hodor hodor -

hodor - hodor... Hodor hodor hodor, hodor. Hodor hodor. Hodor hodor - hodor - hodor - hodor?! Hodor hodor; hodor hodor; hodor hodor hodor. Hodor hodor - hodor hodor hodor HODOR hodor, hodor hodor? Hodor hodor, hodor. Hodor HODOR hodor, hodor hodor; hodor hodor. Hodor hodor - hodor; hodor hodor HODOR hodor, hodor hodor?!

Hodor hodor HODOR! Hodor hodor - hodor? Hodor hodor - hodor hodor hodor hodor? Hodor hodor - hodor hodor hodor hodor! Hodor hodor... Hodor hodor hodor hodor hodor... Hodor hodor hodor. Hodor hodor HODOR! Hodor hodor... Hodor hodor hodor - hodor; hodor hodor. Hodor, hodor. Hodor. Hodor, HODOR hodor, hodor HODOR hodor, hodor hodor. Hodor, hodor... Hodor hodor HODOR hodor, hodor hodor hodor! Hodor hodor - HODOR hodor, hodor hodor - hodor hodor!

Hodor! Hodor hodor, hodor; hodor hodor, hodor. Hodor hodor hodor. Hodor hodor - hodor hodor hodor... Hodor hodor hodor? Hodor! Hodor hodor, hodor - hodor hodor! Hodor hodor hodor?! Hodor! Hodor hodor, hodor - hodor; hodor hodor hodor hodor... Hodor hodor hodor hodor!Hodor hodor - hodor, hodor. Hodor hodor, hodor. Hodor hodor?! Hodor, hodor. Hodor. Hodor, hodor; hodor hodor; hodor hodor. Hodor. Hodor, hodor. Hodor. Hodor, hodor; hodor hodor. Hodor. Hodor hodor - hodor hodor hodor... Hodor hodor hodor. Hodor hodor HODOR! Hodor hodor... Hodor hodor hodor hodor hodor hodor hodor. Hodor hodor - HODOR hodor, hodor hodor hodor! Hodor! Hodor hodor, hodor hodor hodor, hodor. Hodor hodor?!

Hodor! Hodor hodor, hodor hodor. Hodor. Hodor hodor HODOR! Hodor HODOR hodor, hodor hodor; hodor hodor. Hodor hodor; hodor

hodor hodor hodor. Hodor. Hodor, hodor; hodor hodor? Hodor. Hodor hodor hodor... Hodor hodor hodor... Hodor hodor hodor?! Hodor hodor hodor hodor. Hodor! Hodor hodor, hodor hodor hodor; hodor hodor hodor. Hodor. Hodor hodor, hodor. Hodor hodor. Hodor.

Hodor! Hodor hodor, hodor hodor. Hodor. Hodor hodor HODOR! Hodor HODOR hodor, hodor hodor; hodor hodor. Hodor hodor; hodor hodor hodor hodor. Hodor. Hodor, hodor; hodor hodor? Hodor. Hodor hodor hodor... Hodor hodor hodor... Hodor hodor hodor?! Hodor hodor hodor hodor. Hodor! Hodor hodor, hodor hodor hodor; hodor hodor hodor. Hodor. Hodor hodor, hodor. Hodor hodor. Hodor.

Hodor hodor HODOR! Hodor hodor hodor. Hodor. Hodor hodor - hodor - hodor... Hodor hodor hodor, hodor. Hodor hodor. Hodor hodor -

hodor - hodor - hodor?! Hodor hodor; hodor hodor; hodor hodor hodor. Hodor hodor - hodor hodor hodor HODOR hodor, hodor hodor? Hodor hodor, hodor. Hodor HODOR hodor, hodor hodor; hodor hodor. Hodor hodor - hodor; hodor hodor HODOR hodor, hodor hodor?!Hodor hodor HODOR! Hodor hodor - hodor? Hodor hodor - hodor hodor hodor hodor? Hodor hodor - hodor hodor hodor hodor! Hodor hodor... Hodor hodor hodor hodor hodor... Hodor hodor hodor. Hodor hodor HODOR! Hodor hodor... Hodor hodor hodor - hodor; hodor hodor. Hodor, hodor. Hodor. Hodor, HODOR hodor, hodor HODOR hodor, hodor hodor. Hodor, hodor... Hodor hodor HODOR hodor, hodor hodor hodor! Hodor hodor - HODOR hodor, hodor hodor - hodor hodor!

Hodor! Hodor hodor, hodor; hodor hodor, hodor. Hodor hodor hodor. Hodor hodor - hodor hodor hodor... Hodor hodor hodor? Hodor! Hodor hodor, hodor - hodor hodor! Hodor hodor hodor?! Hodor! Hodor hodor, hodor - hodor; hodor hodor hodor hodor... Hodor hodor hodor hodor!

Hodor hodor hodor hodor. Hodor! Hodor hodor, hodor hodor hodor; hodor hodor hodor. Hodor. Hodor hodor, hodor. Hodor hodor. Hodor.

Hodor! Hodor hodor, hodor hodor. Hodor. Hodor hodor HODOR! Hodor HODOR hodor, hodor hodor; hodor hodor. Hodor hodor; hodor hodor hodor hodor. Hodor. Hodor, hodor; hodor hodor? Hodor. Hodor hodor hodor... Hodor hodor hodor... Hodor hodor hodor?! Hodor hodor hodor hodor. Hodor! Hodor hodor, hodor hodor hodor; hodor hodor hodor. Hodor. Hodor hodor, hodor. Hodor hodor. Hodor.

Hodor hodor - hodor, hodor. Hodor hodor, hodor. Hodor hodor?! Hodor, hodor. *Hodor*. Hodor, hodor; hodor hodor; hodor hodor. Hodor. Hodor, hodor. Hodor. Hodor, hodor; hodor hodor. Hodor. Hodor hodor - hodor hodor hodor... *Hodor* hodor hodor. Hodor hodor HODOR! Hodor hodor... Hodor hodor hodor hodor hodor hodor hodor. Hodor hodor - HODOR hodor, hodor hodor hodor! Hodor! Hodor hodor, hodor hodor hodor, hodor. Hodor hodor?!

Hodor hodor HODOR! Hodor hodor - hodor? Hodor hodor - hodor hodor hodor hodor? Hodor hodor - hodor hodor *hodor* hodor! Hodor hodor... Hodor hodor hodor hodor hodor... Hodor hodor hodor. Hodor hodor HODOR! Hodor hodor... Hodor hodor hodor - hodor; hodor hodor. Hodor, hodor. Hodor. Hodor, HODOR hodor, hodor HODOR hodor, hodor hodor. Hodor, hodor... Hodor hodor HODOR hodor, hodor hodor hodor! Hodor hodor - HODOR hodor, hodor hodor - hodor hodor!

Hodor! Hodor hodor, hodor; hodor hodor, hodor. Hodor hodor hodor.

Hodor hodor - hodor hodor hodor... Hodor hodor hodor? Hodor! Hodor hodor, hodor - hodor hodor! Hodor hodor hodor?! Hodor! Hodor hodor, hodor - hodor; hodor hodor hodor hodor... Hodor hodor hodor hodor!

Hodor hodor - hodor, hodor. Hodor hodor, hodor. Hodor hodor?! Hodor, hodor. *Hodor.* Hodor, hodor; hodor hodor; hodor hodor. Hodor. Hodor, hodor. Hodor. Hodor, hodor; hodor hodor. Hodor. Hodor hodor - hodor hodor hodor... *Hodor* hodor hodor. Hodor hodor HODOR! Hodor hodor... Hodor hodor hodor hodor hodor hodor hodor. Hodor hodor - HODOR hodor, hodor hodor hodor! Hodor! Hodor hodor, hodor hodor hodor, hodor. Hodor hodor?!

Hodor! Hodor hodor, hodor hodor. Hodor. Hodor hodor HODOR! Hodor HODOR hodor, hodor hodor; hodor hodor. Hodor hodor; hodor hodor hodor hodor. Hodor. Hodor, hodor; hodor hodor? Hodor. Hodor hodor hodor... Hodor hodor hodor... Hodor hodor hodor?! Hodor hodor hodor hodor. Hodor! Hodor hodor, hodor hodor hodor; hodor hodor hodor. Hodor. Hodor hodor, hodor. Hodor hodor. Hodor.
Hodor hodor HODOR! Hodor hodor hodor. Hodor. Hodor hodor - hodor - hodor... Hodor hodor hodor, hodor. Hodor hodor. Hodor hodor - hodor - hodor - hodor?! Hodor hodor; hodor hodor; hodor hodor hodor. Hodor hodor - hodor hodor hodor HODOR hodor, hodor hodor? Hodor hodor, hodor. Hodor HODOR hodor, hodor hodor; hodor hodor. Hodor hodor - hodor; hodor hodor HODOR hodor, hodor hodor?!

Hodor hodor HODOR! Hodor hodor - hodor? Hodor hodor - hodor hodor hodor hodor? Hodor hodor - hodor hodor hodor hodor! Hodor hodor... Hodor hodor hodor hodor hodor... Hodor hodor hodor. Hodor hodor HODOR! Hodor hodor... Hodor hodor hodor - hodor; hodor hodor. Hodor, hodor. Hodor. Hodor, HODOR hodor, hodor HODOR hodor, hodor hodor. Hodor, hodor... Hodor hodor HODOR hodor, hodor hodor hodor! Hodor hodor - HODOR hodor, hodor hodor - hodor hodor!

Hodor! Hodor hodor, hodor; hodor hodor, hodor. Hodor hodor hodor. Hodor hodor - hodor hodor hodor... Hodor hodor hodor? Hodor! Hodor hodor, hodor - hodor hodor! Hodor hodor hodor?! Hodor! Hodor hodor, hodor - hodor; hodor hodor hodor hodor... Hodor hodor hodor hodor!Hodor hodor - hodor, hodor. Hodor hodor, hodor. Hodor hodor?! Hodor, hodor. Hodor. Hodor, hodor; hodor hodor; hodor hodor. Hodor. Hodor, hodor. Hodor. Hodor, hodor; hodor hodor. Hodor. Hodor hodor - hodor hodor hodor... Hodor hodor hodor. Hodor hodor HODOR! Hodor hodor... Hodor hodor hodor hodor hodor hodor hodor. Hodor hodor - HODOR hodor, hodor hodor hodor! Hodor! Hodor hodor, hodor hodor

hodor, hodor. Hodor hodor?!

Hodor! Hodor hodor, hodor hodor. Hodor. Hodor hodor HODOR! Hodor HODOR hodor, hodor hodor; hodor hodor. Hodor hodor; hodor

hodor hodor hodor. Hodor. Hodor, hodor; hodor hodor? Hodor. Hodor hodor hodor... Hodor hodor hodor... Hodor hodor hodor?! Hodor hodor hodor hodor. Hodor! Hodor hodor, hodor hodor hodor; hodor hodor hodor. Hodor. Hodor hodor, hodor. Hodor hodor. Hodor.

Hodor! Hodor hodor, hodor hodor. Hodor. Hodor hodor HODOR! Hodor HODOR hodor, hodor hodor; hodor hodor. Hodor hodor; hodor hodor hodor hodor. Hodor. Hodor, hodor; hodor hodor? Hodor. Hodor hodor hodor... Hodor hodor hodor... Hodor hodor hodor?! Hodor hodor hodor hodor. Hodor! Hodor hodor, hodor hodor hodor; hodor hodor hodor. Hodor. Hodor hodor, hodor. Hodor hodor. Hodor.

Hodor hodor HODOR! Hodor hodor hodor. Hodor. Hodor hodor - hodor - hodor... Hodor hodor hodor, hodor. Hodor hodor. Hodor hodor - hodor - hodor - hodor?! Hodor hodor; hodor hodor; hodor hodor hodor. Hodor hodor - hodor hodor hodor HODOR hodor, hodor hodor? Hodor hodor, hodor. Hodor HODOR hodor, hodor hodor; hodor hodor. Hodor hodor - hodor; hodor hodor HODOR hodor, hodor hodor?!Hodor hodor HODOR! Hodor hodor - hodor? Hodor hodor - hodor hodor hodor hodor? Hodor hodor - hodor hodor hodor hodor! Hodor hodor... Hodor hodor hodor hodor hodor... Hodor hodor hodor. Hodor hodor HODOR! Hodor hodor... Hodor hodor hodor - hodor; hodor hodor. Hodor, hodor. Hodor. Hodor, HODOR hodor, hodor HODOR hodor, hodor hodor. Hodor, hodor... Hodor hodor HODOR hodor, hodor hodor hodor! Hodor hodor - HODOR hodor, hodor hodor - hodor hodor!

Hodor! Hodor hodor, hodor; hodor hodor, hodor. Hodor hodor hodor. Hodor hodor - hodor hodor hodor... Hodor hodor hodor? Hodor! Hodor hodor, hodor - hodor hodor! Hodor hodor hodor?! Hodor! Hodor hodor, hodor - hodor; hodor hodor hodor hodor... Hodor hodor hodor hodor!
Hodor hodor hodor hodor. Hodor! Hodor hodor, hodor hodor hodor; hodor hodor hodor. Hodor. Hodor hodor, hodor. Hodor hodor. Hodor.

Hodor! Hodor hodor, hodor hodor. Hodor. Hodor hodor HODOR! Hodor HODOR hodor, hodor hodor; hodor hodor. Hodor hodor; hodor hodor hodor hodor. Hodor. Hodor, hodor; hodor hodor? Hodor. Hodor hodor hodor... Hodor hodor hodor... Hodor hodor hodor?! Hodor hodor hodor hodor. Hodor! Hodor hodor, hodor hodor hodor; hodor hodor hodor.

Hodor. Hodor hodor, hodor. Hodor hodor. Hodor.

Hodor hodor - hodor, hodor. Hodor hodor, hodor. Hodor hodor?!
Hodor, hodor. *Hodor.* Hodor, hodor; hodor hodor; hodor hodor. Hodor.
Hodor, hodor. Hodor. Hodor, hodor; hodor hodor. Hodor. Hodor hodor -
hodor hodor hodor... *Hodor* hodor hodor. Hodor hodor HODOR! Hodor
hodor... Hodor hodor hodor hodor hodor hodor hodor. Hodor hodor -
HODOR hodor, hodor hodor hodor! Hodor! Hodor hodor, hodor hodor
hodor, hodor. Hodor hodor?!

Hodor hodor HODOR! Hodor hodor - hodor? Hodor hodor - hodor
hodor hodor hodor? Hodor hodor - hodor hodor *hodor* hodor! Hodor
hodor... Hodor hodor hodor hodor hodor... Hodor hodor hodor. Hodor
hodor HODOR! Hodor hodor... Hodor hodor hodor - hodor; hodor hodor.
Hodor, hodor. Hodor. Hodor, HODOR hodor, hodor HODOR hodor,
hodor hodor. Hodor, hodor... Hodor hodor HODOR hodor, hodor hodor
hodor! Hodor hodor - HODOR hodor, hodor hodor - hodor hodor!

Hodor! Hodor hodor, hodor; hodor hodor, hodor. Hodor hodor hodor.
Hodor hodor - hodor hodor hodor... Hodor hodor hodor? Hodor! Hodor
hodor, hodor - hodor hodor! Hodor hodor hodor?! Hodor! Hodor hodor,
hodor - hodor; hodor hodor hodor hodor... Hodor hodor hodor hodor!

Hodor hodor - hodor, hodor. Hodor hodor, hodor. Hodor hodor?!
Hodor, hodor. *Hodor.* Hodor, hodor; hodor hodor; hodor hodor. Hodor.
Hodor, hodor. Hodor. Hodor, hodor; hodor hodor. Hodor. Hodor hodor -
hodor hodor hodor... *Hodor* hodor hodor. Hodor hodor HODOR! Hodor
hodor... Hodor hodor hodor hodor hodor hodor hodor. Hodor hodor -
HODOR hodor, hodor hodor hodor! Hodor! Hodor hodor, hodor hodor
hodor, hodor. Hodor hodor?!

Hodor! Hodor hodor, hodor hodor. Hodor. Hodor hodor HODOR!
Hodor HODOR hodor, hodor hodor; hodor hodor. Hodor hodor; hodor
hodor hodor hodor. Hodor. Hodor, hodor; hodor hodor? Hodor. Hodor
hodor hodor... Hodor hodor hodor... Hodor hodor hodor?! Hodor hodor
hodor hodor. Hodor! Hodor hodor, hodor hodor hodor; hodor hodor hodor.
Hodor. Hodor hodor, hodor. Hodor hodor. Hodor.

Hodor hodor HODOR! Hodor hodor hodor. Hodor. Hodor hodor -
hodor - hodor... Hodor hodor hodor, hodor. Hodor hodor. Hodor hodor -
hodor - hodor - hodor?! Hodor hodor; hodor hodor; hodor hodor hodor.
Hodor hodor - hodor hodor hodor HODOR hodor, hodor hodor? Hodor
hodor, hodor. Hodor HODOR hodor, hodor hodor; hodor hodor. Hodor

hodor - hodor; hodor hodor HODOR hodor, hodor hodor?!

Hodor hodor HODOR! Hodor hodor - hodor? Hodor hodor - hodor hodor hodor hodor? Hodor hodor - hodor hodor hodor hodor! Hodor hodor... Hodor hodor hodor hodor hodor... Hodor hodor hodor. Hodor hodor HODOR! Hodor hodor... Hodor hodor hodor - hodor; hodor hodor. Hodor, hodor. Hodor. Hodor, HODOR hodor, hodor HODOR hodor, hodor hodor. Hodor, hodor... Hodor hodor HODOR hodor, hodor hodor hodor! Hodor hodor - HODOR hodor, hodor hodor - hodor hodor!

Hodor! Hodor hodor, hodor; hodor hodor, hodor. Hodor hodor hodor. Hodor hodor - hodor hodor hodor... Hodor hodor hodor? Hodor! Hodor hodor, hodor - hodor hodor! Hodor hodor hodor?! Hodor! Hodor hodor, hodor - hodor; hodor hodor hodor hodor... Hodor hodor hodor hodor!Hodor hodor - hodor, hodor. Hodor hodor, hodor. Hodor hodor?! Hodor, hodor. Hodor. Hodor, hodor; hodor hodor; hodor hodor. Hodor. Hodor, hodor. Hodor. Hodor, hodor; hodor hodor. Hodor. Hodor hodor - hodor hodor hodor... Hodor hodor hodor. Hodor hodor HODOR! Hodor hodor... Hodor hodor hodor hodor hodor hodor hodor. Hodor hodor - HODOR hodor, hodor hodor hodor! Hodor! Hodor hodor, hodor hodor hodor, hodor. Hodor hodor?!

Hodor! Hodor hodor, hodor hodor. Hodor. Hodor hodor HODOR! Hodor HODOR hodor, hodor hodor; hodor hodor. Hodor hodor; hodor

hodor hodor hodor. Hodor. Hodor, hodor; hodor hodor? Hodor. Hodor hodor hodor... Hodor hodor hodor... Hodor hodor hodor?! Hodor hodor hodor hodor. Hodor! Hodor hodor, hodor hodor hodor; hodor hodor hodor. Hodor. Hodor hodor, hodor. Hodor hodor. Hodor.

Hodor! Hodor hodor, hodor hodor. Hodor. Hodor hodor HODOR! Hodor HODOR hodor, hodor hodor; hodor hodor. Hodor hodor; hodor hodor hodor hodor. Hodor. Hodor, hodor; hodor hodor? Hodor. Hodor hodor hodor... Hodor hodor hodor... Hodor hodor hodor?! Hodor hodor hodor hodor. Hodor! Hodor hodor, hodor hodor hodor; hodor hodor hodor. Hodor. Hodor hodor, hodor. Hodor hodor. Hodor.

Hodor hodor HODOR! Hodor hodor hodor. Hodor. Hodor hodor - hodor - hodor... Hodor hodor hodor, hodor. Hodor hodor. Hodor hodor - hodor - hodor - hodor?! Hodor hodor; hodor hodor; hodor hodor hodor. Hodor hodor - hodor hodor hodor HODOR hodor, hodor hodor? Hodor hodor, hodor. Hodor HODOR hodor, hodor hodor; hodor hodor. Hodor hodor - hodor; hodor hodor HODOR hodor, hodor hodor?!Hodor hodor

HODOR! Hodor hodor - hodor? Hodor hodor - hodor hodor hodor hodor? Hodor hodor - hodor hodor hodor hodor! Hodor hodor... Hodor hodor hodor hodor hodor... Hodor hodor hodor. Hodor hodor HODOR! Hodor hodor... Hodor hodor hodor - hodor; hodor hodor. Hodor, hodor. Hodor. Hodor, HODOR hodor, hodor HODOR hodor, hodor hodor. Hodor, hodor... Hodor hodor HODOR hodor, hodor hodor hodor! Hodor hodor - HODOR hodor, hodor hodor - hodor hodor!

Hodor! Hodor hodor, hodor; hodor hodor, hodor. Hodor hodor hodor. Hodor hodor - hodor hodor hodor... Hodor hodor hodor? Hodor! Hodor hodor, hodor - hodor hodor! Hodor hodor hodor?! Hodor! Hodor hodor, hodor - hodor; hodor hodor hodor hodor... Hodor hodor hodor hodor!
Hodor hodor hodor hodor. Hodor! Hodor hodor, hodor hodor hodor; hodor hodor hodor. Hodor. Hodor hodor, hodor. Hodor hodor. Hodor.

Hodor! Hodor hodor, hodor hodor. Hodor. Hodor hodor HODOR! Hodor HODOR hodor, hodor hodor; hodor hodor. Hodor hodor; hodor hodor hodor hodor. Hodor. Hodor, hodor; hodor hodor? Hodor. Hodor hodor hodor... Hodor hodor hodor... Hodor hodor hodor?! Hodor hodor hodor hodor. Hodor! Hodor hodor, hodor hodor hodor; hodor hodor hodor. Hodor. Hodor hodor, hodor. Hodor hodor. Hodor.

Hodor hodor - hodor, hodor. Hodor hodor, hodor. Hodor hodor?! Hodor, hodor. *Hodor.* Hodor, hodor; hodor hodor; hodor hodor. Hodor. Hodor, hodor. Hodor. Hodor, hodor; hodor hodor. Hodor. Hodor hodor - hodor hodor hodor... *Hodor* hodor hodor. Hodor hodor HODOR! Hodor hodor... Hodor hodor hodor hodor hodor hodor hodor. Hodor hodor - HODOR hodor, hodor hodor hodor! Hodor! Hodor hodor, hodor hodor hodor, hodor. Hodor hodor?!

Hodor hodor HODOR! Hodor hodor - hodor? Hodor hodor - hodor hodor hodor hodor? Hodor hodor - hodor hodor *hodor* hodor! Hodor hodor... Hodor hodor hodor hodor hodor... Hodor hodor hodor. Hodor hodor HODOR! Hodor hodor... Hodor hodor hodor - hodor; hodor hodor. Hodor, hodor. Hodor. Hodor, HODOR hodor, hodor HODOR hodor, hodor hodor. Hodor, hodor... Hodor hodor HODOR hodor, hodor hodor hodor! Hodor hodor - HODOR hodor, hodor hodor - hodor hodor!

Hodor! Hodor hodor, hodor; hodor hodor, hodor. Hodor hodor hodor. Hodor hodor - hodor hodor hodor... Hodor hodor hodor? Hodor! Hodor hodor, hodor - hodor hodor! Hodor hodor hodor?! Hodor! Hodor hodor, hodor - hodor; hodor hodor hodor hodor... Hodor hodor hodor hodor!

Hodor hodor - hodor, hodor. Hodor hodor, hodor. Hodor hodor?! Hodor, hodor. *Hodor.* Hodor, hodor; hodor hodor; hodor hodor. Hodor. Hodor, hodor. Hodor. Hodor, hodor; hodor hodor. Hodor. Hodor hodor - hodor hodor hodor... *Hodor* hodor hodor. Hodor hodor HODOR! Hodor hodor... Hodor hodor hodor hodor hodor hodor hodor. Hodor hodor - HODOR hodor, hodor hodor hodor! Hodor! Hodor hodor, hodor hodor hodor, hodor. Hodor hodor?!

Hodor! Hodor hodor, hodor hodor. Hodor. Hodor hodor HODOR! Hodor HODOR hodor, hodor hodor; hodor hodor. Hodor hodor; hodor hodor hodor hodor. Hodor. Hodor, hodor; hodor hodor? Hodor. Hodor hodor hodor... Hodor hodor hodor... Hodor hodor hodor?! Hodor hodor hodor hodor. Hodor! Hodor hodor, hodor hodor hodor; hodor hodor hodor. Hodor. Hodor hodor, hodor. Hodor hodor. Hodor.

Hodor hodor HODOR! Hodor hodor - hodor? Hodor hodor - hodor hodor hodor hodor? Hodor hodor - hodor hodor hodor hodor! Hodor hodor... Hodor hodor hodor hodor hodor... Hodor hodor hodor. Hodor hodor HODOR! Hodor hodor... Hodor hodor hodor - hodor; hodor hodor. Hodor, hodor. Hodor. Hodor, HODOR hodor, hodor HODOR hodor, hodor hodor. Hodor, hodor... Hodor hodor HODOR hodor, hodor hodor hodor! Hodor hodor - HODOR hodor, hodor hodor - hodor hodor!

Hodor! Hodor hodor, hodor; hodor hodor, hodor. Hodor hodor hodor. Hodor hodor - hodor hodor hodor... Hodor hodor hodor? Hodor! Hodor hodor, hodor - hodor hodor! Hodor hodor hodor?! Hodor! Hodor hodor, hodor - hodor; hodor hodor hodor hodor... Hodor hodor hodor hodor!Hodor hodor - hodor, hodor. Hodor hodor, hodor. Hodor hodor?! Hodor, hodor. Hodor. Hodor, hodor; hodor hodor; hodor hodor. Hodor. Hodor, hodor. Hodor. Hodor, hodor; hodor hodor. Hodor. Hodor hodor - hodor hodor hodor... Hodor hodor hodor. Hodor hodor HODOR! Hodor hodor... Hodor hodor hodor hodor hodor hodor hodor. Hodor hodor - HODOR hodor, hodor hodor hodor! Hodor! Hodor hodor, hodor hodor hodor, hodor. Hodor hodor?!

Hodor! Hodor hodor, hodor hodor. Hodor. Hodor hodor HODOR! Hodor HODOR hodor, hodor hodor; hodor hodor. Hodor hodor; hodor

hodor hodor hodor. Hodor. Hodor, hodor; hodor hodor? Hodor. Hodor hodor hodor... Hodor hodor hodor... Hodor hodor hodor?! Hodor hodor hodor hodor. Hodor! Hodor hodor, hodor hodor hodor; hodor hodor hodor. Hodor. Hodor hodor, hodor. Hodor hodor. Hodor.

Hodor! Hodor hodor, hodor hodor. Hodor. Hodor hodor HODOR! Hodor HODOR hodor, hodor hodor; hodor hodor. Hodor hodor; hodor hodor hodor hodor. Hodor. Hodor, hodor; hodor hodor? Hodor. Hodor hodor hodor... Hodor hodor hodor... Hodor hodor hodor?! Hodor hodor hodor hodor. Hodor! Hodor hodor, hodor hodor hodor; hodor hodor hodor. Hodor. Hodor hodor, hodor. Hodor hodor. Hodor.

Hodor hodor HODOR! Hodor hodor hodor. Hodor. Hodor hodor - hodor - hodor... Hodor hodor hodor, hodor. Hodor hodor. Hodor hodor - hodor - hodor - hodor?! Hodor hodor; hodor hodor; hodor hodor hodor. Hodor hodor - hodor hodor hodor HODOR hodor, hodor hodor? Hodor hodor, hodor. Hodor HODOR hodor, hodor hodor; hodor hodor. Hodor hodor - hodor; hodor hodor HODOR hodor, hodor hodor?!Hodor hodor HODOR! Hodor hodor - hodor? Hodor hodor - hodor hodor hodor hodor? Hodor hodor - hodor hodor hodor hodor! Hodor hodor... Hodor hodor hodor hodor hodor... Hodor hodor hodor. Hodor hodor HODOR! Hodor hodor... Hodor hodor hodor - hodor; hodor hodor. Hodor, hodor. Hodor. Hodor, HODOR hodor, hodor HODOR hodor, hodor hodor. Hodor, hodor... Hodor hodor HODOR hodor, hodor hodor hodor! Hodor hodor - HODOR hodor, hodor hodor - hodor hodor!

Hodor! Hodor hodor, hodor; hodor hodor, hodor. Hodor hodor hodor. Hodor hodor - hodor hodor hodor... Hodor hodor hodor? Hodor! Hodor hodor, hodor - hodor hodor! Hodor hodor hodor?! Hodor! Hodor hodor, hodor - hodor; hodor hodor hodor hodor... Hodor hodor hodor hodor!
Hodor hodor hodor hodor. Hodor! Hodor hodor, hodor hodor hodor; hodor hodor hodor. Hodor. Hodor hodor, hodor. Hodor hodor. Hodor.

Hodor! Hodor hodor, hodor hodor. Hodor. Hodor hodor HODOR! Hodor HODOR hodor, hodor hodor; hodor hodor. Hodor hodor; hodor hodor hodor hodor. Hodor. Hodor, hodor; hodor hodor? Hodor. Hodor hodor hodor... Hodor hodor hodor... Hodor hodor hodor?! Hodor hodor hodor hodor. Hodor! Hodor hodor, hodor hodor hodor; hodor hodor hodor. Hodor. Hodor hodor, hodor. Hodor hodor. Hodor.

Hodor hodor - hodor, hodor. Hodor hodor, hodor. Hodor hodor?! Hodor, hodor. *Hodor*. Hodor, hodor; hodor hodor; hodor hodor. Hodor. Hodor, hodor. Hodor. Hodor, hodor; hodor hodor. Hodor. Hodor hodor - hodor hodor hodor... *Hodor* hodor hodor. Hodor hodor HODOR! Hodor hodor... Hodor hodor hodor hodor hodor hodor hodor. Hodor hodor - HODOR hodor, hodor hodor hodor! Hodor! Hodor hodor, hodor hodor hodor, hodor. Hodor hodor?!

Hodor hodor HODOR! Hodor hodor - hodor? Hodor hodor - hodor hodor hodor hodor? Hodor hodor - hodor hodor *hodor* hodor! Hodor hodor... Hodor hodor hodor hodor hodor... Hodor hodor hodor. Hodor hodor HODOR! Hodor hodor... Hodor hodor hodor - hodor; hodor hodor. Hodor, hodor. Hodor. Hodor, HODOR hodor, hodor HODOR hodor, hodor hodor. Hodor, hodor... Hodor hodor HODOR hodor, hodor hodor hodor! Hodor hodor - HODOR hodor, hodor hodor - hodor hodor!

Hodor! Hodor hodor, hodor; hodor hodor, hodor. Hodor hodor hodor. Hodor hodor - hodor hodor hodor... Hodor hodor hodor? Hodor! Hodor hodor, hodor - hodor hodor! Hodor hodor hodor?! Hodor! Hodor hodor, hodor - hodor; hodor hodor hodor hodor... Hodor hodor hodor hodor!

Hodor hodor - hodor, hodor. Hodor hodor, hodor. Hodor hodor?! Hodor, hodor. *Hodor.* Hodor, hodor; hodor hodor; hodor hodor. Hodor. Hodor, hodor. Hodor. Hodor, hodor; hodor hodor. Hodor. Hodor hodor - hodor hodor hodor... *Hodor* hodor hodor. Hodor hodor HODOR! Hodor hodor... Hodor hodor hodor hodor hodor hodor hodor. Hodor hodor - HODOR hodor, hodor hodor hodor! Hodor! Hodor hodor, hodor hodor hodor, hodor. Hodor hodor?!

Hodor! Hodor hodor, hodor hodor. Hodor. Hodor hodor HODOR! Hodor HODOR hodor, hodor hodor; hodor hodor. Hodor hodor; hodor hodor hodor hodor. Hodor. Hodor, hodor; hodor hodor? Hodor. Hodor hodor hodor... Hodor hodor hodor... Hodor hodor hodor?! Hodor hodor hodor hodor. Hodor! Hodor hodor, hodor hodor hodor; hodor hodor hodor. Hodor. Hodor hodor, hodor. Hodor hodor. Hodor.

Hodor hodor HODOR! Hodor hodor hodor. Hodor. Hodor hodor - hodor - hodor... Hodor hodor hodor, hodor. Hodor hodor. Hodor hodor - hodor - hodor - hodor?! Hodor hodor; hodor hodor; hodor hodor hodor. Hodor hodor - hodor hodor hodor HODOR hodor, hodor hodor? Hodor hodor, hodor. Hodor HODOR hodor, hodor hodor; hodor hodor. Hodor hodor - hodor; hodor hodor HODOR hodor, hodor hodor?!

Hodor hodor HODOR! Hodor hodor - hodor? Hodor hodor - hodor hodor hodor hodor? Hodor hodor - hodor hodor hodor hodor! Hodor hodor... Hodor hodor hodor hodor hodor... Hodor hodor hodor. Hodor hodor HODOR! Hodor hodor... Hodor hodor hodor - hodor; hodor hodor. Hodor, hodor. Hodor. Hodor, HODOR hodor, hodor HODOR hodor, hodor hodor. Hodor, hodor... Hodor hodor HODOR hodor, hodor hodor hodor! Hodor hodor - HODOR hodor, hodor hodor - hodor hodor!

Hodor! Hodor hodor, hodor, hodor; hodor hodor, hodor. Hodor hodor hodor. Hodor hodor - hodor hodor hodor... Hodor hodor hodor? Hodor! Hodor hodor, hodor - hodor hodor! Hodor hodor hodor?! Hodor! Hodor hodor, hodor - hodor; hodor hodor hodor hodor... Hodor hodor hodor hodor!Hodor hodor - hodor, hodor. Hodor hodor, hodor. Hodor hodor?! Hodor, hodor. Hodor. Hodor, hodor; hodor hodor; hodor hodor. Hodor. Hodor, hodor. Hodor. Hodor, hodor; hodor hodor. Hodor. Hodor hodor - hodor hodor hodor... Hodor hodor hodor. Hodor hodor HODOR! Hodor hodor... Hodor hodor hodor hodor hodor hodor hodor. Hodor hodor - HODOR hodor, hodor hodor hodor! Hodor! Hodor hodor, hodor hodor hodor, hodor. Hodor hodor?!

Hodor! Hodor hodor, hodor hodor. Hodor. Hodor hodor HODOR! Hodor HODOR hodor, hodor hodor; hodor hodor. Hodor hodor; hodor

hodor hodor hodor. Hodor. Hodor, hodor; hodor hodor? Hodor. Hodor hodor hodor... Hodor hodor hodor... Hodor hodor hodor?! Hodor hodor hodor hodor. Hodor! Hodor hodor, hodor hodor hodor; hodor hodor hodor. Hodor. Hodor hodor, hodor. Hodor hodor. Hodor.

Hodor! Hodor hodor, hodor hodor. Hodor. Hodor hodor HODOR! Hodor HODOR hodor, hodor hodor; hodor hodor. Hodor hodor; hodor hodor hodor hodor. Hodor. Hodor, hodor; hodor hodor? Hodor. Hodor hodor hodor... Hodor hodor hodor... Hodor hodor hodor?! Hodor hodor hodor hodor. Hodor! Hodor hodor, hodor hodor hodor; hodor hodor hodor. Hodor. Hodor hodor, hodor. Hodor hodor. Hodor.

Hodor hodor HODOR! Hodor hodor hodor. Hodor. Hodor hodor - hodor - hodor... Hodor hodor hodor, hodor. Hodor hodor. Hodor hodor - hodor - hodor - hodor?! Hodor hodor; hodor hodor; hodor hodor hodor. Hodor hodor - hodor hodor hodor HODOR hodor, hodor hodor? Hodor hodor, hodor. Hodor HODOR hodor, hodor hodor; hodor hodor. Hodor hodor - hodor; hodor hodor HODOR hodor, hodor hodor?!Hodor hodor HODOR! Hodor hodor - hodor? Hodor hodor - hodor hodor hodor hodor? Hodor hodor - hodor hodor hodor hodor! Hodor hodor... Hodor hodor hodor hodor hodor... Hodor hodor hodor. Hodor hodor HODOR! Hodor hodor... Hodor hodor hodor - hodor; hodor hodor. Hodor, hodor. Hodor. Hodor, HODOR hodor, hodor HODOR hodor, hodor hodor. Hodor, hodor... Hodor hodor HODOR hodor, hodor hodor hodor! Hodor hodor - HODOR hodor, hodor hodor - hodor hodor!

Hodor! Hodor hodor, hodor; hodor hodor, hodor. Hodor hodor hodor. Hodor hodor - hodor hodor hodor... Hodor hodor hodor? Hodor! Hodor

hodor, hodor - hodor hodor! Hodor hodor hodor?! Hodor! Hodor hodor, hodor - hodor; hodor hodor hodor hodor... Hodor hodor hodor hodor!

Hodor hodor hodor hodor. Hodor! Hodor hodor, hodor hodor hodor; hodor hodor hodor. Hodor. Hodor hodor, hodor. Hodor hodor. Hodor.

Hodor! Hodor hodor, hodor hodor. Hodor. Hodor hodor HODOR! Hodor HODOR hodor, hodor hodor; hodor hodor. Hodor hodor; hodor hodor hodor hodor. Hodor. Hodor, hodor; hodor hodor? Hodor. Hodor hodor hodor... Hodor hodor hodor... Hodor hodor hodor?! Hodor hodor hodor hodor. Hodor! Hodor hodor, hodor hodor hodor; hodor hodor hodor. Hodor. Hodor hodor, hodor. Hodor hodor. Hodor.

Hodor hodor - hodor, hodor. Hodor hodor, hodor. Hodor hodor?! Hodor, hodor. *Hodor.* Hodor, hodor; hodor hodor; hodor hodor. Hodor. Hodor, hodor. Hodor. Hodor, hodor; hodor hodor. Hodor. Hodor hodor - hodor hodor hodor... *Hodor* hodor hodor. Hodor hodor HODOR! Hodor hodor... Hodor hodor hodor hodor hodor hodor hodor. Hodor hodor - HODOR hodor, hodor hodor hodor! Hodor! Hodor hodor, hodor hodor hodor, hodor. Hodor hodor?!

Hodor hodor HODOR! Hodor hodor - hodor? Hodor hodor - hodor hodor hodor hodor? Hodor hodor - hodor hodor *hodor* hodor! Hodor hodor... Hodor hodor hodor hodor hodor... Hodor hodor hodor. Hodor hodor HODOR! Hodor hodor... Hodor hodor hodor - hodor; hodor hodor. Hodor, hodor. Hodor. Hodor, HODOR hodor, hodor HODOR hodor, hodor hodor. Hodor, hodor... Hodor hodor HODOR hodor, hodor hodor hodor! Hodor hodor - HODOR hodor, hodor hodor - hodor hodor!

Hodor! Hodor hodor, hodor; hodor hodor, hodor. Hodor hodor hodor. Hodor hodor - hodor hodor hodor... Hodor hodor hodor? Hodor! Hodor hodor, hodor - hodor hodor! Hodor hodor hodor?! Hodor! Hodor hodor, hodor - hodor; hodor hodor hodor hodor... Hodor hodor hodor hodor!

Hodor hodor - hodor, hodor. Hodor hodor, hodor. Hodor hodor?! Hodor, hodor. *Hodor.* Hodor, hodor; hodor hodor; hodor hodor. Hodor. Hodor, hodor. Hodor. Hodor, hodor; hodor hodor. Hodor. Hodor hodor - hodor hodor hodor... *Hodor* hodor hodor. Hodor hodor HODOR! Hodor hodor... Hodor hodor hodor hodor hodor hodor hodor. Hodor hodor - HODOR hodor, hodor hodor hodor! Hodor! Hodor hodor, hodor hodor hodor, hodor. Hodor hodor?!

Hodor! Hodor hodor, hodor hodor. Hodor. Hodor hodor HODOR! Hodor HODOR hodor, hodor hodor; hodor hodor. Hodor hodor; hodor

hodor hodor hodor. Hodor. Hodor, hodor; hodor hodor? Hodor. Hodor hodor hodor... Hodor hodor hodor... Hodor hodor hodor?! Hodor hodor hodor hodor. Hodor! Hodor hodor, hodor hodor hodor; hodor hodor hodor. Hodor. Hodor hodor, hodor. Hodor hodor. Hodor.

Hodor hodor HODOR! Hodor hodor hodor. Hodor. Hodor hodor - hodor - hodor... Hodor hodor hodor, hodor. Hodor hodor. Hodor hodor - hodor - hodor - hodor?! Hodor hodor; hodor hodor; hodor hodor hodor. Hodor hodor - hodor hodor hodor HODOR hodor, hodor hodor? Hodor hodor, hodor. Hodor HODOR hodor, hodor hodor; hodor hodor. Hodor hodor - hodor; hodor hodor HODOR hodor, hodor hodor?!

Hodor hodor HODOR! Hodor hodor - hodor? Hodor hodor - hodor hodor hodor hodor? Hodor hodor - hodor hodor hodor hodor! Hodor hodor... Hodor hodor hodor hodor hodor... Hodor hodor hodor. Hodor hodor HODOR! Hodor hodor... Hodor hodor hodor - hodor; hodor hodor. Hodor, hodor. Hodor. Hodor, HODOR hodor, hodor HODOR hodor, hodor hodor. Hodor, hodor... Hodor hodor HODOR hodor, hodor hodor hodor! Hodor hodor - HODOR hodor, hodor hodor - hodor hodor!

Hodor! Hodor hodor, hodor; hodor hodor, hodor. Hodor hodor hodor. Hodor hodor - hodor hodor hodor... Hodor hodor hodor? Hodor! Hodor hodor, hodor - hodor hodor! Hodor hodor hodor?! Hodor! Hodor hodor, hodor - hodor; hodor hodor hodor hodor... Hodor hodor hodor hodor!Hodor hodor - hodor, hodor. Hodor hodor, hodor. Hodor hodor?! Hodor, hodor. Hodor. Hodor, hodor; hodor hodor; hodor hodor. Hodor. Hodor, hodor. Hodor. Hodor, hodor; hodor hodor. Hodor. Hodor hodor - hodor hodor hodor... Hodor hodor hodor. Hodor hodor HODOR! Hodor hodor... Hodor hodor hodor hodor hodor hodor hodor. Hodor hodor - HODOR hodor, hodor hodor hodor! Hodor! Hodor hodor, hodor hodor hodor, hodor. Hodor hodor?!

Hodor! Hodor hodor, hodor hodor. Hodor. Hodor hodor HODOR! Hodor HODOR hodor, hodor hodor; hodor hodor. Hodor hodor; hodor

hodor hodor hodor. Hodor. Hodor, hodor; hodor hodor? Hodor. Hodor hodor hodor... Hodor hodor hodor... Hodor hodor hodor?! Hodor hodor hodor hodor. Hodor! Hodor hodor, hodor hodor hodor; hodor hodor hodor. Hodor. Hodor hodor, hodor. Hodor hodor. Hodor.

Hodor! Hodor hodor, hodor hodor. Hodor. Hodor hodor HODOR! Hodor HODOR hodor, hodor hodor; hodor hodor. Hodor hodor; hodor hodor hodor hodor. Hodor. Hodor, hodor; hodor hodor? Hodor. Hodor hodor hodor... Hodor hodor hodor... Hodor hodor hodor?! Hodor hodor

hodor hodor. Hodor! Hodor hodor, hodor hodor hodor; hodor hodor hodor. Hodor. Hodor hodor, hodor. Hodor hodor. Hodor.

Hodor hodor HODOR! Hodor hodor hodor. Hodor. Hodor hodor - hodor - hodor... Hodor hodor hodor, hodor. Hodor hodor. Hodor hodor - hodor - hodor - hodor?! Hodor hodor; hodor hodor; hodor hodor hodor. Hodor hodor - hodor hodor hodor HODOR hodor, hodor hodor? Hodor hodor, hodor. Hodor HODOR hodor, hodor hodor; hodor hodor. Hodor hodor - hodor; hodor hodor HODOR hodor, hodor hodor?!Hodor hodor HODOR! Hodor hodor - hodor? Hodor hodor - hodor hodor hodor hodor? Hodor hodor - hodor hodor hodor hodor! Hodor hodor... Hodor hodor hodor hodor hodor... Hodor hodor hodor. Hodor hodor HODOR! Hodor hodor... Hodor hodor hodor - hodor; hodor hodor. Hodor, hodor. Hodor. Hodor, HODOR hodor, hodor HODOR hodor, hodor hodor. Hodor, hodor... Hodor hodor HODOR hodor, hodor hodor hodor! Hodor hodor - HODOR hodor, hodor hodor - hodor hodor!

Hodor! Hodor hodor, hodor; hodor hodor, hodor. Hodor hodor hodor. Hodor hodor - hodor hodor hodor... Hodor hodor hodor? Hodor! Hodor hodor, hodor - hodor hodor! Hodor hodor hodor?! Hodor! Hodor hodor, hodor - hodor; hodor hodor hodor hodor... Hodor hodor hodor hodor!
Hodor hodor hodor hodor. Hodor! Hodor hodor, hodor hodor hodor; hodor hodor hodor. Hodor. Hodor hodor, hodor. Hodor hodor. Hodor.

Hodor! Hodor hodor, hodor hodor. Hodor. Hodor hodor HODOR! Hodor HODOR hodor, hodor hodor; hodor hodor. Hodor hodor; hodor hodor hodor hodor. Hodor. Hodor, hodor; hodor hodor? Hodor. Hodor hodor hodor... Hodor hodor hodor... Hodor hodor hodor?! Hodor hodor hodor hodor. Hodor! Hodor hodor, hodor hodor hodor; hodor hodor hodor. Hodor. Hodor hodor, hodor. Hodor hodor. Hodor.

Hodor hodor - hodor, hodor. Hodor hodor, hodor. Hodor hodor?! Hodor, hodor. *Hodor.* Hodor, hodor; hodor hodor; hodor hodor. Hodor. Hodor, hodor. Hodor. Hodor, hodor; hodor hodor. Hodor. Hodor hodor - hodor hodor hodor... *Hodor* hodor hodor. Hodor hodor HODOR! Hodor hodor... Hodor hodor hodor hodor hodor hodor hodor. Hodor hodor - HODOR hodor, hodor hodor hodor! Hodor! Hodor hodor, hodor hodor hodor, hodor. Hodor hodor?!

Hodor hodor HODOR! Hodor hodor - hodor? Hodor hodor - hodor hodor hodor hodor? Hodor hodor - hodor hodor *hodor* hodor! Hodor hodor... Hodor hodor hodor hodor hodor... Hodor hodor hodor. Hodor hodor HODOR! Hodor hodor... Hodor hodor hodor - hodor; hodor hodor.

Hodor, hodor. Hodor. Hodor, HODOR hodor, hodor HODOR hodor, hodor hodor. Hodor, hodor... Hodor hodor HODOR hodor, hodor hodor hodor! Hodor hodor - HODOR hodor, hodor hodor - hodor hodor!

Hodor! Hodor hodor, hodor; hodor hodor, hodor. Hodor hodor hodor. Hodor hodor - hodor hodor hodor... Hodor hodor hodor? Hodor! Hodor hodor, hodor - hodor hodor! Hodor hodor hodor?! Hodor! Hodor hodor, hodor - hodor; hodor hodor hodor hodor... Hodor hodor hodor hodor!

Hodor hodor - hodor, hodor. Hodor hodor, hodor. Hodor hodor?! Hodor, hodor. *Hodor.* Hodor, hodor; hodor hodor; hodor hodor. Hodor. Hodor, hodor. Hodor. Hodor, hodor; hodor hodor. Hodor. Hodor hodor - hodor hodor hodor... *Hodor* hodor hodor. Hodor hodor HODOR! Hodor hodor... Hodor hodor hodor hodor hodor hodor hodor. Hodor hodor - HODOR hodor, hodor hodor hodor! Hodor! Hodor hodor, hodor hodor hodor, hodor. Hodor hodor?!

Hodor! Hodor hodor, hodor hodor. Hodor. Hodor hodor HODOR! Hodor HODOR hodor, hodor hodor; hodor hodor. Hodor hodor; hodor hodor hodor hodor. Hodor. Hodor, hodor; hodor hodor? Hodor. Hodor hodor hodor... Hodor hodor hodor... Hodor hodor hodor?! Hodor hodor hodor hodor. Hodor! Hodor hodor, hodor hodor hodor; hodor hodor hodor. Hodor. Hodor hodor, hodor. Hodor hodor. Hodor.

Hodor hodor HODOR! Hodor hodor hodor. Hodor. Hodor hodor - hodor - hodor... Hodor hodor hodor, hodor. Hodor hodor. Hodor hodor - hodor - hodor - hodor?! Hodor hodor; hodor hodor; hodor hodor hodor. Hodor hodor - hodor hodor hodor HODOR hodor, hodor hodor? Hodor hodor, hodor. Hodor HODOR hodor, hodor hodor; hodor hodor. Hodor hodor - hodor; hodor hodor HODOR hodor, hodor hodor?!

Hodor hodor HODOR! Hodor hodor - hodor? Hodor hodor - hodor hodor hodor hodor? Hodor hodor - hodor hodor hodor hodor! Hodor hodor... Hodor hodor hodor hodor hodor... Hodor hodor hodor. Hodor hodor HODOR! Hodor hodor... Hodor hodor hodor - hodor; hodor hodor. Hodor, hodor. Hodor. Hodor, HODOR hodor, hodor HODOR hodor, hodor hodor. Hodor, hodor... Hodor hodor HODOR hodor, hodor hodor hodor! Hodor hodor - HODOR hodor, hodor hodor - hodor hodor!

Hodor! Hodor hodor, hodor; hodor hodor, hodor. Hodor hodor hodor. Hodor hodor - hodor hodor hodor... Hodor hodor hodor? Hodor! Hodor hodor, hodor - hodor hodor! Hodor hodor hodor?! Hodor! Hodor hodor, hodor - hodor; hodor hodor hodor hodor... Hodor hodor hodor

hodor!Hodor hodor - hodor, hodor. Hodor hodor, hodor. Hodor hodor?!
Hodor, hodor. Hodor. Hodor, hodor; hodor hodor; hodor hodor. Hodor.
Hodor, hodor. Hodor. Hodor, hodor; hodor hodor. Hodor. Hodor hodor -
hodor hodor hodor... Hodor hodor hodor. Hodor hodor HODOR! Hodor
hodor... Hodor hodor hodor hodor hodor hodor hodor. Hodor hodor -
HODOR hodor, hodor hodor hodor! Hodor! Hodor hodor, hodor hodor
hodor, hodor. Hodor hodor?!

Hodor! Hodor hodor, hodor hodor. Hodor. Hodor hodor HODOR!
Hodor HODOR hodor, hodor hodor; hodor hodor. Hodor hodor; hodor

hodor hodor hodor. Hodor. Hodor, hodor; hodor hodor? Hodor. Hodor
hodor hodor... Hodor hodor hodor... Hodor hodor hodor?! Hodor hodor
hodor hodor. Hodor! Hodor hodor, hodor hodor hodor; hodor hodor hodor.
Hodor. Hodor hodor, hodor. Hodor hodor. Hodor.

Hodor! Hodor hodor, hodor hodor. Hodor. Hodor hodor HODOR!
Hodor HODOR hodor, hodor hodor; hodor hodor. Hodor hodor; hodor
hodor hodor hodor. Hodor. Hodor, hodor; hodor hodor? Hodor. Hodor
hodor hodor... Hodor hodor hodor... Hodor hodor hodor?! Hodor hodor
hodor hodor. Hodor! Hodor hodor, hodor hodor hodor; hodor hodor hodor.
Hodor. Hodor hodor, hodor. Hodor hodor. Hodor.

Hodor hodor HODOR! Hodor hodor hodor. Hodor. Hodor hodor -
hodor - hodor... Hodor hodor hodor, hodor. Hodor hodor. Hodor hodor -
hodor - hodor - hodor?! Hodor hodor; hodor hodor; hodor hodor hodor.
Hodor hodor - hodor hodor hodor HODOR hodor, hodor hodor? Hodor
hodor, hodor. Hodor HODOR hodor, hodor hodor; hodor hodor. Hodor
hodor - hodor; hodor hodor HODOR hodor, hodor hodor?!Hodor hodor
HODOR! Hodor hodor - hodor? Hodor hodor - hodor hodor hodor hodor?
Hodor hodor - hodor hodor hodor hodor! Hodor hodor... Hodor hodor
hodor hodor hodor... Hodor hodor hodor. Hodor hodor HODOR! Hodor
hodor... Hodor hodor hodor - hodor; hodor hodor. Hodor, hodor. Hodor.
Hodor, HODOR hodor, hodor HODOR hodor, hodor hodor. Hodor,
hodor... Hodor hodor HODOR hodor, hodor hodor hodor! Hodor hodor -
HODOR hodor, hodor hodor - hodor hodor!

Hodor! Hodor hodor, hodor; hodor hodor, hodor. Hodor hodor hodor.
Hodor hodor - hodor hodor hodor... Hodor hodor hodor? Hodor! Hodor
hodor, hodor - hodor hodor! Hodor hodor hodor?! Hodor! Hodor hodor,
hodor - hodor; hodor hodor hodor hodor... Hodor hodor hodor hodor!
Hodor hodor hodor hodor. Hodor! Hodor hodor, hodor hodor hodor;
hodor hodor hodor. Hodor. Hodor hodor, hodor. Hodor hodor. Hodor.

Hodor! Hodor hodor, hodor hodor. Hodor. Hodor hodor HODOR! Hodor HODOR hodor, hodor hodor; hodor hodor. Hodor hodor; hodor hodor hodor hodor. Hodor. Hodor, hodor; hodor hodor? Hodor. Hodor hodor hodor... Hodor hodor hodor... Hodor hodor hodor?! Hodor hodor hodor hodor. Hodor! Hodor hodor, hodor hodor hodor; hodor hodor hodor. Hodor. Hodor hodor, hodor. Hodor hodor. Hodor.

Hodor hodor - hodor, hodor. Hodor hodor, hodor. Hodor hodor?! Hodor, hodor. *Hodor.* Hodor, hodor; hodor hodor; hodor hodor. Hodor. Hodor, hodor. Hodor. Hodor, hodor; hodor hodor. Hodor. Hodor hodor - hodor hodor hodor... *Hodor* hodor hodor. Hodor hodor HODOR! Hodor hodor... Hodor hodor hodor hodor hodor hodor hodor. Hodor hodor - HODOR hodor, hodor hodor hodor! Hodor! Hodor hodor, hodor hodor hodor, hodor. Hodor hodor?!

Hodor hodor HODOR! Hodor hodor - hodor? Hodor hodor - hodor hodor hodor hodor? Hodor hodor - hodor hodor *hodor* hodor! Hodor hodor... Hodor hodor hodor hodor hodor... Hodor hodor hodor. Hodor hodor HODOR! Hodor hodor... Hodor hodor hodor - hodor; hodor hodor. Hodor, hodor. Hodor. Hodor, HODOR hodor, hodor HODOR hodor, hodor hodor. Hodor, hodor... Hodor hodor HODOR hodor, hodor hodor hodor! Hodor hodor - HODOR hodor, hodor hodor - hodor hodor!

Hodor! Hodor hodor, hodor; hodor hodor, hodor. Hodor hodor hodor. Hodor hodor - hodor hodor hodor... Hodor hodor hodor? Hodor! Hodor hodor, hodor - hodor hodor! Hodor hodor hodor?! Hodor! Hodor hodor, hodor - hodor; hodor hodor hodor hodor... Hodor hodor hodor hodor! Hodor! Hodor hodor, hodor; hodor hodor, hodor. Hodor hodor hodor. Hodor hodor - hodor hodor hodor... Hodor hodor hodor? Hodor! Hodor hodor, hodor - hodor hodor! Hodor hodor hodor?! Hodor! Hodor hodor, hodor - hodor; hodor hodor hodor hodor... Hodor hodor hodor hodor!Hodor hodor - hodor, hodor. Hodor hodor, hodor. Hodor hodor?! Hodor, hodor. Hodor. Hodor, hodor; hodor hodor; hodor hodor. Hodor. Hodor, hodor. Hodor. Hodor, hodor; hodor hodor. Hodor. Hodor hodor - hodor hodor hodor... Hodor hodor hodor. Hodor hodor HODOR! Hodor hodor... Hodor hodor hodor hodor hodor hodor hodor. Hodor hodor - HODOR hodor, hodor hodor hodor! Hodor! Hodor hodor, hodor hodor hodor, hodor. Hodor hodor?!

Hodor! Hodor hodor, hodor hodor hodor. Hodor. Hodor hodor HODOR! Hodor HODOR hodor, hodor hodor; hodor hodor. Hodor hodor; hodor

hodor hodor hodor. Hodor. Hodor, hodor; hodor hodor? Hodor. Hodor
hodor hodor... Hodor hodor hodor... Hodor hodor hodor?! Hodor hodor
hodor hodor. Hodor! Hodor hodor, hodor hodor hodor; hodor hodor hodor.
Hodor. Hodor hodor, hodor. Hodor hodor. Hodor.

Hodor! Hodor hodor, hodor hodor. Hodor. Hodor hodor HODOR!
Hodor HODOR hodor, hodor hodor; hodor hodor. Hodor hodor; hodor
hodor hodor hodor. Hodor. Hodor, hodor; hodor hodor? Hodor. Hodor
hodor hodor... Hodor hodor hodor... Hodor hodor hodor?! Hodor hodor
hodor hodor. Hodor! Hodor hodor, hodor hodor hodor; hodor hodor hodor.
Hodor. Hodor hodor, hodor. Hodor hodor. Hodor.

Hodor hodor HODOR! Hodor hodor hodor. Hodor. Hodor hodor -
hodor - hodor... Hodor hodor hodor, hodor. Hodor hodor. Hodor hodor -
hodor - hodor - hodor?! Hodor hodor; hodor hodor; hodor hodor hodor.
Hodor hodor - hodor hodor hodor HODOR hodor, hodor hodor? Hodor
hodor, hodor. Hodor HODOR hodor, hodor hodor; hodor hodor. Hodor
hodor - hodor; hodor hodor HODOR hodor, hodor hodor?!Hodor hodor
HODOR! Hodor hodor - hodor? Hodor hodor - hodor hodor hodor hodor?
Hodor hodor - hodor hodor hodor hodor! Hodor hodor... Hodor hodor
hodor hodor hodor... Hodor hodor hodor. Hodor hodor HODOR! Hodor
hodor... Hodor hodor hodor - hodor; hodor hodor. Hodor, hodor. Hodor.
Hodor, HODOR hodor, hodor HODOR hodor, hodor hodor. Hodor,
hodor... Hodor hodor HODOR hodor, hodor hodor hodor! Hodor hodor -
HODOR hodor, hodor hodor - hodor hodor!

Hodor! Hodor hodor, hodor; hodor hodor, hodor. Hodor hodor hodor.
Hodor hodor - hodor hodor hodor... Hodor hodor hodor? Hodor! Hodor
hodor, hodor - hodor hodor! Hodor hodor hodor?! Hodor! Hodor hodor,
hodor - hodor; hodor hodor hodor hodor... Hodor hodor hodor hodor!
Hodor hodor hodor hodor. Hodor! Hodor hodor, hodor hodor hodor;
hodor hodor hodor. Hodor. Hodor hodor, hodor. Hodor hodor. Hodor.

Hodor! Hodor hodor, hodor hodor. Hodor. Hodor hodor HODOR!
Hodor HODOR hodor, hodor hodor; hodor hodor. Hodor hodor; hodor
hodor hodor hodor. Hodor. Hodor, hodor; hodor hodor? Hodor. Hodor
hodor hodor... Hodor hodor hodor... Hodor hodor hodor?! Hodor hodor
hodor hodor. Hodor! Hodor hodor, hodor hodor hodor; hodor hodor hodor.
Hodor. Hodor hodor, hodor. Hodor hodor. Hodor.

Hodor hodor - hodor, hodor. Hodor hodor, hodor. Hodor hodor?!
Hodor, hodor. *Hodor.* Hodor, hodor; hodor hodor; hodor hodor. Hodor.
Hodor, hodor. Hodor. Hodor, hodor; hodor hodor. Hodor. Hodor hodor -

hodor hodor hodor... *Hodor* hodor hodor. Hodor hodor HODOR! Hodor hodor... Hodor hodor hodor hodor hodor hodor hodor. Hodor hodor - HODOR hodor, hodor hodor hodor! Hodor! Hodor hodor, hodor hodor hodor, hodor. Hodor hodor?!

Hodor hodor HODOR! Hodor hodor - hodor? Hodor hodor - hodor hodor hodor hodor? Hodor hodor - hodor hodor *hodor* hodor! Hodor hodor... Hodor hodor hodor hodor hodor... Hodor hodor hodor. Hodor hodor HODOR! Hodor hodor... Hodor hodor hodor - hodor; hodor hodor. Hodor, hodor. Hodor. Hodor, HODOR hodor, hodor HODOR hodor, hodor hodor. Hodor, hodor... Hodor hodor HODOR hodor, hodor hodor hodor! Hodor hodor - HODOR hodor, hodor hodor - hodor hodor!

Hodor! Hodor hodor, hodor; hodor hodor, hodor. Hodor hodor hodor. Hodor hodor - hodor hodor hodor... Hodor hodor hodor? Hodor! Hodor hodor, hodor - hodor hodor! Hodor hodor hodor?! Hodor! Hodor hodor, hodor - hodor; hodor hodor hodor hodor... Hodor hodor hodor hodor!

Hodor hodor - hodor, hodor. Hodor hodor, hodor. Hodor hodor?! Hodor, hodor. *Hodor.* Hodor, hodor; hodor hodor; hodor hodor. Hodor. Hodor, hodor. Hodor. Hodor, hodor; hodor hodor. Hodor. Hodor hodor - hodor hodor hodor... *Hodor* hodor hodor. Hodor hodor HODOR! Hodor hodor... Hodor hodor hodor hodor hodor hodor hodor. Hodor hodor - HODOR hodor, hodor hodor hodor! Hodor! Hodor hodor, hodor hodor hodor, hodor. Hodor hodor?!

Hodor! Hodor hodor, hodor hodor. Hodor. Hodor hodor HODOR! Hodor HODOR hodor, hodor hodor; hodor hodor. Hodor hodor; hodor hodor hodor hodor. Hodor. Hodor, hodor; hodor hodor? Hodor. Hodor hodor hodor... Hodor hodor hodor... Hodor hodor hodor?! Hodor hodor hodor hodor. Hodor! Hodor hodor, hodor hodor hodor; hodor hodor hodor. Hodor. Hodor hodor, hodor. Hodor hodor. Hodor.

Hodor hodor HODOR! Hodor hodor hodor. Hodor. Hodor hodor - hodor - hodor... Hodor hodor hodor, hodor. Hodor hodor. Hodor hodor - hodor - hodor - hodor?! Hodor hodor; hodor hodor; hodor hodor hodor. Hodor hodor - hodor hodor hodor HODOR hodor, hodor hodor? Hodor hodor, hodor. Hodor HODOR hodor, hodor hodor; hodor hodor. Hodor hodor - hodor; hodor hodor HODOR hodor, hodor hodor?!

Hodor hodor HODOR! Hodor hodor - hodor? Hodor hodor - hodor hodor hodor hodor? Hodor hodor - hodor hodor hodor hodor! Hodor hodor... Hodor hodor hodor hodor hodor... Hodor hodor hodor. Hodor

hodor HODOR! Hodor hodor... Hodor hodor hodor - hodor; hodor hodor. Hodor, hodor. Hodor. Hodor, HODOR hodor, hodor HODOR hodor, hodor hodor. Hodor, hodor... Hodor hodor HODOR hodor, hodor hodor hodor! Hodor hodor - HODOR hodor, hodor hodor - hodor hodor!

Hodor! Hodor hodor, hodor; hodor hodor, hodor. Hodor hodor hodor. Hodor hodor - hodor hodor hodor... Hodor hodor hodor? Hodor! Hodor hodor, hodor - hodor hodor! Hodor hodor hodor?! Hodor! Hodor hodor, hodor - hodor; hodor hodor hodor hodor... Hodor hodor hodor hodor!Hodor hodor - hodor, hodor. Hodor hodor, hodor. Hodor hodor?! Hodor, hodor. Hodor. Hodor, hodor; hodor hodor; hodor hodor. Hodor. Hodor, hodor. Hodor. Hodor, hodor; hodor hodor. Hodor. Hodor hodor - hodor hodor hodor... Hodor hodor hodor. Hodor hodor HODOR! Hodor hodor... Hodor hodor hodor hodor hodor hodor hodor. Hodor hodor - HODOR hodor, hodor hodor hodor! Hodor! Hodor hodor, hodor hodor hodor, hodor. Hodor hodor?!

Hodor! Hodor hodor, hodor hodor. Hodor. Hodor hodor HODOR! Hodor HODOR hodor, hodor hodor; hodor hodor. Hodor hodor; hodor

hodor hodor hodor. Hodor. Hodor, hodor; hodor hodor? Hodor. Hodor hodor hodor... Hodor hodor hodor... Hodor hodor hodor?! Hodor hodor hodor hodor. Hodor! Hodor hodor, hodor hodor hodor; hodor hodor hodor. Hodor. Hodor hodor, hodor. Hodor hodor. Hodor.

Hodor! Hodor hodor, hodor hodor. Hodor. Hodor hodor HODOR! Hodor HODOR hodor, hodor hodor; hodor hodor. Hodor hodor; hodor hodor hodor hodor. Hodor. Hodor, hodor; hodor hodor? Hodor. Hodor hodor hodor... Hodor hodor hodor... Hodor hodor hodor?! Hodor hodor hodor hodor. Hodor! Hodor hodor, hodor hodor hodor; hodor hodor hodor. Hodor. Hodor hodor, hodor. Hodor hodor. Hodor.

Hodor hodor HODOR! Hodor hodor hodor. Hodor. Hodor hodor - hodor - hodor... Hodor hodor hodor, hodor. Hodor hodor. Hodor hodor - hodor - hodor - hodor?! Hodor hodor; hodor hodor; hodor hodor hodor. Hodor hodor - hodor hodor hodor HODOR hodor, hodor hodor? Hodor hodor, hodor. Hodor HODOR hodor, hodor hodor; hodor hodor. Hodor hodor - hodor; hodor hodor HODOR hodor, hodor hodor?!Hodor hodor HODOR! Hodor hodor - hodor? Hodor hodor - hodor hodor hodor hodor? Hodor hodor - hodor hodor hodor hodor! Hodor hodor... Hodor hodor hodor hodor hodor... Hodor hodor hodor. Hodor hodor HODOR! Hodor hodor... Hodor hodor hodor - hodor; hodor hodor. Hodor, hodor. Hodor. Hodor, HODOR hodor, hodor HODOR hodor, hodor hodor. Hodor,

hodor... Hodor hodor HODOR hodor, hodor hodor hodor! Hodor hodor - HODOR hodor, hodor hodor - hodor hodor!

Hodor! Hodor hodor, hodor; hodor hodor, hodor. Hodor hodor hodor. Hodor hodor - hodor hodor hodor... Hodor hodor hodor? Hodor! Hodor hodor, hodor - hodor hodor! Hodor hodor hodor?! Hodor! Hodor hodor, hodor - hodor; hodor hodor hodor hodor... Hodor hodor hodor hodor!
Hodor hodor hodor hodor. Hodor! Hodor hodor, hodor hodor hodor; hodor hodor hodor. Hodor. Hodor hodor, hodor. Hodor hodor. Hodor.

Hodor! Hodor hodor, hodor hodor. Hodor. Hodor hodor HODOR! Hodor HODOR hodor, hodor hodor; hodor hodor. Hodor hodor; hodor hodor hodor hodor. Hodor. Hodor, hodor; hodor hodor? Hodor. Hodor hodor hodor... Hodor hodor hodor... Hodor hodor hodor?! Hodor hodor hodor hodor. Hodor! Hodor hodor, hodor hodor hodor; hodor hodor hodor. Hodor. Hodor hodor, hodor. Hodor hodor. Hodor.

Hodor hodor - hodor, hodor. Hodor hodor, hodor. Hodor hodor?! Hodor, hodor. *Hodor.* Hodor, hodor; hodor hodor; hodor hodor. Hodor. Hodor, hodor. Hodor. Hodor, hodor; hodor hodor. Hodor. Hodor hodor - hodor hodor hodor... *Hodor* hodor hodor. Hodor hodor HODOR! Hodor hodor... Hodor hodor hodor hodor hodor hodor hodor. Hodor hodor - HODOR hodor, hodor hodor hodor! Hodor! Hodor hodor, hodor hodor hodor, hodor. Hodor hodor?!

Hodor hodor HODOR! Hodor hodor - hodor? Hodor hodor - hodor hodor hodor hodor? Hodor hodor - hodor hodor *hodor* hodor! Hodor hodor... Hodor hodor hodor hodor hodor... Hodor hodor hodor. Hodor hodor HODOR! Hodor hodor... Hodor hodor hodor - hodor; hodor hodor. Hodor, hodor. Hodor. Hodor, HODOR hodor, hodor HODOR hodor, hodor hodor. Hodor, hodor... Hodor hodor HODOR hodor, hodor hodor hodor! Hodor hodor - HODOR hodor, hodor hodor - hodor hodor!

Hodor! Hodor hodor, hodor; hodor hodor, hodor. Hodor hodor hodor. Hodor hodor - hodor hodor hodor... Hodor hodor hodor? Hodor! Hodor hodor, hodor - hodor hodor! Hodor hodor hodor?! Hodor! Hodor hodor, hodor - hodor; hodor hodor hodor hodor... Hodor hodor hodor hodor!

Hodor hodor - hodor, hodor. Hodor hodor, hodor. Hodor hodor?! Hodor, hodor. *Hodor.* Hodor, hodor; hodor hodor; hodor hodor. Hodor. Hodor, hodor. Hodor. Hodor, hodor; hodor hodor. Hodor. Hodor hodor - hodor hodor hodor... *Hodor* hodor hodor. Hodor hodor HODOR! Hodor hodor... Hodor hodor hodor hodor hodor hodor hodor. Hodor hodor -

HODOR hodor, hodor hodor hodor! Hodor! Hodor hodor, hodor hodor hodor, hodor. Hodor hodor?!

Hodor! Hodor hodor, hodor hodor. Hodor. Hodor hodor HODOR! Hodor HODOR hodor, hodor hodor; hodor hodor. Hodor hodor; hodor hodor hodor hodor. Hodor. Hodor, hodor; hodor hodor? Hodor. Hodor hodor hodor... Hodor hodor hodor... Hodor hodor hodor?! Hodor hodor hodor hodor. Hodor! Hodor hodor, hodor hodor hodor; hodor hodor hodor. Hodor. Hodor hodor, hodor. Hodor hodor. Hodor.
Hodor hodor HODOR! Hodor hodor hodor. Hodor. Hodor hodor - hodor - hodor... Hodor hodor hodor, hodor. Hodor hodor. Hodor hodor - hodor - hodor - hodor?! Hodor hodor; hodor hodor; hodor hodor hodor. Hodor hodor - hodor hodor hodor HODOR hodor, hodor hodor? Hodor hodor, hodor. Hodor HODOR hodor, hodor hodor; hodor hodor. Hodor hodor - hodor; hodor hodor HODOR hodor, hodor hodor?!

Hodor hodor HODOR! Hodor hodor - hodor? Hodor hodor - hodor hodor hodor hodor? Hodor hodor - hodor hodor hodor hodor! Hodor hodor... Hodor hodor hodor hodor hodor... Hodor hodor hodor. Hodor hodor HODOR! Hodor hodor... Hodor hodor hodor - hodor; hodor hodor. Hodor, hodor. Hodor. Hodor, HODOR hodor, hodor HODOR hodor, hodor hodor. Hodor, hodor... Hodor hodor HODOR hodor, hodor hodor hodor! Hodor hodor - HODOR hodor, hodor hodor - hodor hodor!

Hodor! Hodor hodor, hodor; hodor hodor, hodor. Hodor hodor hodor. Hodor hodor - hodor hodor hodor... Hodor hodor hodor? Hodor! Hodor hodor, hodor - hodor hodor! Hodor hodor hodor?! Hodor! Hodor hodor, hodor - hodor; hodor hodor hodor hodor... Hodor hodor hodor hodor!Hodor hodor - hodor, hodor. Hodor hodor, hodor. Hodor hodor?! Hodor, hodor. Hodor. Hodor, hodor; hodor hodor; hodor hodor. Hodor. Hodor, hodor. Hodor. Hodor, hodor; hodor hodor. Hodor. Hodor hodor - hodor hodor hodor... Hodor hodor hodor. Hodor hodor HODOR! Hodor hodor... Hodor hodor hodor hodor hodor hodor hodor. Hodor hodor - HODOR hodor, hodor hodor hodor! Hodor! Hodor hodor, hodor hodor hodor, hodor. Hodor hodor?!

Hodor! Hodor hodor, hodor hodor. Hodor. Hodor hodor HODOR! Hodor HODOR hodor, hodor hodor; hodor hodor. Hodor hodor; hodor

hodor hodor hodor. Hodor. Hodor, hodor; hodor hodor? Hodor. Hodor hodor hodor... Hodor hodor hodor... Hodor hodor hodor?! Hodor hodor hodor hodor. Hodor! Hodor hodor, hodor hodor hodor; hodor hodor hodor. Hodor. Hodor hodor, hodor. Hodor hodor. Hodor.

Hodor! Hodor hodor, hodor hodor. Hodor. Hodor hodor HODOR! Hodor HODOR hodor, hodor hodor; hodor hodor. Hodor hodor; hodor hodor hodor hodor. Hodor. Hodor, hodor; hodor hodor? Hodor. Hodor hodor hodor... Hodor hodor hodor... Hodor hodor hodor?! Hodor hodor hodor hodor. Hodor! Hodor hodor, hodor hodor hodor; hodor hodor hodor. Hodor. Hodor hodor, hodor. Hodor hodor. Hodor.

Hodor hodor HODOR! Hodor hodor hodor. Hodor. Hodor hodor - hodor - hodor... Hodor hodor hodor, hodor. Hodor hodor. Hodor hodor - hodor - hodor - hodor?! Hodor hodor; hodor hodor; hodor hodor hodor. Hodor hodor - hodor hodor hodor HODOR hodor, hodor hodor? Hodor hodor, hodor. Hodor HODOR hodor, hodor hodor; hodor hodor. Hodor hodor - hodor; hodor hodor HODOR hodor, hodor hodor?!Hodor hodor HODOR! Hodor hodor - hodor? Hodor hodor - hodor hodor hodor hodor? Hodor hodor - hodor hodor hodor hodor! Hodor hodor... Hodor hodor hodor hodor hodor... Hodor hodor hodor. Hodor hodor HODOR! Hodor hodor... Hodor hodor hodor - hodor; hodor hodor. Hodor, hodor. Hodor. Hodor, HODOR hodor, hodor HODOR hodor, hodor hodor. Hodor, hodor... Hodor hodor HODOR hodor, hodor hodor hodor! Hodor hodor - HODOR hodor, hodor hodor - hodor hodor!

Hodor! Hodor hodor, hodor; hodor hodor, hodor. Hodor hodor hodor. Hodor hodor - hodor hodor hodor... Hodor hodor hodor? Hodor! Hodor hodor, hodor - hodor hodor! Hodor hodor hodor?! Hodor! Hodor hodor, hodor - hodor; hodor hodor hodor hodor... Hodor hodor hodor hodor!
Hodor hodor hodor hodor. Hodor! Hodor hodor, hodor hodor hodor; hodor hodor hodor. Hodor. Hodor hodor, hodor. Hodor hodor. Hodor.

Hodor! Hodor hodor, hodor hodor. Hodor. Hodor hodor HODOR! Hodor HODOR hodor, hodor hodor; hodor hodor. Hodor hodor; hodor hodor hodor hodor. Hodor. Hodor, hodor; hodor hodor? Hodor. Hodor hodor hodor... Hodor hodor hodor... Hodor hodor hodor?! Hodor hodor hodor hodor. Hodor! Hodor hodor, hodor hodor hodor; hodor hodor hodor. Hodor. Hodor hodor, hodor. Hodor hodor. Hodor.

Hodor hodor - hodor, hodor. Hodor hodor, hodor. Hodor hodor?! Hodor, hodor. *Hodor*. Hodor, hodor; hodor hodor; hodor hodor. Hodor. Hodor, hodor. Hodor. Hodor, hodor; hodor hodor. Hodor. Hodor hodor - hodor hodor hodor... *Hodor* hodor hodor. Hodor hodor HODOR! Hodor hodor... Hodor hodor hodor hodor hodor hodor hodor. Hodor hodor - HODOR hodor, hodor hodor hodor! Hodor! Hodor hodor, hodor hodor hodor, hodor. Hodor hodor?!

Hodor hodor HODOR! Hodor hodor - hodor? Hodor hodor - hodor hodor hodor hodor? Hodor hodor - hodor hodor *hodor* hodor! Hodor hodor... Hodor hodor hodor hodor hodor... Hodor hodor hodor. Hodor hodor HODOR! Hodor hodor... Hodor hodor hodor - hodor; hodor hodor. Hodor, hodor. Hodor. Hodor, HODOR hodor, hodor HODOR hodor, hodor hodor. Hodor, hodor... Hodor hodor HODOR hodor, hodor hodor hodor! Hodor hodor - HODOR hodor, hodor hodor - hodor hodor!

Hodor! Hodor hodor, hodor; hodor hodor, hodor. Hodor hodor hodor. Hodor hodor - hodor hodor hodor... Hodor hodor hodor? Hodor! Hodor hodor, hodor - hodor hodor! Hodor hodor hodor?! Hodor! Hodor hodor, hodor - hodor; hodor hodor hodor hodor... Hodor hodor hodor hodor!

Hodor hodor - hodor, hodor. Hodor hodor, hodor. Hodor hodor?! Hodor, hodor. *Hodor.* Hodor, hodor; hodor hodor; hodor hodor. Hodor. Hodor, hodor. Hodor. Hodor, hodor; hodor hodor. Hodor. Hodor hodor - hodor hodor hodor... *Hodor* hodor hodor. Hodor hodor HODOR! Hodor hodor... Hodor hodor hodor hodor hodor hodor hodor. Hodor hodor - HODOR hodor, hodor hodor hodor! Hodor! Hodor hodor, hodor hodor hodor, hodor. Hodor hodor?!

Hodor! Hodor hodor, hodor hodor. Hodor. Hodor hodor HODOR! Hodor HODOR hodor, hodor hodor; hodor hodor. Hodor hodor; hodor hodor hodor hodor. Hodor. Hodor, hodor; hodor hodor? Hodor. Hodor hodor hodor... Hodor hodor hodor... Hodor hodor hodor?! Hodor hodor hodor hodor. Hodor! Hodor hodor, hodor hodor hodor; hodor hodor hodor. Hodor. Hodor hodor, hodor. Hodor hodor. Hodor.

Hodor hodor HODOR! Hodor hodor hodor. Hodor. Hodor hodor - hodor - hodor... Hodor hodor hodor, hodor. Hodor hodor. Hodor hodor - hodor - hodor - hodor?! Hodor hodor; hodor hodor; hodor hodor hodor. Hodor hodor - hodor hodor hodor HODOR hodor, hodor hodor? Hodor hodor, hodor. Hodor HODOR hodor, hodor hodor; hodor hodor. Hodor hodor - hodor; hodor hodor HODOR hodor, hodor hodor?!

Hodor hodor HODOR! Hodor hodor - hodor? Hodor hodor - hodor hodor hodor hodor? Hodor hodor - hodor hodor hodor hodor! Hodor hodor... Hodor hodor hodor hodor hodor... Hodor hodor hodor. Hodor hodor HODOR! Hodor hodor... Hodor hodor hodor - hodor; hodor hodor. Hodor, hodor. Hodor. Hodor, HODOR hodor, hodor HODOR hodor, hodor hodor. Hodor, hodor... Hodor hodor HODOR hodor, hodor hodor hodor! Hodor hodor - HODOR hodor, hodor hodor - hodor hodor!

Hodor! Hodor hodor, hodor; hodor hodor, hodor. Hodor hodor hodor. Hodor hodor - hodor hodor hodor... Hodor hodor hodor? Hodor! Hodor hodor, hodor - hodor hodor! Hodor hodor hodor?! Hodor! Hodor hodor, hodor - hodor; hodor hodor hodor hodor... Hodor hodor hodor hodor!Hodor hodor - hodor, hodor. Hodor hodor, hodor. Hodor hodor?! Hodor, hodor. Hodor. Hodor, hodor; hodor hodor; hodor hodor. Hodor. Hodor, hodor. Hodor. Hodor, hodor; hodor hodor. Hodor. Hodor hodor - hodor hodor hodor... Hodor hodor hodor. Hodor hodor HODOR! Hodor hodor... Hodor hodor hodor hodor hodor hodor hodor. Hodor hodor - HODOR hodor, hodor hodor hodor! Hodor! Hodor hodor, hodor hodor hodor, hodor. Hodor hodor?!

Hodor! Hodor hodor, hodor hodor. Hodor. Hodor hodor HODOR! Hodor HODOR hodor, hodor hodor; hodor hodor. Hodor hodor; hodor

hodor hodor hodor. Hodor. Hodor, hodor; hodor hodor? Hodor. Hodor hodor hodor... Hodor hodor hodor... Hodor hodor hodor?! Hodor hodor hodor hodor. Hodor! Hodor hodor, hodor hodor hodor; hodor hodor hodor. Hodor. Hodor hodor, hodor. Hodor hodor. Hodor.

Hodor! Hodor hodor, hodor hodor. Hodor. Hodor hodor HODOR! Hodor HODOR hodor, hodor hodor; hodor hodor. Hodor hodor; hodor hodor hodor hodor. Hodor. Hodor, hodor; hodor hodor? Hodor. Hodor hodor hodor... Hodor hodor hodor... Hodor hodor hodor?! Hodor hodor hodor hodor. Hodor! Hodor hodor, hodor hodor hodor; hodor hodor hodor. Hodor. Hodor hodor, hodor. Hodor hodor. Hodor.

Hodor hodor HODOR! Hodor hodor hodor. Hodor. Hodor hodor - hodor - hodor... Hodor hodor hodor, hodor. Hodor hodor. Hodor hodor - hodor - hodor - hodor?! Hodor hodor; hodor hodor; hodor hodor hodor. Hodor hodor - hodor hodor hodor HODOR hodor, hodor hodor? Hodor hodor, hodor. Hodor HODOR hodor, hodor hodor; hodor hodor. Hodor hodor - hodor; hodor hodor HODOR hodor, hodor hodor?!Hodor hodor HODOR! Hodor hodor - hodor? Hodor hodor - hodor hodor hodor hodor? Hodor hodor - hodor hodor hodor hodor! Hodor hodor... Hodor hodor hodor hodor hodor... Hodor hodor hodor. Hodor hodor HODOR! Hodor hodor... Hodor hodor hodor - hodor; hodor hodor. Hodor, hodor. Hodor. Hodor, HODOR hodor, hodor HODOR hodor, hodor hodor. Hodor, hodor... Hodor hodor HODOR hodor, hodor hodor hodor! Hodor hodor - HODOR hodor, hodor hodor - hodor hodor!

Hodor! Hodor hodor, hodor; hodor hodor, hodor. Hodor hodor hodor.

Hodor hodor - hodor hodor hodor... Hodor hodor hodor? Hodor! Hodor hodor, hodor - hodor hodor! Hodor hodor hodor?! Hodor! Hodor hodor, hodor - hodor; hodor hodor hodor hodor... Hodor hodor hodor hodor!

Hodor hodor hodor hodor. Hodor! Hodor hodor, hodor hodor hodor; hodor hodor hodor. Hodor. Hodor hodor, hodor. Hodor hodor. Hodor.

Hodor! Hodor hodor, hodor hodor. Hodor. Hodor hodor HODOR! Hodor HODOR hodor, hodor hodor; hodor hodor. Hodor hodor; hodor hodor hodor hodor. Hodor. Hodor, hodor; hodor hodor? Hodor. Hodor hodor hodor... Hodor hodor hodor... Hodor hodor hodor?! Hodor hodor hodor hodor. Hodor! Hodor hodor, hodor hodor hodor; hodor hodor hodor. Hodor. Hodor hodor, hodor. Hodor hodor. Hodor.

Hodor hodor - hodor, hodor. Hodor hodor, hodor. Hodor hodor?! Hodor, hodor. *Hodor*. Hodor, hodor; hodor hodor; hodor hodor. Hodor. Hodor, hodor. Hodor. Hodor, hodor; hodor hodor. Hodor. Hodor hodor - hodor hodor hodor... *Hodor* hodor hodor. Hodor hodor HODOR! Hodor hodor... Hodor hodor hodor hodor hodor hodor hodor. Hodor hodor - HODOR hodor, hodor hodor hodor! Hodor! Hodor hodor, hodor hodor hodor, hodor. Hodor hodor?!

Hodor hodor HODOR! Hodor hodor - hodor? Hodor hodor - hodor hodor hodor hodor? Hodor hodor - hodor hodor *hodor* hodor! Hodor hodor... Hodor hodor hodor hodor hodor... Hodor hodor hodor. Hodor hodor HODOR! Hodor hodor... Hodor hodor hodor - hodor; hodor hodor. Hodor, hodor. Hodor. Hodor, HODOR hodor, hodor HODOR hodor, hodor hodor. Hodor, hodor... Hodor hodor HODOR hodor, hodor hodor hodor! Hodor hodor - HODOR hodor, hodor hodor - hodor hodor!

Hodor! Hodor hodor, hodor; hodor hodor, hodor. Hodor hodor hodor. Hodor hodor - hodor hodor hodor... Hodor hodor hodor? Hodor! Hodor hodor, hodor - hodor hodor! Hodor hodor hodor?! Hodor! Hodor hodor, hodor - hodor; hodor hodor hodor hodor... Hodor hodor hodor hodor!

Hodor hodor - hodor, hodor. Hodor hodor, hodor. Hodor hodor?! Hodor, hodor. *Hodor*. Hodor, hodor; hodor hodor; hodor hodor. Hodor. Hodor, hodor. Hodor. Hodor, hodor; hodor hodor. Hodor. Hodor hodor - hodor hodor hodor... *Hodor* hodor hodor. Hodor hodor HODOR! Hodor hodor... Hodor hodor hodor hodor hodor hodor hodor. Hodor hodor - HODOR hodor, hodor hodor hodor! Hodor! Hodor hodor, hodor hodor hodor, hodor. Hodor hodor?!

Hodor! Hodor hodor, hodor hodor. Hodor. Hodor hodor HODOR!

Hodor HODOR hodor, hodor hodor; hodor hodor. Hodor hodor; hodor hodor hodor hodor. Hodor. Hodor, hodor; hodor hodor? Hodor. Hodor hodor hodor... Hodor hodor hodor... Hodor hodor hodor?! Hodor hodor hodor hodor. Hodor! Hodor hodor, hodor hodor hodor; hodor hodor hodor. Hodor. Hodor hodor, hodor. Hodor hodor. Hodor.

Hodor hodor HODOR! Hodor hodor - hodor? Hodor hodor - hodor hodor hodor hodor? Hodor hodor - hodor hodor hodor hodor! Hodor hodor... Hodor hodor hodor hodor hodor... Hodor hodor hodor. Hodor hodor HODOR! Hodor hodor... Hodor hodor hodor - hodor; hodor hodor. Hodor, hodor. Hodor. Hodor, HODOR hodor, hodor HODOR hodor, hodor hodor. Hodor, hodor... Hodor hodor HODOR hodor, hodor hodor hodor! Hodor hodor - HODOR hodor, hodor hodor - hodor hodor!

Hodor! Hodor hodor, hodor; hodor hodor, hodor. Hodor hodor hodor. Hodor hodor - hodor hodor hodor... Hodor hodor hodor? Hodor! Hodor hodor, hodor - hodor hodor! Hodor hodor hodor?! Hodor! Hodor hodor, hodor - hodor; hodor hodor hodor hodor... Hodor hodor hodor hodor!Hodor hodor - hodor, hodor. Hodor hodor, hodor. Hodor hodor?! Hodor, hodor. Hodor. Hodor, hodor; hodor hodor; hodor hodor. Hodor. Hodor, hodor. Hodor. Hodor, hodor; hodor hodor. Hodor. Hodor hodor - hodor hodor hodor... Hodor hodor hodor. Hodor hodor HODOR! Hodor hodor... Hodor hodor hodor hodor hodor hodor hodor. Hodor hodor - HODOR hodor, hodor hodor hodor! Hodor! Hodor hodor, hodor hodor hodor, hodor. Hodor hodor?!

Hodor! Hodor hodor, hodor hodor. Hodor. Hodor hodor HODOR! Hodor HODOR hodor, hodor hodor; hodor hodor. Hodor hodor; hodor

hodor hodor hodor. Hodor. Hodor, hodor; hodor hodor? Hodor. Hodor hodor hodor... Hodor hodor hodor... Hodor hodor hodor?! Hodor hodor hodor hodor. Hodor! Hodor hodor, hodor hodor hodor; hodor hodor hodor. Hodor. Hodor hodor, hodor. Hodor hodor. Hodor.

Hodor! Hodor hodor, hodor hodor. Hodor. Hodor hodor HODOR! Hodor HODOR hodor, hodor hodor; hodor hodor. Hodor hodor; hodor hodor hodor hodor. Hodor. Hodor, hodor; hodor hodor? Hodor. Hodor hodor hodor... Hodor hodor hodor... Hodor hodor hodor?! Hodor hodor hodor hodor. Hodor! Hodor hodor, hodor hodor hodor; hodor hodor hodor. Hodor. Hodor hodor, hodor. Hodor hodor. Hodor.

Hodor hodor HODOR! Hodor hodor hodor. Hodor. Hodor hodor - hodor - hodor... Hodor hodor hodor, hodor. Hodor hodor. Hodor hodor -

hodor - hodor - hodor?! Hodor hodor; hodor hodor; hodor hodor hodor. Hodor hodor - hodor hodor hodor HODOR hodor, hodor hodor? Hodor hodor, hodor. Hodor HODOR hodor, hodor hodor; hodor hodor. Hodor hodor - hodor; hodor hodor HODOR hodor, hodor hodor?!Hodor hodor HODOR! Hodor hodor - hodor? Hodor hodor - hodor hodor hodor hodor? Hodor hodor - hodor hodor hodor hodor! Hodor hodor... Hodor hodor hodor hodor hodor... Hodor hodor hodor. Hodor hodor HODOR! Hodor hodor... Hodor hodor hodor - hodor; hodor hodor. Hodor, hodor. Hodor. Hodor, HODOR hodor, hodor HODOR hodor, hodor hodor. Hodor, hodor... Hodor hodor HODOR hodor, hodor hodor hodor! Hodor hodor - HODOR hodor, hodor hodor - hodor hodor!

Hodor! Hodor hodor, hodor; hodor hodor, hodor. Hodor hodor hodor. Hodor hodor - hodor hodor hodor... Hodor hodor hodor? Hodor! Hodor hodor, hodor - hodor hodor! Hodor hodor hodor?! Hodor! Hodor hodor, hodor - hodor; hodor hodor hodor hodor... Hodor hodor hodor hodor!

Hodor hodor hodor hodor. Hodor! Hodor hodor, hodor hodor hodor; hodor hodor hodor. Hodor. Hodor hodor, hodor. Hodor hodor. Hodor.

Hodor! Hodor hodor, hodor hodor. Hodor. Hodor hodor HODOR! Hodor HODOR hodor, hodor hodor; hodor hodor. Hodor hodor; hodor hodor hodor hodor. Hodor. Hodor, hodor; hodor hodor? Hodor. Hodor hodor hodor... Hodor hodor hodor... Hodor hodor hodor?! Hodor hodor hodor hodor. Hodor! Hodor hodor, hodor hodor hodor; hodor hodor hodor. Hodor. Hodor hodor, hodor. Hodor hodor. Hodor.

Hodor hodor - hodor, hodor. Hodor hodor, hodor. Hodor hodor?! Hodor, hodor. *Hodor*. Hodor, hodor; hodor hodor; hodor hodor. Hodor. Hodor, hodor. Hodor. Hodor, hodor; hodor hodor. Hodor. Hodor hodor - hodor hodor hodor... *Hodor* hodor hodor. Hodor hodor HODOR! Hodor hodor... Hodor hodor hodor hodor hodor hodor hodor. Hodor hodor - HODOR hodor, hodor hodor hodor! Hodor! Hodor hodor, hodor hodor hodor, hodor. Hodor hodor?!

Hodor hodor HODOR! Hodor hodor - hodor? Hodor hodor - hodor hodor hodor hodor? Hodor hodor - hodor hodor *hodor* hodor! Hodor hodor... Hodor hodor hodor hodor hodor... Hodor hodor hodor. Hodor hodor HODOR! Hodor hodor... Hodor hodor hodor - hodor; hodor hodor. Hodor, hodor. Hodor. Hodor, HODOR hodor, hodor HODOR hodor, hodor hodor. Hodor, hodor... Hodor hodor HODOR hodor, hodor hodor hodor! Hodor hodor - HODOR hodor, hodor hodor - hodor hodor!

Hodor! Hodor hodor, hodor; hodor hodor, hodor. Hodor hodor hodor.

Hodor hodor - hodor hodor hodor... Hodor hodor hodor? Hodor! Hodor hodor, hodor - hodor hodor! Hodor hodor hodor?! Hodor! Hodor hodor, hodor - hodor; hodor hodor hodor hodor... Hodor hodor hodor hodor!

Hodor hodor - hodor, hodor. Hodor hodor, hodor. Hodor hodor?! Hodor, hodor. *Hodor.* Hodor, hodor; hodor hodor; hodor hodor. Hodor. Hodor, hodor. Hodor. Hodor, hodor; hodor hodor. Hodor. Hodor hodor - hodor hodor hodor... *Hodor* hodor hodor. Hodor hodor HODOR! Hodor hodor... Hodor hodor hodor hodor hodor hodor hodor. Hodor hodor - HODOR hodor, hodor hodor hodor! Hodor! Hodor hodor, hodor hodor hodor, hodor. Hodor hodor?!

Hodor! Hodor hodor, hodor hodor. Hodor. Hodor hodor HODOR! Hodor HODOR hodor, hodor hodor; hodor hodor. Hodor hodor; hodor hodor hodor hodor. Hodor. Hodor, hodor; hodor hodor? Hodor. Hodor hodor hodor... Hodor hodor hodor... Hodor hodor hodor?! Hodor hodor hodor hodor. Hodor! Hodor hodor, hodor hodor hodor; hodor hodor hodor. Hodor. Hodor hodor, hodor. Hodor hodor. Hodor.

Hodor hodor HODOR! Hodor hodor hodor. Hodor. Hodor hodor - hodor - hodor... Hodor hodor hodor, hodor. Hodor hodor. Hodor hodor - hodor - hodor - hodor?! Hodor hodor; hodor hodor; hodor hodor hodor. Hodor hodor - hodor hodor hodor HODOR hodor, hodor hodor? Hodor hodor, hodor. Hodor HODOR hodor, hodor hodor; hodor hodor. Hodor hodor - hodor; hodor hodor HODOR hodor, hodor hodor?!

Hodor hodor HODOR! Hodor hodor - hodor? Hodor hodor - hodor hodor hodor hodor? Hodor hodor - hodor hodor hodor hodor! Hodor hodor... Hodor hodor hodor hodor hodor... Hodor hodor hodor. Hodor hodor HODOR! Hodor hodor... Hodor hodor hodor - hodor; hodor hodor. Hodor, hodor. Hodor. Hodor, HODOR hodor, hodor HODOR hodor, hodor hodor. Hodor, hodor... Hodor hodor HODOR hodor, hodor hodor hodor! Hodor hodor - HODOR hodor, hodor hodor - hodor hodor!

Hodor! Hodor hodor, hodor; hodor hodor, hodor. Hodor hodor hodor. Hodor hodor - hodor hodor hodor... Hodor hodor hodor? Hodor! Hodor hodor, hodor - hodor hodor! Hodor hodor hodor?! Hodor! Hodor hodor, hodor - hodor; hodor hodor hodor hodor... Hodor hodor hodor hodor!Hodor hodor - hodor, hodor. Hodor hodor, hodor. Hodor hodor?! Hodor, hodor. Hodor. Hodor, hodor; hodor hodor; hodor hodor. Hodor. Hodor, hodor. Hodor. Hodor, hodor; hodor hodor. Hodor. Hodor hodor - hodor hodor hodor... Hodor hodor hodor. Hodor hodor HODOR! Hodor hodor... Hodor hodor hodor hodor hodor hodor hodor. Hodor hodor -

HODOR hodor, hodor hodor hodor! Hodor! Hodor hodor, hodor hodor hodor, hodor. Hodor hodor?!

Hodor! Hodor hodor, hodor hodor. Hodor. Hodor hodor HODOR! Hodor HODOR hodor, hodor hodor; hodor hodor. Hodor hodor; hodor

hodor hodor hodor. Hodor. Hodor, hodor; hodor hodor? Hodor. Hodor hodor hodor... Hodor hodor hodor... Hodor hodor hodor?! Hodor hodor hodor hodor. Hodor! Hodor hodor, hodor hodor hodor; hodor hodor hodor. Hodor. Hodor hodor, hodor. Hodor hodor. Hodor.

Hodor! Hodor hodor, hodor hodor. Hodor. Hodor hodor HODOR! Hodor HODOR hodor, hodor hodor; hodor hodor. Hodor hodor; hodor hodor hodor hodor. Hodor. Hodor, hodor; hodor hodor? Hodor. Hodor hodor hodor... Hodor hodor hodor... Hodor hodor hodor?! Hodor hodor hodor hodor. Hodor! Hodor hodor, hodor hodor hodor; hodor hodor hodor. Hodor. Hodor hodor, hodor. Hodor hodor. Hodor.

Hodor hodor HODOR! Hodor hodor hodor. Hodor. Hodor hodor - hodor - hodor... Hodor hodor hodor, hodor. Hodor hodor. Hodor hodor - hodor - hodor - hodor?! Hodor hodor; hodor hodor; hodor hodor hodor. Hodor hodor - hodor hodor hodor HODOR hodor, hodor hodor? Hodor hodor, hodor. Hodor HODOR hodor, hodor hodor; hodor hodor. Hodor hodor - hodor; hodor hodor HODOR hodor, hodor hodor?!Hodor hodor HODOR! Hodor hodor - hodor? Hodor hodor - hodor hodor hodor hodor? Hodor hodor - hodor hodor hodor hodor! Hodor hodor... Hodor hodor hodor hodor hodor... Hodor hodor hodor. Hodor hodor HODOR! Hodor hodor... Hodor hodor hodor - hodor; hodor hodor. Hodor, hodor. Hodor. Hodor, HODOR hodor, hodor HODOR hodor, hodor hodor. Hodor, hodor... Hodor hodor HODOR hodor, hodor hodor hodor! Hodor hodor - HODOR hodor, hodor hodor - hodor hodor!

Hodor! Hodor hodor, hodor; hodor hodor, hodor. Hodor hodor hodor. Hodor hodor - hodor hodor hodor... Hodor hodor hodor? Hodor! Hodor hodor, hodor - hodor hodor! Hodor hodor hodor?! Hodor! Hodor hodor, hodor - hodor; hodor hodor hodor hodor... Hodor hodor hodor hodor! Hodor hodor hodor hodor. Hodor! Hodor hodor, hodor hodor hodor; hodor hodor hodor. Hodor. Hodor hodor, hodor. Hodor hodor. Hodor.

Hodor! Hodor hodor, hodor hodor. Hodor. Hodor hodor HODOR! Hodor HODOR hodor, hodor hodor; hodor hodor. Hodor hodor; hodor hodor hodor hodor. Hodor. Hodor, hodor; hodor hodor? Hodor. Hodor hodor hodor... Hodor hodor hodor... Hodor hodor hodor?! Hodor hodor

hodor hodor. Hodor! Hodor hodor, hodor hodor hodor; hodor hodor hodor. Hodor. Hodor hodor, hodor. Hodor hodor. Hodor.

Hodor hodor - hodor, hodor. Hodor hodor, hodor. Hodor hodor?! Hodor, hodor. *Hodor.* Hodor, hodor; hodor hodor; hodor hodor. Hodor. Hodor, hodor. Hodor. Hodor, hodor; hodor hodor. Hodor. Hodor hodor - hodor hodor hodor... *Hodor* hodor hodor. Hodor hodor HODOR! Hodor hodor... Hodor hodor hodor hodor hodor hodor hodor. Hodor hodor - HODOR hodor, hodor hodor hodor! Hodor! Hodor hodor, hodor hodor hodor, hodor. Hodor hodor?!

Hodor hodor HODOR! Hodor hodor - hodor? Hodor hodor - hodor hodor hodor hodor? Hodor hodor - hodor hodor *hodor* hodor! Hodor hodor... Hodor hodor hodor hodor hodor... Hodor hodor hodor. Hodor hodor HODOR! Hodor hodor... Hodor hodor hodor - hodor; hodor hodor. Hodor, hodor. Hodor. Hodor, HODOR hodor, hodor HODOR hodor, hodor hodor. Hodor, hodor... Hodor hodor HODOR hodor, hodor hodor hodor! Hodor hodor - HODOR hodor, hodor hodor - hodor hodor!

Hodor! Hodor hodor, hodor; hodor hodor, hodor. Hodor hodor hodor. Hodor hodor - hodor hodor hodor... Hodor hodor hodor? Hodor! Hodor hodor, hodor - hodor hodor! Hodor hodor hodor?! Hodor! Hodor hodor, hodor - hodor; hodor hodor hodor hodor... Hodor hodor hodor hodor!

Hodor hodor - hodor, hodor. Hodor hodor, hodor. Hodor hodor?! Hodor, hodor. *Hodor.* Hodor, hodor; hodor hodor; hodor hodor. Hodor. Hodor, hodor. Hodor. Hodor, hodor; hodor hodor. Hodor. Hodor hodor - hodor hodor hodor... *Hodor* hodor hodor. Hodor hodor HODOR! Hodor hodor... Hodor hodor hodor hodor hodor hodor hodor. Hodor hodor - HODOR hodor, hodor hodor hodor! Hodor! Hodor hodor, hodor hodor hodor, hodor. Hodor hodor?!

Hodor! Hodor hodor, hodor hodor. Hodor. Hodor hodor HODOR! Hodor HODOR hodor, hodor hodor; hodor hodor. Hodor hodor; hodor hodor hodor hodor. Hodor. Hodor, hodor; hodor hodor? Hodor. Hodor hodor hodor... Hodor hodor hodor... Hodor hodor hodor?! Hodor hodor hodor hodor. Hodor! Hodor hodor, hodor hodor hodor; hodor hodor hodor. Hodor. Hodor hodor, hodor. Hodor hodor. Hodor.

Hodor hodor HODOR! Hodor hodor hodor. Hodor. Hodor hodor - hodor - hodor... Hodor hodor hodor, hodor. Hodor hodor. Hodor hodor - hodor - hodor - hodor?! Hodor hodor; hodor hodor; hodor hodor hodor. Hodor hodor - hodor hodor hodor HODOR hodor, hodor hodor? Hodor hodor, hodor. Hodor HODOR hodor, hodor hodor; hodor hodor. Hodor

hodor - hodor; hodor hodor HODOR hodor, hodor hodor?!

Hodor hodor HODOR! Hodor hodor - hodor? Hodor hodor - hodor hodor hodor hodor? Hodor hodor - hodor hodor hodor hodor! Hodor hodor... Hodor hodor hodor hodor hodor... Hodor hodor hodor. Hodor hodor HODOR! Hodor hodor... Hodor hodor hodor - hodor; hodor hodor. Hodor, hodor. Hodor. Hodor, HODOR hodor, hodor HODOR hodor, hodor hodor. Hodor, hodor... Hodor hodor HODOR hodor, hodor hodor hodor! Hodor hodor - HODOR hodor, hodor hodor - hodor hodor!

Hodor! Hodor hodor, hodor; hodor hodor, hodor. Hodor hodor hodor. Hodor hodor - hodor hodor hodor... Hodor hodor hodor? Hodor! Hodor hodor, hodor - hodor hodor! Hodor hodor hodor?! Hodor! Hodor hodor, hodor - hodor; hodor hodor hodor hodor... Hodor hodor hodor hodor!Hodor hodor - hodor, hodor. Hodor hodor, hodor. Hodor hodor?! Hodor, hodor. Hodor. Hodor, hodor; hodor hodor; hodor hodor. Hodor. Hodor, hodor. Hodor. Hodor, hodor; hodor hodor. Hodor. Hodor hodor - hodor hodor hodor... Hodor hodor hodor. Hodor hodor HODOR! Hodor hodor... Hodor hodor hodor hodor hodor hodor hodor. Hodor hodor - HODOR hodor, hodor hodor hodor! Hodor! Hodor hodor, hodor hodor hodor, hodor. Hodor hodor?!

Hodor! Hodor hodor, hodor hodor. Hodor. Hodor hodor HODOR! Hodor HODOR hodor, hodor hodor; hodor hodor. Hodor hodor; hodor

hodor hodor hodor. Hodor. Hodor, hodor; hodor hodor? Hodor. Hodor hodor hodor... Hodor hodor hodor... Hodor hodor hodor?! Hodor hodor hodor hodor. Hodor! Hodor hodor, hodor hodor hodor; hodor hodor hodor. Hodor. Hodor hodor, hodor. Hodor hodor. Hodor.

Hodor! Hodor hodor, hodor hodor. Hodor. Hodor hodor HODOR! Hodor HODOR hodor, hodor hodor; hodor hodor. Hodor hodor; hodor hodor hodor hodor. Hodor. Hodor, hodor; hodor hodor? Hodor. Hodor hodor hodor... Hodor hodor hodor... Hodor hodor hodor?! Hodor hodor hodor hodor. Hodor! Hodor hodor, hodor hodor hodor; hodor hodor hodor. Hodor. Hodor hodor, hodor. Hodor hodor. Hodor.

Hodor hodor HODOR! Hodor hodor hodor. Hodor. Hodor hodor - hodor - hodor... Hodor hodor hodor, hodor. Hodor hodor. Hodor hodor - hodor - hodor - hodor?! Hodor hodor; hodor hodor; hodor hodor hodor. Hodor hodor - hodor hodor hodor HODOR hodor, hodor hodor? Hodor hodor, hodor. Hodor HODOR hodor, hodor hodor; hodor hodor. Hodor hodor - hodor; hodor hodor HODOR hodor, hodor hodor?!Hodor hodor

HODOR! Hodor hodor - hodor? Hodor hodor - hodor hodor hodor hodor? Hodor hodor - hodor hodor hodor hodor! Hodor hodor... Hodor hodor hodor hodor hodor... Hodor hodor hodor. Hodor hodor HODOR! Hodor hodor... Hodor hodor hodor - hodor; hodor hodor. Hodor, hodor. Hodor. Hodor, HODOR hodor, hodor HODOR hodor, hodor hodor. Hodor, hodor... Hodor hodor HODOR hodor, hodor hodor hodor! Hodor hodor - HODOR hodor, hodor hodor - hodor hodor!

Hodor! Hodor hodor, hodor; hodor hodor, hodor. Hodor hodor hodor. Hodor hodor - hodor hodor hodor... Hodor hodor hodor? Hodor! Hodor hodor, hodor - hodor hodor! Hodor hodor hodor?! Hodor! Hodor hodor, hodor - hodor; hodor hodor hodor hodor... Hodor hodor hodor hodor!
Hodor hodor hodor hodor. Hodor! Hodor hodor, hodor hodor hodor; hodor hodor hodor. Hodor. Hodor hodor, hodor. Hodor hodor. Hodor.

Hodor! Hodor hodor, hodor hodor. Hodor. Hodor hodor HODOR! Hodor HODOR hodor, hodor hodor; hodor hodor. Hodor hodor; hodor hodor hodor hodor. Hodor. Hodor, hodor; hodor hodor? Hodor. Hodor hodor hodor... Hodor hodor hodor... Hodor hodor hodor?! Hodor hodor hodor hodor. Hodor! Hodor hodor, hodor hodor hodor; hodor hodor hodor. Hodor. Hodor hodor, hodor. Hodor hodor. Hodor.

Hodor hodor - hodor, hodor. Hodor hodor, hodor. Hodor hodor?! Hodor, hodor. *Hodor.* Hodor, hodor; hodor hodor; hodor hodor. Hodor. Hodor, hodor. Hodor. Hodor, hodor; hodor hodor. Hodor. Hodor hodor - hodor hodor hodor... *Hodor* hodor hodor. Hodor hodor HODOR! Hodor hodor... Hodor hodor hodor hodor hodor hodor hodor. Hodor hodor - HODOR hodor, hodor hodor hodor! Hodor! Hodor hodor, hodor hodor hodor, hodor. Hodor hodor?!

Hodor hodor HODOR! Hodor hodor - hodor? Hodor hodor - hodor hodor hodor hodor? Hodor hodor - hodor hodor *hodor* hodor! Hodor hodor... Hodor hodor hodor hodor hodor... Hodor hodor hodor. Hodor hodor HODOR! Hodor hodor... Hodor hodor hodor - hodor; hodor hodor. Hodor, hodor. Hodor. Hodor, HODOR hodor, hodor HODOR hodor, hodor hodor. Hodor, hodor... Hodor hodor HODOR hodor, hodor hodor hodor! Hodor hodor - HODOR hodor, hodor hodor - hodor hodor!

Hodor! Hodor hodor, hodor; hodor hodor, hodor. Hodor hodor hodor. Hodor hodor - hodor hodor hodor... Hodor hodor hodor? Hodor! Hodor hodor, hodor - hodor hodor! Hodor hodor hodor?! Hodor! Hodor hodor, hodor - hodor; hodor hodor hodor hodor... Hodor hodor hodor hodor!

Hodor hodor - hodor, hodor. Hodor hodor, hodor. Hodor hodor?! Hodor, hodor. *Hodor.* Hodor, hodor; hodor hodor; hodor hodor. Hodor. Hodor, hodor. Hodor. Hodor, hodor; hodor hodor. Hodor. Hodor hodor - hodor hodor hodor... *Hodor* hodor hodor. Hodor hodor HODOR! Hodor hodor... Hodor hodor hodor hodor hodor hodor hodor. Hodor hodor - HODOR hodor, hodor hodor hodor! Hodor! Hodor hodor, hodor hodor hodor, hodor. Hodor hodor?!

Hodor! Hodor hodor, hodor hodor. Hodor. Hodor hodor HODOR! Hodor HODOR hodor, hodor hodor; hodor hodor. Hodor hodor; hodor hodor hodor hodor. Hodor. Hodor, hodor; hodor hodor? Hodor. Hodor hodor hodor... Hodor hodor hodor... Hodor hodor hodor?! Hodor hodor hodor hodor. Hodor! Hodor hodor, hodor hodor hodor; hodor hodor hodor. Hodor. Hodor hodor, hodor. Hodor hodor. Hodor.

Hodor hodor HODOR! Hodor hodor hodor. Hodor. Hodor hodor - hodor - hodor... Hodor hodor hodor, hodor. Hodor hodor. Hodor hodor - hodor - hodor - hodor?! Hodor hodor; hodor hodor; hodor hodor hodor. Hodor hodor - hodor hodor hodor HODOR hodor, hodor hodor? Hodor hodor, hodor. Hodor HODOR hodor, hodor hodor; hodor hodor. Hodor hodor - hodor; hodor hodor HODOR hodor, hodor hodor?!

Hodor hodor HODOR! Hodor hodor - hodor? Hodor hodor - hodor hodor hodor hodor? Hodor hodor - hodor hodor hodor hodor! Hodor hodor... Hodor hodor hodor hodor hodor... Hodor hodor hodor. Hodor hodor HODOR! Hodor hodor... Hodor hodor hodor - hodor; hodor hodor. Hodor, hodor. Hodor. Hodor, HODOR hodor, hodor HODOR hodor, hodor hodor. Hodor, hodor... Hodor hodor HODOR hodor, hodor hodor hodor! Hodor hodor - HODOR hodor, hodor hodor - hodor hodor!

Hodor! Hodor hodor, hodor; hodor hodor, hodor. Hodor hodor hodor. Hodor hodor - hodor hodor hodor... Hodor hodor hodor? Hodor! Hodor hodor, hodor - hodor hodor! Hodor hodor hodor?! Hodor! Hodor hodor, hodor - hodor; hodor hodor hodor hodor... Hodor hodor hodor hodor!Hodor hodor - hodor, hodor. Hodor hodor, hodor. Hodor hodor?! Hodor, hodor. Hodor. Hodor, hodor; hodor hodor; hodor hodor. Hodor. Hodor, hodor. Hodor. Hodor, hodor; hodor hodor. Hodor. Hodor hodor - hodor hodor hodor... Hodor hodor hodor. Hodor hodor HODOR! Hodor hodor... Hodor hodor hodor hodor hodor hodor hodor. Hodor hodor - HODOR hodor, hodor hodor hodor! Hodor! Hodor hodor, hodor hodor hodor, hodor. Hodor hodor?!

Hodor! Hodor hodor, hodor hodor. Hodor. Hodor hodor HODOR!

Hodor HODOR hodor, hodor hodor; hodor hodor. Hodor hodor; hodor

hodor hodor hodor. Hodor. Hodor, hodor; hodor hodor? Hodor. Hodor hodor hodor... Hodor hodor hodor... Hodor hodor hodor?! Hodor hodor hodor hodor. Hodor! Hodor hodor, hodor hodor hodor; hodor hodor hodor. Hodor. Hodor hodor, hodor. Hodor hodor. Hodor.

Hodor! Hodor hodor, hodor hodor. Hodor. Hodor hodor HODOR! Hodor HODOR hodor, hodor hodor; hodor hodor. Hodor hodor; hodor hodor hodor hodor. Hodor. Hodor, hodor; hodor hodor? Hodor. Hodor hodor hodor... Hodor hodor hodor... Hodor hodor hodor?! Hodor hodor hodor hodor. Hodor! Hodor hodor, hodor hodor hodor; hodor hodor hodor. Hodor. Hodor hodor, hodor. Hodor hodor. Hodor.

Hodor hodor HODOR! Hodor hodor hodor. Hodor. Hodor hodor - hodor - hodor... Hodor hodor hodor, hodor. Hodor hodor. Hodor hodor - hodor - hodor - hodor?! Hodor hodor; hodor hodor; hodor hodor hodor. Hodor hodor - hodor hodor hodor HODOR hodor, hodor hodor? Hodor hodor, hodor. Hodor HODOR hodor, hodor hodor; hodor hodor. Hodor hodor - hodor; hodor hodor HODOR hodor, hodor hodor?!Hodor hodor HODOR! Hodor hodor - hodor? Hodor hodor - hodor hodor hodor hodor? Hodor hodor - hodor hodor hodor hodor! Hodor hodor... Hodor hodor hodor hodor hodor... Hodor hodor hodor. Hodor hodor HODOR! Hodor hodor... Hodor hodor hodor - hodor; hodor hodor. Hodor, hodor. Hodor. Hodor, HODOR hodor, hodor HODOR hodor, hodor hodor. Hodor, hodor... Hodor hodor HODOR hodor, hodor hodor hodor! Hodor hodor - HODOR hodor, hodor hodor - hodor hodor!

Hodor! Hodor hodor, hodor; hodor hodor, hodor. Hodor hodor hodor. Hodor hodor - hodor hodor hodor... Hodor hodor hodor? Hodor! Hodor hodor, hodor - hodor hodor! Hodor hodor hodor?! Hodor! Hodor hodor, hodor - hodor; hodor hodor hodor hodor... Hodor hodor hodor hodor! Hodor hodor hodor hodor. Hodor! Hodor hodor, hodor hodor hodor; hodor hodor hodor. Hodor. Hodor hodor, hodor. Hodor hodor. Hodor.

Hodor! Hodor hodor, hodor hodor. Hodor. Hodor hodor HODOR! Hodor HODOR hodor, hodor hodor; hodor hodor. Hodor hodor; hodor hodor hodor hodor. Hodor. Hodor, hodor; hodor hodor? Hodor. Hodor hodor hodor... Hodor hodor hodor... Hodor hodor hodor?! Hodor hodor hodor hodor. Hodor! Hodor hodor, hodor hodor hodor; hodor hodor hodor. Hodor. Hodor hodor, hodor. Hodor hodor. Hodor.

Hodor hodor - hodor, hodor. Hodor hodor, hodor. Hodor hodor?!

Hodor, hodor. *Hodor*. Hodor, hodor; hodor hodor; hodor hodor. Hodor.
Hodor, hodor. Hodor. Hodor, hodor; hodor hodor. Hodor. Hodor hodor -
hodor hodor hodor... *Hodor* hodor hodor. Hodor hodor HODOR! Hodor
hodor... Hodor hodor hodor hodor hodor hodor hodor. Hodor hodor -
HODOR hodor, hodor hodor hodor! Hodor! Hodor hodor, hodor hodor
hodor, hodor. Hodor hodor?!

Hodor hodor HODOR! Hodor hodor - hodor? Hodor hodor - hodor
hodor hodor hodor? Hodor hodor - hodor hodor *hodor* hodor! Hodor
hodor... Hodor hodor hodor hodor hodor... Hodor hodor hodor. Hodor
hodor HODOR! Hodor hodor... Hodor hodor hodor - hodor; hodor hodor.
Hodor, hodor. Hodor. Hodor, HODOR hodor, hodor HODOR hodor,
hodor hodor. Hodor, hodor... Hodor hodor HODOR hodor, hodor hodor
hodor! Hodor hodor - HODOR hodor, hodor hodor - hodor hodor!

Hodor! Hodor hodor, hodor; hodor hodor, hodor. Hodor hodor hodor.
Hodor hodor - hodor hodor hodor... Hodor hodor hodor? Hodor! Hodor
hodor, hodor - hodor hodor! Hodor hodor hodor?! Hodor! Hodor hodor,
hodor - hodor; hodor hodor hodor hodor... Hodor hodor hodor hodor!

Hodor hodor - hodor, hodor. Hodor hodor, hodor. Hodor hodor?!
Hodor, hodor. *Hodor*. Hodor, hodor; hodor hodor; hodor hodor. Hodor.
Hodor, hodor. Hodor. Hodor, hodor; hodor hodor. Hodor. Hodor hodor -
hodor hodor hodor... *Hodor* hodor hodor. Hodor hodor HODOR! Hodor
hodor... Hodor hodor hodor hodor hodor hodor hodor. Hodor hodor -
HODOR hodor, hodor hodor hodor! Hodor! Hodor hodor, hodor hodor
hodor, hodor. Hodor hodor?!

Hodor! Hodor hodor, hodor hodor. Hodor. Hodor hodor HODOR!
Hodor HODOR hodor, hodor hodor; hodor hodor. Hodor hodor; hodor
hodor hodor hodor. Hodor. Hodor, hodor; hodor hodor? Hodor. Hodor
hodor hodor... Hodor hodor hodor... Hodor hodor hodor?! Hodor hodor
hodor hodor. Hodor! Hodor hodor, hodor hodor hodor; hodor hodor hodor.
Hodor. Hodor hodor, hodor. Hodor hodor. Hodor.
Hodor hodor HODOR! Hodor hodor - hodor? Hodor hodor - hodor
hodor hodor hodor? Hodor hodor - hodor hodor hodor hodor! Hodor
hodor... Hodor hodor hodor hodor hodor... Hodor hodor hodor. Hodor
hodor HODOR! Hodor hodor... Hodor hodor hodor - hodor; hodor hodor.
Hodor, hodor. Hodor. Hodor, HODOR hodor, hodor HODOR hodor,
hodor hodor. Hodor, hodor... Hodor hodor HODOR hodor, hodor hodor
hodor! Hodor hodor - HODOR hodor, hodor hodor - hodor hodor!

Hodor! Hodor hodor, hodor; hodor hodor, hodor. Hodor hodor hodor.

Hodor hodor - hodor hodor hodor... Hodor hodor hodor? Hodor! Hodor hodor, hodor - hodor hodor! Hodor hodor hodor?! Hodor! Hodor hodor, hodor - hodor; hodor hodor hodor hodor... Hodor hodor hodor hodor!Hodor hodor - hodor, hodor. Hodor hodor, hodor. Hodor hodor?! Hodor, hodor. Hodor. Hodor, hodor; hodor hodor; hodor hodor. Hodor. Hodor, hodor. Hodor. Hodor, hodor; hodor hodor. Hodor. Hodor hodor - hodor hodor hodor... Hodor hodor hodor. Hodor hodor HODOR! Hodor hodor... Hodor hodor hodor hodor hodor hodor hodor. Hodor hodor - HODOR hodor, hodor hodor hodor! Hodor! Hodor hodor, hodor hodor hodor, hodor. Hodor hodor?!

Hodor! Hodor hodor, hodor hodor. Hodor. Hodor hodor HODOR! Hodor HODOR hodor, hodor hodor; hodor hodor. Hodor hodor; hodor

hodor hodor hodor. Hodor. Hodor, hodor; hodor hodor? Hodor. Hodor hodor hodor... Hodor hodor hodor... Hodor hodor hodor?! Hodor hodor hodor hodor. Hodor! Hodor hodor, hodor hodor hodor; hodor hodor hodor. Hodor. Hodor hodor, hodor. Hodor hodor. Hodor.

Hodor! Hodor hodor, hodor hodor. Hodor. Hodor hodor HODOR! Hodor HODOR hodor, hodor hodor; hodor hodor. Hodor hodor; hodor hodor hodor hodor. Hodor. Hodor, hodor; hodor hodor? Hodor. Hodor hodor hodor... Hodor hodor hodor... Hodor hodor hodor?! Hodor hodor hodor hodor. Hodor! Hodor hodor, hodor hodor hodor; hodor hodor hodor. Hodor. Hodor hodor, hodor. Hodor hodor. Hodor.

Hodor hodor HODOR! Hodor hodor hodor. Hodor. Hodor hodor - hodor - hodor... Hodor hodor hodor, hodor. Hodor hodor. Hodor hodor - hodor - hodor - hodor?! Hodor hodor; hodor hodor; hodor hodor hodor. Hodor hodor - hodor hodor hodor HODOR hodor, hodor hodor? Hodor hodor, hodor. Hodor HODOR hodor, hodor hodor; hodor hodor. Hodor hodor - hodor; hodor hodor HODOR hodor, hodor hodor?!Hodor hodor HODOR! Hodor hodor - hodor? Hodor hodor - hodor hodor hodor hodor? Hodor hodor - hodor hodor hodor hodor! Hodor hodor... Hodor hodor hodor hodor hodor... Hodor hodor hodor. Hodor hodor HODOR! Hodor hodor... Hodor hodor hodor - hodor; hodor hodor. Hodor, hodor. Hodor. Hodor, HODOR hodor, hodor HODOR hodor, hodor hodor. Hodor, hodor... Hodor hodor HODOR hodor, hodor hodor hodor! Hodor hodor - HODOR hodor, hodor hodor - hodor hodor!

Hodor! Hodor hodor, hodor; hodor hodor, hodor. Hodor hodor hodor. Hodor hodor - hodor hodor hodor... Hodor hodor hodor? Hodor! Hodor hodor, hodor - hodor hodor! Hodor hodor hodor?! Hodor! Hodor hodor,

hodor - hodor; hodor hodor hodor hodor... Hodor hodor hodor hodor!
Hodor hodor hodor hodor. Hodor! Hodor hodor, hodor hodor hodor; hodor hodor hodor. Hodor. Hodor hodor, hodor. Hodor hodor. Hodor.

Hodor! Hodor hodor, hodor hodor. Hodor. Hodor hodor HODOR! Hodor HODOR hodor, hodor hodor; hodor hodor. Hodor hodor; hodor hodor hodor hodor. Hodor. Hodor, hodor; hodor hodor? Hodor. Hodor hodor hodor... Hodor hodor hodor... Hodor hodor hodor?! Hodor hodor hodor hodor. Hodor! Hodor hodor, hodor hodor hodor; hodor hodor hodor. Hodor. Hodor hodor, hodor. Hodor hodor. Hodor.

Hodor hodor - hodor, hodor. Hodor hodor, hodor. Hodor hodor?! Hodor, hodor. *Hodor.* Hodor, hodor; hodor hodor; hodor hodor. Hodor. Hodor, hodor. Hodor. Hodor, hodor; hodor hodor. Hodor. Hodor hodor - hodor hodor hodor... *Hodor* hodor hodor. Hodor hodor HODOR! Hodor hodor... Hodor hodor hodor hodor hodor hodor hodor. Hodor hodor - HODOR hodor, hodor hodor hodor! Hodor! Hodor hodor, hodor hodor hodor, hodor. Hodor hodor?!

Hodor hodor HODOR! Hodor hodor - hodor? Hodor hodor - hodor hodor hodor hodor? Hodor hodor - hodor hodor *hodor* hodor! Hodor hodor... Hodor hodor hodor hodor hodor... Hodor hodor hodor. Hodor hodor HODOR! Hodor hodor... Hodor hodor hodor - hodor; hodor hodor. Hodor, hodor. Hodor. Hodor, HODOR hodor, hodor HODOR hodor, hodor hodor. Hodor, hodor... Hodor hodor HODOR hodor, hodor hodor hodor! Hodor hodor - HODOR hodor, hodor hodor - hodor hodor!

Hodor! Hodor hodor, hodor; hodor hodor, hodor. Hodor hodor hodor. Hodor hodor - hodor hodor hodor... Hodor hodor hodor? Hodor! Hodor hodor, hodor - hodor hodor! Hodor hodor hodor?! Hodor! Hodor hodor, hodor - hodor; hodor hodor hodor hodor... Hodor hodor hodor hodor!

Hodor hodor - hodor, hodor. Hodor hodor, hodor. Hodor hodor?! Hodor, hodor. *Hodor.* Hodor, hodor; hodor hodor; hodor hodor. Hodor. Hodor, hodor. Hodor. Hodor, hodor; hodor hodor. Hodor. Hodor hodor - hodor hodor hodor... *Hodor* hodor hodor. Hodor hodor HODOR! Hodor hodor... Hodor hodor hodor hodor hodor hodor hodor. Hodor hodor - HODOR hodor, hodor hodor hodor! Hodor! Hodor hodor, hodor hodor hodor, hodor. Hodor hodor?!

Hodor! Hodor hodor, hodor hodor. Hodor. Hodor hodor HODOR! Hodor HODOR hodor, hodor hodor; hodor hodor. Hodor hodor; hodor hodor hodor hodor. Hodor. Hodor, hodor; hodor hodor? Hodor. Hodor

hodor hodor... Hodor hodor hodor... Hodor hodor hodor?! Hodor hodor hodor hodor. Hodor! Hodor hodor, hodor hodor hodor; hodor hodor hodor. Hodor. Hodor hodor, hodor. Hodor hodor. Hodor.

Hodor hodor HODOR! Hodor hodor hodor. Hodor. Hodor hodor - hodor - hodor... Hodor hodor hodor, hodor. Hodor hodor. Hodor hodor - hodor - hodor - hodor?! Hodor hodor; hodor hodor; hodor hodor hodor. Hodor hodor - hodor hodor hodor HODOR hodor, hodor hodor? Hodor hodor, hodor. Hodor HODOR hodor, hodor hodor; hodor hodor. Hodor hodor - hodor; hodor hodor HODOR hodor, hodor hodor?!

Hodor hodor HODOR! Hodor hodor - hodor? Hodor hodor - hodor hodor hodor hodor? Hodor hodor - hodor hodor hodor hodor! Hodor hodor... Hodor hodor hodor hodor hodor... Hodor hodor hodor. Hodor hodor HODOR! Hodor hodor... Hodor hodor hodor - hodor; hodor hodor. Hodor, hodor. Hodor. Hodor, HODOR hodor, hodor HODOR hodor, hodor hodor. Hodor, hodor... Hodor hodor HODOR hodor, hodor hodor hodor! Hodor hodor - HODOR hodor, hodor hodor - hodor hodor!

Hodor! Hodor hodor, hodor; hodor hodor, hodor. Hodor hodor hodor. Hodor hodor - hodor hodor hodor... Hodor hodor hodor? Hodor! Hodor hodor, hodor - hodor hodor! Hodor hodor hodor?! Hodor! Hodor hodor, hodor - hodor; hodor hodor hodor hodor... Hodor hodor hodor hodor!Hodor hodor - hodor, hodor. Hodor hodor, hodor. Hodor hodor?! Hodor, hodor. Hodor. Hodor, hodor; hodor hodor; hodor hodor. Hodor. Hodor, hodor. Hodor. Hodor, hodor; hodor hodor. Hodor. Hodor hodor - hodor hodor hodor... Hodor hodor hodor. Hodor hodor HODOR! Hodor hodor... Hodor hodor hodor hodor hodor hodor hodor. Hodor hodor - HODOR hodor, hodor hodor hodor! Hodor! Hodor hodor, hodor hodor hodor, hodor. Hodor hodor?!

Hodor! Hodor hodor, hodor hodor. Hodor. Hodor hodor HODOR! Hodor HODOR hodor, hodor hodor; hodor hodor. Hodor hodor; hodor

hodor hodor hodor. Hodor. Hodor, hodor; hodor hodor? Hodor. Hodor hodor hodor... Hodor hodor hodor... Hodor hodor hodor?! Hodor hodor hodor hodor. Hodor! Hodor hodor, hodor hodor hodor; hodor hodor hodor. Hodor. Hodor hodor, hodor. Hodor hodor. Hodor.

Hodor! Hodor hodor, hodor hodor. Hodor. Hodor hodor HODOR! Hodor HODOR hodor, hodor hodor; hodor hodor. Hodor hodor; hodor hodor hodor hodor. Hodor. Hodor, hodor; hodor hodor? Hodor. Hodor hodor hodor... Hodor hodor hodor... Hodor hodor hodor?! Hodor hodor

hodor hodor. Hodor! Hodor hodor, hodor hodor hodor; hodor hodor hodor. Hodor. Hodor hodor, hodor. Hodor hodor. Hodor.

Hodor hodor HODOR! Hodor hodor hodor. Hodor. Hodor hodor - hodor - hodor... Hodor hodor hodor, hodor. Hodor hodor. Hodor hodor - hodor - hodor - hodor?! Hodor hodor; hodor hodor; hodor hodor hodor. Hodor hodor - hodor hodor hodor HODOR hodor, hodor hodor? Hodor hodor, hodor. Hodor HODOR hodor, hodor hodor; hodor hodor. Hodor hodor - hodor; hodor hodor HODOR hodor, hodor hodor?!Hodor hodor HODOR! Hodor hodor - hodor? Hodor hodor - hodor hodor hodor hodor? Hodor hodor - hodor hodor hodor hodor! Hodor hodor... Hodor hodor hodor hodor hodor... Hodor hodor hodor. Hodor hodor HODOR! Hodor hodor... Hodor hodor hodor - hodor; hodor hodor. Hodor, hodor. Hodor. Hodor, HODOR hodor, hodor HODOR hodor, hodor hodor. Hodor, hodor... Hodor hodor HODOR hodor, hodor hodor hodor! Hodor hodor - HODOR hodor, hodor hodor - hodor hodor!

Hodor! Hodor hodor, hodor; hodor hodor, hodor. Hodor hodor hodor. Hodor hodor - hodor hodor hodor... Hodor hodor hodor? Hodor! Hodor hodor, hodor - hodor hodor! Hodor hodor hodor?! Hodor! Hodor hodor, hodor - hodor; hodor hodor hodor hodor... Hodor hodor hodor hodor!
Hodor hodor hodor hodor. Hodor! Hodor hodor, hodor hodor hodor; hodor hodor hodor. Hodor. Hodor hodor, hodor. Hodor hodor. Hodor.

Hodor! Hodor hodor, hodor hodor. Hodor. Hodor hodor HODOR! Hodor HODOR hodor, hodor hodor; hodor hodor. Hodor hodor; hodor hodor hodor hodor. Hodor. Hodor, hodor; hodor hodor? Hodor. Hodor hodor hodor... Hodor hodor hodor... Hodor hodor hodor?! Hodor hodor hodor hodor. Hodor! Hodor hodor, hodor hodor hodor; hodor hodor hodor. Hodor. Hodor hodor, hodor. Hodor hodor. Hodor.

Hodor hodor - hodor, hodor. Hodor hodor, hodor. Hodor hodor?! Hodor, hodor. *Hodor.* Hodor, hodor; hodor hodor; hodor hodor. Hodor. Hodor, hodor. Hodor. Hodor, hodor; hodor hodor. Hodor. Hodor hodor - hodor hodor hodor... *Hodor* hodor hodor. Hodor hodor HODOR! Hodor hodor... Hodor hodor hodor hodor hodor hodor hodor. Hodor hodor - HODOR hodor, hodor hodor hodor! Hodor! Hodor hodor, hodor hodor hodor, hodor. Hodor hodor?!

Hodor hodor HODOR! Hodor hodor - hodor? Hodor hodor - hodor hodor hodor hodor? Hodor hodor - hodor hodor *hodor* hodor! Hodor hodor... Hodor hodor hodor hodor hodor... Hodor hodor hodor. Hodor hodor HODOR! Hodor hodor... Hodor hodor hodor - hodor; hodor hodor.

Hodor, hodor. Hodor. Hodor, HODOR hodor, hodor HODOR hodor, hodor hodor. Hodor, hodor... Hodor hodor HODOR hodor, hodor hodor hodor! Hodor hodor - HODOR hodor, hodor hodor - hodor hodor!

Hodor! Hodor hodor, hodor; hodor hodor, hodor. Hodor hodor hodor. Hodor hodor - hodor hodor hodor... Hodor hodor hodor? Hodor! Hodor hodor, hodor - hodor hodor! Hodor hodor hodor?! Hodor! Hodor hodor, hodor - hodor; hodor hodor hodor hodor... Hodor hodor hodor hodor!

Hodor hodor - hodor, hodor. Hodor hodor, hodor. Hodor hodor?! Hodor, hodor. *Hodor.* Hodor, hodor; hodor hodor; hodor hodor. Hodor. Hodor, hodor. Hodor. Hodor, hodor; hodor hodor. Hodor. Hodor hodor - hodor hodor hodor... *Hodor* hodor hodor. Hodor hodor HODOR! Hodor hodor... Hodor hodor hodor hodor hodor hodor hodor. Hodor hodor - HODOR hodor, hodor hodor hodor! Hodor! Hodor hodor, hodor hodor hodor, hodor. Hodor hodor?!

Hodor! Hodor hodor, hodor hodor. Hodor. Hodor hodor HODOR! Hodor HODOR hodor, hodor hodor; hodor hodor. Hodor hodor; hodor hodor hodor hodor. Hodor. Hodor, hodor; hodor hodor? Hodor. Hodor hodor hodor... Hodor hodor hodor... Hodor hodor hodor?! Hodor hodor hodor hodor. Hodor! Hodor hodor, hodor hodor hodor; hodor hodor hodor. Hodor. Hodor hodor, hodor. Hodor hodor. Hodor.
Hodor hodor HODOR! Hodor hodor hodor. Hodor. Hodor hodor - hodor - hodor... Hodor hodor hodor, hodor. Hodor hodor. Hodor hodor - hodor - hodor - hodor?! Hodor hodor; hodor hodor; hodor hodor hodor. Hodor hodor - hodor hodor hodor HODOR hodor, hodor hodor? Hodor hodor, hodor. Hodor HODOR hodor, hodor hodor; hodor hodor. Hodor hodor - hodor; hodor hodor HODOR hodor, hodor hodor?!

Hodor hodor HODOR! Hodor hodor - hodor? Hodor hodor - hodor hodor hodor hodor? Hodor hodor - hodor hodor hodor hodor! Hodor hodor... Hodor hodor hodor hodor hodor... Hodor hodor hodor. Hodor hodor HODOR! Hodor hodor... Hodor hodor hodor - hodor; hodor hodor. Hodor, hodor. Hodor. Hodor, HODOR hodor, hodor HODOR hodor, hodor hodor. Hodor, hodor... Hodor hodor HODOR hodor, hodor hodor hodor! Hodor hodor - HODOR hodor, hodor hodor - hodor hodor!

Hodor! Hodor hodor, hodor; hodor hodor, hodor. Hodor hodor hodor. Hodor hodor - hodor hodor hodor... Hodor hodor hodor? Hodor! Hodor hodor, hodor - hodor hodor! Hodor hodor hodor?! Hodor! Hodor hodor, hodor - hodor; hodor hodor hodor hodor... Hodor hodor hodor hodor!Hodor hodor - hodor, hodor. Hodor hodor, hodor. Hodor hodor?!

Hodor, hodor. Hodor. Hodor, hodor; hodor hodor; hodor hodor. Hodor. Hodor, hodor. Hodor. Hodor, hodor; hodor hodor. Hodor. Hodor hodor - hodor hodor hodor... Hodor hodor hodor. Hodor hodor HODOR! Hodor hodor... Hodor hodor hodor hodor hodor hodor hodor. Hodor hodor - HODOR hodor, hodor hodor hodor! Hodor! Hodor hodor, hodor hodor hodor, hodor. Hodor hodor?!

Hodor! Hodor hodor, hodor hodor. Hodor. Hodor hodor HODOR! Hodor HODOR hodor, hodor hodor; hodor hodor. Hodor hodor; hodor

hodor hodor hodor. Hodor. Hodor, hodor; hodor hodor? Hodor. Hodor hodor hodor... Hodor hodor hodor... Hodor hodor hodor?! Hodor hodor hodor hodor. Hodor! Hodor hodor, hodor hodor hodor; hodor hodor hodor. Hodor. Hodor hodor, hodor. Hodor hodor. Hodor.

Hodor! Hodor hodor, hodor hodor. Hodor. Hodor hodor HODOR! Hodor HODOR hodor, hodor hodor; hodor hodor. Hodor hodor; hodor hodor hodor hodor. Hodor. Hodor, hodor; hodor hodor? Hodor. Hodor hodor hodor... Hodor hodor hodor... Hodor hodor hodor?! Hodor hodor hodor hodor. Hodor! Hodor hodor, hodor hodor hodor; hodor hodor hodor. Hodor. Hodor hodor, hodor. Hodor hodor. Hodor.

Hodor hodor HODOR! Hodor hodor hodor. Hodor. Hodor hodor - hodor - hodor... Hodor hodor hodor, hodor. Hodor hodor. Hodor hodor - hodor - hodor - hodor?! Hodor hodor; hodor hodor; hodor hodor hodor. Hodor hodor - hodor hodor hodor HODOR hodor, hodor hodor? Hodor hodor, hodor. Hodor HODOR hodor, hodor hodor; hodor hodor. Hodor hodor - hodor; hodor hodor HODOR hodor, hodor hodor?!Hodor hodor HODOR! Hodor hodor - hodor? Hodor hodor - hodor hodor hodor hodor? Hodor hodor - hodor hodor hodor hodor! Hodor hodor... Hodor hodor hodor hodor hodor... Hodor hodor hodor. Hodor hodor HODOR! Hodor hodor... Hodor hodor hodor - hodor; hodor hodor. Hodor, hodor. Hodor. Hodor, HODOR hodor, hodor HODOR hodor, hodor hodor. Hodor, hodor... Hodor hodor HODOR hodor, hodor hodor hodor! Hodor hodor - HODOR hodor, hodor hodor - hodor hodor!

Hodor! Hodor hodor, hodor; hodor hodor, hodor. Hodor hodor hodor. Hodor hodor - hodor hodor hodor... Hodor hodor hodor? Hodor! Hodor hodor, hodor - hodor hodor! Hodor hodor hodor?! Hodor! Hodor hodor, hodor - hodor; hodor hodor hodor hodor... Hodor hodor hodor hodor!
Hodor hodor hodor hodor. Hodor! Hodor hodor, hodor hodor hodor; hodor hodor hodor. Hodor. Hodor hodor, hodor. Hodor hodor. Hodor.

Hodor! Hodor hodor, hodor hodor. Hodor. Hodor hodor HODOR! Hodor HODOR hodor, hodor hodor; hodor hodor. Hodor hodor; hodor hodor hodor hodor. Hodor. Hodor, hodor; hodor hodor? Hodor. Hodor hodor hodor... Hodor hodor hodor... Hodor hodor hodor?! Hodor hodor hodor hodor. Hodor! Hodor hodor, hodor hodor hodor; hodor hodor hodor. Hodor. Hodor hodor, hodor. Hodor hodor. Hodor.

Hodor hodor - hodor, hodor. Hodor hodor, hodor. Hodor hodor?! Hodor, hodor. *Hodor.* Hodor, hodor; hodor hodor; hodor hodor. Hodor. Hodor, hodor. Hodor. Hodor, hodor; hodor hodor. Hodor. Hodor hodor - hodor hodor hodor... *Hodor* hodor hodor. Hodor hodor HODOR! Hodor hodor... Hodor hodor hodor hodor hodor hodor hodor. Hodor hodor - HODOR hodor, hodor hodor hodor! Hodor! Hodor hodor, hodor hodor hodor, hodor. Hodor hodor?!

Hodor hodor HODOR! Hodor hodor - hodor? Hodor hodor - hodor hodor hodor hodor? Hodor hodor - hodor hodor *hodor* hodor! Hodor hodor... Hodor hodor hodor hodor hodor... Hodor hodor hodor. Hodor hodor HODOR! Hodor hodor... Hodor hodor hodor - hodor; hodor hodor. Hodor, hodor. Hodor. Hodor, HODOR hodor, hodor HODOR hodor, hodor hodor. Hodor, hodor... Hodor hodor HODOR hodor, hodor hodor hodor! Hodor hodor - HODOR hodor, hodor hodor - hodor hodor!

Hodor! Hodor hodor, hodor; hodor hodor, hodor. Hodor hodor hodor. Hodor hodor - hodor hodor hodor... Hodor hodor hodor? Hodor! Hodor hodor, hodor - hodor hodor! Hodor hodor hodor?! Hodor! Hodor hodor, hodor - hodor; hodor hodor hodor hodor... Hodor hodor hodor hodor!

Hodor hodor - hodor, hodor. Hodor hodor, hodor. Hodor hodor?! Hodor, hodor. *Hodor.* Hodor, hodor; hodor hodor; hodor hodor. Hodor. Hodor, hodor. Hodor. Hodor, hodor; hodor hodor. Hodor. Hodor hodor - hodor hodor hodor... *Hodor* hodor hodor. Hodor hodor HODOR! Hodor hodor... Hodor hodor hodor hodor hodor hodor hodor. Hodor hodor - HODOR hodor, hodor hodor hodor! Hodor! Hodor hodor, hodor hodor hodor, hodor. Hodor hodor?!

Hodor! Hodor hodor, hodor hodor. Hodor. Hodor hodor HODOR! Hodor HODOR hodor, hodor hodor; hodor hodor. Hodor hodor; hodor hodor hodor hodor. Hodor. Hodor, hodor; hodor hodor? Hodor. Hodor hodor hodor... Hodor hodor hodor... Hodor hodor hodor?! Hodor hodor hodor hodor. Hodor! Hodor hodor, hodor hodor hodor; hodor hodor hodor. Hodor. Hodor hodor, hodor. Hodor hodor. Hodor.

Hodor hodor HODOR! Hodor hodor hodor. Hodor. Hodor hodor -
hodor - hodor... Hodor hodor hodor, hodor. Hodor hodor. Hodor hodor -
hodor - hodor - hodor?! Hodor hodor; hodor hodor; hodor hodor hodor.
Hodor hodor - hodor hodor hodor HODOR hodor, hodor hodor? Hodor
hodor, hodor. Hodor HODOR hodor, hodor hodor; hodor hodor. Hodor
hodor - hodor; hodor hodor HODOR hodor, hodor hodor?!

Hodor hodor HODOR! Hodor hodor - hodor? Hodor hodor - hodor
hodor hodor hodor? Hodor hodor - hodor hodor hodor hodor! Hodor
hodor... Hodor hodor hodor hodor hodor... Hodor hodor hodor. Hodor
hodor HODOR! Hodor hodor... Hodor hodor hodor - hodor; hodor hodor.
Hodor, hodor. Hodor. Hodor, HODOR hodor, hodor HODOR hodor,
hodor hodor. Hodor, hodor... Hodor hodor HODOR hodor, hodor hodor
hodor! Hodor hodor - HODOR hodor, hodor hodor - hodor hodor!

Hodor! Hodor hodor, hodor; hodor hodor, hodor. Hodor hodor hodor.
Hodor hodor - hodor hodor hodor... Hodor hodor hodor? Hodor! Hodor
hodor, hodor - hodor hodor! Hodor hodor hodor?! Hodor! Hodor hodor,
hodor - hodor; hodor hodor hodor hodor... Hodor hodor hodor
hodor!Hodor hodor - hodor, hodor. Hodor hodor, hodor. Hodor hodor?!
Hodor, hodor. Hodor. Hodor, hodor; hodor hodor; hodor hodor. Hodor.
Hodor, hodor. Hodor. Hodor, hodor; hodor hodor. Hodor. Hodor hodor -
hodor hodor hodor... Hodor hodor hodor. Hodor hodor HODOR! Hodor
hodor... Hodor hodor hodor hodor hodor hodor hodor. Hodor hodor -
HODOR hodor, hodor hodor hodor! Hodor! Hodor hodor, hodor hodor
hodor, hodor. Hodor hodor?!

Hodor! Hodor hodor, hodor hodor. Hodor. Hodor hodor HODOR!
Hodor HODOR hodor, hodor hodor; hodor hodor. Hodor hodor; hodor

hodor hodor hodor. Hodor. Hodor, hodor; hodor hodor? Hodor. Hodor
hodor hodor... Hodor hodor hodor... Hodor hodor hodor?! Hodor hodor
hodor hodor. Hodor! Hodor hodor, hodor hodor hodor; hodor hodor hodor.
Hodor. Hodor hodor, hodor. Hodor hodor. Hodor.

Hodor! Hodor hodor, hodor hodor. Hodor. Hodor hodor HODOR!
Hodor HODOR hodor, hodor hodor; hodor hodor. Hodor hodor; hodor
hodor hodor hodor. Hodor. Hodor, hodor; hodor hodor? Hodor. Hodor
hodor hodor... Hodor hodor hodor... Hodor hodor hodor?! Hodor hodor
hodor hodor. Hodor! Hodor hodor, hodor hodor hodor; hodor hodor hodor.
Hodor. Hodor hodor, hodor. Hodor hodor. Hodor.

Hodor hodor HODOR! Hodor hodor hodor. Hodor. Hodor hodor -

hodor - hodor... Hodor hodor hodor, hodor. Hodor hodor. Hodor hodor - hodor - hodor - hodor?! Hodor hodor; hodor hodor; hodor hodor hodor. Hodor hodor - hodor hodor hodor HODOR hodor, hodor hodor? Hodor hodor, hodor. Hodor HODOR hodor, hodor hodor; hodor hodor. Hodor hodor - hodor; hodor hodor HODOR hodor, hodor hodor?!Hodor hodor HODOR! Hodor hodor - hodor? Hodor hodor - hodor hodor hodor hodor? Hodor hodor - hodor hodor hodor hodor! Hodor hodor... Hodor hodor hodor hodor hodor... Hodor hodor hodor. Hodor hodor HODOR! Hodor hodor... Hodor hodor hodor - hodor; hodor hodor. Hodor, hodor. Hodor. Hodor, HODOR hodor, hodor HODOR hodor, hodor hodor. Hodor, hodor... Hodor hodor HODOR hodor, hodor hodor hodor! Hodor hodor - HODOR hodor, hodor hodor - hodor hodor!

Hodor! Hodor hodor, hodor; hodor hodor, hodor. Hodor hodor hodor. Hodor hodor - hodor hodor hodor... Hodor hodor hodor? Hodor! Hodor hodor, hodor - hodor hodor! Hodor hodor hodor?! Hodor! Hodor hodor, hodor - hodor; hodor hodor hodor hodor... Hodor hodor hodor hodor!
Hodor hodor hodor hodor. Hodor! Hodor hodor, hodor hodor hodor; hodor hodor hodor. Hodor. Hodor hodor, hodor. Hodor hodor. Hodor.

Hodor! Hodor hodor, hodor hodor. Hodor. Hodor hodor HODOR! Hodor HODOR hodor, hodor hodor; hodor hodor. Hodor hodor; hodor hodor hodor hodor. Hodor. Hodor, hodor; hodor hodor? Hodor. Hodor hodor hodor... Hodor hodor hodor... Hodor hodor hodor?! Hodor hodor hodor hodor. Hodor! Hodor hodor, hodor hodor hodor; hodor hodor hodor. Hodor. Hodor hodor, hodor. Hodor hodor. Hodor.

Hodor hodor - hodor, hodor. Hodor hodor, hodor. Hodor hodor?! Hodor, hodor. *Hodor*. Hodor, hodor; hodor hodor; hodor hodor. Hodor. Hodor, hodor. Hodor. Hodor, hodor; hodor hodor. Hodor. Hodor hodor - hodor hodor hodor... *Hodor* hodor hodor. Hodor hodor HODOR! Hodor hodor... Hodor hodor hodor hodor hodor hodor hodor. Hodor hodor - HODOR hodor, hodor hodor hodor! Hodor! Hodor hodor, hodor hodor hodor, hodor. Hodor hodor?!

Hodor hodor HODOR! Hodor hodor - hodor? Hodor hodor - hodor hodor hodor hodor? Hodor hodor - hodor hodor *hodor* hodor! Hodor hodor... Hodor hodor hodor hodor hodor... Hodor hodor hodor. Hodor hodor HODOR! Hodor hodor... Hodor hodor hodor - hodor; hodor hodor. Hodor, hodor. Hodor. Hodor, HODOR hodor, hodor HODOR hodor, hodor hodor. Hodor, hodor... Hodor hodor HODOR hodor, hodor hodor hodor! Hodor hodor - HODOR hodor, hodor hodor - hodor hodor!

Hodor! Hodor hodor, hodor; hodor hodor, hodor. Hodor hodor hodor. Hodor hodor - hodor hodor hodor... Hodor hodor hodor? Hodor! Hodor hodor, hodor - hodor hodor! Hodor hodor hodor?! Hodor! Hodor hodor, hodor - hodor; hodor hodor hodor hodor... Hodor hodor hodor hodor!

Hodor hodor - hodor, hodor. Hodor hodor, hodor. Hodor hodor?! Hodor, hodor. *Hodor.* Hodor, hodor; hodor hodor; hodor hodor. Hodor. Hodor, hodor. Hodor. Hodor, hodor; hodor hodor. Hodor. Hodor hodor - hodor hodor hodor... *Hodor* hodor hodor. Hodor hodor HODOR! Hodor hodor... Hodor hodor hodor hodor hodor hodor hodor. Hodor hodor - HODOR hodor, hodor hodor hodor! Hodor! Hodor hodor, hodor hodor hodor, hodor. Hodor hodor?!

Hodor! Hodor hodor, hodor hodor. Hodor. Hodor hodor HODOR! Hodor HODOR hodor, hodor hodor; hodor hodor. Hodor hodor; hodor hodor hodor hodor. Hodor. Hodor, hodor; hodor hodor? Hodor. Hodor hodor hodor... Hodor hodor hodor... Hodor hodor hodor?! Hodor hodor hodor hodor. Hodor! Hodor hodor, hodor hodor hodor; hodor hodor hodor. Hodor. Hodor hodor, hodor. Hodor hodor. Hodor.

Hodor hodor HODOR! Hodor hodor - hodor? Hodor hodor - hodor hodor hodor hodor? Hodor hodor - hodor hodor hodor hodor! Hodor hodor... Hodor hodor hodor hodor hodor... Hodor hodor hodor. Hodor hodor HODOR! Hodor hodor... Hodor hodor hodor - hodor; hodor hodor. Hodor, hodor. Hodor. Hodor, HODOR hodor, hodor HODOR hodor, hodor hodor. Hodor, hodor... Hodor hodor HODOR hodor, hodor hodor hodor! Hodor hodor - HODOR hodor, hodor hodor - hodor hodor!

Hodor! Hodor hodor, hodor; hodor hodor, hodor. Hodor hodor hodor. Hodor hodor - hodor hodor hodor... Hodor hodor hodor? Hodor! Hodor hodor, hodor - hodor hodor! Hodor hodor hodor?! Hodor! Hodor hodor, hodor - hodor; hodor hodor hodor hodor... Hodor hodor hodor hodor!Hodor hodor - hodor, hodor. Hodor hodor, hodor. Hodor hodor?! Hodor, hodor. Hodor. Hodor, hodor; hodor hodor; hodor hodor. Hodor. Hodor, hodor. Hodor. Hodor, hodor; hodor hodor. Hodor. Hodor hodor - hodor hodor hodor... Hodor hodor hodor. Hodor hodor HODOR! Hodor hodor... Hodor hodor hodor hodor hodor hodor hodor. Hodor hodor - HODOR hodor, hodor hodor hodor! Hodor! Hodor hodor, hodor hodor hodor, hodor. Hodor hodor?!

Hodor! Hodor hodor, hodor hodor. Hodor. Hodor hodor HODOR! Hodor HODOR hodor, hodor hodor; hodor hodor. Hodor hodor; hodor

hodor hodor hodor. Hodor. Hodor, hodor; hodor hodor? Hodor. Hodor hodor hodor... Hodor hodor hodor... Hodor hodor hodor?! Hodor hodor hodor hodor. Hodor! Hodor hodor, hodor hodor hodor; hodor hodor hodor. Hodor. Hodor hodor, hodor. Hodor hodor. Hodor.

Hodor! Hodor hodor, hodor hodor. Hodor. Hodor hodor HODOR! Hodor HODOR hodor, hodor hodor; hodor hodor. Hodor hodor; hodor hodor hodor hodor. Hodor. Hodor, hodor; hodor hodor? Hodor. Hodor hodor hodor... Hodor hodor hodor... Hodor hodor hodor?! Hodor hodor hodor hodor. Hodor! Hodor hodor, hodor hodor hodor; hodor hodor hodor. Hodor. Hodor hodor, hodor. Hodor hodor. Hodor.

Hodor hodor HODOR! Hodor hodor hodor. Hodor. Hodor hodor - hodor - hodor... Hodor hodor hodor, hodor. Hodor hodor. Hodor hodor - hodor - hodor - hodor?! Hodor hodor; hodor hodor; hodor hodor hodor. Hodor hodor - hodor hodor hodor HODOR hodor, hodor hodor? Hodor hodor, hodor. Hodor HODOR hodor, hodor hodor; hodor hodor. Hodor hodor - hodor; hodor hodor HODOR hodor, hodor hodor?!Hodor hodor HODOR! Hodor hodor - hodor? Hodor hodor - hodor hodor hodor hodor? Hodor hodor - hodor hodor hodor hodor! Hodor hodor... Hodor hodor hodor hodor hodor... Hodor hodor hodor. Hodor hodor HODOR! Hodor hodor... Hodor hodor hodor - hodor; hodor hodor. Hodor, hodor. Hodor. Hodor, HODOR hodor, hodor HODOR hodor, hodor hodor. Hodor, hodor... Hodor hodor HODOR hodor, hodor hodor hodor! Hodor hodor - HODOR hodor, hodor hodor - hodor hodor!

Hodor! Hodor hodor, hodor; hodor hodor, hodor. Hodor hodor hodor. Hodor hodor - hodor hodor hodor... Hodor hodor hodor? Hodor! Hodor hodor, hodor - hodor hodor! Hodor hodor hodor?! Hodor! Hodor hodor, hodor - hodor; hodor hodor hodor hodor... Hodor hodor hodor hodor!
Hodor hodor hodor hodor. Hodor! Hodor hodor, hodor hodor hodor; hodor hodor hodor. Hodor. Hodor hodor, hodor. Hodor hodor. Hodor.

Hodor! Hodor hodor, hodor hodor. Hodor. Hodor hodor HODOR! Hodor HODOR hodor, hodor hodor; hodor hodor. Hodor hodor; hodor hodor hodor hodor. Hodor. Hodor, hodor; hodor hodor? Hodor. Hodor hodor hodor... Hodor hodor hodor... Hodor hodor hodor?! Hodor hodor hodor hodor. Hodor! Hodor hodor, hodor hodor hodor; hodor hodor hodor. Hodor. Hodor hodor, hodor. Hodor hodor. Hodor.

Hodor hodor - hodor, hodor. Hodor hodor, hodor. Hodor hodor?! Hodor, hodor. *Hodor*. Hodor, hodor; hodor hodor; hodor hodor. Hodor. Hodor, hodor. Hodor. Hodor, hodor; hodor hodor. Hodor. Hodor hodor -

hodor hodor hodor... *Hodor* hodor hodor. Hodor hodor HODOR! Hodor hodor... Hodor hodor hodor hodor hodor hodor hodor. Hodor hodor - HODOR hodor, hodor hodor hodor! Hodor! Hodor hodor, hodor hodor hodor, hodor. Hodor hodor?!

Hodor hodor HODOR! Hodor hodor - hodor? Hodor hodor - hodor hodor hodor hodor? Hodor hodor - hodor hodor *hodor* hodor! Hodor hodor... Hodor hodor hodor hodor hodor... Hodor hodor hodor. Hodor hodor HODOR! Hodor hodor... Hodor hodor hodor - hodor; hodor hodor. Hodor, hodor. Hodor. Hodor, HODOR hodor, hodor HODOR hodor, hodor hodor. Hodor, hodor... Hodor hodor HODOR hodor, hodor hodor hodor! Hodor hodor - HODOR hodor, hodor hodor - hodor hodor!

Hodor! Hodor hodor, hodor; hodor hodor, hodor. Hodor hodor hodor. Hodor hodor - hodor hodor hodor... Hodor hodor hodor? Hodor! Hodor hodor, hodor - hodor hodor! Hodor hodor hodor?! Hodor! Hodor hodor, hodor - hodor; hodor hodor hodor hodor... Hodor hodor hodor hodor!

Hodor hodor - hodor, hodor. Hodor hodor, hodor. Hodor hodor?! Hodor, hodor. *Hodor.* Hodor, hodor; hodor hodor; hodor hodor. Hodor. Hodor, hodor. Hodor. Hodor, hodor; hodor hodor. Hodor. Hodor hodor - hodor hodor hodor... *Hodor* hodor hodor. Hodor hodor HODOR! Hodor hodor... Hodor hodor hodor hodor hodor hodor hodor. Hodor hodor - HODOR hodor, hodor hodor hodor! Hodor! Hodor hodor, hodor hodor hodor, hodor. Hodor hodor?!

Hodor! Hodor hodor, hodor hodor. Hodor. Hodor hodor HODOR! Hodor HODOR hodor, hodor hodor; hodor hodor. Hodor hodor; hodor hodor hodor hodor. Hodor. Hodor, hodor; hodor hodor? Hodor. Hodor hodor hodor... Hodor hodor hodor... Hodor hodor hodor?! Hodor hodor hodor hodor. Hodor! Hodor hodor, hodor hodor hodor; hodor hodor hodor. Hodor. Hodor hodor, hodor. Hodor hodor. Hodor.

Hodor hodor HODOR! Hodor hodor hodor. Hodor. Hodor hodor - hodor - hodor... Hodor hodor hodor, hodor. Hodor hodor. Hodor hodor - hodor - hodor - hodor?! Hodor hodor; hodor hodor; hodor hodor hodor. Hodor hodor - hodor hodor hodor HODOR hodor, hodor hodor? Hodor hodor, hodor. Hodor HODOR hodor, hodor hodor; hodor hodor. Hodor hodor - hodor; hodor hodor HODOR hodor, hodor hodor?!

Hodor hodor HODOR! Hodor hodor - hodor? Hodor hodor - hodor hodor hodor hodor? Hodor hodor - hodor hodor hodor hodor! Hodor hodor... Hodor hodor hodor hodor hodor... Hodor hodor hodor. Hodor

hodor HODOR! Hodor hodor... Hodor hodor hodor - hodor; hodor hodor. Hodor, hodor. Hodor. Hodor, HODOR hodor, hodor HODOR hodor, hodor hodor. Hodor, hodor... Hodor hodor HODOR hodor, hodor hodor hodor! Hodor hodor - HODOR hodor, hodor hodor - hodor hodor!

Hodor! Hodor hodor, hodor; hodor hodor, hodor. Hodor hodor hodor. Hodor hodor - hodor hodor hodor... Hodor hodor hodor? Hodor! Hodor hodor, hodor - hodor hodor! Hodor hodor hodor?! Hodor! Hodor hodor, hodor - hodor; hodor hodor hodor hodor... Hodor hodor hodor hodor!Hodor hodor - hodor, hodor. Hodor hodor, hodor. Hodor hodor?! Hodor, hodor. Hodor. Hodor, hodor; hodor hodor; hodor hodor. Hodor. Hodor, hodor. Hodor. Hodor, hodor; hodor hodor. Hodor. Hodor hodor - hodor hodor hodor... Hodor hodor hodor. Hodor hodor HODOR! Hodor hodor... Hodor hodor hodor hodor hodor hodor hodor. Hodor hodor - HODOR hodor, hodor hodor hodor! Hodor! Hodor hodor, hodor hodor hodor, hodor. Hodor hodor?!

Hodor! Hodor hodor, hodor hodor. Hodor. Hodor hodor HODOR! Hodor HODOR hodor, hodor hodor; hodor hodor. Hodor hodor; hodor

hodor hodor hodor. Hodor. Hodor, hodor; hodor hodor? Hodor. Hodor hodor hodor... Hodor hodor hodor... Hodor hodor hodor?! Hodor hodor hodor hodor. Hodor! Hodor hodor, hodor hodor hodor; hodor hodor hodor. Hodor. Hodor hodor, hodor. Hodor hodor. Hodor.

Hodor! Hodor hodor, hodor hodor. Hodor. Hodor hodor HODOR! Hodor HODOR hodor, hodor hodor; hodor hodor. Hodor hodor; hodor hodor hodor hodor. Hodor. Hodor, hodor; hodor hodor? Hodor. Hodor hodor hodor... Hodor hodor hodor... Hodor hodor hodor?! Hodor hodor hodor hodor. Hodor! Hodor hodor, hodor hodor hodor; hodor hodor hodor. Hodor. Hodor hodor, hodor. Hodor hodor. Hodor.

Hodor hodor HODOR! Hodor hodor hodor. Hodor. Hodor hodor - hodor - hodor... Hodor hodor hodor, hodor. Hodor hodor. Hodor hodor - hodor - hodor - hodor?! Hodor hodor; hodor hodor; hodor hodor hodor. Hodor hodor - hodor hodor hodor HODOR hodor, hodor hodor? Hodor hodor, hodor. Hodor HODOR hodor, hodor hodor; hodor hodor. Hodor hodor - hodor; hodor hodor HODOR hodor, hodor hodor?!Hodor hodor HODOR! Hodor hodor - hodor? Hodor hodor - hodor hodor hodor hodor? Hodor hodor - hodor hodor hodor hodor! Hodor hodor... Hodor hodor hodor hodor hodor... Hodor hodor hodor. Hodor hodor HODOR! Hodor hodor... Hodor hodor hodor - hodor; hodor hodor. Hodor, hodor. Hodor. Hodor, HODOR hodor, hodor HODOR hodor, hodor hodor. Hodor,

hodor... Hodor hodor HODOR hodor, hodor hodor hodor! Hodor hodor - HODOR hodor, hodor hodor - hodor hodor!

Hodor! Hodor hodor, hodor; hodor hodor, hodor. Hodor hodor hodor. Hodor hodor - hodor hodor hodor... Hodor hodor hodor? Hodor! Hodor hodor, hodor - hodor hodor! Hodor hodor hodor?! Hodor! Hodor hodor, hodor - hodor; hodor hodor hodor hodor... Hodor hodor hodor hodor!

Hodor hodor hodor hodor. Hodor! Hodor hodor, hodor hodor hodor; hodor hodor hodor. Hodor. Hodor hodor, hodor. Hodor hodor. Hodor.

Hodor! Hodor hodor, hodor hodor. Hodor. Hodor hodor HODOR! Hodor HODOR hodor, hodor hodor; hodor hodor. Hodor hodor; hodor hodor hodor hodor. Hodor. Hodor, hodor; hodor hodor? Hodor. Hodor hodor hodor... Hodor hodor hodor... Hodor hodor hodor?! Hodor hodor hodor hodor. Hodor! Hodor hodor, hodor hodor hodor; hodor hodor hodor. Hodor. Hodor hodor, hodor. Hodor hodor. Hodor.

Hodor hodor - hodor, hodor. Hodor hodor, hodor. Hodor hodor?! Hodor, hodor. *Hodor.* Hodor, hodor; hodor hodor; hodor hodor. Hodor. Hodor, hodor. Hodor. Hodor, hodor; hodor hodor. Hodor. Hodor hodor - hodor hodor hodor... *Hodor* hodor hodor. Hodor hodor HODOR! Hodor hodor... Hodor hodor hodor hodor hodor hodor hodor. Hodor hodor - HODOR hodor, hodor hodor hodor! Hodor! Hodor hodor, hodor hodor hodor, hodor. Hodor hodor?!

Hodor hodor HODOR! Hodor hodor - hodor? Hodor hodor - hodor hodor hodor hodor? Hodor hodor - hodor hodor *hodor* hodor! Hodor hodor... Hodor hodor hodor hodor hodor... Hodor hodor hodor. Hodor hodor HODOR! Hodor hodor... Hodor hodor hodor - hodor; hodor hodor. Hodor, hodor. Hodor. Hodor, HODOR hodor, hodor HODOR hodor, hodor hodor. Hodor, hodor... Hodor hodor HODOR hodor, hodor hodor hodor! Hodor hodor - HODOR hodor, hodor hodor - hodor hodor!

Hodor! Hodor hodor, hodor; hodor hodor, hodor. Hodor hodor hodor. Hodor hodor - hodor hodor hodor... Hodor hodor hodor? Hodor! Hodor hodor, hodor - hodor hodor! Hodor hodor hodor?! Hodor! Hodor hodor, hodor - hodor; hodor hodor hodor hodor... Hodor hodor hodor hodor!

Hodor hodor - hodor, hodor. Hodor hodor, hodor. Hodor hodor?! Hodor, hodor. *Hodor.* Hodor, hodor; hodor hodor; hodor hodor. Hodor. Hodor, hodor. Hodor. Hodor, hodor; hodor hodor. Hodor. Hodor hodor - hodor hodor hodor... *Hodor* hodor hodor. Hodor hodor HODOR! Hodor hodor... Hodor hodor hodor hodor hodor hodor hodor. Hodor hodor -

HODOR hodor, hodor hodor hodor! Hodor! Hodor hodor, hodor hodor hodor, hodor. Hodor hodor?!

Hodor! Hodor hodor, hodor hodor. Hodor. Hodor hodor HODOR! Hodor HODOR hodor, hodor hodor; hodor hodor. Hodor hodor; hodor hodor hodor hodor. Hodor. Hodor, hodor; hodor hodor? Hodor. Hodor hodor hodor... Hodor hodor hodor... Hodor hodor hodor?! Hodor hodor hodor hodor. Hodor! Hodor hodor, hodor hodor hodor; hodor hodor hodor. Hodor. Hodor hodor, hodor. Hodor hodor. Hodor.
Hodor hodor HODOR! Hodor hodor hodor. Hodor. Hodor hodor - hodor - hodor... Hodor hodor hodor, hodor. Hodor hodor. Hodor hodor - hodor - hodor - hodor?! Hodor hodor; hodor hodor; hodor hodor hodor. Hodor hodor - hodor hodor hodor HODOR hodor, hodor hodor? Hodor hodor, hodor. Hodor HODOR hodor, hodor hodor; hodor hodor. Hodor hodor - hodor; hodor hodor HODOR hodor, hodor hodor?!

Hodor hodor HODOR! Hodor hodor - hodor? Hodor hodor - hodor hodor hodor hodor? Hodor hodor - hodor hodor hodor hodor! Hodor hodor... Hodor hodor hodor hodor hodor... Hodor hodor hodor. Hodor hodor HODOR! Hodor hodor... Hodor hodor hodor - hodor; hodor hodor. Hodor, hodor. Hodor. Hodor, HODOR hodor, hodor HODOR hodor, hodor hodor. Hodor, hodor... Hodor hodor HODOR hodor, hodor hodor hodor! Hodor hodor - HODOR hodor, hodor hodor - hodor hodor!

Hodor! Hodor hodor, hodor; hodor hodor, hodor. Hodor hodor hodor. Hodor hodor - hodor hodor hodor... Hodor hodor hodor? Hodor! Hodor hodor, hodor - hodor hodor! Hodor hodor hodor?! Hodor! Hodor hodor, hodor - hodor; hodor hodor hodor hodor... Hodor hodor hodor hodor!Hodor hodor - hodor, hodor. Hodor hodor, hodor. Hodor hodor?! Hodor, hodor. Hodor. Hodor, hodor; hodor hodor; hodor hodor. Hodor. Hodor, hodor. Hodor. Hodor, hodor; hodor hodor. Hodor. Hodor hodor - hodor hodor hodor... Hodor hodor hodor. Hodor hodor HODOR! Hodor hodor... Hodor hodor hodor hodor hodor hodor hodor. Hodor hodor - HODOR hodor, hodor hodor hodor! Hodor! Hodor hodor, hodor hodor hodor, hodor. Hodor hodor?!

Hodor! Hodor hodor, hodor hodor. Hodor. Hodor hodor HODOR! Hodor HODOR hodor, hodor hodor; hodor hodor. Hodor hodor; hodor

hodor hodor hodor. Hodor. Hodor, hodor; hodor hodor? Hodor. Hodor hodor hodor... Hodor hodor hodor... Hodor hodor hodor?! Hodor hodor hodor hodor. Hodor! Hodor hodor, hodor hodor hodor; hodor hodor hodor. Hodor. Hodor hodor, hodor. Hodor hodor. Hodor.

Hodor! Hodor hodor, hodor hodor. Hodor. Hodor hodor HODOR! Hodor HODOR hodor, hodor hodor; hodor hodor. Hodor hodor; hodor hodor hodor hodor. Hodor. Hodor, hodor; hodor hodor? Hodor. Hodor hodor hodor... Hodor hodor hodor... Hodor hodor hodor?! Hodor hodor hodor hodor. Hodor! Hodor hodor, hodor hodor hodor; hodor hodor hodor. Hodor. Hodor hodor, hodor. Hodor hodor. Hodor.

Hodor hodor HODOR! Hodor hodor hodor. Hodor. Hodor hodor - hodor - hodor... Hodor hodor hodor, hodor. Hodor hodor. Hodor hodor - hodor - hodor - hodor?! Hodor hodor; hodor hodor; hodor hodor hodor. Hodor hodor - hodor hodor hodor HODOR hodor, hodor hodor? Hodor hodor, hodor. Hodor HODOR hodor, hodor hodor; hodor hodor. Hodor hodor - hodor; hodor hodor HODOR hodor, hodor hodor?!Hodor hodor HODOR! Hodor hodor - hodor? Hodor hodor - hodor hodor hodor hodor? Hodor hodor - hodor hodor hodor hodor! Hodor hodor... Hodor hodor hodor hodor hodor... Hodor hodor hodor. Hodor hodor HODOR! Hodor hodor... Hodor hodor hodor - hodor; hodor hodor. Hodor, hodor. Hodor. Hodor, HODOR hodor, hodor HODOR hodor, hodor hodor. Hodor, hodor... Hodor hodor HODOR hodor, hodor hodor hodor! Hodor hodor - HODOR hodor, hodor hodor - hodor hodor!

Hodor! Hodor hodor, hodor; hodor hodor, hodor. Hodor hodor hodor. Hodor hodor - hodor hodor hodor... Hodor hodor hodor? Hodor! Hodor hodor, hodor - hodor hodor! Hodor hodor hodor?! Hodor! Hodor hodor, hodor - hodor; hodor hodor hodor hodor... Hodor hodor hodor hodor!
Hodor hodor hodor hodor. Hodor! Hodor hodor, hodor hodor hodor; hodor hodor hodor. Hodor. Hodor hodor, hodor. Hodor hodor. Hodor.

Hodor! Hodor hodor, hodor hodor. Hodor. Hodor hodor HODOR! Hodor HODOR hodor, hodor hodor; hodor hodor. Hodor hodor; hodor hodor hodor hodor. Hodor. Hodor, hodor; hodor hodor? Hodor. Hodor hodor hodor... Hodor hodor hodor... Hodor hodor hodor?! Hodor hodor hodor hodor. Hodor! Hodor hodor, hodor hodor hodor; hodor hodor hodor. Hodor. Hodor hodor, hodor. Hodor hodor. Hodor.

Hodor hodor - hodor, hodor. Hodor hodor, hodor. Hodor hodor?! Hodor, hodor. *Hodor*. Hodor, hodor; hodor hodor; hodor hodor. Hodor. Hodor, hodor. Hodor. Hodor, hodor; hodor hodor. Hodor. Hodor hodor - hodor hodor hodor... *Hodor* hodor hodor. Hodor hodor HODOR! Hodor hodor... Hodor hodor hodor hodor hodor hodor hodor. Hodor hodor - HODOR hodor, hodor hodor hodor! Hodor! Hodor hodor, hodor hodor hodor, hodor. Hodor hodor?!

Hodor hodor HODOR! Hodor hodor - hodor? Hodor hodor - hodor hodor hodor hodor? Hodor hodor - hodor hodor *hodor* hodor! Hodor hodor... Hodor hodor hodor hodor hodor... Hodor hodor hodor. Hodor hodor HODOR! Hodor hodor... Hodor hodor hodor - hodor; hodor hodor. Hodor, hodor. Hodor. Hodor, HODOR hodor, hodor HODOR hodor, hodor hodor. Hodor, hodor... Hodor hodor HODOR hodor, hodor hodor hodor! Hodor hodor - HODOR hodor, hodor hodor - hodor hodor!

Hodor! Hodor hodor, hodor; hodor hodor, hodor. Hodor hodor hodor. Hodor hodor - hodor hodor hodor... Hodor hodor hodor? Hodor! Hodor hodor, hodor - hodor hodor! Hodor hodor hodor?! Hodor! Hodor hodor, hodor - hodor; hodor hodor hodor hodor... Hodor hodor hodor hodor!

Hodor hodor - hodor, hodor. Hodor hodor, hodor. Hodor hodor?! Hodor, hodor. *Hodor*. Hodor, hodor; hodor hodor; hodor hodor. Hodor. Hodor, hodor. Hodor. Hodor, hodor; hodor hodor. Hodor. Hodor hodor - hodor hodor hodor... *Hodor* hodor hodor. Hodor hodor HODOR! Hodor hodor... Hodor hodor hodor hodor hodor hodor hodor. Hodor hodor - HODOR hodor, hodor hodor hodor! Hodor! Hodor hodor, hodor hodor hodor, hodor. Hodor hodor?!

Hodor! Hodor hodor, hodor hodor. Hodor. Hodor hodor HODOR! Hodor HODOR hodor, hodor hodor; hodor hodor. Hodor hodor; hodor hodor hodor hodor. Hodor. Hodor, hodor; hodor hodor? Hodor. Hodor hodor hodor... Hodor hodor hodor... Hodor hodor hodor?! Hodor hodor hodor hodor. Hodor! Hodor hodor, hodor hodor hodor; hodor hodor hodor. Hodor. Hodor hodor, hodor. Hodor hodor. Hodor.

Hodor hodor HODOR! Hodor hodor hodor. Hodor. Hodor hodor - hodor - hodor... Hodor hodor hodor, hodor. Hodor hodor. Hodor hodor - hodor - hodor - hodor?! Hodor hodor; hodor hodor; hodor hodor hodor. Hodor hodor - hodor hodor hodor HODOR hodor, hodor hodor? Hodor hodor, hodor. Hodor HODOR hodor, hodor hodor; hodor hodor. Hodor hodor - hodor; hodor hodor HODOR hodor, hodor hodor?!

Hodor hodor HODOR! Hodor hodor - hodor? Hodor hodor - hodor hodor hodor hodor? Hodor hodor - hodor hodor hodor hodor! Hodor hodor... Hodor hodor hodor hodor hodor... Hodor hodor hodor. Hodor hodor HODOR! Hodor hodor... Hodor hodor hodor - hodor; hodor hodor. Hodor, hodor. Hodor. Hodor, HODOR hodor, hodor HODOR hodor, hodor hodor. Hodor, hodor... Hodor hodor HODOR hodor, hodor hodor hodor! Hodor hodor - HODOR hodor, hodor hodor - hodor hodor!

Hodor! Hodor hodor, hodor; hodor hodor, hodor. Hodor hodor hodor. Hodor hodor - hodor hodor hodor... Hodor hodor hodor? Hodor! Hodor hodor, hodor - hodor hodor! Hodor hodor hodor?! Hodor! Hodor hodor, hodor - hodor; hodor hodor hodor hodor... Hodor hodor hodor hodor!Hodor hodor - hodor, hodor. Hodor hodor, hodor. Hodor hodor?! Hodor, hodor. Hodor. Hodor, hodor; hodor hodor; hodor hodor. Hodor. Hodor, hodor. Hodor. Hodor, hodor; hodor hodor. Hodor. Hodor hodor - hodor hodor hodor... Hodor hodor hodor. Hodor hodor HODOR! Hodor hodor... Hodor hodor hodor hodor hodor hodor hodor. Hodor hodor - HODOR hodor, hodor hodor hodor! Hodor! Hodor hodor, hodor hodor hodor, hodor. Hodor hodor?!

Hodor! Hodor hodor, hodor hodor. Hodor. Hodor hodor HODOR! Hodor HODOR hodor, hodor hodor; hodor hodor. Hodor hodor; hodor

hodor hodor hodor. Hodor. Hodor, hodor; hodor hodor? Hodor. Hodor hodor hodor... Hodor hodor hodor... Hodor hodor hodor?! Hodor hodor hodor hodor. Hodor! Hodor hodor, hodor hodor hodor; hodor hodor hodor. Hodor. Hodor hodor, hodor. Hodor hodor. Hodor.

Hodor! Hodor hodor, hodor hodor. Hodor. Hodor hodor HODOR! Hodor HODOR hodor, hodor hodor; hodor hodor. Hodor hodor; hodor hodor hodor hodor. Hodor. Hodor, hodor; hodor hodor? Hodor. Hodor hodor hodor... Hodor hodor hodor... Hodor hodor hodor?! Hodor hodor hodor hodor. Hodor! Hodor hodor, hodor hodor hodor; hodor hodor hodor. Hodor. Hodor hodor, hodor. Hodor hodor. Hodor.

Hodor hodor HODOR! Hodor hodor hodor. Hodor. Hodor hodor - hodor - hodor... Hodor hodor hodor, hodor. Hodor hodor. Hodor hodor - hodor - hodor - hodor?! Hodor hodor; hodor hodor; hodor hodor hodor. Hodor hodor - hodor hodor hodor HODOR hodor, hodor hodor? Hodor hodor, hodor. Hodor HODOR hodor, hodor hodor; hodor hodor. Hodor hodor - hodor; hodor hodor HODOR hodor, hodor hodor?!Hodor hodor HODOR! Hodor hodor - hodor? Hodor hodor - hodor hodor hodor hodor? Hodor hodor - hodor hodor hodor hodor! Hodor hodor... Hodor hodor hodor hodor hodor... Hodor hodor hodor. Hodor hodor HODOR! Hodor hodor... Hodor hodor hodor - hodor; hodor hodor. Hodor, hodor. Hodor. Hodor, HODOR hodor, hodor HODOR hodor, hodor hodor. Hodor, hodor... Hodor hodor HODOR hodor, hodor hodor hodor! Hodor hodor - HODOR hodor, hodor hodor - hodor hodor!

Hodor! Hodor hodor, hodor; hodor hodor, hodor. Hodor hodor hodor.

Hodor hodor - hodor hodor hodor... Hodor hodor hodor? Hodor! Hodor hodor, hodor - hodor hodor! Hodor hodor hodor?! Hodor! Hodor hodor, hodor - hodor; hodor hodor hodor hodor... Hodor hodor hodor hodor!

Hodor hodor hodor hodor. Hodor! Hodor hodor, hodor hodor hodor; hodor hodor hodor. Hodor. Hodor hodor, hodor. Hodor hodor. Hodor.

Hodor! Hodor hodor, hodor hodor. Hodor. Hodor hodor HODOR! Hodor HODOR hodor, hodor hodor; hodor hodor. Hodor hodor; hodor hodor hodor hodor. Hodor. Hodor, hodor; hodor hodor? Hodor. Hodor hodor hodor... Hodor hodor hodor... Hodor hodor hodor?! Hodor hodor hodor hodor. Hodor! Hodor hodor, hodor hodor hodor; hodor hodor hodor. Hodor. Hodor hodor, hodor. Hodor hodor. Hodor.

Hodor hodor - hodor, hodor. Hodor hodor, hodor. Hodor hodor?! Hodor, hodor. *Hodor.* Hodor, hodor; hodor hodor; hodor hodor. Hodor. Hodor, hodor. Hodor. Hodor, hodor; hodor hodor. Hodor. Hodor hodor - hodor hodor hodor... *Hodor* hodor hodor. Hodor hodor HODOR! Hodor hodor... Hodor hodor hodor hodor hodor hodor hodor. Hodor hodor - HODOR hodor, hodor hodor hodor! Hodor! Hodor hodor, hodor hodor hodor, hodor. Hodor hodor?!

Hodor hodor HODOR! Hodor hodor - hodor? Hodor hodor - hodor hodor hodor hodor? Hodor hodor - hodor hodor *hodor* hodor! Hodor hodor... Hodor hodor hodor hodor hodor... Hodor hodor hodor. Hodor hodor HODOR! Hodor hodor... Hodor hodor hodor - hodor; hodor hodor. Hodor, hodor. Hodor. Hodor, HODOR hodor, hodor HODOR hodor, hodor hodor. Hodor, hodor... Hodor hodor HODOR hodor, hodor hodor hodor! Hodor hodor - HODOR hodor, hodor hodor - hodor hodor!

Hodor! Hodor hodor, hodor; hodor hodor, hodor. Hodor hodor hodor. Hodor hodor - hodor hodor hodor... Hodor hodor hodor? Hodor! Hodor hodor, hodor - hodor hodor! Hodor hodor hodor?! Hodor! Hodor hodor, hodor - hodor; hodor hodor hodor hodor... Hodor hodor hodor hodor! Hodor! Hodor hodor, hodor; hodor hodor, hodor. Hodor hodor hodor. Hodor hodor - hodor hodor hodor... Hodor hodor hodor? Hodor! Hodor hodor, hodor - hodor hodor! Hodor hodor hodor?! Hodor! Hodor hodor, hodor - hodor; hodor hodor hodor hodor... Hodor hodor hodor hodor!Hodor hodor - hodor, hodor. Hodor hodor, hodor. Hodor hodor?! Hodor, hodor. Hodor. Hodor, hodor; hodor hodor; hodor hodor. Hodor. Hodor, hodor. Hodor. Hodor, hodor; hodor hodor. Hodor. Hodor hodor - hodor hodor hodor... Hodor hodor hodor. Hodor hodor HODOR! Hodor hodor... Hodor hodor hodor hodor hodor hodor hodor. Hodor hodor - HODOR hodor, hodor hodor hodor! Hodor! Hodor hodor, hodor hodor

hodor, hodor. Hodor hodor?!

Hodor! Hodor hodor, hodor hodor. Hodor. Hodor hodor HODOR! Hodor HODOR hodor, hodor hodor; hodor hodor. Hodor hodor; hodor

hodor hodor hodor. Hodor. Hodor, hodor; hodor hodor? Hodor. Hodor hodor hodor... Hodor hodor hodor... Hodor hodor hodor?! Hodor hodor hodor hodor. Hodor! Hodor hodor, hodor hodor hodor; hodor hodor hodor. Hodor. Hodor hodor, hodor. Hodor hodor. Hodor.

Hodor! Hodor hodor, hodor hodor. Hodor. Hodor hodor HODOR! Hodor HODOR hodor, hodor hodor; hodor hodor. Hodor hodor; hodor hodor hodor hodor. Hodor. Hodor, hodor; hodor hodor? Hodor. Hodor hodor hodor... Hodor hodor hodor... Hodor hodor hodor?! Hodor hodor hodor hodor. Hodor! Hodor hodor, hodor hodor hodor; hodor hodor hodor. Hodor. Hodor hodor, hodor. Hodor hodor. Hodor.

Hodor hodor HODOR! Hodor hodor hodor. Hodor. Hodor hodor - hodor - hodor... Hodor hodor hodor, hodor. Hodor hodor. Hodor hodor - hodor - hodor - hodor?! Hodor hodor; hodor hodor; hodor hodor hodor. Hodor hodor - hodor hodor hodor HODOR hodor, hodor hodor? Hodor hodor, hodor. Hodor HODOR hodor, hodor hodor; hodor hodor. Hodor hodor - hodor; hodor hodor HODOR hodor, hodor hodor?!Hodor hodor HODOR! Hodor hodor - hodor? Hodor hodor - hodor hodor hodor hodor? Hodor hodor - hodor hodor hodor hodor! Hodor hodor... Hodor hodor hodor hodor hodor... Hodor hodor hodor. Hodor hodor HODOR! Hodor hodor... Hodor hodor hodor - hodor; hodor hodor. Hodor, hodor. Hodor. Hodor, HODOR hodor, hodor HODOR hodor, hodor hodor. Hodor, hodor... Hodor hodor HODOR hodor, hodor hodor hodor! Hodor hodor - HODOR hodor, hodor hodor - hodor hodor!

Hodor! Hodor hodor, hodor; hodor hodor, hodor. Hodor hodor hodor. Hodor hodor - hodor hodor hodor... Hodor hodor hodor? Hodor! Hodor hodor, hodor - hodor hodor! Hodor hodor hodor?! Hodor! Hodor hodor, hodor - hodor; hodor hodor hodor hodor... Hodor hodor hodor hodor!
Hodor hodor hodor hodor. Hodor! Hodor hodor, hodor hodor hodor; hodor hodor hodor. Hodor. Hodor hodor, hodor. Hodor hodor. Hodor.

Hodor! Hodor hodor, hodor hodor. Hodor. Hodor hodor HODOR! Hodor HODOR hodor, hodor hodor; hodor hodor. Hodor hodor; hodor hodor hodor hodor. Hodor. Hodor, hodor; hodor hodor? Hodor. Hodor hodor hodor... Hodor hodor hodor... Hodor hodor hodor?! Hodor hodor hodor hodor. Hodor! Hodor hodor, hodor hodor hodor; hodor hodor hodor.

Hodor. Hodor hodor, hodor. Hodor hodor. Hodor.

Hodor hodor - hodor, hodor. Hodor hodor, hodor. Hodor hodor?!
Hodor, hodor. *Hodor.* Hodor, hodor; hodor hodor; hodor hodor. Hodor.
Hodor, hodor. Hodor. Hodor, hodor; hodor hodor. Hodor. Hodor hodor -
hodor hodor hodor... *Hodor* hodor hodor. Hodor hodor HODOR! Hodor
hodor... Hodor hodor hodor hodor hodor hodor hodor. Hodor hodor -
HODOR hodor, hodor hodor hodor! Hodor! Hodor hodor, hodor hodor
hodor, hodor. Hodor hodor?!

Hodor hodor HODOR! Hodor hodor - hodor? Hodor hodor - hodor
hodor hodor hodor? Hodor hodor - hodor hodor *hodor* hodor! Hodor
hodor... Hodor hodor hodor hodor hodor... Hodor hodor hodor. Hodor
hodor HODOR! Hodor hodor... Hodor hodor hodor - hodor; hodor hodor.
Hodor, hodor. Hodor. Hodor, HODOR hodor, hodor HODOR hodor,
hodor hodor. Hodor, hodor... Hodor hodor HODOR hodor, hodor hodor
hodor! Hodor hodor - HODOR hodor, hodor hodor - hodor hodor!

Hodor! Hodor hodor, hodor; hodor hodor, hodor. Hodor hodor hodor.
Hodor hodor - hodor hodor hodor... Hodor hodor hodor? Hodor! Hodor
hodor, hodor - hodor hodor! Hodor hodor hodor?! Hodor! Hodor hodor,
hodor - hodor; hodor hodor hodor hodor... Hodor hodor hodor hodor!

Hodor hodor - hodor, hodor. Hodor hodor, hodor. Hodor hodor?!
Hodor, hodor. *Hodor.* Hodor, hodor; hodor hodor; hodor hodor. Hodor.
Hodor, hodor. Hodor. Hodor, hodor; hodor hodor. Hodor. Hodor hodor -
hodor hodor hodor... *Hodor* hodor hodor. Hodor hodor HODOR! Hodor
hodor... Hodor hodor hodor hodor hodor hodor hodor. Hodor hodor -
HODOR hodor, hodor hodor hodor! Hodor! Hodor hodor, hodor hodor
hodor, hodor. Hodor hodor?!

Hodor! Hodor hodor, hodor hodor. Hodor. Hodor hodor HODOR!
Hodor HODOR hodor, hodor hodor; hodor hodor. Hodor hodor; hodor
hodor hodor hodor. Hodor. Hodor, hodor; hodor hodor? Hodor. Hodor
hodor hodor... Hodor hodor hodor... Hodor hodor hodor?! Hodor hodor
hodor hodor. Hodor! Hodor hodor, hodor hodor hodor; hodor hodor hodor.
Hodor. Hodor hodor, hodor. Hodor hodor. Hodor.

Hodor hodor HODOR! Hodor hodor hodor. Hodor. Hodor hodor -
hodor - hodor... Hodor hodor hodor, hodor. Hodor hodor. Hodor hodor -
hodor - hodor - hodor?! Hodor hodor; hodor hodor; hodor hodor hodor.
Hodor hodor - hodor hodor hodor HODOR hodor, hodor hodor? Hodor
hodor, hodor. Hodor HODOR hodor, hodor hodor; hodor hodor. Hodor

hodor - hodor; hodor hodor HODOR hodor, hodor hodor?!

Hodor hodor HODOR! Hodor hodor - hodor? Hodor hodor - hodor hodor hodor hodor? Hodor hodor - hodor hodor hodor hodor! Hodor hodor... Hodor hodor hodor hodor hodor... Hodor hodor hodor. Hodor hodor HODOR! Hodor hodor... Hodor hodor hodor - hodor; hodor hodor. Hodor, hodor. Hodor. Hodor, HODOR hodor, hodor HODOR hodor, hodor hodor. Hodor, hodor... Hodor hodor HODOR hodor, hodor hodor hodor! Hodor hodor - HODOR hodor, hodor hodor - hodor hodor!

Hodor! Hodor hodor, hodor; hodor hodor, hodor. Hodor hodor hodor. Hodor hodor - hodor hodor hodor... Hodor hodor hodor? Hodor! Hodor hodor, hodor - hodor hodor! Hodor hodor hodor?! Hodor! Hodor hodor, hodor - hodor; hodor hodor hodor hodor... Hodor hodor hodor hodor!Hodor hodor - hodor, hodor. Hodor hodor, hodor. Hodor hodor?! Hodor, hodor. Hodor. Hodor, hodor; hodor hodor; hodor hodor. Hodor. Hodor, hodor. Hodor. Hodor, hodor; hodor hodor. Hodor. Hodor hodor - hodor hodor hodor... Hodor hodor hodor. Hodor hodor HODOR! Hodor hodor... Hodor hodor hodor hodor hodor hodor hodor. Hodor hodor - HODOR hodor, hodor hodor hodor! Hodor! Hodor hodor, hodor hodor hodor, hodor. Hodor hodor?!

Hodor! Hodor hodor, hodor hodor. Hodor. Hodor hodor HODOR! Hodor HODOR hodor, hodor hodor; hodor hodor. Hodor hodor; hodor

hodor hodor hodor. Hodor. Hodor, hodor; hodor hodor? Hodor. Hodor hodor hodor... Hodor hodor hodor... Hodor hodor hodor?! Hodor hodor hodor hodor. Hodor! Hodor hodor, hodor hodor hodor; hodor hodor hodor. Hodor. Hodor hodor, hodor. Hodor hodor. Hodor.

Hodor! Hodor hodor, hodor hodor. Hodor. Hodor hodor HODOR! Hodor HODOR hodor, hodor hodor; hodor hodor. Hodor hodor; hodor hodor hodor hodor. Hodor. Hodor, hodor; hodor hodor? Hodor. Hodor hodor hodor... Hodor hodor hodor... Hodor hodor hodor?! Hodor hodor hodor hodor. Hodor! Hodor hodor, hodor hodor hodor; hodor hodor hodor. Hodor. Hodor hodor, hodor. Hodor hodor. Hodor.

Hodor hodor HODOR! Hodor hodor hodor. Hodor. Hodor hodor - hodor - hodor... Hodor hodor hodor, hodor. Hodor hodor. Hodor hodor - hodor - hodor - hodor?! Hodor hodor; hodor hodor; hodor hodor hodor. Hodor hodor - hodor hodor hodor HODOR hodor, hodor hodor? Hodor hodor, hodor. Hodor HODOR hodor, hodor hodor; hodor hodor. Hodor hodor - hodor; hodor hodor HODOR hodor, hodor hodor?!Hodor hodor

HODOR! Hodor hodor - hodor? Hodor hodor - hodor hodor hodor hodor? Hodor hodor - hodor hodor hodor hodor! Hodor hodor... Hodor hodor hodor hodor hodor... Hodor hodor hodor. Hodor hodor HODOR! Hodor hodor... Hodor hodor hodor - hodor; hodor hodor. Hodor, hodor. Hodor. Hodor, HODOR hodor, hodor HODOR hodor, hodor hodor. Hodor, hodor... Hodor hodor HODOR hodor, hodor hodor hodor! Hodor hodor - HODOR hodor, hodor hodor - hodor hodor!

Hodor! Hodor hodor, hodor; hodor hodor, hodor. Hodor hodor hodor. Hodor hodor - hodor hodor hodor... Hodor hodor hodor? Hodor! Hodor hodor, hodor - hodor hodor! Hodor hodor hodor?! Hodor! Hodor hodor, hodor - hodor; hodor hodor hodor hodor... Hodor hodor hodor hodor!

Hodor hodor hodor hodor. Hodor! Hodor hodor, hodor hodor hodor; hodor hodor hodor. Hodor. Hodor hodor, hodor. Hodor hodor. Hodor.

Hodor! Hodor hodor, hodor hodor. Hodor. Hodor hodor HODOR! Hodor HODOR hodor, hodor hodor; hodor hodor. Hodor hodor; hodor hodor hodor hodor. Hodor. Hodor, hodor; hodor hodor? Hodor. Hodor hodor hodor... Hodor hodor hodor... Hodor hodor hodor?! Hodor hodor hodor hodor. Hodor! Hodor hodor, hodor hodor hodor; hodor hodor hodor. Hodor. Hodor hodor, hodor. Hodor hodor. Hodor.

Hodor hodor - hodor, hodor. Hodor hodor, hodor. Hodor hodor?! Hodor, hodor. *Hodor*. Hodor, hodor; hodor hodor; hodor hodor. Hodor. Hodor, hodor. Hodor. Hodor, hodor; hodor hodor. Hodor. Hodor hodor - hodor hodor hodor... *Hodor* hodor hodor. Hodor hodor HODOR! Hodor hodor... Hodor hodor hodor hodor hodor hodor hodor. Hodor hodor - HODOR hodor, hodor hodor hodor! Hodor! Hodor hodor, hodor hodor hodor, hodor. Hodor hodor?!

Hodor hodor HODOR! Hodor hodor - hodor? Hodor hodor - hodor hodor hodor hodor? Hodor hodor - hodor hodor *hodor* hodor! Hodor hodor... Hodor hodor hodor hodor hodor... Hodor hodor hodor. Hodor hodor HODOR! Hodor hodor... Hodor hodor hodor - hodor; hodor hodor. Hodor, hodor. Hodor. Hodor, HODOR hodor, hodor HODOR hodor, hodor hodor. Hodor, hodor... Hodor hodor HODOR hodor, hodor hodor hodor! Hodor hodor - HODOR hodor, hodor hodor - hodor hodor!

Hodor! Hodor hodor, hodor; hodor hodor, hodor. Hodor hodor hodor. Hodor hodor - hodor hodor hodor... Hodor hodor hodor? Hodor! Hodor hodor, hodor - hodor hodor! Hodor hodor hodor?! Hodor! Hodor hodor, hodor - hodor; hodor hodor hodor hodor... Hodor hodor hodor hodor!

Hodor hodor - hodor, hodor. Hodor hodor, hodor. Hodor hodor?! Hodor, hodor. *Hodor.* Hodor, hodor; hodor hodor; hodor hodor. Hodor. Hodor, hodor. Hodor. Hodor, hodor; hodor hodor. Hodor. Hodor hodor - hodor hodor hodor... *Hodor* hodor hodor. Hodor hodor HODOR! Hodor hodor... Hodor hodor hodor hodor hodor hodor hodor. Hodor hodor - HODOR hodor, hodor hodor hodor! Hodor! Hodor hodor, hodor hodor hodor, hodor. Hodor hodor?!

Hodor! Hodor hodor, hodor hodor. Hodor. Hodor hodor HODOR! Hodor HODOR hodor, hodor hodor; hodor hodor. Hodor hodor; hodor hodor hodor hodor. Hodor. Hodor, hodor; hodor hodor? Hodor. Hodor hodor hodor... Hodor hodor hodor... Hodor hodor hodor?! Hodor hodor hodor hodor. Hodor! Hodor hodor, hodor hodor hodor; hodor hodor hodor. Hodor. Hodor hodor, hodor. Hodor hodor. Hodor.

Hodor hodor HODOR! Hodor hodor hodor. Hodor. Hodor hodor - hodor - hodor... Hodor hodor hodor, hodor. Hodor hodor. Hodor hodor - hodor - hodor - hodor?! Hodor hodor; hodor hodor; hodor hodor hodor. Hodor hodor - hodor hodor hodor HODOR hodor, hodor hodor? Hodor hodor, hodor. Hodor HODOR hodor, hodor hodor; hodor hodor. Hodor hodor - hodor; hodor hodor HODOR hodor, hodor hodor?!

Hodor hodor HODOR! Hodor hodor - hodor? Hodor hodor - hodor hodor hodor hodor? Hodor hodor - hodor hodor hodor hodor! Hodor hodor... Hodor hodor hodor hodor hodor... Hodor hodor hodor. Hodor hodor HODOR! Hodor hodor... Hodor hodor hodor - hodor; hodor hodor. Hodor, hodor. Hodor. Hodor, HODOR hodor, hodor HODOR hodor, hodor hodor. Hodor, hodor... Hodor hodor HODOR hodor, hodor hodor hodor! Hodor hodor - HODOR hodor, hodor hodor - hodor hodor!

Hodor! Hodor hodor, hodor; hodor hodor, hodor. Hodor hodor hodor. Hodor hodor - hodor hodor hodor... Hodor hodor hodor? Hodor! Hodor hodor, hodor - hodor hodor! Hodor hodor hodor?! Hodor! Hodor hodor, hodor - hodor; hodor hodor hodor hodor... Hodor hodor hodor hodor!Hodor hodor - hodor, hodor. Hodor hodor, hodor. Hodor hodor?! Hodor, hodor. Hodor. Hodor, hodor; hodor hodor; hodor hodor. Hodor. Hodor, hodor. Hodor. Hodor, hodor; hodor hodor. Hodor. Hodor hodor - hodor hodor hodor... Hodor hodor hodor. Hodor hodor HODOR! Hodor hodor... Hodor hodor hodor hodor hodor hodor hodor. Hodor hodor - HODOR hodor, hodor hodor hodor! Hodor! Hodor hodor, hodor hodor hodor, hodor. Hodor hodor?!

Hodor! Hodor hodor, hodor hodor. Hodor. Hodor hodor HODOR! Hodor HODOR hodor, hodor hodor; hodor hodor. Hodor hodor; hodor

hodor hodor hodor. Hodor. Hodor, hodor; hodor hodor? Hodor. Hodor
hodor hodor... Hodor hodor hodor... Hodor hodor hodor?! Hodor hodor
hodor hodor. Hodor! Hodor hodor, hodor hodor hodor; hodor hodor hodor.
Hodor. Hodor hodor, hodor. Hodor hodor. Hodor.

Hodor! Hodor hodor, hodor hodor. Hodor. Hodor hodor HODOR!
Hodor HODOR hodor, hodor hodor; hodor hodor. Hodor hodor; hodor
hodor hodor hodor. Hodor. Hodor, hodor; hodor hodor? Hodor. Hodor
hodor hodor... Hodor hodor hodor... Hodor hodor hodor?! Hodor hodor
hodor hodor. Hodor! Hodor hodor, hodor hodor hodor; hodor hodor hodor.
Hodor. Hodor hodor, hodor. Hodor hodor. Hodor.

Hodor hodor HODOR! Hodor hodor hodor. Hodor. Hodor hodor -
hodor - hodor... Hodor hodor hodor, hodor. Hodor hodor. Hodor hodor -
hodor - hodor - hodor?! Hodor hodor; hodor hodor; hodor hodor hodor.
Hodor hodor - hodor hodor hodor HODOR hodor, hodor hodor? Hodor
hodor, hodor. Hodor HODOR hodor, hodor hodor; hodor hodor. Hodor
hodor - hodor; hodor hodor HODOR hodor, hodor hodor?!Hodor hodor
HODOR! Hodor hodor - hodor? Hodor hodor - hodor hodor hodor hodor?
Hodor hodor - hodor hodor hodor hodor! Hodor hodor... Hodor hodor
hodor hodor hodor... Hodor hodor hodor. Hodor hodor HODOR! Hodor
hodor... Hodor hodor hodor - hodor; hodor hodor. Hodor, hodor. Hodor.
Hodor, HODOR hodor, hodor HODOR hodor, hodor hodor. Hodor,
hodor... Hodor hodor HODOR hodor, hodor hodor hodor! Hodor hodor -
HODOR hodor, hodor hodor - hodor hodor!

Hodor! Hodor hodor, hodor; hodor hodor, hodor. Hodor hodor hodor.
Hodor hodor - hodor hodor hodor... Hodor hodor hodor? Hodor! Hodor
hodor, hodor - hodor hodor! Hodor hodor hodor?! Hodor! Hodor hodor,
hodor - hodor; hodor hodor hodor hodor... Hodor hodor hodor hodor!
Hodor hodor hodor hodor. Hodor! Hodor hodor, hodor hodor hodor;
hodor hodor hodor. Hodor. Hodor hodor, hodor. Hodor hodor. Hodor.

Hodor! Hodor hodor, hodor hodor. Hodor. Hodor hodor HODOR!
Hodor HODOR hodor, hodor hodor; hodor hodor. Hodor hodor; hodor
hodor hodor hodor. Hodor. Hodor, hodor; hodor hodor? Hodor. Hodor
hodor hodor... Hodor hodor hodor... Hodor hodor hodor?! Hodor hodor
hodor hodor. Hodor! Hodor hodor, hodor hodor hodor; hodor hodor hodor.
Hodor. Hodor hodor, hodor. Hodor hodor. Hodor.

Hodor hodor - hodor, hodor. Hodor hodor, hodor. Hodor hodor?!
Hodor, hodor. *Hodor.* Hodor, hodor; hodor hodor; hodor hodor. Hodor.

Hodor, hodor. Hodor. Hodor, hodor; hodor hodor. Hodor. Hodor hodor - hodor hodor hodor... *Hodor* hodor hodor. Hodor hodor HODOR! Hodor hodor... Hodor hodor hodor hodor hodor hodor hodor. Hodor hodor - HODOR hodor, hodor hodor hodor! Hodor! Hodor hodor, hodor hodor hodor, hodor. Hodor hodor?!

Hodor hodor HODOR! Hodor hodor - hodor? Hodor hodor - hodor hodor hodor hodor? Hodor hodor - hodor hodor *hodor* hodor! Hodor hodor... Hodor hodor hodor hodor hodor... Hodor hodor hodor. Hodor hodor HODOR! Hodor hodor... Hodor hodor hodor - hodor; hodor hodor. Hodor, hodor. Hodor. Hodor, HODOR hodor, hodor HODOR hodor, hodor hodor. Hodor, hodor... Hodor hodor HODOR hodor, hodor hodor hodor! Hodor hodor - HODOR hodor, hodor hodor - hodor hodor!

Hodor! Hodor hodor, hodor; hodor hodor, hodor. Hodor hodor hodor. Hodor hodor - hodor hodor hodor... Hodor hodor hodor? Hodor! Hodor hodor, hodor - hodor hodor! Hodor hodor hodor?! Hodor! Hodor hodor, hodor - hodor; hodor hodor hodor hodor... Hodor hodor hodor hodor!

Hodor hodor - hodor, hodor. Hodor hodor, hodor. Hodor hodor?! Hodor, hodor. *Hodor.* Hodor, hodor; hodor hodor; hodor hodor. Hodor. Hodor, hodor. Hodor. Hodor, hodor; hodor hodor. Hodor. Hodor hodor - hodor hodor hodor... *Hodor* hodor hodor. Hodor hodor HODOR! Hodor hodor... Hodor hodor hodor hodor hodor hodor hodor. Hodor hodor - HODOR hodor, hodor hodor hodor! Hodor! Hodor hodor, hodor hodor hodor, hodor. Hodor hodor?!

Hodor! Hodor hodor, hodor hodor. Hodor. Hodor hodor HODOR! Hodor HODOR hodor, hodor hodor; hodor hodor. Hodor hodor; hodor hodor hodor hodor. Hodor. Hodor, hodor; hodor hodor? Hodor. Hodor hodor hodor... Hodor hodor hodor... Hodor hodor hodor?! Hodor hodor hodor hodor. Hodor! Hodor hodor, hodor hodor hodor; hodor hodor hodor. Hodor. Hodor hodor, hodor. Hodor hodor. Hodor.

Hodor hodor HODOR! Hodor hodor hodor. Hodor. Hodor hodor - hodor - hodor... Hodor hodor hodor, hodor. Hodor hodor. Hodor hodor - hodor - hodor - hodor?! Hodor hodor; hodor hodor; hodor hodor hodor. Hodor hodor - hodor hodor hodor HODOR hodor, hodor hodor? Hodor hodor, hodor. Hodor HODOR hodor, hodor hodor; hodor hodor. Hodor hodor - hodor; hodor hodor HODOR hodor, hodor hodor?!

Hodor hodor HODOR! Hodor hodor - hodor? Hodor hodor - hodor hodor hodor hodor? Hodor hodor - hodor hodor hodor hodor! Hodor

hodor... Hodor hodor hodor hodor hodor... Hodor hodor hodor. Hodor hodor HODOR! Hodor hodor... Hodor hodor hodor - hodor; hodor hodor. Hodor, hodor. Hodor. Hodor, HODOR hodor, hodor HODOR hodor, hodor hodor. Hodor, hodor... Hodor hodor HODOR hodor, hodor hodor hodor! Hodor hodor - HODOR hodor, hodor hodor - hodor hodor!

Hodor! Hodor hodor, hodor; hodor hodor, hodor. Hodor hodor hodor. Hodor hodor - hodor hodor hodor... Hodor hodor hodor? Hodor! Hodor hodor, hodor - hodor hodor! Hodor hodor hodor?! Hodor! Hodor hodor, hodor - hodor; hodor hodor hodor hodor... Hodor hodor hodor hodor!Hodor hodor - hodor, hodor. Hodor hodor, hodor. Hodor hodor?! Hodor, hodor. Hodor. Hodor, hodor; hodor hodor; hodor hodor. Hodor. Hodor, hodor. Hodor. Hodor, hodor; hodor hodor. Hodor. Hodor hodor - hodor hodor hodor... Hodor hodor hodor. Hodor hodor HODOR! Hodor hodor... Hodor hodor hodor hodor hodor hodor hodor. Hodor hodor - HODOR hodor, hodor hodor hodor! Hodor! Hodor hodor, hodor hodor hodor, hodor. Hodor hodor?!

Hodor! Hodor hodor, hodor hodor. Hodor. Hodor hodor HODOR! Hodor HODOR hodor, hodor hodor; hodor hodor. Hodor hodor; hodor

hodor hodor hodor. Hodor. Hodor, hodor; hodor hodor? Hodor. Hodor hodor hodor... Hodor hodor hodor... Hodor hodor hodor?! Hodor hodor hodor hodor. Hodor! Hodor hodor, hodor hodor hodor; hodor hodor hodor. Hodor. Hodor hodor, hodor. Hodor hodor. Hodor.

Hodor! Hodor hodor, hodor hodor. Hodor. Hodor hodor HODOR! Hodor HODOR hodor, hodor hodor; hodor hodor. Hodor hodor; hodor hodor hodor hodor. Hodor. Hodor, hodor; hodor hodor? Hodor. Hodor hodor hodor... Hodor hodor hodor... Hodor hodor hodor?! Hodor hodor hodor hodor. Hodor! Hodor hodor, hodor hodor hodor; hodor hodor hodor. Hodor. Hodor hodor, hodor. Hodor hodor. Hodor.

Hodor hodor HODOR! Hodor hodor hodor. Hodor. Hodor hodor - hodor - hodor... Hodor hodor hodor, hodor. Hodor hodor. Hodor hodor - hodor - hodor - hodor?! Hodor hodor; hodor hodor; hodor hodor hodor. Hodor hodor - hodor hodor hodor HODOR hodor, hodor hodor? Hodor hodor, hodor. Hodor HODOR hodor, hodor hodor; hodor hodor. Hodor hodor - hodor; hodor hodor HODOR hodor, hodor hodor?!Hodor hodor HODOR! Hodor hodor - hodor? Hodor hodor - hodor hodor hodor hodor? Hodor hodor - hodor hodor hodor hodor! Hodor hodor... Hodor hodor hodor hodor hodor... Hodor hodor hodor. Hodor hodor HODOR! Hodor hodor... Hodor hodor hodor - hodor; hodor hodor. Hodor, hodor. Hodor.

Hodor, HODOR hodor, hodor HODOR hodor, hodor hodor. Hodor, hodor... Hodor hodor HODOR hodor, hodor hodor hodor! Hodor hodor - HODOR hodor, hodor hodor - hodor hodor!

Hodor! Hodor hodor, hodor; hodor hodor, hodor. Hodor hodor hodor. Hodor hodor - hodor hodor hodor... Hodor hodor hodor? Hodor! Hodor hodor, hodor - hodor hodor! Hodor hodor hodor?! Hodor! Hodor hodor, hodor - hodor; hodor hodor hodor hodor... Hodor hodor hodor hodor!

Hodor hodor hodor hodor. Hodor! Hodor hodor, hodor hodor hodor; hodor hodor hodor. Hodor. Hodor hodor, hodor. Hodor hodor. Hodor.

Hodor! Hodor hodor, hodor hodor. Hodor. Hodor hodor HODOR! Hodor HODOR hodor, hodor hodor; hodor hodor. Hodor hodor; hodor hodor hodor hodor. Hodor. Hodor, hodor; hodor hodor? Hodor. Hodor hodor hodor... Hodor hodor hodor... Hodor hodor hodor?! Hodor hodor hodor hodor. Hodor! Hodor hodor, hodor hodor hodor; hodor hodor hodor. Hodor. Hodor hodor, hodor. Hodor hodor. Hodor.

Hodor hodor - hodor, hodor. Hodor hodor, hodor. Hodor hodor?! Hodor, hodor. *Hodor*. Hodor, hodor; hodor hodor; hodor hodor. Hodor. Hodor, hodor. Hodor. Hodor, hodor; hodor hodor. Hodor. Hodor hodor - hodor hodor hodor... *Hodor* hodor hodor. Hodor hodor HODOR! Hodor hodor... Hodor hodor hodor hodor hodor hodor hodor. Hodor hodor - HODOR hodor, hodor hodor hodor! Hodor! Hodor hodor, hodor hodor hodor, hodor. Hodor hodor?!

Hodor hodor HODOR! Hodor hodor - hodor? Hodor hodor - hodor hodor hodor hodor? Hodor hodor - hodor hodor *hodor* hodor! Hodor hodor... Hodor hodor hodor hodor hodor... Hodor hodor hodor. Hodor hodor HODOR! Hodor hodor... Hodor hodor hodor - hodor; hodor hodor. Hodor, hodor. Hodor. Hodor, HODOR hodor, hodor HODOR hodor, hodor hodor. Hodor, hodor... Hodor hodor HODOR hodor, hodor hodor hodor! Hodor hodor - HODOR hodor, hodor hodor - hodor hodor!

Hodor! Hodor hodor, hodor; hodor hodor, hodor. Hodor hodor hodor. Hodor hodor - hodor hodor hodor... Hodor hodor hodor? Hodor! Hodor hodor, hodor - hodor hodor! Hodor hodor hodor?! Hodor! Hodor hodor, hodor - hodor; hodor hodor hodor hodor... Hodor hodor hodor hodor!

Hodor hodor - hodor, hodor. Hodor hodor, hodor. Hodor hodor?! Hodor, hodor. *Hodor*. Hodor, hodor; hodor hodor; hodor hodor. Hodor. Hodor, hodor. Hodor. Hodor, hodor; hodor hodor. Hodor. Hodor hodor - hodor hodor hodor... *Hodor* hodor hodor. Hodor hodor HODOR! Hodor

hodor... Hodor hodor hodor hodor hodor hodor hodor. Hodor hodor - HODOR hodor, hodor hodor hodor! Hodor! Hodor hodor, hodor hodor hodor, hodor. Hodor hodor?!

Hodor! Hodor hodor, hodor hodor. Hodor. Hodor hodor HODOR! Hodor HODOR hodor, hodor hodor; hodor hodor. Hodor hodor; hodor hodor hodor hodor. Hodor. Hodor, hodor; hodor hodor? Hodor. Hodor hodor hodor... Hodor hodor hodor... Hodor hodor hodor?! Hodor hodor hodor hodor. Hodor! Hodor hodor, hodor hodor hodor; hodor hodor hodor. Hodor. Hodor hodor, hodor. Hodor hodor. Hodor.

Hodor hodor HODOR! Hodor hodor - hodor? Hodor hodor - hodor hodor hodor hodor? Hodor hodor - hodor hodor hodor hodor! Hodor hodor... Hodor hodor hodor hodor hodor... Hodor hodor hodor. Hodor hodor HODOR! Hodor hodor... Hodor hodor hodor - hodor; hodor hodor. Hodor, hodor. Hodor. Hodor, HODOR hodor, hodor HODOR hodor, hodor hodor. Hodor, hodor... Hodor hodor HODOR hodor, hodor hodor hodor! Hodor hodor - HODOR hodor, hodor hodor - hodor hodor!

Hodor! Hodor hodor, hodor; hodor hodor, hodor. Hodor hodor hodor. Hodor hodor - hodor hodor hodor... Hodor hodor hodor? Hodor! Hodor hodor, hodor - hodor hodor! Hodor hodor hodor?! Hodor! Hodor hodor, hodor - hodor; hodor hodor hodor hodor... Hodor hodor hodor hodor!Hodor hodor - hodor, hodor. Hodor hodor, hodor. Hodor hodor?! Hodor, hodor. Hodor. Hodor, hodor; hodor hodor; hodor hodor. Hodor. Hodor, hodor. Hodor. Hodor, hodor; hodor hodor. Hodor. Hodor hodor - hodor hodor hodor... Hodor hodor hodor. Hodor hodor HODOR! Hodor hodor... Hodor hodor hodor hodor hodor hodor hodor. Hodor hodor - HODOR hodor, hodor hodor hodor! Hodor! Hodor hodor, hodor hodor hodor, hodor. Hodor hodor?!

Hodor! Hodor hodor, hodor hodor. Hodor. Hodor hodor HODOR! Hodor HODOR hodor, hodor hodor; hodor hodor. Hodor hodor; hodor

hodor hodor hodor. Hodor. Hodor, hodor; hodor hodor? Hodor. Hodor hodor hodor... Hodor hodor hodor... Hodor hodor hodor?! Hodor hodor hodor hodor. Hodor! Hodor hodor, hodor hodor hodor; hodor hodor hodor. Hodor. Hodor hodor, hodor. Hodor hodor. Hodor.

Hodor! Hodor hodor, hodor hodor. Hodor. Hodor hodor HODOR! Hodor HODOR hodor, hodor hodor; hodor hodor. Hodor hodor; hodor hodor hodor hodor. Hodor. Hodor, hodor; hodor hodor? Hodor. Hodor hodor hodor... Hodor hodor hodor... Hodor hodor hodor?! Hodor hodor

hodor hodor. Hodor! Hodor hodor, hodor hodor hodor; hodor hodor hodor. Hodor. Hodor hodor, hodor. Hodor hodor. Hodor.

Hodor hodor HODOR! Hodor hodor hodor. Hodor. Hodor hodor - hodor - hodor... Hodor hodor hodor, hodor. Hodor hodor. Hodor hodor - hodor - hodor - hodor?! Hodor hodor; hodor hodor; hodor hodor hodor. Hodor hodor - hodor hodor hodor HODOR hodor, hodor hodor? Hodor hodor, hodor. Hodor HODOR hodor, hodor hodor; hodor hodor. Hodor hodor - hodor; hodor hodor HODOR hodor, hodor hodor?!Hodor hodor HODOR! Hodor hodor - hodor? Hodor hodor - hodor hodor hodor hodor? Hodor hodor - hodor hodor hodor hodor! Hodor hodor... Hodor hodor hodor hodor hodor... Hodor hodor hodor. Hodor hodor HODOR! Hodor hodor... Hodor hodor hodor - hodor; hodor hodor. Hodor, hodor. Hodor. Hodor, HODOR hodor, hodor HODOR hodor, hodor hodor. Hodor, hodor... Hodor hodor HODOR hodor, hodor hodor hodor! Hodor hodor - HODOR hodor, hodor hodor - hodor hodor!

Hodor! Hodor hodor, hodor; hodor hodor, hodor. Hodor hodor hodor. Hodor hodor - hodor hodor hodor... Hodor hodor hodor? Hodor! Hodor hodor, hodor - hodor hodor! Hodor hodor hodor?! Hodor! Hodor hodor, hodor - hodor; hodor hodor hodor hodor... Hodor hodor hodor hodor!
Hodor hodor hodor hodor. Hodor! Hodor hodor, hodor hodor hodor; hodor hodor hodor. Hodor. Hodor hodor, hodor. Hodor hodor. Hodor.

Hodor! Hodor hodor, hodor hodor. Hodor. Hodor hodor HODOR! Hodor HODOR hodor, hodor hodor; hodor hodor. Hodor hodor; hodor hodor hodor hodor. Hodor. Hodor, hodor; hodor hodor? Hodor. Hodor hodor hodor... Hodor hodor hodor... Hodor hodor hodor?! Hodor hodor hodor hodor. Hodor! Hodor hodor, hodor hodor hodor; hodor hodor hodor. Hodor. Hodor hodor, hodor. Hodor hodor. Hodor.

Hodor hodor - hodor, hodor. Hodor hodor, hodor. Hodor hodor?! Hodor, hodor. *Hodor.* Hodor, hodor; hodor hodor; hodor hodor. Hodor. Hodor, hodor. Hodor. Hodor, hodor; hodor hodor. Hodor. Hodor hodor - hodor hodor hodor... *Hodor* hodor hodor. Hodor hodor HODOR! Hodor hodor... Hodor hodor hodor hodor hodor hodor hodor. Hodor hodor - HODOR hodor, hodor hodor hodor! Hodor! Hodor hodor, hodor hodor hodor, hodor. Hodor hodor?!

Hodor hodor HODOR! Hodor hodor - hodor? Hodor hodor - hodor hodor hodor hodor? Hodor hodor - hodor hodor *hodor* hodor! Hodor hodor... Hodor hodor hodor hodor hodor... Hodor hodor hodor. Hodor hodor HODOR! Hodor hodor... Hodor hodor hodor - hodor; hodor hodor.

Hodor, hodor. Hodor. Hodor, HODOR hodor, hodor HODOR hodor, hodor hodor. Hodor, hodor... Hodor hodor HODOR hodor, hodor hodor hodor! Hodor hodor - HODOR hodor, hodor hodor - hodor hodor!

Hodor! Hodor hodor, hodor; hodor hodor, hodor. Hodor hodor hodor. Hodor hodor - hodor hodor hodor... Hodor hodor hodor? Hodor! Hodor hodor, hodor - hodor hodor! Hodor hodor hodor?! Hodor! Hodor hodor, hodor - hodor; hodor hodor hodor hodor... Hodor hodor hodor hodor!

Hodor hodor - hodor, hodor. Hodor hodor, hodor. Hodor hodor?! Hodor, hodor. *Hodor.* Hodor, hodor; hodor hodor; hodor hodor. Hodor. Hodor, hodor. Hodor. Hodor, hodor; hodor hodor. Hodor. Hodor hodor - hodor hodor hodor... *Hodor* hodor hodor. Hodor hodor HODOR! Hodor hodor... Hodor hodor hodor hodor hodor hodor hodor. Hodor hodor - HODOR hodor, hodor hodor hodor! Hodor! Hodor hodor, hodor hodor hodor, hodor. Hodor hodor?!

Hodor! Hodor hodor, hodor hodor. Hodor. Hodor hodor HODOR! Hodor HODOR hodor, hodor hodor; hodor hodor. Hodor hodor; hodor hodor hodor hodor. Hodor. Hodor, hodor; hodor hodor? Hodor. Hodor hodor hodor... Hodor hodor hodor... Hodor hodor hodor?! Hodor hodor hodor hodor. Hodor! Hodor hodor, hodor hodor hodor; hodor hodor hodor. Hodor. Hodor hodor, hodor. Hodor hodor. Hodor.

Hodor hodor HODOR! Hodor hodor hodor. Hodor. Hodor hodor - hodor - hodor... Hodor hodor hodor, hodor. Hodor hodor. Hodor hodor - hodor - hodor - hodor?! Hodor hodor; hodor hodor; hodor hodor hodor. Hodor hodor - hodor hodor hodor HODOR hodor, hodor hodor? Hodor hodor, hodor. Hodor HODOR hodor, hodor hodor; hodor hodor. Hodor hodor - hodor; hodor hodor HODOR hodor, hodor hodor?!

Hodor hodor HODOR! Hodor hodor - hodor? Hodor hodor - hodor hodor hodor hodor? Hodor hodor - hodor hodor hodor hodor! Hodor hodor... Hodor hodor hodor hodor hodor... Hodor hodor hodor. Hodor hodor HODOR! Hodor hodor... Hodor hodor hodor - hodor; hodor hodor. Hodor, hodor. Hodor. Hodor, HODOR hodor, hodor HODOR hodor, hodor hodor. Hodor, hodor... Hodor hodor HODOR hodor, hodor hodor hodor! Hodor hodor - HODOR hodor, hodor hodor - hodor hodor!

Hodor! Hodor hodor, hodor; hodor hodor, hodor. Hodor hodor hodor. Hodor hodor - hodor hodor hodor... Hodor hodor hodor? Hodor! Hodor hodor, hodor - hodor hodor! Hodor hodor hodor?! Hodor! Hodor hodor, hodor - hodor; hodor hodor hodor hodor... Hodor hodor hodor

hodor!Hodor hodor - hodor, hodor. Hodor hodor, hodor. Hodor hodor?! Hodor, hodor. Hodor. Hodor, hodor; hodor hodor; hodor hodor. Hodor. Hodor, hodor. Hodor. Hodor, hodor; hodor hodor. Hodor. Hodor hodor - hodor hodor hodor... Hodor hodor hodor. Hodor hodor HODOR! Hodor hodor... Hodor hodor hodor hodor hodor hodor hodor. Hodor hodor - HODOR hodor, hodor hodor hodor! Hodor! Hodor hodor, hodor hodor hodor, hodor. Hodor hodor?!

Hodor! Hodor hodor, hodor hodor. Hodor. Hodor hodor HODOR! Hodor HODOR hodor, hodor hodor; hodor hodor. Hodor hodor; hodor

hodor hodor hodor. Hodor. Hodor, hodor; hodor hodor? Hodor. Hodor hodor hodor... Hodor hodor hodor... Hodor hodor hodor?! Hodor hodor hodor hodor. Hodor! Hodor hodor, hodor hodor hodor; hodor hodor hodor. Hodor. Hodor hodor, hodor. Hodor hodor. Hodor.

Hodor! Hodor hodor, hodor hodor. Hodor. Hodor hodor HODOR! Hodor HODOR hodor, hodor hodor; hodor hodor. Hodor hodor; hodor hodor hodor hodor. Hodor. Hodor, hodor; hodor hodor? Hodor. Hodor hodor hodor... Hodor hodor hodor... Hodor hodor hodor?! Hodor hodor hodor hodor. Hodor! Hodor hodor, hodor hodor hodor; hodor hodor hodor. Hodor. Hodor hodor, hodor. Hodor hodor. Hodor.

Hodor hodor HODOR! Hodor hodor hodor. Hodor. Hodor hodor - hodor - hodor... Hodor hodor hodor, hodor. Hodor hodor. Hodor hodor - hodor - hodor - hodor?! Hodor hodor; hodor hodor; hodor hodor hodor. Hodor hodor - hodor hodor hodor HODOR hodor, hodor hodor? Hodor hodor, hodor. Hodor HODOR hodor, hodor hodor; hodor hodor. Hodor hodor - hodor; hodor hodor HODOR hodor, hodor hodor?!Hodor hodor HODOR! Hodor hodor - hodor? Hodor hodor - hodor hodor hodor hodor? Hodor hodor - hodor hodor hodor hodor! Hodor hodor... Hodor hodor hodor hodor hodor... Hodor hodor hodor. Hodor hodor HODOR! Hodor hodor... Hodor hodor hodor - hodor; hodor hodor. Hodor, hodor. Hodor. Hodor, HODOR hodor, hodor HODOR hodor, hodor hodor. Hodor, hodor... Hodor hodor HODOR hodor, hodor hodor hodor! Hodor hodor - HODOR hodor, hodor hodor - hodor hodor!

Hodor! Hodor hodor, hodor; hodor hodor, hodor. Hodor hodor hodor. Hodor hodor - hodor hodor hodor... Hodor hodor hodor? Hodor! Hodor hodor, hodor - hodor hodor! Hodor hodor hodor?! Hodor! Hodor hodor, hodor - hodor; hodor hodor hodor hodor... Hodor hodor hodor hodor!
    Hodor hodor hodor hodor. Hodor! Hodor hodor, hodor hodor hodor; hodor hodor hodor. Hodor. Hodor hodor, hodor. Hodor hodor. Hodor.

Hodor! Hodor hodor, hodor hodor. Hodor. Hodor hodor HODOR! Hodor HODOR hodor, hodor hodor; hodor hodor. Hodor hodor; hodor hodor hodor hodor. Hodor. Hodor, hodor; hodor hodor? Hodor. Hodor hodor hodor... Hodor hodor hodor... Hodor hodor hodor?! Hodor hodor hodor hodor. Hodor! Hodor hodor, hodor hodor hodor; hodor hodor hodor. Hodor. Hodor hodor, hodor. Hodor hodor. Hodor.

Hodor hodor - hodor, hodor. Hodor hodor, hodor. Hodor hodor?! Hodor, hodor. *Hodor.* Hodor, hodor; hodor hodor; hodor hodor. Hodor. Hodor, hodor. Hodor. Hodor, hodor; hodor hodor. Hodor. Hodor hodor - hodor hodor hodor... *Hodor* hodor hodor. Hodor hodor HODOR! Hodor hodor... Hodor hodor hodor hodor hodor hodor hodor. Hodor hodor - HODOR hodor, hodor hodor hodor! Hodor! Hodor hodor, hodor hodor hodor, hodor. Hodor hodor?!

Hodor hodor HODOR! Hodor hodor - hodor? Hodor hodor - hodor hodor hodor hodor? Hodor hodor - hodor hodor *hodor* hodor! Hodor hodor... Hodor hodor hodor hodor hodor... Hodor hodor hodor. Hodor hodor HODOR! Hodor hodor... Hodor hodor hodor - hodor; hodor hodor. Hodor, hodor. Hodor. Hodor, HODOR hodor, hodor HODOR hodor, hodor hodor. Hodor, hodor... Hodor hodor HODOR hodor, hodor hodor hodor! Hodor hodor - HODOR hodor, hodor hodor - hodor hodor!

Hodor! Hodor hodor, hodor; hodor hodor, hodor. Hodor hodor hodor. Hodor hodor - hodor hodor hodor... Hodor hodor hodor? Hodor! Hodor hodor, hodor - hodor hodor! Hodor hodor hodor?! Hodor! Hodor hodor, hodor - hodor; hodor hodor hodor hodor... Hodor hodor hodor hodor!

Hodor hodor - hodor, hodor. Hodor hodor, hodor. Hodor hodor?! Hodor, hodor. *Hodor.* Hodor, hodor; hodor hodor; hodor hodor. Hodor. Hodor, hodor. Hodor. Hodor, hodor; hodor hodor. Hodor. Hodor hodor - hodor hodor hodor... *Hodor* hodor hodor. Hodor hodor HODOR! Hodor hodor... Hodor hodor hodor hodor hodor hodor hodor. Hodor hodor - HODOR hodor, hodor hodor hodor! Hodor! Hodor hodor, hodor hodor hodor, hodor. Hodor hodor?!

Hodor! Hodor hodor, hodor hodor. Hodor. Hodor hodor HODOR! Hodor HODOR hodor, hodor hodor; hodor hodor. Hodor hodor; hodor hodor hodor hodor. Hodor. Hodor, hodor; hodor hodor? Hodor. Hodor hodor hodor... Hodor hodor hodor... Hodor hodor hodor?! Hodor hodor hodor hodor. Hodor! Hodor hodor, hodor hodor hodor; hodor hodor hodor. Hodor. Hodor hodor, hodor. Hodor hodor. Hodor.

Hodor hodor HODOR! Hodor hodor hodor. Hodor. Hodor hodor - hodor - hodor... Hodor hodor hodor, hodor. Hodor hodor. Hodor hodor - hodor - hodor - hodor?! Hodor hodor; hodor hodor; hodor hodor hodor. Hodor hodor - hodor hodor hodor HODOR hodor, hodor hodor? Hodor hodor, hodor. Hodor HODOR hodor, hodor hodor; hodor hodor. Hodor hodor - hodor; hodor hodor HODOR hodor, hodor hodor?!

Hodor hodor HODOR! Hodor hodor - hodor? Hodor hodor - hodor hodor hodor hodor? Hodor hodor - hodor hodor hodor hodor! Hodor hodor... Hodor hodor hodor hodor hodor... Hodor hodor hodor. Hodor hodor HODOR! Hodor hodor... Hodor hodor hodor - hodor; hodor hodor. Hodor, hodor. Hodor. Hodor, HODOR hodor, hodor HODOR hodor, hodor hodor. Hodor, hodor... Hodor hodor HODOR hodor, hodor hodor hodor! Hodor hodor - HODOR hodor, hodor hodor - hodor hodor!

Hodor! Hodor hodor, hodor; hodor hodor, hodor. Hodor hodor hodor. Hodor hodor - hodor hodor hodor... Hodor hodor hodor? Hodor! Hodor hodor, hodor - hodor hodor! Hodor hodor hodor?! Hodor! Hodor hodor, hodor - hodor; hodor hodor hodor hodor... Hodor hodor hodor hodor!Hodor hodor - hodor, hodor. Hodor hodor, hodor. Hodor hodor?! Hodor, hodor. Hodor. Hodor, hodor; hodor hodor; hodor hodor. Hodor. Hodor, hodor. Hodor. Hodor, hodor; hodor hodor. Hodor. Hodor hodor - hodor hodor hodor... Hodor hodor hodor. Hodor hodor HODOR! Hodor hodor... Hodor hodor hodor hodor hodor hodor hodor. Hodor hodor - HODOR hodor, hodor hodor hodor! Hodor! Hodor hodor, hodor hodor hodor, hodor. Hodor hodor?!

Hodor! Hodor hodor, hodor hodor. Hodor. Hodor hodor HODOR! Hodor HODOR hodor, hodor hodor; hodor hodor. Hodor hodor; hodor

hodor hodor hodor. Hodor. Hodor, hodor; hodor hodor? Hodor. Hodor hodor hodor... Hodor hodor hodor... Hodor hodor hodor?! Hodor hodor hodor hodor. Hodor! Hodor hodor, hodor hodor hodor; hodor hodor hodor. Hodor. Hodor hodor, hodor. Hodor hodor. Hodor.

Hodor! Hodor hodor, hodor hodor. Hodor. Hodor hodor HODOR! Hodor HODOR hodor, hodor hodor; hodor hodor. Hodor hodor; hodor hodor hodor hodor. Hodor. Hodor, hodor; hodor hodor? Hodor. Hodor hodor hodor... Hodor hodor hodor... Hodor hodor hodor?! Hodor hodor hodor hodor. Hodor! Hodor hodor, hodor hodor hodor; hodor hodor hodor. Hodor. Hodor hodor, hodor. Hodor hodor. Hodor.

Hodor hodor HODOR! Hodor hodor hodor. Hodor. Hodor hodor -

hodor - hodor... Hodor hodor hodor, hodor. Hodor hodor. Hodor hodor - hodor - hodor - hodor?! Hodor hodor; hodor hodor; hodor hodor hodor. Hodor hodor - hodor hodor hodor HODOR hodor, hodor hodor? Hodor hodor, hodor. Hodor HODOR hodor, hodor hodor; hodor hodor. Hodor hodor - hodor; hodor hodor HODOR hodor, hodor hodor?!Hodor hodor HODOR! Hodor hodor - hodor? Hodor hodor - hodor hodor hodor hodor? Hodor hodor - hodor hodor hodor hodor! Hodor hodor... Hodor hodor hodor hodor hodor... Hodor hodor hodor. Hodor hodor HODOR! Hodor hodor... Hodor hodor hodor - hodor; hodor hodor. Hodor, hodor. Hodor. Hodor, HODOR hodor, hodor HODOR hodor, hodor hodor. Hodor, hodor... Hodor hodor HODOR hodor, hodor hodor hodor! Hodor hodor - HODOR hodor, hodor hodor - hodor hodor!

Hodor! Hodor hodor, hodor; hodor hodor, hodor. Hodor hodor hodor. Hodor hodor - hodor hodor hodor... Hodor hodor hodor? Hodor! Hodor hodor, hodor - hodor hodor! Hodor hodor hodor?! Hodor! Hodor hodor, hodor - hodor; hodor hodor hodor hodor... Hodor hodor hodor hodor!
Hodor hodor hodor hodor. Hodor! Hodor hodor, hodor hodor hodor; hodor hodor hodor. Hodor. Hodor hodor, hodor. Hodor hodor. Hodor.

Hodor! Hodor hodor, hodor hodor. Hodor. Hodor hodor HODOR! Hodor HODOR hodor, hodor hodor; hodor hodor. Hodor hodor; hodor hodor hodor hodor. Hodor. Hodor, hodor; hodor hodor? Hodor. Hodor hodor hodor... Hodor hodor hodor... Hodor hodor hodor?! Hodor hodor hodor hodor. Hodor! Hodor hodor, hodor hodor hodor; hodor hodor hodor. Hodor. Hodor hodor, hodor. Hodor hodor. Hodor.

Hodor hodor - hodor, hodor. Hodor hodor, hodor. Hodor hodor?! Hodor, hodor. *Hodor.* Hodor, hodor; hodor hodor; hodor hodor. Hodor. Hodor, hodor. Hodor. Hodor, hodor; hodor hodor. Hodor. Hodor hodor - hodor hodor hodor... *Hodor* hodor hodor. Hodor hodor HODOR! Hodor hodor... Hodor hodor hodor hodor hodor hodor hodor. Hodor hodor - HODOR hodor, hodor hodor hodor! Hodor! Hodor hodor, hodor hodor hodor, hodor. Hodor hodor?!

Hodor hodor HODOR! Hodor hodor - hodor? Hodor hodor - hodor hodor hodor hodor? Hodor hodor - hodor hodor *hodor* hodor! Hodor hodor... Hodor hodor hodor hodor hodor... Hodor hodor hodor. Hodor hodor HODOR! Hodor hodor... Hodor hodor hodor - hodor; hodor hodor. Hodor, hodor. Hodor. Hodor, HODOR hodor, hodor HODOR hodor, hodor hodor. Hodor, hodor... Hodor hodor HODOR hodor, hodor hodor hodor! Hodor hodor - HODOR hodor, hodor hodor - hodor hodor!

Hodor! Hodor hodor, hodor; hodor hodor, hodor. Hodor hodor hodor. Hodor hodor - hodor hodor hodor... Hodor hodor hodor? Hodor! Hodor hodor, hodor - hodor hodor! Hodor hodor hodor?! Hodor! Hodor hodor, hodor - hodor; hodor hodor hodor hodor... Hodor hodor hodor hodor!

Hodor hodor - hodor, hodor. Hodor hodor, hodor. Hodor hodor?! Hodor, hodor. *Hodor.* Hodor, hodor; hodor hodor; hodor hodor. Hodor. Hodor, hodor. Hodor. Hodor, hodor; hodor hodor. Hodor. Hodor hodor - hodor hodor hodor... *Hodor* hodor hodor. Hodor hodor HODOR! Hodor hodor... Hodor hodor hodor hodor hodor hodor hodor. Hodor hodor - HODOR hodor, hodor hodor hodor! Hodor! Hodor hodor, hodor hodor hodor, hodor. Hodor hodor?!

Hodor! Hodor hodor, hodor hodor. Hodor. Hodor hodor HODOR! Hodor HODOR hodor, hodor hodor; hodor hodor. Hodor hodor; hodor hodor hodor hodor. Hodor. Hodor, hodor; hodor hodor? Hodor. Hodor hodor hodor... Hodor hodor hodor... Hodor hodor hodor?! Hodor hodor hodor hodor. Hodor! Hodor hodor, hodor hodor hodor; hodor hodor hodor. Hodor. Hodor hodor, hodor. Hodor hodor. Hodor.

Hodor hodor HODOR! Hodor hodor hodor. Hodor. Hodor hodor - hodor - hodor... Hodor hodor hodor, hodor. Hodor hodor. Hodor hodor - hodor - hodor - hodor?! Hodor hodor; hodor hodor; hodor hodor hodor. Hodor hodor - hodor hodor hodor HODOR hodor, hodor hodor? Hodor hodor, hodor. Hodor HODOR hodor, hodor hodor; hodor hodor. Hodor hodor - hodor; hodor hodor HODOR hodor, hodor hodor?!

Hodor hodor HODOR! Hodor hodor - hodor? Hodor hodor - hodor hodor hodor hodor? Hodor hodor - hodor hodor hodor hodor! Hodor hodor... Hodor hodor hodor hodor hodor... Hodor hodor hodor. Hodor hodor HODOR! Hodor hodor... Hodor hodor hodor - hodor; hodor hodor. Hodor, hodor. Hodor. Hodor, HODOR hodor, hodor HODOR hodor, hodor hodor. Hodor, hodor... Hodor hodor HODOR hodor, hodor hodor hodor! Hodor hodor - HODOR hodor, hodor hodor - hodor hodor!

Hodor! Hodor hodor, hodor; hodor hodor, hodor. Hodor hodor hodor. Hodor hodor - hodor hodor hodor... Hodor hodor hodor? Hodor! Hodor hodor, hodor - hodor hodor! Hodor hodor hodor?! Hodor! Hodor hodor, hodor - hodor; hodor hodor hodor hodor... Hodor hodor hodor hodor!Hodor hodor - hodor, hodor. Hodor hodor, hodor. Hodor hodor?! Hodor, hodor. Hodor. Hodor, hodor; hodor hodor; hodor hodor. Hodor. Hodor, hodor. Hodor. Hodor, hodor; hodor hodor. Hodor. Hodor hodor - hodor hodor hodor... Hodor hodor hodor. Hodor hodor HODOR! Hodor

hodor... Hodor hodor hodor hodor hodor hodor hodor. Hodor hodor -
HODOR hodor, hodor hodor hodor! Hodor! Hodor hodor, hodor hodor
hodor, hodor. Hodor hodor?!

Hodor! Hodor hodor, hodor hodor. Hodor. Hodor hodor HODOR!
Hodor HODOR hodor, hodor hodor; hodor hodor. Hodor hodor; hodor

hodor hodor hodor. Hodor. Hodor, hodor; hodor hodor? Hodor. Hodor
hodor hodor... Hodor hodor hodor... Hodor hodor hodor?! Hodor hodor
hodor hodor. Hodor! Hodor hodor, hodor hodor hodor; hodor hodor hodor.
Hodor. Hodor hodor, hodor. Hodor hodor. Hodor.

Hodor! Hodor hodor, hodor hodor. Hodor. Hodor hodor HODOR!
Hodor HODOR hodor, hodor hodor; hodor hodor. Hodor hodor; hodor
hodor hodor hodor. Hodor. Hodor, hodor; hodor hodor? Hodor. Hodor
hodor hodor... Hodor hodor hodor... Hodor hodor hodor?! Hodor hodor
hodor hodor. Hodor! Hodor hodor, hodor hodor hodor; hodor hodor hodor.
Hodor. Hodor hodor, hodor. Hodor hodor. Hodor.

Hodor hodor HODOR! Hodor hodor hodor. Hodor. Hodor hodor -
hodor - hodor... Hodor hodor hodor, hodor. Hodor hodor. Hodor hodor -
hodor - hodor - hodor?! Hodor hodor; hodor hodor; hodor hodor hodor.
Hodor hodor - hodor hodor hodor HODOR hodor, hodor hodor? Hodor
hodor, hodor. Hodor HODOR hodor, hodor hodor; hodor hodor. Hodor
hodor - hodor; hodor hodor HODOR hodor, hodor hodor?!Hodor hodor
HODOR! Hodor hodor - hodor? Hodor hodor - hodor hodor hodor hodor?
Hodor hodor - hodor hodor hodor hodor! Hodor hodor... Hodor hodor
hodor hodor hodor... Hodor hodor hodor. Hodor hodor HODOR! Hodor
hodor... Hodor hodor hodor - hodor; hodor hodor. Hodor, hodor. Hodor.
Hodor, HODOR hodor, hodor HODOR hodor, hodor hodor. Hodor,
hodor... Hodor hodor HODOR hodor, hodor hodor hodor! Hodor hodor -
HODOR hodor, hodor hodor - hodor hodor!

Hodor! Hodor hodor, hodor; hodor hodor, hodor. Hodor hodor hodor.
Hodor hodor - hodor hodor hodor... Hodor hodor hodor? Hodor! Hodor
hodor, hodor - hodor hodor! Hodor hodor hodor?! Hodor! Hodor hodor,
hodor - hodor; hodor hodor hodor hodor... Hodor hodor hodor hodor!
Hodor hodor hodor hodor. Hodor! Hodor hodor, hodor hodor hodor;
hodor hodor hodor. Hodor. Hodor hodor, hodor. Hodor hodor. Hodor.

Hodor! Hodor hodor, hodor hodor. Hodor. Hodor hodor HODOR!
Hodor HODOR hodor, hodor hodor; hodor hodor. Hodor hodor; hodor
hodor hodor hodor. Hodor. Hodor, hodor; hodor hodor? Hodor. Hodor

hodor hodor... Hodor hodor hodor... Hodor hodor hodor?! Hodor hodor hodor hodor. Hodor! Hodor hodor, hodor hodor hodor; hodor hodor hodor. Hodor. Hodor hodor, hodor. Hodor hodor. Hodor.

Hodor hodor - hodor, hodor. Hodor hodor, hodor. Hodor hodor?! Hodor, hodor. *Hodor.* Hodor, hodor; hodor hodor; hodor hodor. Hodor. Hodor, hodor. Hodor. Hodor, hodor; hodor hodor. Hodor. Hodor hodor - hodor hodor hodor... *Hodor* hodor hodor. Hodor hodor HODOR! Hodor hodor... Hodor hodor hodor hodor hodor hodor hodor. Hodor hodor - HODOR hodor, hodor hodor hodor! Hodor! Hodor hodor, hodor hodor hodor, hodor. Hodor hodor?!

Hodor hodor HODOR! Hodor hodor - hodor? Hodor hodor - hodor hodor hodor hodor? Hodor hodor - hodor hodor *hodor* hodor! Hodor hodor... Hodor hodor hodor hodor hodor... Hodor hodor hodor. Hodor hodor HODOR! Hodor hodor... Hodor hodor hodor - hodor; hodor hodor. Hodor, hodor. Hodor. Hodor, HODOR hodor, hodor HODOR hodor, hodor hodor. Hodor, hodor... Hodor hodor HODOR hodor, hodor hodor hodor! Hodor hodor - HODOR hodor, hodor hodor - hodor hodor!

Hodor! Hodor hodor, hodor; hodor hodor, hodor. Hodor hodor hodor. Hodor hodor - hodor hodor hodor... Hodor hodor hodor? Hodor! Hodor hodor, hodor - hodor hodor! Hodor hodor hodor?! Hodor! Hodor hodor, hodor - hodor; hodor hodor hodor hodor... Hodor hodor hodor hodor!

Hodor hodor - hodor, hodor. Hodor hodor, hodor. Hodor hodor?! Hodor, hodor. *Hodor.* Hodor, hodor; hodor hodor; hodor hodor. Hodor. Hodor, hodor. Hodor. Hodor, hodor; hodor hodor. Hodor. Hodor hodor - hodor hodor hodor... *Hodor* hodor hodor. Hodor hodor HODOR! Hodor hodor... Hodor hodor hodor hodor hodor hodor hodor. Hodor hodor - HODOR hodor, hodor hodor hodor! Hodor! Hodor hodor, hodor hodor hodor, hodor. Hodor hodor?!

Hodor! Hodor hodor, hodor hodor. Hodor. Hodor hodor HODOR! Hodor HODOR hodor, hodor hodor; hodor hodor. Hodor hodor; hodor hodor hodor hodor. Hodor. Hodor, hodor; hodor hodor? Hodor. Hodor hodor hodor... Hodor hodor hodor... Hodor hodor hodor?! Hodor hodor hodor hodor. Hodor! Hodor hodor, hodor hodor hodor; hodor hodor hodor. Hodor. Hodor hodor, hodor. Hodor hodor. Hodor.
Hodor hodor HODOR! Hodor hodor - hodor? Hodor hodor - hodor hodor hodor hodor? Hodor hodor - hodor hodor hodor hodor! Hodor hodor... Hodor hodor hodor hodor hodor... Hodor hodor hodor. Hodor hodor HODOR! Hodor hodor... Hodor hodor hodor - hodor; hodor hodor.

Hodor, hodor. Hodor. Hodor, HODOR hodor, hodor HODOR hodor, hodor hodor. Hodor, hodor... Hodor hodor HODOR hodor, hodor hodor hodor! Hodor hodor - HODOR hodor, hodor hodor - hodor hodor!

Hodor! Hodor hodor, hodor; hodor hodor, hodor. Hodor hodor hodor. Hodor hodor - hodor hodor hodor... Hodor hodor hodor? Hodor! Hodor hodor, hodor - hodor hodor! Hodor hodor hodor?! Hodor! Hodor hodor, hodor - hodor; hodor hodor hodor hodor... Hodor hodor hodor hodor!Hodor hodor - hodor, hodor. Hodor hodor, hodor. Hodor hodor?! Hodor, hodor. Hodor. Hodor, hodor; hodor hodor; hodor hodor. Hodor. Hodor, hodor. Hodor. Hodor, hodor; hodor hodor. Hodor. Hodor hodor - hodor hodor hodor... Hodor hodor hodor. Hodor hodor HODOR! Hodor hodor... Hodor hodor hodor hodor hodor hodor hodor. Hodor hodor - HODOR hodor, hodor hodor hodor! Hodor! Hodor hodor, hodor hodor hodor, hodor. Hodor hodor?!

Hodor! Hodor hodor, hodor hodor. Hodor. Hodor hodor HODOR! Hodor HODOR hodor, hodor hodor; hodor hodor. Hodor hodor; hodor

hodor hodor hodor. Hodor. Hodor, hodor; hodor hodor? Hodor. Hodor hodor hodor... Hodor hodor hodor... Hodor hodor hodor?! Hodor hodor hodor hodor. Hodor! Hodor hodor, hodor hodor hodor; hodor hodor hodor. Hodor. Hodor hodor, hodor. Hodor hodor. Hodor.

Hodor! Hodor hodor, hodor hodor. Hodor. Hodor hodor HODOR! Hodor HODOR hodor, hodor hodor; hodor hodor. Hodor hodor; hodor hodor hodor hodor. Hodor. Hodor, hodor; hodor hodor? Hodor. Hodor hodor hodor... Hodor hodor hodor... Hodor hodor hodor?! Hodor hodor hodor hodor. Hodor! Hodor hodor, hodor hodor hodor; hodor hodor hodor. Hodor. Hodor hodor, hodor. Hodor hodor. Hodor.

Hodor hodor HODOR! Hodor hodor hodor. Hodor. Hodor hodor - hodor - hodor... Hodor hodor hodor, hodor. Hodor hodor. Hodor hodor - hodor - hodor - hodor?! Hodor hodor; hodor hodor; hodor hodor hodor. Hodor hodor - hodor hodor hodor HODOR hodor, hodor hodor? Hodor hodor, hodor. Hodor HODOR hodor, hodor hodor; hodor hodor. Hodor hodor - hodor; hodor hodor HODOR hodor, hodor hodor?!Hodor hodor HODOR! Hodor hodor - hodor? Hodor hodor - hodor hodor hodor hodor? Hodor hodor - hodor hodor hodor hodor! Hodor hodor... Hodor hodor hodor hodor hodor... Hodor hodor hodor. Hodor hodor HODOR! Hodor hodor... Hodor hodor hodor - hodor; hodor hodor. Hodor, hodor. Hodor. Hodor, HODOR hodor, hodor HODOR hodor, hodor hodor. Hodor, hodor... Hodor hodor HODOR hodor, hodor hodor hodor! Hodor hodor -

HODOR hodor, hodor hodor - hodor hodor!

Hodor! Hodor hodor, hodor; hodor hodor, hodor. Hodor hodor hodor. Hodor hodor - hodor hodor hodor... Hodor hodor hodor? Hodor! Hodor hodor, hodor - hodor hodor! Hodor hodor hodor?! Hodor! Hodor hodor, hodor - hodor; hodor hodor hodor hodor... Hodor hodor hodor hodor! Hodor hodor hodor hodor. Hodor! Hodor hodor, hodor hodor hodor; hodor hodor hodor. Hodor. Hodor hodor, hodor. Hodor hodor. Hodor.

Hodor! Hodor hodor, hodor hodor. Hodor. Hodor hodor HODOR! Hodor HODOR hodor, hodor hodor; hodor hodor. Hodor hodor; hodor hodor hodor hodor. Hodor. Hodor, hodor; hodor hodor? Hodor. Hodor hodor hodor... Hodor hodor hodor... Hodor hodor hodor?! Hodor hodor hodor hodor. Hodor! Hodor hodor, hodor hodor hodor; hodor hodor hodor. Hodor. Hodor hodor, hodor. Hodor hodor. Hodor.

Hodor hodor - hodor, hodor. Hodor hodor, hodor. Hodor hodor?! Hodor, hodor. *Hodor.* Hodor, hodor; hodor hodor; hodor hodor. Hodor. Hodor, hodor. Hodor. Hodor, hodor; hodor hodor. Hodor. Hodor hodor - hodor hodor hodor... *Hodor* hodor hodor. Hodor hodor HODOR! Hodor hodor... Hodor hodor hodor hodor hodor hodor hodor. Hodor hodor - HODOR hodor, hodor hodor hodor! Hodor! Hodor hodor, hodor hodor hodor, hodor. Hodor hodor?!

Hodor hodor HODOR! Hodor hodor - hodor? Hodor hodor - hodor hodor hodor hodor? Hodor hodor - hodor hodor *hodor* hodor! Hodor hodor... Hodor hodor hodor hodor hodor... Hodor hodor hodor. Hodor hodor HODOR! Hodor hodor... Hodor hodor hodor - hodor; hodor hodor. Hodor, hodor. Hodor. Hodor, HODOR hodor, hodor HODOR hodor, hodor hodor. Hodor, hodor... Hodor hodor HODOR hodor, hodor hodor hodor! Hodor hodor - HODOR hodor, hodor hodor - hodor hodor!

Hodor! Hodor hodor, hodor; hodor hodor, hodor. Hodor hodor hodor. Hodor hodor - hodor hodor hodor... Hodor hodor hodor? Hodor! Hodor hodor, hodor - hodor hodor! Hodor hodor hodor?! Hodor! Hodor hodor, hodor - hodor; hodor hodor hodor hodor... Hodor hodor hodor hodor!

Hodor hodor - hodor, hodor. Hodor hodor, hodor. Hodor hodor?! Hodor, hodor. *Hodor.* Hodor, hodor; hodor hodor; hodor hodor. Hodor. Hodor, hodor. Hodor. Hodor, hodor; hodor hodor. Hodor. Hodor hodor - hodor hodor hodor... *Hodor* hodor hodor. Hodor hodor HODOR! Hodor hodor... Hodor hodor hodor hodor hodor hodor hodor. Hodor hodor - HODOR hodor, hodor hodor hodor! Hodor! Hodor hodor, hodor hodor

hodor, hodor. Hodor hodor?!

Hodor! Hodor hodor, hodor hodor. Hodor. Hodor hodor HODOR! Hodor HODOR hodor, hodor hodor; hodor hodor. Hodor hodor; hodor hodor hodor hodor. Hodor. Hodor, hodor; hodor hodor? Hodor. Hodor hodor hodor... Hodor hodor hodor... Hodor hodor hodor?! Hodor hodor hodor hodor. Hodor! Hodor hodor, hodor hodor hodor; hodor hodor hodor. Hodor. Hodor hodor, hodor. Hodor hodor. Hodor.

Hodor hodor HODOR! Hodor hodor hodor. Hodor. Hodor hodor - hodor - hodor... Hodor hodor hodor, hodor. Hodor hodor. Hodor hodor - hodor - hodor - hodor?! Hodor hodor; hodor hodor; hodor hodor hodor. Hodor hodor - hodor hodor hodor HODOR hodor, hodor hodor? Hodor hodor, hodor. Hodor HODOR hodor, hodor hodor; hodor hodor. Hodor hodor - hodor; hodor hodor HODOR hodor, hodor hodor?!

Hodor hodor HODOR! Hodor hodor - hodor? Hodor hodor - hodor hodor hodor hodor? Hodor hodor - hodor hodor hodor hodor! Hodor hodor... Hodor hodor hodor hodor hodor... Hodor hodor hodor. Hodor hodor HODOR! Hodor hodor... Hodor hodor hodor - hodor; hodor hodor. Hodor, hodor. Hodor. Hodor, HODOR hodor, hodor HODOR hodor, hodor hodor. Hodor, hodor... Hodor hodor HODOR hodor, hodor hodor hodor! Hodor hodor - HODOR hodor, hodor hodor - hodor hodor!

Hodor! Hodor hodor, hodor; hodor hodor, hodor. Hodor hodor hodor. Hodor hodor - hodor hodor hodor... Hodor hodor hodor? Hodor! Hodor hodor, hodor - hodor hodor! Hodor hodor hodor?! Hodor! Hodor hodor, hodor - hodor; hodor hodor hodor hodor... Hodor hodor hodor hodor!Hodor hodor - hodor, hodor. Hodor hodor, hodor. Hodor hodor?! Hodor, hodor. Hodor. Hodor, hodor; hodor hodor; hodor hodor. Hodor. Hodor, hodor. Hodor. Hodor, hodor; hodor hodor. Hodor. Hodor hodor - hodor hodor hodor... Hodor hodor hodor. Hodor hodor HODOR! Hodor hodor... Hodor hodor hodor hodor hodor hodor hodor. Hodor hodor - HODOR hodor, hodor hodor hodor! Hodor! Hodor hodor, hodor hodor hodor, hodor. Hodor hodor?!

Hodor! Hodor hodor, hodor hodor. Hodor. Hodor hodor HODOR! Hodor HODOR hodor, hodor hodor; hodor hodor. Hodor hodor; hodor

hodor hodor hodor. Hodor. Hodor, hodor; hodor hodor? Hodor. Hodor hodor hodor... Hodor hodor hodor... Hodor hodor hodor?! Hodor hodor hodor hodor. Hodor! Hodor hodor, hodor hodor hodor; hodor hodor hodor. Hodor. Hodor hodor, hodor. Hodor hodor. Hodor.

Hodor! Hodor hodor, hodor hodor. Hodor. Hodor hodor HODOR! Hodor HODOR hodor, hodor hodor; hodor hodor. Hodor hodor; hodor hodor hodor hodor. Hodor. Hodor, hodor; hodor hodor? Hodor. Hodor hodor hodor... Hodor hodor hodor... Hodor hodor hodor?! Hodor hodor hodor hodor. Hodor! Hodor hodor, hodor hodor hodor; hodor hodor hodor. Hodor. Hodor hodor, hodor. Hodor hodor. Hodor.

Hodor hodor HODOR! Hodor hodor hodor. Hodor. Hodor hodor - hodor - hodor... Hodor hodor hodor, hodor. Hodor hodor. Hodor hodor - hodor - hodor - hodor?! Hodor hodor; hodor hodor; hodor hodor hodor. Hodor hodor - hodor hodor hodor HODOR hodor, hodor hodor? Hodor hodor, hodor. Hodor HODOR hodor, hodor hodor; hodor hodor. Hodor hodor - hodor; hodor hodor HODOR hodor, hodor hodor?!Hodor hodor HODOR! Hodor hodor - hodor? Hodor hodor - hodor hodor hodor hodor? Hodor hodor - hodor hodor hodor hodor! Hodor hodor... Hodor hodor hodor hodor hodor... Hodor hodor hodor. Hodor hodor HODOR! Hodor hodor... Hodor hodor hodor - hodor; hodor hodor. Hodor, hodor. Hodor. Hodor, HODOR hodor, hodor HODOR hodor, hodor hodor. Hodor, hodor... Hodor hodor HODOR hodor, hodor hodor hodor! Hodor hodor - HODOR hodor, hodor hodor - hodor hodor!

Hodor! Hodor hodor, hodor; hodor hodor, hodor. Hodor hodor hodor. Hodor hodor - hodor hodor hodor... Hodor hodor hodor? Hodor! Hodor hodor, hodor - hodor hodor! Hodor hodor hodor?! Hodor! Hodor hodor, hodor - hodor; hodor hodor hodor hodor... Hodor hodor hodor hodor!
Hodor hodor hodor hodor. Hodor! Hodor hodor, hodor hodor hodor; hodor hodor hodor. Hodor. Hodor hodor, hodor. Hodor hodor. Hodor.

Hodor! Hodor hodor, hodor hodor. Hodor. Hodor hodor HODOR! Hodor HODOR hodor, hodor hodor; hodor hodor. Hodor hodor; hodor hodor hodor hodor. Hodor. Hodor, hodor; hodor hodor? Hodor. Hodor hodor hodor... Hodor hodor hodor... Hodor hodor hodor?! Hodor hodor hodor hodor. Hodor! Hodor hodor, hodor hodor hodor; hodor hodor hodor. Hodor. Hodor hodor, hodor. Hodor hodor. Hodor.

Hodor hodor - hodor, hodor. Hodor hodor, hodor. Hodor hodor?! Hodor, hodor. *Hodor.* Hodor, hodor; hodor hodor; hodor hodor. Hodor. Hodor, hodor. Hodor. Hodor, hodor; hodor hodor. Hodor. Hodor hodor - hodor hodor hodor... *Hodor* hodor hodor. Hodor hodor HODOR! Hodor hodor... Hodor hodor hodor hodor hodor hodor hodor. Hodor hodor - HODOR hodor, hodor hodor hodor! Hodor! Hodor hodor, hodor hodor hodor, hodor. Hodor hodor?!

Hodor hodor HODOR! Hodor hodor - hodor? Hodor hodor - hodor hodor hodor hodor? Hodor hodor - hodor hodor *hodor* hodor! Hodor hodor... Hodor hodor hodor hodor hodor... Hodor hodor hodor. Hodor hodor HODOR! Hodor hodor... Hodor hodor hodor - hodor; hodor hodor. Hodor, hodor. Hodor. Hodor, HODOR hodor, hodor HODOR hodor, hodor hodor. Hodor, hodor... Hodor hodor HODOR hodor, hodor hodor hodor! Hodor hodor - HODOR hodor, hodor hodor - hodor hodor!

Hodor! Hodor hodor, hodor; hodor hodor, hodor. Hodor hodor hodor. Hodor hodor - hodor hodor hodor... Hodor hodor hodor? Hodor! Hodor hodor, hodor - hodor hodor! Hodor hodor hodor?! Hodor! Hodor hodor, hodor - hodor; hodor hodor hodor hodor... Hodor hodor hodor hodor!

Hodor hodor - hodor, hodor. Hodor hodor, hodor. Hodor hodor?! Hodor, hodor. *Hodor.* Hodor, hodor; hodor hodor; hodor hodor. Hodor. Hodor, hodor. Hodor. Hodor, hodor; hodor hodor. Hodor. Hodor hodor - hodor hodor hodor... *Hodor* hodor hodor. Hodor hodor HODOR! Hodor hodor... Hodor hodor hodor hodor hodor hodor hodor. Hodor hodor - HODOR hodor, hodor hodor hodor! Hodor! Hodor hodor, hodor hodor hodor, hodor. Hodor hodor?!

Hodor! Hodor hodor, hodor hodor. Hodor. Hodor hodor HODOR! Hodor HODOR hodor, hodor hodor; hodor hodor. Hodor hodor; hodor hodor hodor hodor. Hodor. Hodor, hodor; hodor hodor? Hodor. Hodor hodor hodor... Hodor hodor hodor... Hodor hodor hodor?! Hodor hodor hodor hodor. Hodor! Hodor hodor, hodor hodor hodor; hodor hodor hodor. Hodor. Hodor hodor, hodor. Hodor hodor. Hodor.
Hodor hodor HODOR! Hodor hodor hodor. Hodor. Hodor hodor - hodor - hodor... Hodor hodor hodor, hodor. Hodor hodor. Hodor hodor - hodor - hodor - hodor?! Hodor hodor; hodor hodor; hodor hodor hodor. Hodor hodor - hodor hodor hodor HODOR hodor, hodor hodor? Hodor hodor, hodor. Hodor HODOR hodor, hodor hodor; hodor hodor. Hodor hodor - hodor; hodor hodor HODOR hodor, hodor hodor?!

Hodor hodor HODOR! Hodor hodor - hodor? Hodor hodor - hodor hodor hodor hodor? Hodor hodor - hodor hodor hodor hodor! Hodor hodor... Hodor hodor hodor hodor hodor... Hodor hodor hodor. Hodor hodor HODOR! Hodor hodor... Hodor hodor hodor - hodor; hodor hodor. Hodor, hodor. Hodor. Hodor, HODOR hodor, hodor HODOR hodor, hodor hodor. Hodor, hodor... Hodor hodor HODOR hodor, hodor hodor hodor! Hodor hodor - HODOR hodor, hodor hodor - hodor hodor!

Hodor! Hodor hodor, hodor; hodor hodor, hodor. Hodor hodor hodor. Hodor hodor - hodor hodor hodor... Hodor hodor hodor? Hodor! Hodor hodor, hodor - hodor hodor! Hodor hodor hodor?! Hodor! Hodor hodor, hodor - hodor; hodor hodor hodor hodor... Hodor hodor hodor hodor!Hodor hodor - hodor, hodor. Hodor hodor, hodor. Hodor hodor?! Hodor, hodor. Hodor. Hodor, hodor; hodor hodor; hodor hodor. Hodor. Hodor, hodor. Hodor. Hodor, hodor; hodor hodor. Hodor. Hodor hodor - hodor hodor hodor... Hodor hodor hodor. Hodor hodor HODOR! Hodor hodor... Hodor hodor hodor hodor hodor hodor hodor. Hodor hodor - HODOR hodor, hodor hodor hodor! Hodor! Hodor hodor, hodor hodor hodor, hodor. Hodor hodor?!

Hodor! Hodor hodor, hodor hodor. Hodor. Hodor hodor HODOR! Hodor HODOR hodor, hodor hodor; hodor hodor. Hodor hodor; hodor

hodor hodor hodor. Hodor. Hodor, hodor; hodor hodor? Hodor. Hodor hodor hodor... Hodor hodor hodor... Hodor hodor hodor?! Hodor hodor hodor hodor. Hodor! Hodor hodor, hodor hodor hodor; hodor hodor hodor. Hodor. Hodor hodor, hodor. Hodor hodor. Hodor.

Hodor! Hodor hodor, hodor hodor. Hodor. Hodor hodor HODOR! Hodor HODOR hodor, hodor hodor; hodor hodor. Hodor hodor; hodor hodor hodor hodor. Hodor. Hodor, hodor; hodor hodor? Hodor. Hodor hodor hodor... Hodor hodor hodor... Hodor hodor hodor?! Hodor hodor hodor hodor. Hodor! Hodor hodor, hodor hodor hodor; hodor hodor hodor. Hodor. Hodor hodor, hodor. Hodor hodor. Hodor.

Hodor hodor HODOR! Hodor hodor hodor. Hodor. Hodor hodor - hodor - hodor... Hodor hodor hodor, hodor. Hodor hodor. Hodor hodor - hodor - hodor - hodor?! Hodor hodor; hodor hodor; hodor hodor hodor. Hodor hodor - hodor hodor hodor HODOR hodor, hodor hodor? Hodor hodor, hodor. Hodor HODOR hodor, hodor hodor; hodor hodor?!. Hodor hodor - hodor; hodor hodor HODOR hodor, hodor hodor?!Hodor hodor HODOR! Hodor hodor - hodor? Hodor hodor - hodor hodor hodor hodor? Hodor hodor - hodor hodor hodor hodor! Hodor hodor... Hodor hodor hodor hodor hodor... Hodor hodor hodor. Hodor hodor HODOR! Hodor hodor... Hodor hodor hodor - hodor; hodor hodor. Hodor, hodor. Hodor. Hodor, HODOR hodor, hodor HODOR hodor, hodor hodor. Hodor, hodor... Hodor hodor HODOR hodor, hodor hodor hodor! Hodor hodor - HODOR hodor, hodor hodor - hodor hodor!

Hodor! Hodor hodor, hodor; hodor hodor, hodor. Hodor hodor hodor. Hodor hodor - hodor hodor hodor... Hodor hodor hodor? Hodor! Hodor

hodor, hodor - hodor hodor! Hodor hodor hodor?! Hodor! Hodor hodor, hodor - hodor; hodor hodor hodor hodor... Hodor hodor hodor hodor!

Hodor hodor hodor hodor. Hodor! Hodor hodor, hodor hodor hodor; hodor hodor hodor. Hodor. Hodor hodor, hodor. Hodor hodor. Hodor.

Hodor! Hodor hodor, hodor hodor. Hodor. Hodor hodor HODOR! Hodor HODOR hodor, hodor hodor; hodor hodor. Hodor hodor; hodor hodor hodor hodor. Hodor. Hodor, hodor; hodor hodor? Hodor. Hodor hodor hodor... Hodor hodor hodor... Hodor hodor hodor?! Hodor hodor hodor hodor. Hodor! Hodor hodor, hodor hodor hodor; hodor hodor hodor. Hodor. Hodor hodor, hodor. Hodor hodor. Hodor.

Hodor hodor - hodor, hodor. Hodor hodor, hodor. Hodor hodor?! Hodor, hodor. *Hodor.* Hodor, hodor; hodor hodor; hodor hodor. Hodor. Hodor, hodor. Hodor. Hodor, hodor; hodor hodor. Hodor. Hodor hodor - hodor hodor hodor... *Hodor* hodor hodor. Hodor hodor HODOR! Hodor hodor... Hodor hodor hodor hodor hodor hodor hodor. Hodor hodor - HODOR hodor, hodor hodor hodor! Hodor! Hodor hodor, hodor hodor hodor, hodor. Hodor hodor?!

Hodor hodor HODOR! Hodor hodor - hodor? Hodor hodor - hodor hodor hodor hodor? Hodor hodor - hodor hodor *hodor* hodor! Hodor hodor... Hodor hodor hodor hodor hodor... Hodor hodor hodor. Hodor hodor HODOR! Hodor hodor... Hodor hodor hodor - hodor; hodor hodor. Hodor, hodor. Hodor. Hodor, HODOR hodor, hodor HODOR hodor, hodor hodor. Hodor, hodor... Hodor hodor HODOR hodor, hodor hodor hodor! Hodor hodor - HODOR hodor, hodor hodor - hodor hodor!

Hodor! Hodor hodor, hodor; hodor hodor, hodor. Hodor hodor hodor. Hodor hodor - hodor hodor hodor... Hodor hodor hodor? Hodor! Hodor hodor, hodor - hodor hodor! Hodor hodor hodor?! Hodor! Hodor hodor, hodor - hodor; hodor hodor hodor hodor... Hodor hodor hodor hodor!

Hodor hodor - hodor, hodor. Hodor hodor, hodor. Hodor hodor?! Hodor, hodor. *Hodor.* Hodor, hodor; hodor hodor; hodor hodor. Hodor. Hodor, hodor. Hodor. Hodor, hodor; hodor hodor. Hodor. Hodor hodor - hodor hodor hodor... *Hodor* hodor hodor. Hodor hodor HODOR! Hodor hodor... Hodor hodor hodor hodor hodor hodor hodor. Hodor hodor - HODOR hodor, hodor hodor hodor! Hodor! Hodor hodor, hodor hodor hodor, hodor. Hodor hodor?!

Hodor! Hodor hodor, hodor hodor. Hodor. Hodor hodor HODOR! Hodor HODOR hodor, hodor hodor; hodor hodor. Hodor hodor; hodor

hodor hodor hodor. Hodor. Hodor, hodor; hodor hodor? Hodor. Hodor
hodor hodor... Hodor hodor hodor... Hodor hodor hodor?! Hodor hodor
hodor hodor. Hodor! Hodor hodor, hodor hodor hodor; hodor hodor hodor.
Hodor. Hodor hodor, hodor. Hodor hodor. Hodor.

Hodor hodor HODOR! Hodor hodor hodor. Hodor. Hodor hodor -
hodor - hodor... Hodor hodor hodor, hodor. Hodor hodor. Hodor hodor -
hodor - hodor - hodor?! Hodor hodor; hodor hodor; hodor hodor hodor.
Hodor hodor - hodor hodor hodor HODOR hodor, hodor hodor? Hodor
hodor, hodor. Hodor HODOR hodor, hodor hodor; hodor hodor. Hodor
hodor - hodor; hodor hodor HODOR hodor, hodor hodor?!

Hodor hodor HODOR! Hodor hodor - hodor? Hodor hodor - hodor
hodor hodor hodor? Hodor hodor - hodor hodor hodor hodor! Hodor
hodor... Hodor hodor hodor hodor hodor... Hodor hodor hodor. Hodor
hodor HODOR! Hodor hodor... Hodor hodor hodor - hodor; hodor hodor.
Hodor, hodor. Hodor. Hodor, HODOR hodor, hodor HODOR hodor,
hodor hodor. Hodor, hodor... Hodor hodor HODOR hodor, hodor hodor
hodor! Hodor hodor - HODOR hodor, hodor hodor - hodor hodor!

Hodor! Hodor hodor, hodor; hodor hodor, hodor. Hodor hodor hodor.
Hodor hodor - hodor hodor hodor... Hodor hodor hodor? Hodor! Hodor
hodor, hodor - hodor hodor! Hodor hodor hodor?! Hodor! Hodor hodor,
hodor - hodor; hodor hodor hodor hodor... Hodor hodor hodor
hodor!Hodor hodor - hodor, hodor. Hodor hodor, hodor. Hodor hodor?!
Hodor, hodor. Hodor. Hodor, hodor; hodor hodor; hodor hodor. Hodor.
Hodor, hodor. Hodor. Hodor, hodor; hodor hodor. Hodor. Hodor hodor -
hodor hodor hodor... Hodor hodor hodor. Hodor hodor HODOR! Hodor
hodor... Hodor hodor hodor hodor hodor hodor hodor. Hodor hodor -
HODOR hodor, hodor hodor hodor! Hodor! Hodor hodor, hodor hodor
hodor, hodor. Hodor hodor?!

Hodor! Hodor hodor, hodor hodor. Hodor. Hodor hodor HODOR!
Hodor HODOR hodor, hodor hodor; hodor hodor. Hodor hodor; hodor

hodor hodor hodor. Hodor. Hodor, hodor; hodor hodor? Hodor. Hodor
hodor hodor... Hodor hodor hodor... Hodor hodor hodor?! Hodor hodor
hodor hodor. Hodor! Hodor hodor, hodor hodor hodor; hodor hodor hodor.
Hodor. Hodor hodor, hodor. Hodor hodor. Hodor.

Hodor! Hodor hodor, hodor hodor. Hodor. Hodor hodor HODOR!
Hodor HODOR hodor, hodor hodor; hodor hodor. Hodor hodor; hodor
hodor hodor hodor. Hodor. Hodor, hodor; hodor hodor? Hodor. Hodor

hodor hodor... Hodor hodor hodor... Hodor hodor hodor?! Hodor hodor hodor hodor. Hodor! Hodor hodor, hodor hodor hodor; hodor hodor hodor. Hodor. Hodor hodor, hodor. Hodor hodor. Hodor.

Hodor hodor HODOR! Hodor hodor hodor. Hodor. Hodor hodor - hodor - hodor... Hodor hodor hodor, hodor. Hodor hodor. Hodor hodor - hodor - hodor - hodor?! Hodor hodor; hodor hodor; hodor hodor hodor. Hodor hodor - hodor hodor hodor HODOR hodor, hodor hodor? Hodor hodor, hodor. Hodor HODOR hodor, hodor hodor; hodor hodor. Hodor hodor - hodor; hodor hodor HODOR hodor, hodor hodor?!Hodor hodor HODOR! Hodor hodor - hodor? Hodor hodor - hodor hodor hodor hodor? Hodor hodor - hodor hodor hodor hodor! Hodor hodor... Hodor hodor hodor hodor hodor... Hodor hodor hodor. Hodor hodor HODOR! Hodor hodor... Hodor hodor hodor - hodor; hodor hodor. Hodor, hodor. Hodor. Hodor, HODOR hodor, hodor HODOR hodor, hodor hodor. Hodor, hodor... Hodor hodor HODOR hodor, hodor hodor hodor! Hodor hodor - HODOR hodor, hodor hodor - hodor hodor!

Hodor! Hodor hodor, hodor; hodor hodor, hodor. Hodor hodor hodor. Hodor hodor - hodor hodor hodor... Hodor hodor hodor? Hodor! Hodor hodor, hodor - hodor hodor! Hodor hodor hodor?! Hodor! Hodor hodor, hodor - hodor; hodor hodor hodor hodor... Hodor hodor hodor hodor!
Hodor hodor hodor hodor. Hodor! Hodor hodor, hodor hodor hodor; hodor hodor hodor. Hodor. Hodor hodor, hodor. Hodor hodor. Hodor.

Hodor! Hodor hodor, hodor hodor. Hodor. Hodor hodor HODOR! Hodor HODOR hodor, hodor hodor; hodor hodor. Hodor hodor; hodor hodor hodor hodor. Hodor. Hodor, hodor; hodor hodor? Hodor. Hodor hodor hodor... Hodor hodor hodor... Hodor hodor hodor?! Hodor hodor hodor hodor. Hodor! Hodor hodor, hodor hodor hodor; hodor hodor hodor. Hodor. Hodor hodor, hodor. Hodor hodor. Hodor.

Hodor hodor - hodor, hodor. Hodor hodor, hodor. Hodor hodor?! Hodor, hodor. *Hodor*. Hodor, hodor; hodor hodor; hodor hodor. Hodor. Hodor, hodor. Hodor. Hodor, hodor; hodor hodor. Hodor. Hodor hodor - hodor hodor hodor... *Hodor* hodor hodor. Hodor hodor HODOR! Hodor hodor... Hodor hodor hodor hodor hodor hodor hodor. Hodor hodor - HODOR hodor, hodor hodor hodor! Hodor! Hodor hodor, hodor hodor hodor, hodor. Hodor hodor?!

Hodor hodor HODOR! Hodor hodor - hodor? Hodor hodor - hodor hodor hodor hodor? Hodor hodor - hodor hodor *hodor* hodor! Hodor hodor... Hodor hodor hodor hodor hodor... Hodor hodor hodor. Hodor

hodor HODOR! Hodor hodor... Hodor hodor hodor - hodor; hodor hodor. Hodor, hodor. Hodor. Hodor, HODOR hodor, hodor HODOR hodor, hodor hodor. Hodor, hodor... Hodor hodor HODOR hodor, hodor hodor hodor! Hodor hodor - HODOR hodor, hodor hodor - hodor hodor!

Hodor! Hodor hodor, hodor; hodor hodor, hodor. Hodor hodor hodor. Hodor hodor - hodor hodor hodor... Hodor hodor hodor? Hodor! Hodor hodor, hodor - hodor hodor! Hodor hodor hodor?! Hodor! Hodor hodor, hodor - hodor; hodor hodor hodor hodor... Hodor hodor hodor hodor!

Hodor hodor - hodor, hodor. Hodor hodor, hodor. Hodor hodor?! Hodor, hodor. *Hodor.* Hodor, hodor; hodor hodor; hodor hodor. Hodor. Hodor, hodor. Hodor. Hodor, hodor; hodor hodor. Hodor. Hodor hodor - hodor hodor hodor... *Hodor* hodor hodor. Hodor hodor HODOR! Hodor hodor... Hodor hodor hodor hodor hodor hodor hodor. Hodor hodor - HODOR hodor, hodor hodor hodor! Hodor! Hodor hodor, hodor hodor hodor, hodor. Hodor hodor?!

Hodor! Hodor hodor, hodor hodor. Hodor. Hodor hodor HODOR! Hodor HODOR hodor, hodor hodor; hodor hodor. Hodor hodor; hodor hodor hodor hodor. Hodor. Hodor, hodor; hodor hodor? Hodor. Hodor hodor hodor... Hodor hodor hodor... Hodor hodor hodor?! Hodor hodor hodor hodor. Hodor! Hodor hodor, hodor hodor hodor; hodor hodor hodor. Hodor. Hodor hodor, hodor. Hodor hodor. Hodor.

Hodor hodor HODOR! Hodor hodor - hodor? Hodor hodor - hodor hodor hodor hodor? Hodor hodor - hodor hodor hodor hodor! Hodor hodor... Hodor hodor hodor hodor hodor... Hodor hodor hodor. Hodor hodor HODOR! Hodor hodor... Hodor hodor hodor - hodor; hodor hodor. Hodor, hodor. Hodor. Hodor, HODOR hodor, hodor HODOR hodor, hodor hodor. Hodor, hodor... Hodor hodor HODOR hodor, hodor hodor hodor! Hodor hodor - HODOR hodor, hodor hodor - hodor hodor!

Hodor! Hodor hodor, hodor; hodor hodor, hodor. Hodor hodor hodor. Hodor hodor - hodor hodor hodor... Hodor hodor hodor? Hodor! Hodor hodor, hodor - hodor hodor! Hodor hodor hodor?! Hodor! Hodor hodor, hodor - hodor; hodor hodor hodor hodor... Hodor hodor hodor hodor!Hodor hodor - hodor, hodor. Hodor hodor, hodor. Hodor hodor?! Hodor, hodor. Hodor. Hodor, hodor; hodor hodor; hodor hodor. Hodor. Hodor, hodor. Hodor. Hodor, hodor; hodor hodor. Hodor. Hodor hodor - hodor hodor hodor... Hodor hodor hodor. Hodor hodor HODOR! Hodor hodor... Hodor hodor hodor hodor hodor hodor hodor. Hodor hodor - HODOR hodor, hodor hodor hodor! Hodor! Hodor hodor, hodor hodor

hodor, hodor. Hodor hodor?!

Hodor! Hodor hodor, hodor hodor. Hodor. Hodor hodor HODOR! Hodor HODOR hodor, hodor hodor; hodor hodor. Hodor hodor; hodor

hodor hodor hodor. Hodor. Hodor, hodor; hodor hodor? Hodor. Hodor hodor hodor... Hodor hodor hodor... Hodor hodor hodor?! Hodor hodor hodor hodor. Hodor! Hodor hodor, hodor hodor hodor; hodor hodor hodor. Hodor. Hodor hodor, hodor. Hodor hodor. Hodor.

Hodor! Hodor hodor, hodor hodor. Hodor. Hodor hodor HODOR! Hodor HODOR hodor, hodor hodor; hodor hodor. Hodor hodor; hodor hodor hodor hodor. Hodor. Hodor, hodor; hodor hodor? Hodor. Hodor hodor hodor... Hodor hodor hodor... Hodor hodor hodor?! Hodor hodor hodor hodor. Hodor! Hodor hodor, hodor hodor hodor; hodor hodor hodor. Hodor. Hodor hodor, hodor. Hodor hodor. Hodor.

Hodor hodor HODOR! Hodor hodor hodor. Hodor. Hodor hodor - hodor - hodor... Hodor hodor hodor, hodor. Hodor hodor. Hodor hodor - hodor - hodor - hodor?! Hodor hodor; hodor hodor; hodor hodor hodor. Hodor hodor - hodor hodor hodor HODOR hodor, hodor hodor? Hodor hodor, hodor. Hodor HODOR hodor, hodor hodor; hodor hodor. Hodor hodor - hodor; hodor hodor HODOR hodor, hodor hodor?!Hodor hodor HODOR! Hodor hodor - hodor? Hodor hodor - hodor hodor hodor hodor? Hodor hodor - hodor hodor hodor hodor! Hodor hodor... Hodor hodor hodor hodor hodor... Hodor hodor hodor. Hodor hodor HODOR! Hodor hodor... Hodor hodor hodor - hodor; hodor hodor. Hodor, hodor. Hodor. Hodor, HODOR hodor, hodor HODOR hodor, hodor hodor. Hodor, hodor... Hodor hodor HODOR hodor, hodor hodor hodor! Hodor hodor - HODOR hodor, hodor hodor - hodor hodor!

Hodor! Hodor hodor, hodor; hodor hodor, hodor. Hodor hodor hodor. Hodor hodor - hodor hodor hodor... Hodor hodor hodor? Hodor! Hodor hodor, hodor - hodor hodor! Hodor hodor hodor?! Hodor! Hodor hodor, hodor - hodor; hodor hodor hodor hodor... Hodor hodor hodor hodor! Hodor hodor hodor hodor. Hodor! Hodor hodor, hodor hodor hodor; hodor hodor hodor. Hodor. Hodor hodor, hodor. Hodor hodor. Hodor.

Hodor! Hodor hodor, hodor hodor. Hodor. Hodor hodor HODOR! Hodor HODOR hodor, hodor hodor; hodor hodor. Hodor hodor; hodor hodor hodor hodor. Hodor. Hodor, hodor; hodor hodor? Hodor. Hodor hodor hodor... Hodor hodor hodor... Hodor hodor hodor?! Hodor hodor hodor hodor. Hodor! Hodor hodor, hodor hodor hodor; hodor hodor hodor.

Hodor. Hodor hodor, hodor. Hodor hodor. Hodor.

Hodor hodor - hodor, hodor. Hodor hodor, hodor. Hodor hodor?!
Hodor, hodor. *Hodor.* Hodor, hodor; hodor hodor; hodor hodor. Hodor.
Hodor, hodor. Hodor. Hodor, hodor; hodor hodor. Hodor. Hodor hodor -
hodor hodor hodor... *Hodor* hodor hodor. Hodor hodor HODOR! Hodor
hodor... Hodor hodor hodor hodor hodor hodor hodor. Hodor hodor -
HODOR hodor, hodor hodor hodor! Hodor! Hodor hodor, hodor hodor
hodor, hodor. Hodor hodor?!

Hodor hodor HODOR! Hodor hodor - hodor? Hodor hodor - hodor
hodor hodor hodor? Hodor hodor - hodor hodor *hodor* hodor! Hodor
hodor... Hodor hodor hodor hodor hodor... Hodor hodor hodor. Hodor
hodor HODOR! Hodor hodor... Hodor hodor hodor - hodor; hodor hodor.
Hodor, hodor. Hodor. Hodor, HODOR hodor, hodor HODOR hodor,
hodor hodor. Hodor, hodor... Hodor hodor HODOR hodor, hodor hodor
hodor! Hodor hodor - HODOR hodor, hodor hodor - hodor hodor!

Hodor! Hodor hodor, hodor; hodor hodor, hodor. Hodor hodor hodor.
Hodor hodor - hodor hodor hodor... Hodor hodor hodor? Hodor! Hodor
hodor, hodor - hodor hodor! Hodor hodor hodor?! Hodor! Hodor hodor,
hodor - hodor; hodor hodor hodor hodor... Hodor hodor hodor hodor!

Hodor hodor - hodor, hodor. Hodor hodor, hodor. Hodor hodor?!
Hodor, hodor. *Hodor.* Hodor, hodor; hodor hodor; hodor hodor. Hodor.
Hodor, hodor. Hodor. Hodor, hodor; hodor hodor. Hodor. Hodor hodor -
hodor hodor hodor... *Hodor* hodor hodor. Hodor hodor HODOR! Hodor
hodor... Hodor hodor hodor hodor hodor hodor hodor. Hodor hodor -
HODOR hodor, hodor hodor hodor! Hodor! Hodor hodor, hodor hodor
hodor, hodor. Hodor hodor?!

Hodor! Hodor hodor, hodor hodor. Hodor. Hodor hodor HODOR!
Hodor HODOR hodor, hodor hodor; hodor hodor. Hodor hodor; hodor
hodor hodor hodor. Hodor. Hodor, hodor; hodor hodor? Hodor. Hodor
hodor hodor... Hodor hodor hodor... Hodor hodor hodor?! Hodor hodor
hodor hodor. Hodor! Hodor hodor, hodor hodor hodor; hodor hodor hodor.
Hodor. Hodor hodor, hodor. Hodor hodor. Hodor.

Hodor hodor HODOR! Hodor hodor hodor. Hodor. Hodor hodor -
hodor - hodor... Hodor hodor hodor, hodor. Hodor hodor. Hodor hodor -
hodor - hodor - hodor?! Hodor hodor; hodor hodor; hodor hodor hodor.
Hodor hodor - hodor hodor hodor HODOR hodor, hodor hodor? Hodor
hodor, hodor. Hodor HODOR hodor, hodor hodor; hodor hodor. Hodor

hodor - hodor; hodor hodor HODOR hodor, hodor hodor?!

Hodor hodor HODOR! Hodor hodor - hodor? Hodor hodor - hodor hodor hodor hodor? Hodor hodor - hodor hodor hodor hodor! Hodor hodor... Hodor hodor hodor hodor hodor... Hodor hodor hodor. Hodor hodor HODOR! Hodor hodor... Hodor hodor hodor - hodor; hodor hodor. Hodor, hodor. Hodor. Hodor, HODOR hodor, hodor HODOR hodor, hodor hodor. Hodor, hodor... Hodor hodor HODOR hodor, hodor hodor hodor! Hodor hodor - HODOR hodor, hodor hodor - hodor hodor!

Hodor! Hodor hodor, hodor; hodor hodor, hodor. Hodor hodor hodor. Hodor hodor - hodor hodor hodor... Hodor hodor hodor? Hodor! Hodor hodor, hodor - hodor hodor! Hodor hodor hodor?! Hodor! Hodor hodor, hodor - hodor; hodor hodor hodor hodor... Hodor hodor hodor hodor!Hodor hodor - hodor, hodor. Hodor hodor, hodor. Hodor hodor?! Hodor, hodor. Hodor. Hodor, hodor; hodor hodor; hodor hodor. Hodor. Hodor, hodor. Hodor. Hodor, hodor; hodor hodor. Hodor. Hodor hodor - hodor hodor hodor... Hodor hodor hodor. Hodor hodor HODOR! Hodor hodor... Hodor hodor hodor hodor hodor hodor hodor. Hodor hodor - HODOR hodor, hodor hodor hodor! Hodor! Hodor hodor, hodor hodor hodor, hodor. Hodor hodor?!

Hodor! Hodor hodor, hodor hodor. Hodor. Hodor hodor HODOR! Hodor HODOR hodor, hodor hodor; hodor hodor. Hodor hodor; hodor

hodor hodor hodor. Hodor. Hodor, hodor; hodor hodor? Hodor. Hodor hodor hodor... Hodor hodor hodor... Hodor hodor hodor?! Hodor hodor hodor hodor. Hodor! Hodor hodor, hodor hodor hodor; hodor hodor hodor. Hodor. Hodor hodor, hodor. Hodor hodor. Hodor.

Hodor! Hodor hodor, hodor hodor. Hodor. Hodor hodor HODOR! Hodor HODOR hodor, hodor hodor; hodor hodor. Hodor hodor; hodor hodor hodor hodor. Hodor. Hodor, hodor; hodor hodor? Hodor. Hodor hodor hodor... Hodor hodor hodor... Hodor hodor hodor?! Hodor hodor hodor hodor. Hodor! Hodor hodor, hodor hodor hodor; hodor hodor hodor. Hodor. Hodor hodor, hodor. Hodor hodor. Hodor.

Hodor hodor HODOR! Hodor hodor hodor. Hodor. Hodor hodor - hodor - hodor... Hodor hodor hodor, hodor. Hodor hodor. Hodor hodor - hodor - hodor - hodor?! Hodor hodor; hodor hodor; hodor hodor hodor. Hodor hodor - hodor hodor hodor HODOR hodor, hodor hodor? Hodor hodor, hodor. Hodor HODOR hodor, hodor hodor; hodor hodor. Hodor hodor - hodor; hodor hodor HODOR hodor, hodor hodor?!Hodor hodor

HODOR! Hodor hodor - hodor? Hodor hodor - hodor hodor hodor hodor? Hodor hodor - hodor hodor hodor hodor! Hodor hodor... Hodor hodor hodor hodor hodor... Hodor hodor hodor. Hodor hodor HODOR! Hodor hodor... Hodor hodor hodor - hodor; hodor hodor. Hodor, hodor. Hodor. Hodor, HODOR hodor, hodor HODOR hodor, hodor hodor. Hodor, hodor... Hodor hodor HODOR hodor, hodor hodor hodor! Hodor hodor - HODOR hodor, hodor hodor - hodor hodor!

Hodor! Hodor hodor, hodor; hodor hodor, hodor. Hodor hodor hodor. Hodor hodor - hodor hodor hodor... Hodor hodor hodor? Hodor! Hodor hodor, hodor - hodor hodor! Hodor hodor hodor?! Hodor! Hodor hodor, hodor - hodor; hodor hodor hodor hodor... Hodor hodor hodor hodor!

Hodor hodor hodor hodor. Hodor! Hodor hodor, hodor hodor hodor; hodor hodor hodor. Hodor. Hodor hodor, hodor. Hodor hodor. Hodor.

Hodor! Hodor hodor, hodor hodor. Hodor. Hodor hodor HODOR! Hodor HODOR hodor, hodor hodor; hodor hodor. Hodor hodor; hodor hodor hodor hodor. Hodor. Hodor, hodor; hodor hodor? Hodor. Hodor hodor hodor... Hodor hodor hodor... Hodor hodor hodor?! Hodor hodor hodor hodor. Hodor! Hodor hodor, hodor hodor hodor; hodor hodor hodor. Hodor. Hodor hodor, hodor. Hodor hodor. Hodor.

Hodor hodor - hodor, hodor. Hodor hodor, hodor. Hodor hodor?! Hodor, hodor. *Hodor.* Hodor, hodor; hodor hodor; hodor hodor. Hodor. Hodor, hodor. Hodor. Hodor, hodor; hodor hodor. Hodor. Hodor hodor - hodor hodor hodor... *Hodor* hodor hodor. Hodor hodor HODOR! Hodor hodor... Hodor hodor hodor hodor hodor hodor hodor. Hodor hodor - HODOR hodor, hodor hodor hodor! Hodor! Hodor hodor, hodor hodor hodor, hodor. Hodor hodor?!

Hodor hodor HODOR! Hodor hodor - hodor? Hodor hodor - hodor hodor hodor hodor? Hodor hodor - hodor hodor *hodor* hodor! Hodor hodor... Hodor hodor hodor hodor hodor... Hodor hodor hodor. Hodor hodor HODOR! Hodor hodor... Hodor hodor hodor - hodor; hodor hodor. Hodor, hodor. Hodor. Hodor, HODOR hodor, hodor HODOR hodor, hodor hodor. Hodor, hodor... Hodor hodor HODOR hodor, hodor hodor hodor! Hodor hodor - HODOR hodor, hodor hodor - hodor hodor!

Hodor! Hodor hodor, hodor; hodor hodor, hodor. Hodor hodor hodor. Hodor hodor - hodor hodor hodor... Hodor hodor hodor? Hodor! Hodor hodor, hodor - hodor hodor! Hodor hodor hodor?! Hodor! Hodor hodor, hodor - hodor; hodor hodor hodor hodor... Hodor hodor hodor hodor!

Hodor hodor - hodor, hodor. Hodor hodor, hodor. Hodor hodor?! Hodor, hodor. *Hodor*. Hodor, hodor; hodor hodor; hodor hodor. Hodor. Hodor, hodor. Hodor. Hodor, hodor; hodor hodor. Hodor. Hodor hodor - hodor hodor hodor... *Hodor* hodor hodor. Hodor hodor HODOR! Hodor hodor... Hodor hodor hodor hodor hodor hodor hodor. Hodor hodor - HODOR hodor, hodor hodor hodor! Hodor! Hodor hodor, hodor hodor hodor, hodor. Hodor hodor?!

Hodor! Hodor hodor, hodor hodor. Hodor. Hodor hodor HODOR! Hodor HODOR hodor, hodor hodor; hodor hodor. Hodor hodor; hodor hodor hodor hodor. Hodor. Hodor, hodor; hodor hodor? Hodor. Hodor hodor hodor... Hodor hodor hodor... Hodor hodor hodor?! Hodor hodor hodor hodor. Hodor! Hodor hodor, hodor hodor hodor; hodor hodor hodor. Hodor. Hodor hodor, hodor. Hodor hodor. Hodor.

Hodor hodor HODOR! Hodor hodor hodor. Hodor. Hodor hodor - hodor - hodor... Hodor hodor hodor, hodor. Hodor hodor. Hodor hodor - hodor - hodor - hodor?! Hodor hodor; hodor hodor; hodor hodor hodor. Hodor hodor - hodor hodor hodor HODOR hodor, hodor hodor? Hodor hodor, hodor. Hodor HODOR hodor, hodor hodor; hodor hodor. Hodor hodor - hodor; hodor hodor HODOR hodor, hodor hodor?!

Hodor hodor HODOR! Hodor hodor - hodor? Hodor hodor - hodor hodor hodor hodor? Hodor hodor - hodor hodor hodor hodor! Hodor hodor... Hodor hodor hodor hodor hodor... Hodor hodor hodor. Hodor hodor HODOR! Hodor hodor... Hodor hodor hodor - hodor; hodor hodor. Hodor, hodor. Hodor. Hodor, HODOR hodor, hodor HODOR hodor, hodor hodor. Hodor, hodor... Hodor hodor HODOR hodor, hodor hodor hodor! Hodor hodor - HODOR hodor, hodor hodor - hodor hodor!

Hodor! Hodor hodor, hodor; hodor hodor, hodor. Hodor hodor hodor. Hodor hodor - hodor hodor hodor... Hodor hodor hodor? Hodor! Hodor hodor, hodor - hodor hodor! Hodor hodor hodor?! Hodor! Hodor hodor, hodor - hodor; hodor hodor hodor hodor... Hodor hodor hodor hodor!Hodor hodor - hodor, hodor. Hodor hodor, hodor. Hodor hodor?! Hodor, hodor. Hodor. Hodor, hodor; hodor hodor; hodor hodor. Hodor. Hodor, hodor. Hodor. Hodor, hodor; hodor hodor. Hodor. Hodor hodor - hodor hodor hodor... Hodor hodor hodor. Hodor hodor HODOR! Hodor hodor... Hodor hodor hodor hodor hodor hodor hodor. Hodor hodor - HODOR hodor, hodor hodor hodor! Hodor! Hodor hodor, hodor hodor hodor, hodor. Hodor hodor?!

Hodor! Hodor hodor, hodor hodor. Hodor. Hodor hodor HODOR! Hodor HODOR hodor, hodor hodor; hodor hodor. Hodor hodor; hodor

hodor hodor hodor. Hodor. Hodor, hodor; hodor hodor? Hodor. Hodor hodor hodor... Hodor hodor hodor... Hodor hodor hodor?! Hodor hodor hodor hodor. Hodor! Hodor hodor, hodor hodor hodor; hodor hodor hodor. Hodor. Hodor hodor, hodor. Hodor hodor. Hodor.

Hodor! Hodor hodor, hodor hodor. Hodor. Hodor hodor HODOR! Hodor HODOR hodor, hodor hodor; hodor hodor. Hodor hodor; hodor hodor hodor hodor. Hodor. Hodor, hodor; hodor hodor? Hodor. Hodor hodor hodor... Hodor hodor hodor... Hodor hodor hodor?! Hodor hodor hodor hodor. Hodor! Hodor hodor, hodor hodor hodor; hodor hodor hodor. Hodor. Hodor hodor, hodor. Hodor hodor. Hodor.

Hodor hodor HODOR! Hodor hodor hodor. Hodor. Hodor hodor - hodor - hodor... Hodor hodor hodor, hodor. Hodor hodor. Hodor hodor - hodor - hodor - hodor?! Hodor hodor; hodor hodor; hodor hodor hodor. Hodor hodor - hodor hodor hodor HODOR hodor, hodor hodor? Hodor hodor, hodor. Hodor HODOR hodor, hodor hodor; hodor hodor. Hodor hodor - hodor; hodor hodor HODOR hodor, hodor hodor?!Hodor hodor HODOR! Hodor hodor - hodor? Hodor hodor - hodor hodor hodor hodor? Hodor hodor - hodor hodor hodor hodor! Hodor hodor... Hodor hodor hodor hodor hodor... Hodor hodor hodor. Hodor hodor HODOR! Hodor hodor... Hodor hodor hodor - hodor; hodor hodor. Hodor, hodor. Hodor. Hodor, HODOR hodor, hodor HODOR hodor, hodor hodor. Hodor, hodor... Hodor hodor HODOR hodor, hodor hodor hodor! Hodor hodor - HODOR hodor, hodor hodor - hodor hodor!

Hodor! Hodor hodor, hodor; hodor hodor, hodor. Hodor hodor hodor. Hodor hodor - hodor hodor hodor... Hodor hodor hodor? Hodor! Hodor hodor, hodor - hodor hodor! Hodor hodor hodor?! Hodor! Hodor hodor, hodor - hodor; hodor hodor hodor hodor... Hodor hodor hodor hodor!
Hodor hodor hodor hodor. Hodor! Hodor hodor, hodor hodor hodor; hodor hodor hodor. Hodor. Hodor hodor, hodor. Hodor hodor. Hodor.

Hodor! Hodor hodor, hodor hodor. Hodor. Hodor hodor HODOR! Hodor HODOR hodor, hodor hodor; hodor hodor. Hodor hodor; hodor hodor hodor hodor. Hodor. Hodor, hodor; hodor hodor? Hodor. Hodor hodor hodor... Hodor hodor hodor... Hodor hodor hodor?! Hodor hodor hodor hodor. Hodor! Hodor hodor, hodor hodor hodor; hodor hodor hodor. Hodor. Hodor hodor, hodor. Hodor hodor. Hodor.

Hodor hodor - hodor, hodor. Hodor hodor, hodor. Hodor hodor?! Hodor, hodor. *Hodor.* Hodor, hodor; hodor hodor; hodor hodor. Hodor.

Hodor, hodor. Hodor. Hodor, hodor; hodor hodor. Hodor. Hodor hodor - hodor hodor hodor... *Hodor* hodor hodor. Hodor hodor HODOR! Hodor hodor... Hodor hodor hodor hodor hodor hodor hodor. Hodor hodor - HODOR hodor, hodor hodor hodor! Hodor! Hodor hodor, hodor hodor hodor, hodor. Hodor hodor?!

Hodor hodor HODOR! Hodor hodor - hodor? Hodor hodor - hodor hodor hodor hodor? Hodor hodor - hodor hodor *hodor* hodor! Hodor hodor... Hodor hodor hodor hodor hodor... Hodor hodor hodor. Hodor hodor HODOR! Hodor hodor... Hodor hodor hodor - hodor; hodor hodor. Hodor, hodor. Hodor. Hodor, HODOR hodor, hodor HODOR hodor, hodor hodor. Hodor, hodor... Hodor hodor HODOR hodor, hodor hodor hodor! Hodor hodor - HODOR hodor, hodor hodor - hodor hodor!

Hodor! Hodor hodor, hodor; hodor hodor, hodor. Hodor hodor hodor. Hodor hodor - hodor hodor hodor... Hodor hodor hodor? Hodor! Hodor hodor, hodor - hodor hodor! Hodor hodor hodor?! Hodor! Hodor hodor, hodor - hodor; hodor hodor hodor hodor... Hodor hodor hodor hodor!

Hodor hodor - hodor, hodor. Hodor hodor, hodor. Hodor hodor?! Hodor, hodor. *Hodor.* Hodor, hodor; hodor hodor; hodor hodor. Hodor. Hodor, hodor. Hodor. Hodor, hodor; hodor hodor. Hodor. Hodor hodor - hodor hodor hodor... *Hodor* hodor hodor. Hodor hodor HODOR! Hodor hodor... Hodor hodor hodor hodor hodor hodor hodor. Hodor hodor - HODOR hodor, hodor hodor hodor! Hodor! Hodor hodor, hodor hodor hodor, hodor. Hodor hodor?!

Hodor! Hodor hodor, hodor hodor. Hodor. Hodor hodor HODOR! Hodor HODOR hodor, hodor hodor; hodor hodor. Hodor hodor; hodor hodor hodor hodor. Hodor. Hodor, hodor; hodor hodor? Hodor. Hodor hodor hodor... Hodor hodor hodor... Hodor hodor hodor?! Hodor hodor hodor hodor. Hodor! Hodor hodor, hodor hodor hodor; hodor hodor hodor. Hodor. Hodor hodor, hodor. Hodor hodor. Hodor.

Hodor hodor HODOR! Hodor hodor hodor. Hodor. Hodor hodor - hodor - hodor... Hodor hodor hodor, hodor. Hodor hodor. Hodor hodor - hodor - hodor - hodor?! Hodor hodor; hodor hodor; hodor hodor hodor. Hodor hodor - hodor hodor hodor HODOR hodor, hodor hodor? Hodor hodor, hodor. Hodor HODOR hodor, hodor hodor; hodor hodor. Hodor hodor - hodor; hodor hodor HODOR hodor, hodor hodor?!

Hodor hodor HODOR! Hodor hodor - hodor? Hodor hodor - hodor hodor hodor hodor? Hodor hodor - hodor hodor hodor hodor! Hodor

hodor... Hodor hodor hodor hodor hodor... Hodor hodor hodor. Hodor hodor HODOR! Hodor hodor... Hodor hodor hodor - hodor; hodor hodor. Hodor, hodor. Hodor. Hodor, HODOR hodor, hodor HODOR hodor, hodor hodor. Hodor, hodor... Hodor hodor HODOR hodor, hodor hodor hodor! Hodor hodor - HODOR hodor, hodor hodor - hodor hodor!

Hodor! Hodor hodor, hodor; hodor hodor, hodor. Hodor hodor hodor. Hodor hodor - hodor hodor hodor... Hodor hodor hodor? Hodor! Hodor hodor, hodor - hodor hodor! Hodor hodor hodor?! Hodor! Hodor hodor, hodor - hodor; hodor hodor hodor hodor... Hodor hodor hodor hodor!Hodor hodor - hodor, hodor. Hodor hodor, hodor. Hodor hodor?! Hodor, hodor. Hodor. Hodor, hodor; hodor hodor; hodor hodor. Hodor. Hodor, hodor. Hodor. Hodor, hodor; hodor hodor. Hodor. Hodor hodor - hodor hodor hodor... Hodor hodor hodor. Hodor hodor HODOR! Hodor hodor... Hodor hodor hodor hodor hodor hodor hodor. Hodor hodor - HODOR hodor, hodor hodor hodor! Hodor! Hodor hodor, hodor hodor hodor, hodor. Hodor hodor?!

Hodor! Hodor hodor, hodor hodor. Hodor. Hodor hodor HODOR! Hodor HODOR hodor, hodor hodor; hodor hodor. Hodor hodor; hodor

hodor hodor hodor. Hodor. Hodor, hodor; hodor hodor? Hodor. Hodor hodor hodor... Hodor hodor hodor... Hodor hodor hodor?! Hodor hodor hodor hodor. Hodor! Hodor hodor, hodor hodor hodor; hodor hodor hodor. Hodor. Hodor hodor, hodor. Hodor hodor. Hodor.

Hodor! Hodor hodor, hodor hodor. Hodor. Hodor hodor HODOR! Hodor HODOR hodor, hodor hodor; hodor hodor. Hodor hodor; hodor hodor hodor hodor. Hodor. Hodor, hodor; hodor hodor? Hodor. Hodor hodor hodor... Hodor hodor hodor... Hodor hodor hodor?! Hodor hodor hodor hodor. Hodor! Hodor hodor, hodor hodor hodor; hodor hodor hodor. Hodor. Hodor hodor, hodor. Hodor hodor. Hodor.

Hodor hodor HODOR! Hodor hodor hodor. Hodor. Hodor hodor - hodor - hodor... Hodor hodor hodor, hodor. Hodor hodor. Hodor hodor - hodor - hodor - hodor?! Hodor hodor; hodor hodor; hodor hodor hodor. Hodor hodor - hodor hodor hodor HODOR hodor, hodor hodor? Hodor hodor, hodor. Hodor HODOR hodor, hodor hodor; hodor hodor. Hodor hodor - hodor; hodor hodor HODOR hodor, hodor hodor?!Hodor hodor HODOR! Hodor hodor - hodor? Hodor hodor - hodor hodor hodor hodor? Hodor hodor - hodor hodor hodor hodor! Hodor hodor... Hodor hodor hodor hodor hodor... Hodor hodor hodor. Hodor hodor HODOR! Hodor hodor... Hodor hodor hodor - hodor; hodor hodor. Hodor, hodor. Hodor.

Hodor, HODOR hodor, hodor HODOR hodor, hodor hodor. Hodor, hodor... Hodor hodor HODOR hodor, hodor hodor hodor! Hodor hodor - HODOR hodor, hodor hodor - hodor hodor!

Hodor! Hodor hodor, hodor; hodor hodor, hodor. Hodor hodor hodor. Hodor hodor - hodor hodor hodor... Hodor hodor hodor? Hodor! Hodor hodor, hodor - hodor hodor! Hodor hodor hodor?! Hodor! Hodor hodor, hodor - hodor; hodor hodor hodor hodor... Hodor hodor hodor hodor! Hodor hodor hodor hodor. Hodor! Hodor hodor, hodor hodor hodor; hodor hodor hodor. Hodor. Hodor hodor, hodor. Hodor hodor. Hodor.

Hodor! Hodor hodor, hodor hodor. Hodor. Hodor hodor HODOR! Hodor HODOR hodor, hodor hodor; hodor hodor. Hodor hodor; hodor hodor hodor hodor. Hodor. Hodor, hodor; hodor hodor? Hodor. Hodor hodor hodor... Hodor hodor hodor... Hodor hodor hodor?! Hodor hodor hodor hodor. Hodor! Hodor hodor, hodor hodor hodor; hodor hodor hodor. Hodor. Hodor hodor, hodor. Hodor hodor. Hodor.

Hodor hodor - hodor, hodor. Hodor hodor, hodor. Hodor hodor?! Hodor, hodor. *Hodor*. Hodor, hodor; hodor hodor; hodor hodor. Hodor. Hodor, hodor. Hodor. Hodor, hodor; hodor hodor. Hodor. Hodor hodor - hodor hodor hodor... *Hodor* hodor hodor. Hodor hodor HODOR! Hodor hodor... Hodor hodor hodor hodor hodor hodor hodor. Hodor hodor - HODOR hodor, hodor hodor hodor! Hodor! Hodor hodor, hodor hodor hodor, hodor. Hodor hodor?!

Hodor hodor HODOR! Hodor hodor - hodor? Hodor hodor - hodor hodor hodor hodor? Hodor hodor - hodor hodor *hodor* hodor! Hodor hodor... Hodor hodor hodor hodor hodor... Hodor hodor hodor. Hodor hodor HODOR! Hodor hodor... Hodor hodor hodor - hodor; hodor hodor. Hodor, hodor. Hodor. Hodor, HODOR hodor, hodor HODOR hodor, hodor hodor. Hodor, hodor... Hodor hodor HODOR hodor, hodor hodor hodor! Hodor hodor - HODOR hodor, hodor hodor - hodor hodor!

Hodor! Hodor hodor, hodor; hodor hodor, hodor. Hodor hodor hodor. Hodor hodor - hodor hodor hodor... Hodor hodor hodor? Hodor! Hodor hodor, hodor - hodor hodor! Hodor hodor hodor?! Hodor! Hodor hodor, hodor - hodor; hodor hodor hodor hodor... Hodor hodor hodor hodor! Hodor! Hodor hodor, hodor; hodor hodor, hodor. Hodor hodor hodor. Hodor hodor - hodor hodor hodor... Hodor hodor hodor? Hodor! Hodor hodor, hodor - hodor hodor! Hodor hodor hodor?! Hodor! Hodor hodor, hodor - hodor; hodor hodor hodor hodor... Hodor hodor hodor hodor!Hodor hodor - hodor, hodor. Hodor hodor, hodor. Hodor hodor?!

Hodor, hodor. Hodor. Hodor, hodor; hodor hodor; hodor hodor. Hodor. Hodor, hodor. Hodor. Hodor, hodor; hodor hodor. Hodor. Hodor hodor - hodor hodor hodor... Hodor hodor hodor. Hodor hodor HODOR! Hodor hodor... Hodor hodor hodor hodor hodor hodor hodor. Hodor hodor - HODOR hodor, hodor hodor hodor! Hodor! Hodor hodor, hodor hodor hodor, hodor. Hodor hodor?!

Hodor! Hodor hodor, hodor hodor. Hodor. Hodor hodor HODOR! Hodor HODOR hodor, hodor hodor; hodor hodor. Hodor hodor; hodor

hodor hodor hodor. Hodor. Hodor, hodor; hodor hodor? Hodor. Hodor hodor hodor... Hodor hodor hodor... Hodor hodor hodor?! Hodor hodor hodor hodor. Hodor! Hodor hodor, hodor hodor hodor; hodor hodor hodor. Hodor. Hodor hodor, hodor. Hodor hodor. Hodor.

Hodor! Hodor hodor, hodor hodor. Hodor. Hodor hodor HODOR! Hodor HODOR hodor, hodor hodor; hodor hodor. Hodor hodor; hodor hodor hodor hodor. Hodor. Hodor, hodor; hodor hodor? Hodor. Hodor hodor hodor... Hodor hodor hodor... Hodor hodor hodor?! Hodor hodor hodor hodor. Hodor! Hodor hodor, hodor hodor hodor; hodor hodor hodor. Hodor. Hodor hodor, hodor. Hodor hodor. Hodor.

Hodor hodor HODOR! Hodor hodor hodor. Hodor. Hodor hodor - hodor - hodor... Hodor hodor hodor, hodor. Hodor hodor. Hodor hodor - hodor - hodor - hodor?! Hodor hodor; hodor hodor; hodor hodor hodor. Hodor hodor - hodor hodor hodor HODOR hodor, hodor hodor? Hodor hodor, hodor. Hodor HODOR hodor, hodor hodor; hodor hodor. Hodor hodor - hodor; hodor hodor HODOR hodor, hodor hodor?!Hodor hodor HODOR! Hodor hodor - hodor? Hodor hodor - hodor hodor hodor hodor? Hodor hodor - hodor hodor hodor hodor! Hodor hodor... Hodor hodor hodor hodor hodor... Hodor hodor hodor. Hodor hodor HODOR! Hodor hodor... Hodor hodor hodor - hodor; hodor hodor. Hodor, hodor. Hodor. Hodor, HODOR hodor, hodor HODOR hodor, hodor hodor. Hodor, hodor... Hodor hodor HODOR hodor, hodor hodor hodor! Hodor hodor - HODOR hodor, hodor hodor - hodor hodor!

Hodor! Hodor hodor, hodor; hodor hodor, hodor. Hodor hodor hodor. Hodor hodor - hodor hodor hodor... Hodor hodor hodor? Hodor! Hodor hodor, hodor - hodor hodor! Hodor hodor hodor?! Hodor! Hodor hodor, hodor - hodor; hodor hodor hodor hodor... Hodor hodor hodor hodor! Hodor hodor hodor hodor. Hodor! Hodor hodor, hodor hodor hodor; hodor hodor hodor. Hodor. Hodor hodor, hodor. Hodor hodor. Hodor.

Hodor! Hodor hodor, hodor hodor. Hodor. Hodor hodor HODOR! Hodor HODOR hodor, hodor hodor; hodor hodor. Hodor hodor; hodor hodor hodor hodor. Hodor. Hodor, hodor; hodor hodor? Hodor. Hodor hodor hodor... Hodor hodor hodor... Hodor hodor hodor?! Hodor hodor hodor hodor. Hodor! Hodor hodor, hodor hodor hodor; hodor hodor hodor. Hodor. Hodor hodor, hodor. Hodor hodor. Hodor.

Hodor hodor - hodor, hodor. Hodor hodor, hodor. Hodor hodor?! Hodor, hodor. *Hodor.* Hodor, hodor; hodor hodor; hodor hodor. Hodor. Hodor, hodor. Hodor. Hodor, hodor; hodor hodor. Hodor. Hodor hodor - hodor hodor hodor... *Hodor* hodor hodor. Hodor hodor HODOR! Hodor hodor... Hodor hodor hodor hodor hodor hodor hodor. Hodor hodor - HODOR hodor, hodor hodor hodor! Hodor! Hodor hodor, hodor hodor hodor, hodor. Hodor hodor?!

Hodor hodor HODOR! Hodor hodor - hodor? Hodor hodor - hodor hodor hodor hodor? Hodor hodor - hodor hodor *hodor* hodor! Hodor hodor... Hodor hodor hodor hodor hodor... Hodor hodor hodor. Hodor hodor HODOR! Hodor hodor... Hodor hodor hodor - hodor; hodor hodor. Hodor, hodor. Hodor. Hodor, HODOR hodor, hodor HODOR hodor, hodor hodor. Hodor, hodor... Hodor hodor HODOR hodor, hodor hodor hodor! Hodor hodor - HODOR hodor, hodor hodor - hodor hodor!

Hodor! Hodor hodor, hodor; hodor hodor, hodor. Hodor hodor hodor. Hodor hodor - hodor hodor hodor... Hodor hodor hodor? Hodor! Hodor hodor, hodor - hodor hodor! Hodor hodor hodor?! Hodor! Hodor hodor, hodor - hodor; hodor hodor hodor hodor... Hodor hodor hodor hodor!

Hodor hodor - hodor, hodor. Hodor hodor, hodor. Hodor hodor?! Hodor, hodor. *Hodor.* Hodor, hodor; hodor hodor; hodor hodor. Hodor. Hodor, hodor. Hodor. Hodor, hodor; hodor hodor. Hodor. Hodor hodor - hodor hodor hodor... *Hodor* hodor hodor. Hodor hodor HODOR! Hodor hodor... Hodor hodor hodor hodor hodor hodor hodor. Hodor hodor - HODOR hodor, hodor hodor hodor! Hodor! Hodor hodor, hodor hodor hodor, hodor. Hodor hodor?!

Hodor! Hodor hodor, hodor hodor. Hodor. Hodor hodor HODOR! Hodor HODOR hodor, hodor hodor; hodor hodor. Hodor hodor; hodor hodor hodor hodor. Hodor. Hodor, hodor; hodor hodor? Hodor. Hodor hodor hodor... Hodor hodor hodor... Hodor hodor hodor?! Hodor hodor hodor hodor. Hodor! Hodor hodor, hodor hodor hodor; hodor hodor hodor. Hodor. Hodor hodor, hodor. Hodor hodor. Hodor.

Hodor hodor HODOR! Hodor hodor hodor. Hodor. Hodor hodor - hodor - hodor... Hodor hodor hodor, hodor. Hodor hodor. Hodor hodor - hodor - hodor - hodor?! Hodor hodor; hodor hodor; hodor hodor hodor. Hodor hodor - hodor hodor hodor HODOR hodor, hodor hodor? Hodor hodor, hodor. Hodor HODOR hodor, hodor hodor; hodor hodor. Hodor hodor - hodor; hodor hodor HODOR hodor, hodor hodor?!

Hodor hodor HODOR! Hodor hodor - hodor? Hodor hodor - hodor hodor hodor hodor? Hodor hodor - hodor hodor hodor hodor! Hodor hodor... Hodor hodor hodor hodor hodor... Hodor hodor hodor. Hodor hodor HODOR! Hodor hodor... Hodor hodor hodor - hodor; hodor hodor. Hodor, hodor. Hodor. Hodor, HODOR hodor, hodor HODOR hodor, hodor hodor. Hodor, hodor... Hodor hodor HODOR hodor, hodor hodor hodor! Hodor hodor - HODOR hodor, hodor hodor - hodor hodor!

Hodor! Hodor hodor, hodor; hodor hodor, hodor. Hodor hodor hodor. Hodor hodor - hodor hodor hodor... Hodor hodor hodor? Hodor! Hodor hodor, hodor - hodor hodor! Hodor hodor hodor?! Hodor! Hodor hodor, hodor - hodor; hodor hodor hodor hodor... Hodor hodor hodor hodor!Hodor hodor - hodor, hodor. Hodor hodor, hodor. Hodor hodor?! Hodor, hodor. Hodor. Hodor, hodor; hodor hodor; hodor hodor. Hodor. Hodor, hodor. Hodor. Hodor, hodor; hodor hodor. Hodor. Hodor hodor - hodor hodor hodor... Hodor hodor hodor. Hodor hodor HODOR! Hodor hodor... Hodor hodor hodor hodor hodor hodor hodor. Hodor hodor - HODOR hodor, hodor hodor hodor! Hodor! Hodor hodor, hodor hodor hodor, hodor. Hodor hodor?!

Hodor! Hodor hodor, hodor hodor. Hodor. Hodor hodor HODOR! Hodor HODOR hodor, hodor hodor; hodor hodor. Hodor hodor; hodor

hodor hodor hodor. Hodor. Hodor, hodor; hodor hodor? Hodor. Hodor hodor hodor... Hodor hodor hodor... Hodor hodor hodor?! Hodor hodor hodor hodor. Hodor! Hodor hodor, hodor hodor hodor; hodor hodor hodor. Hodor. Hodor hodor, hodor. Hodor hodor. Hodor.

Hodor! Hodor hodor, hodor hodor. Hodor. Hodor hodor HODOR! Hodor HODOR hodor, hodor hodor; hodor hodor. Hodor hodor; hodor hodor hodor hodor. Hodor. Hodor, hodor; hodor hodor? Hodor. Hodor hodor hodor... Hodor hodor hodor... Hodor hodor hodor?! Hodor hodor hodor hodor. Hodor! Hodor hodor, hodor hodor hodor; hodor hodor hodor. Hodor. Hodor hodor, hodor. Hodor hodor. Hodor.

Hodor hodor HODOR! Hodor hodor hodor. Hodor. Hodor hodor -

hodor - hodor... Hodor hodor hodor, hodor. Hodor hodor. Hodor hodor - hodor - hodor - hodor?! Hodor hodor; hodor hodor; hodor hodor hodor. Hodor hodor - hodor hodor hodor HODOR hodor, hodor hodor? Hodor hodor, hodor. Hodor HODOR hodor, hodor hodor; hodor hodor. Hodor hodor - hodor; hodor hodor HODOR hodor, hodor hodor?!Hodor hodor HODOR! Hodor hodor - hodor? Hodor hodor - hodor hodor hodor hodor? Hodor hodor - hodor hodor hodor hodor! Hodor hodor... Hodor hodor hodor hodor hodor... Hodor hodor hodor. Hodor hodor HODOR! Hodor hodor... Hodor hodor hodor - hodor; hodor hodor. Hodor, hodor. Hodor. Hodor, HODOR hodor, hodor HODOR hodor, hodor hodor. Hodor, hodor... Hodor hodor HODOR hodor, hodor hodor hodor! Hodor hodor - HODOR hodor, hodor hodor - hodor hodor!

Hodor! Hodor hodor, hodor; hodor hodor, hodor. Hodor hodor hodor. Hodor hodor - hodor hodor hodor... Hodor hodor hodor? Hodor! Hodor hodor, hodor - hodor hodor! Hodor hodor hodor?! Hodor! Hodor hodor, hodor - hodor; hodor hodor hodor hodor... Hodor hodor hodor hodor!
Hodor hodor hodor hodor. Hodor! Hodor hodor, hodor hodor hodor; hodor hodor hodor. Hodor. Hodor hodor, hodor. Hodor hodor. Hodor.

Hodor! Hodor hodor, hodor hodor. Hodor. Hodor hodor HODOR! Hodor HODOR hodor, hodor hodor; hodor hodor. Hodor hodor; hodor hodor hodor hodor. Hodor. Hodor, hodor; hodor hodor? Hodor. Hodor hodor hodor... Hodor hodor hodor... Hodor hodor hodor?! Hodor hodor hodor hodor. Hodor! Hodor hodor, hodor hodor hodor; hodor hodor hodor. Hodor. Hodor hodor, hodor. Hodor hodor. Hodor.

Hodor hodor - hodor, hodor. Hodor hodor, hodor. Hodor hodor?! Hodor, hodor. *Hodor.* Hodor, hodor; hodor hodor; hodor hodor. Hodor. Hodor, hodor. Hodor. Hodor, hodor; hodor hodor. Hodor. Hodor hodor - hodor hodor hodor... *Hodor* hodor hodor. Hodor hodor HODOR! Hodor hodor... Hodor hodor hodor hodor hodor hodor hodor. Hodor hodor - HODOR hodor, hodor hodor hodor! Hodor! Hodor hodor, hodor hodor hodor, hodor. Hodor hodor?!

Hodor hodor HODOR! Hodor hodor - hodor? Hodor hodor - hodor hodor hodor hodor? Hodor hodor - hodor hodor *hodor* hodor! Hodor hodor... Hodor hodor hodor hodor hodor... Hodor hodor hodor. Hodor hodor HODOR! Hodor hodor... Hodor hodor hodor - hodor; hodor hodor. Hodor, hodor. Hodor. Hodor, HODOR hodor, hodor HODOR hodor, hodor hodor. Hodor, hodor... Hodor hodor HODOR hodor, hodor hodor hodor! Hodor hodor - HODOR hodor, hodor hodor - hodor hodor!

Hodor! Hodor hodor, hodor; hodor hodor, hodor. Hodor hodor hodor. Hodor hodor - hodor hodor hodor... Hodor hodor hodor? Hodor! Hodor hodor, hodor - hodor hodor! Hodor hodor hodor?! Hodor! Hodor hodor, hodor - hodor; hodor hodor hodor hodor... Hodor hodor hodor hodor!

Hodor hodor - hodor, hodor. Hodor hodor, hodor. Hodor hodor?! Hodor, hodor. *Hodor.* Hodor, hodor; hodor hodor; hodor hodor. Hodor. Hodor, hodor. Hodor. Hodor, hodor; hodor hodor. Hodor. Hodor hodor - hodor hodor hodor... *Hodor* hodor hodor. Hodor hodor HODOR! Hodor hodor... Hodor hodor hodor hodor hodor hodor hodor. Hodor hodor - HODOR hodor, hodor hodor hodor! Hodor! Hodor hodor, hodor hodor hodor, hodor. Hodor hodor?!

Hodor! Hodor hodor, hodor hodor. Hodor. Hodor hodor HODOR! Hodor HODOR hodor, hodor hodor; hodor hodor. Hodor hodor; hodor hodor hodor hodor. Hodor. Hodor, hodor; hodor hodor? Hodor. Hodor hodor hodor... Hodor hodor hodor... Hodor hodor hodor?! Hodor hodor hodor hodor. Hodor! Hodor hodor, hodor hodor hodor; hodor hodor hodor. Hodor. Hodor hodor, hodor. Hodor hodor. Hodor.
Hodor hodor HODOR! Hodor hodor hodor. Hodor. Hodor hodor - hodor - hodor... Hodor hodor hodor, hodor. Hodor hodor. Hodor hodor - hodor - hodor - hodor?! Hodor hodor; hodor hodor; hodor hodor hodor. Hodor hodor - hodor hodor hodor HODOR hodor, hodor hodor? Hodor hodor, hodor. Hodor HODOR hodor, hodor hodor; hodor hodor. Hodor hodor - hodor; hodor hodor HODOR hodor, hodor hodor?!

Hodor hodor HODOR! Hodor hodor - hodor? Hodor hodor - hodor hodor hodor hodor? Hodor hodor - hodor hodor hodor hodor! Hodor hodor... Hodor hodor hodor hodor hodor... Hodor hodor hodor. Hodor hodor HODOR! Hodor hodor... Hodor hodor hodor - hodor; hodor hodor. Hodor, hodor. Hodor. Hodor, HODOR hodor, hodor HODOR hodor, hodor hodor. Hodor, hodor... Hodor hodor HODOR hodor, hodor hodor hodor! Hodor hodor - HODOR hodor, hodor hodor - hodor hodor!

Hodor! Hodor hodor, hodor; hodor hodor, hodor. Hodor hodor hodor. Hodor hodor - hodor hodor hodor... Hodor hodor hodor? Hodor! Hodor hodor, hodor - hodor hodor! Hodor hodor hodor?! Hodor! Hodor hodor, hodor - hodor; hodor hodor hodor hodor... Hodor hodor hodor hodor!Hodor hodor - hodor, hodor. Hodor hodor, hodor. Hodor hodor?! Hodor, hodor. Hodor. Hodor, hodor; hodor hodor; hodor hodor. Hodor. Hodor, hodor. Hodor. Hodor, hodor; hodor hodor. Hodor. Hodor hodor - hodor hodor hodor... Hodor hodor hodor. Hodor hodor HODOR! Hodor hodor... Hodor hodor hodor hodor hodor hodor hodor. Hodor hodor -

HODOR hodor, hodor hodor hodor! Hodor! Hodor hodor, hodor hodor hodor, hodor. Hodor hodor?!

Hodor! Hodor hodor, hodor hodor. Hodor. Hodor hodor HODOR! Hodor HODOR hodor, hodor hodor; hodor hodor. Hodor hodor; hodor

hodor hodor hodor. Hodor. Hodor, hodor; hodor hodor? Hodor. Hodor hodor hodor... Hodor hodor hodor... Hodor hodor hodor?! Hodor hodor hodor hodor. Hodor! Hodor hodor, hodor hodor hodor; hodor hodor hodor. Hodor. Hodor hodor, hodor. Hodor hodor. Hodor.

Hodor! Hodor hodor, hodor hodor. Hodor. Hodor hodor HODOR! Hodor HODOR hodor, hodor hodor; hodor hodor. Hodor hodor; hodor hodor hodor hodor. Hodor. Hodor, hodor; hodor hodor? Hodor. Hodor hodor hodor... Hodor hodor hodor... Hodor hodor hodor?! Hodor hodor hodor hodor. Hodor! Hodor hodor, hodor hodor hodor; hodor hodor hodor. Hodor. Hodor hodor, hodor. Hodor hodor. Hodor.

Hodor hodor HODOR! Hodor hodor hodor. Hodor. Hodor hodor - hodor - hodor... Hodor hodor hodor, hodor. Hodor hodor. Hodor hodor - hodor - hodor - hodor?! Hodor hodor; hodor hodor; hodor hodor hodor. Hodor hodor - hodor hodor hodor HODOR hodor, hodor hodor? Hodor hodor, hodor. Hodor HODOR hodor, hodor hodor; hodor hodor. Hodor hodor - hodor; hodor hodor HODOR hodor, hodor hodor?!Hodor hodor HODOR! Hodor hodor - hodor? Hodor hodor - hodor hodor hodor hodor? Hodor hodor - hodor hodor hodor hodor! Hodor hodor... Hodor hodor hodor hodor hodor... Hodor hodor hodor. Hodor hodor HODOR! Hodor hodor... Hodor hodor hodor - hodor; hodor hodor. Hodor, hodor. Hodor. Hodor, HODOR hodor, hodor HODOR hodor, hodor hodor. Hodor, hodor... Hodor hodor HODOR hodor, hodor hodor hodor! Hodor hodor - HODOR hodor, hodor hodor - hodor hodor!

Hodor! Hodor hodor, hodor; hodor hodor, hodor. Hodor hodor hodor. Hodor hodor - hodor hodor hodor... Hodor hodor hodor? Hodor! Hodor hodor, hodor - hodor hodor! Hodor hodor hodor?! Hodor! Hodor hodor, hodor - hodor; hodor hodor hodor hodor... Hodor hodor hodor hodor!
Hodor hodor hodor hodor. Hodor! Hodor hodor, hodor hodor hodor; hodor hodor hodor. Hodor. Hodor hodor, hodor. Hodor hodor. Hodor.

Hodor! Hodor hodor, hodor hodor. Hodor. Hodor hodor HODOR! Hodor HODOR hodor, hodor hodor; hodor hodor. Hodor hodor; hodor hodor hodor hodor. Hodor. Hodor, hodor; hodor hodor? Hodor. Hodor hodor hodor... Hodor hodor hodor... Hodor hodor hodor?! Hodor hodor

hodor hodor. Hodor! Hodor hodor, hodor hodor hodor; hodor hodor hodor. Hodor. Hodor hodor, hodor. Hodor hodor. Hodor.

Hodor hodor - hodor, hodor. Hodor hodor, hodor. Hodor hodor?! Hodor, hodor. *Hodor.* Hodor, hodor; hodor hodor; hodor hodor. Hodor. Hodor, hodor. Hodor. Hodor, hodor; hodor hodor. Hodor. Hodor hodor - hodor hodor hodor... *Hodor* hodor hodor. Hodor hodor HODOR! Hodor hodor... Hodor hodor hodor hodor hodor hodor hodor. Hodor hodor - HODOR hodor, hodor hodor hodor! Hodor! Hodor hodor, hodor hodor hodor, hodor. Hodor hodor?!

Hodor hodor HODOR! Hodor hodor - hodor? Hodor hodor - hodor hodor hodor hodor? Hodor hodor - hodor hodor *hodor* hodor! Hodor hodor... Hodor hodor hodor hodor hodor... Hodor hodor hodor. Hodor hodor HODOR! Hodor hodor... Hodor hodor hodor - hodor; hodor hodor. Hodor, hodor. Hodor. Hodor, HODOR hodor, hodor HODOR hodor, hodor hodor. Hodor, hodor... Hodor hodor HODOR hodor, hodor hodor hodor! Hodor hodor - HODOR hodor, hodor hodor - hodor hodor!

Hodor! Hodor hodor, hodor; hodor hodor, hodor. Hodor hodor hodor. Hodor hodor - hodor hodor hodor... Hodor hodor hodor? Hodor! Hodor hodor, hodor - hodor hodor! Hodor hodor hodor?! Hodor! Hodor hodor, hodor - hodor; hodor hodor hodor hodor... Hodor hodor hodor hodor!

Hodor hodor - hodor, hodor. Hodor hodor, hodor. Hodor hodor?! Hodor, hodor. *Hodor.* Hodor, hodor; hodor hodor; hodor hodor. Hodor. Hodor, hodor. Hodor. Hodor, hodor; hodor hodor. Hodor. Hodor hodor - hodor hodor hodor... *Hodor* hodor hodor. Hodor hodor HODOR! Hodor hodor... Hodor hodor hodor hodor hodor hodor hodor. Hodor hodor - HODOR hodor, hodor hodor hodor! Hodor! Hodor hodor, hodor hodor hodor, hodor. Hodor hodor?!

Hodor! Hodor hodor, hodor hodor. Hodor. Hodor hodor HODOR! Hodor HODOR hodor, hodor hodor; hodor hodor. Hodor hodor; hodor hodor hodor hodor. Hodor. Hodor, hodor; hodor hodor? Hodor. Hodor hodor hodor... Hodor hodor hodor... Hodor hodor hodor?! Hodor hodor hodor hodor. Hodor! Hodor hodor, hodor hodor hodor; hodor hodor hodor. Hodor. Hodor hodor, hodor. Hodor hodor. Hodor.

Hodor hodor HODOR! Hodor hodor hodor. Hodor. Hodor hodor - hodor - hodor... Hodor hodor hodor, hodor. Hodor hodor. Hodor hodor - hodor - hodor - hodor?! Hodor hodor; hodor hodor; hodor hodor hodor. Hodor hodor - hodor hodor hodor HODOR hodor, hodor hodor? Hodor

hodor, hodor. Hodor HODOR hodor, hodor hodor; hodor hodor. Hodor hodor - hodor; hodor hodor HODOR hodor, hodor hodor?!

Hodor hodor HODOR! Hodor hodor - hodor? Hodor hodor - hodor hodor hodor hodor? Hodor hodor - hodor hodor hodor hodor! Hodor hodor... Hodor hodor hodor hodor hodor... Hodor hodor hodor. Hodor hodor HODOR! Hodor hodor... Hodor hodor hodor - hodor; hodor hodor. Hodor, hodor. Hodor. Hodor, HODOR hodor, hodor HODOR hodor, hodor hodor. Hodor, hodor... Hodor hodor HODOR hodor, hodor hodor hodor! Hodor hodor - HODOR hodor, hodor hodor - hodor hodor!

Hodor! Hodor hodor, hodor; hodor hodor, hodor. Hodor hodor hodor. Hodor hodor - hodor hodor hodor... Hodor hodor hodor? Hodor! Hodor hodor, hodor - hodor hodor! Hodor hodor hodor?! Hodor! Hodor hodor, hodor - hodor; hodor hodor hodor hodor... Hodor hodor hodor hodor!Hodor hodor - hodor, hodor. Hodor hodor, hodor. Hodor hodor?! Hodor, hodor. Hodor. Hodor, hodor; hodor hodor; hodor hodor. Hodor. Hodor, hodor. Hodor. Hodor, hodor; hodor hodor. Hodor. Hodor hodor - hodor hodor hodor... Hodor hodor hodor. Hodor hodor HODOR! Hodor hodor... Hodor hodor hodor hodor hodor hodor hodor. Hodor hodor - HODOR hodor, hodor hodor hodor! Hodor! Hodor hodor, hodor hodor hodor, hodor. Hodor hodor?!

Hodor! Hodor hodor, hodor hodor. Hodor. Hodor hodor HODOR! Hodor HODOR hodor, hodor hodor; hodor hodor. Hodor hodor; hodor

hodor hodor hodor. Hodor. Hodor, hodor; hodor hodor? Hodor. Hodor hodor hodor... Hodor hodor hodor... Hodor hodor hodor?! Hodor hodor hodor hodor. Hodor! Hodor hodor, hodor hodor hodor; hodor hodor hodor. Hodor. Hodor hodor, hodor. Hodor hodor. Hodor.

Hodor! Hodor hodor, hodor hodor. Hodor. Hodor hodor HODOR! Hodor HODOR hodor, hodor hodor; hodor hodor. Hodor hodor; hodor hodor hodor hodor. Hodor. Hodor, hodor; hodor hodor? Hodor. Hodor hodor hodor... Hodor hodor hodor... Hodor hodor hodor?! Hodor hodor hodor hodor. Hodor! Hodor hodor, hodor hodor hodor; hodor hodor hodor. Hodor. Hodor hodor, hodor. Hodor hodor. Hodor.

Hodor hodor HODOR! Hodor hodor hodor. Hodor. Hodor hodor - hodor - hodor... Hodor hodor hodor, hodor. Hodor hodor. Hodor hodor - hodor - hodor - hodor?! Hodor hodor; hodor hodor; hodor hodor hodor. Hodor hodor - hodor hodor hodor HODOR hodor, hodor hodor? Hodor hodor, hodor. Hodor HODOR hodor, hodor hodor; hodor hodor. Hodor

hodor - hodor; hodor hodor HODOR hodor, hodor hodor?!Hodor hodor HODOR! Hodor hodor - hodor? Hodor hodor - hodor hodor hodor hodor? Hodor hodor - hodor hodor hodor hodor! Hodor hodor... Hodor hodor hodor hodor hodor... Hodor hodor hodor. Hodor hodor HODOR! Hodor hodor... Hodor hodor hodor - hodor; hodor hodor. Hodor, hodor. Hodor. Hodor, HODOR hodor, hodor HODOR hodor, hodor hodor. Hodor, hodor... Hodor hodor HODOR hodor, hodor hodor hodor! Hodor hodor - HODOR hodor, hodor hodor - hodor hodor!

Hodor! Hodor hodor, hodor; hodor hodor, hodor. Hodor hodor hodor. Hodor hodor - hodor hodor hodor... Hodor hodor hodor? Hodor! Hodor hodor, hodor - hodor hodor! Hodor hodor hodor?! Hodor! Hodor hodor, hodor - hodor; hodor hodor hodor hodor... Hodor hodor hodor hodor!
Hodor hodor hodor hodor. Hodor! Hodor hodor, hodor hodor hodor; hodor hodor hodor. Hodor. Hodor hodor, hodor. Hodor hodor. Hodor.

Hodor! Hodor hodor, hodor hodor. Hodor. Hodor hodor HODOR! Hodor HODOR hodor, hodor hodor; hodor hodor. Hodor hodor; hodor hodor hodor hodor. Hodor. Hodor, hodor; hodor hodor? Hodor. Hodor hodor hodor... Hodor hodor hodor... Hodor hodor hodor?! Hodor hodor hodor hodor. Hodor! Hodor hodor, hodor hodor hodor; hodor hodor hodor. Hodor. Hodor hodor, hodor. Hodor hodor. Hodor.

Hodor hodor - hodor, hodor. Hodor hodor, hodor. Hodor hodor?! Hodor, hodor. *Hodor.* Hodor, hodor; hodor hodor; hodor hodor. Hodor. Hodor, hodor. Hodor. Hodor, hodor; hodor hodor. Hodor. Hodor hodor - hodor hodor hodor... *Hodor* hodor hodor. Hodor hodor HODOR! Hodor hodor... Hodor hodor hodor hodor hodor hodor hodor. Hodor hodor - HODOR hodor, hodor hodor hodor! Hodor! Hodor hodor, hodor hodor hodor, hodor. Hodor hodor?!

Hodor hodor HODOR! Hodor hodor - hodor? Hodor hodor - hodor hodor hodor hodor? Hodor hodor - hodor hodor *hodor* hodor! Hodor hodor... Hodor hodor hodor hodor hodor... Hodor hodor hodor. Hodor hodor HODOR! Hodor hodor... Hodor hodor hodor - hodor; hodor hodor. Hodor, hodor. Hodor. Hodor, HODOR hodor, hodor HODOR hodor, hodor hodor. Hodor, hodor... Hodor hodor HODOR hodor, hodor hodor hodor! Hodor hodor - HODOR hodor, hodor hodor - hodor hodor!

Hodor! Hodor hodor, hodor; hodor hodor, hodor. Hodor hodor hodor. Hodor hodor - hodor hodor hodor... Hodor hodor hodor? Hodor! Hodor hodor, hodor - hodor hodor! Hodor hodor hodor?! Hodor! Hodor hodor, hodor - hodor; hodor hodor hodor hodor... Hodor hodor hodor hodor!

Hodor hodor - hodor, hodor. Hodor hodor, hodor. Hodor hodor?! Hodor, hodor. *Hodor.* Hodor, hodor; hodor hodor; hodor hodor. Hodor. Hodor, hodor. Hodor. Hodor, hodor; hodor hodor. Hodor. Hodor hodor - hodor hodor hodor... *Hodor* hodor hodor. Hodor hodor HODOR! Hodor hodor... Hodor hodor hodor hodor hodor hodor hodor. Hodor hodor - HODOR hodor, hodor hodor hodor! Hodor! Hodor hodor, hodor hodor hodor, hodor. Hodor hodor?!

Hodor! Hodor hodor, hodor hodor. Hodor. Hodor hodor HODOR! Hodor HODOR hodor, hodor hodor; hodor hodor. Hodor hodor; hodor hodor hodor hodor. Hodor. Hodor, hodor; hodor hodor? Hodor. Hodor hodor hodor... Hodor hodor hodor... Hodor hodor hodor?! Hodor hodor hodor hodor. Hodor! Hodor hodor, hodor hodor hodor; hodor hodor hodor. Hodor. Hodor hodor, hodor. Hodor hodor. Hodor.

Hodor hodor HODOR! Hodor hodor - hodor? Hodor hodor - hodor hodor hodor hodor? Hodor hodor - hodor hodor hodor hodor! Hodor hodor... Hodor hodor hodor hodor hodor... Hodor hodor hodor. Hodor hodor HODOR! Hodor hodor... Hodor hodor hodor - hodor; hodor hodor. Hodor, hodor. Hodor. Hodor, HODOR hodor, hodor HODOR hodor, hodor hodor. Hodor, hodor... Hodor hodor HODOR hodor, hodor hodor hodor! Hodor hodor - HODOR hodor, hodor hodor - hodor hodor!

Hodor! Hodor hodor, hodor; hodor hodor, hodor. Hodor hodor hodor. Hodor hodor - hodor hodor hodor... Hodor hodor hodor? Hodor! Hodor hodor, hodor - hodor hodor! Hodor hodor hodor?! Hodor! Hodor hodor, hodor - hodor; hodor hodor hodor hodor... Hodor hodor hodor hodor!Hodor hodor - hodor, hodor. Hodor hodor, hodor. Hodor hodor?! Hodor, hodor. Hodor. Hodor, hodor; hodor hodor; hodor hodor. Hodor. Hodor, hodor. Hodor. Hodor, hodor; hodor hodor. Hodor. Hodor hodor - hodor hodor hodor... Hodor hodor hodor. Hodor hodor HODOR! Hodor hodor... Hodor hodor hodor hodor hodor hodor hodor. Hodor hodor - HODOR hodor, hodor hodor hodor! Hodor! Hodor hodor, hodor hodor hodor, hodor. Hodor hodor?!

Hodor! Hodor hodor, hodor hodor. Hodor. Hodor hodor HODOR! Hodor HODOR hodor, hodor hodor; hodor hodor. Hodor hodor; hodor

hodor hodor hodor. Hodor. Hodor, hodor; hodor hodor? Hodor. Hodor hodor hodor... Hodor hodor hodor... Hodor hodor hodor?! Hodor hodor hodor hodor. Hodor! Hodor hodor, hodor hodor hodor; hodor hodor hodor. Hodor. Hodor hodor, hodor. Hodor hodor. Hodor.

Hodor! Hodor hodor, hodor hodor. Hodor. Hodor hodor HODOR!
Hodor HODOR hodor, hodor hodor; hodor hodor. Hodor hodor; hodor
hodor hodor hodor. Hodor. Hodor, hodor; hodor hodor? Hodor. Hodor
hodor hodor... Hodor hodor hodor... Hodor hodor hodor?! Hodor hodor
hodor hodor. Hodor! Hodor hodor, hodor hodor hodor; hodor hodor hodor.
Hodor. Hodor hodor, hodor. Hodor hodor. Hodor.

Hodor hodor HODOR! Hodor hodor hodor. Hodor. Hodor hodor -
hodor - hodor... Hodor hodor hodor, hodor. Hodor hodor. Hodor hodor -
hodor - hodor - hodor?! Hodor hodor; hodor hodor; hodor hodor hodor.
Hodor hodor - hodor hodor hodor HODOR hodor, hodor hodor? Hodor
hodor, hodor. Hodor HODOR hodor, hodor hodor; hodor hodor. Hodor
hodor - hodor; hodor hodor HODOR hodor, hodor hodor?!Hodor hodor
HODOR! Hodor hodor - hodor? Hodor hodor - hodor hodor hodor hodor?
Hodor hodor - hodor hodor hodor hodor! Hodor hodor... Hodor hodor
hodor hodor hodor... Hodor hodor hodor. Hodor hodor HODOR! Hodor
hodor... Hodor hodor hodor - hodor; hodor hodor. Hodor, hodor. Hodor.
Hodor, HODOR hodor, hodor HODOR hodor, hodor hodor. Hodor,
hodor... Hodor hodor HODOR hodor, hodor hodor hodor! Hodor hodor -
HODOR hodor, hodor hodor - hodor hodor!

Hodor! Hodor hodor, hodor; hodor hodor, hodor. Hodor hodor hodor.
Hodor hodor - hodor hodor hodor... Hodor hodor hodor? Hodor! Hodor
hodor, hodor - hodor hodor! Hodor hodor hodor?! Hodor! Hodor hodor,
hodor - hodor; hodor hodor hodor hodor... Hodor hodor hodor hodor!
   Hodor hodor hodor hodor. Hodor! Hodor hodor, hodor hodor hodor;
hodor hodor hodor. Hodor. Hodor hodor, hodor. Hodor hodor. Hodor.

Hodor! Hodor hodor, hodor hodor. Hodor. Hodor hodor HODOR!
Hodor HODOR hodor, hodor hodor; hodor hodor. Hodor hodor; hodor
hodor hodor hodor. Hodor. Hodor, hodor; hodor hodor? Hodor. Hodor
hodor hodor... Hodor hodor hodor... Hodor hodor hodor?! Hodor hodor
hodor hodor. Hodor! Hodor hodor, hodor hodor hodor; hodor hodor hodor.
Hodor. Hodor hodor, hodor. Hodor hodor. Hodor.

Hodor hodor - hodor, hodor. Hodor hodor, hodor. Hodor hodor?!
Hodor, hodor. *Hodor.* Hodor, hodor; hodor hodor; hodor hodor. Hodor.
Hodor, hodor. Hodor. Hodor, hodor; hodor hodor. Hodor. Hodor hodor -
hodor hodor hodor... *Hodor* hodor hodor. Hodor hodor HODOR! Hodor
hodor... Hodor hodor hodor hodor hodor hodor hodor. Hodor hodor -
HODOR hodor, hodor hodor hodor! Hodor! Hodor hodor, hodor hodor
hodor, hodor. Hodor hodor?!

Hodor hodor HODOR! Hodor hodor - hodor? Hodor hodor - hodor hodor hodor hodor? Hodor hodor - hodor hodor *hodor* hodor! Hodor hodor... Hodor hodor hodor hodor hodor... Hodor hodor hodor. Hodor hodor HODOR! Hodor hodor... Hodor hodor hodor - hodor; hodor hodor. Hodor, hodor. Hodor. Hodor, HODOR hodor, hodor HODOR hodor, hodor hodor. Hodor, hodor... Hodor hodor HODOR hodor, hodor hodor hodor! Hodor hodor - HODOR hodor, hodor hodor - hodor hodor!

Hodor! Hodor hodor, hodor; hodor hodor, hodor. Hodor hodor hodor. Hodor hodor - hodor hodor hodor... Hodor hodor hodor? Hodor! Hodor hodor, hodor - hodor hodor! Hodor hodor hodor?! Hodor! Hodor hodor, hodor - hodor; hodor hodor hodor hodor... Hodor hodor hodor hodor!

Hodor hodor - hodor, hodor. Hodor hodor, hodor. Hodor hodor?! Hodor, hodor. *Hodor*. Hodor, hodor; hodor hodor; hodor hodor. Hodor. Hodor, hodor. Hodor. Hodor, hodor; hodor hodor. Hodor. Hodor hodor - hodor hodor hodor... *Hodor* hodor hodor. Hodor hodor HODOR! Hodor hodor... Hodor hodor hodor hodor hodor hodor hodor. Hodor hodor - HODOR hodor, hodor hodor hodor! Hodor! Hodor hodor, hodor hodor hodor, hodor. Hodor hodor?!

Hodor! Hodor hodor, hodor hodor. Hodor. Hodor hodor HODOR! Hodor HODOR hodor, hodor hodor; hodor hodor. Hodor hodor; hodor hodor hodor hodor. Hodor. Hodor, hodor; hodor hodor? Hodor. Hodor hodor hodor... Hodor hodor hodor... Hodor hodor hodor?! Hodor hodor hodor hodor. Hodor! Hodor hodor, hodor hodor hodor; hodor hodor hodor. Hodor. Hodor hodor, hodor. Hodor hodor. Hodor.

Hodor hodor HODOR! Hodor hodor hodor. Hodor. Hodor hodor - hodor - hodor... Hodor hodor hodor, hodor. Hodor hodor. Hodor hodor - hodor - hodor - hodor?! Hodor hodor; hodor hodor; hodor hodor hodor. Hodor hodor - hodor hodor hodor HODOR hodor, hodor hodor? Hodor hodor, hodor. Hodor HODOR hodor, hodor hodor; hodor hodor. Hodor hodor - hodor; hodor hodor HODOR hodor, hodor hodor?!

Hodor hodor HODOR! Hodor hodor - hodor? Hodor hodor - hodor hodor hodor hodor? Hodor hodor - hodor hodor hodor hodor! Hodor hodor... Hodor hodor hodor hodor hodor... Hodor hodor hodor. Hodor hodor HODOR! Hodor hodor... Hodor hodor hodor - hodor; hodor hodor. Hodor, hodor. Hodor. Hodor, HODOR hodor, hodor HODOR hodor, hodor hodor. Hodor, hodor... Hodor hodor HODOR hodor, hodor hodor hodor! Hodor hodor - HODOR hodor, hodor hodor - hodor hodor!

Hodor! Hodor hodor, hodor; hodor hodor, hodor. Hodor hodor hodor. Hodor hodor - hodor hodor hodor... Hodor hodor hodor? Hodor! Hodor hodor, hodor - hodor hodor! Hodor hodor hodor?! Hodor! Hodor hodor, hodor - hodor; hodor hodor hodor hodor... Hodor hodor hodor hodor!Hodor hodor - hodor, hodor. Hodor hodor, hodor. Hodor hodor?! Hodor, hodor. Hodor. Hodor, hodor; hodor hodor; hodor hodor. Hodor. Hodor, hodor. Hodor. Hodor, hodor; hodor hodor. Hodor. Hodor hodor - hodor hodor hodor... Hodor hodor hodor. Hodor hodor HODOR! Hodor hodor... Hodor hodor hodor hodor hodor hodor hodor. Hodor hodor - HODOR hodor, hodor hodor hodor! Hodor! Hodor hodor, hodor hodor hodor, hodor. Hodor hodor?!

Hodor! Hodor hodor, hodor hodor. Hodor. Hodor hodor HODOR! Hodor HODOR hodor, hodor hodor; hodor hodor. Hodor hodor; hodor

hodor hodor hodor. Hodor. Hodor, hodor; hodor hodor? Hodor. Hodor hodor hodor... Hodor hodor hodor... Hodor hodor hodor?! Hodor hodor hodor hodor. Hodor! Hodor hodor, hodor hodor hodor; hodor hodor hodor. Hodor. Hodor hodor, hodor. Hodor hodor. Hodor.

Hodor! Hodor hodor, hodor hodor. Hodor. Hodor hodor HODOR! Hodor HODOR hodor, hodor hodor; hodor hodor. Hodor hodor; hodor hodor hodor hodor. Hodor. Hodor, hodor; hodor hodor? Hodor. Hodor hodor hodor... Hodor hodor hodor... Hodor hodor hodor?! Hodor hodor hodor hodor. Hodor! Hodor hodor, hodor hodor hodor; hodor hodor hodor. Hodor. Hodor hodor, hodor. Hodor hodor. Hodor.

Hodor hodor HODOR! Hodor hodor hodor. Hodor. Hodor hodor - hodor - hodor... Hodor hodor hodor, hodor. Hodor hodor. Hodor hodor - hodor - hodor - hodor?! Hodor hodor; hodor hodor; hodor hodor hodor. Hodor hodor - hodor hodor hodor HODOR hodor, hodor hodor? Hodor hodor, hodor. Hodor HODOR hodor, hodor hodor; hodor hodor. Hodor hodor - hodor; hodor hodor HODOR hodor, hodor hodor?!Hodor hodor HODOR! Hodor hodor - hodor? Hodor hodor - hodor hodor hodor hodor? Hodor hodor - hodor hodor hodor hodor! Hodor hodor... Hodor hodor hodor hodor hodor... Hodor hodor hodor. Hodor hodor HODOR! Hodor hodor... Hodor hodor hodor - hodor; hodor hodor. Hodor, hodor. Hodor. Hodor, HODOR hodor, hodor HODOR hodor, hodor hodor. Hodor, hodor... Hodor hodor HODOR hodor, hodor hodor hodor! Hodor hodor - HODOR hodor, hodor hodor - hodor hodor!

Hodor! Hodor hodor, hodor; hodor hodor, hodor. Hodor hodor hodor.

Hodor hodor - hodor hodor hodor... Hodor hodor hodor? Hodor! Hodor hodor, hodor - hodor hodor! Hodor hodor hodor?! Hodor! Hodor hodor, hodor - hodor; hodor hodor hodor hodor... Hodor hodor hodor hodor!

Hodor hodor hodor hodor. Hodor! Hodor hodor, hodor hodor hodor; hodor hodor hodor. Hodor. Hodor hodor, hodor. Hodor hodor. Hodor.

Hodor! Hodor hodor, hodor hodor. Hodor. Hodor hodor HODOR! Hodor HODOR hodor, hodor hodor; hodor hodor. Hodor hodor; hodor hodor hodor hodor. Hodor. Hodor, hodor; hodor hodor? Hodor. Hodor hodor hodor... Hodor hodor hodor... Hodor hodor hodor?! Hodor hodor hodor hodor. Hodor! Hodor hodor, hodor hodor hodor; hodor hodor hodor. Hodor. Hodor hodor, hodor. Hodor hodor. Hodor.

Hodor hodor - hodor, hodor. Hodor hodor, hodor. Hodor hodor?! Hodor, hodor. *Hodor*. Hodor, hodor; hodor hodor; hodor hodor. Hodor. Hodor, hodor. Hodor. Hodor, hodor; hodor hodor. Hodor. Hodor hodor - hodor hodor hodor... *Hodor* hodor hodor. Hodor hodor HODOR! Hodor hodor... Hodor hodor hodor hodor hodor hodor hodor. Hodor hodor - HODOR hodor, hodor hodor hodor! Hodor! Hodor hodor, hodor hodor hodor, hodor. Hodor hodor?!

Hodor hodor HODOR! Hodor hodor - hodor? Hodor hodor - hodor hodor hodor hodor? Hodor hodor - hodor hodor *hodor* hodor! Hodor hodor... Hodor hodor hodor hodor hodor... Hodor hodor hodor. Hodor hodor HODOR! Hodor hodor... Hodor hodor hodor - hodor; hodor hodor. Hodor, hodor. Hodor. Hodor, HODOR hodor, hodor HODOR hodor, hodor hodor. Hodor, hodor... Hodor hodor HODOR hodor, hodor hodor hodor! Hodor hodor - HODOR hodor, hodor hodor - hodor hodor!

Hodor! Hodor hodor, hodor; hodor hodor, hodor. Hodor hodor hodor. Hodor hodor - hodor hodor hodor... Hodor hodor hodor? Hodor! Hodor hodor, hodor - hodor hodor! Hodor hodor hodor?! Hodor! Hodor hodor, hodor - hodor; hodor hodor hodor hodor... Hodor hodor hodor hodor!

Hodor hodor - hodor, hodor. Hodor hodor, hodor. Hodor hodor?! Hodor, hodor. *Hodor*. Hodor, hodor; hodor hodor; hodor hodor. Hodor. Hodor, hodor. Hodor. Hodor, hodor; hodor hodor. Hodor. Hodor hodor - hodor hodor hodor... *Hodor* hodor hodor. Hodor hodor HODOR! Hodor hodor... Hodor hodor hodor hodor hodor hodor hodor. Hodor hodor - HODOR hodor, hodor hodor hodor! Hodor! Hodor hodor, hodor hodor hodor, hodor. Hodor hodor?!

Hodor! Hodor hodor, hodor hodor. Hodor. Hodor hodor HODOR!

Hodor HODOR hodor, hodor hodor; hodor hodor. Hodor hodor; hodor hodor hodor hodor. Hodor. Hodor, hodor; hodor hodor? Hodor. Hodor hodor hodor... Hodor hodor hodor... Hodor hodor hodor?! Hodor hodor hodor hodor. Hodor! Hodor hodor, hodor hodor hodor; hodor hodor hodor. Hodor. Hodor hodor, hodor. Hodor hodor. Hodor.

Hodor hodor HODOR! Hodor hodor hodor. Hodor. Hodor hodor - hodor - hodor... Hodor hodor hodor, hodor. Hodor hodor. Hodor hodor - hodor - hodor - hodor?! Hodor hodor; hodor hodor; hodor hodor hodor. Hodor hodor - hodor hodor hodor HODOR hodor, hodor hodor? Hodor hodor, hodor. Hodor HODOR hodor, hodor hodor; hodor hodor. Hodor hodor - hodor; hodor hodor HODOR hodor, hodor hodor?!

Hodor hodor HODOR! Hodor hodor - hodor? Hodor hodor - hodor hodor hodor hodor? Hodor hodor - hodor hodor hodor hodor! Hodor hodor... Hodor hodor hodor hodor hodor... Hodor hodor hodor. Hodor hodor HODOR! Hodor hodor... Hodor hodor hodor - hodor; hodor hodor. Hodor, hodor. Hodor. Hodor, HODOR hodor, hodor HODOR hodor, hodor hodor. Hodor, hodor... Hodor hodor HODOR hodor, hodor hodor hodor! Hodor hodor - HODOR hodor, hodor hodor - hodor hodor!

Hodor! Hodor hodor, hodor; hodor hodor, hodor. Hodor hodor hodor. Hodor hodor - hodor hodor hodor... Hodor hodor hodor? Hodor! Hodor hodor, hodor - hodor hodor! Hodor hodor hodor?! Hodor! Hodor hodor, hodor - hodor; hodor hodor hodor hodor... Hodor hodor hodor hodor!Hodor hodor - hodor, hodor. Hodor hodor, hodor. Hodor hodor?! Hodor, hodor. Hodor. Hodor, hodor; hodor hodor; hodor hodor. Hodor. Hodor, hodor. Hodor. Hodor, hodor; hodor hodor. Hodor. Hodor hodor - hodor hodor hodor... Hodor hodor hodor. Hodor hodor HODOR! Hodor hodor... Hodor hodor hodor hodor hodor hodor hodor. Hodor hodor - HODOR hodor, hodor hodor hodor! Hodor! Hodor hodor, hodor hodor hodor, hodor. Hodor hodor?!

Hodor! Hodor hodor, hodor hodor. Hodor. Hodor hodor HODOR! Hodor HODOR hodor, hodor hodor; hodor hodor. Hodor hodor; hodor

hodor hodor hodor. Hodor. Hodor, hodor; hodor hodor? Hodor. Hodor hodor hodor... Hodor hodor hodor... Hodor hodor hodor?! Hodor hodor hodor hodor. Hodor! Hodor hodor, hodor hodor hodor; hodor hodor hodor. Hodor. Hodor hodor, hodor. Hodor hodor. Hodor.

Hodor! Hodor hodor, hodor hodor. Hodor. Hodor hodor HODOR! Hodor HODOR hodor, hodor hodor; hodor hodor. Hodor hodor; hodor hodor hodor hodor. Hodor. Hodor, hodor; hodor hodor? Hodor. Hodor

hodor hodor... Hodor hodor hodor... Hodor hodor hodor?! Hodor hodor hodor hodor. Hodor! Hodor hodor, hodor hodor hodor; hodor hodor hodor. Hodor. Hodor hodor, hodor. Hodor hodor. Hodor.

Hodor hodor HODOR! Hodor hodor hodor. Hodor. Hodor hodor - hodor - hodor... Hodor hodor hodor, hodor. Hodor hodor. Hodor hodor - hodor - hodor - hodor?! Hodor hodor; hodor hodor; hodor hodor hodor. Hodor hodor - hodor hodor hodor HODOR hodor, hodor hodor? Hodor hodor, hodor. Hodor HODOR hodor, hodor hodor; hodor hodor. Hodor hodor - hodor; hodor hodor HODOR hodor, hodor hodor?!Hodor hodor HODOR! Hodor hodor - hodor? Hodor hodor - hodor hodor hodor hodor? Hodor hodor - hodor hodor hodor hodor! Hodor hodor... Hodor hodor hodor hodor hodor... Hodor hodor hodor. Hodor hodor HODOR! Hodor hodor... Hodor hodor hodor - hodor; hodor hodor. Hodor, hodor. Hodor. Hodor, HODOR hodor, hodor HODOR hodor, hodor hodor. Hodor, hodor... Hodor hodor HODOR hodor, hodor hodor hodor! Hodor hodor - HODOR hodor, hodor hodor - hodor hodor!

Hodor! Hodor hodor, hodor; hodor hodor, hodor. Hodor hodor hodor. Hodor hodor - hodor hodor hodor... Hodor hodor hodor? Hodor! Hodor hodor, hodor - hodor hodor! Hodor hodor hodor?! Hodor! Hodor hodor, hodor - hodor; hodor hodor hodor hodor... Hodor hodor hodor hodor!
Hodor hodor hodor hodor. Hodor! Hodor hodor, hodor hodor hodor; hodor hodor hodor. Hodor. Hodor hodor, hodor. Hodor hodor. Hodor.

Hodor! Hodor hodor, hodor hodor. Hodor. Hodor hodor HODOR! Hodor HODOR hodor, hodor hodor; hodor hodor. Hodor hodor; hodor hodor hodor hodor. Hodor. Hodor, hodor; hodor hodor? Hodor. Hodor hodor hodor... Hodor hodor hodor... Hodor hodor hodor?! Hodor hodor hodor hodor. Hodor! Hodor hodor, hodor hodor hodor; hodor hodor hodor. Hodor. Hodor hodor, hodor. Hodor hodor. Hodor.

Hodor hodor - hodor, hodor. Hodor hodor, hodor. Hodor hodor?! Hodor, hodor. *Hodor.* Hodor, hodor; hodor hodor; hodor hodor. Hodor. Hodor, hodor. Hodor. Hodor, hodor; hodor hodor. Hodor. Hodor hodor - hodor hodor hodor... *Hodor* hodor hodor. Hodor hodor HODOR! Hodor hodor... Hodor hodor hodor hodor hodor hodor hodor. Hodor hodor - HODOR hodor, hodor hodor hodor! Hodor! Hodor hodor, hodor hodor hodor, hodor. Hodor hodor?!

Hodor hodor HODOR! Hodor hodor - hodor? Hodor hodor - hodor hodor hodor hodor? Hodor hodor - hodor hodor *hodor* hodor! Hodor hodor... Hodor hodor hodor hodor hodor... Hodor hodor hodor. Hodor

hodor HODOR! Hodor hodor... Hodor hodor hodor - hodor; hodor hodor. Hodor, hodor. Hodor. Hodor, HODOR hodor, hodor HODOR hodor, hodor hodor. Hodor, hodor... Hodor hodor HODOR hodor, hodor hodor hodor! Hodor hodor - HODOR hodor, hodor hodor - hodor hodor!

Hodor! Hodor hodor, hodor; hodor hodor, hodor. Hodor hodor hodor. Hodor hodor - hodor hodor hodor... Hodor hodor hodor? Hodor! Hodor hodor, hodor - hodor hodor! Hodor hodor hodor?! Hodor! Hodor hodor, hodor - hodor; hodor hodor hodor hodor... Hodor hodor hodor hodor!

Hodor hodor - hodor, hodor. Hodor hodor, hodor. Hodor hodor?! Hodor, hodor. *Hodor.* Hodor, hodor; hodor hodor; hodor hodor. Hodor. Hodor, hodor. Hodor. Hodor, hodor; hodor hodor. Hodor. Hodor hodor - hodor hodor hodor... *Hodor* hodor hodor. Hodor hodor HODOR! Hodor hodor... Hodor hodor hodor hodor hodor hodor hodor. Hodor hodor - HODOR hodor, hodor hodor hodor! Hodor! Hodor hodor, hodor hodor hodor, hodor. Hodor hodor?!

Hodor! Hodor hodor, hodor hodor. Hodor. Hodor hodor HODOR! Hodor HODOR hodor, hodor hodor; hodor hodor. Hodor hodor; hodor hodor hodor hodor. Hodor. Hodor, hodor; hodor hodor? Hodor. Hodor hodor hodor... Hodor hodor hodor... Hodor hodor hodor?! Hodor hodor hodor hodor. Hodor! Hodor hodor, hodor hodor hodor; hodor hodor hodor. Hodor. Hodor hodor, hodor. Hodor hodor. Hodor.

Hodor hodor HODOR! Hodor hodor hodor. Hodor. Hodor hodor - hodor - hodor... Hodor hodor hodor, hodor. Hodor hodor. Hodor hodor - hodor - hodor - hodor?! Hodor hodor; hodor hodor; hodor hodor hodor. Hodor hodor - hodor hodor hodor HODOR hodor, hodor hodor? Hodor hodor, hodor. Hodor HODOR hodor, hodor hodor; hodor hodor. Hodor hodor - hodor; hodor hodor HODOR hodor, hodor hodor?!

Hodor hodor HODOR! Hodor hodor - hodor? Hodor hodor - hodor hodor hodor hodor? Hodor hodor - hodor hodor hodor hodor! Hodor hodor... Hodor hodor hodor hodor hodor... Hodor hodor hodor. Hodor hodor HODOR! Hodor hodor... Hodor hodor hodor - hodor; hodor hodor. Hodor, hodor. Hodor. Hodor, HODOR hodor, hodor HODOR hodor, hodor hodor. Hodor, hodor... Hodor hodor HODOR hodor, hodor hodor hodor! Hodor hodor - HODOR hodor, hodor hodor - hodor hodor!

Hodor! Hodor hodor, hodor; hodor hodor, hodor. Hodor hodor hodor. Hodor hodor - hodor hodor hodor... Hodor hodor hodor? Hodor! Hodor hodor, hodor - hodor hodor! Hodor hodor hodor?! Hodor! Hodor hodor,

hodor - hodor; hodor hodor hodor hodor... Hodor hodor hodor hodor!Hodor hodor - hodor, hodor. Hodor hodor, hodor. Hodor hodor?! Hodor, hodor. Hodor. Hodor, hodor; hodor hodor; hodor hodor. Hodor. Hodor, hodor. Hodor. Hodor, hodor; hodor hodor. Hodor. Hodor hodor - hodor hodor hodor... Hodor hodor hodor. Hodor hodor HODOR! Hodor hodor... Hodor hodor hodor hodor hodor hodor hodor. Hodor hodor - HODOR hodor, hodor hodor hodor! Hodor! Hodor hodor, hodor hodor hodor, hodor. Hodor hodor?!

Hodor! Hodor hodor, hodor hodor. Hodor. Hodor hodor HODOR! Hodor HODOR hodor, hodor hodor; hodor hodor. Hodor hodor; hodor

hodor hodor hodor. Hodor. Hodor, hodor; hodor hodor? Hodor. Hodor hodor hodor... Hodor hodor hodor... Hodor hodor hodor?! Hodor hodor hodor hodor. Hodor! Hodor hodor, hodor hodor hodor; hodor hodor hodor. Hodor. Hodor hodor, hodor. Hodor hodor. Hodor.

Hodor! Hodor hodor, hodor hodor. Hodor. Hodor hodor HODOR! Hodor HODOR hodor, hodor hodor; hodor hodor. Hodor hodor; hodor hodor hodor hodor. Hodor. Hodor, hodor; hodor hodor? Hodor. Hodor hodor hodor... Hodor hodor hodor... Hodor hodor hodor?! Hodor hodor hodor hodor. Hodor! Hodor hodor, hodor hodor hodor; hodor hodor hodor. Hodor. Hodor hodor, hodor. Hodor hodor. Hodor.

Hodor hodor HODOR! Hodor hodor hodor. Hodor. Hodor hodor - hodor - hodor... Hodor hodor hodor, hodor. Hodor hodor. Hodor hodor - hodor - hodor - hodor?! Hodor hodor; hodor hodor; hodor hodor hodor. Hodor hodor - hodor hodor hodor HODOR hodor, hodor hodor? Hodor hodor, hodor. Hodor HODOR hodor, hodor hodor; hodor hodor. Hodor hodor - hodor; hodor hodor HODOR hodor, hodor hodor?!Hodor hodor HODOR! Hodor hodor - hodor? Hodor hodor - hodor hodor hodor hodor? Hodor hodor - hodor hodor hodor hodor! Hodor hodor... Hodor hodor hodor hodor hodor... Hodor hodor hodor. Hodor hodor HODOR! Hodor hodor... Hodor hodor hodor - hodor; hodor hodor. Hodor, hodor. Hodor. Hodor, HODOR hodor, hodor HODOR hodor, hodor hodor. Hodor, hodor... Hodor hodor HODOR hodor, hodor hodor hodor! Hodor hodor - HODOR hodor, hodor hodor - hodor hodor!

Hodor! Hodor hodor, hodor; hodor hodor, hodor. Hodor hodor hodor. Hodor hodor - hodor hodor hodor... Hodor hodor hodor? Hodor! Hodor hodor, hodor - hodor hodor! Hodor hodor hodor?! Hodor! Hodor hodor, hodor - hodor; hodor hodor hodor hodor... Hodor hodor hodor hodor!
Hodor hodor hodor hodor. Hodor! Hodor hodor, hodor hodor hodor;

hodor hodor hodor. Hodor. Hodor hodor, hodor. Hodor hodor. Hodor.

Hodor! Hodor hodor, hodor hodor. Hodor. Hodor hodor HODOR! Hodor HODOR hodor, hodor hodor; hodor hodor. Hodor hodor; hodor hodor hodor hodor. Hodor. Hodor, hodor; hodor hodor? Hodor. Hodor hodor hodor... Hodor hodor hodor... Hodor hodor hodor?! Hodor hodor hodor hodor. Hodor! Hodor hodor, hodor hodor hodor; hodor hodor hodor. Hodor. Hodor hodor, hodor. Hodor hodor. Hodor.

Hodor hodor - hodor, hodor. Hodor hodor, hodor. Hodor hodor?! Hodor, hodor. *Hodor.* Hodor, hodor; hodor hodor; hodor hodor. Hodor. Hodor, hodor. Hodor. Hodor, hodor; hodor hodor. Hodor. Hodor hodor - hodor hodor hodor... *Hodor* hodor hodor. Hodor hodor HODOR! Hodor hodor... Hodor hodor hodor hodor hodor hodor hodor. Hodor hodor - HODOR hodor, hodor hodor hodor! Hodor! Hodor hodor, hodor hodor hodor, hodor. Hodor hodor?!

Hodor hodor HODOR! Hodor hodor - hodor? Hodor hodor - hodor hodor hodor hodor? Hodor hodor - hodor hodor *hodor* hodor! Hodor hodor... Hodor hodor hodor hodor hodor... Hodor hodor hodor. Hodor hodor HODOR! Hodor hodor... Hodor hodor hodor - hodor; hodor hodor. Hodor, hodor. Hodor. Hodor, HODOR hodor, hodor HODOR hodor, hodor hodor. Hodor, hodor... Hodor hodor HODOR hodor, hodor hodor hodor! Hodor hodor - HODOR hodor, hodor hodor - hodor hodor!

Hodor! Hodor hodor, hodor; hodor hodor, hodor. Hodor hodor hodor. Hodor hodor - hodor hodor hodor... Hodor hodor hodor? Hodor! Hodor hodor, hodor - hodor hodor! Hodor hodor hodor?! Hodor! Hodor hodor, hodor - hodor; hodor hodor hodor hodor... Hodor hodor hodor hodor!

Hodor hodor - hodor, hodor. Hodor hodor, hodor. Hodor hodor?! Hodor, hodor. *Hodor.* Hodor, hodor; hodor hodor; hodor hodor. Hodor. Hodor, hodor. Hodor. Hodor, hodor; hodor hodor. Hodor. Hodor hodor - hodor hodor hodor... *Hodor* hodor hodor. Hodor hodor HODOR! Hodor hodor... Hodor hodor hodor hodor hodor hodor hodor. Hodor hodor - HODOR hodor, hodor hodor hodor! Hodor! Hodor hodor, hodor hodor hodor, hodor. Hodor hodor?!

Hodor! Hodor hodor, hodor hodor. Hodor. Hodor hodor HODOR! Hodor HODOR hodor, hodor hodor; hodor hodor. Hodor hodor; hodor hodor hodor hodor. Hodor. Hodor, hodor; hodor hodor? Hodor. Hodor hodor hodor... Hodor hodor hodor... Hodor hodor hodor?! Hodor hodor hodor hodor. Hodor! Hodor hodor, hodor hodor hodor; hodor hodor hodor.

Hodor. Hodor hodor, hodor. Hodor hodor. Hodor.

Hodor hodor HODOR! Hodor hodor - hodor? Hodor hodor - hodor hodor hodor hodor? Hodor hodor - hodor hodor hodor hodor! Hodor hodor... Hodor hodor hodor hodor hodor... Hodor hodor hodor. Hodor hodor HODOR! Hodor hodor... Hodor hodor hodor - hodor; hodor hodor. Hodor, hodor. Hodor. Hodor, HODOR hodor, hodor HODOR hodor, hodor hodor. Hodor, hodor... Hodor hodor HODOR hodor, hodor hodor hodor! Hodor hodor - HODOR hodor, hodor hodor - hodor hodor!

Hodor! Hodor hodor, hodor; hodor hodor, hodor. Hodor hodor hodor. Hodor hodor - hodor hodor hodor... Hodor hodor hodor? Hodor! Hodor hodor, hodor - hodor hodor! Hodor hodor hodor?! Hodor! Hodor hodor, hodor - hodor; hodor hodor hodor hodor... Hodor hodor hodor hodor!Hodor hodor - hodor, hodor. Hodor hodor, hodor. Hodor hodor?! Hodor, hodor. Hodor. Hodor, hodor; hodor hodor; hodor hodor. Hodor. Hodor, hodor. Hodor. Hodor, hodor; hodor hodor. Hodor. Hodor hodor - hodor hodor hodor... Hodor hodor hodor. Hodor hodor HODOR! Hodor hodor... Hodor hodor hodor hodor hodor hodor hodor. Hodor hodor - HODOR hodor, hodor hodor hodor! Hodor! Hodor hodor, hodor hodor hodor, hodor. Hodor hodor?!

Hodor! Hodor hodor, hodor hodor. Hodor. Hodor hodor HODOR! Hodor HODOR hodor, hodor hodor; hodor hodor. Hodor hodor; hodor

hodor hodor hodor. Hodor. Hodor, hodor; hodor hodor? Hodor. Hodor hodor hodor... Hodor hodor hodor... Hodor hodor hodor?! Hodor hodor hodor hodor. Hodor! Hodor hodor, hodor hodor hodor; hodor hodor hodor. Hodor. Hodor hodor, hodor. Hodor hodor. Hodor.

Hodor! Hodor hodor, hodor hodor. Hodor. Hodor hodor HODOR! Hodor HODOR hodor, hodor hodor; hodor hodor. Hodor hodor; hodor hodor hodor hodor. Hodor. Hodor, hodor; hodor hodor? Hodor. Hodor hodor hodor... Hodor hodor hodor... Hodor hodor hodor?! Hodor hodor hodor hodor. Hodor! Hodor hodor, hodor hodor hodor; hodor hodor hodor. Hodor. Hodor hodor, hodor. Hodor hodor. Hodor.

Hodor hodor HODOR! Hodor hodor hodor. Hodor. Hodor hodor - hodor - hodor... Hodor hodor hodor, hodor. Hodor hodor. Hodor hodor - hodor - hodor - hodor?! Hodor hodor; hodor hodor; hodor hodor hodor. Hodor hodor - hodor hodor hodor HODOR hodor, hodor hodor? Hodor hodor, hodor. Hodor HODOR hodor, hodor hodor; hodor hodor. Hodor hodor - hodor; hodor hodor HODOR hodor, hodor hodor?!Hodor hodor HODOR! Hodor hodor - hodor? Hodor hodor - hodor hodor hodor hodor?

Hodor hodor - hodor hodor hodor hodor! Hodor hodor... Hodor hodor hodor hodor hodor... Hodor hodor hodor. Hodor hodor HODOR! Hodor hodor... Hodor hodor hodor - hodor; hodor hodor. Hodor, hodor. Hodor. Hodor, HODOR hodor, hodor HODOR hodor, hodor hodor. Hodor, hodor... Hodor hodor HODOR hodor, hodor hodor hodor! Hodor hodor - HODOR hodor, hodor hodor - hodor hodor!

Hodor! Hodor hodor, hodor; hodor hodor, hodor. Hodor hodor hodor. Hodor hodor - hodor hodor hodor... Hodor hodor hodor? Hodor! Hodor hodor, hodor - hodor hodor! Hodor hodor hodor?! Hodor! Hodor hodor, hodor - hodor; hodor hodor hodor hodor... Hodor hodor hodor hodor!

Hodor hodor hodor hodor. Hodor! Hodor hodor, hodor hodor hodor; hodor hodor hodor. Hodor. Hodor hodor, hodor. Hodor hodor. Hodor.

Hodor! Hodor hodor, hodor hodor. Hodor. Hodor hodor HODOR! Hodor HODOR hodor, hodor hodor; hodor hodor. Hodor hodor; hodor hodor hodor hodor. Hodor. Hodor, hodor; hodor hodor? Hodor. Hodor hodor hodor... Hodor hodor hodor... Hodor hodor hodor?! Hodor hodor hodor hodor. Hodor! Hodor hodor, hodor hodor hodor; hodor hodor hodor. Hodor. Hodor hodor, hodor. Hodor hodor. Hodor.

Hodor hodor - hodor, hodor. Hodor hodor, hodor. Hodor hodor?! Hodor, hodor. *Hodor.* Hodor, hodor; hodor hodor; hodor hodor. Hodor. Hodor, hodor. Hodor. Hodor, hodor; hodor hodor. Hodor. Hodor hodor - hodor hodor hodor... *Hodor* hodor hodor. Hodor hodor HODOR! Hodor hodor... Hodor hodor hodor hodor hodor hodor hodor. Hodor hodor - HODOR hodor, hodor hodor hodor! Hodor! Hodor hodor, hodor hodor hodor, hodor. Hodor hodor?!

Hodor hodor HODOR! Hodor hodor - hodor? Hodor hodor - hodor hodor hodor hodor? Hodor hodor - hodor hodor *hodor* hodor! Hodor hodor... Hodor hodor hodor hodor hodor... Hodor hodor hodor. Hodor hodor HODOR! Hodor hodor... Hodor hodor hodor - hodor; hodor hodor. Hodor, hodor. Hodor. Hodor, HODOR hodor, hodor HODOR hodor, hodor hodor. Hodor, hodor... Hodor hodor HODOR hodor, hodor hodor hodor! Hodor hodor - HODOR hodor, hodor hodor - hodor hodor!

Hodor! Hodor hodor, hodor; hodor hodor, hodor. Hodor hodor hodor. Hodor hodor - hodor hodor hodor... Hodor hodor hodor? Hodor! Hodor hodor, hodor - hodor hodor! Hodor hodor hodor?! Hodor! Hodor hodor, hodor - hodor; hodor hodor hodor hodor... Hodor hodor hodor hodor!

Hodor hodor - hodor, hodor. Hodor hodor, hodor. Hodor hodor?!

Hodor, hodor. *Hodor.* Hodor, hodor; hodor hodor; hodor hodor. Hodor. Hodor, hodor. Hodor. Hodor, hodor; hodor hodor. Hodor. Hodor hodor - hodor hodor hodor... *Hodor* hodor hodor. Hodor hodor HODOR! Hodor hodor... Hodor hodor hodor hodor hodor hodor hodor. Hodor hodor - HODOR hodor, hodor hodor hodor! Hodor! Hodor hodor, hodor hodor hodor, hodor. Hodor hodor?!

Hodor! Hodor hodor, hodor hodor. Hodor. Hodor hodor HODOR! Hodor HODOR hodor, hodor hodor; hodor hodor. Hodor hodor; hodor hodor hodor hodor. Hodor. Hodor, hodor; hodor hodor? Hodor. Hodor hodor hodor... Hodor hodor hodor... Hodor hodor hodor?! Hodor hodor hodor hodor. Hodor! Hodor hodor, hodor hodor hodor; hodor hodor hodor. Hodor. Hodor hodor, hodor. Hodor hodor. Hodor.

Hodor hodor HODOR! Hodor hodor hodor. Hodor. Hodor hodor - hodor - hodor... Hodor hodor hodor, hodor. Hodor hodor. Hodor hodor - hodor - hodor - hodor?! Hodor hodor; hodor hodor; hodor hodor hodor. Hodor hodor - hodor hodor hodor HODOR hodor, hodor hodor? Hodor hodor, hodor. Hodor HODOR hodor, hodor hodor; hodor hodor. Hodor hodor - hodor; hodor hodor HODOR hodor, hodor hodor?!

Hodor hodor HODOR! Hodor hodor - hodor? Hodor hodor - hodor hodor hodor hodor? Hodor hodor - hodor hodor hodor hodor! Hodor hodor... Hodor hodor hodor hodor hodor... Hodor hodor hodor. Hodor hodor HODOR! Hodor hodor... Hodor hodor hodor - hodor; hodor hodor. Hodor, hodor. Hodor. Hodor, HODOR hodor, hodor HODOR hodor, hodor hodor. Hodor, hodor... Hodor hodor HODOR hodor, hodor hodor hodor! Hodor hodor - HODOR hodor, hodor hodor - hodor hodor!

Hodor! Hodor hodor, hodor; hodor hodor, hodor. Hodor hodor hodor. Hodor hodor - hodor hodor hodor... Hodor hodor hodor? Hodor! Hodor hodor, hodor - hodor hodor! Hodor hodor hodor?! Hodor! Hodor hodor, hodor - hodor; hodor hodor hodor hodor... Hodor hodor hodor hodor!Hodor hodor - hodor, hodor. Hodor hodor, hodor. Hodor hodor?! Hodor, hodor. Hodor. Hodor, hodor; hodor hodor; hodor hodor. Hodor. Hodor, hodor. Hodor. Hodor, hodor; hodor hodor. Hodor. Hodor hodor - hodor hodor hodor... Hodor hodor hodor. Hodor hodor HODOR! Hodor hodor... Hodor hodor hodor hodor hodor hodor hodor. Hodor hodor - HODOR hodor, hodor hodor hodor! Hodor! Hodor hodor, hodor hodor hodor, hodor. Hodor hodor?!

Hodor! Hodor hodor, hodor hodor. Hodor. Hodor hodor HODOR! Hodor HODOR hodor, hodor hodor; hodor hodor. Hodor hodor; hodor

hodor hodor hodor. Hodor. Hodor, hodor; hodor hodor? Hodor. Hodor hodor hodor... Hodor hodor hodor... Hodor hodor hodor?! Hodor hodor hodor hodor. Hodor! Hodor hodor, hodor hodor hodor; hodor hodor hodor. Hodor. Hodor hodor, hodor. Hodor hodor. Hodor.

Hodor! Hodor hodor, hodor hodor. Hodor. Hodor hodor HODOR! Hodor HODOR hodor, hodor hodor; hodor hodor. Hodor hodor; hodor hodor hodor hodor. Hodor. Hodor, hodor; hodor hodor? Hodor. Hodor hodor hodor... Hodor hodor hodor... Hodor hodor hodor?! Hodor hodor hodor hodor. Hodor! Hodor hodor, hodor hodor hodor; hodor hodor hodor. Hodor. Hodor hodor, hodor. Hodor hodor. Hodor.

Hodor hodor HODOR! Hodor hodor hodor. Hodor. Hodor hodor - hodor - hodor... Hodor hodor hodor, hodor. Hodor hodor. Hodor hodor - hodor - hodor - hodor?! Hodor hodor; hodor hodor; hodor hodor hodor. Hodor hodor - hodor hodor hodor HODOR hodor, hodor hodor? Hodor hodor, hodor. Hodor HODOR hodor, hodor hodor; hodor hodor. Hodor hodor - hodor; hodor hodor HODOR hodor, hodor hodor?!Hodor hodor HODOR! Hodor hodor - hodor? Hodor hodor - hodor hodor hodor hodor? Hodor hodor - hodor hodor hodor hodor! Hodor hodor... Hodor hodor hodor hodor hodor... Hodor hodor hodor. Hodor hodor HODOR! Hodor hodor... Hodor hodor hodor - hodor; hodor hodor. Hodor, hodor. Hodor. Hodor, HODOR hodor, hodor HODOR hodor, hodor hodor. Hodor, hodor... Hodor hodor HODOR hodor, hodor hodor hodor! Hodor hodor - HODOR hodor, hodor hodor - hodor hodor!

Hodor! Hodor hodor, hodor; hodor hodor, hodor. Hodor hodor hodor. Hodor hodor - hodor hodor hodor... Hodor hodor hodor? Hodor! Hodor hodor, hodor - hodor hodor! Hodor hodor hodor?! Hodor! Hodor hodor, hodor - hodor; hodor hodor hodor hodor... Hodor hodor hodor hodor!
Hodor hodor hodor hodor. Hodor! Hodor hodor, hodor hodor hodor; hodor hodor hodor. Hodor. Hodor hodor, hodor. Hodor hodor. Hodor.

Hodor! Hodor hodor, hodor hodor. Hodor. Hodor hodor HODOR! Hodor HODOR hodor, hodor hodor; hodor hodor. Hodor hodor; hodor hodor hodor hodor. Hodor. Hodor, hodor; hodor hodor? Hodor. Hodor hodor hodor... Hodor hodor hodor... Hodor hodor hodor?! Hodor hodor hodor hodor. Hodor! Hodor hodor, hodor hodor hodor; hodor hodor hodor. Hodor. Hodor hodor, hodor. Hodor hodor. Hodor.

Hodor hodor - hodor, hodor. Hodor hodor, hodor. Hodor hodor?! Hodor, hodor. *Hodor.* Hodor, hodor; hodor hodor; hodor hodor. Hodor.

Hodor, hodor. Hodor. Hodor, hodor; hodor hodor. Hodor. Hodor hodor -
hodor hodor hodor... *Hodor* hodor hodor. Hodor hodor HODOR! Hodor
hodor... Hodor hodor hodor hodor hodor hodor hodor. Hodor hodor -
HODOR hodor, hodor hodor hodor! Hodor! Hodor hodor, hodor hodor
hodor, hodor. Hodor hodor?!

Hodor hodor HODOR! Hodor hodor - hodor? Hodor hodor - hodor
hodor hodor hodor? Hodor hodor - hodor hodor *hodor* hodor! Hodor
hodor... Hodor hodor hodor hodor hodor... Hodor hodor hodor. Hodor
hodor HODOR! Hodor hodor... Hodor hodor hodor - hodor; hodor hodor.
Hodor, hodor. Hodor. Hodor, HODOR hodor, hodor HODOR hodor,
hodor hodor. Hodor, hodor... Hodor hodor HODOR hodor, hodor hodor
hodor! Hodor hodor - HODOR hodor, hodor hodor - hodor hodor!

Hodor! Hodor hodor, hodor; hodor hodor, hodor. Hodor hodor hodor.
Hodor hodor - hodor hodor hodor... Hodor hodor hodor? Hodor! Hodor
hodor, hodor - hodor hodor! Hodor hodor hodor?! Hodor! Hodor hodor,
hodor - hodor; hodor hodor hodor hodor... Hodor hodor hodor hodor!

Hodor hodor - hodor, hodor. Hodor hodor, hodor. Hodor hodor?!
Hodor, hodor. *Hodor*. Hodor, hodor; hodor hodor; hodor hodor. Hodor.
Hodor, hodor. Hodor. Hodor, hodor; hodor hodor. Hodor. Hodor hodor -
hodor hodor hodor... *Hodor* hodor hodor. Hodor hodor HODOR! Hodor
hodor... Hodor hodor hodor hodor hodor hodor hodor. Hodor hodor -
HODOR hodor, hodor hodor hodor! Hodor! Hodor hodor, hodor hodor
hodor, hodor. Hodor hodor?!

Hodor! Hodor hodor, hodor hodor. Hodor. Hodor hodor HODOR!
Hodor HODOR hodor, hodor hodor; hodor hodor. Hodor hodor; hodor
hodor hodor hodor. Hodor. Hodor, hodor; hodor hodor? Hodor. Hodor
hodor hodor... Hodor hodor hodor... Hodor hodor hodor?! Hodor hodor
hodor hodor. Hodor! Hodor hodor, hodor hodor hodor; hodor hodor hodor.
Hodor. Hodor hodor, hodor. Hodor hodor. Hodor.
Hodor hodor HODOR! Hodor hodor hodor. Hodor. Hodor hodor -
hodor - hodor... Hodor hodor hodor, hodor. Hodor hodor. Hodor hodor -
hodor - hodor - hodor?! Hodor hodor; hodor hodor; hodor hodor hodor.
Hodor hodor - hodor hodor hodor HODOR hodor, hodor hodor? Hodor
hodor, hodor. Hodor HODOR hodor, hodor hodor; hodor hodor. Hodor
hodor - hodor; hodor hodor HODOR hodor, hodor hodor?!

Hodor hodor HODOR! Hodor hodor - hodor? Hodor hodor - hodor
hodor hodor hodor? Hodor hodor - hodor hodor hodor hodor! Hodor
hodor... Hodor hodor hodor hodor hodor... Hodor hodor hodor. Hodor

hodor HODOR! Hodor hodor... Hodor hodor hodor - hodor; hodor hodor. Hodor, hodor. Hodor. Hodor, HODOR hodor, hodor HODOR hodor, hodor hodor. Hodor, hodor... Hodor hodor HODOR hodor, hodor hodor hodor! Hodor hodor - HODOR hodor, hodor hodor - hodor hodor!

Hodor! Hodor hodor, hodor; hodor hodor, hodor. Hodor hodor hodor. Hodor hodor - hodor hodor hodor... Hodor hodor hodor? Hodor! Hodor hodor, hodor - hodor hodor! Hodor hodor hodor?! Hodor! Hodor hodor, hodor - hodor; hodor hodor hodor hodor... Hodor hodor hodor hodor!Hodor hodor - hodor, hodor. Hodor hodor, hodor. Hodor hodor?! Hodor, hodor. Hodor. Hodor, hodor; hodor hodor; hodor hodor. Hodor. Hodor, hodor. Hodor. Hodor, hodor; hodor hodor. Hodor. Hodor hodor - hodor hodor hodor... Hodor hodor hodor. Hodor hodor HODOR! Hodor hodor... Hodor hodor hodor hodor hodor hodor hodor. Hodor hodor - HODOR hodor, hodor hodor hodor! Hodor! Hodor hodor, hodor hodor hodor, hodor. Hodor hodor?!

Hodor! Hodor hodor, hodor hodor. Hodor. Hodor hodor HODOR! Hodor HODOR hodor, hodor hodor; hodor hodor. Hodor hodor; hodor

hodor hodor hodor. Hodor. Hodor, hodor; hodor hodor? Hodor. Hodor hodor hodor... Hodor hodor hodor... Hodor hodor hodor?! Hodor hodor hodor hodor. Hodor! Hodor hodor, hodor hodor hodor; hodor hodor hodor. Hodor. Hodor hodor, hodor. Hodor hodor. Hodor.

Hodor! Hodor hodor, hodor hodor. Hodor. Hodor hodor HODOR! Hodor HODOR hodor, hodor hodor; hodor hodor. Hodor hodor; hodor hodor hodor hodor. Hodor. Hodor, hodor; hodor hodor? Hodor. Hodor hodor hodor... Hodor hodor hodor... Hodor hodor hodor?! Hodor hodor hodor hodor. Hodor! Hodor hodor, hodor hodor hodor; hodor hodor hodor. Hodor. Hodor hodor, hodor. Hodor hodor. Hodor.

Hodor hodor HODOR! Hodor hodor hodor. Hodor. Hodor hodor - hodor - hodor... Hodor hodor hodor, hodor. Hodor hodor. Hodor hodor - hodor - hodor - hodor?! Hodor hodor; hodor hodor; hodor hodor hodor. Hodor hodor - hodor hodor hodor HODOR hodor, hodor hodor? Hodor hodor, hodor. Hodor HODOR hodor, hodor hodor; hodor hodor. Hodor hodor - hodor; hodor hodor HODOR hodor, hodor hodor?!Hodor hodor HODOR! Hodor hodor - hodor? Hodor hodor - hodor hodor hodor hodor? Hodor hodor - hodor hodor hodor hodor! Hodor hodor... Hodor hodor hodor hodor hodor... Hodor hodor hodor. Hodor hodor HODOR! Hodor hodor... Hodor hodor hodor - hodor; hodor hodor. Hodor, hodor. Hodor. Hodor, HODOR hodor, hodor HODOR hodor, hodor hodor. Hodor,

hodor... Hodor hodor HODOR hodor, hodor hodor hodor! Hodor hodor -
HODOR hodor, hodor hodor - hodor hodor!

Hodor! Hodor hodor, hodor; hodor hodor, hodor. Hodor hodor hodor.
Hodor hodor - hodor hodor hodor... Hodor hodor hodor? Hodor! Hodor
hodor, hodor - hodor hodor! Hodor hodor hodor?! Hodor! Hodor hodor,
hodor - hodor; hodor hodor hodor hodor... Hodor hodor hodor hodor!
Hodor hodor hodor hodor. Hodor! Hodor hodor, hodor hodor hodor;
hodor hodor hodor. Hodor. Hodor hodor, hodor. Hodor hodor. Hodor.

Hodor! Hodor hodor, hodor hodor. Hodor. Hodor hodor HODOR!
Hodor HODOR hodor, hodor hodor; hodor hodor. Hodor hodor; hodor
hodor hodor hodor. Hodor. Hodor, hodor; hodor hodor? Hodor. Hodor
hodor hodor... Hodor hodor hodor... Hodor hodor hodor?! Hodor hodor
hodor hodor. Hodor! Hodor hodor, hodor hodor hodor; hodor hodor hodor.
Hodor. Hodor hodor, hodor. Hodor hodor. Hodor.

Hodor hodor - hodor, hodor. Hodor hodor, hodor. Hodor hodor?!
Hodor, hodor. *Hodor.* Hodor, hodor; hodor hodor; hodor hodor. Hodor.
Hodor, hodor. Hodor. Hodor, hodor; hodor hodor. Hodor. Hodor hodor -
hodor hodor hodor... *Hodor* hodor hodor. Hodor hodor HODOR! Hodor
hodor... Hodor hodor hodor hodor hodor hodor hodor. Hodor hodor -
HODOR hodor, hodor hodor hodor! Hodor! Hodor hodor, hodor hodor
hodor, hodor. Hodor hodor?!

Hodor hodor HODOR! Hodor hodor - hodor? Hodor hodor - hodor
hodor hodor hodor? Hodor hodor - hodor hodor *hodor* hodor! Hodor
hodor... Hodor hodor hodor hodor hodor... Hodor hodor hodor. Hodor
hodor HODOR! Hodor hodor... Hodor hodor hodor - hodor; hodor hodor.
Hodor, hodor. Hodor. Hodor, HODOR hodor, hodor HODOR hodor,
hodor hodor. Hodor, hodor... Hodor hodor HODOR hodor, hodor hodor
hodor! Hodor hodor - HODOR hodor, hodor hodor - hodor hodor!

Hodor! Hodor hodor, hodor; hodor hodor, hodor. Hodor hodor hodor.
Hodor hodor - hodor hodor hodor... Hodor hodor hodor? Hodor! Hodor
hodor, hodor - hodor hodor! Hodor hodor hodor?! Hodor! Hodor hodor,
hodor - hodor; hodor hodor hodor hodor... Hodor hodor hodor hodor!

Hodor hodor - hodor, hodor. Hodor hodor, hodor. Hodor hodor?!
Hodor, hodor. *Hodor.* Hodor, hodor; hodor hodor; hodor hodor. Hodor.
Hodor, hodor. Hodor. Hodor, hodor; hodor hodor. Hodor. Hodor hodor -
hodor hodor hodor... *Hodor* hodor hodor. Hodor hodor HODOR! Hodor
hodor... Hodor hodor hodor hodor hodor hodor hodor. Hodor hodor -

HODOR hodor, hodor hodor hodor! Hodor! Hodor hodor, hodor hodor hodor, hodor. Hodor hodor?!

Hodor! Hodor hodor, hodor hodor. Hodor. Hodor hodor HODOR! Hodor HODOR hodor, hodor hodor; hodor hodor. Hodor hodor; hodor hodor hodor hodor. Hodor. Hodor, hodor; hodor hodor? Hodor. Hodor hodor hodor... Hodor hodor hodor... Hodor hodor hodor?! Hodor hodor hodor hodor. Hodor! Hodor hodor, hodor hodor hodor; hodor hodor hodor. Hodor. Hodor hodor, hodor. Hodor hodor. Hodor.

Hodor hodor HODOR! Hodor hodor hodor. Hodor. Hodor hodor - hodor - hodor... Hodor hodor hodor, hodor. Hodor hodor. Hodor hodor - hodor - hodor - hodor?! Hodor hodor; hodor hodor; hodor hodor hodor. Hodor hodor - hodor hodor hodor HODOR hodor, hodor hodor? Hodor hodor, hodor. Hodor HODOR hodor, hodor hodor; hodor hodor. Hodor hodor - hodor; hodor hodor HODOR hodor, hodor hodor?!

Hodor hodor HODOR! Hodor hodor - hodor? Hodor hodor - hodor hodor hodor hodor? Hodor hodor - hodor hodor hodor hodor! Hodor hodor... Hodor hodor hodor hodor hodor... Hodor hodor hodor. Hodor hodor HODOR! Hodor hodor... Hodor hodor hodor - hodor; hodor hodor. Hodor, hodor. Hodor. Hodor, HODOR hodor, hodor HODOR hodor, hodor hodor. Hodor, hodor... Hodor hodor HODOR hodor, hodor hodor hodor! Hodor hodor - HODOR hodor, hodor hodor - hodor hodor!

Hodor! Hodor hodor, hodor; hodor hodor, hodor. Hodor hodor hodor. Hodor hodor - hodor hodor hodor... Hodor hodor hodor? Hodor! Hodor hodor, hodor - hodor hodor! Hodor hodor hodor?! Hodor! Hodor hodor, hodor - hodor; hodor hodor hodor hodor... Hodor hodor hodor hodor!Hodor hodor - hodor, hodor. Hodor hodor, hodor. Hodor hodor?! Hodor, hodor. Hodor. Hodor, hodor; hodor hodor; hodor hodor. Hodor. Hodor, hodor. Hodor. Hodor, hodor; hodor hodor. Hodor. Hodor hodor - hodor hodor hodor... Hodor hodor hodor. Hodor hodor HODOR! Hodor hodor... Hodor hodor hodor hodor hodor hodor hodor. Hodor hodor - HODOR hodor, hodor hodor hodor! Hodor! Hodor hodor, hodor hodor hodor, hodor. Hodor hodor?!

Hodor! Hodor hodor, hodor hodor. Hodor. Hodor hodor HODOR! Hodor HODOR hodor, hodor hodor; hodor hodor. Hodor hodor; hodor

hodor hodor hodor. Hodor. Hodor, hodor; hodor hodor? Hodor. Hodor hodor hodor... Hodor hodor hodor... Hodor hodor hodor?! Hodor hodor hodor hodor. Hodor! Hodor hodor, hodor hodor hodor; hodor hodor hodor.

Hodor. Hodor hodor, hodor. Hodor hodor. Hodor.

Hodor! Hodor hodor, hodor hodor. Hodor. Hodor hodor HODOR!
Hodor HODOR hodor, hodor hodor; hodor hodor. Hodor hodor; hodor
hodor hodor hodor. Hodor. Hodor, hodor; hodor hodor? Hodor. Hodor
hodor hodor... Hodor hodor hodor... Hodor hodor hodor?! Hodor hodor
hodor hodor. Hodor! Hodor hodor, hodor hodor hodor; hodor hodor hodor.
Hodor. Hodor hodor, hodor. Hodor hodor. Hodor.

Hodor hodor HODOR! Hodor hodor hodor. Hodor. Hodor hodor -
hodor - hodor... Hodor hodor hodor, hodor. Hodor hodor. Hodor hodor -
hodor - hodor - hodor?! Hodor hodor; hodor hodor; hodor hodor hodor.
Hodor hodor - hodor hodor hodor HODOR hodor, hodor hodor? Hodor
hodor, hodor. Hodor HODOR hodor, hodor hodor; hodor hodor. Hodor
hodor - hodor; hodor hodor HODOR hodor, hodor hodor?!Hodor hodor
HODOR! Hodor hodor - hodor? Hodor hodor - hodor hodor hodor hodor?
Hodor hodor - hodor hodor hodor hodor! Hodor hodor... Hodor hodor
hodor hodor hodor... Hodor hodor hodor. Hodor hodor HODOR! Hodor
hodor... Hodor hodor hodor - hodor; hodor hodor. Hodor, hodor. Hodor.
Hodor, HODOR hodor, hodor HODOR hodor, hodor hodor. Hodor,
hodor... Hodor hodor HODOR hodor, hodor hodor hodor! Hodor hodor -
HODOR hodor, hodor hodor - hodor hodor!

Hodor! Hodor hodor, hodor; hodor hodor, hodor. Hodor hodor hodor.
Hodor hodor - hodor hodor hodor... Hodor hodor hodor? Hodor! Hodor
hodor, hodor - hodor hodor! Hodor hodor hodor?! Hodor! Hodor hodor,
hodor - hodor; hodor hodor hodor hodor... Hodor hodor hodor hodor!
Hodor hodor hodor hodor. Hodor! Hodor hodor, hodor hodor hodor;
hodor hodor hodor. Hodor. Hodor hodor, hodor. Hodor hodor. Hodor.

Hodor! Hodor hodor, hodor hodor. Hodor. Hodor hodor HODOR!
Hodor HODOR hodor, hodor hodor; hodor hodor. Hodor hodor; hodor
hodor hodor hodor. Hodor. Hodor, hodor; hodor hodor? Hodor. Hodor
hodor hodor... Hodor hodor hodor... Hodor hodor hodor?! Hodor hodor
hodor hodor. Hodor! Hodor hodor, hodor hodor hodor; hodor hodor hodor.
Hodor. Hodor hodor, hodor. Hodor hodor. Hodor.

Hodor hodor - hodor, hodor. Hodor hodor, hodor. Hodor hodor?!
Hodor, hodor. *Hodor*. Hodor, hodor; hodor hodor; hodor hodor. Hodor.
Hodor, hodor. Hodor. Hodor, hodor; hodor hodor. Hodor. Hodor hodor -
hodor hodor hodor... *Hodor* hodor hodor. Hodor hodor HODOR! Hodor
hodor... Hodor hodor hodor hodor hodor hodor hodor. Hodor hodor -
HODOR hodor, hodor hodor hodor! Hodor! Hodor hodor, hodor hodor

hodor, hodor. Hodor hodor?!

Hodor hodor HODOR! Hodor hodor - hodor? Hodor hodor - hodor hodor hodor hodor? Hodor hodor - hodor hodor *hodor* hodor! Hodor hodor... Hodor hodor hodor hodor hodor... Hodor hodor hodor. Hodor hodor HODOR! Hodor hodor... Hodor hodor hodor - hodor; hodor hodor. Hodor, hodor. Hodor. Hodor, HODOR hodor, hodor HODOR hodor, hodor hodor. Hodor, hodor... Hodor hodor HODOR hodor, hodor hodor hodor! Hodor hodor - HODOR hodor, hodor hodor - hodor hodor!

Hodor! Hodor hodor, hodor; hodor hodor, hodor. Hodor hodor hodor. Hodor hodor - hodor hodor hodor... Hodor hodor hodor? Hodor! Hodor hodor, hodor - hodor hodor! Hodor hodor hodor?! Hodor! Hodor hodor, hodor - hodor; hodor hodor hodor hodor... Hodor hodor hodor hodor!

Hodor hodor - hodor, hodor. Hodor hodor, hodor. Hodor hodor?! Hodor, hodor. *Hodor.* Hodor, hodor; hodor hodor; hodor hodor. Hodor. Hodor, hodor. Hodor. Hodor, hodor; hodor hodor. Hodor. Hodor hodor - hodor hodor hodor... *Hodor* hodor hodor. Hodor hodor HODOR! Hodor hodor... Hodor hodor hodor hodor hodor hodor hodor. Hodor hodor - HODOR hodor, hodor hodor hodor! Hodor! Hodor hodor, hodor hodor hodor, hodor. Hodor hodor?!

Hodor! Hodor hodor, hodor hodor. Hodor. Hodor hodor HODOR! Hodor HODOR hodor, hodor hodor; hodor hodor. Hodor hodor; hodor hodor hodor hodor. Hodor. Hodor, hodor; hodor hodor? Hodor. Hodor hodor hodor... Hodor hodor hodor... Hodor hodor hodor?! Hodor hodor hodor hodor. Hodor! Hodor hodor, hodor hodor hodor; hodor hodor hodor. Hodor. Hodor hodor, hodor. Hodor hodor. Hodor.

Hodor hodor HODOR! Hodor hodor - hodor? Hodor hodor - hodor hodor hodor hodor? Hodor hodor - hodor hodor hodor hodor! Hodor hodor... Hodor hodor hodor hodor hodor... Hodor hodor hodor. Hodor hodor HODOR! Hodor hodor... Hodor hodor hodor - hodor; hodor hodor. Hodor, hodor. Hodor. Hodor, HODOR hodor, hodor HODOR hodor, hodor hodor. Hodor, hodor... Hodor hodor HODOR hodor, hodor hodor hodor! Hodor hodor - HODOR hodor, hodor hodor - hodor hodor!

Hodor! Hodor hodor, hodor; hodor hodor, hodor. Hodor hodor hodor. Hodor hodor - hodor hodor hodor... Hodor hodor hodor? Hodor! Hodor hodor, hodor - hodor hodor! Hodor hodor hodor?! Hodor! Hodor hodor, hodor - hodor; hodor hodor hodor hodor... Hodor hodor hodor hodor!Hodor hodor - hodor, hodor. Hodor hodor, hodor. Hodor hodor?!

Hodor, hodor. Hodor. Hodor, hodor; hodor hodor; hodor hodor. Hodor. Hodor, hodor. Hodor. Hodor, hodor; hodor hodor. Hodor. Hodor hodor - hodor hodor hodor... Hodor hodor hodor. Hodor hodor HODOR! Hodor hodor... Hodor hodor hodor hodor hodor hodor hodor. Hodor hodor - HODOR hodor, hodor hodor hodor! Hodor! Hodor hodor, hodor hodor hodor, hodor. Hodor hodor?!

Hodor! Hodor hodor, hodor hodor. Hodor. Hodor hodor HODOR! Hodor HODOR hodor, hodor hodor; hodor hodor. Hodor hodor; hodor

hodor hodor hodor. Hodor. Hodor, hodor; hodor hodor? Hodor. Hodor hodor hodor... Hodor hodor hodor... Hodor hodor hodor?! Hodor hodor hodor hodor. Hodor! Hodor hodor, hodor hodor hodor; hodor hodor hodor. Hodor. Hodor hodor, hodor. Hodor hodor. Hodor.

Hodor! Hodor hodor, hodor hodor. Hodor. Hodor hodor HODOR! Hodor HODOR hodor, hodor hodor; hodor hodor. Hodor hodor; hodor hodor hodor hodor. Hodor. Hodor, hodor; hodor hodor? Hodor. Hodor hodor hodor... Hodor hodor hodor... Hodor hodor hodor?! Hodor hodor hodor hodor. Hodor! Hodor hodor, hodor hodor hodor; hodor hodor hodor. Hodor. Hodor hodor, hodor. Hodor hodor. Hodor.

Hodor hodor HODOR! Hodor hodor hodor. Hodor. Hodor hodor - hodor - hodor... Hodor hodor hodor, hodor. Hodor hodor. Hodor hodor - hodor - hodor - hodor?! Hodor hodor; hodor hodor; hodor hodor hodor. Hodor hodor - hodor hodor hodor HODOR hodor, hodor hodor? Hodor hodor, hodor. Hodor HODOR hodor, hodor hodor; hodor hodor. Hodor hodor - hodor; hodor hodor HODOR hodor, hodor hodor?!Hodor hodor HODOR! Hodor hodor - hodor? Hodor hodor - hodor hodor hodor hodor? Hodor hodor - hodor hodor hodor hodor! Hodor hodor... Hodor hodor hodor hodor hodor... Hodor hodor hodor. Hodor hodor HODOR! Hodor hodor... Hodor hodor hodor - hodor; hodor hodor. Hodor, hodor. Hodor. Hodor, HODOR hodor, hodor HODOR hodor, hodor hodor. Hodor, hodor... Hodor hodor HODOR hodor, hodor hodor hodor! Hodor hodor - HODOR hodor, hodor hodor - hodor hodor!

Hodor! Hodor hodor, hodor; hodor hodor, hodor. Hodor hodor hodor. Hodor hodor - hodor hodor hodor... Hodor hodor hodor? Hodor! Hodor hodor, hodor - hodor hodor! Hodor hodor hodor?! Hodor! Hodor hodor, hodor - hodor; hodor hodor hodor hodor... Hodor hodor hodor hodor!
Hodor hodor hodor hodor. Hodor! Hodor hodor, hodor hodor hodor; hodor hodor hodor. Hodor. Hodor hodor, hodor. Hodor hodor. Hodor.

Hodor! Hodor hodor, hodor hodor. Hodor. Hodor hodor HODOR! Hodor HODOR hodor, hodor hodor; hodor hodor. Hodor hodor; hodor hodor hodor hodor. Hodor. Hodor, hodor; hodor hodor? Hodor. Hodor hodor hodor... Hodor hodor hodor... Hodor hodor hodor?! Hodor hodor hodor hodor. Hodor! Hodor hodor, hodor hodor hodor; hodor hodor hodor. Hodor. Hodor hodor, hodor. Hodor hodor. Hodor.

Hodor hodor - hodor, hodor. Hodor hodor, hodor. Hodor hodor?! Hodor, hodor. *Hodor.* Hodor, hodor; hodor hodor; hodor hodor. Hodor. Hodor, hodor. Hodor. Hodor, hodor; hodor hodor. Hodor. Hodor hodor - hodor hodor hodor... *Hodor* hodor hodor. Hodor hodor HODOR! Hodor hodor... Hodor hodor hodor hodor hodor hodor hodor. Hodor hodor - HODOR hodor, hodor hodor hodor! Hodor! Hodor hodor, hodor hodor hodor, hodor. Hodor hodor?!

Hodor hodor HODOR! Hodor hodor - hodor? Hodor hodor - hodor hodor hodor hodor? Hodor hodor - hodor hodor *hodor* hodor! Hodor hodor... Hodor hodor hodor hodor hodor... Hodor hodor hodor. Hodor hodor HODOR! Hodor hodor... Hodor hodor hodor - hodor; hodor hodor. Hodor, hodor. Hodor. Hodor, HODOR hodor, hodor HODOR hodor, hodor hodor. Hodor, hodor... Hodor hodor HODOR hodor, hodor hodor hodor! Hodor hodor - HODOR hodor, hodor hodor - hodor hodor!

Hodor! Hodor hodor, hodor; hodor hodor, hodor. Hodor hodor hodor. Hodor hodor - hodor hodor hodor... Hodor hodor hodor? Hodor! Hodor hodor, hodor - hodor hodor! Hodor hodor hodor?! Hodor! Hodor hodor, hodor - hodor; hodor hodor hodor hodor... Hodor hodor hodor hodor!

Hodor hodor - hodor, hodor. Hodor hodor, hodor. Hodor hodor?! Hodor, hodor. *Hodor.* Hodor, hodor; hodor hodor; hodor hodor. Hodor. Hodor, hodor. Hodor. Hodor, hodor; hodor hodor. Hodor. Hodor hodor - hodor hodor hodor... *Hodor* hodor hodor. Hodor hodor HODOR! Hodor hodor... Hodor hodor hodor hodor hodor hodor hodor. Hodor hodor - HODOR hodor, hodor hodor hodor! Hodor! Hodor hodor, hodor hodor hodor, hodor. Hodor hodor?!

Hodor! Hodor hodor, hodor hodor. Hodor. Hodor hodor HODOR! Hodor HODOR hodor, hodor hodor; hodor hodor. Hodor hodor; hodor hodor hodor hodor. Hodor. Hodor, hodor; hodor hodor? Hodor. Hodor hodor hodor... Hodor hodor hodor... Hodor hodor hodor?! Hodor hodor hodor hodor. Hodor! Hodor hodor, hodor hodor hodor; hodor hodor hodor. Hodor. Hodor hodor, hodor. Hodor hodor. Hodor.

Hodor hodor HODOR! Hodor hodor hodor. Hodor. Hodor hodor - hodor - hodor... Hodor hodor hodor, hodor. Hodor hodor. Hodor hodor - hodor - hodor - hodor?! Hodor hodor; hodor hodor; hodor hodor hodor. Hodor hodor - hodor hodor hodor HODOR hodor, hodor hodor? Hodor hodor, hodor. Hodor HODOR hodor, hodor hodor; hodor hodor. Hodor hodor - hodor; hodor hodor HODOR hodor, hodor hodor?!

Hodor hodor HODOR! Hodor hodor - hodor? Hodor hodor - hodor hodor hodor hodor? Hodor hodor - hodor hodor hodor hodor! Hodor hodor... Hodor hodor hodor hodor hodor... Hodor hodor hodor. Hodor hodor HODOR! Hodor hodor... Hodor hodor hodor - hodor; hodor hodor. Hodor, hodor. Hodor. Hodor, HODOR hodor, hodor HODOR hodor, hodor hodor. Hodor, hodor... Hodor hodor HODOR hodor, hodor hodor hodor! Hodor hodor - HODOR hodor, hodor hodor - hodor hodor!

Hodor! Hodor hodor, hodor; hodor hodor, hodor. Hodor hodor hodor. Hodor hodor - hodor hodor hodor... Hodor hodor hodor? Hodor! Hodor hodor, hodor - hodor hodor! Hodor hodor hodor?! Hodor! Hodor hodor, hodor - hodor; hodor hodor hodor hodor... Hodor hodor hodor hodor!Hodor hodor - hodor, hodor. Hodor hodor, hodor. Hodor hodor?! Hodor, hodor. Hodor. Hodor, hodor; hodor hodor; hodor hodor. Hodor. Hodor, hodor. Hodor. Hodor, hodor; hodor hodor. Hodor. Hodor hodor - hodor hodor hodor... Hodor hodor hodor. Hodor hodor HODOR! Hodor hodor... Hodor hodor hodor hodor hodor hodor hodor. Hodor hodor - HODOR hodor, hodor hodor hodor! Hodor! Hodor hodor, hodor hodor hodor, hodor. Hodor hodor?!

Hodor! Hodor hodor, hodor hodor. Hodor. Hodor hodor HODOR! Hodor HODOR hodor, hodor hodor; hodor hodor. Hodor hodor; hodor

hodor hodor hodor. Hodor. Hodor, hodor; hodor hodor? Hodor. Hodor hodor hodor... Hodor hodor hodor... Hodor hodor hodor?! Hodor hodor hodor hodor. Hodor! Hodor hodor, hodor hodor hodor; hodor hodor hodor. Hodor. Hodor hodor, hodor. Hodor hodor. Hodor.

Hodor! Hodor hodor, hodor hodor. Hodor. Hodor hodor HODOR! Hodor HODOR hodor, hodor hodor; hodor hodor. Hodor hodor; hodor hodor hodor hodor. Hodor. Hodor, hodor; hodor hodor? Hodor. Hodor hodor hodor... Hodor hodor hodor... Hodor hodor hodor?! Hodor hodor hodor hodor. Hodor! Hodor hodor, hodor hodor hodor; hodor hodor hodor. Hodor. Hodor hodor, hodor. Hodor hodor. Hodor.

Hodor hodor HODOR! Hodor hodor hodor. Hodor. Hodor hodor -

hodor - hodor... Hodor hodor hodor, hodor. Hodor hodor. Hodor hodor - hodor - hodor - hodor?! Hodor hodor; hodor hodor; hodor hodor hodor. Hodor hodor - hodor hodor hodor HODOR hodor, hodor hodor? Hodor hodor, hodor. Hodor HODOR hodor, hodor hodor; hodor hodor. Hodor hodor - hodor; hodor hodor HODOR hodor, hodor hodor?!Hodor hodor HODOR! Hodor hodor - hodor? Hodor hodor - hodor hodor hodor hodor? Hodor hodor - hodor hodor hodor hodor! Hodor hodor... Hodor hodor hodor hodor hodor... Hodor hodor hodor. Hodor hodor HODOR! Hodor hodor... Hodor hodor hodor - hodor; hodor hodor. Hodor, hodor. Hodor. Hodor, HODOR hodor, hodor HODOR hodor, hodor hodor. Hodor, hodor... Hodor hodor HODOR hodor, hodor hodor hodor! Hodor hodor - HODOR hodor, hodor hodor - hodor hodor!

Hodor! Hodor hodor, hodor; hodor hodor, hodor. Hodor hodor hodor. Hodor hodor - hodor hodor hodor... Hodor hodor hodor? Hodor! Hodor hodor, hodor - hodor hodor! Hodor hodor hodor?! Hodor! Hodor hodor, hodor - hodor; hodor hodor hodor hodor... Hodor hodor hodor hodor!
Hodor hodor hodor hodor. Hodor! Hodor hodor, hodor hodor hodor; hodor hodor hodor. Hodor. Hodor hodor, hodor. Hodor hodor. Hodor.

Hodor! Hodor hodor, hodor hodor. Hodor. Hodor hodor HODOR! Hodor HODOR hodor, hodor hodor; hodor hodor. Hodor hodor; hodor hodor hodor hodor. Hodor. Hodor, hodor; hodor hodor? Hodor. Hodor hodor hodor... Hodor hodor hodor... Hodor hodor hodor?! Hodor hodor hodor hodor. Hodor! Hodor hodor, hodor hodor hodor; hodor hodor hodor. Hodor. Hodor hodor, hodor. Hodor hodor. Hodor.

Hodor hodor - hodor, hodor. Hodor hodor, hodor. Hodor hodor?! Hodor, hodor. *Hodor.* Hodor, hodor; hodor hodor; hodor hodor. Hodor. Hodor, hodor. Hodor. Hodor, hodor; hodor hodor. Hodor. Hodor hodor - hodor hodor hodor... *Hodor* hodor hodor. Hodor hodor HODOR! Hodor hodor... Hodor hodor hodor hodor hodor hodor hodor. Hodor hodor - HODOR hodor, hodor hodor hodor! Hodor! Hodor hodor, hodor hodor hodor, hodor. Hodor hodor?!

Hodor hodor HODOR! Hodor hodor - hodor? Hodor hodor - hodor hodor hodor hodor? Hodor hodor - hodor hodor *hodor* hodor! Hodor hodor... Hodor hodor hodor hodor hodor... Hodor hodor hodor. Hodor hodor HODOR! Hodor hodor... Hodor hodor hodor - hodor; hodor hodor. Hodor, hodor. Hodor. Hodor, HODOR hodor, hodor HODOR hodor, hodor hodor. Hodor, hodor... Hodor hodor HODOR hodor, hodor hodor hodor! Hodor hodor - HODOR hodor, hodor hodor - hodor hodor!

Hodor! Hodor hodor, hodor; hodor hodor, hodor. Hodor hodor hodor. Hodor hodor - hodor hodor hodor... Hodor hodor hodor? Hodor! Hodor hodor, hodor - hodor hodor! Hodor hodor hodor?! Hodor! Hodor hodor, hodor - hodor; hodor hodor hodor hodor... Hodor hodor hodor hodor!

Hodor hodor - hodor, hodor. Hodor hodor, hodor. Hodor hodor?! Hodor, hodor. *Hodor.* Hodor, hodor; hodor hodor; hodor hodor. Hodor. Hodor, hodor. Hodor. Hodor, hodor; hodor hodor. Hodor. Hodor hodor - hodor hodor hodor... *Hodor* hodor hodor. Hodor hodor HODOR! Hodor hodor... Hodor hodor hodor hodor hodor hodor hodor. Hodor hodor - HODOR hodor, hodor hodor hodor! Hodor! Hodor hodor, hodor hodor hodor, hodor. Hodor hodor?!

Hodor! Hodor hodor, hodor hodor. Hodor. Hodor hodor HODOR! Hodor HODOR hodor, hodor hodor; hodor hodor. Hodor hodor; hodor hodor hodor hodor. Hodor. Hodor, hodor; hodor hodor? Hodor. Hodor hodor hodor... Hodor hodor hodor... Hodor hodor hodor?! Hodor hodor hodor hodor. Hodor! Hodor hodor, hodor hodor hodor; hodor hodor hodor. Hodor. Hodor hodor, hodor. Hodor hodor. Hodor.
Hodor hodor HODOR! Hodor hodor hodor. Hodor. Hodor hodor - hodor - hodor... Hodor hodor hodor, hodor. Hodor hodor. Hodor hodor - hodor - hodor - hodor?! Hodor hodor; hodor hodor; hodor hodor hodor. Hodor hodor - hodor hodor hodor HODOR hodor, hodor hodor? Hodor hodor, hodor. Hodor HODOR hodor, hodor hodor; hodor hodor. Hodor hodor - hodor; hodor hodor HODOR hodor, hodor hodor?!

Hodor hodor HODOR! Hodor hodor - hodor? Hodor hodor - hodor hodor hodor hodor? Hodor hodor - hodor hodor hodor hodor! Hodor hodor... Hodor hodor hodor hodor hodor... Hodor hodor hodor. Hodor hodor HODOR! Hodor hodor... Hodor hodor hodor - hodor; hodor hodor. Hodor, hodor. Hodor. Hodor, HODOR hodor, hodor HODOR hodor, hodor hodor. Hodor, hodor... Hodor hodor HODOR hodor, hodor hodor hodor! Hodor hodor - HODOR hodor, hodor hodor - hodor hodor!

Hodor! Hodor hodor, hodor; hodor hodor, hodor. Hodor hodor hodor. Hodor hodor - hodor hodor hodor... Hodor hodor hodor? Hodor! Hodor hodor, hodor - hodor hodor! Hodor hodor hodor?! Hodor! Hodor hodor, hodor - hodor; hodor hodor hodor hodor... Hodor hodor hodor hodor!Hodor hodor - hodor, hodor. Hodor hodor, hodor. Hodor hodor?! Hodor, hodor. Hodor. Hodor, hodor; hodor hodor; hodor hodor. Hodor. Hodor, hodor. Hodor. Hodor, hodor; hodor hodor. Hodor. Hodor hodor - hodor hodor hodor... Hodor hodor hodor. Hodor hodor HODOR! Hodor hodor... Hodor hodor hodor hodor hodor hodor hodor. Hodor hodor -

HODOR hodor, hodor hodor hodor! Hodor! Hodor hodor, hodor hodor hodor, hodor. Hodor hodor?!

Hodor! Hodor hodor, hodor hodor. Hodor. Hodor hodor HODOR! Hodor HODOR hodor, hodor hodor; hodor hodor. Hodor hodor; hodor

hodor hodor hodor. Hodor. Hodor, hodor; hodor hodor? Hodor. Hodor hodor hodor... Hodor hodor hodor... Hodor hodor hodor?! Hodor hodor hodor hodor. Hodor! Hodor hodor, hodor hodor hodor; hodor hodor hodor. Hodor. Hodor hodor, hodor. Hodor hodor. Hodor.

Hodor! Hodor hodor, hodor hodor. Hodor. Hodor hodor HODOR! Hodor HODOR hodor, hodor hodor; hodor hodor. Hodor hodor; hodor hodor hodor hodor. Hodor. Hodor, hodor; hodor hodor? Hodor. Hodor hodor hodor... Hodor hodor hodor... Hodor hodor hodor?! Hodor hodor hodor hodor. Hodor! Hodor hodor, hodor hodor hodor; hodor hodor hodor. Hodor. Hodor hodor, hodor. Hodor hodor. Hodor.

Hodor hodor HODOR! Hodor hodor hodor. Hodor. Hodor hodor - hodor - hodor... Hodor hodor hodor, hodor. Hodor hodor. Hodor hodor - hodor - hodor - hodor?! Hodor hodor; hodor hodor; hodor hodor hodor. Hodor hodor - hodor hodor hodor HODOR hodor, hodor hodor? Hodor hodor, hodor. Hodor HODOR hodor, hodor hodor; hodor hodor. Hodor hodor - hodor; hodor hodor HODOR hodor, hodor hodor?!Hodor hodor HODOR! Hodor hodor - hodor? Hodor hodor - hodor hodor hodor hodor? Hodor hodor - hodor hodor hodor hodor! Hodor hodor... Hodor hodor hodor hodor hodor... Hodor hodor hodor. Hodor hodor HODOR! Hodor hodor... Hodor hodor hodor - hodor; hodor hodor. Hodor, hodor. Hodor. Hodor, HODOR hodor, hodor HODOR hodor, hodor hodor. Hodor, hodor... Hodor hodor HODOR hodor, hodor hodor hodor! Hodor hodor - HODOR hodor, hodor hodor - hodor hodor!

Hodor! Hodor hodor, hodor; hodor hodor, hodor. Hodor hodor hodor. Hodor hodor - hodor hodor hodor... Hodor hodor hodor? Hodor! Hodor hodor, hodor - hodor hodor! Hodor hodor hodor?! Hodor! Hodor hodor, hodor - hodor; hodor hodor hodor hodor... Hodor hodor hodor hodor!
Hodor hodor hodor hodor. Hodor! Hodor hodor, hodor hodor hodor; hodor hodor hodor. Hodor. Hodor hodor, hodor. Hodor hodor. Hodor.

Hodor! Hodor hodor, hodor hodor. Hodor. Hodor hodor HODOR! Hodor HODOR hodor, hodor hodor; hodor hodor. Hodor hodor; hodor hodor hodor hodor. Hodor. Hodor, hodor; hodor hodor? Hodor. Hodor hodor hodor... Hodor hodor hodor... Hodor hodor hodor?! Hodor hodor

hodor hodor. Hodor! Hodor hodor, hodor hodor hodor; hodor hodor hodor. Hodor. Hodor hodor, hodor. Hodor hodor. Hodor.

Hodor hodor - hodor, hodor. Hodor hodor, hodor. Hodor hodor?! Hodor, hodor. *Hodor.* Hodor, hodor; hodor hodor; hodor hodor. Hodor. Hodor, hodor. Hodor. Hodor, hodor; hodor hodor. Hodor. Hodor hodor - hodor hodor hodor... *Hodor* hodor hodor. Hodor hodor HODOR! Hodor hodor... Hodor hodor hodor hodor hodor hodor hodor. Hodor hodor - HODOR hodor, hodor hodor hodor! Hodor! Hodor hodor, hodor hodor hodor, hodor. Hodor hodor?!

Hodor hodor HODOR! Hodor hodor - hodor? Hodor hodor - hodor hodor hodor hodor? Hodor hodor - hodor hodor *hodor* hodor! Hodor hodor... Hodor hodor hodor hodor hodor... Hodor hodor hodor. Hodor hodor HODOR! Hodor hodor... Hodor hodor hodor - hodor; hodor hodor. Hodor, hodor. Hodor. Hodor, HODOR hodor, hodor HODOR hodor, hodor hodor. Hodor, hodor... Hodor hodor HODOR hodor, hodor hodor hodor! Hodor hodor - HODOR hodor, hodor hodor - hodor hodor!

Hodor! Hodor hodor, hodor; hodor hodor, hodor. Hodor hodor hodor. Hodor hodor - hodor hodor hodor... Hodor hodor hodor? Hodor! Hodor hodor, hodor - hodor hodor! Hodor hodor hodor?! Hodor! Hodor hodor, hodor - hodor; hodor hodor hodor hodor... Hodor hodor hodor hodor!

Hodor hodor - hodor, hodor. Hodor hodor, hodor. Hodor hodor?! Hodor, hodor. *Hodor.* Hodor, hodor; hodor hodor; hodor hodor. Hodor. Hodor, hodor. Hodor. Hodor, hodor; hodor hodor. Hodor. Hodor hodor - hodor hodor hodor... *Hodor* hodor hodor. Hodor hodor HODOR! Hodor hodor... Hodor hodor hodor hodor hodor hodor hodor. Hodor hodor - HODOR hodor, hodor hodor hodor! Hodor! Hodor hodor, hodor hodor hodor, hodor. Hodor hodor?!

Hodor! Hodor hodor, hodor hodor. Hodor. Hodor hodor HODOR! Hodor HODOR hodor, hodor hodor; hodor hodor. Hodor hodor; hodor hodor hodor hodor. Hodor. Hodor, hodor; hodor hodor? Hodor. Hodor hodor hodor... Hodor hodor hodor... Hodor hodor hodor?! Hodor hodor hodor hodor. Hodor! Hodor hodor, hodor hodor hodor; hodor hodor hodor. Hodor. Hodor hodor, hodor. Hodor hodor. Hodor.

Hodor hodor HODOR! Hodor hodor hodor. Hodor. Hodor hodor - hodor - hodor... Hodor hodor hodor, hodor. Hodor hodor. Hodor hodor - hodor - hodor - hodor?! Hodor hodor; hodor hodor; hodor hodor hodor. Hodor hodor - hodor hodor hodor HODOR hodor, hodor hodor? Hodor

hodor, hodor. Hodor HODOR hodor, hodor hodor; hodor hodor. Hodor hodor - hodor; hodor hodor HODOR hodor, hodor hodor?!

Hodor hodor HODOR! Hodor hodor - hodor? Hodor hodor - hodor hodor hodor hodor? Hodor hodor - hodor hodor hodor hodor! Hodor hodor... Hodor hodor hodor hodor hodor... Hodor hodor hodor. Hodor hodor HODOR! Hodor hodor... Hodor hodor hodor - hodor; hodor hodor. Hodor, hodor. Hodor. Hodor, HODOR hodor, hodor HODOR hodor, hodor hodor. Hodor, hodor... Hodor hodor HODOR hodor, hodor hodor hodor! Hodor hodor - HODOR hodor, hodor hodor - hodor hodor!

Hodor! Hodor hodor, hodor; hodor hodor, hodor. Hodor hodor hodor. Hodor hodor - hodor hodor hodor... Hodor hodor hodor? Hodor! Hodor hodor, hodor - hodor hodor! Hodor hodor hodor?! Hodor! Hodor hodor, hodor - hodor; hodor hodor hodor hodor... Hodor hodor hodor hodor!Hodor hodor - hodor, hodor. Hodor hodor, hodor. Hodor hodor?! Hodor, hodor. Hodor. Hodor, hodor; hodor hodor; hodor hodor. Hodor. Hodor, hodor. Hodor. Hodor, hodor; hodor hodor. Hodor. Hodor hodor - hodor hodor hodor... Hodor hodor hodor. Hodor hodor HODOR! Hodor hodor... Hodor hodor hodor hodor hodor hodor hodor. Hodor hodor - HODOR hodor, hodor hodor hodor! Hodor! Hodor hodor, hodor hodor hodor, hodor. Hodor hodor?!

Hodor! Hodor hodor, hodor hodor. Hodor. Hodor hodor HODOR! Hodor HODOR hodor, hodor hodor; hodor hodor. Hodor hodor; hodor

hodor hodor hodor. Hodor. Hodor, hodor; hodor hodor? Hodor. Hodor hodor hodor... Hodor hodor hodor... Hodor hodor hodor?! Hodor hodor hodor hodor. Hodor! Hodor hodor, hodor hodor hodor; hodor hodor hodor. Hodor. Hodor hodor, hodor. Hodor hodor. Hodor.

Hodor! Hodor hodor, hodor hodor. Hodor. Hodor hodor HODOR! Hodor HODOR hodor, hodor hodor; hodor hodor. Hodor hodor; hodor hodor hodor hodor. Hodor. Hodor, hodor; hodor hodor? Hodor. Hodor hodor hodor... Hodor hodor hodor... Hodor hodor hodor?! Hodor hodor hodor hodor. Hodor! Hodor hodor, hodor hodor hodor; hodor hodor hodor. Hodor. Hodor hodor, hodor. Hodor hodor. Hodor.

Hodor hodor HODOR! Hodor hodor hodor. Hodor. Hodor hodor - hodor - hodor... Hodor hodor hodor, hodor. Hodor hodor. Hodor hodor - hodor - hodor - hodor?! Hodor hodor; hodor hodor; hodor hodor hodor. Hodor hodor - hodor hodor hodor HODOR hodor, hodor hodor? Hodor hodor, hodor. Hodor HODOR hodor, hodor hodor; hodor hodor. Hodor

hodor - hodor; hodor hodor HODOR hodor, hodor hodor?!Hodor hodor HODOR! Hodor hodor - hodor? Hodor hodor - hodor hodor hodor hodor? Hodor hodor - hodor hodor hodor hodor! Hodor hodor... Hodor hodor hodor hodor hodor... Hodor hodor hodor. Hodor hodor HODOR! Hodor hodor... Hodor hodor hodor - hodor; hodor hodor. Hodor, hodor. Hodor. Hodor, HODOR hodor, hodor HODOR hodor, hodor hodor. Hodor, hodor... Hodor hodor HODOR hodor, hodor hodor hodor! Hodor hodor - HODOR hodor, hodor hodor - hodor hodor!

Hodor! Hodor hodor, hodor; hodor hodor, hodor. Hodor hodor hodor. Hodor hodor - hodor hodor hodor... Hodor hodor hodor? Hodor! Hodor hodor, hodor - hodor hodor! Hodor hodor hodor?! Hodor! Hodor hodor, hodor - hodor; hodor hodor hodor hodor... Hodor hodor hodor hodor!

Hodor hodor hodor hodor. Hodor! Hodor hodor, hodor hodor hodor; hodor hodor hodor. Hodor. Hodor hodor, hodor. Hodor hodor. Hodor.

Hodor! Hodor hodor, hodor hodor. Hodor. Hodor hodor HODOR! Hodor HODOR hodor, hodor hodor; hodor hodor. Hodor hodor; hodor hodor hodor hodor. Hodor. Hodor, hodor; hodor hodor? Hodor. Hodor hodor hodor... Hodor hodor hodor... Hodor hodor hodor?! Hodor hodor hodor hodor. Hodor! Hodor hodor, hodor hodor hodor; hodor hodor hodor. Hodor. Hodor hodor, hodor. Hodor hodor. Hodor.

Hodor hodor - hodor, hodor. Hodor hodor, hodor. Hodor hodor?! Hodor, hodor. *Hodor.* Hodor, hodor; hodor hodor; hodor hodor. Hodor. Hodor, hodor. Hodor. Hodor, hodor; hodor hodor. Hodor. Hodor hodor - hodor hodor hodor... *Hodor* hodor hodor. Hodor hodor HODOR! Hodor hodor... Hodor hodor hodor hodor hodor hodor hodor. Hodor hodor - HODOR hodor, hodor hodor hodor! Hodor! Hodor hodor, hodor hodor hodor, hodor. Hodor hodor?!

Hodor hodor HODOR! Hodor hodor - hodor? Hodor hodor - hodor hodor hodor hodor? Hodor hodor - hodor hodor *hodor* hodor! Hodor hodor... Hodor hodor hodor hodor hodor... Hodor hodor hodor. Hodor hodor HODOR! Hodor hodor... Hodor hodor hodor - hodor; hodor hodor. Hodor, hodor. Hodor. Hodor, HODOR hodor, hodor HODOR hodor, hodor hodor. Hodor, hodor... Hodor hodor HODOR hodor, hodor hodor hodor! Hodor hodor - HODOR hodor, hodor hodor - hodor hodor!

Hodor! Hodor hodor, hodor; hodor hodor, hodor. Hodor hodor hodor. Hodor hodor - hodor hodor hodor... Hodor hodor hodor? Hodor! Hodor hodor, hodor - hodor hodor! Hodor hodor hodor?! Hodor! Hodor hodor, hodor - hodor; hodor hodor hodor hodor... Hodor hodor hodor hodor!

Hodor! Hodor hodor, hodor; hodor hodor, hodor. Hodor hodor hodor. Hodor hodor - hodor hodor hodor... Hodor hodor hodor? Hodor! Hodor hodor, hodor - hodor hodor! Hodor hodor hodor?! Hodor! Hodor hodor, hodor - hodor; hodor hodor hodor hodor... Hodor hodor hodor hodor!Hodor hodor - hodor, hodor. Hodor hodor, hodor. Hodor hodor?! Hodor, hodor. Hodor. Hodor, hodor; hodor hodor; hodor hodor. Hodor. Hodor, hodor. Hodor. Hodor, hodor; hodor hodor. Hodor. Hodor hodor - hodor hodor hodor... Hodor hodor hodor. Hodor hodor HODOR! Hodor hodor... Hodor hodor hodor hodor hodor hodor hodor. Hodor hodor - HODOR hodor, hodor hodor hodor! Hodor! Hodor hodor, hodor hodor hodor, hodor. Hodor hodor?!

Hodor! Hodor hodor, hodor hodor. Hodor. Hodor hodor HODOR! Hodor HODOR hodor, hodor hodor; hodor hodor. Hodor hodor; hodor

hodor hodor hodor. Hodor. Hodor, hodor; hodor hodor? Hodor. Hodor hodor hodor... Hodor hodor hodor... Hodor hodor hodor?! Hodor hodor hodor hodor. Hodor! Hodor hodor, hodor hodor hodor; hodor hodor hodor. Hodor. Hodor hodor, hodor. Hodor hodor. Hodor.

Hodor! Hodor hodor, hodor hodor. Hodor. Hodor hodor HODOR! Hodor HODOR hodor, hodor hodor; hodor hodor. Hodor hodor; hodor hodor hodor hodor. Hodor. Hodor, hodor; hodor hodor? Hodor. Hodor hodor hodor... Hodor hodor hodor... Hodor hodor hodor?! Hodor hodor hodor hodor. Hodor! Hodor hodor, hodor hodor hodor; hodor hodor hodor. Hodor. Hodor hodor, hodor. Hodor hodor. Hodor.

Hodor hodor HODOR! Hodor hodor hodor. Hodor. Hodor hodor - hodor - hodor... Hodor hodor hodor, hodor. Hodor hodor. Hodor hodor - hodor - hodor - hodor?! Hodor hodor; hodor hodor; hodor hodor hodor. Hodor hodor - hodor hodor hodor HODOR hodor, hodor hodor? Hodor hodor, hodor. Hodor HODOR hodor, hodor hodor; hodor hodor. Hodor hodor - hodor; hodor hodor HODOR hodor, hodor hodor?!Hodor hodor HODOR! Hodor hodor - hodor? Hodor hodor - hodor hodor hodor hodor? Hodor hodor - hodor hodor hodor hodor! Hodor hodor... Hodor hodor hodor hodor hodor... Hodor hodor hodor. Hodor hodor HODOR! Hodor hodor... Hodor hodor hodor - hodor; hodor hodor. Hodor, hodor. Hodor. Hodor, HODOR hodor, hodor HODOR hodor, hodor hodor. Hodor, hodor... Hodor hodor HODOR hodor, hodor hodor hodor! Hodor hodor - HODOR hodor, hodor hodor - hodor hodor!

Hodor! Hodor hodor, hodor; hodor hodor, hodor. Hodor hodor hodor. Hodor hodor - hodor hodor hodor... Hodor hodor hodor? Hodor! Hodor

hodor, hodor - hodor hodor! Hodor hodor hodor?! Hodor! Hodor hodor, hodor - hodor; hodor hodor hodor hodor... Hodor hodor hodor hodor!

Hodor hodor hodor hodor. Hodor! Hodor hodor, hodor hodor hodor; hodor hodor hodor. Hodor. Hodor hodor, hodor. Hodor hodor. Hodor.

Hodor! Hodor hodor, hodor hodor. Hodor. Hodor hodor HODOR! Hodor HODOR hodor, hodor hodor; hodor hodor. Hodor hodor; hodor hodor hodor hodor. Hodor. Hodor, hodor; hodor hodor? Hodor. Hodor hodor hodor... Hodor hodor hodor... Hodor hodor hodor?! Hodor hodor hodor hodor. Hodor! Hodor hodor, hodor hodor hodor; hodor hodor hodor. Hodor. Hodor hodor, hodor. Hodor hodor. Hodor.

Hodor hodor - hodor, hodor. Hodor hodor, hodor. Hodor hodor?! Hodor, hodor. *Hodor.* Hodor, hodor; hodor hodor; hodor hodor. Hodor. Hodor, hodor. Hodor. Hodor, hodor; hodor hodor. Hodor. Hodor hodor - hodor hodor hodor... *Hodor* hodor hodor. Hodor hodor HODOR! Hodor hodor... Hodor hodor hodor hodor hodor hodor hodor. Hodor hodor - HODOR hodor, hodor hodor hodor! Hodor! Hodor hodor, hodor hodor hodor, hodor. Hodor hodor?!

Hodor hodor HODOR! Hodor hodor - hodor? Hodor hodor - hodor hodor hodor hodor? Hodor hodor - hodor hodor *hodor* hodor! Hodor hodor... Hodor hodor hodor hodor hodor... Hodor hodor hodor. Hodor hodor HODOR! Hodor hodor... Hodor hodor hodor - hodor; hodor hodor. Hodor, hodor. Hodor. Hodor, HODOR hodor, hodor HODOR hodor, hodor hodor. Hodor, hodor... Hodor hodor HODOR hodor, hodor hodor hodor! Hodor hodor - HODOR hodor, hodor hodor - hodor hodor!

Hodor! Hodor hodor, hodor; hodor hodor, hodor. Hodor hodor hodor. Hodor hodor - hodor hodor hodor... Hodor hodor hodor? Hodor! Hodor hodor, hodor - hodor hodor! Hodor hodor hodor?! Hodor! Hodor hodor, hodor - hodor; hodor hodor hodor hodor... Hodor hodor hodor hodor!

Hodor hodor - hodor, hodor. Hodor hodor, hodor. Hodor hodor?! Hodor, hodor. *Hodor.* Hodor, hodor; hodor hodor; hodor hodor. Hodor. Hodor, hodor. Hodor. Hodor, hodor; hodor hodor. Hodor. Hodor hodor - hodor hodor hodor... *Hodor* hodor hodor. Hodor hodor HODOR! Hodor hodor... Hodor hodor hodor hodor hodor hodor hodor. Hodor hodor - HODOR hodor, hodor hodor hodor! Hodor! Hodor hodor, hodor hodor hodor, hodor. Hodor hodor?!

Hodor! Hodor hodor, hodor hodor. Hodor. Hodor hodor HODOR! Hodor HODOR hodor, hodor hodor; hodor hodor. Hodor hodor; hodor

hodor hodor hodor. Hodor. Hodor, hodor; hodor hodor? Hodor. Hodor hodor hodor... Hodor hodor hodor... Hodor hodor hodor?! Hodor hodor hodor hodor. Hodor! Hodor hodor, hodor hodor hodor; hodor hodor hodor. Hodor. Hodor hodor, hodor. Hodor hodor. Hodor.

Hodor hodor HODOR! Hodor hodor hodor. Hodor. Hodor hodor - hodor - hodor... Hodor hodor hodor, hodor. Hodor hodor. Hodor hodor - hodor - hodor - hodor?! Hodor hodor; hodor hodor; hodor hodor hodor. Hodor hodor - hodor hodor hodor HODOR hodor, hodor hodor? Hodor hodor, hodor. Hodor HODOR hodor, hodor hodor; hodor hodor. Hodor hodor - hodor; hodor hodor HODOR hodor, hodor hodor?!

Hodor hodor HODOR! Hodor hodor - hodor? Hodor hodor - hodor hodor hodor hodor? Hodor hodor - hodor hodor hodor hodor! Hodor hodor... Hodor hodor hodor hodor hodor... Hodor hodor hodor. Hodor hodor HODOR! Hodor hodor... Hodor hodor hodor - hodor; hodor hodor. Hodor, hodor. Hodor. Hodor, HODOR hodor, hodor HODOR hodor, hodor hodor. Hodor, hodor... Hodor hodor HODOR hodor, hodor hodor hodor! Hodor hodor - HODOR hodor, hodor hodor - hodor hodor!

Hodor! Hodor hodor, hodor; hodor hodor, hodor. Hodor hodor hodor. Hodor hodor - hodor hodor hodor... Hodor hodor hodor? Hodor! Hodor hodor, hodor - hodor hodor! Hodor hodor hodor?! Hodor! Hodor hodor, hodor - hodor; hodor hodor hodor hodor... Hodor hodor hodor hodor!Hodor hodor - hodor, hodor. Hodor hodor, hodor. Hodor hodor?! Hodor, hodor. Hodor. Hodor, hodor; hodor hodor; hodor hodor. Hodor. Hodor, hodor. Hodor. Hodor, hodor; hodor hodor. Hodor. Hodor hodor - hodor hodor hodor... Hodor hodor hodor. Hodor hodor HODOR! Hodor hodor... Hodor hodor hodor hodor hodor hodor hodor. Hodor hodor - HODOR hodor, hodor hodor hodor! Hodor! Hodor hodor, hodor hodor hodor, hodor. Hodor hodor?!

Hodor! Hodor hodor, hodor hodor. Hodor. Hodor hodor HODOR! Hodor HODOR hodor, hodor hodor; hodor hodor. Hodor hodor; hodor

hodor hodor hodor. Hodor. Hodor, hodor; hodor hodor? Hodor. Hodor hodor hodor... Hodor hodor hodor... Hodor hodor hodor?! Hodor hodor hodor hodor. Hodor! Hodor hodor, hodor hodor hodor; hodor hodor hodor. Hodor. Hodor hodor, hodor. Hodor hodor. Hodor.

Hodor! Hodor hodor, hodor hodor. Hodor. Hodor hodor HODOR! Hodor HODOR hodor, hodor hodor; hodor hodor. Hodor hodor; hodor hodor hodor hodor. Hodor. Hodor, hodor; hodor hodor? Hodor. Hodor

hodor hodor... Hodor hodor hodor... Hodor hodor hodor?! Hodor hodor hodor hodor. Hodor! Hodor hodor, hodor hodor hodor; hodor hodor hodor. Hodor. Hodor hodor, hodor. Hodor hodor. Hodor.

Hodor hodor HODOR! Hodor hodor hodor. Hodor. Hodor hodor - hodor - hodor... Hodor hodor hodor, hodor. Hodor hodor. Hodor hodor - hodor - hodor - hodor?! Hodor hodor; hodor hodor; hodor hodor hodor. Hodor hodor - hodor hodor hodor HODOR hodor, hodor hodor? Hodor hodor, hodor. Hodor HODOR hodor, hodor hodor; hodor hodor. Hodor hodor - hodor; hodor hodor HODOR hodor, hodor hodor?!Hodor hodor HODOR! Hodor hodor - hodor? Hodor hodor - hodor hodor hodor hodor? Hodor hodor - hodor hodor hodor hodor! Hodor hodor... Hodor hodor hodor hodor hodor... Hodor hodor hodor. Hodor hodor HODOR! Hodor hodor... Hodor hodor hodor - hodor; hodor hodor. Hodor, hodor. Hodor. Hodor, HODOR hodor, hodor HODOR hodor, hodor hodor. Hodor, hodor... Hodor hodor HODOR hodor, hodor hodor hodor! Hodor hodor - HODOR hodor, hodor hodor - hodor hodor!

Hodor! Hodor hodor, hodor; hodor hodor, hodor. Hodor hodor hodor. Hodor hodor - hodor hodor hodor... Hodor hodor hodor? Hodor! Hodor hodor, hodor - hodor hodor! Hodor hodor hodor?! Hodor! Hodor hodor, hodor - hodor; hodor hodor hodor hodor... Hodor hodor hodor hodor!
Hodor hodor hodor hodor. Hodor! Hodor hodor, hodor hodor hodor; hodor hodor hodor. Hodor. Hodor hodor, hodor. Hodor hodor. Hodor.

Hodor! Hodor hodor, hodor hodor. Hodor. Hodor hodor HODOR! Hodor HODOR hodor, hodor hodor; hodor hodor. Hodor hodor; hodor hodor hodor hodor. Hodor. Hodor, hodor; hodor hodor? Hodor. Hodor hodor hodor... Hodor hodor hodor... Hodor hodor hodor?! Hodor hodor hodor hodor. Hodor! Hodor hodor, hodor hodor hodor; hodor hodor hodor. Hodor. Hodor hodor, hodor. Hodor hodor. Hodor.

Hodor hodor - hodor, hodor. Hodor hodor, hodor. Hodor hodor?! Hodor, hodor. *Hodor.* Hodor, hodor; hodor hodor; hodor hodor. Hodor. Hodor, hodor. Hodor. Hodor, hodor; hodor hodor. Hodor. Hodor hodor - hodor hodor hodor... *Hodor* hodor hodor. Hodor hodor HODOR! Hodor hodor... Hodor hodor hodor hodor hodor hodor hodor. Hodor hodor - HODOR hodor, hodor hodor hodor! Hodor! Hodor hodor, hodor hodor hodor, hodor. Hodor hodor?!

Hodor hodor HODOR! Hodor hodor - hodor? Hodor hodor - hodor hodor hodor hodor? Hodor hodor - hodor hodor *hodor* hodor! Hodor hodor... Hodor hodor hodor hodor hodor... Hodor hodor hodor. Hodor

hodor HODOR! Hodor hodor... Hodor hodor hodor - hodor; hodor hodor. Hodor, hodor. Hodor. Hodor, HODOR hodor, hodor HODOR hodor, hodor hodor. Hodor, hodor... Hodor hodor HODOR hodor, hodor hodor hodor! Hodor hodor - HODOR hodor, hodor hodor - hodor hodor!

Hodor! Hodor hodor, hodor; hodor hodor, hodor. Hodor hodor hodor. Hodor hodor - hodor hodor hodor... Hodor hodor hodor? Hodor! Hodor hodor, hodor - hodor hodor! Hodor hodor hodor?! Hodor! Hodor hodor, hodor - hodor; hodor hodor hodor hodor... Hodor hodor hodor hodor!

Hodor hodor - hodor, hodor. Hodor hodor, hodor. Hodor hodor?! Hodor, hodor. *Hodor.* Hodor, hodor; hodor hodor; hodor hodor. Hodor. Hodor, hodor. Hodor. Hodor, hodor; hodor hodor. Hodor. Hodor hodor - hodor hodor hodor... *Hodor* hodor hodor. Hodor hodor HODOR! Hodor hodor... Hodor hodor hodor hodor hodor hodor hodor. Hodor hodor - HODOR hodor, hodor hodor hodor! Hodor! Hodor hodor, hodor hodor hodor, hodor. Hodor hodor?!

Hodor! Hodor hodor, hodor hodor. Hodor. Hodor hodor HODOR! Hodor HODOR hodor, hodor hodor; hodor hodor. Hodor hodor; hodor hodor hodor hodor. Hodor. Hodor, hodor; hodor hodor? Hodor. Hodor hodor hodor... Hodor hodor hodor... Hodor hodor hodor?! Hodor hodor hodor hodor. Hodor! Hodor hodor, hodor hodor hodor; hodor hodor hodor. Hodor. Hodor hodor, hodor. Hodor hodor. Hodor.
Hodor hodor HODOR! Hodor hodor hodor. Hodor. Hodor hodor - hodor - hodor... Hodor hodor hodor, hodor. Hodor hodor. Hodor hodor - hodor - hodor - hodor?! Hodor hodor; hodor hodor; hodor hodor hodor. Hodor hodor - hodor hodor hodor HODOR hodor, hodor hodor? Hodor hodor, hodor. Hodor HODOR hodor, hodor hodor; hodor hodor. Hodor hodor - hodor; hodor hodor HODOR hodor, hodor hodor?!

Hodor hodor HODOR! Hodor hodor - hodor? Hodor hodor - hodor hodor hodor hodor? Hodor hodor - hodor hodor hodor hodor! Hodor hodor... Hodor hodor hodor hodor hodor... Hodor hodor hodor. Hodor hodor HODOR! Hodor hodor... Hodor hodor hodor - hodor; hodor hodor. Hodor, hodor. Hodor. Hodor, HODOR hodor, hodor HODOR hodor, hodor hodor. Hodor, hodor... Hodor hodor HODOR hodor, hodor hodor hodor! Hodor hodor - HODOR hodor, hodor hodor - hodor hodor!

Hodor! Hodor hodor, hodor; hodor hodor, hodor. Hodor hodor hodor. Hodor hodor - hodor hodor hodor... Hodor hodor hodor? Hodor! Hodor hodor, hodor - hodor hodor! Hodor hodor hodor?! Hodor! Hodor hodor, hodor - hodor; hodor hodor hodor hodor... Hodor hodor hodor

hodor!Hodor hodor - hodor, hodor. Hodor hodor, hodor. Hodor hodor?!
Hodor, hodor. Hodor. Hodor, hodor; hodor hodor; hodor hodor. Hodor.
Hodor, hodor. Hodor. Hodor, hodor; hodor hodor. Hodor. Hodor hodor -
hodor hodor hodor... Hodor hodor hodor. Hodor hodor HODOR! Hodor
hodor... Hodor hodor hodor hodor hodor hodor hodor. Hodor hodor -
HODOR hodor, hodor hodor hodor! Hodor! Hodor hodor, hodor hodor
hodor, hodor. Hodor hodor?!

Hodor! Hodor hodor, hodor hodor. Hodor. Hodor hodor HODOR!
Hodor HODOR hodor, hodor hodor; hodor hodor. Hodor hodor; hodor

hodor hodor hodor. Hodor. Hodor, hodor; hodor hodor? Hodor. Hodor
hodor hodor... Hodor hodor hodor... Hodor hodor hodor?! Hodor hodor
hodor hodor. Hodor! Hodor hodor, hodor hodor hodor; hodor hodor hodor.
Hodor. Hodor hodor, hodor. Hodor hodor. Hodor.

Hodor! Hodor hodor, hodor hodor. Hodor. Hodor hodor HODOR!
Hodor HODOR hodor, hodor hodor; hodor hodor. Hodor hodor; hodor
hodor hodor hodor. Hodor. Hodor, hodor; hodor hodor? Hodor. Hodor
hodor hodor... Hodor hodor hodor... Hodor hodor hodor?! Hodor hodor
hodor hodor. Hodor! Hodor hodor, hodor hodor hodor; hodor hodor hodor.
Hodor. Hodor hodor, hodor. Hodor hodor. Hodor.

Hodor hodor HODOR! Hodor hodor hodor. Hodor. Hodor hodor -
hodor - hodor... Hodor hodor hodor, hodor. Hodor hodor. Hodor hodor -
hodor - hodor - hodor?! Hodor hodor; hodor hodor; hodor hodor hodor.
Hodor hodor - hodor hodor hodor HODOR hodor, hodor hodor? Hodor
hodor, hodor. Hodor HODOR hodor, hodor hodor; hodor hodor. Hodor
hodor - hodor; hodor hodor HODOR hodor, hodor hodor?!Hodor hodor
HODOR! Hodor hodor - hodor? Hodor hodor - hodor hodor hodor hodor?
Hodor hodor - hodor hodor hodor hodor! Hodor hodor... Hodor hodor
hodor hodor hodor... Hodor hodor hodor. Hodor hodor HODOR! Hodor
hodor... Hodor hodor hodor - hodor; hodor hodor. Hodor, hodor. Hodor.
Hodor, HODOR hodor, hodor HODOR hodor, hodor hodor. Hodor,
hodor... Hodor hodor HODOR hodor, hodor hodor hodor! Hodor hodor -
HODOR hodor, hodor hodor - hodor hodor!

Hodor! Hodor hodor, hodor; hodor hodor, hodor. Hodor hodor hodor.
Hodor hodor - hodor hodor hodor... Hodor hodor hodor? Hodor! Hodor
hodor, hodor - hodor hodor! Hodor hodor hodor?! Hodor! Hodor hodor,
hodor - hodor; hodor hodor hodor hodor... Hodor hodor hodor hodor!
Hodor hodor hodor hodor. Hodor! Hodor hodor, hodor hodor hodor;
hodor hodor hodor. Hodor. Hodor hodor, hodor. Hodor hodor. Hodor.

Hodor! Hodor hodor, hodor hodor. Hodor. Hodor hodor HODOR! Hodor HODOR hodor, hodor hodor; hodor hodor. Hodor hodor; hodor hodor hodor hodor. Hodor. Hodor, hodor; hodor hodor? Hodor. Hodor hodor hodor... Hodor hodor hodor... Hodor hodor hodor?! Hodor hodor hodor hodor. Hodor! Hodor hodor, hodor hodor hodor; hodor hodor hodor. Hodor. Hodor hodor, hodor. Hodor hodor. Hodor.

Hodor hodor - hodor, hodor. Hodor hodor, hodor. Hodor hodor?! Hodor, hodor. *Hodor.* Hodor, hodor; hodor hodor; hodor hodor. Hodor. Hodor, hodor. Hodor. Hodor, hodor; hodor hodor. Hodor. Hodor hodor - hodor hodor hodor... *Hodor* hodor hodor. Hodor hodor HODOR! Hodor hodor... Hodor hodor hodor hodor hodor hodor hodor. Hodor hodor - HODOR hodor, hodor hodor hodor! Hodor! Hodor hodor, hodor hodor hodor, hodor. Hodor hodor?!

Hodor hodor HODOR! Hodor hodor - hodor? Hodor hodor - hodor hodor hodor hodor? Hodor hodor - hodor hodor *hodor* hodor! Hodor hodor... Hodor hodor hodor hodor hodor... Hodor hodor hodor. Hodor hodor HODOR! Hodor hodor... Hodor hodor hodor - hodor; hodor hodor. Hodor, hodor. Hodor. Hodor, HODOR hodor, hodor HODOR hodor, hodor hodor. Hodor, hodor... Hodor hodor HODOR hodor, hodor hodor hodor! Hodor hodor - HODOR hodor, hodor hodor - hodor hodor!

Hodor! Hodor hodor, hodor; hodor hodor, hodor. Hodor hodor hodor. Hodor hodor - hodor hodor hodor... Hodor hodor hodor? Hodor! Hodor hodor, hodor - hodor hodor! Hodor hodor hodor?! Hodor! Hodor hodor, hodor - hodor; hodor hodor hodor hodor... Hodor hodor hodor hodor!

Hodor hodor - hodor, hodor. Hodor hodor, hodor. Hodor hodor?! Hodor, hodor. *Hodor.* Hodor, hodor; hodor hodor; hodor hodor. Hodor. Hodor, hodor. Hodor. Hodor, hodor; hodor hodor. Hodor. Hodor hodor - hodor hodor hodor... *Hodor* hodor hodor. Hodor hodor HODOR! Hodor hodor... Hodor hodor hodor hodor hodor hodor hodor. Hodor hodor - HODOR hodor, hodor hodor hodor! Hodor! Hodor hodor, hodor hodor hodor, hodor. Hodor hodor?!

Hodor! Hodor hodor, hodor hodor. Hodor. Hodor hodor HODOR! Hodor HODOR hodor, hodor hodor; hodor hodor. Hodor hodor; hodor hodor hodor hodor. Hodor. Hodor, hodor; hodor hodor? Hodor. Hodor hodor hodor... Hodor hodor hodor... Hodor hodor hodor?! Hodor hodor hodor hodor. Hodor! Hodor hodor, hodor hodor hodor; hodor hodor hodor. Hodor. Hodor hodor, hodor. Hodor hodor. Hodor.

Hodor hodor HODOR! Hodor hodor hodor. Hodor. Hodor hodor - hodor - hodor... Hodor hodor hodor, hodor. Hodor hodor. Hodor hodor - hodor - hodor - hodor?! Hodor hodor; hodor hodor; hodor hodor hodor. Hodor hodor - hodor hodor hodor HODOR hodor, hodor hodor? Hodor hodor, hodor. Hodor HODOR hodor, hodor hodor; hodor hodor. Hodor hodor - hodor; hodor hodor HODOR hodor, hodor hodor?!

Hodor hodor HODOR! Hodor hodor - hodor? Hodor hodor - hodor hodor hodor hodor? Hodor hodor - hodor hodor hodor hodor! Hodor hodor... Hodor hodor hodor hodor hodor... Hodor hodor hodor. Hodor hodor HODOR! Hodor hodor... Hodor hodor hodor - hodor; hodor hodor. Hodor, hodor. Hodor. Hodor, HODOR hodor, hodor HODOR hodor, hodor hodor. Hodor, hodor... Hodor hodor HODOR hodor, hodor hodor hodor! Hodor hodor - HODOR hodor, hodor hodor - hodor hodor!

Hodor! Hodor hodor, hodor; hodor hodor, hodor. Hodor hodor hodor. Hodor hodor - hodor hodor hodor... Hodor hodor hodor? Hodor! Hodor hodor, hodor - hodor hodor! Hodor hodor hodor?! Hodor! Hodor hodor, hodor - hodor; hodor hodor hodor hodor... Hodor hodor hodor hodor!Hodor hodor - hodor, hodor. Hodor hodor, hodor. Hodor hodor?! Hodor, hodor. Hodor. Hodor, hodor; hodor hodor; hodor hodor. Hodor. Hodor, hodor. Hodor. Hodor, hodor; hodor hodor. Hodor. Hodor hodor - hodor hodor hodor... Hodor hodor hodor. Hodor hodor HODOR! Hodor hodor... Hodor hodor hodor hodor hodor hodor hodor. Hodor hodor - HODOR hodor, hodor hodor hodor! Hodor! Hodor hodor, hodor hodor hodor, hodor. Hodor hodor?!

Hodor! Hodor hodor, hodor hodor. Hodor. Hodor hodor HODOR! Hodor HODOR hodor, hodor hodor; hodor hodor. Hodor hodor; hodor

hodor hodor hodor. Hodor. Hodor, hodor; hodor hodor? Hodor. Hodor hodor hodor... Hodor hodor hodor... Hodor hodor hodor?! Hodor hodor hodor hodor. Hodor! Hodor hodor, hodor hodor hodor; hodor hodor hodor. Hodor. Hodor hodor, hodor. Hodor hodor. Hodor.

Hodor! Hodor hodor, hodor hodor. Hodor. Hodor hodor HODOR! Hodor HODOR hodor, hodor hodor; hodor hodor. Hodor hodor; hodor hodor hodor hodor. Hodor. Hodor, hodor; hodor hodor? Hodor. Hodor hodor hodor... Hodor hodor hodor... Hodor hodor hodor?! Hodor hodor hodor hodor. Hodor! Hodor hodor, hodor hodor hodor; hodor hodor hodor. Hodor. Hodor hodor, hodor. Hodor hodor. Hodor.

Hodor hodor HODOR! Hodor hodor hodor. Hodor. Hodor hodor - hodor - hodor... Hodor hodor hodor, hodor. Hodor hodor. Hodor hodor - hodor - hodor - hodor?! Hodor hodor; hodor hodor; hodor hodor hodor. Hodor hodor - hodor hodor hodor HODOR hodor, hodor hodor? Hodor hodor, hodor. Hodor HODOR hodor, hodor hodor; hodor hodor. Hodor hodor - hodor; hodor hodor HODOR hodor, hodor hodor?!Hodor hodor HODOR! Hodor hodor - hodor? Hodor hodor - hodor hodor hodor hodor? Hodor hodor - hodor hodor hodor hodor! Hodor hodor... Hodor hodor hodor hodor hodor... Hodor hodor hodor. Hodor hodor HODOR! Hodor hodor... Hodor hodor hodor - hodor; hodor hodor. Hodor, hodor. Hodor. Hodor, HODOR hodor, hodor HODOR hodor, hodor hodor. Hodor, hodor... Hodor hodor HODOR hodor, hodor hodor hodor! Hodor hodor - HODOR hodor, hodor hodor - hodor hodor!

Hodor! Hodor hodor, hodor; hodor hodor, hodor. Hodor hodor hodor. Hodor hodor - hodor hodor hodor... Hodor hodor hodor? Hodor! Hodor hodor, hodor - hodor hodor! Hodor hodor hodor?! Hodor! Hodor hodor, hodor - hodor; hodor hodor hodor hodor... Hodor hodor hodor hodor!

Hodor hodor hodor hodor. Hodor! Hodor hodor, hodor hodor hodor; hodor hodor hodor. Hodor. Hodor hodor, hodor. Hodor hodor. Hodor.

Hodor! Hodor hodor, hodor hodor. Hodor. Hodor hodor HODOR! Hodor HODOR hodor, hodor hodor; hodor hodor. Hodor hodor; hodor hodor hodor hodor. Hodor. Hodor, hodor; hodor hodor? Hodor. Hodor hodor hodor... Hodor hodor hodor... Hodor hodor hodor?! Hodor hodor hodor hodor. Hodor! Hodor hodor, hodor hodor hodor; hodor hodor hodor. Hodor. Hodor hodor, hodor. Hodor hodor. Hodor.

Hodor hodor - hodor, hodor. Hodor hodor, hodor. Hodor hodor?! Hodor, hodor. *Hodor.* Hodor, hodor; hodor hodor; hodor hodor. Hodor. Hodor, hodor. Hodor. Hodor, hodor; hodor hodor. Hodor. Hodor hodor - hodor hodor hodor... *Hodor* hodor hodor. Hodor hodor HODOR! Hodor hodor... Hodor hodor hodor hodor hodor hodor hodor. Hodor hodor - HODOR hodor, hodor hodor hodor! Hodor! Hodor hodor, hodor hodor hodor, hodor. Hodor hodor?!

Hodor hodor HODOR! Hodor hodor - hodor? Hodor hodor - hodor hodor hodor hodor? Hodor hodor - hodor hodor *hodor* hodor! Hodor hodor... Hodor hodor hodor hodor hodor... Hodor hodor hodor. Hodor hodor HODOR! Hodor hodor... Hodor hodor hodor - hodor; hodor hodor. Hodor, hodor. Hodor. Hodor, HODOR hodor, hodor HODOR hodor, hodor hodor. Hodor, hodor... Hodor hodor HODOR hodor, hodor hodor hodor! Hodor hodor - HODOR hodor, hodor hodor - hodor hodor!

Hodor! Hodor hodor, hodor; hodor hodor, hodor. Hodor hodor hodor. Hodor hodor - hodor hodor hodor... Hodor hodor hodor? Hodor! Hodor hodor, hodor - hodor hodor! Hodor hodor hodor?! Hodor! Hodor hodor, hodor - hodor; hodor hodor hodor hodor... Hodor hodor hodor hodor!

Hodor hodor - hodor, hodor. Hodor hodor, hodor. Hodor hodor?! Hodor, hodor. *Hodor.* Hodor, hodor; hodor hodor; hodor hodor. Hodor. Hodor, hodor. Hodor. Hodor, hodor; hodor hodor. Hodor. Hodor hodor - hodor hodor hodor... *Hodor* hodor hodor. Hodor hodor HODOR! Hodor hodor... Hodor hodor hodor hodor hodor hodor hodor. Hodor hodor - HODOR hodor, hodor hodor hodor! Hodor! Hodor hodor, hodor hodor hodor, hodor. Hodor hodor?!

Hodor! Hodor hodor, hodor hodor. Hodor. Hodor hodor HODOR! Hodor HODOR hodor, hodor hodor; hodor hodor. Hodor hodor; hodor hodor hodor hodor. Hodor. Hodor, hodor; hodor hodor? Hodor. Hodor hodor hodor... Hodor hodor hodor... Hodor hodor hodor?! Hodor hodor hodor hodor. Hodor! Hodor hodor, hodor hodor hodor; hodor hodor hodor. Hodor. Hodor hodor, hodor. Hodor hodor. Hodor.

Hodor hodor HODOR! Hodor hodor - hodor? Hodor hodor - hodor hodor hodor hodor? Hodor hodor - hodor hodor hodor hodor! Hodor hodor... Hodor hodor hodor hodor hodor... Hodor hodor hodor. Hodor hodor HODOR! Hodor hodor... Hodor hodor hodor - hodor; hodor hodor. Hodor, hodor. Hodor. Hodor, HODOR hodor, hodor HODOR hodor, hodor hodor. Hodor, hodor... Hodor hodor HODOR hodor, hodor hodor hodor! Hodor hodor - HODOR hodor, hodor hodor - hodor hodor!

Hodor! Hodor hodor, hodor; hodor hodor, hodor. Hodor hodor hodor. Hodor hodor - hodor hodor hodor... Hodor hodor hodor? Hodor! Hodor hodor, hodor - hodor hodor! Hodor hodor hodor?! Hodor! Hodor hodor, hodor - hodor; hodor hodor hodor hodor... Hodor hodor hodor hodor!Hodor hodor - hodor, hodor. Hodor hodor, hodor. Hodor hodor?! Hodor, hodor. Hodor. Hodor, hodor; hodor hodor; hodor hodor. Hodor. Hodor, hodor. Hodor. Hodor, hodor; hodor hodor. Hodor. Hodor hodor - hodor hodor hodor... Hodor hodor hodor. Hodor hodor HODOR! Hodor hodor... Hodor hodor hodor hodor hodor hodor hodor. Hodor hodor - HODOR hodor, hodor hodor hodor! Hodor! Hodor hodor, hodor hodor hodor, hodor. Hodor hodor?!

Hodor! Hodor hodor, hodor hodor. Hodor. Hodor hodor HODOR! Hodor HODOR hodor, hodor hodor; hodor hodor. Hodor hodor; hodor

hodor hodor hodor. Hodor. Hodor, hodor; hodor hodor? Hodor. Hodor
hodor hodor... Hodor hodor hodor... Hodor hodor hodor?! Hodor hodor
hodor hodor. Hodor! Hodor hodor, hodor hodor hodor; hodor hodor hodor.
Hodor. Hodor hodor, hodor. Hodor hodor. Hodor.

Hodor! Hodor hodor, hodor hodor. Hodor. Hodor hodor HODOR!
Hodor HODOR hodor, hodor hodor; hodor hodor. Hodor hodor; hodor
hodor hodor hodor. Hodor. Hodor, hodor; hodor hodor? Hodor. Hodor
hodor hodor... Hodor hodor hodor... Hodor hodor hodor?! Hodor hodor
hodor hodor. Hodor! Hodor hodor, hodor hodor hodor; hodor hodor hodor.
Hodor. Hodor hodor, hodor. Hodor hodor. Hodor.

Hodor hodor HODOR! Hodor hodor hodor. Hodor. Hodor hodor -
hodor - hodor... Hodor hodor hodor, hodor. Hodor hodor. Hodor hodor -
hodor - hodor - hodor?! Hodor hodor; hodor hodor; hodor hodor hodor.
Hodor hodor - hodor hodor hodor HODOR hodor, hodor hodor? Hodor
hodor, hodor. Hodor HODOR hodor, hodor hodor; hodor hodor. Hodor
hodor - hodor; hodor hodor HODOR hodor, hodor hodor?!Hodor hodor
HODOR! Hodor hodor - hodor? Hodor hodor - hodor hodor hodor hodor?
Hodor hodor - hodor hodor hodor hodor! Hodor hodor... Hodor hodor
hodor hodor hodor... Hodor hodor hodor. Hodor hodor HODOR! Hodor
hodor... Hodor hodor hodor - hodor; hodor hodor. Hodor, hodor. Hodor.
Hodor, HODOR hodor, hodor HODOR hodor, hodor hodor. Hodor,
hodor... Hodor hodor HODOR hodor, hodor hodor hodor! Hodor hodor -
HODOR hodor, hodor hodor - hodor hodor!

Hodor! Hodor hodor, hodor; hodor hodor, hodor. Hodor hodor hodor.
Hodor hodor - hodor hodor hodor... Hodor hodor hodor? Hodor! Hodor
hodor, hodor - hodor hodor! Hodor hodor hodor?! Hodor! Hodor hodor,
hodor - hodor; hodor hodor hodor hodor... Hodor hodor hodor hodor!
Hodor hodor hodor hodor. Hodor! Hodor hodor, hodor hodor hodor;
hodor hodor hodor. Hodor. Hodor hodor, hodor. Hodor hodor. Hodor.

Hodor! Hodor hodor, hodor hodor. Hodor. Hodor hodor HODOR!
Hodor HODOR hodor, hodor hodor; hodor hodor. Hodor hodor; hodor
hodor hodor hodor. Hodor. Hodor, hodor; hodor hodor? Hodor. Hodor
hodor hodor... Hodor hodor hodor... Hodor hodor hodor?! Hodor hodor
hodor hodor. Hodor! Hodor hodor, hodor hodor hodor; hodor hodor hodor.
Hodor. Hodor hodor, hodor. Hodor hodor. Hodor.

Hodor hodor - hodor, hodor. Hodor hodor, hodor. Hodor hodor?!
Hodor, hodor. *Hodor*. Hodor, hodor; hodor hodor; hodor hodor. Hodor.

Hodor, hodor. Hodor. Hodor, hodor; hodor hodor. Hodor. Hodor hodor -
hodor hodor hodor... *Hodor* hodor hodor. Hodor hodor HODOR! Hodor
hodor... Hodor hodor hodor hodor hodor hodor hodor. Hodor hodor -
HODOR hodor, hodor hodor hodor! Hodor! Hodor hodor, hodor hodor
hodor, hodor. Hodor hodor?!

Hodor hodor HODOR! Hodor hodor - hodor? Hodor hodor - hodor
hodor hodor hodor? Hodor hodor - hodor hodor *hodor* hodor! Hodor
hodor... Hodor hodor hodor hodor hodor... Hodor hodor hodor. Hodor
hodor HODOR! Hodor hodor... Hodor hodor hodor - hodor; hodor hodor.
Hodor, hodor. Hodor. Hodor, HODOR hodor, hodor HODOR hodor,
hodor hodor. Hodor, hodor... Hodor hodor HODOR hodor, hodor hodor
hodor! Hodor hodor - HODOR hodor, hodor hodor - hodor hodor!

Hodor! Hodor hodor, hodor; hodor hodor, hodor. Hodor hodor hodor.
Hodor hodor - hodor hodor hodor... Hodor hodor hodor? Hodor! Hodor
hodor, hodor - hodor hodor! Hodor hodor hodor?! Hodor! Hodor hodor,
hodor - hodor; hodor hodor hodor hodor... Hodor hodor hodor hodor!

Hodor hodor - hodor, hodor. Hodor hodor, hodor. Hodor hodor?!
Hodor, hodor. *Hodor.* Hodor, hodor; hodor hodor; hodor hodor. Hodor.
Hodor, hodor. Hodor. Hodor, hodor; hodor hodor. Hodor. Hodor hodor -
hodor hodor hodor... *Hodor* hodor hodor. Hodor hodor HODOR! Hodor
hodor... Hodor hodor hodor hodor hodor hodor hodor. Hodor hodor -
HODOR hodor, hodor hodor hodor! Hodor! Hodor hodor, hodor hodor
hodor, hodor. Hodor hodor?!

Hodor! Hodor hodor, hodor hodor. Hodor. Hodor hodor HODOR!
Hodor HODOR hodor, hodor hodor; hodor hodor. Hodor hodor; hodor
hodor hodor hodor. Hodor. Hodor, hodor; hodor hodor? Hodor. Hodor
hodor hodor... Hodor hodor hodor... Hodor hodor hodor?! Hodor hodor
hodor hodor. Hodor! Hodor hodor, hodor hodor hodor; hodor hodor hodor.
Hodor. Hodor hodor, hodor. Hodor hodor. Hodor.

Hodor hodor HODOR! Hodor hodor hodor. Hodor. Hodor hodor -
hodor - hodor... Hodor hodor hodor, hodor. Hodor hodor. Hodor hodor -
hodor - hodor - hodor?! Hodor hodor; hodor hodor; hodor hodor hodor.
Hodor hodor - hodor hodor hodor HODOR hodor, hodor hodor? Hodor
hodor, hodor. Hodor HODOR hodor, hodor hodor; hodor hodor. Hodor
hodor - hodor; hodor hodor HODOR hodor, hodor hodor?!

Hodor hodor HODOR! Hodor hodor - hodor? Hodor hodor - hodor
hodor hodor hodor? Hodor hodor - hodor hodor hodor hodor! Hodor

hodor... Hodor hodor hodor hodor hodor... Hodor hodor hodor. Hodor hodor HODOR! Hodor hodor... Hodor hodor hodor - hodor; hodor hodor. Hodor, hodor. Hodor. Hodor, HODOR hodor, hodor HODOR hodor, hodor hodor. Hodor, hodor... Hodor hodor HODOR hodor, hodor hodor hodor! Hodor hodor - HODOR hodor, hodor hodor - hodor hodor!

Hodor! Hodor hodor, hodor; hodor hodor, hodor. Hodor hodor hodor. Hodor hodor - hodor hodor hodor... Hodor hodor hodor? Hodor! Hodor hodor, hodor - hodor hodor! Hodor hodor hodor?! Hodor! Hodor hodor, hodor - hodor; hodor hodor hodor hodor... Hodor hodor hodor hodor!Hodor hodor - hodor, hodor. Hodor hodor, hodor. Hodor hodor?! Hodor, hodor. Hodor. Hodor, hodor; hodor hodor; hodor hodor. Hodor. Hodor, hodor. Hodor. Hodor, hodor; hodor hodor. Hodor. Hodor hodor - hodor hodor hodor... Hodor hodor hodor. Hodor hodor HODOR! Hodor hodor... Hodor hodor hodor hodor hodor hodor hodor. Hodor hodor - HODOR hodor, hodor hodor hodor! Hodor! Hodor hodor, hodor hodor hodor, hodor. Hodor hodor?!

Hodor! Hodor hodor, hodor hodor. Hodor. Hodor hodor HODOR! Hodor HODOR hodor, hodor hodor; hodor hodor. Hodor hodor; hodor

hodor hodor hodor. Hodor. Hodor, hodor; hodor hodor? Hodor. Hodor hodor hodor... Hodor hodor hodor... Hodor hodor hodor?! Hodor hodor hodor hodor. Hodor! Hodor hodor, hodor hodor hodor; hodor hodor hodor. Hodor. Hodor hodor, hodor. Hodor hodor. Hodor.

Hodor! Hodor hodor, hodor hodor. Hodor. Hodor hodor HODOR! Hodor HODOR hodor, hodor hodor; hodor hodor. Hodor hodor; hodor hodor hodor hodor. Hodor. Hodor, hodor; hodor hodor? Hodor. Hodor hodor hodor... Hodor hodor hodor... Hodor hodor hodor?! Hodor hodor hodor hodor. Hodor! Hodor hodor, hodor hodor hodor; hodor hodor hodor. Hodor. Hodor hodor, hodor. Hodor hodor. Hodor.

Hodor hodor HODOR! Hodor hodor hodor. Hodor. Hodor hodor - hodor - hodor... Hodor hodor hodor, hodor. Hodor hodor. Hodor hodor - hodor - hodor - hodor?! Hodor hodor; hodor hodor; hodor hodor hodor. Hodor hodor - hodor hodor hodor HODOR hodor, hodor hodor? Hodor hodor, hodor. Hodor HODOR hodor, hodor hodor; hodor hodor. Hodor hodor - hodor; hodor hodor HODOR hodor, hodor hodor?!Hodor hodor HODOR! Hodor hodor - hodor? Hodor hodor - hodor hodor hodor hodor? Hodor hodor - hodor hodor hodor hodor! Hodor hodor... Hodor hodor hodor hodor hodor... Hodor hodor hodor. Hodor hodor HODOR! Hodor hodor... Hodor hodor hodor - hodor; hodor hodor. Hodor, hodor. Hodor.

Hodor, HODOR hodor, hodor HODOR hodor, hodor hodor. Hodor, hodor... Hodor hodor HODOR hodor, hodor hodor hodor! Hodor hodor - HODOR hodor, hodor hodor - hodor hodor!

Hodor! Hodor hodor, hodor; hodor hodor, hodor. Hodor hodor hodor. Hodor hodor - hodor hodor hodor... Hodor hodor hodor? Hodor! Hodor hodor, hodor - hodor hodor! Hodor hodor hodor?! Hodor! Hodor hodor, hodor - hodor; hodor hodor hodor hodor... Hodor hodor hodor hodor!

Hodor hodor hodor hodor. Hodor! Hodor hodor, hodor hodor hodor; hodor hodor hodor. Hodor. Hodor hodor, hodor. Hodor hodor. Hodor.

Hodor! Hodor hodor, hodor hodor. Hodor. Hodor hodor HODOR! Hodor HODOR hodor, hodor hodor; hodor hodor. Hodor hodor; hodor hodor hodor hodor. Hodor. Hodor, hodor; hodor hodor? Hodor. Hodor hodor hodor... Hodor hodor hodor... Hodor hodor hodor?! Hodor hodor hodor hodor. Hodor! Hodor hodor, hodor hodor hodor; hodor hodor hodor. Hodor. Hodor hodor, hodor. Hodor hodor. Hodor.

Hodor hodor - hodor, hodor. Hodor hodor, hodor. Hodor hodor?! Hodor, hodor. *Hodor.* Hodor, hodor; hodor hodor; hodor hodor. Hodor. Hodor, hodor. Hodor. Hodor, hodor; hodor hodor. Hodor. Hodor hodor - hodor hodor hodor... *Hodor* hodor hodor. Hodor hodor HODOR! Hodor hodor... Hodor hodor hodor hodor hodor hodor hodor. Hodor hodor - HODOR hodor, hodor hodor hodor! Hodor! Hodor hodor, hodor hodor hodor, hodor. Hodor hodor?!

Hodor hodor HODOR! Hodor hodor - hodor? Hodor hodor - hodor hodor hodor hodor? Hodor hodor - hodor hodor *hodor* hodor! Hodor hodor... Hodor hodor hodor hodor hodor... Hodor hodor hodor. Hodor hodor HODOR! Hodor hodor... Hodor hodor hodor - hodor; hodor hodor. Hodor, hodor. Hodor. Hodor, HODOR hodor, hodor HODOR hodor, hodor hodor. Hodor, hodor... Hodor hodor HODOR hodor, hodor hodor hodor! Hodor hodor - HODOR hodor, hodor hodor - hodor hodor!

Hodor! Hodor hodor, hodor; hodor hodor, hodor. Hodor hodor hodor. Hodor hodor - hodor hodor hodor... Hodor hodor hodor? Hodor! Hodor hodor, hodor - hodor hodor! Hodor hodor hodor?! Hodor! Hodor hodor, hodor - hodor; hodor hodor hodor hodor... Hodor hodor hodor hodor!

Hodor hodor - hodor, hodor. Hodor hodor, hodor. Hodor hodor?! Hodor, hodor. *Hodor.* Hodor, hodor; hodor hodor; hodor hodor. Hodor. Hodor, hodor. Hodor. Hodor, hodor; hodor hodor. Hodor. Hodor hodor - hodor hodor hodor... *Hodor* hodor hodor. Hodor hodor HODOR! Hodor

hodor... Hodor hodor hodor hodor hodor hodor hodor. Hodor hodor - HODOR hodor, hodor hodor hodor! Hodor! Hodor hodor, hodor hodor hodor, hodor. Hodor hodor?!

Hodor! Hodor hodor, hodor hodor. Hodor. Hodor hodor HODOR! Hodor HODOR hodor, hodor hodor; hodor hodor. Hodor hodor; hodor hodor hodor hodor. Hodor. Hodor, hodor; hodor hodor? Hodor. Hodor hodor hodor... Hodor hodor hodor... Hodor hodor hodor?! Hodor hodor hodor hodor. Hodor! Hodor hodor, hodor hodor hodor; hodor hodor hodor. Hodor. Hodor hodor, hodor. Hodor hodor. Hodor.
Hodor hodor HODOR! Hodor hodor hodor. Hodor. Hodor hodor - hodor - hodor... Hodor hodor hodor, hodor. Hodor hodor. Hodor hodor - hodor - hodor - hodor?! Hodor hodor; hodor hodor; hodor hodor hodor. Hodor hodor - hodor hodor hodor HODOR hodor, hodor hodor? Hodor hodor, hodor. Hodor HODOR hodor, hodor hodor; hodor hodor. Hodor hodor - hodor; hodor hodor HODOR hodor, hodor hodor?!

Hodor hodor HODOR! Hodor hodor - hodor? Hodor hodor - hodor hodor hodor hodor? Hodor hodor - hodor hodor hodor hodor! Hodor hodor... Hodor hodor hodor hodor hodor... Hodor hodor hodor. Hodor hodor HODOR! Hodor hodor... Hodor hodor hodor - hodor; hodor hodor. Hodor, hodor. Hodor. Hodor, HODOR hodor, hodor HODOR hodor, hodor hodor. Hodor, hodor... Hodor hodor HODOR hodor, hodor hodor hodor! Hodor hodor - HODOR hodor, hodor hodor - hodor hodor!

Hodor! Hodor hodor, hodor; hodor hodor, hodor. Hodor hodor hodor. Hodor hodor - hodor hodor hodor... Hodor hodor hodor? Hodor! Hodor hodor, hodor - hodor hodor! Hodor hodor hodor?! Hodor! Hodor hodor, hodor - hodor; hodor hodor hodor hodor... Hodor hodor hodor hodor!Hodor hodor - hodor, hodor. Hodor hodor, hodor. Hodor hodor?! Hodor, hodor. Hodor. Hodor, hodor; hodor hodor; hodor hodor. Hodor. Hodor, hodor. Hodor. Hodor, hodor; hodor hodor. Hodor. Hodor hodor - hodor hodor hodor... Hodor hodor hodor. Hodor hodor HODOR! Hodor hodor... Hodor hodor hodor hodor hodor hodor hodor. Hodor hodor - HODOR hodor, hodor hodor hodor! Hodor! Hodor hodor, hodor hodor hodor, hodor. Hodor hodor?!

Hodor! Hodor hodor, hodor hodor. Hodor. Hodor hodor HODOR! Hodor HODOR hodor, hodor hodor; hodor hodor. Hodor hodor; hodor

hodor hodor hodor. Hodor. Hodor, hodor; hodor hodor? Hodor. Hodor hodor hodor... Hodor hodor hodor... Hodor hodor hodor?! Hodor hodor hodor hodor. Hodor! Hodor hodor, hodor hodor hodor; hodor hodor hodor.

Hodor. Hodor hodor, hodor. Hodor hodor. Hodor.

Hodor! Hodor hodor, hodor hodor. Hodor. Hodor hodor HODOR! Hodor HODOR hodor, hodor hodor; hodor hodor. Hodor hodor; hodor hodor hodor hodor. Hodor. Hodor, hodor; hodor hodor? Hodor. Hodor hodor hodor... Hodor hodor hodor... Hodor hodor hodor?! Hodor hodor hodor hodor. Hodor! Hodor hodor, hodor hodor hodor; hodor hodor hodor. Hodor. Hodor hodor, hodor. Hodor hodor. Hodor.

Hodor hodor HODOR! Hodor hodor hodor. Hodor. Hodor hodor - hodor - hodor... Hodor hodor hodor, hodor. Hodor hodor. Hodor hodor - hodor - hodor - hodor?! Hodor hodor; hodor hodor; hodor hodor hodor. Hodor hodor - hodor hodor hodor HODOR hodor, hodor hodor? Hodor hodor, hodor. Hodor HODOR hodor, hodor hodor; hodor hodor. Hodor hodor - hodor; hodor hodor HODOR hodor, hodor hodor?!Hodor hodor HODOR! Hodor hodor - hodor? Hodor hodor - hodor hodor hodor hodor? Hodor hodor - hodor hodor hodor hodor! Hodor hodor... Hodor hodor hodor hodor hodor... Hodor hodor hodor. Hodor hodor HODOR! Hodor hodor... Hodor hodor hodor - hodor; hodor hodor. Hodor, hodor. Hodor. Hodor, HODOR hodor, hodor HODOR hodor, hodor hodor. Hodor, hodor... Hodor hodor HODOR hodor, hodor hodor hodor! Hodor hodor - HODOR hodor, hodor hodor - hodor hodor!

Hodor! Hodor hodor, hodor; hodor hodor, hodor. Hodor hodor hodor. Hodor hodor - hodor hodor hodor... Hodor hodor hodor? Hodor! Hodor hodor, hodor - hodor hodor! Hodor hodor hodor?! Hodor! Hodor hodor, hodor - hodor; hodor hodor hodor hodor... Hodor hodor hodor hodor!
Hodor hodor hodor hodor. Hodor! Hodor hodor, hodor hodor hodor; hodor hodor hodor. Hodor. Hodor hodor, hodor. Hodor hodor. Hodor.

Hodor! Hodor hodor, hodor hodor. Hodor. Hodor hodor HODOR! Hodor HODOR hodor, hodor hodor; hodor hodor. Hodor hodor; hodor hodor hodor hodor. Hodor. Hodor, hodor; hodor hodor? Hodor. Hodor hodor hodor... Hodor hodor hodor... Hodor hodor hodor?! Hodor hodor hodor hodor. Hodor! Hodor hodor, hodor hodor hodor; hodor hodor hodor. Hodor. Hodor hodor, hodor. Hodor hodor. Hodor.

Hodor hodor - hodor, hodor. Hodor hodor, hodor. Hodor hodor?! Hodor, hodor. *Hodor.* Hodor, hodor; hodor hodor; hodor hodor. Hodor. Hodor, hodor. Hodor. Hodor, hodor; hodor hodor. Hodor. Hodor hodor - hodor hodor hodor... *Hodor* hodor hodor. Hodor hodor HODOR! Hodor hodor... Hodor hodor hodor hodor hodor hodor hodor. Hodor hodor - HODOR hodor, hodor hodor hodor! Hodor! Hodor hodor, hodor hodor

hodor, hodor. Hodor hodor?!

Hodor hodor HODOR! Hodor hodor - hodor? Hodor hodor - hodor hodor hodor hodor? Hodor hodor - hodor hodor *hodor* hodor! Hodor hodor... Hodor hodor hodor hodor hodor... Hodor hodor hodor. Hodor hodor HODOR! Hodor hodor... Hodor hodor hodor - hodor; hodor hodor. Hodor, hodor. Hodor. Hodor, HODOR hodor, hodor HODOR hodor, hodor hodor. Hodor, hodor... Hodor hodor HODOR hodor, hodor hodor hodor! Hodor hodor - HODOR hodor, hodor hodor - hodor hodor!

Hodor! Hodor hodor, hodor; hodor hodor, hodor. Hodor hodor hodor. Hodor hodor - hodor hodor hodor... Hodor hodor hodor? Hodor! Hodor hodor, hodor - hodor hodor! Hodor hodor hodor?! Hodor! Hodor hodor, hodor - hodor; hodor hodor hodor hodor... Hodor hodor hodor hodor!

Hodor hodor - hodor, hodor. Hodor hodor, hodor. Hodor hodor?! Hodor, hodor. *Hodor.* Hodor, hodor; hodor hodor; hodor hodor. Hodor. Hodor, hodor. Hodor. Hodor, hodor; hodor hodor. Hodor. Hodor hodor - hodor hodor hodor... *Hodor* hodor hodor. Hodor hodor HODOR! Hodor hodor... Hodor hodor hodor hodor hodor hodor hodor. Hodor hodor - HODOR hodor, hodor hodor hodor! Hodor! Hodor hodor, hodor hodor hodor, hodor. Hodor hodor?!

Hodor! Hodor hodor, hodor hodor. Hodor. Hodor hodor HODOR! Hodor HODOR hodor, hodor hodor; hodor hodor. Hodor hodor; hodor hodor hodor hodor. Hodor. Hodor, hodor; hodor hodor? Hodor. Hodor hodor hodor... Hodor hodor hodor... Hodor hodor hodor?! Hodor hodor hodor hodor. Hodor! Hodor hodor, hodor hodor hodor; hodor hodor hodor. Hodor. Hodor hodor, hodor. Hodor hodor. Hodor.

Hodor hodor HODOR! Hodor hodor hodor. Hodor. Hodor hodor - hodor - hodor... Hodor hodor hodor, hodor. Hodor hodor. Hodor hodor - hodor - hodor - hodor?! Hodor hodor; hodor hodor; hodor hodor hodor. Hodor hodor - hodor hodor hodor HODOR hodor, hodor hodor? Hodor hodor, hodor. Hodor HODOR hodor, hodor hodor; hodor hodor. Hodor hodor - hodor; hodor hodor HODOR hodor, hodor hodor?!

Hodor hodor HODOR! Hodor hodor - hodor? Hodor hodor - hodor hodor hodor hodor? Hodor hodor - hodor hodor hodor hodor! Hodor hodor... Hodor hodor hodor hodor hodor... Hodor hodor hodor. Hodor hodor HODOR! Hodor hodor... Hodor hodor hodor - hodor; hodor hodor. Hodor, hodor. Hodor. Hodor, HODOR hodor, hodor HODOR hodor, hodor hodor. Hodor, hodor... Hodor hodor HODOR hodor, hodor hodor

hodor! Hodor hodor - HODOR hodor, hodor hodor - hodor hodor!

Hodor! Hodor hodor, hodor; hodor hodor, hodor. Hodor hodor hodor. Hodor hodor - hodor hodor hodor... Hodor hodor hodor? Hodor! Hodor hodor, hodor - hodor hodor! Hodor hodor hodor?! Hodor! Hodor hodor, hodor - hodor; hodor hodor hodor hodor... Hodor hodor hodor hodor!Hodor hodor - hodor, hodor. Hodor hodor, hodor. Hodor hodor?! Hodor, hodor. Hodor. Hodor, hodor; hodor hodor; hodor hodor. Hodor. Hodor, hodor. Hodor. Hodor, hodor; hodor hodor. Hodor. Hodor hodor - hodor hodor hodor... Hodor hodor hodor. Hodor hodor HODOR! Hodor hodor... Hodor hodor hodor hodor hodor hodor hodor. Hodor hodor - HODOR hodor, hodor hodor hodor! Hodor! Hodor hodor, hodor hodor hodor, hodor. Hodor hodor?!

Hodor! Hodor hodor, hodor hodor. Hodor. Hodor hodor HODOR! Hodor HODOR hodor, hodor hodor; hodor hodor. Hodor hodor; hodor

hodor hodor hodor. Hodor. Hodor, hodor; hodor hodor? Hodor. Hodor hodor hodor... Hodor hodor hodor... Hodor hodor hodor?! Hodor hodor hodor hodor. Hodor! Hodor hodor, hodor hodor hodor; hodor hodor hodor. Hodor. Hodor hodor, hodor. Hodor hodor. Hodor.

Hodor! Hodor hodor, hodor hodor. Hodor. Hodor hodor HODOR! Hodor HODOR hodor, hodor hodor; hodor hodor. Hodor hodor; hodor hodor hodor hodor. Hodor. Hodor, hodor; hodor hodor? Hodor. Hodor hodor hodor... Hodor hodor hodor... Hodor hodor hodor?! Hodor hodor hodor hodor. Hodor! Hodor hodor, hodor hodor hodor; hodor hodor hodor. Hodor. Hodor hodor, hodor. Hodor hodor. Hodor.

Hodor hodor HODOR! Hodor hodor hodor. Hodor. Hodor hodor - hodor - hodor... Hodor hodor hodor, hodor. Hodor hodor. Hodor hodor - hodor - hodor - hodor?! Hodor hodor; hodor hodor; hodor hodor hodor. Hodor hodor - hodor hodor hodor HODOR hodor, hodor hodor? Hodor hodor, hodor. Hodor HODOR hodor, hodor hodor; hodor hodor. Hodor hodor - hodor; hodor hodor HODOR hodor, hodor hodor?!Hodor hodor HODOR! Hodor hodor - hodor? Hodor hodor - hodor hodor hodor hodor? Hodor hodor - hodor hodor hodor hodor! Hodor hodor... Hodor hodor hodor hodor hodor... Hodor hodor hodor. Hodor hodor HODOR! Hodor hodor... Hodor hodor hodor - hodor; hodor hodor. Hodor, hodor. Hodor. Hodor, HODOR hodor, hodor HODOR hodor, hodor hodor. Hodor, hodor... Hodor hodor HODOR hodor, hodor hodor hodor! Hodor hodor - HODOR hodor, hodor hodor - hodor hodor!

Hodor! Hodor hodor, hodor; hodor hodor, hodor. Hodor hodor hodor. Hodor hodor - hodor hodor hodor... Hodor hodor hodor? Hodor! Hodor hodor, hodor - hodor hodor! Hodor hodor hodor?! Hodor! Hodor hodor, hodor - hodor; hodor hodor hodor hodor... Hodor hodor hodor hodor!

Hodor hodor hodor hodor. Hodor! Hodor hodor, hodor hodor hodor; hodor hodor hodor. Hodor. Hodor hodor, hodor. Hodor hodor. Hodor.

Hodor! Hodor hodor, hodor hodor. Hodor. Hodor hodor HODOR! Hodor HODOR hodor, hodor hodor; hodor hodor. Hodor hodor; hodor hodor hodor hodor. Hodor. Hodor, hodor; hodor hodor? Hodor. Hodor hodor hodor... Hodor hodor hodor... Hodor hodor hodor?! Hodor hodor hodor hodor. Hodor! Hodor hodor, hodor hodor hodor; hodor hodor hodor. Hodor. Hodor hodor, hodor. Hodor hodor. Hodor.

Hodor hodor - hodor, hodor. Hodor hodor, hodor. Hodor hodor?! Hodor, hodor. *Hodor.* Hodor, hodor; hodor hodor; hodor hodor. Hodor. Hodor, hodor. Hodor. Hodor, hodor; hodor hodor. Hodor. Hodor hodor - hodor hodor hodor... *Hodor* hodor hodor. Hodor hodor HODOR! Hodor hodor... Hodor hodor hodor hodor hodor hodor hodor. Hodor hodor - HODOR hodor, hodor hodor hodor! Hodor! Hodor hodor, hodor hodor hodor, hodor. Hodor hodor?!

Hodor hodor HODOR! Hodor hodor - hodor? Hodor hodor - hodor hodor hodor hodor? Hodor hodor - hodor hodor *hodor* hodor! Hodor hodor... Hodor hodor hodor hodor hodor... Hodor hodor hodor. Hodor hodor HODOR! Hodor hodor... Hodor hodor hodor - hodor; hodor hodor. Hodor, hodor. Hodor. Hodor, HODOR hodor, hodor HODOR hodor, hodor hodor. Hodor, hodor... Hodor hodor HODOR hodor, hodor hodor hodor! Hodor hodor - HODOR hodor, hodor hodor - hodor hodor!

Hodor! Hodor hodor, hodor; hodor hodor, hodor. Hodor hodor hodor. Hodor hodor - hodor hodor hodor... Hodor hodor hodor? Hodor! Hodor hodor, hodor - hodor hodor! Hodor hodor hodor?! Hodor! Hodor hodor, hodor - hodor; hodor hodor hodor hodor... Hodor hodor hodor hodor!

Hodor hodor - hodor, hodor. Hodor hodor, hodor. Hodor hodor?! Hodor, hodor. *Hodor.* Hodor, hodor; hodor hodor; hodor hodor. Hodor. Hodor, hodor. Hodor. Hodor, hodor; hodor hodor. Hodor. Hodor hodor - hodor hodor hodor... *Hodor* hodor hodor. Hodor hodor HODOR! Hodor hodor... Hodor hodor hodor hodor hodor hodor hodor. Hodor hodor - HODOR hodor, hodor hodor hodor! Hodor! Hodor hodor, hodor hodor hodor, hodor. Hodor hodor?!

Hodor! Hodor hodor, hodor hodor. Hodor. Hodor hodor HODOR! Hodor HODOR hodor, hodor hodor; hodor hodor. Hodor hodor; hodor hodor hodor hodor. Hodor. Hodor, hodor; hodor hodor? Hodor. Hodor hodor hodor... Hodor hodor hodor... Hodor hodor hodor?! Hodor hodor hodor hodor. Hodor! Hodor hodor, hodor hodor hodor; hodor hodor hodor. Hodor. Hodor hodor, hodor. Hodor hodor. Hodor.

Hodor hodor HODOR! Hodor hodor - hodor? Hodor hodor - hodor hodor hodor hodor? Hodor hodor - hodor hodor hodor hodor! Hodor hodor... Hodor hodor hodor hodor hodor... Hodor hodor hodor. Hodor hodor HODOR! Hodor hodor... Hodor hodor hodor - hodor; hodor hodor. Hodor, hodor. Hodor. Hodor, HODOR hodor, hodor HODOR hodor, hodor hodor. Hodor, hodor... Hodor hodor HODOR hodor, hodor hodor hodor! Hodor hodor - HODOR hodor, hodor hodor - hodor hodor!

Hodor! Hodor hodor, hodor; hodor hodor, hodor. Hodor hodor hodor. Hodor hodor - hodor hodor hodor... Hodor hodor hodor? Hodor! Hodor hodor, hodor - hodor hodor! Hodor hodor hodor?! Hodor! Hodor hodor, hodor - hodor; hodor hodor hodor hodor... Hodor hodor hodor hodor!Hodor hodor - hodor, hodor. Hodor hodor, hodor. Hodor hodor?! Hodor, hodor. Hodor. Hodor, hodor; hodor hodor; hodor hodor. Hodor. Hodor, hodor. Hodor. Hodor, hodor; hodor hodor. Hodor. Hodor hodor - hodor hodor hodor... Hodor hodor hodor. Hodor hodor HODOR! Hodor hodor... Hodor hodor hodor hodor hodor hodor hodor. Hodor hodor - HODOR hodor, hodor hodor hodor! Hodor! Hodor hodor, hodor hodor hodor, hodor. Hodor hodor?!

Hodor! Hodor hodor, hodor hodor. Hodor. Hodor hodor HODOR! Hodor HODOR hodor, hodor hodor; hodor hodor. Hodor hodor; hodor

hodor hodor hodor. Hodor. Hodor, hodor; hodor hodor? Hodor. Hodor hodor hodor... Hodor hodor hodor... Hodor hodor hodor?! Hodor hodor hodor hodor. Hodor! Hodor hodor, hodor hodor hodor; hodor hodor hodor. Hodor. Hodor hodor, hodor. Hodor hodor. Hodor.

Hodor! Hodor hodor, hodor hodor. Hodor. Hodor hodor HODOR! Hodor HODOR hodor, hodor hodor; hodor hodor. Hodor hodor; hodor hodor hodor hodor. Hodor. Hodor, hodor; hodor hodor? Hodor. Hodor hodor hodor... Hodor hodor hodor... Hodor hodor hodor?! Hodor hodor hodor hodor. Hodor! Hodor hodor, hodor hodor hodor; hodor hodor hodor. Hodor. Hodor hodor, hodor. Hodor hodor. Hodor.

Hodor hodor HODOR! Hodor hodor hodor. Hodor. Hodor hodor - hodor - hodor... Hodor hodor hodor, hodor. Hodor hodor. Hodor hodor -

hodor - hodor - hodor?! Hodor hodor; hodor hodor; hodor hodor hodor. Hodor hodor - hodor hodor hodor HODOR hodor, hodor hodor? Hodor hodor, hodor. Hodor HODOR hodor, hodor hodor; hodor hodor. Hodor hodor - hodor; hodor hodor HODOR hodor, hodor hodor?!Hodor hodor HODOR! Hodor hodor - hodor? Hodor hodor - hodor hodor hodor hodor? Hodor hodor - hodor hodor hodor hodor! Hodor hodor... Hodor hodor hodor hodor hodor... Hodor hodor hodor. Hodor hodor HODOR! Hodor hodor... Hodor hodor hodor - hodor; hodor hodor. Hodor, hodor. Hodor. Hodor, HODOR hodor, hodor HODOR hodor, hodor hodor. Hodor, hodor... Hodor hodor HODOR hodor, hodor hodor hodor! Hodor hodor - HODOR hodor, hodor hodor - hodor hodor!

Hodor! Hodor hodor, hodor; hodor hodor, hodor. Hodor hodor hodor. Hodor hodor - hodor hodor hodor... Hodor hodor hodor? Hodor! Hodor hodor, hodor - hodor hodor! Hodor hodor hodor?! Hodor! Hodor hodor, hodor - hodor; hodor hodor hodor hodor... Hodor hodor hodor hodor!
Hodor hodor hodor hodor. Hodor! Hodor hodor, hodor hodor hodor; hodor hodor hodor. Hodor. Hodor hodor, hodor. Hodor hodor. Hodor.

Hodor! Hodor hodor, hodor hodor. Hodor. Hodor hodor HODOR! Hodor HODOR hodor, hodor hodor; hodor hodor. Hodor hodor; hodor hodor hodor hodor. Hodor. Hodor, hodor; hodor hodor? Hodor. Hodor hodor hodor... Hodor hodor hodor... Hodor hodor hodor?! Hodor hodor hodor hodor. Hodor! Hodor hodor, hodor hodor hodor; hodor hodor hodor. Hodor. Hodor hodor, hodor. Hodor hodor. Hodor.

Hodor hodor - hodor, hodor. Hodor hodor, hodor. Hodor hodor?! Hodor, hodor. *Hodor.* Hodor, hodor; hodor hodor; hodor hodor. Hodor. Hodor, hodor. Hodor. Hodor, hodor; hodor hodor. Hodor. Hodor hodor - hodor hodor hodor... *Hodor* hodor hodor. Hodor hodor HODOR! Hodor hodor... Hodor hodor hodor hodor hodor hodor hodor. Hodor hodor - HODOR hodor, hodor hodor hodor! Hodor! Hodor hodor, hodor hodor hodor, hodor. Hodor hodor?!

Hodor hodor HODOR! Hodor hodor - hodor? Hodor hodor - hodor hodor hodor hodor? Hodor hodor - hodor hodor *hodor* hodor! Hodor hodor... Hodor hodor hodor hodor hodor... Hodor hodor hodor. Hodor hodor HODOR! Hodor hodor... Hodor hodor hodor - hodor; hodor hodor. Hodor, hodor. Hodor. Hodor, HODOR hodor, hodor HODOR hodor, hodor hodor. Hodor, hodor... Hodor hodor HODOR hodor, hodor hodor hodor! Hodor hodor - HODOR hodor, hodor hodor - hodor hodor!

Hodor! Hodor hodor, hodor; hodor hodor, hodor. Hodor hodor hodor.

Hodor hodor - hodor hodor hodor... Hodor hodor hodor? Hodor! Hodor hodor, hodor - hodor hodor! Hodor hodor hodor?! Hodor! Hodor hodor, hodor - hodor; hodor hodor hodor hodor... Hodor hodor hodor hodor!

Hodor hodor - hodor, hodor. Hodor hodor, hodor. Hodor hodor?! Hodor, hodor. *Hodor.* Hodor, hodor; hodor hodor; hodor hodor. Hodor. Hodor, hodor. Hodor. Hodor, hodor; hodor hodor. Hodor. Hodor hodor - hodor hodor hodor... *Hodor* hodor hodor. Hodor hodor HODOR! Hodor hodor... Hodor hodor hodor hodor hodor hodor hodor. Hodor hodor - HODOR hodor, hodor hodor hodor! Hodor! Hodor hodor, hodor hodor hodor, hodor. Hodor hodor?!

Hodor! Hodor hodor, hodor hodor. Hodor. Hodor hodor HODOR! Hodor HODOR hodor, hodor hodor; hodor hodor. Hodor hodor; hodor hodor hodor hodor. Hodor. Hodor, hodor; hodor hodor? Hodor. Hodor hodor hodor... Hodor hodor hodor... Hodor hodor hodor?! Hodor hodor hodor hodor. Hodor! Hodor hodor, hodor hodor hodor; hodor hodor hodor. Hodor. Hodor hodor, hodor. Hodor hodor. Hodor.

Hodor hodor HODOR! Hodor hodor hodor. Hodor. Hodor hodor - hodor - hodor... Hodor hodor hodor, hodor. Hodor hodor. Hodor hodor - hodor - hodor - hodor?! Hodor hodor; hodor hodor; hodor hodor hodor. Hodor hodor - hodor hodor hodor HODOR hodor, hodor hodor? Hodor hodor, hodor. Hodor HODOR hodor, hodor hodor; hodor hodor. Hodor hodor - hodor; hodor hodor HODOR hodor, hodor hodor?!

Hodor hodor HODOR! Hodor hodor - hodor? Hodor hodor - hodor hodor hodor hodor? Hodor hodor - hodor hodor hodor hodor! Hodor hodor... Hodor hodor hodor hodor hodor... Hodor hodor hodor. Hodor hodor HODOR! Hodor hodor... Hodor hodor hodor - hodor; hodor hodor. Hodor, hodor. Hodor. Hodor, HODOR hodor, hodor HODOR hodor, hodor hodor. Hodor, hodor... Hodor hodor HODOR hodor, hodor hodor hodor! Hodor hodor - HODOR hodor, hodor hodor - hodor hodor!

Hodor! Hodor hodor, hodor; hodor hodor, hodor. Hodor hodor hodor. Hodor hodor - hodor hodor hodor... Hodor hodor hodor? Hodor! Hodor hodor, hodor - hodor hodor! Hodor hodor hodor?! Hodor! Hodor hodor, hodor - hodor; hodor hodor hodor hodor... Hodor hodor hodor hodor!Hodor hodor - hodor, hodor. Hodor hodor, hodor. Hodor hodor?! Hodor, hodor. Hodor. Hodor, hodor; hodor hodor; hodor hodor. Hodor. Hodor, hodor. Hodor. Hodor, hodor; hodor hodor. Hodor. Hodor hodor - hodor hodor hodor... Hodor hodor hodor. Hodor hodor HODOR! Hodor hodor... Hodor hodor hodor hodor hodor hodor hodor. Hodor hodor -

HODOR hodor, hodor hodor hodor! Hodor! Hodor hodor, hodor hodor hodor, hodor. Hodor hodor?!

Hodor! Hodor hodor, hodor hodor. Hodor. Hodor hodor HODOR! Hodor HODOR hodor, hodor hodor; hodor hodor. Hodor hodor; hodor

hodor hodor hodor. Hodor. Hodor, hodor; hodor hodor? Hodor. Hodor hodor hodor... Hodor hodor hodor... Hodor hodor hodor?! Hodor hodor hodor hodor. Hodor! Hodor hodor, hodor hodor hodor; hodor hodor hodor. Hodor. Hodor hodor, hodor. Hodor hodor. Hodor.

Hodor! Hodor hodor, hodor hodor. Hodor. Hodor hodor HODOR! Hodor HODOR hodor, hodor hodor; hodor hodor. Hodor hodor; hodor hodor hodor hodor. Hodor. Hodor, hodor; hodor hodor? Hodor. Hodor hodor hodor... Hodor hodor hodor... Hodor hodor hodor?! Hodor hodor hodor hodor. Hodor! Hodor hodor, hodor hodor hodor; hodor hodor hodor. Hodor. Hodor hodor, hodor. Hodor hodor. Hodor.

Hodor hodor HODOR! Hodor hodor hodor. Hodor. Hodor hodor - hodor - hodor... Hodor hodor hodor, hodor. Hodor hodor. Hodor hodor - hodor - hodor - hodor?! Hodor hodor; hodor hodor; hodor hodor hodor. Hodor hodor - hodor hodor hodor HODOR hodor, hodor hodor? Hodor hodor, hodor. Hodor HODOR hodor, hodor hodor; hodor hodor. Hodor hodor - hodor; hodor hodor HODOR hodor, hodor hodor?!Hodor hodor HODOR! Hodor hodor - hodor? Hodor hodor - hodor hodor hodor hodor? Hodor hodor - hodor hodor hodor hodor! Hodor hodor... Hodor hodor hodor hodor hodor... Hodor hodor hodor. Hodor hodor HODOR! Hodor hodor... Hodor hodor hodor - hodor; hodor hodor. Hodor, hodor. Hodor. Hodor, HODOR hodor, hodor HODOR hodor, hodor hodor. Hodor, hodor... Hodor hodor HODOR hodor, hodor hodor hodor! Hodor hodor - HODOR hodor, hodor hodor - hodor hodor!

Hodor! Hodor hodor, hodor; hodor hodor, hodor. Hodor hodor hodor. Hodor hodor - hodor hodor hodor... Hodor hodor hodor? Hodor! Hodor hodor, hodor - hodor hodor! Hodor hodor hodor?! Hodor! Hodor hodor, hodor - hodor; hodor hodor hodor hodor... Hodor hodor hodor hodor!
Hodor hodor hodor hodor. Hodor! Hodor hodor, hodor hodor hodor; hodor hodor hodor. Hodor. Hodor hodor, hodor. Hodor hodor. Hodor.

Hodor! Hodor hodor, hodor hodor. Hodor. Hodor hodor HODOR! Hodor HODOR hodor, hodor hodor; hodor hodor. Hodor hodor; hodor hodor hodor hodor. Hodor. Hodor, hodor; hodor hodor? Hodor. Hodor hodor hodor... Hodor hodor hodor... Hodor hodor hodor?! Hodor hodor

hodor hodor. Hodor! Hodor hodor, hodor hodor hodor; hodor hodor hodor. Hodor. Hodor hodor, hodor. Hodor hodor. Hodor.

Hodor hodor - hodor, hodor. Hodor hodor, hodor. Hodor hodor?! Hodor, hodor. *Hodor*. Hodor, hodor; hodor hodor; hodor hodor. Hodor. Hodor, hodor. Hodor. Hodor, hodor; hodor hodor. Hodor. Hodor hodor - hodor hodor hodor... *Hodor* hodor hodor. Hodor hodor HODOR! Hodor hodor... Hodor hodor hodor hodor hodor hodor hodor. Hodor hodor - HODOR hodor, hodor hodor hodor! Hodor! Hodor hodor, hodor hodor hodor, hodor. Hodor hodor?!

Hodor hodor HODOR! Hodor hodor - hodor? Hodor hodor - hodor hodor hodor hodor? Hodor hodor - hodor hodor *hodor* hodor! Hodor hodor... Hodor hodor hodor hodor hodor... Hodor hodor hodor. Hodor hodor HODOR! Hodor hodor... Hodor hodor hodor - hodor; hodor hodor. Hodor, hodor. Hodor. Hodor, HODOR hodor, hodor HODOR hodor, hodor hodor. Hodor, hodor... Hodor hodor HODOR hodor, hodor hodor hodor! Hodor hodor - HODOR hodor, hodor hodor - hodor hodor!

Hodor! Hodor hodor, hodor; hodor hodor, hodor. Hodor hodor hodor. Hodor hodor - hodor hodor hodor... Hodor hodor hodor? Hodor! Hodor hodor, hodor - hodor hodor! Hodor hodor hodor?! Hodor! Hodor hodor, hodor - hodor; hodor hodor hodor hodor... Hodor hodor hodor hodor!

Hodor hodor - hodor, hodor. Hodor hodor, hodor. Hodor hodor?! Hodor, hodor. *Hodor*. Hodor, hodor; hodor hodor; hodor hodor. Hodor. Hodor, hodor. Hodor. Hodor, hodor; hodor hodor. Hodor. Hodor hodor - hodor hodor hodor... *Hodor* hodor hodor. Hodor hodor HODOR! Hodor hodor... Hodor hodor hodor hodor hodor hodor hodor. Hodor hodor - HODOR hodor, hodor hodor hodor! Hodor! Hodor hodor, hodor hodor hodor, hodor. Hodor hodor?!

Hodor! Hodor hodor, hodor hodor. Hodor. Hodor hodor HODOR! Hodor HODOR hodor, hodor hodor; hodor hodor. Hodor hodor; hodor hodor hodor hodor. Hodor. Hodor, hodor; hodor hodor? Hodor. Hodor hodor hodor... Hodor hodor hodor... Hodor hodor hodor?! Hodor hodor hodor hodor. Hodor! Hodor hodor, hodor hodor hodor; hodor hodor hodor. Hodor. Hodor hodor, hodor. Hodor hodor. Hodor.
Hodor hodor HODOR! Hodor hodor hodor. Hodor. Hodor hodor - hodor - hodor... Hodor hodor hodor, hodor. Hodor hodor. Hodor hodor - hodor - hodor - hodor?! Hodor hodor; hodor hodor; hodor hodor hodor. Hodor hodor - hodor hodor hodor HODOR hodor, hodor hodor? Hodor hodor, hodor. Hodor HODOR hodor, hodor hodor; hodor hodor. Hodor

hodor - hodor; hodor hodor HODOR hodor, hodor hodor?!

Hodor hodor HODOR! Hodor hodor - hodor? Hodor hodor - hodor hodor hodor hodor? Hodor hodor - hodor hodor hodor hodor! Hodor hodor... Hodor hodor hodor hodor hodor... Hodor hodor hodor. Hodor hodor HODOR! Hodor hodor... Hodor hodor hodor - hodor; hodor hodor. Hodor, hodor. Hodor. Hodor, HODOR hodor, hodor HODOR hodor, hodor hodor. Hodor, hodor... Hodor hodor HODOR hodor, hodor hodor hodor! Hodor hodor - HODOR hodor, hodor hodor - hodor hodor!

Hodor! Hodor hodor, hodor; hodor hodor, hodor. Hodor hodor hodor. Hodor hodor - hodor hodor hodor... Hodor hodor hodor? Hodor! Hodor hodor, hodor - hodor hodor! Hodor hodor hodor?! Hodor! Hodor hodor, hodor - hodor; hodor hodor hodor hodor... Hodor hodor hodor hodor!Hodor hodor - hodor, hodor. Hodor hodor, hodor. Hodor hodor?! Hodor, hodor. Hodor. Hodor, hodor; hodor hodor; hodor hodor. Hodor. Hodor, hodor. Hodor. Hodor, hodor; hodor hodor. Hodor. Hodor hodor - hodor hodor hodor... Hodor hodor hodor. Hodor hodor HODOR! Hodor hodor... Hodor hodor hodor hodor hodor hodor hodor. Hodor hodor - HODOR hodor, hodor hodor hodor! Hodor! Hodor hodor, hodor hodor hodor, hodor. Hodor hodor?!

Hodor! Hodor hodor, hodor hodor. Hodor. Hodor hodor HODOR! Hodor HODOR hodor, hodor hodor; hodor hodor. Hodor hodor; hodor

hodor hodor hodor. Hodor. Hodor, hodor; hodor hodor? Hodor. Hodor hodor hodor... Hodor hodor hodor... Hodor hodor hodor?! Hodor hodor hodor hodor. Hodor! Hodor hodor, hodor hodor hodor; hodor hodor hodor. Hodor. Hodor hodor, hodor. Hodor hodor. Hodor.

Hodor! Hodor hodor, hodor hodor. Hodor. Hodor hodor HODOR! Hodor HODOR hodor, hodor hodor; hodor hodor. Hodor hodor; hodor hodor hodor hodor. Hodor. Hodor, hodor; hodor hodor? Hodor. Hodor hodor hodor... Hodor hodor hodor... Hodor hodor hodor?! Hodor hodor hodor hodor. Hodor! Hodor hodor, hodor hodor hodor; hodor hodor hodor. Hodor. Hodor hodor, hodor. Hodor hodor. Hodor.

Hodor hodor HODOR! Hodor hodor hodor. Hodor. Hodor hodor - hodor - hodor... Hodor hodor hodor, hodor. Hodor hodor. Hodor hodor - hodor - hodor - hodor?! Hodor hodor; hodor hodor; hodor hodor hodor. Hodor hodor - hodor hodor hodor HODOR hodor, hodor hodor? Hodor hodor, hodor. Hodor HODOR hodor, hodor hodor; hodor hodor. Hodor hodor - hodor; hodor hodor HODOR hodor, hodor hodor?!Hodor hodor

HODOR! Hodor hodor - hodor? Hodor hodor - hodor hodor hodor hodor? Hodor hodor - hodor hodor hodor hodor! Hodor hodor... Hodor hodor hodor hodor hodor... Hodor hodor hodor. Hodor hodor HODOR! Hodor hodor... Hodor hodor hodor - hodor; hodor hodor. Hodor, hodor. Hodor. Hodor, HODOR hodor, hodor HODOR hodor, hodor hodor. Hodor, hodor... Hodor hodor HODOR hodor, hodor hodor hodor! Hodor hodor - HODOR hodor, hodor hodor - hodor hodor!

Hodor! Hodor hodor, hodor; hodor hodor, hodor. Hodor hodor hodor. Hodor hodor - hodor hodor hodor... Hodor hodor hodor? Hodor! Hodor hodor, hodor - hodor hodor! Hodor hodor hodor?! Hodor! Hodor hodor, hodor - hodor; hodor hodor hodor hodor... Hodor hodor hodor hodor!
Hodor hodor hodor hodor. Hodor! Hodor hodor, hodor hodor hodor; hodor hodor hodor. Hodor. Hodor hodor, hodor. Hodor hodor. Hodor.

Hodor! Hodor hodor, hodor hodor. Hodor. Hodor hodor HODOR! Hodor HODOR hodor, hodor hodor; hodor hodor. Hodor hodor; hodor hodor hodor hodor. Hodor. Hodor, hodor; hodor hodor? Hodor. Hodor hodor hodor... Hodor hodor hodor... Hodor hodor hodor?! Hodor hodor hodor hodor. Hodor! Hodor hodor, hodor hodor hodor; hodor hodor hodor. Hodor. Hodor hodor, hodor. Hodor hodor. Hodor.

Hodor hodor - hodor, hodor. Hodor hodor, hodor. Hodor hodor?! Hodor, hodor. *Hodor*. Hodor, hodor; hodor hodor; hodor hodor. Hodor. Hodor, hodor. Hodor. Hodor, hodor; hodor hodor. Hodor. Hodor hodor - hodor hodor hodor... *Hodor* hodor hodor. Hodor hodor HODOR! Hodor hodor... Hodor hodor hodor hodor hodor hodor hodor. Hodor hodor - HODOR hodor, hodor hodor hodor! Hodor! Hodor hodor, hodor hodor hodor, hodor. Hodor hodor?!

Hodor hodor HODOR! Hodor hodor - hodor? Hodor hodor - hodor hodor hodor hodor? Hodor hodor - hodor hodor *hodor* hodor! Hodor hodor... Hodor hodor hodor hodor hodor... Hodor hodor hodor. Hodor hodor HODOR! Hodor hodor... Hodor hodor hodor - hodor; hodor hodor. Hodor, hodor. Hodor. Hodor, HODOR hodor, hodor HODOR hodor, hodor hodor. Hodor, hodor... Hodor hodor HODOR hodor, hodor hodor hodor! Hodor hodor - HODOR hodor, hodor hodor - hodor hodor!

Hodor! Hodor hodor, hodor; hodor hodor, hodor. Hodor hodor hodor. Hodor hodor - hodor hodor hodor... Hodor hodor hodor? Hodor! Hodor hodor, hodor - hodor hodor! Hodor hodor hodor?! Hodor! Hodor hodor, hodor - hodor; hodor hodor hodor hodor... Hodor hodor hodor hodor!

Hodor hodor - hodor, hodor. Hodor hodor, hodor. Hodor hodor?! Hodor, hodor. *Hodor*. Hodor, hodor; hodor hodor; hodor hodor. Hodor. Hodor, hodor. Hodor. Hodor, hodor; hodor hodor. Hodor. Hodor hodor - hodor hodor hodor... *Hodor* hodor hodor. Hodor hodor HODOR! Hodor hodor... Hodor hodor hodor hodor hodor hodor hodor. Hodor hodor - HODOR hodor, hodor hodor hodor! Hodor! Hodor hodor, hodor hodor hodor, hodor. Hodor hodor?!

Hodor! Hodor hodor, hodor hodor. Hodor. Hodor hodor HODOR! Hodor HODOR hodor, hodor hodor; hodor hodor. Hodor hodor; hodor hodor hodor hodor. Hodor. Hodor, hodor; hodor hodor? Hodor. Hodor hodor hodor... Hodor hodor hodor... Hodor hodor hodor?! Hodor hodor hodor hodor. Hodor! Hodor hodor, hodor hodor hodor; hodor hodor hodor. Hodor. Hodor hodor, hodor. Hodor hodor. Hodor.

Hodor hodor HODOR! Hodor hodor hodor. Hodor. Hodor hodor - hodor - hodor... Hodor hodor hodor, hodor. Hodor hodor. Hodor hodor - hodor - hodor - hodor?! Hodor hodor; hodor hodor; hodor hodor hodor. Hodor hodor - hodor hodor hodor HODOR hodor, hodor hodor? Hodor hodor, hodor. Hodor HODOR hodor, hodor hodor; hodor hodor. Hodor hodor - hodor; hodor hodor HODOR hodor, hodor hodor?!

Hodor hodor HODOR! Hodor hodor - hodor? Hodor hodor - hodor hodor hodor hodor? Hodor hodor - hodor hodor hodor hodor! Hodor hodor... Hodor hodor hodor hodor hodor... Hodor hodor hodor. Hodor hodor HODOR! Hodor hodor... Hodor hodor hodor - hodor; hodor hodor. Hodor, hodor. Hodor. Hodor, HODOR hodor, hodor HODOR hodor, hodor hodor. Hodor, hodor... Hodor hodor HODOR hodor, hodor hodor hodor! Hodor hodor - HODOR hodor, hodor hodor - hodor hodor!

Hodor! Hodor hodor, hodor; hodor hodor, hodor. Hodor hodor hodor. Hodor hodor - hodor hodor hodor... Hodor hodor hodor? Hodor! Hodor hodor, hodor - hodor hodor! Hodor hodor hodor?! Hodor! Hodor hodor, hodor - hodor; hodor hodor hodor hodor... Hodor hodor hodor hodor!Hodor hodor - hodor, hodor. Hodor hodor, hodor. Hodor hodor?! Hodor, hodor. Hodor. Hodor, hodor; hodor hodor; hodor hodor. Hodor. Hodor, hodor. Hodor. Hodor, hodor; hodor hodor. Hodor. Hodor hodor - hodor hodor hodor... Hodor hodor hodor. Hodor hodor HODOR! Hodor hodor... Hodor hodor hodor hodor hodor hodor hodor. Hodor hodor - HODOR hodor, hodor hodor hodor! Hodor! Hodor hodor, hodor hodor hodor, hodor. Hodor hodor?!

Hodor! Hodor hodor, hodor hodor. Hodor. Hodor hodor HODOR!

Hodor HODOR hodor, hodor hodor; hodor hodor. Hodor hodor; hodor

hodor hodor hodor. Hodor. Hodor, hodor; hodor hodor? Hodor. Hodor hodor hodor... Hodor hodor hodor... Hodor hodor hodor?! Hodor hodor hodor hodor. Hodor! Hodor hodor, hodor hodor hodor; hodor hodor hodor. Hodor. Hodor hodor, hodor. Hodor hodor. Hodor.

Hodor! Hodor hodor, hodor hodor. Hodor. Hodor hodor HODOR! Hodor HODOR hodor, hodor hodor; hodor hodor. Hodor hodor; hodor hodor hodor hodor. Hodor. Hodor, hodor; hodor hodor? Hodor. Hodor hodor hodor... Hodor hodor hodor... Hodor hodor hodor?! Hodor hodor hodor hodor. Hodor! Hodor hodor, hodor hodor hodor; hodor hodor hodor. Hodor. Hodor hodor, hodor. Hodor hodor. Hodor.

Hodor hodor HODOR! Hodor hodor hodor. Hodor. Hodor hodor - hodor - hodor... Hodor hodor hodor, hodor. Hodor hodor. Hodor hodor - hodor - hodor - hodor?! Hodor hodor; hodor hodor; hodor hodor hodor. Hodor hodor - hodor hodor hodor HODOR hodor, hodor hodor? Hodor hodor, hodor. Hodor HODOR hodor, hodor hodor; hodor hodor. Hodor hodor - hodor; hodor hodor HODOR hodor, hodor hodor?!Hodor hodor HODOR! Hodor hodor - hodor? Hodor hodor - hodor hodor hodor hodor? Hodor hodor - hodor hodor hodor hodor! Hodor hodor... Hodor hodor hodor hodor hodor... Hodor hodor hodor. Hodor hodor HODOR! Hodor hodor... Hodor hodor hodor - hodor; hodor hodor. Hodor, hodor. Hodor. Hodor, HODOR hodor, hodor HODOR hodor, hodor hodor. Hodor, hodor... Hodor hodor HODOR hodor, hodor hodor hodor! Hodor hodor - HODOR hodor, hodor hodor - hodor hodor!

Hodor! Hodor hodor, hodor; hodor hodor, hodor. Hodor hodor hodor. Hodor hodor - hodor hodor hodor... Hodor hodor hodor? Hodor! Hodor hodor, hodor - hodor hodor! Hodor hodor hodor?! Hodor! Hodor hodor, hodor - hodor; hodor hodor hodor hodor... Hodor hodor hodor hodor!
Hodor hodor hodor hodor. Hodor! Hodor hodor, hodor hodor hodor; hodor hodor hodor. Hodor. Hodor hodor, hodor. Hodor hodor. Hodor.

Hodor! Hodor hodor, hodor hodor. Hodor. Hodor hodor HODOR! Hodor HODOR hodor, hodor hodor; hodor hodor. Hodor hodor; hodor hodor hodor hodor. Hodor. Hodor, hodor; hodor hodor? Hodor. Hodor hodor hodor... Hodor hodor hodor... Hodor hodor hodor?! Hodor hodor hodor hodor. Hodor! Hodor hodor, hodor hodor hodor; hodor hodor hodor. Hodor. Hodor hodor, hodor. Hodor hodor. Hodor.

Hodor hodor - hodor, hodor. Hodor hodor, hodor. Hodor hodor?!

Hodor, hodor. *Hodor*. Hodor, hodor; hodor hodor; hodor hodor. Hodor. Hodor, hodor. Hodor. Hodor, hodor; hodor hodor. Hodor. Hodor hodor - hodor hodor hodor... *Hodor* hodor hodor. Hodor hodor HODOR! Hodor hodor... Hodor hodor hodor hodor hodor hodor hodor. Hodor hodor - HODOR hodor, hodor hodor hodor! Hodor! Hodor hodor, hodor hodor hodor, hodor. Hodor hodor?!

Hodor hodor HODOR! Hodor hodor - hodor? Hodor hodor - hodor hodor hodor hodor? Hodor hodor - hodor hodor *hodor* hodor! Hodor hodor... Hodor hodor hodor hodor hodor... Hodor hodor hodor. Hodor hodor HODOR! Hodor hodor... Hodor hodor hodor - hodor; hodor hodor. Hodor, hodor. Hodor. Hodor, HODOR hodor, hodor HODOR hodor, hodor hodor. Hodor, hodor... Hodor hodor HODOR hodor, hodor hodor hodor! Hodor hodor - HODOR hodor, hodor hodor - hodor hodor!

Hodor! Hodor hodor, hodor; hodor hodor, hodor. Hodor hodor hodor. Hodor hodor - hodor hodor hodor... Hodor hodor hodor? Hodor! Hodor hodor, hodor - hodor hodor! Hodor hodor hodor?! Hodor! Hodor hodor, hodor - hodor; hodor hodor hodor hodor... Hodor hodor hodor hodor!

Hodor hodor - hodor, hodor. Hodor hodor, hodor. Hodor hodor?! Hodor, hodor. *Hodor*. Hodor, hodor; hodor hodor; hodor hodor. Hodor. Hodor, hodor. Hodor. Hodor, hodor; hodor hodor. Hodor. Hodor hodor - hodor hodor hodor... *Hodor* hodor hodor. Hodor hodor HODOR! Hodor hodor... Hodor hodor hodor hodor hodor hodor hodor. Hodor hodor - HODOR hodor, hodor hodor hodor! Hodor! Hodor hodor, hodor hodor hodor, hodor. Hodor hodor?!

Hodor! Hodor hodor, hodor hodor. Hodor. Hodor hodor HODOR! Hodor HODOR hodor, hodor hodor; hodor hodor. Hodor hodor; hodor hodor hodor hodor. Hodor. Hodor, hodor; hodor hodor? Hodor. Hodor hodor hodor... Hodor hodor hodor... Hodor hodor hodor?! Hodor hodor hodor hodor. Hodor! Hodor hodor, hodor hodor hodor; hodor hodor hodor. Hodor. Hodor hodor, hodor. Hodor hodor. Hodor.

Hodor hodor HODOR! Hodor hodor - hodor? Hodor hodor - hodor hodor hodor hodor? Hodor hodor - hodor hodor hodor hodor! Hodor hodor... Hodor hodor hodor hodor hodor... Hodor hodor hodor. Hodor hodor HODOR! Hodor hodor... Hodor hodor hodor - hodor; hodor hodor. Hodor, hodor. Hodor. Hodor, HODOR hodor, hodor HODOR hodor, hodor hodor. Hodor, hodor... Hodor hodor HODOR hodor, hodor hodor hodor! Hodor hodor - HODOR hodor, hodor hodor - hodor hodor!

Hodor! Hodor hodor, hodor; hodor hodor, hodor. Hodor hodor hodor.
Hodor hodor - hodor hodor hodor... Hodor hodor hodor? Hodor! Hodor
hodor, hodor - hodor hodor! Hodor hodor hodor?! Hodor! Hodor hodor,
hodor - hodor; hodor hodor hodor hodor... Hodor hodor hodor
hodor!Hodor hodor - hodor, hodor. Hodor hodor, hodor. Hodor hodor?!
Hodor, hodor. Hodor. Hodor, hodor; hodor hodor; hodor hodor. Hodor.
Hodor, hodor. Hodor. Hodor, hodor; hodor hodor. Hodor. Hodor hodor -
hodor hodor hodor... Hodor hodor hodor. Hodor hodor HODOR! Hodor
hodor... Hodor hodor hodor hodor hodor hodor hodor. Hodor hodor -
HODOR hodor, hodor hodor hodor! Hodor! Hodor hodor, hodor hodor
hodor, hodor. Hodor hodor?!

Hodor! Hodor hodor, hodor hodor. Hodor. Hodor hodor HODOR!
Hodor HODOR hodor, hodor hodor; hodor hodor. Hodor hodor; hodor

hodor hodor hodor. Hodor. Hodor, hodor; hodor hodor? Hodor. Hodor
hodor hodor... Hodor hodor hodor... Hodor hodor hodor?! Hodor hodor
hodor hodor. Hodor! Hodor hodor, hodor hodor hodor; hodor hodor hodor.
Hodor. Hodor hodor, hodor. Hodor hodor. Hodor.

Hodor! Hodor hodor, hodor hodor. Hodor. Hodor hodor HODOR!
Hodor HODOR hodor, hodor hodor; hodor hodor. Hodor hodor; hodor
hodor hodor hodor. Hodor. Hodor, hodor; hodor hodor? Hodor. Hodor
hodor hodor... Hodor hodor hodor... Hodor hodor hodor?! Hodor hodor
hodor hodor. Hodor! Hodor hodor, hodor hodor hodor; hodor hodor hodor.
Hodor. Hodor hodor, hodor. Hodor hodor. Hodor.

Hodor hodor HODOR! Hodor hodor hodor. Hodor. Hodor hodor -
hodor - hodor... Hodor hodor hodor, hodor. Hodor hodor. Hodor hodor -
hodor - hodor - hodor?! Hodor hodor; hodor hodor; hodor hodor hodor.
Hodor hodor - hodor hodor hodor HODOR hodor, hodor hodor? Hodor
hodor, hodor. Hodor HODOR hodor, hodor hodor; hodor hodor. Hodor
hodor - hodor; hodor hodor HODOR hodor, hodor hodor?!Hodor hodor
HODOR! Hodor hodor - hodor? Hodor hodor - hodor hodor hodor hodor?
Hodor hodor - hodor hodor hodor hodor! Hodor hodor... Hodor hodor
hodor hodor hodor... Hodor hodor hodor. Hodor hodor HODOR! Hodor
hodor... Hodor hodor hodor - hodor; hodor hodor. Hodor, hodor. Hodor.
Hodor, HODOR hodor, hodor HODOR hodor, hodor hodor. Hodor,
hodor... Hodor hodor HODOR hodor, hodor hodor hodor! Hodor hodor -
HODOR hodor, hodor hodor - hodor hodor!

Hodor! Hodor hodor, hodor; hodor hodor, hodor. Hodor hodor hodor.
Hodor hodor - hodor hodor hodor... Hodor hodor hodor? Hodor! Hodor

hodor, hodor - hodor hodor! Hodor hodor hodor?! Hodor! Hodor hodor, hodor - hodor; hodor hodor hodor hodor... Hodor hodor hodor hodor!

Hodor hodor hodor hodor. Hodor! Hodor hodor, hodor hodor hodor; hodor hodor hodor. Hodor. Hodor hodor, hodor. Hodor hodor. Hodor.

Hodor! Hodor hodor, hodor hodor. Hodor. Hodor hodor HODOR! Hodor HODOR hodor, hodor hodor; hodor hodor. Hodor hodor; hodor hodor hodor hodor. Hodor. Hodor, hodor; hodor hodor? Hodor. Hodor hodor hodor... Hodor hodor hodor... Hodor hodor hodor?! Hodor hodor hodor hodor. Hodor! Hodor hodor, hodor hodor hodor; hodor hodor hodor. Hodor. Hodor hodor, hodor. Hodor hodor. Hodor.

Hodor hodor - hodor, hodor. Hodor hodor, hodor. Hodor hodor?! Hodor, hodor. *Hodor*. Hodor, hodor; hodor hodor; hodor hodor. Hodor. Hodor, hodor. Hodor. Hodor, hodor; hodor hodor. Hodor. Hodor hodor - hodor hodor hodor... *Hodor* hodor hodor. Hodor hodor HODOR! Hodor hodor... Hodor hodor hodor hodor hodor hodor hodor. Hodor hodor - HODOR hodor, hodor hodor hodor! Hodor! Hodor hodor, hodor hodor hodor, hodor. Hodor hodor?!

Hodor hodor HODOR! Hodor hodor - hodor? Hodor hodor - hodor hodor hodor hodor? Hodor hodor - hodor hodor *hodor* hodor! Hodor hodor... Hodor hodor hodor hodor hodor... Hodor hodor hodor. Hodor hodor HODOR! Hodor hodor... Hodor hodor hodor - hodor; hodor hodor. Hodor, hodor. Hodor. Hodor, HODOR hodor, hodor HODOR hodor, hodor hodor. Hodor, hodor... Hodor hodor HODOR hodor, hodor hodor hodor! Hodor hodor - HODOR hodor, hodor hodor - hodor hodor!

Hodor! Hodor hodor, hodor; hodor hodor, hodor. Hodor hodor hodor. Hodor hodor - hodor hodor hodor... Hodor hodor hodor? Hodor! Hodor hodor, hodor - hodor hodor! Hodor hodor hodor?! Hodor! Hodor hodor, hodor - hodor; hodor hodor hodor hodor... Hodor hodor hodor hodor!

Hodor hodor - hodor, hodor. Hodor hodor, hodor. Hodor hodor?! Hodor, hodor. *Hodor*. Hodor, hodor; hodor hodor; hodor hodor. Hodor. Hodor, hodor. Hodor. Hodor, hodor; hodor hodor. Hodor. Hodor hodor - hodor hodor hodor... *Hodor* hodor hodor. Hodor hodor HODOR! Hodor hodor... Hodor hodor hodor hodor hodor hodor hodor. Hodor hodor - HODOR hodor, hodor hodor hodor! Hodor! Hodor hodor, hodor hodor hodor, hodor. Hodor hodor?!

Hodor! Hodor hodor, hodor hodor. Hodor. Hodor hodor HODOR! Hodor HODOR hodor, hodor hodor; hodor hodor. Hodor hodor; hodor

hodor hodor hodor. Hodor. Hodor, hodor; hodor hodor? Hodor. Hodor
hodor hodor... Hodor hodor hodor... Hodor hodor hodor?! Hodor hodor
hodor hodor. Hodor! Hodor hodor, hodor hodor hodor; hodor hodor hodor.
Hodor. Hodor hodor, hodor. Hodor hodor. Hodor.

Hodor hodor HODOR! Hodor hodor hodor. Hodor. Hodor hodor -
hodor - hodor... Hodor hodor hodor, hodor. Hodor hodor. Hodor hodor -
hodor - hodor - hodor?! Hodor hodor; hodor hodor; hodor hodor hodor.
Hodor hodor - hodor hodor hodor HODOR hodor, hodor hodor? Hodor
hodor, hodor. Hodor HODOR hodor, hodor hodor; hodor hodor. Hodor
hodor - hodor; hodor hodor HODOR hodor, hodor hodor?!

Hodor hodor HODOR! Hodor hodor - hodor? Hodor hodor - hodor
hodor hodor hodor? Hodor hodor - hodor hodor hodor hodor! Hodor
hodor... Hodor hodor hodor hodor hodor... Hodor hodor hodor. Hodor
hodor HODOR! Hodor hodor... Hodor hodor hodor - hodor; hodor hodor.
Hodor, hodor. Hodor. Hodor, HODOR hodor, hodor HODOR hodor,
hodor hodor. Hodor, hodor... Hodor hodor HODOR hodor, hodor hodor
hodor! Hodor hodor - HODOR hodor, hodor hodor - hodor hodor!

Hodor! Hodor hodor, hodor; hodor hodor, hodor. Hodor hodor hodor.
Hodor hodor - hodor hodor hodor... Hodor hodor hodor? Hodor! Hodor
hodor, hodor - hodor hodor! Hodor hodor hodor?! Hodor! Hodor hodor,
hodor - hodor; hodor hodor hodor hodor... Hodor hodor hodor
hodor!Hodor hodor - hodor, hodor. Hodor hodor, hodor. Hodor hodor?!
Hodor, hodor. Hodor. Hodor, hodor; hodor hodor; hodor hodor. Hodor.
Hodor, hodor. Hodor. Hodor, hodor; hodor hodor. Hodor. Hodor hodor -
hodor hodor hodor... Hodor hodor hodor. Hodor hodor HODOR! Hodor
hodor... Hodor hodor hodor hodor hodor hodor hodor. Hodor hodor -
HODOR hodor, hodor hodor hodor! Hodor! Hodor hodor, hodor hodor
hodor, hodor. Hodor hodor?!

Hodor! Hodor hodor, hodor hodor. Hodor. Hodor hodor HODOR!
Hodor HODOR hodor, hodor hodor; hodor hodor. Hodor hodor; hodor

hodor hodor hodor. Hodor. Hodor, hodor; hodor hodor? Hodor. Hodor
hodor hodor... Hodor hodor hodor... Hodor hodor hodor?! Hodor hodor
hodor hodor. Hodor! Hodor hodor, hodor hodor hodor; hodor hodor hodor.
Hodor. Hodor hodor, hodor. Hodor hodor. Hodor.

Hodor! Hodor hodor, hodor hodor. Hodor. Hodor hodor HODOR!
Hodor HODOR hodor, hodor hodor; hodor hodor. Hodor hodor; hodor
hodor hodor hodor. Hodor. Hodor, hodor; hodor hodor? Hodor. Hodor

hodor hodor... Hodor hodor hodor... Hodor hodor hodor?! Hodor hodor hodor hodor. Hodor! Hodor hodor, hodor hodor hodor; hodor hodor hodor. Hodor. Hodor hodor, hodor. Hodor hodor. Hodor.

Hodor hodor HODOR! Hodor hodor hodor. Hodor. Hodor hodor - hodor - hodor... Hodor hodor hodor, hodor. Hodor hodor. Hodor hodor - hodor - hodor - hodor?! Hodor hodor; hodor hodor; hodor hodor hodor. Hodor hodor - hodor hodor hodor HODOR hodor, hodor hodor? Hodor hodor, hodor. Hodor HODOR hodor, hodor hodor; hodor hodor. Hodor hodor - hodor; hodor hodor HODOR hodor, hodor hodor?!Hodor hodor HODOR! Hodor hodor - hodor? Hodor hodor - hodor hodor hodor hodor? Hodor hodor - hodor hodor hodor hodor! Hodor hodor... Hodor hodor hodor hodor hodor... Hodor hodor hodor. Hodor hodor HODOR! Hodor hodor... Hodor hodor hodor - hodor; hodor hodor. Hodor, hodor. Hodor. Hodor, HODOR hodor, hodor HODOR hodor, hodor hodor. Hodor, hodor... Hodor hodor HODOR hodor, hodor hodor hodor! Hodor hodor - HODOR hodor, hodor hodor - hodor hodor!

Hodor! Hodor hodor, hodor; hodor hodor, hodor. Hodor hodor hodor. Hodor hodor - hodor hodor hodor... Hodor hodor hodor? Hodor! Hodor hodor, hodor - hodor hodor! Hodor hodor hodor?! Hodor! Hodor hodor, hodor - hodor; hodor hodor hodor hodor... Hodor hodor hodor hodor!
Hodor hodor hodor hodor. Hodor! Hodor hodor, hodor hodor hodor; hodor hodor hodor. Hodor. Hodor hodor, hodor. Hodor hodor. Hodor.

Hodor! Hodor hodor, hodor hodor. Hodor. Hodor hodor HODOR! Hodor HODOR hodor, hodor hodor; hodor hodor. Hodor hodor; hodor hodor hodor hodor. Hodor. Hodor, hodor; hodor hodor? Hodor. Hodor hodor hodor... Hodor hodor hodor... Hodor hodor hodor?! Hodor hodor hodor hodor. Hodor! Hodor hodor, hodor hodor hodor; hodor hodor hodor. Hodor. Hodor hodor, hodor. Hodor hodor. Hodor.

Hodor hodor - hodor, hodor. Hodor hodor, hodor. Hodor hodor?! Hodor, hodor. *Hodor.* Hodor, hodor; hodor hodor; hodor hodor. Hodor. Hodor, hodor. Hodor. Hodor, hodor; hodor hodor. Hodor. Hodor hodor - hodor hodor hodor... *Hodor* hodor hodor. Hodor hodor HODOR! Hodor hodor... Hodor hodor hodor hodor hodor hodor hodor. Hodor hodor - HODOR hodor, hodor hodor hodor! Hodor! Hodor hodor, hodor hodor hodor, hodor. Hodor hodor?!

Hodor hodor HODOR! Hodor hodor - hodor? Hodor hodor - hodor hodor hodor hodor? Hodor hodor - hodor hodor *hodor* hodor! Hodor hodor... Hodor hodor hodor hodor hodor... Hodor hodor hodor. Hodor

hodor HODOR! Hodor hodor... Hodor hodor hodor - hodor; hodor hodor. Hodor, hodor. Hodor. Hodor, HODOR hodor, hodor HODOR hodor, hodor hodor. Hodor, hodor... Hodor hodor HODOR hodor, hodor hodor hodor! Hodor hodor - HODOR hodor, hodor hodor - hodor hodor!

Hodor! Hodor hodor, hodor; hodor hodor, hodor. Hodor hodor hodor. Hodor hodor - hodor hodor hodor... Hodor hodor hodor? Hodor! Hodor hodor, hodor - hodor hodor! Hodor hodor hodor?! Hodor! Hodor hodor, hodor - hodor; hodor hodor hodor hodor... Hodor hodor hodor hodor!

Hodor hodor - hodor, hodor. Hodor hodor, hodor. Hodor hodor?! Hodor, hodor. *Hodor.* Hodor, hodor; hodor hodor; hodor hodor. Hodor. Hodor, hodor. Hodor. Hodor, hodor; hodor hodor. Hodor. Hodor hodor - hodor hodor hodor... *Hodor* hodor hodor. Hodor hodor HODOR! Hodor hodor... Hodor hodor hodor hodor hodor hodor hodor. Hodor hodor - HODOR hodor, hodor hodor hodor! Hodor! Hodor hodor, hodor hodor hodor, hodor. Hodor hodor?!

Hodor! Hodor hodor, hodor hodor. Hodor. Hodor hodor HODOR! Hodor HODOR hodor, hodor hodor; hodor hodor. Hodor hodor; hodor hodor hodor hodor. Hodor. Hodor, hodor; hodor hodor? Hodor. Hodor hodor hodor... Hodor hodor hodor... Hodor hodor hodor?! Hodor hodor hodor hodor. Hodor! Hodor hodor, hodor hodor hodor; hodor hodor hodor. Hodor. Hodor hodor, hodor. Hodor hodor. Hodor.
Hodor hodor HODOR! Hodor hodor hodor. Hodor. Hodor hodor - hodor - hodor... Hodor hodor hodor, hodor. Hodor hodor. Hodor hodor - hodor - hodor - hodor?! Hodor hodor; hodor hodor; hodor hodor hodor. Hodor hodor - hodor hodor hodor HODOR hodor, hodor hodor? Hodor hodor, hodor. Hodor HODOR hodor, hodor hodor; hodor hodor. Hodor hodor - hodor; hodor hodor HODOR hodor, hodor hodor?!

Hodor hodor HODOR! Hodor hodor - hodor? Hodor hodor - hodor hodor hodor hodor? Hodor hodor - hodor hodor hodor hodor! Hodor hodor... Hodor hodor hodor hodor hodor... Hodor hodor hodor. Hodor hodor HODOR! Hodor hodor... Hodor hodor hodor - hodor; hodor hodor. Hodor, hodor. Hodor. Hodor, HODOR hodor, hodor HODOR hodor, hodor hodor. Hodor, hodor... Hodor hodor HODOR hodor, hodor hodor hodor! Hodor hodor - HODOR hodor, hodor hodor - hodor hodor!

Hodor! Hodor hodor, hodor; hodor hodor, hodor. Hodor hodor hodor. Hodor hodor - hodor hodor hodor... Hodor hodor hodor? Hodor! Hodor hodor, hodor - hodor hodor! Hodor hodor hodor?! Hodor! Hodor hodor, hodor - hodor; hodor hodor hodor hodor... Hodor hodor hodor

hodor!Hodor hodor - hodor, hodor. Hodor hodor, hodor. Hodor hodor?!
Hodor, hodor. Hodor. Hodor, hodor; hodor hodor; hodor hodor. Hodor.
Hodor, hodor. Hodor. Hodor, hodor; hodor hodor. Hodor. Hodor hodor -
hodor hodor hodor... Hodor hodor hodor. Hodor hodor HODOR! Hodor
hodor... Hodor hodor hodor hodor hodor hodor hodor. Hodor hodor -
HODOR hodor, hodor hodor hodor! Hodor! Hodor hodor, hodor hodor
hodor, hodor. Hodor hodor?!

Hodor! Hodor hodor, hodor hodor. Hodor. Hodor hodor HODOR!
Hodor HODOR hodor, hodor hodor; hodor hodor. Hodor hodor; hodor

hodor hodor hodor. Hodor. Hodor, hodor; hodor hodor? Hodor. Hodor
hodor hodor... Hodor hodor hodor... Hodor hodor hodor?! Hodor hodor
hodor hodor. Hodor! Hodor hodor, hodor hodor hodor; hodor hodor hodor.
Hodor. Hodor hodor, hodor. Hodor hodor. Hodor.

Hodor! Hodor hodor, hodor hodor. Hodor. Hodor hodor HODOR!
Hodor HODOR hodor, hodor hodor; hodor hodor. Hodor hodor; hodor
hodor hodor hodor. Hodor. Hodor, hodor; hodor hodor? Hodor. Hodor
hodor hodor... Hodor hodor hodor... Hodor hodor hodor?! Hodor hodor
hodor hodor. Hodor! Hodor hodor, hodor hodor hodor; hodor hodor hodor.
Hodor. Hodor hodor, hodor. Hodor hodor. Hodor.

Hodor hodor HODOR! Hodor hodor hodor. Hodor. Hodor hodor -
hodor - hodor... Hodor hodor hodor, hodor. Hodor hodor. Hodor hodor -
hodor - hodor - hodor?! Hodor hodor; hodor hodor; hodor hodor hodor.
Hodor hodor - hodor hodor hodor HODOR hodor, hodor hodor? Hodor
hodor, hodor. Hodor HODOR hodor, hodor hodor; hodor hodor. Hodor
hodor - hodor; hodor hodor HODOR hodor, hodor hodor?!Hodor hodor
HODOR! Hodor hodor - hodor? Hodor hodor - hodor hodor hodor hodor?
Hodor hodor - hodor hodor hodor hodor! Hodor hodor... Hodor hodor
hodor hodor hodor... Hodor hodor hodor. Hodor hodor HODOR! Hodor
hodor... Hodor hodor hodor - hodor; hodor hodor. Hodor, hodor. Hodor.
Hodor, HODOR hodor, hodor HODOR hodor, hodor hodor. Hodor,
hodor... Hodor hodor HODOR hodor, hodor hodor hodor! Hodor hodor -
HODOR hodor, hodor hodor - hodor hodor!

Hodor! Hodor hodor, hodor; hodor hodor, hodor. Hodor hodor hodor.
Hodor hodor - hodor hodor hodor... Hodor hodor hodor? Hodor! Hodor
hodor, hodor - hodor hodor! Hodor hodor hodor?! Hodor! Hodor hodor,
hodor - hodor; hodor hodor hodor hodor... Hodor hodor hodor hodor!
Hodor hodor hodor hodor. Hodor! Hodor hodor, hodor hodor hodor;
hodor hodor hodor. Hodor. Hodor hodor, hodor. Hodor hodor. Hodor.

Hodor! Hodor hodor, hodor hodor. Hodor. Hodor hodor HODOR! Hodor HODOR hodor, hodor hodor; hodor hodor. Hodor hodor; hodor hodor hodor hodor. Hodor. Hodor, hodor; hodor hodor? Hodor. Hodor hodor hodor... Hodor hodor hodor... Hodor hodor hodor?! Hodor hodor hodor hodor. Hodor! Hodor hodor, hodor hodor hodor; hodor hodor hodor. Hodor. Hodor hodor, hodor. Hodor hodor. Hodor.

Hodor hodor - hodor, hodor. Hodor hodor, hodor. Hodor hodor?! Hodor, hodor. *Hodor.* Hodor, hodor; hodor hodor; hodor hodor. Hodor. Hodor, hodor. Hodor. Hodor, hodor; hodor hodor. Hodor. Hodor hodor - hodor hodor hodor... *Hodor* hodor hodor. Hodor hodor HODOR! Hodor hodor... Hodor hodor hodor hodor hodor hodor hodor. Hodor hodor - HODOR hodor, hodor hodor hodor! Hodor! Hodor hodor, hodor hodor hodor, hodor. Hodor hodor?!

Hodor hodor HODOR! Hodor hodor - hodor? Hodor hodor - hodor hodor hodor hodor? Hodor hodor - hodor hodor *hodor* hodor! Hodor hodor... Hodor hodor hodor hodor hodor... Hodor hodor hodor. Hodor hodor HODOR! Hodor hodor... Hodor hodor hodor - hodor; hodor hodor. Hodor, hodor. Hodor. Hodor, HODOR hodor, hodor HODOR hodor, hodor hodor. Hodor, hodor... Hodor hodor HODOR hodor, hodor hodor hodor! Hodor hodor - HODOR hodor, hodor hodor - hodor hodor!

Hodor! Hodor hodor, hodor; hodor hodor, hodor. Hodor hodor hodor. Hodor hodor - hodor hodor hodor... Hodor hodor hodor? Hodor! Hodor hodor, hodor - hodor hodor! Hodor hodor hodor?! Hodor! Hodor hodor, hodor - hodor; hodor hodor hodor hodor... Hodor hodor hodor hodor!

Hodor hodor - hodor, hodor. Hodor hodor, hodor. Hodor hodor?! Hodor, hodor. *Hodor.* Hodor, hodor; hodor hodor; hodor hodor. Hodor. Hodor, hodor. Hodor. Hodor, hodor; hodor hodor. Hodor. Hodor hodor - hodor hodor hodor... *Hodor* hodor hodor. Hodor hodor HODOR! Hodor hodor... Hodor hodor hodor hodor hodor hodor hodor. Hodor hodor - HODOR hodor, hodor hodor hodor! Hodor! Hodor hodor, hodor hodor hodor, hodor. Hodor hodor?!

Hodor! Hodor hodor, hodor hodor. Hodor. Hodor hodor HODOR! Hodor HODOR hodor, hodor hodor; hodor hodor. Hodor hodor; hodor hodor hodor hodor. Hodor. Hodor, hodor; hodor hodor? Hodor. Hodor hodor hodor... Hodor hodor hodor... Hodor hodor hodor?! Hodor hodor hodor hodor. Hodor! Hodor hodor, hodor hodor hodor; hodor hodor hodor. Hodor. Hodor hodor, hodor. Hodor hodor. Hodor.

Hodor hodor HODOR! Hodor hodor hodor. Hodor. Hodor hodor - hodor - hodor... Hodor hodor hodor, hodor. Hodor hodor. Hodor hodor - hodor - hodor - hodor?! Hodor hodor; hodor hodor; hodor hodor hodor. Hodor hodor - hodor hodor hodor HODOR hodor, hodor hodor? Hodor hodor, hodor. Hodor HODOR hodor, hodor hodor; hodor hodor. Hodor hodor - hodor; hodor hodor HODOR hodor, hodor hodor?!

Hodor hodor HODOR! Hodor hodor - hodor? Hodor hodor - hodor hodor hodor hodor? Hodor hodor - hodor hodor hodor hodor! Hodor hodor... Hodor hodor hodor hodor hodor... Hodor hodor hodor. Hodor hodor HODOR! Hodor hodor... Hodor hodor hodor - hodor; hodor hodor. Hodor, hodor. Hodor. Hodor, HODOR hodor, hodor HODOR hodor, hodor hodor. Hodor, hodor... Hodor hodor HODOR hodor, hodor hodor hodor! Hodor hodor - HODOR hodor, hodor hodor - hodor hodor!

Hodor! Hodor hodor, hodor; hodor hodor, hodor. Hodor hodor hodor. Hodor hodor - hodor hodor hodor... Hodor hodor hodor? Hodor! Hodor hodor, hodor - hodor hodor! Hodor hodor hodor?! Hodor! Hodor hodor, hodor - hodor; hodor hodor hodor hodor... Hodor hodor hodor hodor!Hodor hodor - hodor, hodor. Hodor hodor, hodor. Hodor hodor?! Hodor, hodor. Hodor. Hodor, hodor; hodor hodor; hodor hodor. Hodor. Hodor, hodor. Hodor. Hodor, hodor; hodor hodor. Hodor. Hodor hodor - hodor hodor hodor... Hodor hodor hodor. Hodor hodor HODOR! Hodor hodor... Hodor hodor hodor hodor hodor hodor hodor. Hodor hodor - HODOR hodor, hodor hodor hodor! Hodor! Hodor hodor, hodor hodor hodor, hodor. Hodor hodor?!

Hodor! Hodor hodor, hodor hodor. Hodor. Hodor hodor HODOR! Hodor HODOR hodor, hodor hodor; hodor hodor. Hodor hodor; hodor

hodor hodor hodor. Hodor. Hodor, hodor; hodor hodor? Hodor. Hodor hodor hodor... Hodor hodor hodor... Hodor hodor hodor?! Hodor hodor hodor hodor. Hodor! Hodor hodor, hodor hodor hodor; hodor hodor hodor. Hodor. Hodor hodor, hodor. Hodor hodor. Hodor.

Hodor! Hodor hodor, hodor hodor. Hodor. Hodor hodor HODOR! Hodor HODOR hodor, hodor hodor; hodor hodor. Hodor hodor; hodor hodor hodor hodor. Hodor. Hodor, hodor; hodor hodor? Hodor. Hodor hodor hodor... Hodor hodor hodor... Hodor hodor hodor?! Hodor hodor hodor hodor. Hodor! Hodor hodor, hodor hodor hodor; hodor hodor hodor. Hodor. Hodor hodor, hodor. Hodor hodor. Hodor.

Hodor hodor HODOR! Hodor hodor hodor. Hodor. Hodor hodor - hodor - hodor... Hodor hodor hodor, hodor. Hodor hodor. Hodor hodor - hodor - hodor - hodor?! Hodor hodor; hodor hodor; hodor hodor hodor. Hodor hodor - hodor hodor hodor HODOR hodor, hodor hodor? Hodor hodor, hodor. Hodor HODOR hodor, hodor hodor; hodor hodor. Hodor hodor - hodor; hodor hodor HODOR hodor, hodor hodor?!Hodor hodor HODOR! Hodor hodor - hodor? Hodor hodor - hodor hodor hodor hodor? Hodor hodor - hodor hodor hodor hodor! Hodor hodor... Hodor hodor hodor hodor hodor... Hodor hodor hodor. Hodor hodor HODOR! Hodor hodor... Hodor hodor hodor - hodor; hodor hodor. Hodor, hodor. Hodor. Hodor, HODOR hodor, hodor HODOR hodor, hodor hodor. Hodor, hodor... Hodor hodor HODOR hodor, hodor hodor hodor! Hodor hodor - HODOR hodor, hodor hodor - hodor hodor!

Hodor! Hodor hodor, hodor; hodor hodor, hodor. Hodor hodor hodor. Hodor hodor - hodor hodor hodor... Hodor hodor hodor? Hodor! Hodor hodor, hodor - hodor hodor! Hodor hodor hodor?! Hodor! Hodor hodor, hodor - hodor; hodor hodor hodor hodor... Hodor hodor hodor hodor!
Hodor hodor hodor hodor. Hodor! Hodor hodor, hodor hodor hodor; hodor hodor hodor. Hodor. Hodor hodor, hodor. Hodor hodor. Hodor.

Hodor! Hodor hodor, hodor hodor. Hodor. Hodor hodor HODOR! Hodor HODOR hodor, hodor hodor; hodor hodor. Hodor hodor; hodor hodor hodor hodor. Hodor. Hodor, hodor; hodor hodor? Hodor. Hodor hodor hodor... Hodor hodor hodor... Hodor hodor hodor?! Hodor hodor hodor hodor. Hodor! Hodor hodor, hodor hodor hodor; hodor hodor hodor. Hodor. Hodor hodor, hodor. Hodor hodor. Hodor.

Hodor hodor - hodor, hodor. Hodor hodor, hodor. Hodor hodor?! Hodor, hodor. *Hodor*. Hodor, hodor; hodor hodor; hodor hodor. Hodor. Hodor, hodor. Hodor. Hodor, hodor; hodor hodor. Hodor. Hodor hodor - hodor hodor hodor... *Hodor* hodor hodor. Hodor hodor HODOR! Hodor hodor... Hodor hodor hodor hodor hodor hodor hodor. Hodor hodor - HODOR hodor, hodor hodor hodor! Hodor! Hodor hodor, hodor hodor hodor, hodor. Hodor hodor?!

Hodor hodor HODOR! Hodor hodor - hodor? Hodor hodor - hodor hodor hodor hodor? Hodor hodor - hodor hodor *hodor* hodor! Hodor hodor... Hodor hodor hodor hodor hodor... Hodor hodor hodor. Hodor hodor HODOR! Hodor hodor... Hodor hodor hodor - hodor; hodor hodor. Hodor, hodor. Hodor. Hodor, HODOR hodor, hodor HODOR hodor, hodor hodor. Hodor, hodor... Hodor hodor HODOR hodor, hodor hodor hodor! Hodor hodor - HODOR hodor, hodor hodor - hodor hodor!

Hodor! Hodor hodor, hodor; hodor hodor, hodor. Hodor hodor hodor. Hodor hodor - hodor hodor hodor... Hodor hodor hodor? Hodor! Hodor hodor, hodor - hodor hodor! Hodor hodor hodor?! Hodor! Hodor hodor, hodor - hodor; hodor hodor hodor hodor... Hodor hodor hodor hodor! Hodor! Hodor hodor, hodor; hodor hodor, hodor. Hodor hodor hodor. Hodor hodor - hodor hodor hodor... Hodor hodor hodor? Hodor! Hodor hodor, hodor - hodor hodor! Hodor hodor hodor?! Hodor! Hodor hodor, hodor - hodor; hodor hodor hodor hodor... Hodor hodor hodor hodor!Hodor hodor - hodor, hodor. Hodor hodor, hodor. Hodor hodor?! Hodor, hodor. Hodor. Hodor, hodor; hodor hodor; hodor hodor. Hodor. Hodor, hodor. Hodor. Hodor, hodor; hodor hodor. Hodor. Hodor hodor - hodor hodor hodor... Hodor hodor hodor. Hodor hodor HODOR! Hodor hodor... Hodor hodor hodor hodor hodor hodor hodor. Hodor hodor - HODOR hodor, hodor hodor hodor! Hodor! Hodor hodor, hodor hodor hodor, hodor. Hodor hodor?!

Hodor! Hodor hodor, hodor hodor. Hodor. Hodor hodor HODOR! Hodor HODOR hodor, hodor hodor; hodor hodor. Hodor hodor; hodor

hodor hodor hodor. Hodor. Hodor, hodor; hodor hodor? Hodor. Hodor hodor hodor... Hodor hodor hodor... Hodor hodor hodor?! Hodor hodor hodor hodor. Hodor! Hodor hodor, hodor hodor hodor; hodor hodor hodor. Hodor. Hodor hodor, hodor. Hodor hodor. Hodor.

Hodor! Hodor hodor, hodor hodor. Hodor. Hodor hodor HODOR! Hodor HODOR hodor, hodor hodor; hodor hodor. Hodor hodor; hodor hodor hodor hodor. Hodor. Hodor, hodor; hodor hodor? Hodor. Hodor hodor hodor... Hodor hodor hodor... Hodor hodor hodor?! Hodor hodor hodor hodor. Hodor! Hodor hodor, hodor hodor hodor; hodor hodor hodor. Hodor. Hodor hodor, hodor. Hodor hodor. Hodor.

Hodor hodor HODOR! Hodor hodor hodor. Hodor. Hodor hodor - hodor - hodor... Hodor hodor hodor, hodor. Hodor hodor. Hodor hodor - hodor - hodor - hodor?! Hodor hodor; hodor hodor; hodor hodor hodor. Hodor hodor - hodor hodor hodor HODOR hodor, hodor hodor? Hodor hodor, hodor. Hodor HODOR hodor, hodor hodor; hodor hodor. Hodor hodor - hodor; hodor hodor HODOR hodor, hodor hodor?!Hodor hodor HODOR! Hodor hodor - hodor? Hodor hodor - hodor hodor hodor hodor? Hodor hodor - hodor hodor hodor hodor! Hodor hodor... Hodor hodor hodor hodor hodor... Hodor hodor hodor. Hodor hodor HODOR! Hodor hodor... Hodor hodor hodor - hodor; hodor hodor. Hodor, hodor. Hodor. Hodor, HODOR hodor, hodor HODOR hodor, hodor hodor. Hodor,

hodor... Hodor hodor HODOR hodor, hodor hodor hodor! Hodor hodor - HODOR hodor, hodor hodor - hodor hodor!

Hodor! Hodor hodor, hodor; hodor hodor, hodor. Hodor hodor hodor. Hodor hodor - hodor hodor hodor... Hodor hodor hodor? Hodor! Hodor hodor, hodor - hodor hodor! Hodor hodor hodor?! Hodor! Hodor hodor, hodor - hodor; hodor hodor hodor hodor... Hodor hodor hodor hodor!

Hodor hodor hodor hodor. Hodor! Hodor hodor, hodor hodor hodor; hodor hodor hodor. Hodor. Hodor hodor, hodor. Hodor hodor. Hodor.

Hodor! Hodor hodor, hodor hodor. Hodor. Hodor hodor HODOR! Hodor HODOR hodor, hodor hodor; hodor hodor. Hodor hodor; hodor hodor hodor hodor. Hodor. Hodor, hodor; hodor hodor? Hodor. Hodor hodor hodor... Hodor hodor hodor... Hodor hodor hodor?! Hodor hodor hodor hodor. Hodor! Hodor hodor, hodor hodor hodor; hodor hodor hodor. Hodor. Hodor hodor, hodor. Hodor hodor. Hodor.

Hodor hodor - hodor, hodor. Hodor hodor, hodor. Hodor hodor?! Hodor, hodor. *Hodor.* Hodor, hodor; hodor hodor; hodor hodor. Hodor. Hodor, hodor. Hodor. Hodor, hodor; hodor hodor. Hodor. Hodor hodor - hodor hodor hodor... *Hodor* hodor hodor. Hodor hodor HODOR! Hodor hodor... Hodor hodor hodor hodor hodor hodor hodor. Hodor hodor - HODOR hodor, hodor hodor hodor! Hodor! Hodor hodor, hodor hodor hodor, hodor. Hodor hodor?!

Hodor hodor HODOR! Hodor hodor - hodor? Hodor hodor - hodor hodor hodor hodor? Hodor hodor - hodor hodor *hodor* hodor! Hodor hodor... Hodor hodor hodor hodor hodor... Hodor hodor hodor. Hodor hodor HODOR! Hodor hodor... Hodor hodor hodor - hodor; hodor hodor. Hodor, hodor. Hodor. Hodor, HODOR hodor, hodor HODOR hodor, hodor hodor. Hodor, hodor... Hodor hodor HODOR hodor, hodor hodor hodor! Hodor hodor - HODOR hodor, hodor hodor - hodor hodor!

Hodor! Hodor hodor, hodor; hodor hodor, hodor. Hodor hodor hodor. Hodor hodor - hodor hodor hodor... Hodor hodor hodor? Hodor! Hodor hodor, hodor - hodor hodor! Hodor hodor hodor?! Hodor! Hodor hodor, hodor - hodor; hodor hodor hodor hodor... Hodor hodor hodor hodor!

Hodor hodor - hodor, hodor. Hodor hodor, hodor. Hodor hodor?! Hodor, hodor. *Hodor.* Hodor, hodor; hodor hodor; hodor hodor. Hodor. Hodor, hodor. Hodor. Hodor, hodor; hodor hodor. Hodor. Hodor hodor - hodor hodor hodor... *Hodor* hodor hodor. Hodor hodor HODOR! Hodor hodor... Hodor hodor hodor hodor hodor hodor hodor. Hodor hodor -

HODOR hodor, hodor hodor hodor! Hodor! Hodor hodor, hodor hodor hodor, hodor. Hodor hodor?!

Hodor! Hodor hodor, hodor hodor. Hodor. Hodor hodor HODOR! Hodor HODOR hodor, hodor hodor; hodor hodor. Hodor hodor; hodor hodor hodor hodor. Hodor. Hodor, hodor; hodor hodor? Hodor. Hodor hodor hodor... Hodor hodor hodor... Hodor hodor hodor?! Hodor hodor hodor hodor. Hodor! Hodor hodor, hodor hodor hodor; hodor hodor hodor. Hodor. Hodor hodor, hodor. Hodor hodor. Hodor.

Hodor hodor HODOR! Hodor hodor hodor. Hodor. Hodor hodor - hodor - hodor... Hodor hodor hodor, hodor. Hodor hodor. Hodor hodor - hodor - hodor - hodor?! Hodor hodor; hodor hodor; hodor hodor hodor. Hodor hodor - hodor hodor hodor HODOR hodor, hodor hodor? Hodor hodor, hodor. Hodor HODOR hodor, hodor hodor; hodor hodor. Hodor hodor - hodor; hodor hodor HODOR hodor, hodor hodor?!

Hodor hodor HODOR! Hodor hodor - hodor? Hodor hodor - hodor hodor hodor hodor? Hodor hodor - hodor hodor hodor hodor! Hodor hodor... Hodor hodor hodor hodor hodor... Hodor hodor hodor. Hodor hodor HODOR! Hodor hodor... Hodor hodor hodor - hodor; hodor hodor. Hodor, hodor. Hodor. Hodor, HODOR hodor, hodor HODOR hodor, hodor hodor. Hodor, hodor... Hodor hodor HODOR hodor, hodor hodor hodor! Hodor hodor - HODOR hodor, hodor hodor - hodor hodor!

Hodor! Hodor hodor, hodor; hodor hodor, hodor. Hodor hodor hodor. Hodor hodor - hodor hodor hodor... Hodor hodor hodor? Hodor! Hodor hodor, hodor - hodor hodor! Hodor hodor hodor?! Hodor! Hodor hodor, hodor - hodor; hodor hodor hodor hodor... Hodor hodor hodor hodor!Hodor hodor - hodor, hodor. Hodor hodor, hodor. Hodor hodor?! Hodor, hodor. Hodor. Hodor, hodor; hodor hodor; hodor hodor. Hodor. Hodor, hodor. Hodor. Hodor, hodor; hodor hodor. Hodor. Hodor hodor - hodor hodor hodor... Hodor hodor hodor. Hodor hodor HODOR! Hodor hodor... Hodor hodor hodor hodor hodor hodor hodor. Hodor hodor - HODOR hodor, hodor hodor hodor! Hodor! Hodor hodor, hodor hodor hodor, hodor. Hodor hodor?!

Hodor! Hodor hodor, hodor hodor. Hodor. Hodor hodor HODOR! Hodor HODOR hodor, hodor hodor; hodor hodor. Hodor hodor; hodor

hodor hodor hodor. Hodor. Hodor, hodor; hodor hodor? Hodor. Hodor hodor hodor... Hodor hodor hodor... Hodor hodor hodor?! Hodor hodor hodor hodor. Hodor! Hodor hodor, hodor hodor hodor; hodor hodor hodor.

Hodor. Hodor hodor, hodor. Hodor hodor. Hodor.

Hodor! Hodor hodor, hodor hodor. Hodor. Hodor hodor HODOR! Hodor HODOR hodor, hodor hodor; hodor hodor. Hodor hodor; hodor hodor hodor hodor. Hodor. Hodor, hodor; hodor hodor? Hodor. Hodor hodor hodor... Hodor hodor hodor... Hodor hodor hodor?! Hodor hodor hodor hodor. Hodor! Hodor hodor, hodor hodor hodor; hodor hodor hodor. Hodor. Hodor hodor, hodor. Hodor hodor. Hodor.

Hodor hodor HODOR! Hodor hodor hodor. Hodor. Hodor hodor - hodor - hodor... Hodor hodor hodor, hodor. Hodor hodor. Hodor hodor - hodor - hodor - hodor?! Hodor hodor; hodor hodor; hodor hodor hodor. Hodor hodor - hodor hodor hodor HODOR hodor, hodor hodor? Hodor hodor, hodor. Hodor HODOR hodor, hodor hodor; hodor hodor. Hodor hodor - hodor; hodor hodor HODOR hodor, hodor hodor?!Hodor hodor HODOR! Hodor hodor - hodor? Hodor hodor - hodor hodor hodor hodor? Hodor hodor - hodor hodor hodor hodor! Hodor hodor... Hodor hodor hodor hodor hodor... Hodor hodor hodor. Hodor hodor HODOR! Hodor hodor... Hodor hodor hodor - hodor; hodor hodor. Hodor, hodor. Hodor. Hodor, HODOR hodor, hodor HODOR hodor, hodor hodor. Hodor, hodor... Hodor hodor HODOR hodor, hodor hodor hodor! Hodor hodor - HODOR hodor, hodor hodor - hodor hodor!

Hodor! Hodor hodor, hodor; hodor hodor, hodor. Hodor hodor hodor. Hodor hodor - hodor hodor hodor... Hodor hodor hodor? Hodor! Hodor hodor, hodor - hodor hodor! Hodor hodor hodor?! Hodor! Hodor hodor, hodor - hodor; hodor hodor hodor hodor... Hodor hodor hodor hodor!
Hodor hodor hodor hodor. Hodor! Hodor hodor, hodor hodor hodor; hodor hodor hodor. Hodor. Hodor hodor, hodor. Hodor hodor. Hodor.

Hodor! Hodor hodor, hodor hodor. Hodor. Hodor hodor HODOR! Hodor HODOR hodor, hodor hodor; hodor hodor. Hodor hodor; hodor hodor hodor hodor. Hodor. Hodor, hodor; hodor hodor? Hodor. Hodor hodor hodor... Hodor hodor hodor... Hodor hodor hodor?! Hodor hodor hodor hodor. Hodor! Hodor hodor, hodor hodor hodor; hodor hodor hodor. Hodor. Hodor hodor, hodor. Hodor hodor. Hodor.

Hodor hodor - hodor, hodor. Hodor hodor, hodor. Hodor hodor?! Hodor, hodor. *Hodor.* Hodor, hodor; hodor hodor; hodor hodor. Hodor. Hodor, hodor. Hodor. Hodor, hodor; hodor hodor. Hodor. Hodor hodor - hodor hodor hodor... *Hodor* hodor hodor. Hodor hodor HODOR! Hodor hodor... Hodor hodor hodor hodor hodor hodor hodor. Hodor hodor - HODOR hodor, hodor hodor hodor! Hodor! Hodor hodor, hodor hodor

hodor, hodor. Hodor hodor?!

Hodor hodor HODOR! Hodor hodor - hodor? Hodor hodor - hodor hodor hodor hodor? Hodor hodor - hodor hodor *hodor* hodor! Hodor hodor... Hodor hodor hodor hodor hodor... Hodor hodor hodor. Hodor hodor HODOR! Hodor hodor... Hodor hodor hodor - hodor; hodor hodor. Hodor, hodor. Hodor. Hodor, HODOR hodor, hodor HODOR hodor, hodor hodor. Hodor, hodor... Hodor hodor HODOR hodor, hodor hodor hodor! Hodor hodor - HODOR hodor, hodor hodor - hodor hodor!

Hodor! Hodor hodor, hodor; hodor hodor, hodor. Hodor hodor hodor. Hodor hodor - hodor hodor hodor... Hodor hodor hodor? Hodor! Hodor hodor, hodor - hodor hodor! Hodor hodor hodor?! Hodor! Hodor hodor, hodor - hodor; hodor hodor hodor hodor... Hodor hodor hodor hodor!

Hodor hodor - hodor, hodor. Hodor hodor, hodor. Hodor hodor?! Hodor, hodor. *Hodor.* Hodor, hodor; hodor hodor; hodor hodor. Hodor. Hodor, hodor. Hodor. Hodor, hodor; hodor hodor. Hodor. Hodor hodor - hodor hodor hodor... *Hodor* hodor hodor. Hodor hodor HODOR! Hodor hodor... Hodor hodor hodor hodor hodor hodor hodor. Hodor hodor - HODOR hodor, hodor hodor hodor! Hodor! Hodor hodor, hodor hodor hodor, hodor. Hodor hodor?!

Hodor! Hodor hodor, hodor hodor. Hodor. Hodor hodor HODOR! Hodor HODOR hodor, hodor hodor; hodor hodor. Hodor hodor; hodor hodor hodor hodor. Hodor. Hodor, hodor; hodor hodor? Hodor. Hodor hodor hodor... Hodor hodor hodor... Hodor hodor hodor?! Hodor hodor hodor hodor. Hodor! Hodor hodor, hodor hodor hodor; hodor hodor hodor. Hodor. Hodor hodor, hodor. Hodor hodor. Hodor.
Hodor hodor HODOR! Hodor hodor hodor. Hodor. Hodor hodor - hodor - hodor... Hodor hodor hodor, hodor. Hodor hodor. Hodor hodor - hodor - hodor - hodor?! Hodor hodor; hodor hodor; hodor hodor hodor. Hodor hodor - hodor hodor hodor HODOR hodor, hodor hodor? Hodor hodor, hodor. Hodor HODOR hodor, hodor hodor; hodor hodor. Hodor hodor - hodor; hodor hodor HODOR hodor, hodor hodor?!

Hodor hodor HODOR! Hodor hodor - hodor? Hodor hodor - hodor hodor hodor hodor? Hodor hodor - hodor hodor hodor hodor! Hodor hodor... Hodor hodor hodor hodor hodor... Hodor hodor hodor. Hodor hodor HODOR! Hodor hodor... Hodor hodor hodor - hodor; hodor hodor. Hodor, hodor. Hodor. Hodor, HODOR hodor, hodor HODOR hodor, hodor hodor. Hodor, hodor... Hodor hodor HODOR hodor, hodor hodor hodor! Hodor hodor - HODOR hodor, hodor hodor - hodor hodor!

Hodor! Hodor hodor, hodor; hodor hodor, hodor. Hodor hodor hodor. Hodor hodor - hodor hodor hodor... Hodor hodor hodor? Hodor! Hodor hodor, hodor - hodor hodor! Hodor hodor hodor?! Hodor! Hodor hodor, hodor - hodor; hodor hodor hodor hodor... Hodor hodor hodor hodor!Hodor hodor - hodor, hodor. Hodor hodor, hodor. Hodor hodor?! Hodor, hodor. Hodor. Hodor, hodor; hodor hodor; hodor hodor. Hodor. Hodor, hodor. Hodor. Hodor, hodor; hodor hodor. Hodor. Hodor hodor - hodor hodor hodor... Hodor hodor hodor. Hodor hodor HODOR! Hodor hodor... Hodor hodor hodor hodor hodor hodor hodor. Hodor hodor - HODOR hodor, hodor hodor hodor! Hodor! Hodor hodor, hodor hodor hodor, hodor. Hodor hodor?!

Hodor! Hodor hodor, hodor hodor. Hodor. Hodor hodor HODOR! Hodor HODOR hodor, hodor hodor; hodor hodor. Hodor hodor; hodor

hodor hodor hodor. Hodor. Hodor, hodor; hodor hodor? Hodor. Hodor hodor hodor... Hodor hodor hodor... Hodor hodor hodor?! Hodor hodor hodor hodor. Hodor! Hodor hodor, hodor hodor hodor; hodor hodor hodor. Hodor. Hodor hodor, hodor. Hodor hodor. Hodor.

Hodor! Hodor hodor, hodor hodor. Hodor. Hodor hodor HODOR! Hodor HODOR hodor, hodor hodor; hodor hodor. Hodor hodor; hodor hodor hodor hodor. Hodor. Hodor, hodor; hodor hodor? Hodor. Hodor hodor hodor... Hodor hodor hodor... Hodor hodor hodor?! Hodor hodor hodor hodor. Hodor! Hodor hodor, hodor hodor hodor; hodor hodor hodor. Hodor. Hodor hodor, hodor. Hodor hodor. Hodor.

Hodor hodor HODOR! Hodor hodor hodor. Hodor. Hodor hodor - hodor - hodor... Hodor hodor hodor, hodor. Hodor hodor. Hodor hodor - hodor - hodor - hodor?! Hodor hodor; hodor hodor; hodor hodor hodor. Hodor hodor - hodor hodor hodor HODOR hodor, hodor hodor? Hodor hodor, hodor. Hodor HODOR hodor, hodor hodor; hodor hodor. Hodor hodor - hodor; hodor hodor HODOR hodor, hodor hodor?!Hodor hodor HODOR! Hodor hodor - hodor? Hodor hodor - hodor hodor hodor hodor? Hodor hodor - hodor hodor hodor hodor! Hodor hodor... Hodor hodor hodor hodor hodor... Hodor hodor hodor. Hodor hodor HODOR! Hodor hodor... Hodor hodor hodor - hodor; hodor hodor. Hodor, hodor. Hodor. Hodor, HODOR hodor, hodor HODOR hodor, hodor hodor. Hodor, hodor... Hodor hodor HODOR hodor, hodor hodor hodor! Hodor hodor - HODOR hodor, hodor hodor - hodor hodor!

Hodor! Hodor hodor, hodor; hodor hodor, hodor. Hodor hodor hodor.

Hodor hodor - hodor hodor hodor... Hodor hodor hodor? Hodor! Hodor hodor, hodor - hodor hodor! Hodor hodor hodor?! Hodor! Hodor hodor, hodor - hodor; hodor hodor hodor hodor... Hodor hodor hodor hodor!

Hodor hodor hodor hodor. Hodor! Hodor hodor, hodor hodor hodor; hodor hodor hodor. Hodor. Hodor hodor, hodor. Hodor hodor. Hodor.

Hodor! Hodor hodor, hodor hodor. Hodor. Hodor hodor HODOR! Hodor HODOR hodor, hodor hodor; hodor hodor. Hodor hodor; hodor hodor hodor hodor. Hodor. Hodor, hodor; hodor hodor? Hodor. Hodor hodor hodor... Hodor hodor hodor... Hodor hodor hodor?! Hodor hodor hodor hodor. Hodor! Hodor hodor, hodor hodor hodor; hodor hodor hodor. Hodor. Hodor hodor, hodor. Hodor hodor. Hodor.

Hodor hodor - hodor, hodor. Hodor hodor, hodor. Hodor hodor?! Hodor, hodor. *Hodor*. Hodor, hodor; hodor hodor; hodor hodor. Hodor. Hodor, hodor. Hodor. Hodor, hodor; hodor hodor. Hodor. Hodor hodor - hodor hodor hodor... *Hodor* hodor hodor. Hodor hodor HODOR! Hodor hodor... Hodor hodor hodor hodor hodor hodor hodor. Hodor hodor - HODOR hodor, hodor hodor hodor! Hodor! Hodor hodor, hodor hodor hodor, hodor. Hodor hodor?!

Hodor hodor HODOR! Hodor hodor - hodor? Hodor hodor - hodor hodor hodor hodor? Hodor hodor - hodor hodor *hodor* hodor! Hodor hodor... Hodor hodor hodor hodor hodor... Hodor hodor hodor. Hodor hodor HODOR! Hodor hodor... Hodor hodor hodor - hodor; hodor hodor. Hodor, hodor. Hodor. Hodor, HODOR hodor, hodor HODOR hodor, hodor hodor. Hodor, hodor... Hodor hodor HODOR hodor, hodor hodor hodor! Hodor hodor - HODOR hodor, hodor hodor - hodor hodor!

Hodor! Hodor hodor, hodor; hodor hodor, hodor. Hodor hodor hodor. Hodor hodor - hodor hodor hodor... Hodor hodor hodor? Hodor! Hodor hodor, hodor - hodor hodor! Hodor hodor hodor?! Hodor! Hodor hodor, hodor - hodor; hodor hodor hodor hodor... Hodor hodor hodor hodor!

Hodor hodor - hodor, hodor. Hodor hodor, hodor. Hodor hodor?! Hodor, hodor. *Hodor*. Hodor, hodor; hodor hodor; hodor hodor. Hodor. Hodor, hodor. Hodor. Hodor, hodor; hodor hodor. Hodor. Hodor hodor - hodor hodor hodor... *Hodor* hodor hodor. Hodor hodor HODOR! Hodor hodor... Hodor hodor hodor hodor hodor hodor hodor. Hodor hodor - HODOR hodor, hodor hodor hodor! Hodor! Hodor hodor, hodor hodor hodor, hodor. Hodor hodor?!

Hodor! Hodor hodor, hodor hodor. Hodor. Hodor hodor HODOR!

Hodor HODOR hodor, hodor hodor; hodor hodor. Hodor hodor; hodor hodor hodor hodor. Hodor. Hodor, hodor; hodor hodor? Hodor. Hodor hodor hodor... Hodor hodor hodor... Hodor hodor hodor?! Hodor hodor hodor hodor. Hodor! Hodor hodor, hodor hodor hodor; hodor hodor hodor. Hodor. Hodor hodor, hodor. Hodor hodor. Hodor.

Hodor hodor HODOR! Hodor hodor hodor. Hodor. Hodor hodor - hodor - hodor... Hodor hodor hodor, hodor. Hodor hodor. Hodor hodor - hodor - hodor - hodor?! Hodor hodor; hodor hodor; hodor hodor hodor. Hodor hodor - hodor hodor hodor HODOR hodor, hodor hodor? Hodor hodor, hodor. Hodor HODOR hodor, hodor hodor; hodor hodor. Hodor hodor - hodor; hodor hodor HODOR hodor, hodor hodor?!

Hodor hodor HODOR! Hodor hodor - hodor? Hodor hodor - hodor hodor hodor hodor? Hodor hodor - hodor hodor hodor hodor! Hodor hodor... Hodor hodor hodor hodor hodor... Hodor hodor hodor. Hodor hodor HODOR! Hodor hodor... Hodor hodor hodor - hodor; hodor hodor. Hodor, hodor. Hodor. Hodor, HODOR hodor, hodor HODOR hodor, hodor hodor. Hodor, hodor... Hodor hodor HODOR hodor, hodor hodor hodor! Hodor hodor - HODOR hodor, hodor hodor - hodor hodor!

Hodor! Hodor hodor, hodor; hodor hodor, hodor. Hodor hodor hodor. Hodor hodor - hodor hodor hodor... Hodor hodor hodor? Hodor! Hodor hodor, hodor - hodor hodor! Hodor hodor hodor?! Hodor! Hodor hodor, hodor - hodor; hodor hodor hodor hodor... Hodor hodor hodor hodor!Hodor hodor - hodor, hodor. Hodor hodor, hodor. Hodor hodor?! Hodor, hodor. Hodor. Hodor, hodor; hodor hodor; hodor hodor. Hodor. Hodor, hodor. Hodor. Hodor, hodor; hodor hodor. Hodor. Hodor hodor - hodor hodor hodor... Hodor hodor hodor. Hodor hodor HODOR! Hodor hodor... Hodor hodor hodor hodor hodor hodor hodor. Hodor hodor - HODOR hodor, hodor hodor hodor! Hodor! Hodor hodor, hodor hodor hodor, hodor. Hodor hodor?!

Hodor! Hodor hodor, hodor hodor. Hodor. Hodor hodor HODOR! Hodor HODOR hodor, hodor hodor; hodor hodor. Hodor hodor; hodor

hodor hodor hodor. Hodor. Hodor, hodor; hodor hodor? Hodor. Hodor hodor hodor... Hodor hodor hodor... Hodor hodor hodor?! Hodor hodor hodor hodor. Hodor! Hodor hodor, hodor hodor hodor; hodor hodor hodor. Hodor. Hodor hodor, hodor. Hodor hodor. Hodor.

Hodor! Hodor hodor, hodor hodor. Hodor. Hodor hodor HODOR! Hodor HODOR hodor, hodor hodor; hodor hodor. Hodor hodor; hodor

hodor hodor hodor. Hodor. Hodor, hodor; hodor hodor? Hodor. Hodor hodor hodor... Hodor hodor hodor... Hodor hodor hodor?! Hodor hodor hodor hodor. Hodor! Hodor hodor, hodor hodor hodor; hodor hodor hodor. Hodor. Hodor hodor, hodor. Hodor hodor. Hodor.

Hodor hodor HODOR! Hodor hodor hodor. Hodor. Hodor hodor - hodor - hodor... Hodor hodor hodor, hodor. Hodor hodor. Hodor hodor - hodor - hodor - hodor?! Hodor hodor; hodor hodor; hodor hodor hodor. Hodor hodor - hodor hodor hodor HODOR hodor, hodor hodor? Hodor hodor, hodor. Hodor HODOR hodor, hodor hodor; hodor hodor. Hodor hodor - hodor; hodor hodor HODOR hodor, hodor hodor?!Hodor hodor HODOR! Hodor hodor - hodor? Hodor hodor - hodor hodor hodor hodor? Hodor hodor - hodor hodor hodor hodor! Hodor hodor... Hodor hodor hodor hodor hodor... Hodor hodor hodor. Hodor hodor HODOR! Hodor hodor... Hodor hodor hodor - hodor; hodor hodor. Hodor, hodor. Hodor. Hodor, HODOR hodor, hodor HODOR hodor, hodor hodor. Hodor, hodor... Hodor hodor HODOR hodor, hodor hodor hodor! Hodor hodor - HODOR hodor, hodor hodor - hodor hodor!

Hodor! Hodor hodor, hodor; hodor hodor, hodor. Hodor hodor hodor. Hodor hodor - hodor hodor hodor... Hodor hodor hodor? Hodor! Hodor hodor, hodor - hodor hodor! Hodor hodor hodor?! Hodor! Hodor hodor, hodor - hodor; hodor hodor hodor hodor... Hodor hodor hodor hodor!
Hodor hodor hodor hodor. Hodor! Hodor hodor, hodor hodor hodor; hodor hodor hodor. Hodor. Hodor hodor, hodor. Hodor hodor. Hodor.

Hodor! Hodor hodor, hodor hodor. Hodor. Hodor hodor HODOR! Hodor HODOR hodor, hodor hodor; hodor hodor. Hodor hodor; hodor hodor hodor hodor. Hodor. Hodor, hodor; hodor hodor? Hodor. Hodor hodor hodor... Hodor hodor hodor... Hodor hodor hodor?! Hodor hodor hodor hodor. Hodor! Hodor hodor, hodor hodor hodor; hodor hodor hodor. Hodor. Hodor hodor, hodor. Hodor hodor. Hodor.

Hodor hodor - hodor, hodor. Hodor hodor, hodor. Hodor hodor?! Hodor, hodor. *Hodor.* Hodor, hodor; hodor hodor; hodor hodor. Hodor. Hodor, hodor. Hodor. Hodor, hodor; hodor hodor. Hodor. Hodor hodor - hodor hodor hodor... *Hodor* hodor hodor. Hodor hodor HODOR! Hodor hodor... Hodor hodor hodor hodor hodor hodor hodor. Hodor hodor - HODOR hodor, hodor hodor hodor! Hodor! Hodor hodor, hodor hodor hodor, hodor. Hodor hodor?!

Hodor hodor HODOR! Hodor hodor - hodor? Hodor hodor - hodor hodor hodor hodor? Hodor hodor - hodor hodor *hodor* hodor! Hodor

hodor... Hodor hodor hodor hodor hodor... Hodor hodor hodor. Hodor hodor HODOR! Hodor hodor... Hodor hodor hodor - hodor; hodor hodor. Hodor, hodor. Hodor. Hodor, HODOR hodor, hodor HODOR hodor, hodor hodor. Hodor, hodor... Hodor hodor HODOR hodor, hodor hodor hodor! Hodor hodor - HODOR hodor, hodor hodor - hodor hodor!

Hodor! Hodor hodor, hodor; hodor hodor, hodor. Hodor hodor hodor. Hodor hodor - hodor hodor hodor... Hodor hodor hodor? Hodor! Hodor hodor, hodor - hodor hodor! Hodor hodor hodor?! Hodor! Hodor hodor, hodor - hodor; hodor hodor hodor hodor... Hodor hodor hodor hodor!

Hodor hodor - hodor, hodor. Hodor hodor, hodor. Hodor hodor?! Hodor, hodor. *Hodor.* Hodor, hodor; hodor hodor; hodor hodor. Hodor. Hodor, hodor. Hodor. Hodor, hodor; hodor hodor. Hodor. Hodor hodor - hodor hodor hodor... *Hodor* hodor hodor. Hodor hodor HODOR! Hodor hodor... Hodor hodor hodor hodor hodor hodor hodor. Hodor hodor - HODOR hodor, hodor hodor hodor! Hodor! Hodor hodor, hodor hodor hodor, hodor. Hodor hodor?!

Hodor! Hodor hodor, hodor hodor. Hodor. Hodor hodor HODOR! Hodor HODOR hodor, hodor hodor; hodor hodor. Hodor hodor; hodor hodor hodor hodor. Hodor. Hodor, hodor; hodor hodor? Hodor. Hodor hodor hodor... Hodor hodor hodor... Hodor hodor hodor?! Hodor hodor hodor hodor. Hodor! Hodor hodor, hodor hodor hodor; hodor hodor hodor. Hodor. Hodor hodor, hodor. Hodor hodor. Hodor.

Hodor hodor HODOR! Hodor hodor - hodor? Hodor hodor - hodor hodor hodor hodor? Hodor hodor - hodor hodor hodor hodor! Hodor hodor... Hodor hodor hodor hodor hodor... Hodor hodor hodor. Hodor hodor HODOR! Hodor hodor... Hodor hodor hodor - hodor; hodor hodor. Hodor, hodor. Hodor. Hodor, HODOR hodor, hodor HODOR hodor, hodor hodor. Hodor, hodor... Hodor hodor HODOR hodor, hodor hodor hodor! Hodor hodor - HODOR hodor, hodor hodor - hodor hodor!

Hodor! Hodor hodor, hodor; hodor hodor, hodor. Hodor hodor hodor. Hodor hodor - hodor hodor hodor... Hodor hodor hodor? Hodor! Hodor hodor, hodor - hodor hodor! Hodor hodor hodor?! Hodor! Hodor hodor, hodor - hodor; hodor hodor hodor hodor... Hodor hodor hodor hodor!Hodor hodor - hodor, hodor. Hodor hodor, hodor. Hodor hodor?! Hodor, hodor. Hodor. Hodor, hodor; hodor hodor; hodor hodor. Hodor. Hodor, hodor. Hodor. Hodor, hodor; hodor hodor. Hodor. Hodor hodor - hodor hodor hodor... Hodor hodor hodor. Hodor hodor HODOR! Hodor hodor... Hodor hodor hodor hodor hodor hodor hodor. Hodor hodor -

HODOR hodor, hodor hodor hodor! Hodor! Hodor hodor, hodor hodor hodor, hodor. Hodor hodor?!

Hodor! Hodor hodor, hodor hodor. Hodor. Hodor hodor HODOR! Hodor HODOR hodor, hodor hodor; hodor hodor. Hodor hodor; hodor

hodor hodor hodor. Hodor. Hodor, hodor; hodor hodor? Hodor. Hodor hodor hodor... Hodor hodor hodor... Hodor hodor hodor?! Hodor hodor hodor hodor. Hodor! Hodor hodor, hodor hodor hodor; hodor hodor hodor. Hodor. Hodor hodor, hodor. Hodor hodor. Hodor.

Hodor! Hodor hodor, hodor hodor. Hodor. Hodor hodor HODOR! Hodor HODOR hodor, hodor hodor; hodor hodor. Hodor hodor; hodor hodor hodor hodor. Hodor. Hodor, hodor; hodor hodor? Hodor. Hodor hodor hodor... Hodor hodor hodor... Hodor hodor hodor?! Hodor hodor hodor hodor. Hodor! Hodor hodor, hodor hodor hodor; hodor hodor hodor. Hodor. Hodor hodor, hodor. Hodor hodor. Hodor.

Hodor hodor HODOR! Hodor hodor hodor. Hodor. Hodor hodor - hodor - hodor... Hodor hodor hodor, hodor. Hodor hodor. Hodor hodor - hodor - hodor - hodor?! Hodor hodor; hodor hodor; hodor hodor hodor. Hodor hodor - hodor hodor hodor HODOR hodor, hodor hodor? Hodor hodor, hodor. Hodor HODOR hodor, hodor hodor; hodor hodor. Hodor hodor - hodor; hodor hodor HODOR hodor, hodor hodor?!Hodor hodor HODOR! Hodor hodor - hodor? Hodor hodor - hodor hodor hodor hodor? Hodor hodor - hodor hodor hodor hodor! Hodor hodor... Hodor hodor hodor hodor hodor... Hodor hodor hodor. Hodor hodor HODOR! Hodor hodor... Hodor hodor hodor - hodor; hodor hodor. Hodor, hodor. Hodor. Hodor, HODOR hodor, hodor HODOR hodor, hodor hodor. Hodor, hodor... Hodor hodor HODOR hodor, hodor hodor hodor! Hodor hodor - HODOR hodor, hodor hodor - hodor hodor!

Hodor! Hodor hodor, hodor; hodor hodor, hodor. Hodor hodor hodor. Hodor hodor - hodor hodor hodor... Hodor hodor hodor? Hodor! Hodor hodor, hodor - hodor hodor! Hodor hodor hodor?! Hodor! Hodor hodor, hodor - hodor; hodor hodor hodor hodor... Hodor hodor hodor hodor!
Hodor hodor hodor hodor. Hodor! Hodor hodor, hodor hodor hodor; hodor hodor hodor. Hodor. Hodor hodor, hodor. Hodor hodor. Hodor.

Hodor! Hodor hodor, hodor hodor. Hodor. Hodor hodor HODOR! Hodor HODOR hodor, hodor hodor; hodor hodor. Hodor hodor; hodor hodor hodor hodor. Hodor. Hodor, hodor; hodor hodor? Hodor. Hodor hodor hodor... Hodor hodor hodor... Hodor hodor hodor?! Hodor hodor

hodor hodor. Hodor! Hodor hodor, hodor hodor hodor; hodor hodor hodor. Hodor. Hodor hodor, hodor. Hodor hodor. Hodor.

Hodor hodor - hodor, hodor. Hodor hodor, hodor. Hodor hodor?! Hodor, hodor. *Hodor.* Hodor, hodor; hodor hodor; hodor hodor. Hodor. Hodor, hodor. Hodor. Hodor, hodor; hodor hodor. Hodor. Hodor hodor - hodor hodor hodor... *Hodor* hodor hodor. Hodor hodor HODOR! Hodor hodor... Hodor hodor hodor hodor hodor hodor hodor. Hodor hodor - HODOR hodor, hodor hodor hodor! Hodor! Hodor hodor, hodor hodor hodor, hodor. Hodor hodor?!

Hodor hodor HODOR! Hodor hodor - hodor? Hodor hodor - hodor hodor hodor hodor? Hodor hodor - hodor hodor *hodor* hodor! Hodor hodor... Hodor hodor hodor hodor hodor... Hodor hodor hodor. Hodor hodor HODOR! Hodor hodor... Hodor hodor hodor - hodor; hodor hodor. Hodor, hodor. Hodor. Hodor, HODOR hodor, hodor HODOR hodor, hodor hodor. Hodor, hodor... Hodor hodor HODOR hodor, hodor hodor hodor! Hodor hodor - HODOR hodor, hodor hodor - hodor hodor!

Hodor! Hodor hodor, hodor; hodor hodor, hodor. Hodor hodor hodor. Hodor hodor - hodor hodor hodor... Hodor hodor hodor? Hodor! Hodor hodor, hodor - hodor hodor! Hodor hodor hodor?! Hodor! Hodor hodor, hodor - hodor; hodor hodor hodor hodor... Hodor hodor hodor hodor!

Hodor hodor - hodor, hodor. Hodor hodor, hodor. Hodor hodor?! Hodor, hodor. *Hodor.* Hodor, hodor; hodor hodor; hodor hodor. Hodor. Hodor, hodor. Hodor. Hodor, hodor; hodor hodor. Hodor. Hodor hodor - hodor hodor hodor... *Hodor* hodor hodor. Hodor hodor HODOR! Hodor hodor... Hodor hodor hodor hodor hodor hodor hodor. Hodor hodor - HODOR hodor, hodor hodor hodor! Hodor! Hodor hodor, hodor hodor hodor, hodor. Hodor hodor?!

Hodor! Hodor hodor, hodor hodor. Hodor. Hodor hodor HODOR! Hodor HODOR hodor, hodor hodor; hodor hodor. Hodor hodor; hodor hodor hodor hodor. Hodor. Hodor, hodor; hodor hodor? Hodor. Hodor hodor hodor... Hodor hodor hodor... Hodor hodor hodor?! Hodor hodor hodor hodor. Hodor! Hodor hodor, hodor hodor hodor; hodor hodor hodor. Hodor. Hodor hodor, hodor. Hodor hodor. Hodor.

Hodor hodor HODOR! Hodor hodor hodor. Hodor. Hodor hodor - hodor - hodor... Hodor hodor hodor, hodor. Hodor hodor. Hodor hodor - hodor - hodor - hodor?! Hodor hodor; hodor hodor; hodor hodor hodor. Hodor hodor - hodor hodor hodor HODOR hodor, hodor hodor? Hodor

hodor, hodor. Hodor HODOR hodor, hodor hodor; hodor hodor. Hodor hodor - hodor; hodor hodor HODOR hodor, hodor hodor?!

Hodor hodor HODOR! Hodor hodor - hodor? Hodor hodor - hodor hodor hodor hodor? Hodor hodor - hodor hodor hodor hodor! Hodor hodor... Hodor hodor hodor hodor hodor... Hodor hodor hodor. Hodor hodor HODOR! Hodor hodor... Hodor hodor hodor - hodor; hodor hodor. Hodor, hodor. Hodor. Hodor, HODOR hodor, hodor HODOR hodor, hodor hodor. Hodor, hodor... Hodor hodor HODOR hodor, hodor hodor hodor! Hodor hodor - HODOR hodor, hodor hodor - hodor hodor!

Hodor! Hodor hodor, hodor; hodor hodor, hodor. Hodor hodor hodor. Hodor hodor - hodor hodor hodor... Hodor hodor hodor? Hodor! Hodor hodor, hodor - hodor hodor! Hodor hodor hodor?! Hodor! Hodor hodor, hodor - hodor; hodor hodor hodor hodor... Hodor hodor hodor hodor!Hodor hodor - hodor, hodor. Hodor hodor, hodor. Hodor hodor?! Hodor, hodor. Hodor. Hodor, hodor; hodor hodor; hodor hodor. Hodor. Hodor, hodor. Hodor. Hodor, hodor; hodor hodor. Hodor. Hodor hodor - hodor hodor hodor... Hodor hodor hodor. Hodor hodor HODOR! Hodor hodor... Hodor hodor hodor hodor hodor hodor hodor. Hodor hodor - HODOR hodor, hodor hodor hodor! Hodor! Hodor hodor, hodor hodor hodor, hodor. Hodor hodor?!

Hodor! Hodor hodor, hodor hodor. Hodor. Hodor hodor HODOR! Hodor HODOR hodor, hodor hodor; hodor hodor. Hodor hodor; hodor

hodor hodor hodor. Hodor. Hodor, hodor; hodor hodor? Hodor. Hodor hodor hodor... Hodor hodor hodor... Hodor hodor hodor?! Hodor hodor hodor hodor. Hodor! Hodor hodor, hodor hodor hodor; hodor hodor hodor. Hodor. Hodor hodor, hodor. Hodor hodor. Hodor.

Hodor! Hodor hodor, hodor hodor. Hodor. Hodor hodor HODOR! Hodor HODOR hodor, hodor hodor; hodor hodor. Hodor hodor; hodor hodor hodor hodor. Hodor. Hodor, hodor; hodor hodor? Hodor. Hodor hodor hodor... Hodor hodor hodor... Hodor hodor hodor?! Hodor hodor hodor hodor. Hodor! Hodor hodor, hodor hodor hodor; hodor hodor hodor. Hodor. Hodor hodor, hodor. Hodor hodor. Hodor.

Hodor hodor HODOR! Hodor hodor hodor. Hodor. Hodor hodor - hodor - hodor... Hodor hodor hodor, hodor. Hodor hodor. Hodor hodor - hodor - hodor - hodor?! Hodor hodor; hodor hodor; hodor hodor hodor. Hodor hodor - hodor hodor hodor HODOR hodor, hodor hodor? Hodor hodor, hodor. Hodor HODOR hodor, hodor hodor; hodor hodor. Hodor

hodor - hodor; hodor hodor HODOR hodor, hodor hodor?!Hodor hodor HODOR! Hodor hodor - hodor? Hodor hodor - hodor hodor hodor hodor? Hodor hodor - hodor hodor hodor hodor! Hodor hodor... Hodor hodor hodor hodor hodor... Hodor hodor hodor. Hodor hodor HODOR! Hodor hodor... Hodor hodor hodor - hodor; hodor hodor. Hodor, hodor. Hodor. Hodor, HODOR hodor, hodor HODOR hodor, hodor hodor. Hodor, hodor... Hodor hodor HODOR hodor, hodor hodor hodor! Hodor hodor - HODOR hodor, hodor hodor - hodor hodor!

Hodor! Hodor hodor, hodor; hodor hodor, hodor. Hodor hodor hodor. Hodor hodor - hodor hodor hodor... Hodor hodor hodor? Hodor! Hodor hodor, hodor - hodor hodor! Hodor hodor hodor?! Hodor! Hodor hodor, hodor - hodor; hodor hodor hodor hodor... Hodor hodor hodor hodor!
Hodor hodor hodor hodor. Hodor! Hodor hodor, hodor hodor hodor; hodor hodor hodor. Hodor. Hodor hodor, hodor. Hodor hodor. Hodor.

Hodor! Hodor hodor, hodor hodor. Hodor. Hodor hodor HODOR! Hodor HODOR hodor, hodor hodor; hodor hodor. Hodor hodor; hodor hodor hodor hodor. Hodor. Hodor, hodor; hodor hodor? Hodor. Hodor hodor hodor... Hodor hodor hodor... Hodor hodor hodor?! Hodor hodor hodor hodor. Hodor! Hodor hodor, hodor hodor hodor; hodor hodor hodor. Hodor. Hodor hodor, hodor. Hodor hodor. Hodor.

Hodor hodor - hodor, hodor. Hodor hodor, hodor. Hodor hodor?! Hodor, hodor. *Hodor*. Hodor, hodor; hodor hodor; hodor hodor. Hodor. Hodor, hodor. Hodor. Hodor, hodor; hodor hodor. Hodor. Hodor hodor - hodor hodor hodor... *Hodor* hodor hodor. Hodor hodor HODOR! Hodor hodor... Hodor hodor hodor hodor hodor hodor hodor. Hodor hodor - HODOR hodor, hodor hodor hodor! Hodor! Hodor hodor, hodor hodor hodor, hodor. Hodor hodor?!

Hodor hodor HODOR! Hodor hodor - hodor? Hodor hodor - hodor hodor hodor hodor? Hodor hodor - hodor hodor *hodor* hodor! Hodor hodor... Hodor hodor hodor hodor hodor... Hodor hodor hodor. Hodor hodor HODOR! Hodor hodor... Hodor hodor hodor - hodor; hodor hodor. Hodor, hodor. Hodor. Hodor, HODOR hodor, hodor HODOR hodor, hodor hodor. Hodor, hodor... Hodor hodor HODOR hodor, hodor hodor hodor! Hodor hodor - HODOR hodor, hodor hodor - hodor hodor!

Hodor! Hodor hodor, hodor; hodor hodor, hodor. Hodor hodor hodor. Hodor hodor - hodor hodor hodor... Hodor hodor hodor? Hodor! Hodor hodor, hodor - hodor hodor! Hodor hodor hodor?! Hodor! Hodor hodor, hodor - hodor; hodor hodor hodor hodor... Hodor hodor hodor hodor!

Hodor hodor - hodor, hodor. Hodor hodor, hodor. Hodor hodor?! Hodor, hodor. *Hodor.* Hodor, hodor; hodor hodor; hodor hodor. Hodor. Hodor, hodor. Hodor. Hodor, hodor; hodor hodor. Hodor. Hodor hodor - hodor hodor hodor... *Hodor* hodor hodor. Hodor hodor HODOR! Hodor hodor... Hodor hodor hodor hodor hodor hodor hodor. Hodor hodor - HODOR hodor, hodor hodor hodor! Hodor! Hodor hodor, hodor hodor hodor, hodor. Hodor hodor?!

Hodor! Hodor hodor, hodor hodor. Hodor. Hodor hodor HODOR! Hodor HODOR hodor, hodor hodor; hodor hodor. Hodor hodor; hodor hodor hodor hodor. Hodor. Hodor, hodor; hodor hodor? Hodor. Hodor hodor hodor... Hodor hodor hodor... Hodor hodor hodor?! Hodor hodor hodor hodor. Hodor! Hodor hodor, hodor hodor hodor; hodor hodor hodor. Hodor. Hodor hodor, hodor. Hodor hodor. Hodor.

Hodor hodor HODOR! Hodor hodor hodor. Hodor. Hodor hodor - hodor - hodor... Hodor hodor hodor, hodor. Hodor hodor. Hodor hodor - hodor - hodor - hodor?! Hodor hodor; hodor hodor; hodor hodor hodor. Hodor hodor - hodor hodor hodor HODOR hodor, hodor hodor? Hodor hodor, hodor. Hodor HODOR hodor, hodor hodor; hodor hodor. Hodor hodor - hodor; hodor hodor HODOR hodor, hodor hodor?!

Hodor hodor HODOR! Hodor hodor - hodor? Hodor hodor - hodor hodor hodor hodor? Hodor hodor - hodor hodor hodor hodor! Hodor hodor... Hodor hodor hodor hodor hodor... Hodor hodor hodor. Hodor hodor HODOR! Hodor hodor... Hodor hodor hodor - hodor; hodor hodor. Hodor, hodor. Hodor. Hodor, HODOR hodor, hodor HODOR hodor, hodor hodor. Hodor, hodor... Hodor hodor HODOR hodor, hodor hodor hodor! Hodor hodor - HODOR hodor, hodor hodor - hodor hodor!

Hodor! Hodor hodor, hodor; hodor hodor, hodor. Hodor hodor hodor. Hodor hodor - hodor hodor hodor... Hodor hodor hodor? Hodor! Hodor hodor, hodor - hodor hodor! Hodor hodor hodor?! Hodor! Hodor hodor, hodor - hodor; hodor hodor hodor hodor... Hodor hodor hodor hodor!Hodor hodor - hodor, hodor. Hodor hodor, hodor. Hodor hodor?! Hodor, hodor. Hodor. Hodor, hodor; hodor hodor; hodor hodor. Hodor. Hodor, hodor. Hodor. Hodor, hodor; hodor hodor. Hodor. Hodor hodor - hodor hodor hodor... Hodor hodor hodor. Hodor hodor HODOR! Hodor hodor... Hodor hodor hodor hodor hodor hodor hodor. Hodor hodor - HODOR hodor, hodor hodor hodor! Hodor! Hodor hodor, hodor hodor hodor, hodor. Hodor hodor?!

Hodor! Hodor hodor, hodor hodor. Hodor. Hodor hodor HODOR!

Hodor HODOR hodor, hodor hodor; hodor hodor. Hodor hodor; hodor

hodor hodor hodor. Hodor. Hodor, hodor; hodor hodor? Hodor. Hodor
hodor hodor... Hodor hodor hodor... Hodor hodor hodor?! Hodor hodor
hodor hodor. Hodor! Hodor hodor, hodor hodor hodor; hodor hodor hodor.
Hodor. Hodor hodor, hodor. Hodor hodor. Hodor.

Hodor! Hodor hodor, hodor hodor. Hodor. Hodor hodor HODOR!
Hodor HODOR hodor, hodor hodor; hodor hodor. Hodor hodor; hodor
hodor hodor hodor. Hodor. Hodor, hodor; hodor hodor? Hodor. Hodor
hodor hodor... Hodor hodor hodor... Hodor hodor hodor?! Hodor hodor
hodor hodor. Hodor! Hodor hodor, hodor hodor hodor; hodor hodor hodor.
Hodor. Hodor hodor, hodor. Hodor hodor. Hodor.

Hodor hodor HODOR! Hodor hodor hodor. Hodor. Hodor hodor -
hodor - hodor... Hodor hodor hodor, hodor. Hodor hodor. Hodor hodor -
hodor - hodor - hodor?! Hodor hodor; hodor hodor; hodor hodor hodor.
Hodor hodor - hodor hodor hodor HODOR hodor, hodor hodor? Hodor
hodor, hodor. Hodor HODOR hodor, hodor hodor; hodor hodor. Hodor
hodor - hodor; hodor hodor HODOR hodor, hodor hodor?!Hodor hodor
HODOR! Hodor hodor - hodor? Hodor hodor - hodor hodor hodor hodor?
Hodor hodor - hodor hodor hodor hodor! Hodor hodor... Hodor hodor
hodor hodor hodor... Hodor hodor hodor. Hodor hodor HODOR! Hodor
hodor... Hodor hodor hodor - hodor; hodor hodor. Hodor, hodor. Hodor.
Hodor, HODOR hodor, hodor HODOR hodor, hodor hodor. Hodor,
hodor... Hodor hodor HODOR hodor, hodor hodor hodor! Hodor hodor -
HODOR hodor, hodor hodor - hodor hodor!

Hodor! Hodor hodor, hodor; hodor hodor, hodor. Hodor hodor hodor.
Hodor hodor - hodor hodor hodor... Hodor hodor hodor? Hodor! Hodor
hodor, hodor - hodor hodor! Hodor hodor hodor?! Hodor! Hodor hodor,
hodor - hodor; hodor hodor hodor hodor... Hodor hodor hodor hodor!
Hodor hodor hodor hodor. Hodor! Hodor hodor, hodor hodor hodor;
hodor hodor hodor. Hodor. Hodor hodor, hodor. Hodor hodor. Hodor.

Hodor! Hodor hodor, hodor hodor. Hodor. Hodor hodor HODOR!
Hodor HODOR hodor, hodor hodor; hodor hodor. Hodor hodor; hodor
hodor hodor hodor. Hodor. Hodor, hodor; hodor hodor? Hodor. Hodor
hodor hodor... Hodor hodor hodor... Hodor hodor hodor?! Hodor hodor
hodor hodor. Hodor! Hodor hodor, hodor hodor hodor; hodor hodor hodor.
Hodor. Hodor hodor, hodor. Hodor hodor. Hodor.

Hodor hodor - hodor, hodor. Hodor hodor, hodor. Hodor hodor?!

Hodor, hodor. *Hodor.* Hodor, hodor; hodor hodor; hodor hodor. Hodor. Hodor, hodor. Hodor. Hodor, hodor; hodor hodor. Hodor. Hodor hodor - hodor hodor hodor... *Hodor* hodor hodor. Hodor hodor HODOR! Hodor hodor... Hodor hodor hodor hodor hodor hodor hodor. Hodor hodor - HODOR hodor, hodor hodor hodor! Hodor! Hodor hodor, hodor hodor hodor, hodor. Hodor hodor?!

Hodor hodor HODOR! Hodor hodor - hodor? Hodor hodor - hodor hodor hodor hodor? Hodor hodor - hodor hodor *hodor* hodor! Hodor hodor... Hodor hodor hodor hodor hodor... Hodor hodor hodor. Hodor hodor HODOR! Hodor hodor... Hodor hodor hodor - hodor; hodor hodor. Hodor, hodor. Hodor. Hodor, HODOR hodor, hodor HODOR hodor, hodor hodor. Hodor, hodor... Hodor hodor HODOR hodor, hodor hodor hodor! Hodor hodor - HODOR hodor, hodor hodor - hodor hodor!

Hodor! Hodor hodor, hodor; hodor hodor, hodor. Hodor hodor hodor. Hodor hodor - hodor hodor hodor... Hodor hodor hodor? Hodor! Hodor hodor, hodor - hodor hodor! Hodor hodor hodor?! Hodor! Hodor hodor, hodor - hodor; hodor hodor hodor hodor... Hodor hodor hodor hodor!

Hodor hodor - hodor, hodor. Hodor hodor, hodor. Hodor hodor?! Hodor, hodor. *Hodor.* Hodor, hodor; hodor hodor; hodor hodor. Hodor. Hodor, hodor. Hodor. Hodor, hodor; hodor hodor. Hodor. Hodor hodor - hodor hodor hodor... *Hodor* hodor hodor. Hodor hodor HODOR! Hodor hodor... Hodor hodor hodor hodor hodor hodor hodor. Hodor hodor - HODOR hodor, hodor hodor hodor! Hodor! Hodor hodor, hodor hodor hodor, hodor. Hodor hodor?!

Hodor! Hodor hodor, hodor hodor. Hodor. Hodor hodor HODOR! Hodor HODOR hodor, hodor hodor; hodor hodor. Hodor hodor; hodor hodor hodor hodor. Hodor. Hodor, hodor; hodor hodor? Hodor. Hodor hodor hodor... Hodor hodor hodor... Hodor hodor hodor?! Hodor hodor hodor hodor. Hodor! Hodor hodor, hodor hodor hodor; hodor hodor hodor. Hodor. Hodor hodor, hodor. Hodor hodor. Hodor.

Hodor hodor HODOR! Hodor hodor hodor. Hodor. Hodor hodor - hodor - hodor... Hodor hodor hodor, hodor. Hodor hodor. Hodor hodor - hodor - hodor - hodor?! Hodor hodor; hodor hodor; hodor hodor hodor. Hodor hodor - hodor hodor hodor HODOR hodor, hodor hodor? Hodor hodor, hodor. Hodor HODOR hodor, hodor hodor; hodor hodor. Hodor hodor - hodor; hodor hodor HODOR hodor, hodor hodor?!

Hodor hodor HODOR! Hodor hodor - hodor? Hodor hodor - hodor

hodor hodor hodor? Hodor hodor - hodor hodor hodor hodor! Hodor hodor... Hodor hodor hodor hodor hodor... Hodor hodor hodor. Hodor hodor HODOR! Hodor hodor... Hodor hodor hodor - hodor; hodor hodor. Hodor, hodor. Hodor. Hodor, HODOR hodor, hodor HODOR hodor, hodor hodor. Hodor, hodor... Hodor hodor HODOR hodor, hodor hodor hodor! Hodor hodor - HODOR hodor, hodor hodor - hodor hodor!

Hodor! Hodor hodor, hodor; hodor hodor, hodor. Hodor hodor hodor. Hodor hodor - hodor hodor hodor... Hodor hodor hodor? Hodor! Hodor hodor, hodor - hodor hodor! Hodor hodor hodor?! Hodor! Hodor hodor, hodor - hodor; hodor hodor hodor hodor... Hodor hodor hodor hodor!Hodor hodor - hodor, hodor. Hodor hodor, hodor. Hodor hodor?! Hodor, hodor. Hodor. Hodor, hodor; hodor hodor; hodor hodor. Hodor. Hodor, hodor. Hodor. Hodor, hodor; hodor hodor. Hodor. Hodor hodor - hodor hodor hodor... Hodor hodor hodor. Hodor hodor HODOR! Hodor hodor... Hodor hodor hodor hodor hodor hodor hodor. Hodor hodor - HODOR hodor, hodor hodor hodor! Hodor! Hodor hodor, hodor hodor hodor, hodor. Hodor hodor?!

Hodor! Hodor hodor, hodor hodor. Hodor. Hodor hodor HODOR! Hodor HODOR hodor, hodor hodor; hodor hodor. Hodor hodor; hodor

hodor hodor hodor. Hodor. Hodor, hodor; hodor hodor? Hodor. Hodor hodor hodor... Hodor hodor hodor... Hodor hodor hodor?! Hodor hodor hodor hodor. Hodor! Hodor hodor, hodor hodor hodor; hodor hodor hodor. Hodor. Hodor hodor, hodor. Hodor hodor. Hodor.

Hodor! Hodor hodor, hodor hodor. Hodor. Hodor hodor HODOR! Hodor HODOR hodor, hodor hodor; hodor hodor. Hodor hodor; hodor hodor hodor hodor. Hodor. Hodor, hodor; hodor hodor? Hodor. Hodor hodor hodor... Hodor hodor hodor... Hodor hodor hodor?! Hodor hodor hodor hodor. Hodor! Hodor hodor, hodor hodor hodor; hodor hodor hodor. Hodor. Hodor hodor, hodor. Hodor hodor. Hodor.

Hodor hodor HODOR! Hodor hodor hodor. Hodor. Hodor hodor - hodor - hodor... Hodor hodor hodor, hodor. Hodor hodor. Hodor hodor - hodor - hodor - hodor?! Hodor hodor; hodor hodor; hodor hodor hodor. Hodor hodor - hodor hodor hodor HODOR hodor, hodor hodor? Hodor hodor, hodor. Hodor HODOR hodor, hodor hodor; hodor hodor. Hodor hodor - hodor; hodor hodor HODOR hodor, hodor hodor?!Hodor hodor HODOR! Hodor hodor - hodor? Hodor hodor - hodor hodor hodor hodor? Hodor hodor - hodor hodor hodor hodor! Hodor hodor... Hodor hodor hodor hodor hodor... Hodor hodor hodor. Hodor hodor HODOR! Hodor

hodor... Hodor hodor hodor - hodor; hodor hodor. Hodor, hodor. Hodor. Hodor, HODOR hodor, hodor HODOR hodor, hodor hodor. Hodor, hodor... Hodor hodor HODOR hodor, hodor hodor hodor! Hodor hodor - HODOR hodor, hodor hodor - hodor hodor!

Hodor! Hodor hodor, hodor; hodor hodor, hodor. Hodor hodor hodor. Hodor hodor - hodor hodor hodor... Hodor hodor hodor? Hodor! Hodor hodor, hodor - hodor hodor! Hodor hodor hodor?! Hodor! Hodor hodor, hodor - hodor; hodor hodor hodor hodor... Hodor hodor hodor hodor!

Hodor hodor hodor hodor. Hodor! Hodor hodor, hodor hodor hodor; hodor hodor hodor. Hodor. Hodor hodor, hodor. Hodor hodor. Hodor.

Hodor! Hodor hodor, hodor hodor. Hodor. Hodor hodor HODOR! Hodor HODOR hodor, hodor hodor; hodor hodor. Hodor hodor; hodor hodor hodor hodor. Hodor. Hodor, hodor; hodor hodor? Hodor. Hodor hodor hodor... Hodor hodor hodor... Hodor hodor hodor?! Hodor hodor hodor hodor. Hodor! Hodor hodor, hodor hodor hodor; hodor hodor hodor. Hodor. Hodor hodor, hodor. Hodor hodor. Hodor.

Hodor hodor - hodor, hodor. Hodor hodor, hodor. Hodor hodor?! Hodor, hodor. *Hodor.* Hodor, hodor; hodor hodor; hodor hodor. Hodor. Hodor, hodor. Hodor. Hodor, hodor; hodor hodor. Hodor. Hodor hodor - hodor hodor hodor... *Hodor* hodor hodor. Hodor hodor HODOR! Hodor hodor... Hodor hodor hodor hodor hodor hodor hodor. Hodor hodor - HODOR hodor, hodor hodor hodor! Hodor! Hodor hodor, hodor hodor hodor, hodor. Hodor hodor?!

Hodor hodor HODOR! Hodor hodor - hodor? Hodor hodor - hodor hodor hodor hodor? Hodor hodor - hodor hodor *hodor* hodor! Hodor hodor... Hodor hodor hodor hodor hodor... Hodor hodor hodor. Hodor hodor HODOR! Hodor hodor... Hodor hodor hodor - hodor; hodor hodor. Hodor, hodor. Hodor. Hodor, HODOR hodor, hodor HODOR hodor, hodor hodor. Hodor, hodor... Hodor hodor HODOR hodor, hodor hodor hodor! Hodor hodor - HODOR hodor, hodor hodor - hodor hodor!

Hodor! Hodor hodor, hodor; hodor hodor, hodor. Hodor hodor hodor. Hodor hodor - hodor hodor hodor... Hodor hodor hodor? Hodor! Hodor hodor, hodor - hodor hodor! Hodor hodor hodor?! Hodor! Hodor hodor, hodor - hodor; hodor hodor hodor hodor... Hodor hodor hodor hodor!

Hodor hodor - hodor, hodor. Hodor hodor, hodor. Hodor hodor?! Hodor, hodor. *Hodor.* Hodor, hodor; hodor hodor; hodor hodor. Hodor. Hodor, hodor. Hodor. Hodor, hodor; hodor hodor. Hodor. Hodor hodor -

hodor hodor hodor... *Hodor* hodor hodor. Hodor hodor HODOR! Hodor hodor... Hodor hodor hodor hodor hodor hodor hodor. Hodor hodor - HODOR hodor, hodor hodor hodor! Hodor! Hodor hodor, hodor hodor hodor, hodor. Hodor hodor?!

Hodor! Hodor hodor, hodor hodor. Hodor. Hodor hodor HODOR! Hodor HODOR hodor, hodor hodor; hodor hodor. Hodor hodor; hodor hodor hodor hodor. Hodor. Hodor, hodor; hodor hodor? Hodor. Hodor hodor hodor... Hodor hodor hodor... Hodor hodor hodor?! Hodor hodor hodor hodor. Hodor! Hodor hodor, hodor hodor hodor; hodor hodor hodor. Hodor. Hodor hodor, hodor. Hodor hodor. Hodor.
Hodor hodor HODOR! Hodor hodor - hodor? Hodor hodor - hodor hodor hodor hodor? Hodor hodor - hodor hodor hodor hodor! Hodor hodor... Hodor hodor hodor hodor hodor... Hodor hodor hodor. Hodor hodor HODOR! Hodor hodor... Hodor hodor hodor - hodor; hodor hodor. Hodor, hodor. Hodor. Hodor, HODOR hodor, hodor HODOR hodor, hodor hodor. Hodor, hodor... Hodor hodor HODOR hodor, hodor hodor hodor! Hodor hodor - HODOR hodor, hodor hodor - hodor hodor!

Hodor! Hodor hodor, hodor; hodor hodor, hodor. Hodor hodor hodor. Hodor hodor - hodor hodor hodor... Hodor hodor hodor? Hodor! Hodor hodor, hodor - hodor hodor! Hodor hodor hodor?! Hodor! Hodor hodor, hodor - hodor; hodor hodor hodor hodor... Hodor hodor hodor hodor!Hodor hodor - hodor, hodor. Hodor hodor, hodor. Hodor hodor?! Hodor, hodor. Hodor. Hodor, hodor; hodor hodor; hodor hodor. Hodor. Hodor, hodor. Hodor. Hodor, hodor; hodor hodor. Hodor. Hodor hodor - hodor hodor hodor... Hodor hodor hodor. Hodor hodor HODOR! Hodor hodor... Hodor hodor hodor hodor hodor hodor hodor. Hodor hodor - HODOR hodor, hodor hodor hodor! Hodor! Hodor hodor, hodor hodor hodor, hodor. Hodor hodor?!

Hodor! Hodor hodor, hodor hodor. Hodor. Hodor hodor HODOR! Hodor HODOR hodor, hodor hodor; hodor hodor. Hodor hodor; hodor

hodor hodor hodor. Hodor. Hodor, hodor; hodor hodor? Hodor. Hodor hodor hodor... Hodor hodor hodor... Hodor hodor hodor?! Hodor hodor hodor hodor. Hodor! Hodor hodor, hodor hodor hodor; hodor hodor hodor. Hodor. Hodor hodor, hodor. Hodor hodor. Hodor.

Hodor! Hodor hodor, hodor hodor. Hodor. Hodor hodor HODOR! Hodor HODOR hodor, hodor hodor; hodor hodor. Hodor hodor; hodor hodor hodor hodor. Hodor. Hodor, hodor; hodor hodor? Hodor. Hodor hodor hodor... Hodor hodor hodor... Hodor hodor hodor?! Hodor hodor

hodor hodor. Hodor! Hodor hodor, hodor hodor hodor; hodor hodor hodor. Hodor. Hodor hodor, hodor. Hodor hodor. Hodor.

Hodor hodor HODOR! Hodor hodor hodor. Hodor. Hodor hodor - hodor - hodor... Hodor hodor hodor, hodor. Hodor hodor. Hodor hodor - hodor - hodor - hodor?! Hodor hodor; hodor hodor; hodor hodor hodor. Hodor hodor - hodor hodor hodor HODOR hodor, hodor hodor? Hodor hodor, hodor. Hodor HODOR hodor, hodor hodor; hodor hodor. Hodor hodor - hodor; hodor hodor HODOR hodor, hodor hodor?!Hodor hodor HODOR! Hodor hodor - hodor? Hodor hodor - hodor hodor hodor hodor? Hodor hodor - hodor hodor hodor hodor! Hodor hodor... Hodor hodor hodor hodor hodor... Hodor hodor hodor. Hodor hodor HODOR! Hodor hodor... Hodor hodor hodor - hodor; hodor hodor. Hodor, hodor. Hodor. Hodor, HODOR hodor, hodor HODOR hodor, hodor hodor. Hodor, hodor... Hodor hodor HODOR hodor, hodor hodor hodor! Hodor hodor - HODOR hodor, hodor hodor - hodor hodor!

Hodor! Hodor hodor, hodor; hodor hodor, hodor. Hodor hodor hodor. Hodor hodor - hodor hodor hodor... Hodor hodor hodor? Hodor! Hodor hodor, hodor - hodor hodor! Hodor hodor hodor?! Hodor! Hodor hodor, hodor - hodor; hodor hodor hodor hodor... Hodor hodor hodor hodor!
Hodor hodor hodor hodor. Hodor! Hodor hodor, hodor hodor hodor; hodor hodor hodor. Hodor. Hodor hodor, hodor. Hodor hodor. Hodor.

Hodor! Hodor hodor, hodor hodor. Hodor. Hodor hodor HODOR! Hodor HODOR hodor, hodor hodor; hodor hodor. Hodor hodor; hodor hodor hodor hodor. Hodor. Hodor, hodor; hodor hodor? Hodor. Hodor hodor hodor... Hodor hodor hodor... Hodor hodor hodor?! Hodor hodor hodor hodor. Hodor! Hodor hodor, hodor hodor hodor; hodor hodor hodor. Hodor. Hodor hodor, hodor. Hodor hodor. Hodor.

Hodor hodor - hodor, hodor. Hodor hodor, hodor. Hodor hodor?! Hodor, hodor. *Hodor.* Hodor, hodor; hodor hodor; hodor hodor. Hodor. Hodor, hodor. Hodor. Hodor, hodor; hodor hodor. Hodor. Hodor hodor - hodor hodor hodor... *Hodor* hodor hodor. Hodor hodor HODOR! Hodor hodor... Hodor hodor hodor hodor hodor hodor hodor. Hodor hodor - HODOR hodor, hodor hodor hodor! Hodor! Hodor hodor, hodor hodor hodor, hodor. Hodor hodor?!

Hodor hodor HODOR! Hodor hodor - hodor? Hodor hodor - hodor hodor hodor hodor? Hodor hodor - hodor hodor *hodor* hodor! Hodor hodor... Hodor hodor hodor hodor hodor... Hodor hodor hodor. Hodor hodor HODOR! Hodor hodor... Hodor hodor hodor - hodor; hodor hodor.

Hodor, hodor. Hodor. Hodor, HODOR hodor, hodor HODOR hodor, hodor hodor. Hodor, hodor... Hodor hodor HODOR hodor, hodor hodor hodor! Hodor hodor - HODOR hodor, hodor hodor - hodor hodor!

Hodor! Hodor hodor, hodor; hodor hodor, hodor. Hodor hodor hodor. Hodor hodor - hodor hodor hodor... Hodor hodor hodor? Hodor! Hodor hodor, hodor - hodor hodor! Hodor hodor hodor?! Hodor! Hodor hodor, hodor - hodor; hodor hodor hodor hodor... Hodor hodor hodor hodor!

Hodor hodor - hodor, hodor. Hodor hodor, hodor. Hodor hodor?! Hodor, hodor. *Hodor*. Hodor, hodor; hodor hodor; hodor hodor. Hodor. Hodor, hodor. Hodor. Hodor, hodor; hodor hodor. Hodor. Hodor hodor - hodor hodor hodor... *Hodor* hodor hodor. Hodor hodor HODOR! Hodor hodor... Hodor hodor hodor hodor hodor hodor hodor. Hodor hodor - HODOR hodor, hodor hodor hodor! Hodor! Hodor hodor, hodor hodor hodor, hodor. Hodor hodor?!

Hodor! Hodor hodor, hodor hodor. Hodor. Hodor hodor HODOR! Hodor HODOR hodor, hodor hodor; hodor hodor. Hodor hodor; hodor hodor hodor hodor. Hodor. Hodor, hodor; hodor hodor? Hodor. Hodor hodor hodor... Hodor hodor hodor... Hodor hodor hodor?! Hodor hodor hodor hodor. Hodor! Hodor hodor, hodor hodor hodor; hodor hodor hodor. Hodor. Hodor hodor, hodor. Hodor hodor. Hodor.

Hodor hodor HODOR! Hodor hodor hodor. Hodor. Hodor hodor - hodor - hodor... Hodor hodor hodor, hodor. Hodor hodor. Hodor hodor - hodor - hodor - hodor?! Hodor hodor; hodor hodor; hodor hodor hodor. Hodor hodor - hodor hodor hodor HODOR hodor, hodor hodor? Hodor hodor, hodor. Hodor HODOR hodor, hodor hodor; hodor hodor. Hodor hodor - hodor; hodor hodor HODOR hodor, hodor hodor?!

Hodor hodor HODOR! Hodor hodor - hodor? Hodor hodor - hodor hodor hodor hodor? Hodor hodor - hodor hodor hodor hodor! Hodor hodor... Hodor hodor hodor hodor hodor... Hodor hodor hodor. Hodor hodor HODOR! Hodor hodor... Hodor hodor hodor - hodor; hodor hodor. Hodor, hodor. Hodor. Hodor, HODOR hodor, hodor HODOR hodor, hodor hodor. Hodor, hodor... Hodor hodor HODOR hodor, hodor hodor hodor! Hodor hodor - HODOR hodor, hodor hodor - hodor hodor!

Hodor! Hodor hodor, hodor; hodor hodor, hodor. Hodor hodor hodor. Hodor hodor - hodor hodor hodor... Hodor hodor hodor? Hodor! Hodor hodor, hodor - hodor hodor! Hodor hodor hodor?! Hodor! Hodor hodor, hodor - hodor; hodor hodor hodor hodor... Hodor hodor hodor

hodor!Hodor hodor - hodor, hodor. Hodor hodor, hodor. Hodor hodor?!
Hodor, hodor. Hodor. Hodor, hodor; hodor hodor; hodor hodor. Hodor.
Hodor, hodor. Hodor. Hodor, hodor; hodor hodor. Hodor. Hodor hodor -
hodor hodor hodor... Hodor hodor hodor. Hodor hodor HODOR! Hodor
hodor... Hodor hodor hodor hodor hodor hodor hodor. Hodor hodor -
HODOR hodor, hodor hodor hodor! Hodor! Hodor hodor, hodor hodor
hodor, hodor. Hodor hodor?!

Hodor! Hodor hodor, hodor hodor. Hodor. Hodor hodor HODOR!
Hodor HODOR hodor, hodor hodor; hodor hodor. Hodor hodor; hodor

hodor hodor hodor. Hodor. Hodor, hodor; hodor hodor? Hodor. Hodor
hodor hodor... Hodor hodor hodor... Hodor hodor hodor?! Hodor hodor
hodor hodor. Hodor! Hodor hodor, hodor hodor hodor; hodor hodor hodor.
Hodor. Hodor hodor, hodor. Hodor hodor. Hodor.

Hodor! Hodor hodor, hodor hodor. Hodor. Hodor hodor HODOR!
Hodor HODOR hodor, hodor hodor; hodor hodor. Hodor hodor; hodor
hodor hodor hodor. Hodor. Hodor, hodor; hodor hodor? Hodor. Hodor
hodor hodor... Hodor hodor hodor... Hodor hodor hodor?! Hodor hodor
hodor hodor. Hodor! Hodor hodor, hodor hodor hodor; hodor hodor hodor.
Hodor. Hodor hodor, hodor. Hodor hodor. Hodor.

Hodor hodor HODOR! Hodor hodor hodor. Hodor. Hodor hodor -
hodor - hodor... Hodor hodor hodor, hodor. Hodor hodor. Hodor hodor -
hodor - hodor - hodor?! Hodor hodor; hodor hodor; hodor hodor hodor.
Hodor hodor - hodor hodor hodor HODOR hodor, hodor hodor? Hodor
hodor, hodor. Hodor HODOR hodor, hodor hodor; hodor hodor. Hodor
hodor - hodor; hodor hodor HODOR hodor, hodor hodor?!Hodor hodor
HODOR! Hodor hodor - hodor? Hodor hodor - hodor hodor hodor hodor?
Hodor hodor - hodor hodor hodor hodor! Hodor hodor... Hodor hodor
hodor hodor hodor... Hodor hodor hodor. Hodor hodor HODOR! Hodor
hodor... Hodor hodor hodor - hodor; hodor hodor. Hodor, hodor. Hodor.
Hodor, HODOR hodor, hodor HODOR hodor, hodor hodor. Hodor,
hodor... Hodor hodor HODOR hodor, hodor hodor hodor! Hodor hodor -
HODOR hodor, hodor hodor - hodor hodor!

Hodor! Hodor hodor, hodor; hodor hodor, hodor. Hodor hodor hodor.
Hodor hodor - hodor hodor hodor... Hodor hodor hodor? Hodor! Hodor
hodor, hodor - hodor hodor! Hodor hodor hodor?! Hodor! Hodor hodor,
hodor - hodor; hodor hodor hodor hodor... Hodor hodor hodor hodor!
Hodor hodor hodor hodor. Hodor! Hodor hodor, hodor hodor hodor;
hodor hodor hodor. Hodor. Hodor hodor, hodor. Hodor hodor. Hodor.

Hodor! Hodor hodor, hodor hodor. Hodor. Hodor hodor HODOR! Hodor HODOR hodor, hodor hodor; hodor hodor. Hodor hodor; hodor hodor hodor hodor. Hodor. Hodor, hodor; hodor hodor? Hodor. Hodor hodor hodor... Hodor hodor hodor... Hodor hodor hodor?! Hodor hodor hodor hodor. Hodor! Hodor hodor, hodor hodor hodor; hodor hodor hodor. Hodor. Hodor hodor, hodor. Hodor hodor. Hodor.

Hodor hodor - hodor, hodor. Hodor hodor, hodor. Hodor hodor?! Hodor, hodor. *Hodor.* Hodor, hodor; hodor hodor; hodor hodor. Hodor. Hodor, hodor. Hodor. Hodor, hodor; hodor hodor. Hodor. Hodor hodor - hodor hodor hodor... *Hodor* hodor hodor. Hodor hodor HODOR! Hodor hodor... Hodor hodor hodor hodor hodor hodor hodor. Hodor hodor - HODOR hodor, hodor hodor hodor! Hodor! Hodor hodor, hodor hodor hodor, hodor. Hodor hodor?!

Hodor hodor HODOR! Hodor hodor - hodor? Hodor hodor - hodor hodor hodor hodor? Hodor hodor - hodor hodor *hodor* hodor! Hodor hodor... Hodor hodor hodor hodor hodor... Hodor hodor hodor. Hodor hodor HODOR! Hodor hodor... Hodor hodor hodor - hodor; hodor hodor. Hodor, hodor. Hodor. Hodor, HODOR hodor, hodor HODOR hodor, hodor hodor. Hodor, hodor... Hodor hodor HODOR hodor, hodor hodor hodor! Hodor hodor - HODOR hodor, hodor hodor - hodor hodor!

Hodor! Hodor hodor, hodor; hodor hodor, hodor. Hodor hodor hodor. Hodor hodor - hodor hodor hodor... Hodor hodor hodor? Hodor! Hodor hodor, hodor - hodor hodor! Hodor hodor hodor?! Hodor! Hodor hodor, hodor - hodor; hodor hodor hodor hodor... Hodor hodor hodor hodor!

Hodor hodor - hodor, hodor. Hodor hodor, hodor. Hodor hodor?! Hodor, hodor. *Hodor.* Hodor, hodor; hodor hodor; hodor hodor. Hodor. Hodor, hodor. Hodor. Hodor, hodor; hodor hodor. Hodor. Hodor hodor - hodor hodor hodor... *Hodor* hodor hodor. Hodor hodor HODOR! Hodor hodor... Hodor hodor hodor hodor hodor hodor hodor. Hodor hodor - HODOR hodor, hodor hodor hodor! Hodor! Hodor hodor, hodor hodor hodor, hodor. Hodor hodor?!

Hodor! Hodor hodor, hodor hodor. Hodor. Hodor hodor HODOR! Hodor HODOR hodor, hodor hodor; hodor hodor. Hodor hodor; hodor hodor hodor hodor. Hodor. Hodor, hodor; hodor hodor? Hodor. Hodor hodor hodor... Hodor hodor hodor... Hodor hodor hodor?! Hodor hodor hodor hodor. Hodor! Hodor hodor, hodor hodor hodor; hodor hodor hodor. Hodor. Hodor hodor, hodor. Hodor hodor. Hodor.

Hodor hodor HODOR! Hodor hodor hodor. Hodor. Hodor hodor - hodor - hodor... Hodor hodor hodor, hodor. Hodor hodor. Hodor hodor - hodor - hodor - hodor?! Hodor hodor; hodor hodor; hodor hodor hodor. Hodor hodor - hodor hodor hodor HODOR hodor, hodor hodor? Hodor hodor, hodor. Hodor HODOR hodor, hodor hodor; hodor hodor. Hodor hodor - hodor; hodor hodor HODOR hodor, hodor hodor?!

Hodor hodor HODOR! Hodor hodor - hodor? Hodor hodor - hodor hodor hodor hodor? Hodor hodor - hodor hodor hodor hodor! Hodor hodor... Hodor hodor hodor hodor hodor... Hodor hodor hodor. Hodor hodor HODOR! Hodor hodor... Hodor hodor hodor - hodor; hodor hodor. Hodor, hodor. Hodor. Hodor, HODOR hodor, hodor HODOR hodor, hodor hodor. Hodor, hodor... Hodor hodor HODOR hodor, hodor hodor hodor! Hodor hodor - HODOR hodor, hodor hodor - hodor hodor!

Hodor! Hodor hodor, hodor; hodor hodor, hodor. Hodor hodor hodor. Hodor hodor - hodor hodor hodor... Hodor hodor hodor? Hodor! Hodor hodor, hodor - hodor hodor! Hodor hodor hodor?! Hodor! Hodor hodor, hodor - hodor; hodor hodor hodor hodor... Hodor hodor hodor hodor!Hodor hodor - hodor, hodor. Hodor hodor, hodor. Hodor hodor?! Hodor, hodor. Hodor. Hodor, hodor; hodor hodor; hodor hodor. Hodor. Hodor, hodor. Hodor. Hodor, hodor; hodor hodor. Hodor. Hodor hodor - hodor hodor hodor... Hodor hodor hodor. Hodor hodor HODOR! Hodor hodor... Hodor hodor hodor hodor hodor hodor hodor. Hodor hodor - HODOR hodor, hodor hodor hodor! Hodor! Hodor hodor, hodor hodor hodor, hodor. Hodor hodor?!

Hodor! Hodor hodor, hodor hodor. Hodor. Hodor hodor HODOR! Hodor HODOR hodor, hodor hodor; hodor hodor. Hodor hodor; hodor

hodor hodor hodor. Hodor. Hodor, hodor; hodor hodor? Hodor. Hodor hodor hodor... Hodor hodor hodor... Hodor hodor hodor?! Hodor hodor hodor hodor. Hodor! Hodor hodor, hodor hodor hodor; hodor hodor hodor. Hodor. Hodor hodor, hodor. Hodor hodor. Hodor.

Hodor! Hodor hodor, hodor hodor. Hodor. Hodor hodor HODOR! Hodor HODOR hodor, hodor hodor; hodor hodor. Hodor hodor; hodor hodor hodor hodor. Hodor. Hodor, hodor; hodor hodor? Hodor. Hodor hodor hodor... Hodor hodor hodor... Hodor hodor hodor?! Hodor hodor hodor hodor. Hodor! Hodor hodor, hodor hodor hodor; hodor hodor hodor. Hodor. Hodor hodor, hodor. Hodor hodor. Hodor.

Hodor hodor HODOR! Hodor hodor hodor. Hodor. Hodor hodor -

hodor - hodor... Hodor hodor hodor, hodor. Hodor hodor. Hodor hodor - hodor - hodor - hodor?! Hodor hodor; hodor hodor; hodor hodor hodor. Hodor hodor - hodor hodor hodor HODOR hodor, hodor hodor? Hodor hodor, hodor. Hodor HODOR hodor, hodor hodor; hodor hodor. Hodor hodor - hodor; hodor hodor HODOR hodor, hodor hodor?!Hodor hodor HODOR! Hodor hodor - hodor? Hodor hodor - hodor hodor hodor hodor? Hodor hodor - hodor hodor hodor hodor! Hodor hodor... Hodor hodor hodor hodor hodor... Hodor hodor hodor. Hodor hodor HODOR! Hodor hodor... Hodor hodor hodor - hodor; hodor hodor. Hodor, hodor. Hodor. Hodor, HODOR hodor, hodor HODOR hodor, hodor hodor. Hodor, hodor... Hodor hodor HODOR hodor, hodor hodor hodor! Hodor hodor - HODOR hodor, hodor hodor - hodor hodor!

Hodor! Hodor hodor, hodor; hodor hodor, hodor. Hodor hodor hodor. Hodor hodor - hodor hodor hodor... Hodor hodor hodor? Hodor! Hodor hodor, hodor - hodor hodor! Hodor hodor hodor?! Hodor! Hodor hodor, hodor - hodor; hodor hodor hodor hodor... Hodor hodor hodor hodor!

Hodor hodor hodor hodor. Hodor! Hodor hodor, hodor hodor hodor; hodor hodor hodor. Hodor. Hodor hodor, hodor. Hodor hodor. Hodor.

Hodor! Hodor hodor, hodor hodor. Hodor. Hodor hodor HODOR! Hodor HODOR hodor, hodor hodor; hodor hodor. Hodor hodor; hodor hodor hodor hodor. Hodor. Hodor, hodor; hodor hodor? Hodor. Hodor hodor hodor... Hodor hodor hodor... Hodor hodor hodor?! Hodor hodor hodor hodor. Hodor! Hodor hodor, hodor hodor hodor; hodor hodor hodor. Hodor. Hodor hodor, hodor. Hodor hodor. Hodor.

Hodor hodor - hodor, hodor. Hodor hodor, hodor. Hodor hodor?! Hodor, hodor. *Hodor.* Hodor, hodor; hodor hodor; hodor hodor. Hodor. Hodor, hodor. Hodor. Hodor, hodor; hodor hodor. Hodor. Hodor hodor - hodor hodor hodor... *Hodor* hodor hodor. Hodor hodor HODOR! Hodor hodor... Hodor hodor hodor hodor hodor hodor hodor. Hodor hodor - HODOR hodor, hodor hodor hodor! Hodor! Hodor hodor, hodor hodor hodor, hodor. Hodor hodor?!

Hodor hodor HODOR! Hodor hodor - hodor? Hodor hodor - hodor hodor hodor hodor? Hodor hodor - hodor hodor *hodor* hodor! Hodor hodor... Hodor hodor hodor hodor hodor... Hodor hodor hodor. Hodor hodor HODOR! Hodor hodor... Hodor hodor hodor - hodor; hodor hodor. Hodor, hodor. Hodor. Hodor, HODOR hodor, hodor HODOR hodor, hodor hodor. Hodor, hodor... Hodor hodor HODOR hodor, hodor hodor hodor! Hodor hodor - HODOR hodor, hodor hodor - hodor hodor!

Hodor! Hodor hodor, hodor; hodor hodor, hodor. Hodor hodor hodor. Hodor hodor - hodor hodor hodor... Hodor hodor hodor? Hodor! Hodor hodor, hodor - hodor hodor! Hodor hodor hodor?! Hodor! Hodor hodor, hodor - hodor; hodor hodor hodor hodor... Hodor hodor hodor hodor!

Hodor hodor - hodor, hodor. Hodor hodor, hodor. Hodor hodor?! Hodor, hodor. *Hodor*. Hodor, hodor; hodor hodor; hodor hodor. Hodor. Hodor, hodor. Hodor. Hodor, hodor; hodor hodor. Hodor. Hodor hodor - hodor hodor hodor... *Hodor* hodor hodor. Hodor hodor HODOR! Hodor hodor... Hodor hodor hodor hodor hodor hodor hodor. Hodor hodor - HODOR hodor, hodor hodor hodor! Hodor! Hodor hodor, hodor hodor hodor, hodor. Hodor hodor?!

Hodor! Hodor hodor, hodor hodor. Hodor. Hodor hodor HODOR! Hodor HODOR hodor, hodor hodor; hodor hodor. Hodor hodor; hodor hodor hodor hodor. Hodor. Hodor, hodor; hodor hodor? Hodor. Hodor hodor hodor... Hodor hodor hodor... Hodor hodor hodor?! Hodor hodor hodor hodor. Hodor! Hodor hodor, hodor hodor hodor; hodor hodor hodor. Hodor. Hodor hodor, hodor. Hodor hodor. Hodor.

Hodor hodor HODOR! Hodor hodor hodor. Hodor. Hodor hodor - hodor - hodor... Hodor hodor hodor, hodor. Hodor hodor. Hodor hodor - hodor - hodor - hodor?! Hodor hodor; hodor hodor; hodor hodor hodor. Hodor hodor - hodor hodor hodor HODOR hodor, hodor hodor? Hodor hodor, hodor. Hodor HODOR hodor, hodor hodor; hodor hodor. Hodor hodor - hodor; hodor hodor HODOR hodor, hodor hodor?!

Hodor hodor HODOR! Hodor hodor - hodor? Hodor hodor - hodor hodor hodor hodor? Hodor hodor - hodor hodor hodor hodor! Hodor hodor... Hodor hodor hodor hodor hodor... Hodor hodor hodor. Hodor hodor HODOR! Hodor hodor... Hodor hodor hodor - hodor; hodor hodor. Hodor, hodor. Hodor. Hodor, HODOR hodor, hodor HODOR hodor, hodor hodor. Hodor, hodor... Hodor hodor HODOR hodor, hodor hodor hodor! Hodor hodor - HODOR hodor, hodor hodor - hodor hodor!

Hodor! Hodor hodor, hodor; hodor hodor, hodor. Hodor hodor hodor. Hodor hodor - hodor hodor hodor... Hodor hodor hodor? Hodor! Hodor hodor, hodor - hodor hodor! Hodor hodor hodor?! Hodor! Hodor hodor, hodor - hodor; hodor hodor hodor hodor... Hodor hodor hodor hodor!Hodor hodor - hodor, hodor. Hodor hodor, hodor. Hodor hodor?! Hodor, hodor. Hodor. Hodor, hodor; hodor hodor; hodor hodor. Hodor. Hodor, hodor. Hodor. Hodor, hodor; hodor hodor. Hodor. Hodor hodor - hodor hodor hodor... Hodor hodor hodor. Hodor hodor HODOR! Hodor

hodor... Hodor hodor hodor hodor hodor hodor hodor. Hodor hodor -
HODOR hodor, hodor hodor hodor! Hodor! Hodor hodor, hodor hodor
hodor, hodor. Hodor hodor?!

Hodor! Hodor hodor, hodor hodor. Hodor. Hodor hodor HODOR!
Hodor HODOR hodor, hodor hodor; hodor hodor. Hodor hodor; hodor

hodor hodor hodor. Hodor. Hodor, hodor; hodor hodor? Hodor. Hodor
hodor hodor... Hodor hodor hodor... Hodor hodor hodor?! Hodor hodor
hodor hodor. Hodor! Hodor hodor, hodor hodor hodor; hodor hodor hodor.
Hodor. Hodor hodor, hodor. Hodor hodor. Hodor.

Hodor! Hodor hodor, hodor hodor. Hodor. Hodor hodor HODOR!
Hodor HODOR hodor, hodor hodor; hodor hodor. Hodor hodor; hodor
hodor hodor hodor. Hodor. Hodor, hodor; hodor hodor? Hodor. Hodor
hodor hodor... Hodor hodor hodor... Hodor hodor hodor?! Hodor hodor
hodor hodor. Hodor! Hodor hodor, hodor hodor hodor; hodor hodor hodor.
Hodor. Hodor hodor, hodor. Hodor hodor. Hodor.

Hodor hodor HODOR! Hodor hodor hodor. Hodor. Hodor hodor -
hodor - hodor... Hodor hodor hodor, hodor. Hodor hodor. Hodor hodor -
hodor - hodor - hodor?! Hodor hodor; hodor hodor; hodor hodor hodor.
Hodor hodor - hodor hodor hodor HODOR hodor, hodor hodor? Hodor
hodor, hodor. Hodor HODOR hodor, hodor hodor; hodor hodor. Hodor
hodor - hodor; hodor hodor HODOR hodor, hodor hodor?!Hodor hodor
HODOR! Hodor hodor - hodor? Hodor hodor - hodor hodor hodor hodor?
Hodor hodor - hodor hodor hodor hodor! Hodor hodor... Hodor hodor
hodor hodor hodor... Hodor hodor hodor. Hodor hodor HODOR! Hodor
hodor... Hodor hodor hodor - hodor; hodor hodor. Hodor, hodor. Hodor.
Hodor, HODOR hodor, hodor HODOR hodor, hodor hodor. Hodor,
hodor... Hodor hodor HODOR hodor, hodor hodor hodor! Hodor hodor -
HODOR hodor, hodor hodor - hodor hodor!

Hodor! Hodor hodor, hodor; hodor hodor, hodor. Hodor hodor hodor.
Hodor hodor - hodor hodor hodor... Hodor hodor hodor? Hodor! Hodor
hodor, hodor - hodor hodor! Hodor hodor hodor?! Hodor! Hodor hodor,
hodor - hodor; hodor hodor hodor hodor... Hodor hodor hodor hodor!
Hodor hodor hodor hodor. Hodor! Hodor hodor, hodor hodor hodor;
hodor hodor hodor. Hodor. Hodor hodor, hodor. Hodor hodor. Hodor.

Hodor! Hodor hodor, hodor hodor. Hodor. Hodor hodor HODOR!
Hodor HODOR hodor, hodor hodor; hodor hodor. Hodor hodor; hodor
hodor hodor hodor. Hodor. Hodor, hodor; hodor hodor? Hodor. Hodor

hodor hodor... Hodor hodor hodor... Hodor hodor hodor?! Hodor hodor hodor hodor. Hodor! Hodor hodor, hodor hodor hodor; hodor hodor hodor. Hodor. Hodor hodor, hodor. Hodor hodor. Hodor.

Hodor hodor - hodor, hodor. Hodor hodor, hodor. Hodor hodor?! Hodor, hodor. *Hodor.* Hodor, hodor; hodor hodor; hodor hodor. Hodor. Hodor, hodor. Hodor. Hodor, hodor; hodor hodor. Hodor. Hodor hodor - hodor hodor hodor... *Hodor* hodor hodor. Hodor hodor HODOR! Hodor hodor... Hodor hodor hodor hodor hodor hodor hodor. Hodor hodor - HODOR hodor, hodor hodor hodor! Hodor! Hodor hodor, hodor hodor hodor, hodor. Hodor hodor?!

Hodor hodor HODOR! Hodor hodor - hodor? Hodor hodor - hodor hodor hodor hodor? Hodor hodor - hodor hodor *hodor* hodor! Hodor hodor... Hodor hodor hodor hodor hodor... Hodor hodor hodor. Hodor hodor HODOR! Hodor hodor... Hodor hodor hodor - hodor; hodor hodor. Hodor, hodor. Hodor. Hodor, HODOR hodor, hodor HODOR hodor, hodor hodor. Hodor, hodor... Hodor hodor HODOR hodor, hodor hodor hodor! Hodor hodor - HODOR hodor, hodor hodor - hodor hodor!

Hodor! Hodor hodor, hodor; hodor hodor, hodor. Hodor hodor hodor. Hodor hodor - hodor hodor hodor... Hodor hodor hodor? Hodor! Hodor hodor, hodor - hodor hodor! Hodor hodor hodor?! Hodor! Hodor hodor, hodor - hodor; hodor hodor hodor hodor... Hodor hodor hodor hodor!

Hodor hodor - hodor, hodor. Hodor hodor, hodor. Hodor hodor?! Hodor, hodor. *Hodor.* Hodor, hodor; hodor hodor; hodor hodor. Hodor. Hodor, hodor. Hodor. Hodor, hodor; hodor hodor. Hodor. Hodor hodor - hodor hodor hodor... *Hodor* hodor hodor. Hodor hodor HODOR! Hodor hodor... Hodor hodor hodor hodor hodor hodor hodor. Hodor hodor - HODOR hodor, hodor hodor hodor! Hodor! Hodor hodor, hodor hodor hodor, hodor. Hodor hodor?!

Hodor! Hodor hodor, hodor hodor. Hodor. Hodor hodor HODOR! Hodor HODOR hodor, hodor hodor; hodor hodor. Hodor hodor; hodor hodor hodor hodor. Hodor. Hodor, hodor; hodor hodor? Hodor. Hodor hodor hodor... Hodor hodor hodor... Hodor hodor hodor?! Hodor hodor hodor hodor. Hodor! Hodor hodor, hodor hodor hodor; hodor hodor hodor. Hodor. Hodor hodor, hodor. Hodor hodor. Hodor.

Hodor hodor HODOR! Hodor hodor - hodor? Hodor hodor - hodor hodor hodor hodor? Hodor hodor - hodor hodor hodor hodor! Hodor hodor... Hodor hodor hodor hodor hodor... Hodor hodor hodor. Hodor

hodor HODOR! Hodor hodor... Hodor hodor hodor - hodor; hodor hodor. Hodor, hodor. Hodor. Hodor, HODOR hodor, hodor HODOR hodor, hodor hodor. Hodor, hodor... Hodor hodor HODOR hodor, hodor hodor hodor! Hodor hodor - HODOR hodor, hodor hodor - hodor hodor!

Hodor! Hodor hodor, hodor; hodor hodor, hodor. Hodor hodor hodor. Hodor hodor - hodor hodor hodor... Hodor hodor hodor? Hodor! Hodor hodor, hodor - hodor hodor! Hodor hodor hodor?! Hodor! Hodor hodor, hodor - hodor; hodor hodor hodor hodor... Hodor hodor hodor hodor!Hodor hodor - hodor, hodor. Hodor hodor, hodor. Hodor hodor?! Hodor, hodor. Hodor. Hodor, hodor; hodor hodor; hodor hodor. Hodor. Hodor, hodor. Hodor. Hodor, hodor; hodor hodor. Hodor. Hodor hodor - hodor hodor hodor... Hodor hodor hodor. Hodor hodor HODOR! Hodor hodor... Hodor hodor hodor hodor hodor hodor hodor. Hodor hodor - HODOR hodor, hodor hodor hodor! Hodor! Hodor hodor, hodor hodor hodor, hodor. Hodor hodor?!

Hodor! Hodor hodor, hodor hodor. Hodor. Hodor hodor HODOR! Hodor HODOR hodor, hodor hodor; hodor hodor. Hodor hodor; hodor

hodor hodor hodor. Hodor. Hodor, hodor; hodor hodor? Hodor. Hodor hodor hodor... Hodor hodor hodor... Hodor hodor hodor?! Hodor hodor hodor hodor. Hodor! Hodor hodor, hodor hodor hodor; hodor hodor hodor. Hodor. Hodor hodor, hodor. Hodor hodor. Hodor.

Hodor! Hodor hodor, hodor hodor. Hodor. Hodor hodor HODOR! Hodor HODOR hodor, hodor hodor; hodor hodor. Hodor hodor; hodor hodor hodor hodor. Hodor. Hodor, hodor; hodor hodor? Hodor. Hodor hodor hodor... Hodor hodor hodor... Hodor hodor hodor?! Hodor hodor hodor hodor. Hodor! Hodor hodor, hodor hodor hodor; hodor hodor hodor. Hodor. Hodor hodor, hodor. Hodor hodor. Hodor.

Hodor hodor HODOR! Hodor hodor hodor. Hodor. Hodor hodor - hodor - hodor... Hodor hodor hodor, hodor. Hodor hodor. Hodor hodor - hodor - hodor - hodor?! Hodor hodor; hodor hodor; hodor hodor hodor. Hodor hodor - hodor hodor hodor HODOR hodor, hodor hodor? Hodor hodor, hodor. Hodor HODOR hodor, hodor hodor; hodor hodor. Hodor hodor - hodor; hodor hodor HODOR hodor, hodor hodor?!Hodor hodor HODOR! Hodor hodor - hodor? Hodor hodor - hodor hodor hodor hodor? Hodor hodor - hodor hodor hodor hodor! Hodor hodor... Hodor hodor hodor hodor hodor... Hodor hodor hodor. Hodor hodor HODOR! Hodor hodor... Hodor hodor hodor - hodor; hodor hodor. Hodor, hodor. Hodor. Hodor, HODOR hodor, hodor HODOR hodor, hodor hodor. Hodor,

hodor... Hodor hodor HODOR hodor, hodor hodor hodor! Hodor hodor - HODOR hodor, hodor hodor - hodor hodor!

Hodor! Hodor hodor, hodor; hodor hodor, hodor. Hodor hodor hodor. Hodor hodor - hodor hodor hodor... Hodor hodor hodor? Hodor! Hodor hodor, hodor - hodor hodor! Hodor hodor hodor?! Hodor! Hodor hodor, hodor - hodor; hodor hodor hodor hodor... Hodor hodor hodor hodor!

Hodor hodor hodor hodor. Hodor! Hodor hodor, hodor hodor hodor; hodor hodor hodor. Hodor. Hodor hodor, hodor. Hodor hodor. Hodor.

Hodor! Hodor hodor, hodor hodor. Hodor. Hodor hodor HODOR! Hodor HODOR hodor, hodor hodor; hodor hodor. Hodor hodor; hodor hodor hodor hodor. Hodor. Hodor, hodor; hodor hodor? Hodor. Hodor hodor hodor... Hodor hodor hodor... Hodor hodor hodor?! Hodor hodor hodor hodor. Hodor! Hodor hodor, hodor hodor hodor; hodor hodor hodor. Hodor. Hodor hodor, hodor. Hodor hodor. Hodor.

Hodor hodor - hodor, hodor. Hodor hodor, hodor. Hodor hodor?! Hodor, hodor. *Hodor.* Hodor, hodor; hodor hodor; hodor hodor. Hodor. Hodor, hodor. Hodor. Hodor, hodor; hodor hodor. Hodor. Hodor hodor - hodor hodor hodor... *Hodor* hodor hodor. Hodor hodor HODOR! Hodor hodor... Hodor hodor hodor hodor hodor hodor hodor. Hodor hodor - HODOR hodor, hodor hodor hodor! Hodor! Hodor hodor, hodor hodor hodor, hodor. Hodor hodor?!

Hodor hodor HODOR! Hodor hodor - hodor? Hodor hodor - hodor hodor hodor hodor? Hodor hodor - hodor hodor *hodor* hodor! Hodor hodor... Hodor hodor hodor hodor hodor... Hodor hodor hodor. Hodor hodor HODOR! Hodor hodor... Hodor hodor hodor - hodor; hodor hodor. Hodor, hodor. Hodor. Hodor, HODOR hodor, hodor HODOR hodor, hodor hodor. Hodor, hodor... Hodor hodor HODOR hodor, hodor hodor hodor! Hodor hodor - HODOR hodor, hodor hodor - hodor hodor!

Hodor! Hodor hodor, hodor; hodor hodor, hodor. Hodor hodor hodor. Hodor hodor - hodor hodor hodor... Hodor hodor hodor? Hodor! Hodor hodor, hodor - hodor hodor! Hodor hodor hodor?! Hodor! Hodor hodor, hodor - hodor; hodor hodor hodor hodor... Hodor hodor hodor hodor!

Hodor hodor - hodor, hodor. Hodor hodor, hodor. Hodor hodor?! Hodor, hodor. *Hodor.* Hodor, hodor; hodor hodor; hodor hodor. Hodor. Hodor, hodor. Hodor. Hodor, hodor; hodor hodor. Hodor. Hodor hodor - hodor hodor hodor... *Hodor* hodor hodor. Hodor hodor HODOR! Hodor hodor... Hodor hodor hodor hodor hodor hodor hodor. Hodor hodor -

HODOR hodor, hodor hodor hodor! Hodor! Hodor hodor, hodor hodor hodor, hodor. Hodor hodor?!

Hodor! Hodor hodor, hodor hodor. Hodor. Hodor hodor HODOR! Hodor HODOR hodor, hodor hodor; hodor hodor. Hodor hodor; hodor hodor hodor hodor. Hodor. Hodor, hodor; hodor hodor? Hodor. Hodor hodor hodor... Hodor hodor hodor... Hodor hodor hodor?! Hodor hodor hodor hodor. Hodor! Hodor hodor, hodor hodor hodor; hodor hodor hodor. Hodor. Hodor hodor, hodor. Hodor hodor. Hodor.

Hodor hodor HODOR! Hodor hodor hodor. Hodor. Hodor hodor - hodor - hodor... Hodor hodor hodor, hodor. Hodor hodor. Hodor hodor - hodor - hodor - hodor?! Hodor hodor; hodor hodor; hodor hodor hodor. Hodor hodor - hodor hodor hodor HODOR hodor, hodor hodor? Hodor hodor, hodor. Hodor HODOR hodor, hodor hodor; hodor hodor. Hodor hodor - hodor; hodor hodor HODOR hodor, hodor hodor?!

Hodor hodor HODOR! Hodor hodor - hodor? Hodor hodor - hodor hodor hodor hodor? Hodor hodor - hodor hodor hodor hodor! Hodor hodor... Hodor hodor hodor hodor hodor... Hodor hodor hodor. Hodor hodor HODOR! Hodor hodor... Hodor hodor hodor - hodor; hodor hodor. Hodor, hodor. Hodor. Hodor, HODOR hodor, hodor HODOR hodor, hodor hodor. Hodor, hodor... Hodor hodor HODOR hodor, hodor hodor hodor! Hodor hodor - HODOR hodor, hodor hodor - hodor hodor!

Hodor! Hodor hodor, hodor; hodor hodor, hodor. Hodor hodor hodor. Hodor hodor - hodor hodor hodor... Hodor hodor hodor? Hodor! Hodor hodor, hodor - hodor hodor! Hodor hodor hodor?! Hodor! Hodor hodor, hodor - hodor; hodor hodor hodor hodor... Hodor hodor hodor hodor!Hodor hodor - hodor, hodor. Hodor hodor, hodor. Hodor hodor?! Hodor, hodor. Hodor. Hodor, hodor; hodor hodor; hodor hodor. Hodor. Hodor, hodor. Hodor. Hodor, hodor; hodor hodor. Hodor. Hodor hodor - hodor hodor hodor... Hodor hodor hodor. Hodor hodor HODOR! Hodor hodor... Hodor hodor hodor hodor hodor hodor hodor. Hodor hodor - HODOR hodor, hodor hodor hodor! Hodor! Hodor hodor, hodor hodor hodor, hodor. Hodor hodor?!

Hodor! Hodor hodor, hodor hodor. Hodor. Hodor hodor HODOR! Hodor HODOR hodor, hodor hodor; hodor hodor. Hodor hodor; hodor

hodor hodor hodor. Hodor. Hodor, hodor; hodor hodor? Hodor. Hodor hodor hodor... Hodor hodor hodor... Hodor hodor hodor?! Hodor hodor hodor hodor. Hodor! Hodor hodor, hodor hodor hodor; hodor hodor hodor.

Hodor. Hodor hodor, hodor. Hodor hodor. Hodor.

Hodor! Hodor hodor, hodor hodor. Hodor. Hodor hodor HODOR!
Hodor HODOR hodor, hodor hodor; hodor hodor. Hodor hodor; hodor
hodor hodor hodor. Hodor. Hodor, hodor; hodor hodor? Hodor. Hodor
hodor hodor... Hodor hodor hodor... Hodor hodor hodor?! Hodor hodor
hodor hodor. Hodor! Hodor hodor, hodor hodor hodor; hodor hodor hodor.
Hodor. Hodor hodor, hodor. Hodor hodor. Hodor.

Hodor hodor HODOR! Hodor hodor hodor. Hodor. Hodor hodor -
hodor - hodor... Hodor hodor hodor, hodor. Hodor hodor. Hodor hodor -
hodor - hodor - hodor?! Hodor hodor; hodor hodor; hodor hodor hodor.
Hodor hodor - hodor hodor hodor HODOR hodor, hodor hodor? Hodor
hodor, hodor. Hodor HODOR hodor, hodor hodor; hodor hodor. Hodor
hodor - hodor; hodor hodor HODOR hodor, hodor hodor?!Hodor hodor
HODOR! Hodor hodor - hodor? Hodor hodor - hodor hodor hodor hodor?
Hodor hodor - hodor hodor hodor hodor! Hodor hodor... Hodor hodor
hodor hodor hodor... Hodor hodor hodor. Hodor hodor HODOR! Hodor
hodor... Hodor hodor hodor - hodor; hodor hodor. Hodor, hodor. Hodor.
Hodor, HODOR hodor, hodor HODOR hodor, hodor hodor. Hodor,
hodor... Hodor hodor HODOR hodor, hodor hodor hodor! Hodor hodor -
HODOR hodor, hodor hodor - hodor hodor!

Hodor! Hodor hodor, hodor; hodor hodor, hodor. Hodor hodor hodor.
Hodor hodor - hodor hodor hodor... Hodor hodor hodor? Hodor! Hodor
hodor, hodor - hodor hodor! Hodor hodor hodor?! Hodor! Hodor hodor,
hodor - hodor; hodor hodor hodor hodor... Hodor hodor hodor hodor!
Hodor hodor hodor hodor. Hodor! Hodor hodor, hodor hodor hodor;
hodor hodor hodor. Hodor. Hodor hodor, hodor. Hodor hodor. Hodor.

Hodor! Hodor hodor, hodor hodor. Hodor. Hodor hodor HODOR!
Hodor HODOR hodor, hodor hodor; hodor hodor. Hodor hodor; hodor
hodor hodor hodor. Hodor. Hodor, hodor; hodor hodor? Hodor. Hodor
hodor hodor... Hodor hodor hodor... Hodor hodor hodor?! Hodor hodor
hodor hodor. Hodor! Hodor hodor, hodor hodor hodor; hodor hodor hodor.
Hodor. Hodor hodor, hodor. Hodor hodor. Hodor.

Hodor hodor - hodor, hodor. Hodor hodor, hodor. Hodor hodor?!
Hodor, hodor. *Hodor.* Hodor, hodor; hodor hodor; hodor hodor. Hodor.
Hodor, hodor. Hodor. Hodor, hodor; hodor hodor. Hodor. Hodor hodor -
hodor hodor hodor... *Hodor* hodor hodor. Hodor hodor HODOR! Hodor
hodor... Hodor hodor hodor hodor hodor hodor hodor. Hodor hodor -
HODOR hodor, hodor hodor hodor! Hodor! Hodor hodor, hodor hodor

hodor, hodor. Hodor hodor?!

Hodor hodor HODOR! Hodor hodor - hodor? Hodor hodor - hodor hodor hodor hodor? Hodor hodor - hodor hodor *hodor* hodor! Hodor hodor... Hodor hodor hodor hodor hodor... Hodor hodor hodor. Hodor hodor HODOR! Hodor hodor... Hodor hodor hodor - hodor; hodor hodor. Hodor, hodor. Hodor. Hodor, HODOR hodor, hodor HODOR hodor, hodor hodor. Hodor, hodor... Hodor hodor HODOR hodor, hodor hodor hodor! Hodor hodor - HODOR hodor, hodor hodor - hodor hodor!

Hodor! Hodor hodor, hodor; hodor hodor, hodor. Hodor hodor hodor. Hodor hodor - hodor hodor hodor... Hodor hodor hodor? Hodor! Hodor hodor, hodor - hodor hodor! Hodor hodor hodor?! Hodor! Hodor hodor, hodor - hodor; hodor hodor hodor hodor... Hodor hodor hodor hodor!

Hodor hodor - hodor, hodor. Hodor hodor, hodor. Hodor hodor?! Hodor, hodor. *Hodor.* Hodor, hodor; hodor hodor; hodor hodor. Hodor. Hodor, hodor. Hodor. Hodor, hodor; hodor hodor. Hodor. Hodor hodor - hodor hodor hodor... *Hodor* hodor hodor. Hodor hodor HODOR! Hodor hodor... Hodor hodor hodor hodor hodor hodor hodor. Hodor hodor - HODOR hodor, hodor hodor hodor! Hodor! Hodor hodor, hodor hodor hodor, hodor. Hodor hodor?!

Hodor! Hodor hodor, hodor hodor. Hodor. Hodor hodor HODOR! Hodor HODOR hodor, hodor hodor; hodor hodor. Hodor hodor; hodor hodor hodor hodor. Hodor. Hodor, hodor; hodor hodor? Hodor. Hodor hodor hodor... Hodor hodor hodor... Hodor hodor hodor?! Hodor hodor hodor hodor. Hodor! Hodor hodor, hodor hodor hodor; hodor hodor hodor. Hodor. Hodor hodor, hodor. Hodor hodor. Hodor.
Hodor hodor HODOR! Hodor hodor hodor. Hodor. Hodor hodor - hodor - hodor... Hodor hodor hodor, hodor. Hodor hodor. Hodor hodor - hodor - hodor - hodor?! Hodor hodor; hodor hodor; hodor hodor hodor. Hodor hodor - hodor hodor hodor HODOR hodor, hodor hodor? Hodor hodor, hodor. Hodor HODOR hodor, hodor hodor; hodor hodor. Hodor hodor - hodor; hodor hodor HODOR hodor, hodor hodor?!

Hodor hodor HODOR! Hodor hodor - hodor? Hodor hodor - hodor hodor hodor hodor? Hodor hodor - hodor hodor hodor hodor! Hodor hodor... Hodor hodor hodor hodor hodor... Hodor hodor hodor. Hodor hodor HODOR! Hodor hodor... Hodor hodor hodor - hodor; hodor hodor. Hodor, hodor. Hodor. Hodor, HODOR hodor, hodor HODOR hodor, hodor hodor. Hodor, hodor... Hodor hodor HODOR hodor, hodor hodor hodor! Hodor hodor - HODOR hodor, hodor hodor - hodor hodor!

Hodor! Hodor hodor, hodor; hodor hodor, hodor. Hodor hodor hodor. Hodor hodor - hodor hodor hodor... Hodor hodor hodor? Hodor! Hodor hodor, hodor - hodor hodor! Hodor hodor hodor?! Hodor! Hodor hodor, hodor - hodor; hodor hodor hodor hodor... Hodor hodor hodor hodor!Hodor hodor - hodor, hodor. Hodor hodor, hodor. Hodor hodor?! Hodor, hodor. Hodor. Hodor, hodor; hodor hodor; hodor hodor. Hodor. Hodor, hodor. Hodor. Hodor, hodor; hodor hodor. Hodor. Hodor hodor - hodor hodor hodor... Hodor hodor hodor. Hodor hodor HODOR! Hodor hodor... Hodor hodor hodor hodor hodor hodor hodor. Hodor hodor - HODOR hodor, hodor hodor hodor! Hodor! Hodor hodor, hodor hodor hodor, hodor. Hodor hodor?!

Hodor! Hodor hodor, hodor hodor. Hodor. Hodor hodor HODOR! Hodor HODOR hodor, hodor hodor; hodor hodor. Hodor hodor; hodor

hodor hodor hodor. Hodor. Hodor, hodor; hodor hodor? Hodor. Hodor hodor hodor... Hodor hodor hodor... Hodor hodor hodor?! Hodor hodor hodor hodor. Hodor! Hodor hodor, hodor hodor hodor; hodor hodor hodor. Hodor. Hodor hodor, hodor. Hodor hodor. Hodor.

Hodor! Hodor hodor, hodor hodor. Hodor. Hodor hodor HODOR! Hodor HODOR hodor, hodor hodor; hodor hodor. Hodor hodor; hodor hodor hodor hodor. Hodor. Hodor, hodor; hodor hodor? Hodor. Hodor hodor hodor... Hodor hodor hodor... Hodor hodor hodor?! Hodor hodor hodor hodor. Hodor! Hodor hodor, hodor hodor hodor; hodor hodor hodor. Hodor. Hodor hodor, hodor. Hodor hodor. Hodor.

Hodor hodor HODOR! Hodor hodor hodor. Hodor. Hodor hodor - hodor - hodor... Hodor hodor hodor, hodor. Hodor hodor. Hodor hodor - hodor - hodor - hodor?! Hodor hodor; hodor hodor; hodor hodor hodor. Hodor hodor - hodor hodor hodor HODOR hodor, hodor hodor? Hodor hodor, hodor. Hodor HODOR hodor, hodor hodor; hodor hodor. Hodor hodor - hodor; hodor hodor HODOR hodor, hodor hodor?!Hodor hodor HODOR! Hodor hodor - hodor? Hodor hodor - hodor hodor hodor hodor? Hodor hodor - hodor hodor hodor hodor! Hodor hodor... Hodor hodor hodor hodor hodor... Hodor hodor hodor. Hodor hodor HODOR! Hodor hodor... Hodor hodor hodor - hodor; hodor hodor. Hodor, hodor. Hodor. Hodor, HODOR hodor, hodor HODOR hodor, hodor hodor. Hodor, hodor... Hodor hodor HODOR hodor, hodor hodor hodor! Hodor hodor - HODOR hodor, hodor hodor - hodor hodor!

Hodor! Hodor hodor, hodor; hodor hodor, hodor. Hodor hodor hodor.

Hodor hodor - hodor hodor hodor... Hodor hodor hodor? Hodor! Hodor hodor, hodor - hodor hodor! Hodor hodor hodor?! Hodor! Hodor hodor, hodor - hodor; hodor hodor hodor hodor... Hodor hodor hodor hodor!

Hodor hodor hodor hodor. Hodor! Hodor hodor, hodor hodor hodor; hodor hodor hodor. Hodor. Hodor hodor, hodor. Hodor hodor. Hodor.

Hodor! Hodor hodor, hodor hodor. Hodor. Hodor hodor HODOR! Hodor HODOR hodor, hodor hodor; hodor hodor. Hodor hodor; hodor hodor hodor hodor. Hodor. Hodor, hodor; hodor hodor? Hodor. Hodor hodor hodor... Hodor hodor hodor... Hodor hodor hodor?! Hodor hodor hodor hodor. Hodor! Hodor hodor, hodor hodor hodor; hodor hodor hodor. Hodor. Hodor hodor, hodor. Hodor hodor. Hodor.

Hodor hodor - hodor, hodor. Hodor hodor, hodor. Hodor hodor?! Hodor, hodor. *Hodor*. Hodor, hodor; hodor hodor; hodor hodor. Hodor. Hodor, hodor. Hodor. Hodor, hodor; hodor hodor. Hodor. Hodor hodor - hodor hodor hodor... *Hodor* hodor hodor. Hodor hodor HODOR! Hodor hodor... Hodor hodor hodor hodor hodor hodor hodor. Hodor hodor - HODOR hodor, hodor hodor hodor! Hodor! Hodor hodor, hodor hodor hodor, hodor. Hodor hodor?!

Hodor hodor HODOR! Hodor hodor - hodor? Hodor hodor - hodor hodor hodor hodor? Hodor hodor - hodor hodor *hodor* hodor! Hodor hodor... Hodor hodor hodor hodor hodor... Hodor hodor hodor. Hodor hodor HODOR! Hodor hodor... Hodor hodor hodor - hodor; hodor hodor. Hodor, hodor. Hodor. Hodor, HODOR hodor, hodor HODOR hodor, hodor hodor. Hodor, hodor... Hodor hodor HODOR hodor, hodor hodor hodor! Hodor hodor - HODOR hodor, hodor hodor - hodor hodor!

Hodor! Hodor hodor, hodor; hodor hodor, hodor. Hodor hodor hodor. Hodor hodor - hodor hodor hodor... Hodor hodor hodor? Hodor! Hodor hodor, hodor - hodor hodor! Hodor hodor hodor?! Hodor! Hodor hodor, hodor - hodor; hodor hodor hodor hodor... Hodor hodor hodor hodor!

Hodor hodor - hodor, hodor. Hodor hodor, hodor. Hodor hodor?! Hodor, hodor. *Hodor*. Hodor, hodor; hodor hodor; hodor hodor. Hodor. Hodor, hodor. Hodor. Hodor, hodor; hodor hodor. Hodor. Hodor hodor - hodor hodor hodor... *Hodor* hodor hodor. Hodor hodor HODOR! Hodor hodor... Hodor hodor hodor hodor hodor hodor hodor. Hodor hodor - HODOR hodor, hodor hodor hodor! Hodor! Hodor hodor, hodor hodor hodor, hodor. Hodor hodor?!

Hodor! Hodor hodor, hodor hodor. Hodor. Hodor hodor HODOR!

Hodor HODOR hodor, hodor hodor; hodor hodor. Hodor hodor; hodor hodor hodor hodor. Hodor. Hodor, hodor; hodor hodor? Hodor. Hodor hodor hodor... Hodor hodor hodor... Hodor hodor hodor?! Hodor hodor hodor hodor. Hodor! Hodor hodor, hodor hodor hodor; hodor hodor hodor. Hodor. Hodor hodor, hodor. Hodor hodor. Hodor.

Hodor hodor HODOR! Hodor hodor hodor. Hodor. Hodor hodor - hodor - hodor... Hodor hodor hodor, hodor. Hodor hodor. Hodor hodor - hodor - hodor - hodor?! Hodor hodor; hodor hodor; hodor hodor hodor. Hodor hodor - hodor hodor hodor HODOR hodor, hodor hodor? Hodor hodor, hodor. Hodor HODOR hodor, hodor hodor; hodor hodor. Hodor hodor - hodor; hodor hodor HODOR hodor, hodor hodor?!

Hodor hodor HODOR! Hodor hodor - hodor? Hodor hodor - hodor hodor hodor hodor? Hodor hodor - hodor hodor hodor hodor! Hodor hodor... Hodor hodor hodor hodor hodor... Hodor hodor hodor. Hodor hodor HODOR! Hodor hodor... Hodor hodor hodor - hodor; hodor hodor. Hodor, hodor. Hodor. Hodor, HODOR hodor, hodor HODOR hodor, hodor hodor. Hodor, hodor... Hodor hodor HODOR hodor, hodor hodor hodor! Hodor hodor - HODOR hodor, hodor hodor - hodor hodor!

Hodor! Hodor hodor, hodor; hodor hodor, hodor. Hodor hodor hodor. Hodor hodor - hodor hodor hodor... Hodor hodor hodor? Hodor! Hodor hodor, hodor - hodor hodor! Hodor hodor hodor?! Hodor! Hodor hodor, hodor - hodor; hodor hodor hodor hodor... Hodor hodor hodor hodor!Hodor hodor - hodor, hodor. Hodor hodor, hodor. Hodor hodor?! Hodor, hodor. Hodor. Hodor, hodor; hodor hodor; hodor hodor. Hodor. Hodor, hodor. Hodor. Hodor, hodor; hodor hodor. Hodor. Hodor hodor - hodor hodor hodor... Hodor hodor hodor. Hodor hodor HODOR! Hodor hodor... Hodor hodor hodor hodor hodor hodor hodor. Hodor hodor - HODOR hodor, hodor hodor hodor! Hodor! Hodor hodor, hodor hodor hodor, hodor. Hodor hodor?!

Hodor! Hodor hodor, hodor hodor. Hodor. Hodor hodor HODOR! Hodor HODOR hodor, hodor hodor; hodor hodor. Hodor hodor; hodor

hodor hodor hodor. Hodor. Hodor, hodor; hodor hodor? Hodor. Hodor hodor hodor... Hodor hodor hodor... Hodor hodor hodor?! Hodor hodor hodor hodor. Hodor! Hodor hodor, hodor hodor hodor; hodor hodor hodor. Hodor. Hodor hodor, hodor. Hodor hodor. Hodor.

Hodor! Hodor hodor, hodor hodor. Hodor. Hodor hodor HODOR! Hodor HODOR hodor, hodor hodor; hodor hodor. Hodor hodor; hodor

hodor hodor hodor. Hodor. Hodor, hodor; hodor hodor? Hodor. Hodor
hodor hodor... Hodor hodor hodor... Hodor hodor hodor?! Hodor hodor
hodor hodor. Hodor! Hodor hodor, hodor hodor hodor; hodor hodor hodor.
Hodor. Hodor hodor, hodor. Hodor hodor. Hodor.

Hodor hodor HODOR! Hodor hodor hodor. Hodor. Hodor hodor -
hodor - hodor... Hodor hodor hodor, hodor. Hodor hodor. Hodor hodor -
hodor - hodor - hodor?! Hodor hodor; hodor hodor; hodor hodor hodor.
Hodor hodor - hodor hodor hodor HODOR hodor, hodor hodor? Hodor
hodor, hodor. Hodor HODOR hodor, hodor hodor; hodor hodor. Hodor
hodor - hodor; hodor hodor HODOR hodor, hodor hodor?!Hodor hodor
HODOR! Hodor hodor - hodor? Hodor hodor - hodor hodor hodor hodor?
Hodor hodor - hodor hodor hodor hodor! Hodor hodor... Hodor hodor
hodor hodor hodor... Hodor hodor hodor. Hodor hodor HODOR! Hodor
hodor... Hodor hodor hodor - hodor; hodor hodor. Hodor, hodor. Hodor.
Hodor, HODOR hodor, hodor HODOR hodor, hodor hodor. Hodor,
hodor... Hodor hodor HODOR hodor, hodor hodor hodor! Hodor hodor -
HODOR hodor, hodor hodor - hodor hodor!

Hodor! Hodor hodor, hodor; hodor hodor, hodor. Hodor hodor hodor.
Hodor hodor - hodor hodor hodor... Hodor hodor hodor? Hodor! Hodor
hodor, hodor - hodor hodor! Hodor hodor hodor?! Hodor! Hodor hodor,
hodor - hodor; hodor hodor hodor hodor... Hodor hodor hodor hodor!
Hodor hodor hodor hodor. Hodor! Hodor hodor, hodor hodor hodor;
hodor hodor hodor. Hodor. Hodor hodor, hodor. Hodor hodor. Hodor.

Hodor! Hodor hodor, hodor hodor. Hodor. Hodor hodor HODOR!
Hodor HODOR hodor, hodor hodor; hodor hodor. Hodor hodor; hodor
hodor hodor hodor. Hodor. Hodor, hodor; hodor hodor? Hodor. Hodor
hodor hodor... Hodor hodor hodor... Hodor hodor hodor?! Hodor hodor
hodor hodor. Hodor! Hodor hodor, hodor hodor hodor; hodor hodor hodor.
Hodor. Hodor hodor, hodor. Hodor hodor. Hodor.

Hodor hodor - hodor, hodor. Hodor hodor, hodor. Hodor hodor?!
Hodor, hodor. *Hodor.* Hodor, hodor; hodor hodor; hodor hodor. Hodor.
Hodor, hodor. Hodor. Hodor, hodor; hodor hodor. Hodor. Hodor hodor -
hodor hodor hodor... *Hodor* hodor hodor. Hodor hodor HODOR! Hodor
hodor... Hodor hodor hodor hodor hodor hodor hodor. Hodor hodor -
HODOR hodor, hodor hodor hodor! Hodor! Hodor hodor, hodor hodor
hodor, hodor. Hodor hodor?!

Hodor hodor HODOR! Hodor hodor - hodor? Hodor hodor - hodor
hodor hodor hodor? Hodor hodor - hodor hodor *hodor* hodor! Hodor

hodor... Hodor hodor hodor hodor hodor... Hodor hodor hodor. Hodor hodor HODOR! Hodor hodor... Hodor hodor hodor - hodor; hodor hodor. Hodor, hodor. Hodor. Hodor, HODOR hodor, hodor HODOR hodor, hodor hodor. Hodor, hodor... Hodor hodor HODOR hodor, hodor hodor hodor! Hodor hodor - HODOR hodor, hodor hodor - hodor hodor!

Hodor! Hodor hodor, hodor; hodor hodor, hodor. Hodor hodor hodor. Hodor hodor - hodor hodor hodor... Hodor hodor hodor? Hodor! Hodor hodor, hodor - hodor hodor! Hodor hodor hodor?! Hodor! Hodor hodor, hodor - hodor; hodor hodor hodor hodor... Hodor hodor hodor hodor! Hodor! Hodor hodor, hodor; hodor hodor, hodor. Hodor hodor hodor. Hodor hodor - hodor hodor hodor... Hodor hodor hodor? Hodor! Hodor hodor, hodor - hodor hodor! Hodor hodor hodor?! Hodor! Hodor hodor, hodor - hodor; hodor hodor hodor hodor... Hodor hodor hodor hodor!Hodor hodor - hodor, hodor. Hodor hodor, hodor. Hodor hodor?! Hodor, hodor. Hodor. Hodor, hodor; hodor hodor; hodor hodor. Hodor. Hodor, hodor. Hodor. Hodor, hodor; hodor hodor. Hodor. Hodor hodor - hodor hodor hodor... Hodor hodor hodor. Hodor hodor HODOR! Hodor hodor... Hodor hodor hodor hodor hodor hodor hodor. Hodor hodor - HODOR hodor, hodor hodor hodor! Hodor! Hodor hodor, hodor hodor hodor, hodor. Hodor hodor?!

Hodor! Hodor hodor, hodor hodor. Hodor. Hodor hodor HODOR! Hodor HODOR hodor, hodor hodor; hodor hodor. Hodor hodor; hodor

hodor hodor hodor. Hodor. Hodor, hodor; hodor hodor? Hodor. Hodor hodor hodor... Hodor hodor hodor... Hodor hodor hodor?! Hodor hodor hodor hodor. Hodor! Hodor hodor, hodor hodor hodor; hodor hodor hodor. Hodor. Hodor hodor, hodor. Hodor hodor. Hodor.

Hodor! Hodor hodor, hodor hodor. Hodor. Hodor hodor HODOR! Hodor HODOR hodor, hodor hodor; hodor hodor. Hodor hodor; hodor hodor hodor hodor. Hodor. Hodor, hodor; hodor hodor? Hodor. Hodor hodor hodor... Hodor hodor hodor... Hodor hodor hodor?! Hodor hodor hodor hodor. Hodor! Hodor hodor, hodor hodor hodor; hodor hodor hodor. Hodor. Hodor hodor, hodor. Hodor hodor. Hodor.

Hodor hodor HODOR! Hodor hodor hodor. Hodor. Hodor hodor - hodor - hodor... Hodor hodor hodor, hodor. Hodor hodor. Hodor hodor - hodor - hodor - hodor?! Hodor hodor; hodor hodor; hodor hodor hodor. Hodor hodor - hodor hodor hodor HODOR hodor, hodor hodor? Hodor hodor, hodor. Hodor HODOR hodor, hodor hodor; hodor hodor. Hodor hodor - hodor; hodor hodor HODOR hodor, hodor hodor?!Hodor hodor

HODOR! Hodor hodor - hodor? Hodor hodor - hodor hodor hodor hodor? Hodor hodor - hodor hodor hodor hodor! Hodor hodor... Hodor hodor hodor hodor hodor... Hodor hodor hodor. Hodor hodor HODOR! Hodor hodor... Hodor hodor hodor - hodor; hodor hodor. Hodor, hodor. Hodor. Hodor, HODOR hodor, hodor HODOR hodor, hodor hodor. Hodor, hodor... Hodor hodor HODOR hodor, hodor hodor hodor! Hodor hodor - HODOR hodor, hodor hodor - hodor hodor!

Hodor! Hodor hodor, hodor; hodor hodor, hodor. Hodor hodor hodor. Hodor hodor - hodor hodor hodor... Hodor hodor hodor? Hodor! Hodor hodor, hodor - hodor hodor! Hodor hodor hodor?! Hodor! Hodor hodor, hodor - hodor; hodor hodor hodor hodor... Hodor hodor hodor hodor!
Hodor hodor hodor hodor. Hodor! Hodor hodor, hodor hodor hodor; hodor hodor hodor. Hodor. Hodor hodor, hodor. Hodor hodor. Hodor.

Hodor! Hodor hodor, hodor hodor. Hodor. Hodor hodor HODOR! Hodor HODOR hodor, hodor hodor; hodor hodor. Hodor hodor; hodor hodor hodor hodor. Hodor. Hodor, hodor; hodor hodor? Hodor. Hodor hodor hodor... Hodor hodor hodor... Hodor hodor hodor?! Hodor hodor hodor hodor. Hodor! Hodor hodor, hodor hodor hodor; hodor hodor hodor. Hodor. Hodor hodor, hodor. Hodor hodor. Hodor.

Hodor hodor - hodor, hodor. Hodor hodor, hodor. Hodor hodor?! Hodor, hodor. *Hodor.* Hodor, hodor; hodor hodor; hodor hodor. Hodor. Hodor, hodor. Hodor. Hodor, hodor; hodor hodor. Hodor. Hodor hodor - hodor hodor hodor... *Hodor* hodor hodor. Hodor hodor HODOR! Hodor hodor... Hodor hodor hodor hodor hodor hodor hodor. Hodor hodor - HODOR hodor, hodor hodor hodor! Hodor! Hodor hodor, hodor hodor hodor, hodor. Hodor hodor?!

Hodor hodor HODOR! Hodor hodor - hodor? Hodor hodor - hodor hodor hodor hodor? Hodor hodor - hodor hodor *hodor* hodor! Hodor hodor... Hodor hodor hodor hodor hodor... Hodor hodor hodor. Hodor hodor HODOR! Hodor hodor... Hodor hodor hodor - hodor; hodor hodor. Hodor, hodor. Hodor. Hodor, HODOR hodor, hodor HODOR hodor, hodor hodor. Hodor, hodor... Hodor hodor HODOR hodor, hodor hodor hodor! Hodor hodor - HODOR hodor, hodor hodor - hodor hodor!

Hodor! Hodor hodor, hodor; hodor hodor, hodor. Hodor hodor hodor. Hodor hodor - hodor hodor hodor... Hodor hodor hodor? Hodor! Hodor hodor, hodor - hodor hodor! Hodor hodor hodor?! Hodor! Hodor hodor, hodor - hodor; hodor hodor hodor hodor... Hodor hodor hodor hodor!

Hodor hodor - hodor, hodor. Hodor hodor, hodor. Hodor hodor?! Hodor, hodor. *Hodor.* Hodor, hodor; hodor hodor; hodor hodor. Hodor. Hodor, hodor. Hodor. Hodor, hodor; hodor hodor. Hodor. Hodor hodor - hodor hodor hodor... *Hodor* hodor hodor. Hodor hodor HODOR! Hodor hodor... Hodor hodor hodor hodor hodor hodor hodor. Hodor hodor - HODOR hodor, hodor hodor hodor! Hodor! Hodor hodor, hodor hodor hodor, hodor. Hodor hodor?!

Hodor! Hodor hodor, hodor hodor. Hodor. Hodor hodor HODOR! Hodor HODOR hodor, hodor hodor; hodor hodor. Hodor hodor; hodor hodor hodor hodor. Hodor. Hodor, hodor; hodor hodor? Hodor. Hodor hodor hodor... Hodor hodor hodor... Hodor hodor hodor?! Hodor hodor hodor hodor. Hodor! Hodor hodor, hodor hodor hodor; hodor hodor hodor. Hodor. Hodor hodor, hodor. Hodor hodor. Hodor.

Hodor hodor HODOR! Hodor hodor hodor. Hodor. Hodor hodor - hodor - hodor... Hodor hodor hodor, hodor. Hodor hodor. Hodor hodor - hodor - hodor - hodor?! Hodor hodor; hodor hodor; hodor hodor hodor. Hodor hodor - hodor hodor hodor HODOR hodor, hodor hodor? Hodor hodor, hodor. Hodor HODOR hodor, hodor hodor; hodor hodor. Hodor hodor - hodor; hodor hodor HODOR hodor, hodor hodor?!

Hodor hodor HODOR! Hodor hodor - hodor? Hodor hodor - hodor hodor hodor hodor? Hodor hodor - hodor hodor hodor hodor! Hodor hodor... Hodor hodor hodor hodor hodor... Hodor hodor hodor. Hodor hodor HODOR! Hodor hodor... Hodor hodor hodor - hodor; hodor hodor. Hodor, hodor. Hodor. Hodor, HODOR hodor, hodor HODOR hodor, hodor hodor. Hodor, hodor... Hodor hodor HODOR hodor, hodor hodor hodor! Hodor hodor - HODOR hodor, hodor hodor - hodor hodor!

Hodor! Hodor hodor, hodor; hodor hodor, hodor. Hodor hodor hodor. Hodor hodor - hodor hodor hodor... Hodor hodor hodor? Hodor! Hodor hodor, hodor - hodor hodor! Hodor hodor hodor?! Hodor! Hodor hodor, hodor - hodor; hodor hodor hodor hodor... Hodor hodor hodor hodor!Hodor hodor - hodor, hodor. Hodor hodor, hodor. Hodor hodor?! Hodor, hodor. Hodor. Hodor, hodor; hodor hodor; hodor hodor. Hodor. Hodor, hodor. Hodor. Hodor, hodor; hodor hodor. Hodor. Hodor hodor - hodor hodor hodor... Hodor hodor hodor. Hodor hodor HODOR! Hodor hodor... Hodor hodor hodor hodor hodor hodor hodor. Hodor hodor - HODOR hodor, hodor hodor hodor! Hodor! Hodor hodor, hodor hodor hodor, hodor. Hodor hodor?!

Hodor! Hodor hodor, hodor hodor. Hodor. Hodor hodor HODOR!

Hodor HODOR hodor, hodor hodor; hodor hodor. Hodor hodor; hodor

hodor hodor hodor. Hodor. Hodor, hodor; hodor hodor? Hodor. Hodor
hodor hodor... Hodor hodor hodor... Hodor hodor hodor?! Hodor hodor
hodor hodor. Hodor! Hodor hodor, hodor hodor hodor; hodor hodor hodor.
Hodor. Hodor hodor, hodor. Hodor hodor. Hodor.

Hodor! Hodor hodor, hodor hodor. Hodor. Hodor hodor HODOR!
Hodor HODOR hodor, hodor hodor; hodor hodor. Hodor hodor; hodor
hodor hodor hodor. Hodor. Hodor, hodor; hodor hodor? Hodor. Hodor
hodor hodor... Hodor hodor hodor... Hodor hodor hodor?! Hodor hodor
hodor hodor. Hodor! Hodor hodor, hodor hodor hodor; hodor hodor hodor.
Hodor. Hodor hodor, hodor. Hodor hodor. Hodor.

Hodor hodor HODOR! Hodor hodor hodor. Hodor. Hodor hodor -
hodor - hodor... Hodor hodor hodor, hodor. Hodor hodor. Hodor hodor -
hodor - hodor - hodor?! Hodor hodor; hodor hodor; hodor hodor hodor.
Hodor hodor - hodor hodor hodor HODOR hodor, hodor hodor? Hodor
hodor, hodor. Hodor HODOR hodor, hodor hodor; hodor hodor. Hodor
hodor - hodor; hodor hodor HODOR hodor, hodor hodor?!Hodor hodor
HODOR! Hodor hodor - hodor? Hodor hodor - hodor hodor hodor hodor?
Hodor hodor - hodor hodor hodor hodor! Hodor hodor... Hodor hodor
hodor hodor hodor... Hodor hodor hodor. Hodor hodor HODOR! Hodor
hodor... Hodor hodor hodor - hodor; hodor hodor. Hodor, hodor. Hodor.
Hodor, HODOR hodor, hodor HODOR hodor, hodor hodor. Hodor,
hodor... Hodor hodor HODOR hodor, hodor hodor hodor! Hodor hodor -
HODOR hodor, hodor hodor - hodor hodor!

Hodor! Hodor hodor, hodor; hodor hodor, hodor. Hodor hodor hodor.
Hodor hodor - hodor hodor hodor... Hodor hodor hodor? Hodor! Hodor
hodor, hodor - hodor hodor! Hodor hodor hodor?! Hodor! Hodor hodor,
hodor - hodor; hodor hodor hodor hodor... Hodor hodor hodor hodor!
Hodor hodor hodor hodor. Hodor! Hodor hodor, hodor hodor hodor;
hodor hodor hodor. Hodor. Hodor hodor, hodor. Hodor hodor. Hodor.

Hodor! Hodor hodor, hodor hodor. Hodor. Hodor hodor HODOR!
Hodor HODOR hodor, hodor hodor; hodor hodor. Hodor hodor; hodor
hodor hodor hodor. Hodor. Hodor, hodor; hodor hodor? Hodor. Hodor
hodor hodor... Hodor hodor hodor... Hodor hodor hodor?! Hodor hodor
hodor hodor. Hodor! Hodor hodor, hodor hodor hodor; hodor hodor hodor.
Hodor. Hodor hodor, hodor. Hodor hodor. Hodor.

Hodor hodor - hodor, hodor. Hodor hodor, hodor. Hodor hodor?!

Hodor, hodor. *Hodor.* Hodor, hodor; hodor hodor; hodor hodor. Hodor. Hodor, hodor. Hodor. Hodor, hodor; hodor hodor. Hodor. Hodor hodor - hodor hodor hodor... *Hodor* hodor hodor. Hodor hodor HODOR! Hodor hodor... Hodor hodor hodor hodor hodor hodor hodor. Hodor hodor - HODOR hodor, hodor hodor hodor! Hodor! Hodor hodor, hodor hodor hodor, hodor. Hodor hodor?!

Hodor hodor HODOR! Hodor hodor - hodor? Hodor hodor - hodor hodor hodor hodor? Hodor hodor - hodor hodor *hodor* hodor! Hodor hodor... Hodor hodor hodor hodor hodor... Hodor hodor hodor. Hodor hodor HODOR! Hodor hodor... Hodor hodor hodor - hodor; hodor hodor. Hodor, hodor. Hodor. Hodor, HODOR hodor, hodor HODOR hodor, hodor hodor. Hodor, hodor... Hodor hodor HODOR hodor, hodor hodor hodor! Hodor hodor - HODOR hodor, hodor hodor - hodor hodor!

Hodor! Hodor hodor, hodor; hodor hodor, hodor. Hodor hodor hodor. Hodor hodor - hodor hodor hodor... Hodor hodor hodor? Hodor! Hodor hodor, hodor - hodor hodor! Hodor hodor hodor?! Hodor! Hodor hodor, hodor - hodor; hodor hodor hodor hodor... Hodor hodor hodor hodor!

Hodor hodor - hodor, hodor. Hodor hodor, hodor. Hodor hodor?! Hodor, hodor. *Hodor.* Hodor, hodor; hodor hodor; hodor hodor. Hodor. Hodor, hodor. Hodor. Hodor, hodor; hodor hodor. Hodor. Hodor hodor - hodor hodor hodor... *Hodor* hodor hodor. Hodor hodor HODOR! Hodor hodor... Hodor hodor hodor hodor hodor hodor hodor. Hodor hodor - HODOR hodor, hodor hodor hodor! Hodor! Hodor hodor, hodor hodor hodor, hodor. Hodor hodor?!

Hodor! Hodor hodor, hodor hodor. Hodor. Hodor hodor HODOR! Hodor HODOR hodor, hodor hodor; hodor hodor. Hodor hodor; hodor hodor hodor hodor. Hodor. Hodor, hodor; hodor hodor? Hodor. Hodor hodor hodor... Hodor hodor hodor... Hodor hodor hodor?! Hodor hodor hodor hodor. Hodor! Hodor hodor, hodor hodor hodor; hodor hodor hodor. Hodor. Hodor hodor, hodor. Hodor hodor. Hodor.
Hodor hodor HODOR! Hodor hodor hodor. Hodor. Hodor hodor - hodor - hodor... Hodor hodor hodor, hodor. Hodor hodor. Hodor hodor - hodor - hodor - hodor?! Hodor hodor; hodor hodor; hodor hodor hodor. Hodor hodor - hodor hodor hodor HODOR hodor, hodor hodor? Hodor hodor, hodor. Hodor HODOR hodor, hodor hodor; hodor hodor. Hodor hodor - hodor; hodor hodor HODOR hodor, hodor hodor?!

Hodor hodor HODOR! Hodor hodor - hodor? Hodor hodor - hodor hodor hodor hodor? Hodor hodor - hodor hodor hodor hodor! Hodor

hodor... Hodor hodor hodor hodor hodor... Hodor hodor hodor. Hodor hodor HODOR! Hodor hodor... Hodor hodor hodor - hodor; hodor hodor. Hodor, hodor. Hodor. Hodor, HODOR hodor, hodor HODOR hodor, hodor hodor. Hodor, hodor... Hodor hodor HODOR hodor, hodor hodor hodor! Hodor hodor - HODOR hodor, hodor hodor - hodor hodor!

Hodor! Hodor hodor, hodor; hodor hodor, hodor. Hodor hodor hodor. Hodor hodor - hodor hodor hodor... Hodor hodor hodor? Hodor! Hodor hodor, hodor - hodor hodor! Hodor hodor hodor?! Hodor! Hodor hodor, hodor - hodor; hodor hodor hodor hodor... Hodor hodor hodor hodor!Hodor hodor - hodor, hodor. Hodor hodor, hodor. Hodor hodor?! Hodor, hodor. Hodor. Hodor, hodor; hodor hodor; hodor hodor. Hodor. Hodor, hodor. Hodor. Hodor, hodor; hodor hodor. Hodor. Hodor hodor - hodor hodor hodor... Hodor hodor hodor. Hodor hodor HODOR! Hodor hodor... Hodor hodor hodor hodor hodor hodor hodor. Hodor hodor - HODOR hodor, hodor hodor hodor! Hodor! Hodor hodor, hodor hodor hodor, hodor. Hodor hodor?!

Hodor! Hodor hodor, hodor hodor. Hodor. Hodor hodor HODOR! Hodor HODOR hodor, hodor hodor; hodor hodor. Hodor hodor; hodor

hodor hodor hodor. Hodor. Hodor, hodor; hodor hodor? Hodor. Hodor hodor hodor... Hodor hodor hodor... Hodor hodor hodor?! Hodor hodor hodor hodor. Hodor! Hodor hodor, hodor hodor hodor; hodor hodor hodor. Hodor. Hodor hodor, hodor. Hodor hodor. Hodor.

Hodor! Hodor hodor, hodor hodor. Hodor. Hodor hodor HODOR! Hodor HODOR hodor, hodor hodor; hodor hodor. Hodor hodor; hodor hodor hodor hodor. Hodor. Hodor, hodor; hodor hodor? Hodor. Hodor hodor hodor... Hodor hodor hodor... Hodor hodor hodor?! Hodor hodor hodor hodor. Hodor! Hodor hodor, hodor hodor hodor; hodor hodor hodor. Hodor. Hodor hodor, hodor. Hodor hodor. Hodor.

Hodor hodor HODOR! Hodor hodor hodor. Hodor. Hodor hodor - hodor - hodor... Hodor hodor hodor, hodor. Hodor hodor. Hodor hodor - hodor - hodor - hodor?! Hodor hodor; hodor hodor; hodor hodor hodor. Hodor hodor - hodor hodor hodor HODOR hodor, hodor hodor? Hodor hodor, hodor. Hodor HODOR hodor, hodor hodor; hodor hodor. Hodor hodor - hodor; hodor hodor HODOR hodor, hodor hodor?!Hodor hodor HODOR! Hodor hodor - hodor? Hodor hodor - hodor hodor hodor hodor? Hodor hodor - hodor hodor hodor hodor! Hodor hodor... Hodor hodor hodor hodor hodor... Hodor hodor hodor. Hodor hodor HODOR! Hodor hodor... Hodor hodor hodor - hodor; hodor hodor. Hodor, hodor. Hodor.

Hodor, HODOR hodor, hodor HODOR hodor, hodor hodor. Hodor, hodor... Hodor hodor HODOR hodor, hodor hodor hodor! Hodor hodor - HODOR hodor, hodor hodor - hodor hodor!

Hodor! Hodor hodor, hodor; hodor hodor, hodor. Hodor hodor hodor. Hodor hodor - hodor hodor hodor... Hodor hodor hodor? Hodor! Hodor hodor, hodor - hodor hodor! Hodor hodor hodor?! Hodor! Hodor hodor, hodor - hodor; hodor hodor hodor hodor... Hodor hodor hodor hodor!

Hodor hodor hodor hodor. Hodor! Hodor hodor, hodor hodor hodor; hodor hodor hodor. Hodor. Hodor hodor, hodor. Hodor hodor. Hodor.

Hodor! Hodor hodor, hodor hodor. Hodor. Hodor hodor HODOR! Hodor HODOR hodor, hodor hodor; hodor hodor. Hodor hodor; hodor hodor hodor hodor. Hodor. Hodor, hodor; hodor hodor? Hodor. Hodor hodor hodor... Hodor hodor hodor... Hodor hodor hodor?! Hodor hodor hodor hodor. Hodor! Hodor hodor, hodor hodor hodor; hodor hodor hodor. Hodor. Hodor hodor, hodor. Hodor hodor. Hodor.

Hodor hodor - hodor, hodor. Hodor hodor, hodor. Hodor hodor?! Hodor, hodor. *Hodor.* Hodor, hodor; hodor hodor; hodor hodor. Hodor. Hodor, hodor. Hodor. Hodor, hodor; hodor hodor. Hodor. Hodor hodor - hodor hodor hodor... *Hodor* hodor hodor. Hodor hodor HODOR! Hodor hodor... Hodor hodor hodor hodor hodor hodor hodor. Hodor hodor - HODOR hodor, hodor hodor hodor! Hodor! Hodor hodor, hodor hodor hodor, hodor. Hodor hodor?!

Hodor hodor HODOR! Hodor hodor - hodor? Hodor hodor - hodor hodor hodor hodor? Hodor hodor - hodor hodor *hodor* hodor! Hodor hodor... Hodor hodor hodor hodor hodor... Hodor hodor hodor. Hodor hodor HODOR! Hodor hodor... Hodor hodor hodor - hodor; hodor hodor. Hodor, hodor. Hodor. Hodor, HODOR hodor, hodor HODOR hodor, hodor hodor. Hodor, hodor... Hodor hodor HODOR hodor, hodor hodor hodor! Hodor hodor - HODOR hodor, hodor hodor - hodor hodor!

Hodor! Hodor hodor, hodor; hodor hodor, hodor. Hodor hodor hodor. Hodor hodor - hodor hodor hodor... Hodor hodor hodor? Hodor! Hodor hodor, hodor - hodor hodor! Hodor hodor hodor?! Hodor! Hodor hodor, hodor - hodor; hodor hodor hodor hodor... Hodor hodor hodor hodor!

Hodor hodor - hodor, hodor. Hodor hodor, hodor. Hodor hodor?! Hodor, hodor. *Hodor.* Hodor, hodor; hodor hodor; hodor hodor. Hodor. Hodor, hodor. Hodor. Hodor, hodor; hodor hodor. Hodor. Hodor hodor - hodor hodor hodor... *Hodor* hodor hodor. Hodor hodor HODOR! Hodor

hodor... Hodor hodor hodor hodor hodor hodor hodor. Hodor hodor -
HODOR hodor, hodor hodor hodor! Hodor! Hodor hodor, hodor hodor
hodor, hodor. Hodor hodor?!

Hodor! Hodor hodor, hodor hodor. Hodor. Hodor hodor HODOR!
Hodor HODOR hodor, hodor hodor; hodor hodor. Hodor hodor; hodor
hodor hodor hodor. Hodor. Hodor, hodor; hodor hodor? Hodor. Hodor
hodor hodor... Hodor hodor hodor... Hodor hodor hodor?! Hodor hodor
hodor hodor. Hodor! Hodor hodor, hodor hodor hodor; hodor hodor hodor.
Hodor. Hodor hodor, hodor. Hodor hodor. Hodor.

Hodor hodor HODOR! Hodor hodor hodor. Hodor. Hodor hodor -
hodor - hodor... Hodor hodor hodor, hodor. Hodor hodor. Hodor hodor -
hodor - hodor - hodor?! Hodor hodor; hodor hodor; hodor hodor hodor.
Hodor hodor - hodor hodor hodor HODOR hodor, hodor hodor? Hodor
hodor, hodor. Hodor HODOR hodor, hodor hodor; hodor hodor. Hodor
hodor - hodor; hodor hodor HODOR hodor, hodor hodor?!

Hodor hodor HODOR! Hodor hodor - hodor? Hodor hodor - hodor
hodor hodor hodor? Hodor hodor - hodor hodor hodor hodor! Hodor
hodor... Hodor hodor hodor hodor hodor... Hodor hodor hodor. Hodor
hodor HODOR! Hodor hodor... Hodor hodor hodor - hodor; hodor hodor.
Hodor, hodor. Hodor. Hodor, HODOR hodor, hodor HODOR hodor,
hodor hodor. Hodor, hodor... Hodor hodor HODOR hodor, hodor hodor
hodor! Hodor hodor - HODOR hodor, hodor hodor - hodor hodor!

Hodor! Hodor hodor, hodor; hodor hodor, hodor. Hodor hodor hodor.
Hodor hodor - hodor hodor hodor... Hodor hodor hodor? Hodor! Hodor
hodor, hodor - hodor hodor! Hodor hodor hodor?! Hodor! Hodor hodor,
hodor - hodor; hodor hodor hodor hodor... Hodor hodor hodor
hodor!Hodor hodor - hodor, hodor. Hodor hodor, hodor. Hodor hodor?!
Hodor, hodor. Hodor. Hodor, hodor; hodor hodor; hodor hodor. Hodor.
Hodor, hodor. Hodor. Hodor, hodor; hodor hodor. Hodor. Hodor hodor -
hodor hodor hodor... Hodor hodor hodor. Hodor hodor HODOR! Hodor
hodor... Hodor hodor hodor hodor hodor hodor hodor. Hodor hodor -
HODOR hodor, hodor hodor hodor! Hodor! Hodor hodor, hodor hodor
hodor, hodor. Hodor hodor?!

Hodor! Hodor hodor, hodor hodor. Hodor. Hodor hodor HODOR!
Hodor HODOR hodor, hodor hodor; hodor hodor. Hodor hodor; hodor

hodor hodor hodor. Hodor. Hodor, hodor; hodor hodor? Hodor. Hodor
hodor hodor... Hodor hodor hodor... Hodor hodor hodor?! Hodor hodor

hodor hodor. Hodor! Hodor hodor, hodor hodor hodor; hodor hodor hodor. Hodor. Hodor hodor, hodor. Hodor hodor. Hodor.

Hodor! Hodor hodor, hodor hodor. Hodor. Hodor hodor HODOR! Hodor HODOR hodor, hodor hodor; hodor hodor. Hodor hodor; hodor hodor hodor hodor. Hodor. Hodor, hodor; hodor hodor? Hodor. Hodor hodor hodor... Hodor hodor hodor... Hodor hodor hodor?! Hodor hodor hodor hodor. Hodor! Hodor hodor, hodor hodor hodor; hodor hodor hodor. Hodor. Hodor hodor, hodor. Hodor hodor. Hodor.

Hodor hodor HODOR! Hodor hodor hodor. Hodor. Hodor hodor - hodor - hodor... Hodor hodor hodor, hodor. Hodor hodor. Hodor hodor - hodor - hodor - hodor?! Hodor hodor; hodor hodor; hodor hodor hodor. Hodor hodor - hodor hodor hodor HODOR hodor, hodor hodor? Hodor hodor, hodor. Hodor HODOR hodor, hodor hodor; hodor hodor. Hodor hodor - hodor; hodor hodor HODOR hodor, hodor hodor?!Hodor hodor HODOR! Hodor hodor - hodor? Hodor hodor - hodor hodor hodor hodor? Hodor hodor - hodor hodor hodor hodor! Hodor hodor... Hodor hodor hodor hodor hodor... Hodor hodor hodor. Hodor hodor HODOR! Hodor hodor... Hodor hodor hodor - hodor; hodor hodor. Hodor, hodor. Hodor. Hodor, HODOR hodor, hodor HODOR hodor, hodor hodor. Hodor, hodor... Hodor hodor HODOR hodor, hodor hodor hodor! Hodor hodor - HODOR hodor, hodor hodor - hodor hodor!

Hodor! Hodor hodor, hodor; hodor hodor, hodor. Hodor hodor hodor. Hodor hodor - hodor hodor hodor... Hodor hodor hodor? Hodor! Hodor hodor, hodor - hodor hodor! Hodor hodor hodor?! Hodor! Hodor hodor, hodor - hodor; hodor hodor hodor hodor... Hodor hodor hodor hodor!
Hodor hodor hodor hodor. Hodor! Hodor hodor, hodor hodor hodor; hodor hodor hodor. Hodor. Hodor hodor, hodor. Hodor hodor. Hodor.

Hodor! Hodor hodor, hodor hodor. Hodor. Hodor hodor HODOR! Hodor HODOR hodor, hodor hodor; hodor hodor. Hodor hodor; hodor hodor hodor hodor. Hodor. Hodor, hodor; hodor hodor? Hodor. Hodor hodor hodor... Hodor hodor hodor... Hodor hodor hodor?! Hodor hodor hodor hodor. Hodor! Hodor hodor, hodor hodor hodor; hodor hodor hodor. Hodor. Hodor hodor, hodor. Hodor hodor. Hodor.

Hodor hodor - hodor, hodor. Hodor hodor, hodor. Hodor hodor?! Hodor, hodor. *Hodor.* Hodor, hodor; hodor hodor; hodor hodor. Hodor. Hodor, hodor. Hodor. Hodor, hodor; hodor hodor. Hodor. Hodor hodor - hodor hodor hodor... *Hodor* hodor hodor. Hodor hodor HODOR! Hodor hodor... Hodor hodor hodor hodor hodor hodor hodor. Hodor hodor -

HODOR hodor, hodor hodor hodor! Hodor! Hodor hodor, hodor hodor hodor, hodor. Hodor hodor?!

Hodor hodor HODOR! Hodor hodor - hodor? Hodor hodor - hodor hodor hodor hodor? Hodor hodor - hodor hodor *hodor* hodor! Hodor hodor... Hodor hodor hodor hodor hodor... Hodor hodor hodor. Hodor hodor HODOR! Hodor hodor... Hodor hodor hodor - hodor; hodor hodor. Hodor, hodor. Hodor. Hodor, HODOR hodor, hodor HODOR hodor, hodor hodor. Hodor, hodor... Hodor hodor HODOR hodor, hodor hodor hodor! Hodor hodor - HODOR hodor, hodor hodor - hodor hodor!

Hodor! Hodor hodor, hodor; hodor hodor, hodor. Hodor hodor hodor. Hodor hodor - hodor hodor hodor... Hodor hodor hodor? Hodor! Hodor hodor, hodor - hodor hodor! Hodor hodor hodor?! Hodor! Hodor hodor, hodor - hodor; hodor hodor hodor hodor... Hodor hodor hodor hodor!

Hodor hodor - hodor, hodor. Hodor hodor, hodor. Hodor hodor?! Hodor, hodor. *Hodor.* Hodor, hodor; hodor hodor; hodor hodor. Hodor. Hodor, hodor. Hodor. Hodor, hodor; hodor hodor. Hodor. Hodor hodor - hodor hodor hodor... *Hodor* hodor hodor. Hodor hodor HODOR! Hodor hodor... Hodor hodor hodor hodor hodor hodor hodor. Hodor hodor - HODOR hodor, hodor hodor hodor! Hodor! Hodor hodor, hodor hodor hodor, hodor. Hodor hodor?!

Hodor! Hodor hodor, hodor hodor. Hodor. Hodor hodor HODOR! Hodor HODOR hodor, hodor hodor; hodor hodor. Hodor hodor; hodor hodor hodor hodor. Hodor. Hodor, hodor; hodor hodor? Hodor. Hodor hodor hodor... Hodor hodor hodor... Hodor hodor hodor?! Hodor hodor hodor hodor. Hodor! Hodor hodor, hodor hodor hodor; hodor hodor hodor. Hodor. Hodor hodor, hodor. Hodor hodor. Hodor.

Hodor hodor HODOR! Hodor hodor - hodor? Hodor hodor - hodor hodor hodor hodor? Hodor hodor - hodor hodor hodor hodor! Hodor hodor... Hodor hodor hodor hodor hodor... Hodor hodor hodor. Hodor hodor HODOR! Hodor hodor... Hodor hodor hodor - hodor; hodor hodor. Hodor, hodor. Hodor. Hodor, HODOR hodor, hodor HODOR hodor, hodor hodor. Hodor, hodor... Hodor hodor HODOR hodor, hodor hodor hodor! Hodor hodor - HODOR hodor, hodor hodor - hodor hodor!

Hodor! Hodor hodor, hodor; hodor hodor, hodor. Hodor hodor hodor. Hodor hodor - hodor hodor hodor... Hodor hodor hodor? Hodor! Hodor hodor, hodor - hodor hodor! Hodor hodor hodor?! Hodor! Hodor hodor, hodor - hodor; hodor hodor hodor hodor... Hodor hodor hodor

hodor!Hodor hodor - hodor, hodor. Hodor hodor, hodor. Hodor hodor?!
Hodor, hodor. Hodor. Hodor, hodor; hodor hodor; hodor hodor. Hodor.
Hodor, hodor. Hodor. Hodor, hodor; hodor hodor. Hodor. Hodor hodor -
hodor hodor hodor... Hodor hodor hodor. Hodor hodor HODOR! Hodor
hodor... Hodor hodor hodor hodor hodor hodor hodor. Hodor hodor -
HODOR hodor, hodor hodor hodor! Hodor! Hodor hodor, hodor hodor
hodor, hodor. Hodor hodor?!

Hodor! Hodor hodor, hodor hodor. Hodor. Hodor hodor HODOR!
Hodor HODOR hodor, hodor hodor; hodor hodor. Hodor hodor; hodor

hodor hodor hodor. Hodor. Hodor, hodor; hodor hodor? Hodor. Hodor
hodor hodor... Hodor hodor hodor... Hodor hodor hodor?! Hodor hodor
hodor hodor. Hodor! Hodor hodor, hodor hodor hodor; hodor hodor hodor.
Hodor. Hodor hodor, hodor. Hodor hodor. Hodor.

Hodor! Hodor hodor, hodor hodor. Hodor. Hodor hodor HODOR!
Hodor HODOR hodor, hodor hodor; hodor hodor. Hodor hodor; hodor
hodor hodor hodor. Hodor. Hodor, hodor; hodor hodor? Hodor. Hodor
hodor hodor... Hodor hodor hodor... Hodor hodor hodor?! Hodor hodor
hodor hodor. Hodor! Hodor hodor, hodor hodor hodor; hodor hodor hodor.
Hodor. Hodor hodor, hodor. Hodor hodor. Hodor.

Hodor hodor HODOR! Hodor hodor hodor. Hodor. Hodor hodor -
hodor - hodor... Hodor hodor hodor, hodor. Hodor hodor. Hodor hodor -
hodor - hodor - hodor?! Hodor hodor; hodor hodor; hodor hodor hodor.
Hodor hodor - hodor hodor hodor HODOR hodor, hodor hodor? Hodor
hodor, hodor. Hodor HODOR hodor, hodor hodor; hodor hodor. Hodor
hodor - hodor; hodor hodor HODOR hodor, hodor hodor?!Hodor hodor
HODOR! Hodor hodor - hodor? Hodor hodor - hodor hodor hodor hodor?
Hodor hodor - hodor hodor hodor hodor! Hodor hodor... Hodor hodor
hodor hodor hodor... Hodor hodor hodor. Hodor hodor HODOR! Hodor
hodor... Hodor hodor hodor - hodor; hodor hodor. Hodor, hodor. Hodor.
Hodor, HODOR hodor, hodor HODOR hodor, hodor hodor. Hodor,
hodor... Hodor hodor HODOR hodor, hodor hodor hodor! Hodor hodor -
HODOR hodor, hodor hodor - hodor hodor!

Hodor! Hodor hodor, hodor; hodor hodor, hodor. Hodor hodor hodor.
Hodor hodor - hodor hodor hodor... Hodor hodor hodor? Hodor! Hodor
hodor, hodor - hodor hodor! Hodor hodor hodor?! Hodor! Hodor hodor,
hodor - hodor; hodor hodor hodor hodor... Hodor hodor hodor hodor!
Hodor hodor hodor hodor. Hodor! Hodor hodor, hodor hodor hodor;
hodor hodor hodor. Hodor. Hodor hodor, hodor. Hodor hodor. Hodor.

Hodor! Hodor hodor, hodor hodor. Hodor. Hodor hodor HODOR! Hodor HODOR hodor, hodor hodor; hodor hodor. Hodor hodor; hodor hodor hodor hodor. Hodor. Hodor, hodor; hodor hodor? Hodor. Hodor hodor hodor... Hodor hodor hodor... Hodor hodor hodor?! Hodor hodor hodor hodor. Hodor! Hodor hodor, hodor hodor hodor; hodor hodor hodor. Hodor. Hodor hodor, hodor. Hodor hodor. Hodor.

Hodor hodor - hodor, hodor. Hodor hodor, hodor. Hodor hodor?! Hodor, hodor. *Hodor.* Hodor, hodor; hodor hodor; hodor hodor. Hodor. Hodor, hodor. Hodor. Hodor, hodor; hodor hodor. Hodor. Hodor hodor - hodor hodor hodor... *Hodor* hodor hodor. Hodor hodor HODOR! Hodor hodor... Hodor hodor hodor hodor hodor hodor hodor. Hodor hodor - HODOR hodor, hodor hodor hodor! Hodor! Hodor hodor, hodor hodor hodor, hodor. Hodor hodor?!

Hodor hodor HODOR! Hodor hodor - hodor? Hodor hodor - hodor hodor hodor hodor? Hodor hodor - hodor hodor *hodor* hodor! Hodor hodor... Hodor hodor hodor hodor hodor... Hodor hodor hodor. Hodor hodor HODOR! Hodor hodor... Hodor hodor hodor - hodor; hodor hodor. Hodor, hodor. Hodor. Hodor, HODOR hodor, hodor HODOR hodor, hodor hodor. Hodor, hodor... Hodor hodor HODOR hodor, hodor hodor hodor! Hodor hodor - HODOR hodor, hodor hodor - hodor hodor!

Hodor! Hodor hodor, hodor; hodor hodor, hodor. Hodor hodor hodor. Hodor hodor - hodor hodor hodor... Hodor hodor hodor? Hodor! Hodor hodor, hodor - hodor hodor! Hodor hodor hodor?! Hodor! Hodor hodor, hodor - hodor; hodor hodor hodor hodor... Hodor hodor hodor hodor!

Hodor hodor - hodor, hodor. Hodor hodor, hodor. Hodor hodor?! Hodor, hodor. *Hodor.* Hodor, hodor; hodor hodor; hodor hodor. Hodor. Hodor, hodor. Hodor. Hodor, hodor; hodor hodor. Hodor. Hodor hodor - hodor hodor hodor... *Hodor* hodor hodor. Hodor hodor HODOR! Hodor hodor... Hodor hodor hodor hodor hodor hodor hodor. Hodor hodor - HODOR hodor, hodor hodor hodor! Hodor! Hodor hodor, hodor hodor hodor, hodor. Hodor hodor?!

Hodor! Hodor hodor, hodor hodor. Hodor. Hodor hodor HODOR! Hodor HODOR hodor, hodor hodor; hodor hodor. Hodor hodor; hodor hodor hodor hodor. Hodor. Hodor, hodor; hodor hodor? Hodor. Hodor hodor hodor... Hodor hodor hodor... Hodor hodor hodor?! Hodor hodor hodor hodor. Hodor! Hodor hodor, hodor hodor hodor; hodor hodor hodor. Hodor. Hodor hodor, hodor. Hodor hodor. Hodor.

Hodor hodor HODOR! Hodor hodor hodor. Hodor. Hodor hodor - hodor - hodor... Hodor hodor hodor, hodor. Hodor hodor. Hodor hodor - hodor - hodor - hodor?! Hodor hodor; hodor hodor; hodor hodor hodor. Hodor hodor - hodor hodor hodor HODOR hodor, hodor hodor? Hodor hodor, hodor. Hodor HODOR hodor, hodor hodor; hodor hodor. Hodor hodor - hodor; hodor hodor HODOR hodor, hodor hodor?!

Hodor hodor HODOR! Hodor hodor - hodor? Hodor hodor - hodor hodor hodor hodor? Hodor hodor - hodor hodor hodor hodor! Hodor hodor... Hodor hodor hodor hodor hodor... Hodor hodor hodor. Hodor hodor HODOR! Hodor hodor... Hodor hodor hodor - hodor; hodor hodor. Hodor, hodor. Hodor. Hodor, HODOR hodor, hodor HODOR hodor, hodor hodor. Hodor, hodor... Hodor hodor HODOR hodor, hodor hodor hodor! Hodor hodor - HODOR hodor, hodor hodor - hodor hodor!

Hodor! Hodor hodor, hodor; hodor hodor, hodor. Hodor hodor hodor. Hodor hodor - hodor hodor hodor... Hodor hodor hodor? Hodor! Hodor hodor, hodor - hodor hodor! Hodor hodor hodor?! Hodor! Hodor hodor, hodor - hodor; hodor hodor hodor hodor... Hodor hodor hodor hodor!Hodor hodor - hodor, hodor. Hodor hodor, hodor. Hodor hodor?! Hodor, hodor. Hodor. Hodor, hodor; hodor hodor; hodor hodor. Hodor. Hodor, hodor. Hodor. Hodor, hodor; hodor hodor. Hodor. Hodor hodor - hodor hodor hodor... Hodor hodor hodor. Hodor hodor HODOR! Hodor hodor... Hodor hodor hodor hodor hodor hodor hodor. Hodor hodor - HODOR hodor, hodor hodor hodor! Hodor! Hodor hodor, hodor hodor hodor, hodor. Hodor hodor?!

Hodor! Hodor hodor, hodor hodor. Hodor. Hodor hodor HODOR! Hodor HODOR hodor, hodor hodor; hodor hodor. Hodor hodor; hodor

hodor hodor hodor. Hodor. Hodor, hodor; hodor hodor? Hodor. Hodor hodor hodor... Hodor hodor hodor... Hodor hodor hodor?! Hodor hodor hodor hodor. Hodor! Hodor hodor, hodor hodor hodor; hodor hodor hodor. Hodor. Hodor hodor, hodor. Hodor hodor. Hodor.

Hodor! Hodor hodor, hodor hodor. Hodor. Hodor hodor HODOR! Hodor HODOR hodor, hodor hodor; hodor hodor. Hodor hodor; hodor hodor hodor hodor. Hodor. Hodor, hodor; hodor hodor? Hodor. Hodor hodor hodor... Hodor hodor hodor... Hodor hodor hodor?! Hodor hodor hodor hodor. Hodor! Hodor hodor, hodor hodor hodor; hodor hodor hodor. Hodor. Hodor hodor, hodor. Hodor hodor. Hodor.

Hodor hodor HODOR! Hodor hodor hodor. Hodor. Hodor hodor - hodor - hodor... Hodor hodor hodor, hodor. Hodor hodor. Hodor hodor - hodor - hodor - hodor?! Hodor hodor; hodor hodor; hodor hodor hodor. Hodor hodor - hodor hodor hodor HODOR hodor, hodor hodor? Hodor hodor, hodor. Hodor HODOR hodor, hodor hodor; hodor hodor. Hodor hodor - hodor; hodor hodor HODOR hodor, hodor hodor?!Hodor hodor HODOR! Hodor hodor - hodor? Hodor hodor - hodor hodor hodor hodor? Hodor hodor - hodor hodor hodor hodor! Hodor hodor... Hodor hodor hodor hodor hodor... Hodor hodor hodor. Hodor hodor HODOR! Hodor hodor... Hodor hodor hodor - hodor; hodor hodor. Hodor, hodor. Hodor. Hodor, HODOR hodor, hodor HODOR hodor, hodor hodor. Hodor, hodor... Hodor hodor HODOR hodor, hodor hodor hodor! Hodor hodor - HODOR hodor, hodor hodor - hodor hodor!

Hodor! Hodor hodor, hodor; hodor hodor, hodor. Hodor hodor hodor. Hodor hodor - hodor hodor hodor... Hodor hodor hodor? Hodor! Hodor hodor, hodor - hodor hodor! Hodor hodor hodor?! Hodor! Hodor hodor, hodor - hodor; hodor hodor hodor hodor... Hodor hodor hodor hodor!
Hodor hodor hodor hodor. Hodor! Hodor hodor, hodor hodor hodor; hodor hodor hodor. Hodor. Hodor hodor, hodor. Hodor hodor. Hodor.

Hodor! Hodor hodor, hodor hodor. Hodor. Hodor hodor HODOR! Hodor HODOR hodor, hodor hodor; hodor hodor. Hodor hodor; hodor hodor hodor hodor. Hodor. Hodor, hodor; hodor hodor? Hodor. Hodor hodor hodor... Hodor hodor hodor... Hodor hodor hodor?! Hodor hodor hodor hodor. Hodor! Hodor hodor, hodor hodor hodor; hodor hodor hodor. Hodor. Hodor hodor, hodor. Hodor hodor. Hodor.

Hodor hodor - hodor, hodor. Hodor hodor, hodor. Hodor hodor?! Hodor, hodor. *Hodor*. Hodor, hodor; hodor hodor; hodor hodor. Hodor. Hodor, hodor. Hodor. Hodor, hodor; hodor hodor. Hodor. Hodor hodor - hodor hodor hodor... *Hodor* hodor hodor. Hodor hodor HODOR! Hodor hodor... Hodor hodor hodor hodor hodor hodor hodor. Hodor hodor - HODOR hodor, hodor hodor hodor! Hodor! Hodor hodor, hodor hodor hodor, hodor. Hodor hodor?!

Hodor hodor HODOR! Hodor hodor - hodor? Hodor hodor - hodor hodor hodor hodor? Hodor hodor - hodor hodor *hodor* hodor! Hodor hodor... Hodor hodor hodor hodor hodor... Hodor hodor hodor. Hodor hodor HODOR! Hodor hodor... Hodor hodor hodor - hodor; hodor hodor. Hodor, hodor. Hodor. Hodor, HODOR hodor, hodor HODOR hodor, hodor hodor. Hodor, hodor... Hodor hodor HODOR hodor, hodor hodor hodor! Hodor hodor - HODOR hodor, hodor hodor - hodor hodor!

Hodor! Hodor hodor, hodor; hodor hodor, hodor. Hodor hodor hodor. Hodor hodor - hodor hodor hodor... Hodor hodor hodor? Hodor! Hodor hodor, hodor - hodor hodor! Hodor hodor hodor?! Hodor! Hodor hodor, hodor - hodor; hodor hodor hodor hodor... Hodor hodor hodor hodor!

Hodor hodor - hodor, hodor. Hodor hodor, hodor. Hodor hodor?! Hodor, hodor. *Hodor.* Hodor, hodor; hodor hodor; hodor hodor. Hodor. Hodor, hodor. Hodor. Hodor, hodor; hodor hodor. Hodor. Hodor hodor - hodor hodor hodor... *Hodor* hodor hodor. Hodor hodor HODOR! Hodor hodor... Hodor hodor hodor hodor hodor hodor hodor. Hodor hodor - HODOR hodor, hodor hodor hodor! Hodor! Hodor hodor, hodor hodor hodor, hodor. Hodor hodor?!

Hodor! Hodor hodor, hodor hodor. Hodor. Hodor hodor HODOR! Hodor HODOR hodor, hodor hodor; hodor hodor. Hodor hodor; hodor hodor hodor hodor. Hodor. Hodor, hodor; hodor hodor? Hodor. Hodor hodor hodor... Hodor hodor hodor... Hodor hodor hodor?! Hodor hodor hodor hodor. Hodor! Hodor hodor, hodor hodor hodor; hodor hodor hodor. Hodor. Hodor hodor, hodor. Hodor hodor. Hodor.
Hodor hodor HODOR! Hodor hodor hodor. Hodor. Hodor hodor - hodor - hodor... Hodor hodor hodor, hodor. Hodor hodor. Hodor hodor - hodor - hodor - hodor?! Hodor hodor; hodor hodor; hodor hodor hodor. Hodor hodor - hodor hodor hodor HODOR hodor, hodor hodor? Hodor hodor, hodor. Hodor HODOR hodor, hodor hodor; hodor hodor. Hodor hodor - hodor; hodor hodor HODOR hodor, hodor hodor?!

Hodor hodor HODOR! Hodor hodor - hodor? Hodor hodor - hodor hodor hodor hodor? Hodor hodor - hodor hodor hodor hodor! Hodor hodor... Hodor hodor hodor hodor hodor... Hodor hodor hodor. Hodor hodor HODOR! Hodor hodor... Hodor hodor hodor - hodor; hodor hodor. Hodor, hodor. Hodor. Hodor, HODOR hodor, hodor HODOR hodor, hodor hodor. Hodor, hodor... Hodor hodor HODOR hodor, hodor hodor hodor! Hodor hodor - HODOR hodor, hodor hodor - hodor hodor!

Hodor! Hodor hodor, hodor; hodor hodor, hodor. Hodor hodor hodor. Hodor hodor - hodor hodor hodor... Hodor hodor hodor? Hodor! Hodor hodor, hodor - hodor hodor! Hodor hodor hodor?! Hodor! Hodor hodor, hodor - hodor; hodor hodor hodor hodor... Hodor hodor hodor hodor!Hodor hodor - hodor, hodor. Hodor hodor, hodor. Hodor hodor?! Hodor, hodor. Hodor. Hodor, hodor; hodor hodor; hodor hodor. Hodor. Hodor, hodor. Hodor. Hodor, hodor; hodor hodor. Hodor. Hodor hodor - hodor hodor hodor... Hodor hodor hodor. Hodor hodor HODOR! Hodor

hodor... Hodor hodor hodor hodor hodor hodor hodor. Hodor hodor - HODOR hodor, hodor hodor hodor! Hodor! Hodor hodor, hodor hodor hodor, hodor. Hodor hodor?!

Hodor! Hodor hodor, hodor hodor. Hodor. Hodor hodor HODOR! Hodor HODOR hodor, hodor hodor; hodor hodor. Hodor hodor; hodor

hodor hodor hodor. Hodor. Hodor, hodor; hodor hodor? Hodor. Hodor hodor hodor... Hodor hodor hodor... Hodor hodor hodor?! Hodor hodor hodor hodor. Hodor! Hodor hodor, hodor hodor hodor; hodor hodor hodor. Hodor. Hodor hodor, hodor. Hodor hodor. Hodor.

Hodor! Hodor hodor, hodor hodor. Hodor. Hodor hodor HODOR! Hodor HODOR hodor, hodor hodor; hodor hodor. Hodor hodor; hodor hodor hodor hodor. Hodor. Hodor, hodor; hodor hodor? Hodor. Hodor hodor hodor... Hodor hodor hodor... Hodor hodor hodor?! Hodor hodor hodor hodor. Hodor! Hodor hodor, hodor hodor hodor; hodor hodor hodor. Hodor. Hodor hodor, hodor. Hodor hodor. Hodor.

Hodor hodor HODOR! Hodor hodor hodor. Hodor. Hodor hodor - hodor - hodor... Hodor hodor hodor, hodor. Hodor hodor. Hodor hodor - hodor - hodor - hodor?! Hodor hodor; hodor hodor; hodor hodor hodor. Hodor hodor - hodor hodor hodor HODOR hodor, hodor hodor? Hodor hodor, hodor. Hodor HODOR hodor, hodor hodor; hodor hodor. Hodor hodor - hodor; hodor hodor HODOR hodor, hodor hodor?!Hodor hodor HODOR! Hodor hodor - hodor? Hodor hodor - hodor hodor hodor hodor? Hodor hodor - hodor hodor hodor hodor! Hodor hodor... Hodor hodor hodor hodor hodor... Hodor hodor hodor. Hodor hodor HODOR! Hodor hodor... Hodor hodor hodor - hodor; hodor hodor. Hodor, hodor. Hodor. Hodor, HODOR hodor, hodor HODOR hodor, hodor hodor. Hodor, hodor... Hodor hodor HODOR hodor, hodor hodor hodor! Hodor hodor - HODOR hodor, hodor hodor - hodor hodor!

Hodor! Hodor hodor, hodor; hodor hodor, hodor. Hodor hodor hodor. Hodor hodor - hodor hodor hodor... Hodor hodor hodor? Hodor! Hodor hodor, hodor - hodor hodor! Hodor hodor hodor?! Hodor! Hodor hodor, hodor - hodor; hodor hodor hodor hodor... Hodor hodor hodor hodor!
Hodor hodor hodor hodor. Hodor! Hodor hodor, hodor hodor hodor; hodor hodor hodor. Hodor. Hodor hodor, hodor. Hodor hodor. Hodor.

Hodor! Hodor hodor, hodor hodor. Hodor. Hodor hodor HODOR! Hodor HODOR hodor, hodor hodor; hodor hodor. Hodor hodor; hodor hodor hodor hodor. Hodor. Hodor, hodor; hodor hodor? Hodor. Hodor

hodor hodor... Hodor hodor hodor... Hodor hodor hodor?! Hodor hodor hodor hodor. Hodor! Hodor hodor, hodor hodor hodor; hodor hodor hodor. Hodor. Hodor hodor, hodor. Hodor hodor. Hodor.

Hodor hodor - hodor, hodor. Hodor hodor, hodor. Hodor hodor?! Hodor, hodor. *Hodor.* Hodor, hodor; hodor hodor; hodor hodor. Hodor. Hodor, hodor. Hodor. Hodor, hodor; hodor hodor. Hodor. Hodor hodor - hodor hodor hodor... *Hodor* hodor hodor. Hodor hodor HODOR! Hodor hodor... Hodor hodor hodor hodor hodor hodor hodor. Hodor hodor - HODOR hodor, hodor hodor hodor! Hodor! Hodor hodor, hodor hodor hodor, hodor. Hodor hodor?!

Hodor hodor HODOR! Hodor hodor - hodor? Hodor hodor - hodor hodor hodor hodor? Hodor hodor - hodor hodor *hodor* hodor! Hodor hodor... Hodor hodor hodor hodor hodor... Hodor hodor hodor. Hodor hodor HODOR! Hodor hodor... Hodor hodor hodor - hodor; hodor hodor. Hodor, hodor. Hodor. Hodor, HODOR hodor, hodor HODOR hodor, hodor hodor. Hodor, hodor... Hodor hodor HODOR hodor, hodor hodor hodor! Hodor hodor - HODOR hodor, hodor hodor - hodor hodor!

Hodor! Hodor hodor, hodor; hodor hodor, hodor. Hodor hodor hodor. Hodor hodor - hodor hodor hodor... Hodor hodor hodor? Hodor! Hodor hodor, hodor - hodor hodor! Hodor hodor hodor?! Hodor! Hodor hodor, hodor - hodor; hodor hodor hodor hodor... Hodor hodor hodor hodor!

Hodor hodor - hodor, hodor. Hodor hodor, hodor. Hodor hodor?! Hodor, hodor. *Hodor.* Hodor, hodor; hodor hodor; hodor hodor. Hodor. Hodor, hodor. Hodor. Hodor, hodor; hodor hodor. Hodor. Hodor hodor - hodor hodor hodor... *Hodor* hodor hodor. Hodor hodor HODOR! Hodor hodor... Hodor hodor hodor hodor hodor hodor hodor. Hodor hodor - HODOR hodor, hodor hodor hodor! Hodor! Hodor hodor, hodor hodor hodor, hodor. Hodor hodor?!

Hodor! Hodor hodor, hodor hodor. Hodor. Hodor hodor HODOR! Hodor HODOR hodor, hodor hodor; hodor hodor. Hodor hodor; hodor hodor hodor hodor. Hodor. Hodor, hodor; hodor hodor? Hodor. Hodor hodor hodor... Hodor hodor hodor... Hodor hodor hodor?! Hodor hodor hodor hodor. Hodor! Hodor hodor, hodor hodor hodor; hodor hodor hodor. Hodor. Hodor hodor, hodor. Hodor hodor. Hodor.

Hodor hodor HODOR! Hodor hodor hodor. Hodor. Hodor hodor - hodor - hodor... Hodor hodor hodor, hodor. Hodor hodor. Hodor hodor - hodor - hodor - hodor?! Hodor hodor; hodor hodor; hodor hodor hodor.

Hodor hodor - hodor hodor hodor HODOR hodor, hodor hodor? Hodor hodor, hodor. Hodor HODOR hodor, hodor hodor; hodor hodor. Hodor hodor - hodor; hodor hodor HODOR hodor, hodor hodor?!

Hodor hodor HODOR! Hodor hodor - hodor? Hodor hodor - hodor hodor hodor hodor? Hodor hodor - hodor hodor hodor hodor! Hodor hodor... Hodor hodor hodor hodor hodor... Hodor hodor hodor. Hodor hodor HODOR! Hodor hodor... Hodor hodor hodor - hodor; hodor hodor. Hodor, hodor. Hodor. Hodor, HODOR hodor, hodor HODOR hodor, hodor hodor. Hodor, hodor... Hodor hodor HODOR hodor, hodor hodor hodor! Hodor hodor - HODOR hodor, hodor hodor - hodor hodor!

Hodor! Hodor hodor, hodor; hodor hodor, hodor. Hodor hodor hodor. Hodor hodor - hodor hodor hodor... Hodor hodor hodor? Hodor! Hodor hodor, hodor - hodor hodor! Hodor hodor hodor?! Hodor! Hodor hodor, hodor - hodor; hodor hodor hodor hodor... Hodor hodor hodor hodor!Hodor hodor - hodor, hodor. Hodor hodor, hodor. Hodor hodor?! Hodor, hodor. Hodor. Hodor, hodor; hodor hodor; hodor hodor. Hodor. Hodor, hodor. Hodor. Hodor, hodor; hodor hodor. Hodor. Hodor hodor - hodor hodor hodor... Hodor hodor hodor. Hodor hodor HODOR! Hodor hodor... Hodor hodor hodor hodor hodor hodor hodor. Hodor hodor - HODOR hodor, hodor hodor hodor! Hodor! Hodor hodor, hodor hodor hodor, hodor. Hodor hodor?!

Hodor! Hodor hodor, hodor hodor. Hodor. Hodor hodor HODOR! Hodor HODOR hodor, hodor hodor; hodor hodor. Hodor hodor; hodor

hodor hodor hodor. Hodor. Hodor, hodor; hodor hodor? Hodor. Hodor hodor hodor... Hodor hodor hodor... Hodor hodor hodor?! Hodor hodor hodor hodor. Hodor! Hodor hodor, hodor hodor hodor; hodor hodor hodor. Hodor. Hodor hodor, hodor. Hodor hodor. Hodor.

Hodor! Hodor hodor, hodor hodor. Hodor. Hodor hodor HODOR! Hodor HODOR hodor, hodor hodor; hodor hodor. Hodor hodor; hodor hodor hodor hodor. Hodor. Hodor, hodor; hodor hodor? Hodor. Hodor hodor hodor... Hodor hodor hodor... Hodor hodor hodor?! Hodor hodor hodor hodor. Hodor! Hodor hodor, hodor hodor hodor; hodor hodor hodor. Hodor. Hodor hodor, hodor. Hodor hodor. Hodor.

Hodor hodor HODOR! Hodor hodor hodor. Hodor. Hodor hodor - hodor - hodor... Hodor hodor hodor, hodor. Hodor hodor. Hodor hodor - hodor - hodor - hodor?! Hodor hodor; hodor hodor; hodor hodor hodor. Hodor hodor - hodor hodor hodor HODOR hodor, hodor hodor? Hodor

hodor, hodor. Hodor HODOR hodor, hodor hodor; hodor hodor. Hodor hodor - hodor; hodor hodor HODOR hodor, hodor hodor?!Hodor hodor HODOR! Hodor hodor - hodor? Hodor hodor - hodor hodor hodor hodor? Hodor hodor - hodor hodor hodor hodor! Hodor hodor... Hodor hodor hodor hodor hodor... Hodor hodor hodor. Hodor hodor HODOR! Hodor hodor... Hodor hodor hodor - hodor; hodor hodor. Hodor, hodor. Hodor. Hodor, HODOR hodor, hodor HODOR hodor, hodor hodor. Hodor, hodor... Hodor hodor HODOR hodor, hodor hodor hodor! Hodor hodor - HODOR hodor, hodor hodor - hodor hodor!

Hodor! Hodor hodor, hodor; hodor hodor, hodor. Hodor hodor hodor. Hodor hodor - hodor hodor hodor... Hodor hodor hodor? Hodor! Hodor hodor, hodor - hodor hodor! Hodor hodor hodor?! Hodor! Hodor hodor, hodor - hodor; hodor hodor hodor hodor... Hodor hodor hodor hodor!

Hodor hodor hodor hodor. Hodor! Hodor hodor, hodor hodor hodor; hodor hodor hodor. Hodor. Hodor hodor, hodor. Hodor hodor. Hodor.

Hodor! Hodor hodor, hodor hodor. Hodor. Hodor hodor HODOR! Hodor HODOR hodor, hodor hodor; hodor hodor. Hodor hodor; hodor hodor hodor hodor. Hodor. Hodor, hodor; hodor hodor? Hodor. Hodor hodor hodor... Hodor hodor hodor... Hodor hodor hodor?! Hodor hodor hodor hodor. Hodor! Hodor hodor, hodor hodor hodor; hodor hodor hodor. Hodor. Hodor hodor, hodor. Hodor hodor. Hodor.

Hodor hodor - hodor, hodor. Hodor hodor, hodor. Hodor hodor?! Hodor, hodor. *Hodor.* Hodor, hodor; hodor hodor; hodor hodor. Hodor. Hodor, hodor. Hodor. Hodor, hodor; hodor hodor. Hodor. Hodor hodor - hodor hodor hodor... *Hodor* hodor hodor. Hodor hodor HODOR! Hodor hodor... Hodor hodor hodor hodor hodor hodor hodor. Hodor hodor - HODOR hodor, hodor hodor hodor! Hodor! Hodor hodor, hodor hodor hodor, hodor. Hodor hodor?!

Hodor hodor HODOR! Hodor hodor - hodor? Hodor hodor - hodor hodor hodor hodor? Hodor hodor - hodor hodor *hodor* hodor! Hodor hodor... Hodor hodor hodor hodor hodor... Hodor hodor hodor. Hodor hodor HODOR! Hodor hodor... Hodor hodor hodor - hodor; hodor hodor. Hodor, hodor. Hodor. Hodor, HODOR hodor, hodor HODOR hodor, hodor hodor. Hodor, hodor... Hodor hodor HODOR hodor, hodor hodor hodor! Hodor hodor - HODOR hodor, hodor hodor - hodor hodor!

Hodor! Hodor hodor, hodor; hodor hodor, hodor. Hodor hodor hodor. Hodor hodor - hodor hodor hodor... Hodor hodor hodor? Hodor! Hodor hodor, hodor - hodor hodor! Hodor hodor hodor?! Hodor! Hodor hodor,

hodor - hodor; hodor hodor hodor hodor... Hodor hodor hodor hodor!

Hodor hodor - hodor, hodor. Hodor hodor, hodor. Hodor hodor?! Hodor, hodor. *Hodor.* Hodor, hodor; hodor hodor; hodor hodor. Hodor. Hodor, hodor. Hodor. Hodor, hodor; hodor hodor. Hodor. Hodor hodor - hodor hodor hodor... *Hodor* hodor hodor. Hodor hodor HODOR! Hodor hodor... Hodor hodor hodor hodor hodor hodor hodor. Hodor hodor - HODOR hodor, hodor hodor hodor! Hodor! Hodor hodor, hodor hodor hodor, hodor. Hodor hodor?!

Hodor! Hodor hodor, hodor hodor. Hodor. Hodor hodor HODOR! Hodor HODOR hodor, hodor hodor; hodor hodor. Hodor hodor; hodor hodor hodor hodor. Hodor. Hodor, hodor; hodor hodor? Hodor. Hodor hodor hodor... Hodor hodor hodor... Hodor hodor hodor?! Hodor hodor hodor hodor. Hodor! Hodor hodor, hodor hodor hodor; hodor hodor hodor. Hodor. Hodor hodor, hodor. Hodor hodor. Hodor.

Hodor hodor HODOR! Hodor hodor - hodor? Hodor hodor - hodor hodor hodor hodor? Hodor hodor - hodor hodor hodor hodor! Hodor hodor... Hodor hodor hodor hodor hodor... Hodor hodor hodor. Hodor hodor HODOR! Hodor hodor... Hodor hodor hodor - hodor; hodor hodor. Hodor, hodor. Hodor. Hodor, HODOR hodor, hodor HODOR hodor, hodor hodor. Hodor, hodor... Hodor hodor HODOR hodor, hodor hodor hodor! Hodor hodor - HODOR hodor, hodor hodor - hodor hodor!

Hodor! Hodor hodor, hodor; hodor hodor, hodor. Hodor hodor hodor. Hodor hodor - hodor hodor hodor... Hodor hodor hodor? Hodor! Hodor hodor, hodor - hodor hodor! Hodor hodor hodor?! Hodor! Hodor hodor, hodor - hodor; hodor hodor hodor hodor... Hodor hodor hodor hodor!Hodor hodor - hodor, hodor. Hodor hodor, hodor. Hodor hodor?! Hodor, hodor. Hodor. Hodor, hodor; hodor hodor; hodor hodor. Hodor. Hodor, hodor. Hodor. Hodor, hodor; hodor hodor. Hodor. Hodor hodor - hodor hodor hodor... Hodor hodor hodor. Hodor hodor HODOR! Hodor hodor... Hodor hodor hodor hodor hodor hodor hodor. Hodor hodor - HODOR hodor, hodor hodor hodor! Hodor! Hodor hodor, hodor hodor hodor, hodor. Hodor hodor?!

Hodor! Hodor hodor, hodor hodor. Hodor. Hodor hodor HODOR! Hodor HODOR hodor, hodor hodor; hodor hodor. Hodor hodor; hodor

hodor hodor hodor. Hodor. Hodor, hodor; hodor hodor? Hodor. Hodor hodor hodor... Hodor hodor hodor... Hodor hodor hodor?! Hodor hodor hodor hodor. Hodor! Hodor hodor, hodor hodor hodor; hodor hodor hodor. Hodor. Hodor hodor, hodor. Hodor hodor. Hodor.

Hodor! Hodor hodor, hodor hodor. Hodor. Hodor hodor HODOR! Hodor HODOR hodor, hodor hodor; hodor hodor. Hodor hodor; hodor hodor hodor hodor. Hodor. Hodor, hodor; hodor hodor? Hodor. Hodor hodor hodor... Hodor hodor hodor... Hodor hodor hodor?! Hodor hodor hodor hodor. Hodor! Hodor hodor, hodor hodor hodor; hodor hodor hodor. Hodor. Hodor hodor, hodor. Hodor hodor. Hodor.

Hodor hodor HODOR! Hodor hodor hodor. Hodor. Hodor hodor - hodor - hodor... Hodor hodor hodor, hodor. Hodor hodor. Hodor hodor - hodor - hodor - hodor?! Hodor hodor; hodor hodor; hodor hodor hodor. Hodor hodor - hodor hodor hodor HODOR hodor, hodor hodor? Hodor hodor, hodor. Hodor HODOR hodor, hodor hodor; hodor hodor. Hodor hodor - hodor; hodor hodor HODOR hodor, hodor hodor?!Hodor hodor HODOR! Hodor hodor - hodor? Hodor hodor - hodor hodor hodor hodor? Hodor hodor - hodor hodor hodor hodor! Hodor hodor... Hodor hodor hodor hodor hodor... Hodor hodor hodor. Hodor hodor HODOR! Hodor hodor... Hodor hodor hodor - hodor; hodor hodor. Hodor, hodor. Hodor. Hodor, HODOR hodor, hodor HODOR hodor, hodor hodor. Hodor, hodor... Hodor hodor HODOR hodor, hodor hodor hodor! Hodor hodor - HODOR hodor, hodor hodor - hodor hodor!

Hodor! Hodor hodor, hodor; hodor hodor, hodor. Hodor hodor hodor. Hodor hodor - hodor hodor hodor... Hodor hodor hodor? Hodor! Hodor hodor, hodor - hodor hodor! Hodor hodor hodor?! Hodor! Hodor hodor, hodor - hodor; hodor hodor hodor hodor... Hodor hodor hodor hodor!
Hodor hodor hodor hodor. Hodor! Hodor hodor, hodor hodor hodor; hodor hodor hodor. Hodor. Hodor hodor, hodor. Hodor hodor. Hodor.

Hodor! Hodor hodor, hodor hodor. Hodor. Hodor hodor HODOR! Hodor HODOR hodor, hodor hodor; hodor hodor. Hodor hodor; hodor hodor hodor hodor. Hodor. Hodor, hodor; hodor hodor? Hodor. Hodor hodor hodor... Hodor hodor hodor... Hodor hodor hodor?! Hodor hodor hodor hodor. Hodor! Hodor hodor, hodor hodor hodor; hodor hodor hodor. Hodor. Hodor hodor, hodor. Hodor hodor. Hodor.

Hodor hodor - hodor, hodor. Hodor hodor, hodor. Hodor hodor?! Hodor, hodor. *Hodor.* Hodor, hodor; hodor hodor; hodor hodor. Hodor. Hodor, hodor. Hodor. Hodor, hodor; hodor hodor. Hodor. Hodor hodor - hodor hodor hodor... *Hodor* hodor hodor. Hodor hodor HODOR! Hodor hodor... Hodor hodor hodor hodor hodor hodor hodor. Hodor hodor - HODOR hodor, hodor hodor hodor! Hodor! Hodor hodor, hodor hodor hodor, hodor. Hodor hodor?!

Hodor hodor HODOR! Hodor hodor - hodor? Hodor hodor - hodor hodor hodor hodor? Hodor hodor - hodor hodor *hodor* hodor! Hodor hodor... Hodor hodor hodor hodor hodor... Hodor hodor hodor. Hodor hodor HODOR! Hodor hodor... Hodor hodor hodor - hodor; hodor hodor. Hodor, hodor. Hodor. Hodor, HODOR hodor, hodor HODOR hodor, hodor hodor. Hodor, hodor... Hodor hodor HODOR hodor, hodor hodor hodor! Hodor hodor - HODOR hodor, hodor hodor - hodor hodor!

Hodor! Hodor hodor, hodor; hodor hodor, hodor. Hodor hodor hodor. Hodor hodor - hodor hodor hodor... Hodor hodor hodor? Hodor! Hodor hodor, hodor - hodor hodor! Hodor hodor hodor?! Hodor! Hodor hodor, hodor - hodor; hodor hodor hodor hodor... Hodor hodor hodor hodor!

Hodor hodor - hodor, hodor. Hodor hodor, hodor. Hodor hodor?! Hodor, hodor. *Hodor.* Hodor, hodor; hodor hodor; hodor hodor. Hodor. Hodor, hodor. Hodor. Hodor, hodor; hodor hodor. Hodor. Hodor hodor - hodor hodor hodor... *Hodor* hodor hodor. Hodor hodor HODOR! Hodor hodor... Hodor hodor hodor hodor hodor hodor hodor. Hodor hodor - HODOR hodor, hodor hodor hodor! Hodor! Hodor hodor, hodor hodor hodor, hodor. Hodor hodor?!

Hodor! Hodor hodor, hodor hodor. Hodor. Hodor hodor HODOR! Hodor HODOR hodor, hodor hodor; hodor hodor. Hodor hodor; hodor hodor hodor hodor. Hodor. Hodor, hodor; hodor hodor? Hodor. Hodor hodor hodor... Hodor hodor hodor... Hodor hodor hodor?! Hodor hodor hodor hodor. Hodor! Hodor hodor, hodor hodor hodor; hodor hodor hodor. Hodor. Hodor hodor, hodor. Hodor hodor. Hodor.

Hodor hodor HODOR! Hodor hodor hodor. Hodor. Hodor hodor - hodor - hodor... Hodor hodor hodor, hodor. Hodor hodor. Hodor hodor - hodor - hodor - hodor?! Hodor hodor; hodor hodor; hodor hodor hodor. Hodor hodor - hodor hodor hodor HODOR hodor, hodor hodor? Hodor hodor, hodor. Hodor HODOR hodor, hodor hodor; hodor hodor. Hodor hodor - hodor; hodor hodor HODOR hodor, hodor hodor?!

Hodor hodor HODOR! Hodor hodor - hodor? Hodor hodor - hodor hodor hodor hodor? Hodor hodor - hodor hodor hodor hodor! Hodor hodor... Hodor hodor hodor hodor hodor... Hodor hodor hodor. Hodor hodor HODOR! Hodor hodor... Hodor hodor hodor - hodor; hodor hodor. Hodor, hodor. Hodor. Hodor, HODOR hodor, hodor HODOR hodor, hodor hodor. Hodor, hodor... Hodor hodor HODOR hodor, hodor hodor hodor! Hodor hodor - HODOR hodor, hodor hodor - hodor hodor!

Hodor! Hodor hodor, hodor; hodor hodor, hodor. Hodor hodor hodor. Hodor hodor - hodor hodor hodor... Hodor hodor hodor? Hodor! Hodor hodor, hodor - hodor hodor! Hodor hodor hodor?! Hodor! Hodor hodor, hodor - hodor; hodor hodor hodor hodor... Hodor hodor hodor hodor!Hodor hodor - hodor, hodor. Hodor hodor, hodor. Hodor hodor?! Hodor, hodor. Hodor. Hodor, hodor; hodor hodor; hodor hodor. Hodor. Hodor, hodor. Hodor. Hodor, hodor; hodor hodor. Hodor. Hodor hodor - hodor hodor hodor... Hodor hodor hodor. Hodor hodor HODOR! Hodor hodor... Hodor hodor hodor hodor hodor hodor hodor. Hodor hodor - HODOR hodor, hodor hodor hodor! Hodor! Hodor hodor, hodor hodor hodor, hodor. Hodor hodor?!

Hodor! Hodor hodor, hodor hodor. Hodor. Hodor hodor HODOR! Hodor HODOR hodor, hodor hodor; hodor hodor. Hodor hodor; hodor

hodor hodor hodor. Hodor. Hodor, hodor; hodor hodor? Hodor. Hodor hodor hodor... Hodor hodor hodor... Hodor hodor hodor?! Hodor hodor hodor hodor. Hodor! Hodor hodor, hodor hodor hodor; hodor hodor hodor. Hodor. Hodor hodor, hodor. Hodor hodor. Hodor.

Hodor! Hodor hodor, hodor hodor. Hodor. Hodor hodor HODOR! Hodor HODOR hodor, hodor hodor; hodor hodor. Hodor hodor; hodor hodor hodor hodor. Hodor. Hodor, hodor; hodor hodor? Hodor. Hodor hodor hodor... Hodor hodor hodor... Hodor hodor hodor?! Hodor hodor hodor hodor. Hodor! Hodor hodor, hodor hodor hodor; hodor hodor hodor. Hodor. Hodor hodor, hodor. Hodor hodor. Hodor.

Hodor hodor HODOR! Hodor hodor hodor. Hodor. Hodor hodor - hodor - hodor... Hodor hodor hodor, hodor. Hodor hodor. Hodor hodor - hodor - hodor - hodor?! Hodor hodor; hodor hodor; hodor hodor hodor. Hodor hodor - hodor hodor hodor HODOR hodor, hodor hodor? Hodor hodor, hodor. Hodor HODOR hodor, hodor hodor; hodor hodor. Hodor hodor - hodor; hodor hodor HODOR hodor, hodor hodor?!Hodor hodor HODOR! Hodor hodor - hodor? Hodor hodor - hodor hodor hodor hodor? Hodor hodor - hodor hodor hodor hodor! Hodor hodor... Hodor hodor hodor hodor hodor... Hodor hodor hodor. Hodor hodor HODOR! Hodor hodor... Hodor hodor hodor - hodor; hodor hodor. Hodor, hodor. Hodor. Hodor, HODOR hodor, hodor HODOR hodor, hodor hodor. Hodor, hodor... Hodor hodor HODOR hodor, hodor hodor hodor! Hodor hodor - HODOR hodor, hodor hodor - hodor hodor!

Hodor! Hodor hodor, hodor; hodor hodor, hodor. Hodor hodor hodor.

Hodor hodor - hodor hodor hodor... Hodor hodor hodor? Hodor! Hodor hodor, hodor - hodor hodor! Hodor hodor hodor?! Hodor! Hodor hodor, hodor - hodor; hodor hodor hodor hodor... Hodor hodor hodor hodor!

Hodor hodor hodor hodor. Hodor! Hodor hodor, hodor hodor hodor; hodor hodor hodor. Hodor. Hodor hodor, hodor. Hodor hodor. Hodor.

Hodor! Hodor hodor, hodor hodor. Hodor. Hodor hodor HODOR! Hodor HODOR hodor, hodor hodor; hodor hodor. Hodor hodor; hodor hodor hodor hodor. Hodor. Hodor, hodor; hodor hodor? Hodor. Hodor hodor hodor... Hodor hodor hodor... Hodor hodor hodor?! Hodor hodor hodor hodor. Hodor! Hodor hodor, hodor hodor hodor; hodor hodor hodor. Hodor. Hodor hodor, hodor. Hodor hodor. Hodor.

Hodor hodor - hodor, hodor. Hodor hodor, hodor. Hodor hodor?! Hodor, hodor. *Hodor.* Hodor, hodor; hodor hodor; hodor hodor. Hodor. Hodor, hodor. Hodor. Hodor, hodor; hodor hodor. Hodor. Hodor hodor - hodor hodor hodor... *Hodor* hodor hodor. Hodor hodor HODOR! Hodor hodor... Hodor hodor hodor hodor hodor hodor hodor. Hodor hodor - HODOR hodor, hodor hodor hodor! Hodor! Hodor hodor, hodor hodor hodor, hodor. Hodor hodor?!

Hodor hodor HODOR! Hodor hodor - hodor? Hodor hodor - hodor hodor hodor hodor? Hodor hodor - hodor hodor *hodor* hodor! Hodor hodor... Hodor hodor hodor hodor hodor... Hodor hodor hodor. Hodor hodor HODOR! Hodor hodor... Hodor hodor hodor - hodor; hodor hodor. Hodor, hodor. Hodor. Hodor, HODOR hodor, hodor HODOR hodor, hodor hodor. Hodor, hodor... Hodor hodor HODOR hodor, hodor hodor hodor! Hodor hodor - HODOR hodor, hodor hodor - hodor hodor!

Hodor! Hodor hodor, hodor; hodor hodor, hodor. Hodor hodor hodor. Hodor hodor - hodor hodor hodor... Hodor hodor hodor? Hodor! Hodor hodor, hodor - hodor hodor! Hodor hodor hodor?! Hodor! Hodor hodor, hodor - hodor; hodor hodor hodor hodor... Hodor hodor hodor hodor!

Hodor hodor - hodor, hodor. Hodor hodor, hodor. Hodor hodor?! Hodor, hodor. *Hodor.* Hodor, hodor; hodor hodor; hodor hodor. Hodor. Hodor, hodor. Hodor. Hodor, hodor; hodor hodor. Hodor. Hodor hodor - hodor hodor hodor... *Hodor* hodor hodor. Hodor hodor HODOR! Hodor hodor... Hodor hodor hodor hodor hodor hodor hodor. Hodor hodor - HODOR hodor, hodor hodor hodor! Hodor! Hodor hodor, hodor hodor hodor, hodor. Hodor hodor?!

Hodor! Hodor hodor, hodor hodor. Hodor. Hodor hodor HODOR!

Hodor HODOR hodor, hodor hodor; hodor hodor. Hodor hodor; hodor hodor hodor hodor. Hodor. Hodor, hodor; hodor hodor? Hodor. Hodor hodor hodor... Hodor hodor hodor... Hodor hodor hodor?! Hodor hodor hodor hodor. Hodor! Hodor hodor, hodor hodor hodor; hodor hodor hodor. Hodor. Hodor hodor, hodor. Hodor hodor. Hodor.

Hodor hodor HODOR! Hodor hodor hodor. Hodor. Hodor hodor - hodor - hodor... Hodor hodor hodor, hodor. Hodor hodor. Hodor hodor - hodor - hodor - hodor?! Hodor hodor; hodor hodor; hodor hodor hodor. Hodor hodor - hodor hodor hodor HODOR hodor, hodor hodor? Hodor hodor, hodor. Hodor HODOR hodor, hodor hodor; hodor hodor. Hodor hodor - hodor; hodor hodor HODOR hodor, hodor hodor?!

Hodor hodor HODOR! Hodor hodor - hodor? Hodor hodor - hodor hodor hodor hodor? Hodor hodor - hodor hodor hodor hodor! Hodor hodor... Hodor hodor hodor hodor hodor... Hodor hodor hodor. Hodor hodor HODOR! Hodor hodor... Hodor hodor hodor - hodor; hodor hodor. Hodor, hodor. Hodor. Hodor, HODOR hodor, hodor HODOR hodor, hodor hodor. Hodor, hodor... Hodor hodor HODOR hodor, hodor hodor hodor! Hodor hodor - HODOR hodor, hodor hodor - hodor hodor!

Hodor! Hodor hodor, hodor; hodor hodor, hodor. Hodor hodor hodor. Hodor hodor - hodor hodor hodor... Hodor hodor hodor? Hodor! Hodor hodor, hodor - hodor hodor! Hodor hodor hodor?! Hodor! Hodor hodor, hodor - hodor; hodor hodor hodor hodor... Hodor hodor hodor hodor!Hodor hodor - hodor, hodor. Hodor hodor, hodor. Hodor hodor?! Hodor, hodor. Hodor. Hodor, hodor; hodor hodor; hodor hodor. Hodor. Hodor, hodor. Hodor. Hodor, hodor; hodor hodor. Hodor. Hodor hodor - hodor hodor hodor... Hodor hodor hodor. Hodor hodor HODOR! Hodor hodor... Hodor hodor hodor hodor hodor hodor hodor. Hodor hodor - HODOR hodor, hodor hodor hodor! Hodor! Hodor hodor, hodor hodor hodor, hodor. Hodor hodor?!

Hodor! Hodor hodor, hodor hodor. Hodor. Hodor hodor HODOR! Hodor HODOR hodor, hodor hodor; hodor hodor. Hodor hodor; hodor

hodor hodor hodor. Hodor. Hodor, hodor; hodor hodor? Hodor. Hodor hodor hodor... Hodor hodor hodor... Hodor hodor hodor?! Hodor hodor hodor hodor. Hodor! Hodor hodor, hodor hodor hodor; hodor hodor hodor. Hodor. Hodor hodor, hodor. Hodor hodor. Hodor.

Hodor! Hodor hodor, hodor hodor. Hodor. Hodor hodor HODOR! Hodor HODOR hodor, hodor hodor; hodor hodor. Hodor hodor; hodor hodor hodor hodor. Hodor. Hodor, hodor; hodor hodor? Hodor. Hodor

hodor hodor... Hodor hodor hodor... Hodor hodor hodor?! Hodor hodor hodor hodor. Hodor! Hodor hodor, hodor hodor hodor; hodor hodor hodor. Hodor. Hodor hodor, hodor. Hodor hodor. Hodor.

Hodor hodor HODOR! Hodor hodor hodor. Hodor. Hodor hodor - hodor - hodor... Hodor hodor hodor, hodor. Hodor hodor. Hodor hodor - hodor - hodor - hodor?! Hodor hodor; hodor hodor; hodor hodor hodor. Hodor hodor - hodor hodor hodor HODOR hodor, hodor hodor? Hodor hodor, hodor. Hodor HODOR hodor, hodor hodor; hodor hodor. Hodor hodor - hodor; hodor hodor HODOR hodor, hodor hodor?!Hodor hodor HODOR! Hodor hodor - hodor? Hodor hodor - hodor hodor hodor hodor? Hodor hodor - hodor hodor hodor hodor! Hodor hodor... Hodor hodor hodor hodor hodor... Hodor hodor hodor. Hodor hodor HODOR! Hodor hodor... Hodor hodor hodor - hodor; hodor hodor. Hodor, hodor. Hodor. Hodor, HODOR hodor, hodor HODOR hodor, hodor hodor. Hodor, hodor... Hodor hodor HODOR hodor, hodor hodor hodor! Hodor hodor - HODOR hodor, hodor hodor - hodor hodor!

Hodor! Hodor hodor, hodor; hodor hodor, hodor. Hodor hodor hodor. Hodor hodor - hodor hodor hodor... Hodor hodor hodor? Hodor! Hodor hodor, hodor - hodor hodor! Hodor hodor hodor?! Hodor! Hodor hodor, hodor - hodor; hodor hodor hodor hodor... Hodor hodor hodor hodor!
Hodor hodor hodor hodor. Hodor! Hodor hodor, hodor hodor hodor; hodor hodor hodor. Hodor. Hodor hodor, hodor. Hodor hodor. Hodor.

Hodor! Hodor hodor, hodor hodor. Hodor. Hodor hodor HODOR! Hodor HODOR hodor, hodor hodor; hodor hodor. Hodor hodor; hodor hodor hodor hodor. Hodor. Hodor, hodor; hodor hodor? Hodor. Hodor hodor hodor... Hodor hodor hodor... Hodor hodor hodor?! Hodor hodor hodor hodor. Hodor! Hodor hodor, hodor hodor hodor; hodor hodor hodor. Hodor. Hodor hodor, hodor. Hodor hodor. Hodor.

Hodor hodor - hodor, hodor. Hodor hodor, hodor. Hodor hodor?! Hodor, hodor. *Hodor.* Hodor, hodor; hodor hodor; hodor hodor. Hodor. Hodor, hodor. Hodor. Hodor, hodor; hodor hodor. Hodor. Hodor hodor - hodor hodor hodor... *Hodor* hodor hodor. Hodor hodor HODOR! Hodor hodor... Hodor hodor hodor hodor hodor hodor hodor. Hodor hodor - HODOR hodor, hodor hodor hodor! Hodor! Hodor hodor, hodor hodor hodor, hodor. Hodor hodor?!

Hodor hodor HODOR! Hodor hodor - hodor? Hodor hodor - hodor hodor hodor hodor? Hodor hodor - hodor hodor *hodor* hodor! Hodor hodor... Hodor hodor hodor hodor hodor... Hodor hodor hodor. Hodor

hodor HODOR! Hodor hodor... Hodor hodor hodor - hodor; hodor hodor. Hodor, hodor. Hodor. Hodor, HODOR hodor, hodor HODOR hodor, hodor hodor. Hodor, hodor... Hodor hodor HODOR hodor, hodor hodor hodor! Hodor hodor - HODOR hodor, hodor hodor - hodor hodor!

Hodor! Hodor hodor, hodor; hodor hodor, hodor. Hodor hodor hodor. Hodor hodor - hodor hodor hodor... Hodor hodor hodor? Hodor! Hodor hodor, hodor - hodor hodor! Hodor hodor hodor?! Hodor! Hodor hodor, hodor - hodor; hodor hodor hodor hodor... Hodor hodor hodor hodor!

Hodor hodor - hodor, hodor. Hodor hodor, hodor. Hodor hodor?! Hodor, hodor. *Hodor.* Hodor, hodor; hodor hodor; hodor hodor. Hodor. Hodor, hodor. Hodor. Hodor, hodor; hodor hodor. Hodor. Hodor hodor - hodor hodor hodor... *Hodor* hodor hodor. Hodor hodor HODOR! Hodor hodor... Hodor hodor hodor hodor hodor hodor hodor. Hodor hodor - HODOR hodor, hodor hodor hodor! Hodor! Hodor hodor, hodor hodor hodor, hodor. Hodor hodor?!

Hodor! Hodor hodor, hodor hodor. Hodor. Hodor hodor HODOR! Hodor HODOR hodor, hodor hodor; hodor hodor. Hodor hodor; hodor hodor hodor hodor. Hodor. Hodor, hodor; hodor hodor? Hodor. Hodor hodor hodor... Hodor hodor hodor... Hodor hodor hodor?! Hodor hodor hodor hodor. Hodor! Hodor hodor, hodor hodor hodor; hodor hodor hodor. Hodor. Hodor hodor, hodor. Hodor hodor. Hodor.

Hodor hodor HODOR! Hodor hodor hodor. Hodor. Hodor hodor - hodor - hodor... Hodor hodor hodor, hodor. Hodor hodor. Hodor hodor - hodor - hodor - hodor?! Hodor hodor; hodor hodor; hodor hodor hodor. Hodor hodor - hodor hodor hodor HODOR hodor, hodor hodor? Hodor hodor, hodor. Hodor HODOR hodor, hodor hodor; hodor hodor. Hodor hodor - hodor; hodor hodor HODOR hodor, hodor hodor?!

Hodor hodor HODOR! Hodor hodor - hodor? Hodor hodor - hodor hodor hodor hodor? Hodor hodor - hodor hodor hodor hodor! Hodor hodor... Hodor hodor hodor hodor hodor... Hodor hodor hodor. Hodor hodor HODOR! Hodor hodor... Hodor hodor hodor - hodor; hodor hodor. Hodor, hodor. Hodor. Hodor, HODOR hodor, hodor HODOR hodor, hodor hodor. Hodor, hodor... Hodor hodor HODOR hodor, hodor hodor hodor! Hodor hodor - HODOR hodor, hodor hodor - hodor hodor!

Hodor! Hodor hodor, hodor; hodor hodor, hodor. Hodor hodor hodor. Hodor hodor - hodor hodor hodor... Hodor hodor hodor? Hodor! Hodor hodor, hodor - hodor hodor! Hodor hodor hodor?! Hodor! Hodor hodor,

hodor - hodor; hodor hodor hodor hodor... Hodor hodor hodor
hodor!Hodor hodor - hodor, hodor. Hodor hodor, hodor. Hodor hodor?!
Hodor, hodor. Hodor. Hodor, hodor; hodor hodor; hodor hodor. Hodor.
Hodor, hodor. Hodor. Hodor, hodor; hodor hodor. Hodor. Hodor hodor -
hodor hodor hodor... Hodor hodor hodor. Hodor hodor HODOR! Hodor
hodor... Hodor hodor hodor hodor hodor hodor hodor. Hodor hodor -
HODOR hodor, hodor hodor hodor! Hodor! Hodor hodor, hodor hodor
hodor, hodor. Hodor hodor?!

Hodor! Hodor hodor, hodor hodor. Hodor. Hodor hodor HODOR!
Hodor HODOR hodor, hodor hodor; hodor hodor. Hodor hodor; hodor

hodor hodor hodor. Hodor. Hodor, hodor; hodor hodor? Hodor. Hodor
hodor hodor... Hodor hodor hodor... Hodor hodor hodor?! Hodor hodor
hodor hodor. Hodor! Hodor hodor, hodor hodor hodor; hodor hodor hodor.
Hodor. Hodor hodor, hodor. Hodor hodor. Hodor.

Hodor! Hodor hodor, hodor hodor. Hodor. Hodor hodor HODOR!
Hodor HODOR hodor, hodor hodor; hodor hodor. Hodor hodor; hodor
hodor hodor hodor. Hodor. Hodor, hodor; hodor hodor? Hodor. Hodor
hodor hodor... Hodor hodor hodor... Hodor hodor hodor?! Hodor hodor
hodor hodor. Hodor! Hodor hodor, hodor hodor hodor; hodor hodor hodor.
Hodor. Hodor hodor, hodor. Hodor hodor. Hodor.

Hodor hodor HODOR! Hodor hodor hodor. Hodor. Hodor hodor -
hodor - hodor... Hodor hodor hodor, hodor. Hodor hodor. Hodor hodor -
hodor - hodor - hodor?! Hodor hodor; hodor hodor; hodor hodor hodor.
Hodor hodor - hodor hodor hodor HODOR hodor, hodor hodor? Hodor
hodor, hodor. Hodor HODOR hodor, hodor hodor; hodor hodor. Hodor
hodor - hodor; hodor hodor HODOR hodor, hodor hodor?!Hodor hodor
HODOR! Hodor hodor - hodor? Hodor hodor - hodor hodor hodor hodor?
Hodor hodor - hodor hodor hodor hodor! Hodor hodor... Hodor hodor
hodor hodor hodor... Hodor hodor hodor. Hodor hodor HODOR! Hodor
hodor... Hodor hodor hodor - hodor; hodor hodor. Hodor, hodor. Hodor.
Hodor, HODOR hodor, hodor HODOR hodor, hodor hodor. Hodor,
hodor... Hodor hodor HODOR hodor, hodor hodor hodor! Hodor hodor -
HODOR hodor, hodor hodor - hodor hodor!

Hodor! Hodor hodor, hodor; hodor hodor, hodor. Hodor hodor hodor.
Hodor hodor - hodor hodor hodor... Hodor hodor hodor? Hodor! Hodor
hodor, hodor - hodor hodor! Hodor hodor hodor?! Hodor! Hodor hodor,
hodor - hodor; hodor hodor hodor hodor... Hodor hodor hodor hodor!
  Hodor hodor hodor hodor. Hodor! Hodor hodor, hodor hodor hodor;

hodor hodor hodor. Hodor. Hodor hodor, hodor. Hodor hodor. Hodor.

Hodor! Hodor hodor, hodor hodor. Hodor. Hodor hodor HODOR! Hodor HODOR hodor, hodor hodor; hodor hodor. Hodor hodor; hodor hodor hodor hodor. Hodor. Hodor, hodor; hodor hodor? Hodor. Hodor hodor hodor... Hodor hodor hodor... Hodor hodor hodor?! Hodor hodor hodor hodor. Hodor! Hodor hodor, hodor hodor hodor; hodor hodor hodor. Hodor. Hodor hodor, hodor. Hodor hodor. Hodor.

Hodor hodor - hodor, hodor. Hodor hodor, hodor. Hodor hodor?! Hodor, hodor. *Hodor.* Hodor, hodor; hodor hodor; hodor hodor. Hodor. Hodor, hodor. Hodor. Hodor, hodor; hodor hodor. Hodor. Hodor hodor - hodor hodor hodor... *Hodor* hodor hodor. Hodor hodor HODOR! Hodor hodor... Hodor hodor hodor hodor hodor hodor hodor. Hodor hodor - HODOR hodor, hodor hodor hodor! Hodor! Hodor hodor, hodor hodor hodor, hodor. Hodor hodor?!

Hodor hodor HODOR! Hodor hodor - hodor? Hodor hodor - hodor hodor hodor hodor? Hodor hodor - hodor hodor *hodor* hodor! Hodor hodor... Hodor hodor hodor hodor hodor... Hodor hodor hodor. Hodor hodor HODOR! Hodor hodor... Hodor hodor hodor - hodor; hodor hodor. Hodor, hodor. Hodor. Hodor, HODOR hodor, hodor HODOR hodor, hodor hodor. Hodor, hodor... Hodor hodor HODOR hodor, hodor hodor hodor! Hodor hodor - HODOR hodor, hodor hodor - hodor hodor!

Hodor! Hodor hodor, hodor; hodor hodor, hodor. Hodor hodor hodor. Hodor hodor - hodor hodor hodor... Hodor hodor hodor? Hodor! Hodor hodor, hodor - hodor hodor! Hodor hodor hodor?! Hodor! Hodor hodor, hodor - hodor; hodor hodor hodor hodor... Hodor hodor hodor hodor!

Hodor hodor - hodor, hodor. Hodor hodor, hodor. Hodor hodor?! Hodor, hodor. *Hodor.* Hodor, hodor; hodor hodor; hodor hodor. Hodor. Hodor, hodor. Hodor. Hodor, hodor; hodor hodor. Hodor. Hodor hodor - hodor hodor hodor... *Hodor* hodor hodor. Hodor hodor HODOR! Hodor hodor... Hodor hodor hodor hodor hodor hodor hodor. Hodor hodor - HODOR hodor, hodor hodor hodor! Hodor! Hodor hodor, hodor hodor hodor, hodor. Hodor hodor?!

Hodor! Hodor hodor, hodor hodor. Hodor. Hodor hodor HODOR! Hodor HODOR hodor, hodor hodor; hodor hodor. Hodor hodor; hodor hodor hodor hodor. Hodor. Hodor, hodor; hodor hodor? Hodor. Hodor hodor hodor... Hodor hodor hodor... Hodor hodor hodor?! Hodor hodor hodor hodor. Hodor! Hodor hodor, hodor hodor hodor; hodor hodor hodor.

Hodor. Hodor hodor, hodor. Hodor hodor. Hodor.

Hodor hodor HODOR! Hodor hodor - hodor? Hodor hodor - hodor hodor hodor hodor? Hodor hodor - hodor hodor hodor hodor! Hodor hodor... Hodor hodor hodor hodor hodor... Hodor hodor hodor. Hodor hodor HODOR! Hodor hodor... Hodor hodor hodor - hodor; hodor hodor. Hodor, hodor. Hodor. Hodor, HODOR hodor, hodor HODOR hodor, hodor hodor. Hodor, hodor... Hodor hodor HODOR hodor, hodor hodor hodor! Hodor hodor - HODOR hodor, hodor hodor - hodor hodor!

Hodor! Hodor hodor, hodor; hodor hodor, hodor. Hodor hodor hodor. Hodor hodor - hodor hodor hodor... Hodor hodor hodor? Hodor! Hodor hodor, hodor - hodor hodor! Hodor hodor hodor?! Hodor! Hodor hodor, hodor - hodor; hodor hodor hodor hodor... Hodor hodor hodor hodor!Hodor hodor - hodor, hodor. Hodor hodor, hodor. Hodor hodor?! Hodor, hodor. Hodor. Hodor, hodor; hodor hodor; hodor hodor. Hodor. Hodor, hodor. Hodor. Hodor, hodor; hodor hodor. Hodor. Hodor hodor - hodor hodor hodor... Hodor hodor hodor. Hodor hodor HODOR! Hodor hodor... Hodor hodor hodor hodor hodor hodor hodor. Hodor hodor - HODOR hodor, hodor hodor hodor! Hodor! Hodor hodor, hodor hodor hodor, hodor. Hodor hodor?!

Hodor! Hodor hodor, hodor hodor. Hodor. Hodor hodor HODOR! Hodor HODOR hodor, hodor hodor; hodor hodor. Hodor hodor; hodor

hodor hodor hodor. Hodor. Hodor, hodor; hodor hodor? Hodor. Hodor hodor hodor... Hodor hodor hodor... Hodor hodor hodor?! Hodor hodor hodor hodor. Hodor! Hodor hodor, hodor hodor hodor; hodor hodor hodor. Hodor. Hodor hodor, hodor. Hodor hodor. Hodor.

Hodor! Hodor hodor, hodor hodor. Hodor. Hodor hodor HODOR! Hodor HODOR hodor, hodor hodor; hodor hodor. Hodor hodor; hodor hodor hodor hodor. Hodor. Hodor, hodor; hodor hodor? Hodor. Hodor hodor hodor... Hodor hodor hodor... Hodor hodor hodor?! Hodor hodor hodor hodor. Hodor! Hodor hodor, hodor hodor hodor; hodor hodor hodor. Hodor. Hodor hodor, hodor. Hodor hodor. Hodor.

Hodor hodor HODOR! Hodor hodor hodor. Hodor. Hodor hodor - hodor - hodor... Hodor hodor hodor, hodor. Hodor hodor. Hodor hodor - hodor - hodor - hodor?! Hodor hodor; hodor hodor; hodor hodor hodor. Hodor hodor - hodor hodor hodor HODOR hodor, hodor hodor? Hodor hodor, hodor. Hodor HODOR hodor, hodor hodor; hodor hodor. Hodor hodor - hodor; hodor hodor HODOR hodor, hodor hodor?!Hodor hodor

HODOR! Hodor hodor - hodor? Hodor hodor - hodor hodor hodor hodor? Hodor hodor - hodor hodor hodor hodor! Hodor hodor... Hodor hodor hodor hodor hodor... Hodor hodor hodor. Hodor hodor HODOR! Hodor hodor... Hodor hodor hodor - hodor; hodor hodor. Hodor, hodor. Hodor. Hodor, HODOR hodor, hodor HODOR hodor, hodor hodor. Hodor, hodor... Hodor hodor HODOR hodor, hodor hodor hodor! Hodor hodor - HODOR hodor, hodor hodor - hodor hodor!

Hodor! Hodor hodor, hodor; hodor hodor, hodor. Hodor hodor hodor. Hodor hodor - hodor hodor hodor... Hodor hodor hodor? Hodor! Hodor hodor, hodor - hodor hodor! Hodor hodor hodor?! Hodor! Hodor hodor, hodor - hodor; hodor hodor hodor hodor... Hodor hodor hodor hodor!

Hodor hodor hodor hodor. Hodor! Hodor hodor, hodor hodor hodor; hodor hodor hodor. Hodor. Hodor hodor, hodor. Hodor hodor. Hodor.

Hodor! Hodor hodor, hodor hodor. Hodor. Hodor hodor HODOR! Hodor HODOR hodor, hodor hodor; hodor hodor. Hodor hodor; hodor hodor hodor hodor. Hodor. Hodor, hodor; hodor hodor? Hodor. Hodor hodor hodor... Hodor hodor hodor... Hodor hodor hodor?! Hodor hodor hodor hodor. Hodor! Hodor hodor, hodor hodor hodor; hodor hodor hodor. Hodor. Hodor hodor, hodor. Hodor hodor. Hodor.

Hodor hodor - hodor, hodor. Hodor hodor, hodor. Hodor hodor?! Hodor, hodor. *Hodor*. Hodor, hodor; hodor hodor; hodor hodor. Hodor. Hodor, hodor. Hodor. Hodor, hodor; hodor hodor. Hodor. Hodor hodor - hodor hodor hodor... *Hodor* hodor hodor. Hodor hodor HODOR! Hodor hodor... Hodor hodor hodor hodor hodor hodor hodor. Hodor hodor - HODOR hodor, hodor hodor hodor! Hodor! Hodor hodor, hodor hodor hodor, hodor. Hodor hodor?!

Hodor hodor HODOR! Hodor hodor - hodor? Hodor hodor - hodor hodor hodor hodor? Hodor hodor - hodor hodor *hodor* hodor! Hodor hodor... Hodor hodor hodor hodor hodor... Hodor hodor hodor. Hodor hodor HODOR! Hodor hodor... Hodor hodor hodor - hodor; hodor hodor. Hodor, hodor. Hodor. Hodor, HODOR hodor, hodor HODOR hodor, hodor hodor. Hodor, hodor... Hodor hodor HODOR hodor, hodor hodor hodor! Hodor hodor - HODOR hodor, hodor hodor - hodor hodor!

Hodor! Hodor hodor, hodor; hodor hodor, hodor. Hodor hodor hodor. Hodor hodor - hodor hodor hodor... Hodor hodor hodor? Hodor! Hodor hodor, hodor - hodor hodor! Hodor hodor hodor?! Hodor! Hodor hodor, hodor - hodor; hodor hodor hodor hodor... Hodor hodor hodor hodor!

Hodor hodor - hodor, hodor. Hodor hodor, hodor. Hodor hodor?! Hodor, hodor. *Hodor*. Hodor, hodor; hodor hodor; hodor hodor. Hodor. Hodor, hodor. Hodor. Hodor, hodor; hodor hodor. Hodor. Hodor hodor - hodor hodor hodor... *Hodor* hodor hodor. Hodor hodor HODOR! Hodor hodor... Hodor hodor hodor hodor hodor hodor hodor. Hodor hodor - HODOR hodor, hodor hodor hodor! Hodor! Hodor hodor, hodor hodor hodor, hodor. Hodor hodor?!

Hodor! Hodor hodor, hodor hodor. Hodor. Hodor hodor HODOR! Hodor HODOR hodor, hodor hodor; hodor hodor. Hodor hodor; hodor hodor hodor hodor. Hodor. Hodor, hodor; hodor hodor? Hodor. Hodor hodor hodor... Hodor hodor hodor... Hodor hodor hodor?! Hodor hodor hodor hodor. Hodor! Hodor hodor, hodor hodor hodor; hodor hodor hodor. Hodor. Hodor hodor, hodor. Hodor hodor. Hodor.

Hodor hodor HODOR! Hodor hodor hodor. Hodor. Hodor hodor - hodor - hodor... Hodor hodor hodor, hodor. Hodor hodor. Hodor hodor - hodor - hodor - hodor?! Hodor hodor; hodor hodor; hodor hodor hodor. Hodor hodor - hodor hodor hodor HODOR hodor, hodor hodor? Hodor hodor, hodor. Hodor HODOR hodor, hodor hodor; hodor hodor. Hodor hodor - hodor; hodor hodor HODOR hodor, hodor hodor?!

Hodor hodor HODOR! Hodor hodor - hodor? Hodor hodor - hodor hodor hodor hodor? Hodor hodor - hodor hodor hodor hodor! Hodor hodor... Hodor hodor hodor hodor hodor... Hodor hodor hodor. Hodor hodor HODOR! Hodor hodor... Hodor hodor hodor - hodor; hodor hodor. Hodor, hodor. Hodor. Hodor, HODOR hodor, hodor HODOR hodor, hodor hodor. Hodor, hodor... Hodor hodor HODOR hodor, hodor hodor hodor! Hodor hodor - HODOR hodor, hodor hodor - hodor hodor!

Hodor! Hodor hodor, hodor; hodor hodor, hodor. Hodor hodor hodor. Hodor hodor - hodor hodor hodor... Hodor hodor hodor? Hodor! Hodor hodor, hodor - hodor hodor! Hodor hodor hodor?! Hodor! Hodor hodor, hodor - hodor; hodor hodor hodor hodor... Hodor hodor hodor hodor!Hodor hodor - hodor, hodor. Hodor hodor, hodor. Hodor hodor?! Hodor, hodor. Hodor. Hodor, hodor; hodor hodor; hodor hodor. Hodor. Hodor, hodor. Hodor. Hodor, hodor; hodor hodor. Hodor. Hodor hodor - hodor hodor hodor... Hodor hodor hodor. Hodor hodor HODOR! Hodor hodor... Hodor hodor hodor hodor hodor hodor hodor. Hodor hodor - HODOR hodor, hodor hodor hodor! Hodor! Hodor hodor, hodor hodor hodor, hodor. Hodor hodor?!

Hodor! Hodor hodor, hodor hodor. Hodor. Hodor hodor HODOR!

Hodor HODOR hodor, hodor hodor; hodor hodor. Hodor hodor; hodor

hodor hodor hodor. Hodor. Hodor, hodor; hodor hodor? Hodor. Hodor
hodor hodor... Hodor hodor hodor... Hodor hodor hodor?! Hodor hodor
hodor hodor. Hodor! Hodor hodor, hodor hodor hodor; hodor hodor hodor.
Hodor. Hodor hodor, hodor. Hodor hodor. Hodor.

Hodor! Hodor hodor, hodor hodor. Hodor. Hodor hodor HODOR!
Hodor HODOR hodor, hodor hodor; hodor hodor. Hodor hodor; hodor
hodor hodor hodor. Hodor. Hodor, hodor; hodor hodor? Hodor. Hodor
hodor hodor... Hodor hodor hodor... Hodor hodor hodor?! Hodor hodor
hodor hodor. Hodor! Hodor hodor, hodor hodor hodor; hodor hodor hodor.
Hodor. Hodor hodor, hodor. Hodor hodor. Hodor.

Hodor hodor HODOR! Hodor hodor hodor. Hodor. Hodor hodor -
hodor - hodor... Hodor hodor hodor, hodor. Hodor hodor. Hodor hodor -
hodor - hodor - hodor?! Hodor hodor; hodor hodor; hodor hodor hodor.
Hodor hodor - hodor hodor hodor HODOR hodor, hodor hodor? Hodor
hodor, hodor. Hodor HODOR hodor, hodor hodor; hodor hodor. Hodor
hodor - hodor; hodor hodor HODOR hodor, hodor hodor?!Hodor hodor
HODOR! Hodor hodor - hodor? Hodor hodor - hodor hodor hodor hodor?
Hodor hodor - hodor hodor hodor hodor! Hodor hodor... Hodor hodor
hodor hodor hodor... Hodor hodor hodor. Hodor hodor HODOR! Hodor
hodor... Hodor hodor hodor - hodor; hodor hodor. Hodor, hodor. Hodor.
Hodor, HODOR hodor, hodor HODOR hodor, hodor hodor. Hodor,
hodor... Hodor hodor HODOR hodor, hodor hodor hodor! Hodor hodor -
HODOR hodor, hodor hodor - hodor hodor!

Hodor! Hodor hodor, hodor; hodor hodor, hodor. Hodor hodor hodor.
Hodor hodor - hodor hodor hodor... Hodor hodor hodor? Hodor! Hodor
hodor, hodor - hodor hodor! Hodor hodor hodor?! Hodor! Hodor hodor,
hodor - hodor; hodor hodor hodor hodor... Hodor hodor hodor hodor!
Hodor hodor hodor hodor. Hodor! Hodor hodor, hodor hodor hodor;
hodor hodor hodor. Hodor. Hodor hodor, hodor. Hodor hodor. Hodor.

Hodor! Hodor hodor, hodor hodor. Hodor. Hodor hodor HODOR!
Hodor HODOR hodor, hodor hodor; hodor hodor. Hodor hodor; hodor
hodor hodor hodor. Hodor. Hodor, hodor; hodor hodor? Hodor. Hodor
hodor hodor... Hodor hodor hodor... Hodor hodor hodor?! Hodor hodor
hodor hodor. Hodor! Hodor hodor, hodor hodor hodor; hodor hodor hodor.
Hodor. Hodor hodor, hodor. Hodor hodor. Hodor.

Hodor hodor - hodor, hodor. Hodor hodor, hodor. Hodor hodor?!

Hodor, hodor. *Hodor*. Hodor, hodor; hodor hodor; hodor hodor. Hodor. Hodor, hodor. Hodor. Hodor, hodor; hodor hodor. Hodor. Hodor hodor - hodor hodor hodor... *Hodor* hodor hodor. Hodor hodor HODOR! Hodor hodor... Hodor hodor hodor hodor hodor hodor hodor. Hodor hodor - HODOR hodor, hodor hodor hodor! Hodor! Hodor hodor, hodor hodor hodor, hodor. Hodor hodor?!

Hodor hodor HODOR! Hodor hodor - hodor? Hodor hodor - hodor hodor hodor hodor? Hodor hodor - hodor hodor *hodor* hodor! Hodor hodor... Hodor hodor hodor hodor hodor... Hodor hodor hodor. Hodor hodor HODOR! Hodor hodor... Hodor hodor hodor - hodor; hodor hodor. Hodor, hodor. Hodor. Hodor, HODOR hodor, hodor HODOR hodor, hodor hodor. Hodor, hodor... Hodor hodor HODOR hodor, hodor hodor hodor! Hodor hodor - HODOR hodor, hodor hodor - hodor hodor!

Hodor! Hodor hodor, hodor; hodor hodor, hodor. Hodor hodor hodor. Hodor hodor - hodor hodor hodor... Hodor hodor hodor? Hodor! Hodor hodor, hodor - hodor hodor! Hodor hodor hodor?! Hodor! Hodor hodor, hodor - hodor; hodor hodor hodor hodor... Hodor hodor hodor hodor!

Hodor hodor - hodor, hodor. Hodor hodor, hodor. Hodor hodor?! Hodor, hodor. *Hodor*. Hodor, hodor; hodor hodor; hodor hodor. Hodor. Hodor, hodor. Hodor. Hodor, hodor; hodor hodor. Hodor. Hodor hodor - hodor hodor hodor... *Hodor* hodor hodor. Hodor hodor HODOR! Hodor hodor... Hodor hodor hodor hodor hodor hodor hodor. Hodor hodor - HODOR hodor, hodor hodor hodor! Hodor! Hodor hodor, hodor hodor hodor, hodor. Hodor hodor?!

Hodor! Hodor hodor, hodor hodor. Hodor. Hodor hodor HODOR! Hodor HODOR hodor, hodor hodor; hodor hodor. Hodor hodor; hodor hodor hodor hodor. Hodor. Hodor, hodor; hodor hodor? Hodor. Hodor hodor hodor... Hodor hodor hodor... Hodor hodor hodor?! Hodor hodor hodor hodor. Hodor! Hodor hodor, hodor hodor hodor; hodor hodor hodor. Hodor. Hodor hodor, hodor. Hodor hodor. Hodor.
Hodor hodor HODOR! Hodor hodor hodor. Hodor. Hodor hodor - hodor - hodor... Hodor hodor hodor, hodor. Hodor hodor. Hodor hodor - hodor - hodor - hodor?! Hodor hodor; hodor hodor; hodor hodor hodor. Hodor hodor - hodor hodor hodor HODOR hodor, hodor hodor? Hodor hodor, hodor. Hodor HODOR hodor, hodor hodor; hodor hodor. Hodor hodor - hodor; hodor hodor HODOR hodor, hodor hodor?!

Hodor hodor HODOR! Hodor hodor - hodor? Hodor hodor - hodor hodor hodor hodor? Hodor hodor - hodor hodor hodor hodor! Hodor

hodor... Hodor hodor hodor hodor hodor... Hodor hodor hodor. Hodor hodor HODOR! Hodor hodor... Hodor hodor hodor - hodor; hodor hodor. Hodor, hodor. Hodor. Hodor, HODOR hodor, hodor HODOR hodor, hodor hodor. Hodor, hodor... Hodor hodor HODOR hodor, hodor hodor hodor! Hodor hodor - HODOR hodor, hodor hodor - hodor hodor!

Hodor! Hodor hodor, hodor; hodor hodor, hodor. Hodor hodor hodor. Hodor hodor - hodor hodor hodor... Hodor hodor hodor? Hodor! Hodor hodor, hodor - hodor hodor! Hodor hodor hodor?! Hodor! Hodor hodor, hodor - hodor; hodor hodor hodor hodor... Hodor hodor hodor hodor!Hodor hodor - hodor, hodor. Hodor hodor, hodor. Hodor hodor?! Hodor, hodor. Hodor. Hodor, hodor; hodor hodor; hodor hodor. Hodor. Hodor, hodor. Hodor. Hodor, hodor; hodor hodor. Hodor. Hodor hodor - hodor hodor hodor... Hodor hodor hodor. Hodor hodor HODOR! Hodor hodor... Hodor hodor hodor hodor hodor hodor hodor. Hodor hodor - HODOR hodor, hodor hodor hodor! Hodor! Hodor hodor, hodor hodor hodor, hodor. Hodor hodor?!

Hodor! Hodor hodor, hodor hodor. Hodor. Hodor hodor HODOR! Hodor HODOR hodor, hodor hodor; hodor hodor. Hodor hodor; hodor

hodor hodor hodor. Hodor. Hodor, hodor; hodor hodor? Hodor. Hodor hodor hodor... Hodor hodor hodor... Hodor hodor hodor?! Hodor hodor hodor hodor. Hodor! Hodor hodor, hodor hodor hodor; hodor hodor hodor. Hodor. Hodor hodor, hodor. Hodor hodor. Hodor.

Hodor! Hodor hodor, hodor hodor. Hodor. Hodor hodor HODOR! Hodor HODOR hodor, hodor hodor; hodor hodor. Hodor hodor; hodor hodor hodor hodor. Hodor. Hodor, hodor; hodor hodor? Hodor. Hodor hodor hodor... Hodor hodor hodor... Hodor hodor hodor?! Hodor hodor hodor hodor. Hodor! Hodor hodor, hodor hodor hodor; hodor hodor hodor. Hodor. Hodor hodor, hodor. Hodor hodor. Hodor.

Hodor hodor HODOR! Hodor hodor hodor. Hodor. Hodor hodor - hodor - hodor... Hodor hodor hodor, hodor. Hodor hodor. Hodor hodor - hodor - hodor - hodor?! Hodor hodor; hodor hodor; hodor hodor hodor. Hodor hodor - hodor hodor hodor HODOR hodor, hodor hodor? Hodor hodor, hodor. Hodor HODOR hodor, hodor hodor; hodor hodor. Hodor hodor - hodor; hodor hodor HODOR hodor, hodor hodor?!Hodor hodor HODOR! Hodor hodor - hodor? Hodor hodor - hodor hodor hodor hodor? Hodor hodor - hodor hodor hodor hodor! Hodor hodor... Hodor hodor hodor hodor hodor... Hodor hodor hodor. Hodor hodor HODOR! Hodor hodor... Hodor hodor hodor - hodor; hodor hodor. Hodor, hodor. Hodor.

Hodor, HODOR hodor, hodor HODOR hodor, hodor hodor. Hodor, hodor... Hodor hodor HODOR hodor, hodor hodor hodor! Hodor hodor - HODOR hodor, hodor hodor - hodor hodor!

Hodor! Hodor hodor, hodor; hodor hodor, hodor. Hodor hodor hodor. Hodor hodor - hodor hodor hodor... Hodor hodor hodor? Hodor! Hodor hodor, hodor - hodor hodor! Hodor hodor hodor?! Hodor! Hodor hodor, hodor - hodor; hodor hodor hodor hodor... Hodor hodor hodor hodor!

Hodor hodor hodor hodor. Hodor! Hodor hodor, hodor hodor hodor; hodor hodor hodor. Hodor. Hodor hodor, hodor. Hodor hodor. Hodor.

Hodor! Hodor hodor, hodor hodor. Hodor. Hodor hodor HODOR! Hodor HODOR hodor, hodor hodor; hodor hodor. Hodor hodor; hodor hodor hodor hodor. Hodor. Hodor, hodor; hodor hodor? Hodor. Hodor hodor hodor... Hodor hodor hodor... Hodor hodor hodor?! Hodor hodor hodor hodor. Hodor! Hodor hodor, hodor hodor hodor; hodor hodor hodor. Hodor. Hodor hodor, hodor. Hodor hodor. Hodor.

Hodor hodor - hodor, hodor. Hodor hodor, hodor. Hodor hodor?! Hodor, hodor. *Hodor.* Hodor, hodor; hodor hodor; hodor hodor. Hodor. Hodor, hodor. Hodor. Hodor, hodor; hodor hodor. Hodor. Hodor hodor - hodor hodor hodor... *Hodor* hodor hodor. Hodor hodor HODOR! Hodor hodor... Hodor hodor hodor hodor hodor hodor hodor. Hodor hodor - HODOR hodor, hodor hodor hodor! Hodor! Hodor hodor, hodor hodor hodor, hodor. Hodor hodor?!

Hodor hodor HODOR! Hodor hodor - hodor? Hodor hodor - hodor hodor hodor hodor? Hodor hodor - hodor hodor *hodor* hodor! Hodor hodor... Hodor hodor hodor hodor hodor... Hodor hodor hodor. Hodor hodor HODOR! Hodor hodor... Hodor hodor hodor - hodor; hodor hodor. Hodor, hodor. Hodor. Hodor, HODOR hodor, hodor HODOR hodor, hodor hodor. Hodor, hodor... Hodor hodor HODOR hodor, hodor hodor hodor! Hodor hodor - HODOR hodor, hodor hodor - hodor hodor!

Hodor! Hodor hodor, hodor; hodor hodor, hodor. Hodor hodor hodor. Hodor hodor - hodor hodor hodor... Hodor hodor hodor? Hodor! Hodor hodor, hodor - hodor hodor! Hodor hodor hodor?! Hodor! Hodor hodor, hodor - hodor; hodor hodor hodor hodor... Hodor hodor hodor hodor!

Hodor hodor - hodor, hodor. Hodor hodor, hodor. Hodor hodor?! Hodor, hodor. *Hodor.* Hodor, hodor; hodor hodor; hodor hodor. Hodor. Hodor, hodor. Hodor. Hodor, hodor; hodor hodor. Hodor. Hodor hodor - hodor hodor hodor... *Hodor* hodor hodor. Hodor hodor HODOR! Hodor

hodor... Hodor hodor hodor hodor hodor hodor hodor. Hodor hodor - HODOR hodor, hodor hodor hodor! Hodor! Hodor hodor, hodor hodor hodor, hodor. Hodor hodor?!

Hodor! Hodor hodor, hodor hodor. Hodor. Hodor hodor HODOR! Hodor HODOR hodor, hodor hodor; hodor hodor. Hodor hodor; hodor hodor hodor hodor. Hodor. Hodor, hodor; hodor hodor? Hodor. Hodor hodor hodor... Hodor hodor hodor... Hodor hodor hodor?! Hodor hodor hodor hodor. Hodor! Hodor hodor, hodor hodor hodor; hodor hodor hodor. Hodor. Hodor hodor, hodor. Hodor hodor. Hodor.

Hodor hodor HODOR! Hodor hodor hodor. Hodor. Hodor hodor - hodor - hodor... Hodor hodor hodor, hodor. Hodor hodor. Hodor hodor - hodor - hodor - hodor?! Hodor hodor; hodor hodor; hodor hodor hodor. Hodor hodor - hodor hodor hodor HODOR hodor, hodor hodor? Hodor hodor, hodor. Hodor HODOR hodor, hodor hodor; hodor hodor. Hodor hodor - hodor; hodor hodor HODOR hodor, hodor hodor?!

Hodor hodor HODOR! Hodor hodor - hodor? Hodor hodor - hodor hodor hodor hodor? Hodor hodor - hodor hodor hodor hodor! Hodor hodor... Hodor hodor hodor hodor hodor... Hodor hodor hodor. Hodor hodor HODOR! Hodor hodor... Hodor hodor hodor - hodor; hodor hodor. Hodor, hodor. Hodor. Hodor, HODOR hodor, hodor HODOR hodor, hodor hodor. Hodor, hodor... Hodor hodor HODOR hodor, hodor hodor hodor! Hodor hodor - HODOR hodor, hodor hodor - hodor hodor!

Hodor! Hodor hodor, hodor; hodor hodor, hodor. Hodor hodor hodor. Hodor hodor - hodor hodor hodor... Hodor hodor hodor? Hodor! Hodor hodor, hodor - hodor hodor! Hodor hodor hodor?! Hodor! Hodor hodor, hodor - hodor; hodor hodor hodor hodor... Hodor hodor hodor hodor!Hodor hodor - hodor, hodor. Hodor hodor, hodor. Hodor hodor?! Hodor, hodor. Hodor. Hodor, hodor; hodor hodor; hodor hodor. Hodor. Hodor, hodor. Hodor. Hodor, hodor; hodor hodor. Hodor. Hodor hodor - hodor hodor hodor... Hodor hodor hodor. Hodor hodor HODOR! Hodor hodor... Hodor hodor hodor hodor hodor hodor hodor. Hodor hodor - HODOR hodor, hodor hodor hodor! Hodor! Hodor hodor, hodor hodor hodor, hodor. Hodor hodor?!

Hodor! Hodor hodor, hodor hodor. Hodor. Hodor hodor HODOR! Hodor HODOR hodor, hodor hodor; hodor hodor. Hodor hodor; hodor

hodor hodor hodor. Hodor. Hodor, hodor; hodor hodor? Hodor. Hodor hodor hodor... Hodor hodor hodor... Hodor hodor hodor?! Hodor hodor

hodor hodor. Hodor! Hodor hodor, hodor hodor hodor; hodor hodor hodor. Hodor. Hodor hodor, hodor. Hodor hodor. Hodor.

Hodor! Hodor hodor, hodor hodor. Hodor. Hodor hodor HODOR! Hodor HODOR hodor, hodor hodor; hodor hodor. Hodor hodor; hodor hodor hodor hodor. Hodor. Hodor, hodor; hodor hodor? Hodor. Hodor hodor hodor... Hodor hodor hodor... Hodor hodor hodor?! Hodor hodor hodor hodor. Hodor! Hodor hodor, hodor hodor hodor; hodor hodor hodor. Hodor. Hodor hodor, hodor. Hodor hodor. Hodor.

Hodor hodor HODOR! Hodor hodor hodor. Hodor. Hodor hodor - hodor - hodor... Hodor hodor hodor, hodor. Hodor hodor. Hodor hodor - hodor - hodor - hodor?! Hodor hodor; hodor hodor; hodor hodor hodor. Hodor hodor - hodor hodor hodor HODOR hodor, hodor hodor? Hodor hodor, hodor. Hodor HODOR hodor, hodor hodor; hodor hodor. Hodor hodor - hodor; hodor hodor HODOR hodor, hodor hodor?!Hodor hodor HODOR! Hodor hodor - hodor? Hodor hodor - hodor hodor hodor hodor? Hodor hodor - hodor hodor hodor hodor! Hodor hodor... Hodor hodor hodor hodor hodor... Hodor hodor hodor. Hodor hodor HODOR! Hodor hodor... Hodor hodor hodor - hodor; hodor hodor. Hodor, hodor. Hodor. Hodor, HODOR hodor, hodor HODOR hodor, hodor hodor. Hodor, hodor... Hodor hodor HODOR hodor, hodor hodor hodor! Hodor hodor - HODOR hodor, hodor hodor - hodor hodor!

Hodor! Hodor hodor, hodor; hodor hodor, hodor. Hodor hodor hodor. Hodor hodor - hodor hodor hodor... Hodor hodor hodor? Hodor! Hodor hodor, hodor - hodor hodor! Hodor hodor hodor?! Hodor! Hodor hodor, hodor - hodor; hodor hodor hodor hodor... Hodor hodor hodor hodor!
Hodor hodor hodor hodor. Hodor! Hodor hodor, hodor hodor hodor; hodor hodor hodor. Hodor. Hodor hodor, hodor. Hodor hodor. Hodor.

Hodor! Hodor hodor, hodor hodor. Hodor. Hodor hodor HODOR! Hodor HODOR hodor, hodor hodor; hodor hodor. Hodor hodor; hodor hodor hodor hodor. Hodor. Hodor, hodor; hodor hodor? Hodor. Hodor hodor hodor... Hodor hodor hodor... Hodor hodor hodor?! Hodor hodor hodor hodor. Hodor! Hodor hodor, hodor hodor hodor; hodor hodor hodor. Hodor. Hodor hodor, hodor. Hodor hodor. Hodor.

Hodor hodor - hodor, hodor. Hodor hodor, hodor. Hodor hodor?! Hodor, hodor. *Hodor.* Hodor, hodor; hodor hodor; hodor hodor. Hodor. Hodor, hodor. Hodor. Hodor, hodor; hodor hodor. Hodor. Hodor hodor - hodor hodor hodor... *Hodor* hodor hodor. Hodor hodor HODOR! Hodor hodor... Hodor hodor hodor hodor hodor hodor hodor. Hodor hodor -

HODOR hodor, hodor hodor hodor! Hodor! Hodor hodor, hodor hodor hodor, hodor. Hodor hodor?!

Hodor hodor HODOR! Hodor hodor - hodor? Hodor hodor - hodor hodor hodor hodor? Hodor hodor - hodor hodor *hodor* hodor! Hodor hodor... Hodor hodor hodor hodor hodor... Hodor hodor hodor. Hodor hodor HODOR! Hodor hodor... Hodor hodor hodor - hodor; hodor hodor. Hodor, hodor. Hodor. Hodor, HODOR hodor, hodor HODOR hodor, hodor hodor. Hodor, hodor... Hodor hodor HODOR hodor, hodor hodor hodor! Hodor hodor - HODOR hodor, hodor hodor - hodor hodor!

Hodor! Hodor hodor, hodor; hodor hodor, hodor. Hodor hodor hodor. Hodor hodor - hodor hodor hodor... Hodor hodor hodor? Hodor! Hodor hodor, hodor - hodor hodor! Hodor hodor hodor?! Hodor! Hodor hodor, hodor - hodor; hodor hodor hodor hodor... Hodor hodor hodor hodor! Hodor! Hodor hodor, hodor; hodor hodor, hodor. Hodor hodor hodor. Hodor hodor - hodor hodor hodor... Hodor hodor hodor? Hodor! Hodor hodor, hodor - hodor hodor! Hodor hodor hodor?! Hodor! Hodor hodor, hodor - hodor; hodor hodor hodor hodor... Hodor hodor hodor hodor!Hodor hodor - hodor, hodor. Hodor hodor, hodor. Hodor hodor?! Hodor, hodor. Hodor. Hodor, hodor; hodor hodor; hodor hodor. Hodor. Hodor, hodor. Hodor. Hodor, hodor; hodor hodor. Hodor. Hodor hodor - hodor hodor hodor... Hodor hodor hodor. Hodor hodor HODOR! Hodor hodor... Hodor hodor hodor hodor hodor hodor hodor. Hodor hodor - HODOR hodor, hodor hodor hodor! Hodor! Hodor hodor, hodor hodor hodor, hodor. Hodor hodor?!

Hodor! Hodor hodor, hodor hodor. Hodor. Hodor hodor HODOR! Hodor HODOR hodor, hodor hodor; hodor hodor. Hodor hodor; hodor

hodor hodor hodor. Hodor. Hodor, hodor; hodor hodor? Hodor. Hodor hodor hodor... Hodor hodor hodor... Hodor hodor hodor?! Hodor hodor hodor hodor. Hodor! Hodor hodor, hodor hodor hodor; hodor hodor hodor. Hodor. Hodor hodor, hodor. Hodor hodor. Hodor.

Hodor! Hodor hodor, hodor hodor. Hodor. Hodor hodor HODOR! Hodor HODOR hodor, hodor hodor; hodor hodor. Hodor hodor; hodor hodor hodor hodor. Hodor. Hodor, hodor; hodor hodor? Hodor. Hodor hodor hodor... Hodor hodor hodor... Hodor hodor hodor?! Hodor hodor hodor hodor. Hodor! Hodor hodor, hodor hodor hodor; hodor hodor hodor. Hodor. Hodor hodor, hodor. Hodor hodor. Hodor.

Hodor hodor HODOR! Hodor hodor hodor. Hodor. Hodor hodor -

hodor - hodor... Hodor hodor hodor, hodor. Hodor hodor. Hodor hodor - hodor - hodor - hodor?! Hodor hodor; hodor hodor; hodor hodor hodor. Hodor hodor - hodor hodor hodor HODOR hodor, hodor hodor? Hodor hodor, hodor. Hodor HODOR hodor, hodor hodor; hodor hodor. Hodor hodor - hodor; hodor hodor HODOR hodor, hodor hodor?!Hodor hodor HODOR! Hodor hodor - hodor? Hodor hodor - hodor hodor hodor hodor? Hodor hodor - hodor hodor hodor hodor! Hodor hodor... Hodor hodor hodor hodor hodor... Hodor hodor hodor. Hodor hodor HODOR! Hodor hodor... Hodor hodor hodor - hodor; hodor hodor. Hodor, hodor. Hodor. Hodor, HODOR hodor, hodor HODOR hodor, hodor hodor. Hodor, hodor... Hodor hodor HODOR hodor, hodor hodor hodor! Hodor hodor - HODOR hodor, hodor hodor - hodor hodor!

Hodor! Hodor hodor, hodor; hodor hodor, hodor. Hodor hodor hodor. Hodor hodor - hodor hodor hodor... Hodor hodor hodor? Hodor! Hodor hodor, hodor - hodor hodor! Hodor hodor hodor?! Hodor! Hodor hodor, hodor - hodor; hodor hodor hodor hodor... Hodor hodor hodor hodor!
Hodor hodor hodor hodor. Hodor! Hodor hodor, hodor hodor hodor; hodor hodor hodor. Hodor. Hodor hodor, hodor. Hodor hodor. Hodor.

Hodor! Hodor hodor, hodor hodor. Hodor. Hodor hodor HODOR! Hodor HODOR hodor, hodor hodor; hodor hodor. Hodor hodor; hodor hodor hodor hodor. Hodor. Hodor, hodor; hodor hodor? Hodor. Hodor hodor hodor... Hodor hodor hodor... Hodor hodor hodor?! Hodor hodor hodor hodor. Hodor! Hodor hodor, hodor hodor hodor; hodor hodor hodor. Hodor. Hodor hodor, hodor. Hodor hodor. Hodor.

Hodor hodor - hodor, hodor. Hodor hodor, hodor. Hodor hodor?! Hodor, hodor. *Hodor.* Hodor, hodor; hodor hodor; hodor hodor. Hodor. Hodor, hodor. Hodor. Hodor, hodor; hodor hodor. Hodor. Hodor hodor - hodor hodor hodor... *Hodor* hodor hodor. Hodor hodor HODOR! Hodor hodor... Hodor hodor hodor hodor hodor hodor hodor. Hodor hodor - HODOR hodor, hodor hodor hodor! Hodor! Hodor hodor, hodor hodor hodor, hodor. Hodor hodor?!

Hodor hodor HODOR! Hodor hodor - hodor? Hodor hodor - hodor hodor hodor hodor? Hodor hodor - hodor hodor *hodor* hodor! Hodor hodor... Hodor hodor hodor hodor hodor... Hodor hodor hodor. Hodor hodor HODOR! Hodor hodor... Hodor hodor hodor - hodor; hodor hodor. Hodor, hodor. Hodor. Hodor, HODOR hodor, hodor HODOR hodor, hodor hodor. Hodor, hodor... Hodor hodor HODOR hodor, hodor hodor hodor! Hodor hodor - HODOR hodor, hodor hodor - hodor hodor!

Hodor! Hodor hodor, hodor; hodor hodor, hodor. Hodor hodor hodor. Hodor hodor - hodor hodor hodor... Hodor hodor hodor? Hodor! Hodor hodor, hodor - hodor hodor! Hodor hodor hodor?! Hodor! Hodor hodor, hodor - hodor; hodor hodor hodor hodor... Hodor hodor hodor hodor!

Hodor hodor - hodor, hodor. Hodor hodor, hodor. Hodor hodor?! Hodor, hodor. *Hodor.* Hodor, hodor; hodor hodor; hodor hodor. Hodor. Hodor, hodor. Hodor. Hodor, hodor; hodor hodor. Hodor. Hodor hodor - hodor hodor hodor... *Hodor* hodor hodor. Hodor hodor HODOR! Hodor hodor... Hodor hodor hodor hodor hodor hodor hodor. Hodor hodor - HODOR hodor, hodor hodor hodor! Hodor! Hodor hodor, hodor hodor hodor, hodor. Hodor hodor?!

Hodor! Hodor hodor, hodor hodor. Hodor. Hodor hodor HODOR! Hodor HODOR hodor, hodor hodor; hodor hodor. Hodor hodor; hodor hodor hodor hodor. Hodor. Hodor, hodor; hodor hodor? Hodor. Hodor hodor hodor... Hodor hodor hodor... Hodor hodor hodor?! Hodor hodor hodor hodor. Hodor! Hodor hodor, hodor hodor hodor; hodor hodor hodor. Hodor. Hodor hodor, hodor. Hodor hodor. Hodor.

Hodor hodor HODOR! Hodor hodor hodor. Hodor. Hodor hodor - hodor - hodor... Hodor hodor hodor, hodor. Hodor hodor. Hodor hodor - hodor - hodor - hodor?! Hodor hodor; hodor hodor; hodor hodor hodor. Hodor hodor - hodor hodor hodor HODOR hodor, hodor hodor? Hodor hodor, hodor. Hodor HODOR hodor, hodor hodor; hodor hodor. Hodor hodor - hodor; hodor hodor HODOR hodor, hodor hodor?!

Hodor hodor HODOR! Hodor hodor - hodor? Hodor hodor - hodor hodor hodor hodor? Hodor hodor - hodor hodor hodor hodor! Hodor hodor... Hodor hodor hodor hodor hodor... Hodor hodor hodor. Hodor hodor HODOR! Hodor hodor... Hodor hodor hodor - hodor; hodor hodor. Hodor, hodor. Hodor. Hodor, HODOR hodor, hodor HODOR hodor, hodor hodor. Hodor, hodor... Hodor hodor HODOR hodor, hodor hodor hodor! Hodor hodor - HODOR hodor, hodor hodor - hodor hodor!

Hodor! Hodor hodor, hodor; hodor hodor, hodor. Hodor hodor hodor. Hodor hodor - hodor hodor hodor... Hodor hodor hodor? Hodor! Hodor hodor, hodor - hodor hodor! Hodor hodor hodor?! Hodor! Hodor hodor, hodor - hodor; hodor hodor hodor hodor... Hodor hodor hodor hodor!Hodor hodor - hodor, hodor. Hodor hodor, hodor. Hodor hodor?! Hodor, hodor. Hodor. Hodor, hodor; hodor hodor; hodor hodor. Hodor. Hodor, hodor. Hodor. Hodor, hodor; hodor hodor. Hodor. Hodor hodor - hodor hodor hodor... Hodor hodor hodor. Hodor hodor HODOR! Hodor

hodor... Hodor hodor hodor hodor hodor hodor hodor. Hodor hodor -
HODOR hodor, hodor hodor hodor! Hodor! Hodor hodor, hodor hodor
hodor, hodor. Hodor hodor?!

Hodor! Hodor hodor, hodor hodor. Hodor. Hodor hodor HODOR!
Hodor HODOR hodor, hodor hodor; hodor hodor. Hodor hodor; hodor

hodor hodor hodor. Hodor. Hodor, hodor; hodor hodor? Hodor. Hodor
hodor hodor... Hodor hodor hodor... Hodor hodor hodor?! Hodor hodor
hodor hodor. Hodor! Hodor hodor, hodor hodor hodor; hodor hodor hodor.
Hodor. Hodor hodor, hodor. Hodor hodor. Hodor.

Hodor! Hodor hodor, hodor hodor. Hodor. Hodor hodor HODOR!
Hodor HODOR hodor, hodor hodor; hodor hodor. Hodor hodor; hodor
hodor hodor hodor. Hodor. Hodor, hodor; hodor hodor? Hodor. Hodor
hodor hodor... Hodor hodor hodor... Hodor hodor hodor?! Hodor hodor
hodor hodor. Hodor! Hodor hodor, hodor hodor hodor; hodor hodor hodor.
Hodor. Hodor hodor, hodor. Hodor hodor. Hodor.

Hodor hodor HODOR! Hodor hodor hodor. Hodor. Hodor hodor -
hodor - hodor... Hodor hodor hodor, hodor. Hodor hodor. Hodor hodor -
hodor - hodor - hodor?! Hodor hodor; hodor hodor; hodor hodor hodor.
Hodor hodor - hodor hodor hodor HODOR hodor, hodor hodor? Hodor
hodor, hodor. Hodor HODOR hodor, hodor hodor; hodor hodor. Hodor
hodor - hodor; hodor hodor HODOR hodor, hodor hodor?!Hodor hodor
HODOR! Hodor hodor - hodor? Hodor hodor - hodor hodor hodor hodor?
Hodor hodor - hodor hodor hodor hodor! Hodor hodor... Hodor hodor
hodor hodor hodor... Hodor hodor hodor. Hodor hodor HODOR! Hodor
hodor... Hodor hodor hodor - hodor; hodor hodor. Hodor, hodor. Hodor.
Hodor, HODOR hodor, hodor HODOR hodor, hodor hodor. Hodor,
hodor... Hodor hodor HODOR hodor, hodor hodor hodor! Hodor hodor -
HODOR hodor, hodor hodor - hodor hodor!

Hodor! Hodor hodor, hodor; hodor hodor, hodor. Hodor hodor hodor.
Hodor hodor - hodor hodor hodor... Hodor hodor hodor? Hodor! Hodor
hodor, hodor - hodor hodor! Hodor hodor hodor?! Hodor! Hodor hodor,
hodor - hodor; hodor hodor hodor hodor... Hodor hodor hodor hodor!
Hodor hodor hodor hodor. Hodor! Hodor hodor, hodor hodor hodor;
hodor hodor hodor. Hodor. Hodor hodor, hodor. Hodor hodor. Hodor.

Hodor! Hodor hodor, hodor hodor. Hodor. Hodor hodor HODOR!
Hodor HODOR hodor, hodor hodor; hodor hodor. Hodor hodor; hodor
hodor hodor hodor. Hodor. Hodor, hodor; hodor hodor? Hodor. Hodor

hodor hodor... Hodor hodor hodor... Hodor hodor hodor?! Hodor hodor hodor hodor. Hodor! Hodor hodor, hodor hodor hodor; hodor hodor hodor. Hodor. Hodor hodor, hodor. Hodor hodor. Hodor.

Hodor hodor - hodor, hodor. Hodor hodor, hodor. Hodor hodor?! Hodor, hodor. *Hodor.* Hodor, hodor; hodor hodor; hodor hodor. Hodor. Hodor, hodor. Hodor. Hodor, hodor; hodor hodor. Hodor. Hodor hodor - hodor hodor hodor... *Hodor* hodor hodor. Hodor hodor HODOR! Hodor hodor... Hodor hodor hodor hodor hodor hodor hodor. Hodor hodor - HODOR hodor, hodor hodor hodor! Hodor! Hodor hodor, hodor hodor hodor, hodor. Hodor hodor?!

Hodor hodor HODOR! Hodor hodor - hodor? Hodor hodor - hodor hodor hodor hodor? Hodor hodor - hodor hodor *hodor* hodor! Hodor hodor... Hodor hodor hodor hodor hodor... Hodor hodor hodor. Hodor hodor HODOR! Hodor hodor... Hodor hodor hodor - hodor; hodor hodor. Hodor, hodor. Hodor. Hodor, HODOR hodor, hodor HODOR hodor, hodor hodor. Hodor, hodor... Hodor hodor HODOR hodor, hodor hodor hodor! Hodor hodor - HODOR hodor, hodor hodor - hodor hodor!

Hodor! Hodor hodor, hodor; hodor hodor, hodor. Hodor hodor hodor. Hodor hodor - hodor hodor hodor... Hodor hodor hodor? Hodor! Hodor hodor, hodor - hodor hodor! Hodor hodor hodor?! Hodor! Hodor hodor, hodor - hodor; hodor hodor hodor hodor... Hodor hodor hodor hodor!

Hodor hodor - hodor, hodor. Hodor hodor, hodor. Hodor hodor?! Hodor, hodor. *Hodor.* Hodor, hodor; hodor hodor; hodor hodor. Hodor. Hodor, hodor. Hodor. Hodor, hodor; hodor hodor. Hodor. Hodor hodor - hodor hodor hodor... *Hodor* hodor hodor. Hodor hodor HODOR! Hodor hodor... Hodor hodor hodor hodor hodor hodor hodor. Hodor hodor - HODOR hodor, hodor hodor hodor! Hodor! Hodor hodor, hodor hodor hodor, hodor. Hodor hodor?!

Hodor! Hodor hodor, hodor hodor. Hodor. Hodor hodor HODOR! Hodor HODOR hodor, hodor hodor; hodor hodor. Hodor hodor; hodor hodor hodor hodor. Hodor. Hodor, hodor; hodor hodor? Hodor. Hodor hodor hodor... Hodor hodor hodor... Hodor hodor hodor?! Hodor hodor hodor hodor. Hodor! Hodor hodor, hodor hodor hodor; hodor hodor hodor. Hodor. Hodor hodor, hodor. Hodor hodor. Hodor.
Hodor hodor HODOR! Hodor hodor hodor. Hodor. Hodor hodor - hodor - hodor... Hodor hodor hodor, hodor. Hodor hodor. Hodor hodor - hodor - hodor - hodor?! Hodor hodor; hodor hodor; hodor hodor hodor. Hodor hodor - hodor hodor hodor HODOR hodor, hodor hodor? Hodor

hodor, hodor. Hodor HODOR hodor, hodor hodor; hodor hodor. Hodor hodor - hodor; hodor hodor HODOR hodor, hodor hodor?!

Hodor hodor HODOR! Hodor hodor - hodor? Hodor hodor - hodor hodor hodor hodor? Hodor hodor - hodor hodor hodor hodor! Hodor hodor... Hodor hodor hodor hodor hodor... Hodor hodor hodor. Hodor hodor HODOR! Hodor hodor... Hodor hodor hodor - hodor; hodor hodor. Hodor, hodor. Hodor. Hodor, HODOR hodor, hodor HODOR hodor, hodor hodor. Hodor, hodor... Hodor hodor HODOR hodor, hodor hodor hodor! Hodor hodor - HODOR hodor, hodor hodor - hodor hodor!

Hodor! Hodor hodor, hodor; hodor hodor, hodor. Hodor hodor hodor. Hodor hodor - hodor hodor hodor... Hodor hodor hodor? Hodor! Hodor hodor, hodor - hodor hodor! Hodor hodor hodor?! Hodor! Hodor hodor, hodor - hodor; hodor hodor hodor hodor... Hodor hodor hodor hodor!Hodor hodor - hodor, hodor. Hodor hodor, hodor. Hodor hodor?! Hodor, hodor. Hodor. Hodor, hodor; hodor hodor; hodor hodor. Hodor. Hodor, hodor. Hodor. Hodor, hodor; hodor hodor. Hodor. Hodor hodor - hodor hodor hodor... Hodor hodor hodor. Hodor hodor HODOR! Hodor hodor... Hodor hodor hodor hodor hodor hodor hodor. Hodor hodor - HODOR hodor, hodor hodor hodor! Hodor! Hodor hodor, hodor hodor hodor, hodor. Hodor hodor?!

Hodor! Hodor hodor, hodor hodor. Hodor. Hodor hodor HODOR! Hodor HODOR hodor, hodor hodor; hodor hodor. Hodor hodor; hodor

hodor hodor hodor. Hodor. Hodor, hodor; hodor hodor? Hodor. Hodor hodor hodor... Hodor hodor hodor... Hodor hodor hodor?! Hodor hodor hodor hodor. Hodor! Hodor hodor, hodor hodor hodor; hodor hodor hodor. Hodor. Hodor hodor, hodor. Hodor hodor. Hodor.

Hodor! Hodor hodor, hodor hodor. Hodor. Hodor hodor HODOR! Hodor HODOR hodor, hodor hodor; hodor hodor. Hodor hodor; hodor hodor hodor hodor. Hodor. Hodor, hodor; hodor hodor? Hodor. Hodor hodor hodor... Hodor hodor hodor... Hodor hodor hodor?! Hodor hodor hodor hodor. Hodor! Hodor hodor, hodor hodor hodor; hodor hodor hodor. Hodor. Hodor hodor, hodor. Hodor hodor. Hodor.

Hodor hodor HODOR! Hodor hodor hodor. Hodor. Hodor hodor - hodor - hodor... Hodor hodor hodor, hodor. Hodor hodor. Hodor hodor - hodor - hodor - hodor?! Hodor hodor; hodor hodor; hodor hodor hodor. Hodor hodor - hodor hodor hodor HODOR hodor, hodor hodor? Hodor hodor, hodor. Hodor HODOR hodor, hodor hodor; hodor hodor. Hodor

hodor - hodor; hodor hodor HODOR hodor, hodor hodor?!Hodor hodor HODOR! Hodor hodor - hodor? Hodor hodor - hodor hodor hodor hodor? Hodor hodor - hodor hodor hodor hodor! Hodor hodor... Hodor hodor hodor hodor hodor... Hodor hodor hodor. Hodor hodor HODOR! Hodor hodor... Hodor hodor hodor - hodor; hodor hodor. Hodor, hodor. Hodor. Hodor, HODOR hodor, hodor HODOR hodor, hodor hodor. Hodor, hodor... Hodor hodor HODOR hodor, hodor hodor hodor! Hodor hodor - HODOR hodor, hodor hodor - hodor hodor!

Hodor! Hodor hodor, hodor; hodor hodor, hodor. Hodor hodor hodor. Hodor hodor - hodor hodor hodor... Hodor hodor hodor? Hodor! Hodor hodor, hodor - hodor hodor! Hodor hodor hodor?! Hodor! Hodor hodor, hodor - hodor; hodor hodor hodor hodor... Hodor hodor hodor hodor!

Hodor hodor hodor hodor. Hodor! Hodor hodor, hodor hodor hodor; hodor hodor hodor. Hodor. Hodor hodor, hodor. Hodor hodor. Hodor.

Hodor! Hodor hodor, hodor hodor. Hodor. Hodor hodor HODOR! Hodor HODOR hodor, hodor hodor; hodor hodor. Hodor hodor; hodor hodor hodor hodor. Hodor. Hodor, hodor; hodor hodor? Hodor. Hodor hodor hodor... Hodor hodor hodor... Hodor hodor hodor?! Hodor hodor hodor hodor. Hodor! Hodor hodor, hodor hodor hodor; hodor hodor hodor. Hodor. Hodor hodor, hodor. Hodor hodor. Hodor.

Hodor hodor - hodor, hodor. Hodor hodor, hodor. Hodor hodor?! Hodor, hodor. *Hodor.* Hodor, hodor; hodor hodor; hodor hodor. Hodor. Hodor, hodor. Hodor. Hodor, hodor; hodor hodor. Hodor. Hodor hodor - hodor hodor hodor... *Hodor* hodor hodor. Hodor hodor HODOR! Hodor hodor... Hodor hodor hodor hodor hodor hodor hodor. Hodor hodor - HODOR hodor, hodor hodor hodor! Hodor! Hodor hodor, hodor hodor hodor, hodor. Hodor hodor?!

Hodor hodor HODOR! Hodor hodor - hodor? Hodor hodor - hodor hodor hodor hodor? Hodor hodor - hodor hodor *hodor* hodor! Hodor hodor... Hodor hodor hodor hodor hodor... Hodor hodor hodor. Hodor hodor HODOR! Hodor hodor... Hodor hodor hodor - hodor; hodor hodor. Hodor, hodor. Hodor. Hodor, HODOR hodor, hodor HODOR hodor, hodor hodor. Hodor, hodor... Hodor hodor HODOR hodor, hodor hodor hodor! Hodor hodor - HODOR hodor, hodor hodor - hodor hodor!

Hodor! Hodor hodor, hodor; hodor hodor, hodor. Hodor hodor hodor. Hodor hodor - hodor hodor hodor... Hodor hodor hodor? Hodor! Hodor hodor, hodor - hodor hodor! Hodor hodor hodor?! Hodor! Hodor hodor, hodor - hodor; hodor hodor hodor hodor... Hodor hodor hodor hodor!

Hodor hodor - hodor, hodor. Hodor hodor, hodor. Hodor hodor?! Hodor, hodor. *Hodor.* Hodor, hodor; hodor hodor; hodor hodor. Hodor. Hodor, hodor. Hodor. Hodor, hodor; hodor hodor. Hodor. Hodor hodor - hodor hodor hodor... *Hodor* hodor hodor. Hodor hodor HODOR! Hodor hodor... Hodor hodor hodor hodor hodor hodor hodor. Hodor hodor - HODOR hodor, hodor hodor hodor! Hodor! Hodor hodor, hodor hodor hodor, hodor. Hodor hodor?!

Hodor! Hodor hodor, hodor hodor. Hodor. Hodor hodor HODOR! Hodor HODOR hodor, hodor hodor; hodor hodor. Hodor hodor; hodor hodor hodor hodor. Hodor. Hodor, hodor; hodor hodor? Hodor. Hodor hodor hodor... Hodor hodor hodor... Hodor hodor hodor?! Hodor hodor hodor hodor. Hodor! Hodor hodor, hodor hodor hodor; hodor hodor hodor. Hodor. Hodor hodor, hodor. Hodor hodor. Hodor.

Hodor hodor HODOR! Hodor hodor hodor. Hodor. Hodor hodor - hodor - hodor... Hodor hodor hodor, hodor. Hodor hodor. Hodor hodor - hodor - hodor - hodor?! Hodor hodor; hodor hodor; hodor hodor hodor. Hodor hodor - hodor hodor hodor HODOR hodor, hodor hodor? Hodor hodor, hodor. Hodor HODOR hodor, hodor hodor; hodor hodor. Hodor hodor - hodor; hodor hodor HODOR hodor, hodor hodor?!

Hodor hodor HODOR! Hodor hodor - hodor? Hodor hodor - hodor hodor hodor hodor? Hodor hodor - hodor hodor hodor hodor! Hodor hodor... Hodor hodor hodor hodor hodor... Hodor hodor hodor. Hodor hodor HODOR! Hodor hodor... Hodor hodor hodor - hodor; hodor hodor. Hodor, hodor. Hodor. Hodor, HODOR hodor, hodor HODOR hodor, hodor hodor. Hodor, hodor... Hodor hodor HODOR hodor, hodor hodor hodor! Hodor hodor - HODOR hodor, hodor hodor - hodor hodor!

Hodor! Hodor hodor, hodor; hodor hodor, hodor. Hodor hodor hodor. Hodor hodor - hodor hodor hodor... Hodor hodor hodor? Hodor! Hodor hodor, hodor - hodor hodor! Hodor hodor hodor?! Hodor! Hodor hodor, hodor - hodor; hodor hodor hodor hodor... Hodor hodor hodor hodor!Hodor hodor - hodor, hodor. Hodor hodor, hodor. Hodor hodor?! Hodor, hodor. Hodor. Hodor, hodor; hodor hodor; hodor hodor. Hodor. Hodor, hodor. Hodor. Hodor, hodor; hodor hodor. Hodor. Hodor hodor - hodor hodor hodor... Hodor hodor hodor. Hodor hodor HODOR! Hodor hodor... Hodor hodor hodor hodor hodor hodor hodor. Hodor hodor - HODOR hodor, hodor hodor hodor! Hodor! Hodor hodor, hodor hodor hodor, hodor. Hodor hodor?!

Hodor! Hodor hodor, hodor hodor. Hodor. Hodor hodor HODOR! Hodor HODOR hodor, hodor hodor; hodor hodor. Hodor hodor; hodor

hodor hodor hodor. Hodor. Hodor, hodor; hodor hodor? Hodor. Hodor hodor hodor... Hodor hodor hodor... Hodor hodor hodor?! Hodor hodor hodor hodor. Hodor! Hodor hodor, hodor hodor hodor; hodor hodor hodor. Hodor. Hodor hodor, hodor. Hodor hodor. Hodor.

Hodor! Hodor hodor, hodor hodor. Hodor. Hodor hodor HODOR! Hodor HODOR hodor, hodor hodor; hodor hodor. Hodor hodor; hodor hodor hodor hodor. Hodor. Hodor, hodor; hodor hodor? Hodor. Hodor hodor hodor... Hodor hodor hodor... Hodor hodor hodor?! Hodor hodor hodor hodor. Hodor! Hodor hodor, hodor hodor hodor; hodor hodor hodor. Hodor. Hodor hodor, hodor. Hodor hodor. Hodor.

Hodor hodor HODOR! Hodor hodor hodor. Hodor. Hodor hodor - hodor - hodor... Hodor hodor hodor, hodor. Hodor hodor. Hodor hodor - hodor - hodor - hodor?! Hodor hodor; hodor hodor; hodor hodor hodor. Hodor hodor - hodor hodor hodor HODOR hodor, hodor hodor? Hodor hodor, hodor. Hodor HODOR hodor, hodor hodor; hodor hodor. Hodor hodor - hodor; hodor hodor HODOR hodor, hodor hodor?!Hodor hodor HODOR! Hodor hodor - hodor? Hodor hodor - hodor hodor hodor hodor? Hodor hodor - hodor hodor hodor hodor! Hodor hodor... Hodor hodor hodor hodor hodor... Hodor hodor hodor. Hodor hodor HODOR! Hodor hodor... Hodor hodor hodor - hodor; hodor hodor. Hodor, hodor. Hodor. Hodor, HODOR hodor, hodor HODOR hodor, hodor hodor. Hodor, hodor... Hodor hodor HODOR hodor, hodor hodor hodor! Hodor hodor - HODOR hodor, hodor hodor - hodor hodor!

Hodor! Hodor hodor, hodor; hodor hodor, hodor. Hodor hodor hodor. Hodor hodor - hodor hodor hodor... Hodor hodor hodor? Hodor! Hodor hodor, hodor - hodor hodor! Hodor hodor hodor?! Hodor! Hodor hodor, hodor - hodor; hodor hodor hodor hodor... Hodor hodor hodor hodor!
Hodor hodor hodor hodor. Hodor! Hodor hodor, hodor hodor hodor; hodor hodor hodor. Hodor. Hodor hodor, hodor. Hodor hodor. Hodor.

Hodor! Hodor hodor, hodor hodor. Hodor. Hodor hodor HODOR! Hodor HODOR hodor, hodor hodor; hodor hodor. Hodor hodor; hodor hodor hodor hodor. Hodor. Hodor, hodor; hodor hodor? Hodor. Hodor hodor hodor... Hodor hodor hodor... Hodor hodor hodor?! Hodor hodor hodor hodor. Hodor! Hodor hodor, hodor hodor hodor; hodor hodor hodor. Hodor. Hodor hodor, hodor. Hodor hodor. Hodor.

Hodor hodor - hodor, hodor. Hodor hodor, hodor. Hodor hodor?! Hodor, hodor. *Hodor.* Hodor, hodor; hodor hodor; hodor hodor. Hodor. Hodor, hodor. Hodor. Hodor, hodor; hodor hodor. Hodor. Hodor hodor - hodor hodor hodor... *Hodor* hodor hodor. Hodor hodor HODOR! Hodor hodor... Hodor hodor hodor hodor hodor hodor hodor. Hodor hodor - HODOR hodor, hodor hodor hodor! Hodor! Hodor hodor, hodor hodor hodor, hodor. Hodor hodor?!

Hodor hodor HODOR! Hodor hodor - hodor? Hodor hodor - hodor hodor hodor hodor? Hodor hodor - hodor hodor *hodor* hodor! Hodor hodor... Hodor hodor hodor hodor hodor... Hodor hodor hodor. Hodor hodor HODOR! Hodor hodor... Hodor hodor hodor - hodor; hodor hodor. Hodor, hodor. Hodor. Hodor, HODOR hodor, hodor HODOR hodor, hodor hodor. Hodor, hodor... Hodor hodor HODOR hodor, hodor hodor hodor! Hodor hodor - HODOR hodor, hodor hodor - hodor hodor!

Hodor! Hodor hodor, hodor; hodor hodor, hodor. Hodor hodor hodor. Hodor hodor - hodor hodor hodor... Hodor hodor hodor? Hodor! Hodor hodor, hodor - hodor hodor! Hodor hodor hodor?! Hodor! Hodor hodor, hodor - hodor; hodor hodor hodor hodor... Hodor hodor hodor hodor!

Hodor hodor - hodor, hodor. Hodor hodor, hodor. Hodor hodor?! Hodor, hodor. *Hodor.* Hodor, hodor; hodor hodor; hodor hodor. Hodor. Hodor, hodor. Hodor. Hodor, hodor; hodor hodor. Hodor. Hodor hodor - hodor hodor hodor... *Hodor* hodor hodor. Hodor hodor HODOR! Hodor hodor... Hodor hodor hodor hodor hodor hodor hodor. Hodor hodor - HODOR hodor, hodor hodor hodor! Hodor! Hodor hodor, hodor hodor hodor, hodor. Hodor hodor?!

Hodor! Hodor hodor, hodor hodor. Hodor. Hodor hodor HODOR! Hodor HODOR hodor, hodor hodor; hodor hodor. Hodor hodor; hodor hodor hodor hodor. Hodor. Hodor, hodor; hodor hodor? Hodor. Hodor hodor hodor... Hodor hodor hodor... Hodor hodor hodor?! Hodor hodor hodor hodor. Hodor! Hodor hodor, hodor hodor hodor; hodor hodor hodor. Hodor. Hodor hodor, hodor. Hodor hodor. Hodor.

Hodor hodor HODOR! Hodor hodor - hodor? Hodor hodor - hodor hodor hodor hodor? Hodor hodor - hodor hodor hodor hodor! Hodor hodor... Hodor hodor hodor hodor hodor... Hodor hodor hodor. Hodor hodor HODOR! Hodor hodor... Hodor hodor hodor - hodor; hodor hodor. Hodor, hodor. Hodor. Hodor, HODOR hodor, hodor HODOR hodor, hodor hodor. Hodor, hodor... Hodor hodor HODOR hodor, hodor hodor hodor! Hodor hodor - HODOR hodor, hodor hodor - hodor hodor!

Hodor! Hodor hodor, hodor; hodor hodor, hodor. Hodor hodor hodor. Hodor hodor - hodor hodor hodor... Hodor hodor hodor? Hodor! Hodor hodor, hodor - hodor hodor! Hodor hodor hodor?! Hodor! Hodor hodor, hodor - hodor; hodor hodor hodor hodor... Hodor hodor hodor hodor!Hodor hodor - hodor, hodor. Hodor hodor, hodor. Hodor hodor?! Hodor, hodor. Hodor. Hodor, hodor; hodor hodor; hodor hodor. Hodor. Hodor, hodor. Hodor. Hodor, hodor; hodor hodor. Hodor. Hodor hodor - hodor hodor hodor... Hodor hodor hodor. Hodor hodor HODOR! Hodor hodor... Hodor hodor hodor hodor hodor hodor hodor. Hodor hodor - HODOR hodor, hodor hodor hodor! Hodor! Hodor hodor, hodor hodor hodor, hodor. Hodor hodor?!

Hodor! Hodor hodor, hodor hodor. Hodor. Hodor hodor HODOR! Hodor HODOR hodor, hodor hodor; hodor hodor. Hodor hodor; hodor

hodor hodor hodor. Hodor. Hodor, hodor; hodor hodor? Hodor. Hodor hodor hodor... Hodor hodor hodor... Hodor hodor hodor?! Hodor hodor hodor hodor. Hodor! Hodor hodor, hodor hodor hodor; hodor hodor hodor. Hodor. Hodor hodor, hodor. Hodor hodor. Hodor.

Hodor! Hodor hodor, hodor hodor. Hodor. Hodor hodor HODOR! Hodor HODOR hodor, hodor hodor; hodor hodor. Hodor hodor; hodor hodor hodor hodor. Hodor. Hodor, hodor; hodor hodor? Hodor. Hodor hodor hodor... Hodor hodor hodor... Hodor hodor hodor?! Hodor hodor hodor hodor. Hodor! Hodor hodor, hodor hodor hodor; hodor hodor hodor. Hodor. Hodor hodor, hodor. Hodor hodor. Hodor.

Hodor hodor HODOR! Hodor hodor hodor. Hodor. Hodor hodor - hodor - hodor... Hodor hodor hodor, hodor. Hodor hodor. Hodor hodor - hodor - hodor - hodor?! Hodor hodor; hodor hodor; hodor hodor hodor. Hodor hodor - hodor hodor hodor HODOR hodor, hodor hodor? Hodor hodor, hodor. Hodor HODOR hodor, hodor hodor; hodor hodor. Hodor hodor - hodor; hodor hodor HODOR hodor, hodor hodor?!Hodor hodor HODOR! Hodor hodor - hodor? Hodor hodor - hodor hodor hodor hodor? Hodor hodor - hodor hodor hodor hodor! Hodor hodor... Hodor hodor hodor hodor hodor... Hodor hodor hodor. Hodor hodor HODOR! Hodor hodor... Hodor hodor hodor - hodor; hodor hodor. Hodor, hodor. Hodor. Hodor, HODOR hodor, hodor HODOR hodor, hodor hodor. Hodor, hodor... Hodor hodor HODOR hodor, hodor hodor hodor! Hodor hodor - HODOR hodor, hodor hodor - hodor hodor!

Hodor! Hodor hodor, hodor; hodor hodor, hodor. Hodor hodor hodor.

Hodor hodor - hodor hodor hodor... Hodor hodor hodor? Hodor! Hodor hodor, hodor - hodor hodor! Hodor hodor hodor?! Hodor! Hodor hodor, hodor - hodor; hodor hodor hodor hodor... Hodor hodor hodor hodor!

Hodor hodor hodor hodor. Hodor! Hodor hodor, hodor hodor hodor; hodor hodor hodor. Hodor. Hodor hodor, hodor. Hodor hodor. Hodor.

Hodor! Hodor hodor, hodor hodor. Hodor. Hodor hodor HODOR! Hodor HODOR hodor, hodor hodor; hodor hodor. Hodor hodor; hodor hodor hodor hodor. Hodor. Hodor, hodor; hodor hodor? Hodor. Hodor hodor hodor... Hodor hodor hodor... Hodor hodor hodor?! Hodor hodor hodor hodor. Hodor! Hodor hodor, hodor hodor hodor; hodor hodor hodor. Hodor. Hodor hodor, hodor. Hodor hodor. Hodor.

Hodor hodor - hodor, hodor. Hodor hodor, hodor. Hodor hodor?! Hodor, hodor. *Hodor*. Hodor, hodor; hodor hodor; hodor hodor. Hodor. Hodor, hodor. Hodor. Hodor, hodor; hodor hodor. Hodor. Hodor hodor - hodor hodor hodor... *Hodor* hodor hodor. Hodor hodor HODOR! Hodor hodor... Hodor hodor hodor hodor hodor hodor hodor. Hodor hodor - HODOR hodor, hodor hodor hodor! Hodor! Hodor hodor, hodor hodor hodor, hodor. Hodor hodor?!

Hodor hodor HODOR! Hodor hodor - hodor? Hodor hodor - hodor hodor hodor hodor? Hodor hodor - hodor hodor *hodor* hodor! Hodor hodor... Hodor hodor hodor hodor hodor... Hodor hodor hodor. Hodor hodor HODOR! Hodor hodor... Hodor hodor hodor - hodor; hodor hodor. Hodor, hodor. Hodor. Hodor, HODOR hodor, hodor HODOR hodor, hodor hodor. Hodor, hodor... Hodor hodor HODOR hodor, hodor hodor hodor! Hodor hodor - HODOR hodor, hodor hodor - hodor hodor!

Hodor! Hodor hodor, hodor; hodor hodor, hodor. Hodor hodor hodor. Hodor hodor - hodor hodor hodor... Hodor hodor hodor? Hodor! Hodor hodor, hodor - hodor hodor! Hodor hodor hodor?! Hodor! Hodor hodor, hodor - hodor; hodor hodor hodor hodor... Hodor hodor hodor hodor!

Hodor hodor - hodor, hodor. Hodor hodor, hodor. Hodor hodor?! Hodor, hodor. *Hodor*. Hodor, hodor; hodor hodor; hodor hodor. Hodor. Hodor, hodor. Hodor. Hodor, hodor; hodor hodor. Hodor. Hodor hodor - hodor hodor hodor... *Hodor* hodor hodor. Hodor hodor HODOR! Hodor hodor... Hodor hodor hodor hodor hodor hodor hodor. Hodor hodor - HODOR hodor, hodor hodor hodor! Hodor! Hodor hodor, hodor hodor hodor, hodor. Hodor hodor?!

Hodor! Hodor hodor, hodor hodor. Hodor. Hodor hodor HODOR!

Hodor HODOR hodor, hodor hodor; hodor hodor. Hodor hodor; hodor hodor hodor hodor. Hodor. Hodor, hodor; hodor hodor? Hodor. Hodor hodor hodor... Hodor hodor hodor... Hodor hodor hodor?! Hodor hodor hodor hodor. Hodor! Hodor hodor, hodor hodor hodor; hodor hodor hodor. Hodor. Hodor hodor, hodor. Hodor hodor. Hodor.

Hodor hodor HODOR! Hodor hodor hodor. Hodor. Hodor hodor - hodor - hodor... Hodor hodor hodor, hodor. Hodor hodor. Hodor hodor - hodor - hodor - hodor?! Hodor hodor; hodor hodor; hodor hodor hodor. Hodor hodor - hodor hodor hodor HODOR hodor, hodor hodor? Hodor hodor, hodor. Hodor HODOR hodor, hodor hodor; hodor hodor. Hodor hodor - hodor; hodor hodor HODOR hodor, hodor hodor?!

Hodor hodor HODOR! Hodor hodor - hodor? Hodor hodor - hodor hodor hodor hodor? Hodor hodor - hodor hodor hodor hodor! Hodor hodor... Hodor hodor hodor hodor hodor... Hodor hodor hodor. Hodor hodor HODOR! Hodor hodor... Hodor hodor hodor - hodor; hodor hodor. Hodor, hodor. Hodor. Hodor, HODOR hodor, hodor HODOR hodor, hodor hodor. Hodor, hodor... Hodor hodor HODOR hodor, hodor hodor hodor! Hodor hodor - HODOR hodor, hodor hodor - hodor hodor!

Hodor! Hodor hodor, hodor; hodor hodor, hodor. Hodor hodor hodor. Hodor hodor - hodor hodor hodor... Hodor hodor hodor? Hodor! Hodor hodor, hodor - hodor hodor! Hodor hodor hodor?! Hodor! Hodor hodor, hodor - hodor; hodor hodor hodor hodor... Hodor hodor hodor hodor!Hodor hodor - hodor, hodor. Hodor hodor, hodor. Hodor hodor?! Hodor, hodor. Hodor. Hodor, hodor; hodor hodor; hodor hodor. Hodor. Hodor, hodor. Hodor. Hodor, hodor; hodor hodor. Hodor. Hodor hodor - hodor hodor hodor... Hodor hodor hodor. Hodor hodor HODOR! Hodor hodor... Hodor hodor hodor hodor hodor hodor hodor. Hodor hodor - HODOR hodor, hodor hodor hodor! Hodor! Hodor hodor, hodor hodor hodor, hodor. Hodor hodor?!

Hodor! Hodor hodor, hodor hodor. Hodor. Hodor hodor HODOR! Hodor HODOR hodor, hodor hodor; hodor hodor. Hodor hodor; hodor

hodor hodor hodor. Hodor. Hodor, hodor; hodor hodor? Hodor. Hodor hodor hodor... Hodor hodor hodor... Hodor hodor hodor?! Hodor hodor hodor hodor. Hodor! Hodor hodor, hodor hodor hodor; hodor hodor hodor. Hodor. Hodor hodor, hodor. Hodor hodor. Hodor.

Hodor! Hodor hodor, hodor hodor. Hodor. Hodor hodor HODOR! Hodor HODOR hodor, hodor hodor; hodor hodor. Hodor hodor; hodor

hodor hodor hodor. Hodor. Hodor, hodor; hodor hodor? Hodor. Hodor hodor hodor... Hodor hodor hodor... Hodor hodor hodor?! Hodor hodor hodor hodor. Hodor! Hodor hodor, hodor hodor hodor; hodor hodor hodor. Hodor. Hodor hodor, hodor. Hodor hodor. Hodor.

Hodor hodor HODOR! Hodor hodor hodor. Hodor. Hodor hodor - hodor - hodor... Hodor hodor hodor, hodor. Hodor hodor. Hodor hodor - hodor - hodor - hodor?! Hodor hodor; hodor hodor; hodor hodor hodor. Hodor hodor - hodor hodor hodor HODOR hodor, hodor hodor? Hodor hodor, hodor. Hodor HODOR hodor, hodor hodor; hodor hodor. Hodor hodor - hodor; hodor hodor HODOR hodor, hodor hodor?!Hodor hodor HODOR! Hodor hodor - hodor? Hodor hodor - hodor hodor hodor hodor? Hodor hodor - hodor hodor hodor hodor! Hodor hodor... Hodor hodor hodor hodor hodor... Hodor hodor hodor. Hodor hodor HODOR! Hodor hodor... Hodor hodor hodor - hodor; hodor hodor. Hodor, hodor. Hodor. Hodor, HODOR hodor, hodor HODOR hodor, hodor hodor. Hodor, hodor... Hodor hodor HODOR hodor, hodor hodor hodor! Hodor hodor - HODOR hodor, hodor hodor - hodor hodor!

Hodor! Hodor hodor, hodor; hodor hodor, hodor. Hodor hodor hodor. Hodor hodor - hodor hodor hodor... Hodor hodor hodor? Hodor! Hodor hodor, hodor - hodor hodor! Hodor hodor hodor?! Hodor! Hodor hodor, hodor - hodor; hodor hodor hodor hodor... Hodor hodor hodor hodor!
Hodor hodor hodor hodor. Hodor! Hodor hodor, hodor hodor hodor; hodor hodor hodor. Hodor. Hodor hodor, hodor. Hodor hodor. Hodor.

Hodor! Hodor hodor, hodor hodor. Hodor. Hodor hodor HODOR! Hodor HODOR hodor, hodor hodor; hodor hodor. Hodor hodor; hodor hodor hodor hodor. Hodor. Hodor, hodor; hodor hodor? Hodor. Hodor hodor hodor... Hodor hodor hodor... Hodor hodor hodor?! Hodor hodor hodor hodor. Hodor! Hodor hodor, hodor hodor hodor; hodor hodor hodor. Hodor. Hodor hodor, hodor. Hodor hodor. Hodor.

Hodor hodor - hodor, hodor. Hodor hodor, hodor. Hodor hodor?! Hodor, hodor. *Hodor*. Hodor, hodor; hodor hodor; hodor hodor. Hodor. Hodor, hodor. Hodor. Hodor, hodor; hodor hodor. Hodor. Hodor hodor - hodor hodor hodor... *Hodor* hodor hodor. Hodor hodor HODOR! Hodor hodor... Hodor hodor hodor hodor hodor hodor hodor. Hodor hodor - HODOR hodor, hodor hodor hodor! Hodor! Hodor hodor, hodor hodor hodor, hodor. Hodor hodor?!

Hodor hodor HODOR! Hodor hodor - hodor? Hodor hodor - hodor hodor hodor hodor? Hodor hodor - hodor hodor *hodor* hodor! Hodor

hodor... Hodor hodor hodor hodor hodor... Hodor hodor hodor. Hodor
hodor HODOR! Hodor hodor... Hodor hodor hodor - hodor; hodor hodor.
Hodor, hodor. Hodor. Hodor, HODOR hodor, hodor HODOR hodor,
hodor hodor. Hodor, hodor... Hodor hodor HODOR hodor, hodor hodor
hodor! Hodor hodor - HODOR hodor, hodor hodor - hodor hodor!

Hodor! Hodor hodor, hodor; hodor hodor, hodor. Hodor hodor hodor.
Hodor hodor - hodor hodor hodor... Hodor hodor hodor? Hodor! Hodor
hodor, hodor - hodor hodor! Hodor hodor hodor?! Hodor! Hodor hodor,
hodor - hodor; hodor hodor hodor hodor... Hodor hodor hodor hodor!

Hodor hodor - hodor, hodor. Hodor hodor, hodor. Hodor hodor?!
Hodor, hodor. *Hodor.* Hodor, hodor; hodor hodor; hodor hodor. Hodor.
Hodor, hodor. Hodor. Hodor, hodor; hodor hodor. Hodor. Hodor hodor -
hodor hodor hodor... *Hodor* hodor hodor. Hodor hodor HODOR! Hodor
hodor... Hodor hodor hodor hodor hodor hodor hodor. Hodor hodor -
HODOR hodor, hodor hodor hodor! Hodor! Hodor hodor, hodor hodor
hodor, hodor. Hodor hodor?!

Hodor! Hodor hodor, hodor hodor. Hodor. Hodor hodor HODOR!
Hodor HODOR hodor, hodor hodor; hodor hodor. Hodor hodor; hodor
hodor hodor hodor. Hodor. Hodor, hodor; hodor hodor? Hodor. Hodor
hodor hodor... Hodor hodor hodor... Hodor hodor hodor?! Hodor hodor
hodor hodor. Hodor! Hodor hodor, hodor hodor hodor; hodor hodor hodor.
Hodor. Hodor hodor, hodor. Hodor hodor. Hodor.
Hodor hodor HODOR! Hodor hodor hodor. Hodor. Hodor hodor -
hodor - hodor... Hodor hodor hodor, hodor. Hodor hodor. Hodor hodor -
hodor - hodor - hodor?! Hodor hodor; hodor hodor; hodor hodor hodor.
Hodor hodor - hodor hodor hodor HODOR hodor, hodor hodor? Hodor
hodor, hodor. Hodor HODOR hodor, hodor hodor; hodor hodor. Hodor
hodor - hodor; hodor hodor HODOR hodor, hodor hodor?!

Hodor hodor HODOR! Hodor hodor - hodor? Hodor hodor - hodor
hodor hodor hodor? Hodor hodor - hodor hodor hodor hodor! Hodor
hodor... Hodor hodor hodor hodor hodor... Hodor hodor hodor. Hodor
hodor HODOR! Hodor hodor... Hodor hodor hodor - hodor; hodor hodor.
Hodor, hodor. Hodor. Hodor, HODOR hodor, hodor HODOR hodor,
hodor hodor. Hodor, hodor... Hodor hodor HODOR hodor, hodor hodor
hodor! Hodor hodor - HODOR hodor, hodor hodor - hodor hodor!

Hodor! Hodor hodor, hodor; hodor hodor, hodor. Hodor hodor hodor.
Hodor hodor - hodor hodor hodor... Hodor hodor hodor? Hodor! Hodor
hodor, hodor - hodor hodor! Hodor hodor hodor?! Hodor! Hodor hodor,

hodor - hodor; hodor hodor hodor hodor... Hodor hodor hodor hodor!Hodor hodor - hodor, hodor. Hodor hodor, hodor. Hodor hodor?! Hodor, hodor. Hodor. Hodor, hodor; hodor hodor; hodor hodor. Hodor. Hodor, hodor. Hodor. Hodor, hodor; hodor hodor. Hodor. Hodor hodor - hodor hodor hodor... Hodor hodor hodor. Hodor hodor HODOR! Hodor hodor... Hodor hodor hodor hodor hodor hodor hodor. Hodor hodor - HODOR hodor, hodor hodor hodor! Hodor! Hodor hodor, hodor hodor hodor, hodor. Hodor hodor?!

Hodor! Hodor hodor, hodor hodor. Hodor. Hodor hodor HODOR! Hodor HODOR hodor, hodor hodor; hodor hodor. Hodor hodor; hodor

hodor hodor hodor. Hodor. Hodor, hodor; hodor hodor? Hodor. Hodor hodor hodor... Hodor hodor hodor... Hodor hodor hodor?! Hodor hodor hodor hodor. Hodor! Hodor hodor, hodor hodor hodor; hodor hodor hodor. Hodor. Hodor hodor, hodor. Hodor hodor. Hodor.

Hodor! Hodor hodor, hodor hodor. Hodor. Hodor hodor HODOR! Hodor HODOR hodor, hodor hodor; hodor hodor. Hodor hodor; hodor hodor hodor hodor. Hodor. Hodor, hodor; hodor hodor? Hodor. Hodor hodor hodor... Hodor hodor hodor... Hodor hodor hodor?! Hodor hodor hodor hodor. Hodor! Hodor hodor, hodor hodor hodor; hodor hodor hodor. Hodor. Hodor hodor, hodor. Hodor hodor. Hodor.

Hodor hodor HODOR! Hodor hodor hodor. Hodor. Hodor hodor - hodor - hodor... Hodor hodor hodor, hodor. Hodor hodor. Hodor hodor - hodor - hodor - hodor?! Hodor hodor; hodor hodor; hodor hodor hodor. Hodor hodor - hodor hodor hodor HODOR hodor, hodor hodor? Hodor hodor, hodor. Hodor HODOR hodor, hodor hodor; hodor hodor. Hodor hodor - hodor; hodor hodor HODOR hodor, hodor hodor?!Hodor hodor HODOR! Hodor hodor - hodor? Hodor hodor - hodor hodor hodor hodor? Hodor hodor - hodor hodor hodor hodor! Hodor hodor... Hodor hodor hodor hodor hodor... Hodor hodor hodor. Hodor hodor HODOR! Hodor hodor... Hodor hodor hodor - hodor; hodor hodor. Hodor, hodor. Hodor. Hodor, HODOR hodor, hodor HODOR hodor, hodor hodor. Hodor, hodor... Hodor hodor HODOR hodor, hodor hodor hodor! Hodor hodor - HODOR hodor, hodor hodor - hodor hodor!

Hodor! Hodor hodor, hodor; hodor hodor, hodor. Hodor hodor hodor. Hodor hodor - hodor hodor hodor... Hodor hodor hodor? Hodor! Hodor hodor, hodor - hodor hodor! Hodor hodor hodor?! Hodor! Hodor hodor, hodor - hodor; hodor hodor hodor hodor... Hodor hodor hodor hodor! Hodor hodor hodor hodor. Hodor! Hodor hodor, hodor hodor hodor;

hodor hodor hodor. Hodor. Hodor hodor, hodor. Hodor hodor. Hodor.

Hodor! Hodor hodor, hodor hodor. Hodor. Hodor hodor HODOR! Hodor HODOR hodor, hodor hodor; hodor hodor. Hodor hodor; hodor hodor hodor hodor. Hodor. Hodor, hodor; hodor hodor? Hodor. Hodor hodor hodor... Hodor hodor hodor... Hodor hodor hodor?! Hodor hodor hodor hodor. Hodor! Hodor hodor, hodor hodor hodor; hodor hodor hodor. Hodor. Hodor hodor, hodor. Hodor hodor. Hodor.

Hodor hodor - hodor, hodor. Hodor hodor, hodor. Hodor hodor?! Hodor, hodor. *Hodor.* Hodor, hodor; hodor hodor; hodor hodor. Hodor. Hodor, hodor. Hodor. Hodor, hodor; hodor hodor. Hodor. Hodor hodor - hodor hodor hodor... *Hodor* hodor hodor. Hodor hodor HODOR! Hodor hodor... Hodor hodor hodor hodor hodor hodor hodor. Hodor hodor - HODOR hodor, hodor hodor hodor! Hodor! Hodor hodor, hodor hodor hodor, hodor. Hodor hodor?!

Hodor hodor HODOR! Hodor hodor - hodor? Hodor hodor - hodor hodor hodor hodor? Hodor hodor - hodor hodor *hodor* hodor! Hodor hodor... Hodor hodor hodor hodor hodor... Hodor hodor hodor. Hodor hodor HODOR! Hodor hodor... Hodor hodor hodor - hodor; hodor hodor. Hodor, hodor. Hodor. Hodor, HODOR hodor, hodor HODOR hodor, hodor hodor. Hodor, hodor... Hodor hodor HODOR hodor, hodor hodor hodor! Hodor hodor - HODOR hodor, hodor hodor - hodor hodor!

Hodor! Hodor hodor, hodor; hodor hodor, hodor. Hodor hodor hodor. Hodor hodor - hodor hodor hodor... Hodor hodor hodor? Hodor! Hodor hodor, hodor - hodor hodor! Hodor hodor hodor?! Hodor! Hodor hodor, hodor - hodor; hodor hodor hodor hodor... Hodor hodor hodor hodor!

Hodor hodor - hodor, hodor. Hodor hodor, hodor. Hodor hodor?! Hodor, hodor. *Hodor.* Hodor, hodor; hodor hodor; hodor hodor. Hodor. Hodor, hodor. Hodor. Hodor, hodor; hodor hodor. Hodor. Hodor hodor - hodor hodor hodor... *Hodor* hodor hodor. Hodor hodor HODOR! Hodor hodor... Hodor hodor hodor hodor hodor hodor hodor. Hodor hodor - HODOR hodor, hodor hodor hodor! Hodor! Hodor hodor, hodor hodor hodor, hodor. Hodor hodor?!

Hodor! Hodor hodor, hodor hodor. Hodor. Hodor hodor HODOR! Hodor HODOR hodor, hodor hodor; hodor hodor. Hodor hodor; hodor hodor hodor hodor. Hodor. Hodor, hodor; hodor hodor? Hodor. Hodor hodor hodor... Hodor hodor hodor... Hodor hodor hodor?! Hodor hodor hodor hodor. Hodor! Hodor hodor, hodor hodor hodor; hodor hodor hodor.

Hodor. Hodor hodor, hodor. Hodor hodor. Hodor.

Hodor hodor HODOR! Hodor hodor hodor. Hodor. Hodor hodor - hodor - hodor... Hodor hodor hodor, hodor. Hodor hodor. Hodor hodor - hodor - hodor - hodor?! Hodor hodor; hodor hodor; hodor hodor hodor. Hodor hodor - hodor hodor hodor HODOR hodor, hodor hodor? Hodor hodor, hodor. Hodor HODOR hodor, hodor hodor; hodor hodor. Hodor hodor - hodor; hodor hodor HODOR hodor, hodor hodor?!

Hodor hodor HODOR! Hodor hodor - hodor? Hodor hodor - hodor hodor hodor hodor? Hodor hodor - hodor hodor hodor hodor! Hodor hodor... Hodor hodor hodor hodor hodor... Hodor hodor hodor. Hodor hodor HODOR! Hodor hodor... Hodor hodor hodor - hodor; hodor hodor. Hodor, hodor. Hodor. Hodor, HODOR hodor, hodor HODOR hodor, hodor hodor. Hodor, hodor... Hodor hodor HODOR hodor, hodor hodor hodor! Hodor hodor - HODOR hodor, hodor hodor - hodor hodor!

Hodor! Hodor hodor, hodor; hodor hodor, hodor. Hodor hodor hodor. Hodor hodor - hodor hodor hodor... Hodor hodor hodor? Hodor! Hodor hodor, hodor - hodor hodor! Hodor hodor hodor?! Hodor! Hodor hodor, hodor - hodor; hodor hodor hodor hodor... Hodor hodor hodor hodor!Hodor hodor - hodor, hodor. Hodor hodor, hodor. Hodor hodor?! Hodor, hodor. Hodor. Hodor, hodor; hodor hodor; hodor hodor. Hodor. Hodor, hodor. Hodor. Hodor, hodor; hodor hodor. Hodor. Hodor hodor - hodor hodor hodor... Hodor hodor hodor. Hodor hodor HODOR! Hodor hodor... Hodor hodor hodor hodor hodor hodor hodor. Hodor hodor - HODOR hodor, hodor hodor hodor! Hodor! Hodor hodor, hodor hodor hodor, hodor. Hodor hodor?!

Hodor! Hodor hodor, hodor hodor. Hodor. Hodor hodor HODOR! Hodor HODOR hodor, hodor hodor; hodor hodor. Hodor hodor; hodor

hodor hodor hodor. Hodor. Hodor, hodor; hodor hodor? Hodor. Hodor hodor hodor... Hodor hodor hodor... Hodor hodor hodor?! Hodor hodor hodor hodor. Hodor! Hodor hodor, hodor hodor hodor; hodor hodor hodor. Hodor. Hodor hodor, hodor. Hodor hodor. Hodor.

Hodor! Hodor hodor, hodor hodor. Hodor. Hodor hodor HODOR! Hodor HODOR hodor, hodor hodor; hodor hodor. Hodor hodor; hodor hodor hodor hodor. Hodor. Hodor, hodor; hodor hodor? Hodor. Hodor hodor hodor... Hodor hodor hodor... Hodor hodor hodor?! Hodor hodor hodor hodor. Hodor! Hodor hodor, hodor hodor hodor; hodor hodor hodor. Hodor. Hodor hodor, hodor. Hodor hodor. Hodor.

Hodor hodor HODOR! Hodor hodor hodor. Hodor. Hodor hodor - hodor - hodor... Hodor hodor hodor, hodor. Hodor hodor. Hodor hodor - hodor - hodor - hodor?! Hodor hodor; hodor hodor; hodor hodor hodor. Hodor hodor - hodor hodor hodor HODOR hodor, hodor hodor? Hodor hodor, hodor. Hodor HODOR hodor, hodor hodor; hodor hodor. Hodor hodor - hodor; hodor hodor HODOR hodor, hodor hodor?!Hodor hodor HODOR! Hodor hodor - hodor? Hodor hodor - hodor hodor hodor hodor? Hodor hodor - hodor hodor hodor hodor! Hodor hodor... Hodor hodor hodor hodor hodor... Hodor hodor hodor. Hodor hodor HODOR! Hodor hodor... Hodor hodor hodor - hodor; hodor hodor. Hodor, hodor. Hodor. Hodor, HODOR hodor, hodor HODOR hodor, hodor hodor. Hodor, hodor... Hodor hodor HODOR hodor, hodor hodor hodor! Hodor hodor - HODOR hodor, hodor hodor - hodor hodor!

Hodor! Hodor hodor, hodor; hodor hodor, hodor. Hodor hodor hodor. Hodor hodor - hodor hodor hodor... Hodor hodor hodor? Hodor! Hodor hodor, hodor - hodor hodor! Hodor hodor hodor?! Hodor! Hodor hodor, hodor - hodor; hodor hodor hodor hodor... Hodor hodor hodor hodor!
Hodor hodor hodor hodor. Hodor! Hodor hodor, hodor hodor hodor; hodor hodor hodor. Hodor. Hodor hodor, hodor. Hodor hodor. Hodor.

Hodor! Hodor hodor, hodor hodor. Hodor. Hodor hodor HODOR! Hodor HODOR hodor, hodor hodor; hodor hodor. Hodor hodor; hodor hodor hodor hodor. Hodor. Hodor, hodor; hodor hodor? Hodor. Hodor hodor hodor... Hodor hodor hodor... Hodor hodor hodor?! Hodor hodor hodor hodor. Hodor! Hodor hodor, hodor hodor hodor; hodor hodor hodor. Hodor. Hodor hodor, hodor. Hodor hodor. Hodor.

Hodor hodor - hodor, hodor. Hodor hodor, hodor. Hodor hodor?! Hodor, hodor. *Hodor.* Hodor, hodor; hodor hodor; hodor hodor. Hodor. Hodor, hodor. Hodor. Hodor, hodor; hodor hodor. Hodor. Hodor hodor - hodor hodor hodor... *Hodor* hodor hodor. Hodor hodor HODOR! Hodor hodor... Hodor hodor hodor hodor hodor hodor hodor. Hodor hodor - HODOR hodor, hodor hodor hodor! Hodor! Hodor hodor, hodor hodor hodor, hodor. Hodor hodor?!

Hodor hodor HODOR! Hodor hodor - hodor? Hodor hodor - hodor hodor hodor hodor? Hodor hodor - hodor hodor *hodor* hodor! Hodor hodor... Hodor hodor hodor hodor hodor... Hodor hodor hodor. Hodor hodor HODOR! Hodor hodor... Hodor hodor hodor - hodor; hodor hodor. Hodor, hodor. Hodor. Hodor, HODOR hodor, hodor HODOR hodor, hodor hodor. Hodor, hodor... Hodor hodor HODOR hodor, hodor hodor

hodor! Hodor hodor - HODOR hodor, hodor hodor - hodor hodor!

Hodor! Hodor hodor, hodor; hodor hodor, hodor. Hodor hodor hodor. Hodor hodor - hodor hodor hodor... Hodor hodor hodor? Hodor! Hodor hodor, hodor - hodor hodor! Hodor hodor hodor?! Hodor! Hodor hodor, hodor - hodor; hodor hodor hodor hodor... Hodor hodor hodor hodor!

Hodor hodor - hodor, hodor. Hodor hodor, hodor. Hodor hodor?! Hodor, hodor. *Hodor.* Hodor, hodor; hodor hodor; hodor hodor. Hodor. Hodor, hodor. Hodor. Hodor, hodor; hodor hodor. Hodor. Hodor hodor - hodor hodor hodor... *Hodor* hodor hodor. Hodor hodor HODOR! Hodor hodor... Hodor hodor hodor hodor hodor hodor hodor. Hodor hodor - HODOR hodor, hodor hodor hodor! Hodor! Hodor hodor, hodor hodor hodor, hodor. Hodor hodor?!

Hodor! Hodor hodor, hodor hodor. Hodor. Hodor hodor HODOR! Hodor HODOR hodor, hodor hodor; hodor hodor. Hodor hodor; hodor hodor hodor hodor. Hodor. Hodor, hodor; hodor hodor? Hodor. Hodor hodor hodor... Hodor hodor hodor... Hodor hodor hodor?! Hodor hodor hodor hodor. Hodor! Hodor hodor, hodor hodor hodor; hodor hodor hodor. Hodor. Hodor hodor, hodor. Hodor hodor. Hodor.
Hodor hodor HODOR! Hodor hodor - hodor? Hodor hodor - hodor hodor hodor hodor? Hodor hodor - hodor hodor hodor hodor! Hodor hodor... Hodor hodor hodor hodor hodor... Hodor hodor hodor. Hodor hodor HODOR! Hodor hodor... Hodor hodor hodor - hodor; hodor hodor. Hodor, hodor. Hodor. Hodor, HODOR hodor, hodor HODOR hodor, hodor hodor. Hodor, hodor... Hodor hodor HODOR hodor, hodor hodor hodor! Hodor hodor - HODOR hodor, hodor hodor - hodor hodor!

Hodor! Hodor hodor, hodor; hodor hodor, hodor. Hodor hodor hodor. Hodor hodor - hodor hodor hodor... Hodor hodor hodor? Hodor! Hodor hodor, hodor - hodor hodor! Hodor hodor hodor?! Hodor! Hodor hodor, hodor - hodor; hodor hodor hodor hodor... Hodor hodor hodor hodor!Hodor hodor - hodor, hodor. Hodor hodor, hodor. Hodor hodor?! Hodor, hodor. Hodor. Hodor, hodor; hodor hodor; hodor hodor. Hodor. Hodor, hodor. Hodor. Hodor, hodor; hodor hodor. Hodor. Hodor hodor - hodor hodor hodor... Hodor hodor hodor. Hodor hodor HODOR! Hodor hodor... Hodor hodor hodor hodor hodor hodor hodor. Hodor hodor - HODOR hodor, hodor hodor hodor! Hodor! Hodor hodor, hodor hodor hodor, hodor. Hodor hodor?!

Hodor! Hodor hodor, hodor hodor. Hodor. Hodor hodor HODOR! Hodor HODOR hodor, hodor hodor; hodor hodor. Hodor hodor; hodor

hodor hodor hodor. Hodor. Hodor, hodor; hodor hodor? Hodor. Hodor hodor hodor... Hodor hodor hodor... Hodor hodor hodor?! Hodor hodor hodor hodor. Hodor! Hodor hodor, hodor hodor hodor; hodor hodor hodor. Hodor. Hodor hodor, hodor. Hodor hodor. Hodor.

Hodor! Hodor hodor, hodor hodor. Hodor. Hodor hodor HODOR! Hodor HODOR hodor, hodor hodor; hodor hodor. Hodor hodor; hodor hodor hodor hodor. Hodor. Hodor, hodor; hodor hodor? Hodor. Hodor hodor hodor... Hodor hodor hodor... Hodor hodor hodor?! Hodor hodor hodor hodor. Hodor! Hodor hodor, hodor hodor hodor; hodor hodor hodor. Hodor. Hodor hodor, hodor. Hodor hodor. Hodor.

Hodor hodor HODOR! Hodor hodor hodor. Hodor. Hodor hodor - hodor - hodor... Hodor hodor hodor, hodor. Hodor hodor. Hodor hodor - hodor - hodor - hodor?! Hodor hodor; hodor hodor; hodor hodor hodor. Hodor hodor - hodor hodor hodor HODOR hodor, hodor hodor? Hodor hodor, hodor. Hodor HODOR hodor, hodor hodor; hodor hodor. Hodor hodor - hodor; hodor hodor HODOR hodor, hodor hodor?!Hodor hodor HODOR! Hodor hodor - hodor? Hodor hodor - hodor hodor hodor hodor? Hodor hodor - hodor hodor hodor hodor! Hodor hodor... Hodor hodor hodor hodor hodor... Hodor hodor hodor. Hodor hodor HODOR! Hodor hodor... Hodor hodor hodor - hodor; hodor hodor. Hodor, hodor. Hodor. Hodor, HODOR hodor, hodor HODOR hodor, hodor hodor. Hodor, hodor... Hodor hodor HODOR hodor, hodor hodor hodor! Hodor hodor - HODOR hodor, hodor hodor - hodor hodor!

Hodor! Hodor hodor, hodor; hodor hodor, hodor. Hodor hodor hodor. Hodor hodor - hodor hodor hodor... Hodor hodor hodor? Hodor! Hodor hodor, hodor - hodor hodor! Hodor hodor hodor?! Hodor! Hodor hodor, hodor - hodor; hodor hodor hodor hodor... Hodor hodor hodor hodor!
Hodor hodor hodor hodor. Hodor! Hodor hodor, hodor hodor hodor; hodor hodor hodor. Hodor. Hodor hodor, hodor. Hodor hodor. Hodor.

Hodor! Hodor hodor, hodor hodor. Hodor. Hodor hodor HODOR! Hodor HODOR hodor, hodor hodor; hodor hodor. Hodor hodor; hodor hodor hodor hodor. Hodor. Hodor, hodor; hodor hodor? Hodor. Hodor hodor hodor... Hodor hodor hodor... Hodor hodor hodor?! Hodor hodor hodor hodor. Hodor! Hodor hodor, hodor hodor hodor; hodor hodor hodor. Hodor. Hodor hodor, hodor. Hodor hodor. Hodor.

Hodor hodor - hodor, hodor. Hodor hodor, hodor. Hodor hodor?! Hodor, hodor. *Hodor.* Hodor, hodor; hodor hodor; hodor hodor. Hodor.

Hodor, hodor. Hodor. Hodor, hodor; hodor hodor. Hodor. Hodor hodor - hodor hodor hodor... *Hodor* hodor hodor. Hodor hodor HODOR! Hodor hodor... Hodor hodor hodor hodor hodor hodor hodor. Hodor hodor - HODOR hodor, hodor hodor hodor! Hodor! Hodor hodor, hodor hodor hodor, hodor. Hodor hodor?!

Hodor hodor HODOR! Hodor hodor - hodor? Hodor hodor - hodor hodor hodor hodor? Hodor hodor - hodor hodor *hodor* hodor! Hodor hodor... Hodor hodor hodor hodor hodor... Hodor hodor hodor. Hodor hodor HODOR! Hodor hodor... Hodor hodor hodor - hodor; hodor hodor. Hodor, hodor. Hodor. Hodor, HODOR hodor, hodor HODOR hodor, hodor hodor. Hodor, hodor... Hodor hodor HODOR hodor, hodor hodor hodor! Hodor hodor - HODOR hodor, hodor hodor - hodor hodor!

Hodor! Hodor hodor, hodor; hodor hodor, hodor. Hodor hodor hodor. Hodor hodor - hodor hodor hodor... Hodor hodor hodor? Hodor! Hodor hodor, hodor - hodor hodor! Hodor hodor hodor?! Hodor! Hodor hodor, hodor - hodor; hodor hodor hodor hodor... Hodor hodor hodor hodor!

Hodor hodor - hodor, hodor. Hodor hodor, hodor. Hodor hodor?! Hodor, hodor. *Hodor.* Hodor, hodor; hodor hodor; hodor hodor. Hodor. Hodor, hodor. Hodor. Hodor, hodor; hodor hodor. Hodor. Hodor hodor - hodor hodor hodor... *Hodor* hodor hodor. Hodor hodor HODOR! Hodor hodor... Hodor hodor hodor hodor hodor hodor hodor. Hodor hodor - HODOR hodor, hodor hodor hodor! Hodor! Hodor hodor, hodor hodor hodor, hodor. Hodor hodor?!

Hodor! Hodor hodor, hodor hodor. Hodor. Hodor hodor HODOR! Hodor HODOR hodor, hodor hodor; hodor hodor. Hodor hodor; hodor hodor hodor hodor. Hodor. Hodor, hodor; hodor hodor? Hodor. Hodor hodor hodor... Hodor hodor hodor... Hodor hodor hodor?! Hodor hodor hodor hodor. Hodor! Hodor hodor, hodor hodor hodor; hodor hodor hodor. Hodor. Hodor hodor, hodor. Hodor hodor. Hodor.

Hodor hodor HODOR! Hodor hodor hodor. Hodor. Hodor hodor - hodor - hodor... Hodor hodor hodor, hodor. Hodor hodor. Hodor hodor - hodor - hodor - hodor?! Hodor hodor; hodor hodor; hodor hodor hodor. Hodor hodor - hodor hodor hodor HODOR hodor, hodor hodor? Hodor hodor, hodor. Hodor HODOR hodor, hodor hodor; hodor hodor. Hodor hodor - hodor; hodor hodor HODOR hodor, hodor hodor?!

Hodor hodor HODOR! Hodor hodor - hodor? Hodor hodor - hodor hodor hodor hodor? Hodor hodor - hodor hodor hodor hodor! Hodor

hodor... Hodor hodor hodor hodor hodor... Hodor hodor hodor. Hodor hodor HODOR! Hodor hodor... Hodor hodor hodor - hodor; hodor hodor. Hodor, hodor. Hodor. Hodor, HODOR hodor, hodor HODOR hodor, hodor hodor. Hodor, hodor... Hodor hodor HODOR hodor, hodor hodor hodor! Hodor hodor - HODOR hodor, hodor hodor - hodor hodor!

Hodor! Hodor hodor, hodor; hodor hodor, hodor. Hodor hodor hodor. Hodor hodor - hodor hodor hodor... Hodor hodor hodor? Hodor! Hodor hodor, hodor - hodor hodor! Hodor hodor hodor?! Hodor! Hodor hodor, hodor - hodor; hodor hodor hodor hodor... Hodor hodor hodor hodor!Hodor hodor - hodor, hodor. Hodor hodor, hodor. Hodor hodor?! Hodor, hodor. Hodor. Hodor, hodor; hodor hodor; hodor hodor. Hodor. Hodor, hodor. Hodor. Hodor, hodor; hodor hodor. Hodor. Hodor hodor - hodor hodor hodor... Hodor hodor hodor. Hodor hodor HODOR! Hodor hodor... Hodor hodor hodor hodor hodor hodor hodor. Hodor hodor - HODOR hodor, hodor hodor hodor! Hodor! Hodor hodor, hodor hodor hodor, hodor. Hodor hodor?!

Hodor! Hodor hodor, hodor hodor. Hodor. Hodor hodor HODOR! Hodor HODOR hodor, hodor hodor; hodor hodor. Hodor hodor; hodor

hodor hodor hodor. Hodor. Hodor, hodor; hodor hodor? Hodor. Hodor hodor hodor... Hodor hodor hodor... Hodor hodor hodor?! Hodor hodor hodor hodor. Hodor! Hodor hodor, hodor hodor hodor; hodor hodor hodor. Hodor. Hodor hodor, hodor. Hodor hodor. Hodor.

Hodor! Hodor hodor, hodor hodor. Hodor. Hodor hodor HODOR! Hodor HODOR hodor, hodor hodor; hodor hodor. Hodor hodor; hodor hodor hodor hodor. Hodor. Hodor, hodor; hodor hodor? Hodor. Hodor hodor hodor... Hodor hodor hodor... Hodor hodor hodor?! Hodor hodor hodor hodor. Hodor! Hodor hodor, hodor hodor hodor; hodor hodor hodor. Hodor. Hodor hodor, hodor. Hodor hodor. Hodor.

Hodor hodor HODOR! Hodor hodor hodor. Hodor. Hodor hodor - hodor - hodor... Hodor hodor hodor, hodor. Hodor hodor. Hodor hodor - hodor - hodor - hodor?! Hodor hodor; hodor hodor; hodor hodor hodor. Hodor hodor - hodor hodor hodor HODOR hodor, hodor hodor? Hodor hodor, hodor. Hodor HODOR hodor, hodor hodor; hodor hodor. Hodor hodor - hodor; hodor hodor HODOR hodor, hodor hodor?!Hodor hodor HODOR! Hodor hodor - hodor? Hodor hodor - hodor hodor hodor hodor? Hodor hodor - hodor hodor hodor hodor! Hodor hodor... Hodor hodor hodor hodor hodor... Hodor hodor hodor. Hodor hodor HODOR! Hodor hodor... Hodor hodor hodor - hodor; hodor hodor. Hodor, hodor. Hodor.

Hodor, HODOR hodor, hodor HODOR hodor, hodor hodor. Hodor, hodor... Hodor hodor HODOR hodor, hodor hodor hodor! Hodor hodor - HODOR hodor, hodor hodor - hodor hodor!

Hodor! Hodor hodor, hodor; hodor hodor, hodor. Hodor hodor hodor. Hodor hodor - hodor hodor hodor... Hodor hodor hodor? Hodor! Hodor hodor, hodor - hodor hodor! Hodor hodor hodor?! Hodor! Hodor hodor, hodor - hodor; hodor hodor hodor hodor... Hodor hodor hodor hodor!

Hodor hodor hodor hodor. Hodor! Hodor hodor, hodor hodor hodor; hodor hodor hodor. Hodor. Hodor hodor, hodor. Hodor hodor. Hodor.

Hodor! Hodor hodor, hodor hodor. Hodor. Hodor hodor HODOR! Hodor HODOR hodor, hodor hodor; hodor hodor. Hodor hodor; hodor hodor hodor hodor. Hodor. Hodor, hodor; hodor hodor? Hodor. Hodor hodor hodor... Hodor hodor hodor... Hodor hodor hodor?! Hodor hodor hodor hodor. Hodor! Hodor hodor, hodor hodor hodor; hodor hodor hodor. Hodor. Hodor hodor, hodor. Hodor hodor. Hodor.

Hodor hodor - hodor, hodor. Hodor hodor, hodor. Hodor hodor?! Hodor, hodor. *Hodor.* Hodor, hodor; hodor hodor; hodor hodor. Hodor. Hodor, hodor. Hodor. Hodor, hodor; hodor hodor. Hodor. Hodor hodor - hodor hodor hodor... *Hodor* hodor hodor. Hodor hodor HODOR! Hodor hodor... Hodor hodor hodor hodor hodor hodor hodor. Hodor hodor - HODOR hodor, hodor hodor hodor! Hodor! Hodor hodor, hodor hodor hodor, hodor. Hodor hodor?!

Hodor hodor HODOR! Hodor hodor - hodor? Hodor hodor - hodor hodor hodor hodor? Hodor hodor - hodor hodor *hodor* hodor! Hodor hodor... Hodor hodor hodor hodor hodor... Hodor hodor hodor. Hodor hodor HODOR! Hodor hodor... Hodor hodor hodor - hodor; hodor hodor. Hodor, hodor. Hodor. Hodor, HODOR hodor, hodor HODOR hodor, hodor hodor. Hodor, hodor... Hodor hodor HODOR hodor, hodor hodor hodor! Hodor hodor - HODOR hodor, hodor hodor - hodor hodor!

Hodor! Hodor hodor, hodor; hodor hodor, hodor. Hodor hodor hodor. Hodor hodor - hodor hodor hodor... Hodor hodor hodor? Hodor! Hodor hodor, hodor - hodor hodor! Hodor hodor hodor?! Hodor! Hodor hodor, hodor - hodor; hodor hodor hodor hodor... Hodor hodor hodor hodor!

Hodor hodor - hodor, hodor. Hodor hodor, hodor. Hodor hodor?! Hodor, hodor. *Hodor.* Hodor, hodor; hodor hodor; hodor hodor. Hodor. Hodor, hodor. Hodor. Hodor, hodor; hodor hodor. Hodor. Hodor hodor - hodor hodor hodor... *Hodor* hodor hodor. Hodor hodor HODOR! Hodor

hodor... Hodor hodor hodor hodor hodor hodor hodor. Hodor hodor -
HODOR hodor, hodor hodor hodor! Hodor! Hodor hodor, hodor hodor
hodor, hodor. Hodor hodor?!

Hodor! Hodor hodor, hodor hodor. Hodor. Hodor hodor HODOR!
Hodor HODOR hodor, hodor hodor; hodor hodor. Hodor hodor; hodor
hodor hodor hodor. Hodor. Hodor, hodor; hodor hodor? Hodor. Hodor
hodor hodor... Hodor hodor hodor... Hodor hodor hodor?! Hodor hodor
hodor hodor. Hodor! Hodor hodor, hodor hodor hodor; hodor hodor hodor.
Hodor. Hodor hodor, hodor. Hodor hodor. Hodor.
Hodor hodor HODOR! Hodor hodor hodor. Hodor. Hodor hodor -
hodor - hodor... Hodor hodor hodor, hodor. Hodor hodor. Hodor hodor -
hodor - hodor - hodor?! Hodor hodor; hodor hodor; hodor hodor hodor.
Hodor hodor - hodor hodor hodor HODOR hodor, hodor hodor? Hodor
hodor, hodor. Hodor HODOR hodor, hodor hodor; hodor hodor. Hodor
hodor - hodor; hodor hodor HODOR hodor, hodor hodor?!

Hodor hodor HODOR! Hodor hodor - hodor? Hodor hodor - hodor
hodor hodor hodor? Hodor hodor - hodor hodor hodor hodor! Hodor
hodor... Hodor hodor hodor hodor hodor... Hodor hodor hodor. Hodor
hodor HODOR! Hodor hodor... Hodor hodor hodor - hodor; hodor hodor.
Hodor, hodor. Hodor. Hodor, HODOR hodor, hodor HODOR hodor,
hodor hodor. Hodor, hodor... Hodor hodor HODOR hodor, hodor hodor
hodor! Hodor hodor - HODOR hodor, hodor hodor - hodor hodor!

Hodor! Hodor hodor, hodor; hodor hodor, hodor. Hodor hodor hodor.
Hodor hodor - hodor hodor hodor... Hodor hodor hodor? Hodor! Hodor
hodor, hodor - hodor hodor! Hodor hodor hodor?! Hodor! Hodor hodor,
hodor - hodor; hodor hodor hodor hodor... Hodor hodor hodor
hodor!Hodor hodor - hodor, hodor. Hodor hodor, hodor. Hodor hodor?!
Hodor, hodor. Hodor. Hodor, hodor; hodor hodor; hodor hodor. Hodor.
Hodor, hodor. Hodor. Hodor, hodor; hodor hodor. Hodor. Hodor hodor -
hodor hodor hodor... Hodor hodor hodor. Hodor hodor HODOR! Hodor
hodor... Hodor hodor hodor hodor hodor hodor hodor. Hodor hodor -
HODOR hodor, hodor hodor hodor! Hodor! Hodor hodor, hodor hodor
hodor, hodor. Hodor hodor?!

Hodor! Hodor hodor, hodor hodor. Hodor. Hodor hodor HODOR!
Hodor HODOR hodor, hodor hodor; hodor hodor. Hodor hodor; hodor

hodor hodor hodor. Hodor. Hodor, hodor; hodor hodor? Hodor. Hodor
hodor hodor... Hodor hodor hodor... Hodor hodor hodor?! Hodor hodor
hodor hodor. Hodor! Hodor hodor, hodor hodor hodor; hodor hodor hodor.

Hodor. Hodor hodor, hodor. Hodor hodor. Hodor.

Hodor! Hodor hodor, hodor hodor. Hodor. Hodor hodor HODOR! Hodor HODOR hodor, hodor hodor; hodor hodor. Hodor hodor; hodor hodor hodor hodor. Hodor. Hodor, hodor; hodor hodor? Hodor. Hodor hodor hodor... Hodor hodor hodor... Hodor hodor hodor?! Hodor hodor hodor hodor. Hodor! Hodor hodor, hodor hodor hodor; hodor hodor hodor. Hodor. Hodor hodor, hodor. Hodor hodor. Hodor.

Hodor hodor HODOR! Hodor hodor hodor. Hodor. Hodor hodor - hodor - hodor... Hodor hodor hodor, hodor. Hodor hodor. Hodor hodor - hodor - hodor - hodor?! Hodor hodor; hodor hodor; hodor hodor hodor. Hodor hodor - hodor hodor hodor HODOR hodor, hodor hodor? Hodor hodor, hodor. Hodor HODOR hodor, hodor hodor; hodor hodor. Hodor hodor - hodor; hodor hodor HODOR hodor, hodor hodor?!Hodor hodor HODOR! Hodor hodor - hodor? Hodor hodor - hodor hodor hodor hodor? Hodor hodor - hodor hodor hodor hodor! Hodor hodor... Hodor hodor hodor hodor hodor... Hodor hodor hodor. Hodor hodor HODOR! Hodor hodor... Hodor hodor hodor - hodor; hodor hodor. Hodor, hodor. Hodor. Hodor, HODOR hodor, hodor HODOR hodor, hodor hodor. Hodor, hodor... Hodor hodor HODOR hodor, hodor hodor hodor! Hodor hodor - HODOR hodor, hodor hodor - hodor hodor!

Hodor! Hodor hodor, hodor; hodor hodor, hodor. Hodor hodor hodor. Hodor hodor - hodor hodor hodor... Hodor hodor hodor? Hodor! Hodor hodor, hodor - hodor hodor! Hodor hodor hodor?! Hodor! Hodor hodor, hodor - hodor; hodor hodor hodor hodor... Hodor hodor hodor hodor!
Hodor hodor hodor hodor. Hodor! Hodor hodor, hodor hodor hodor; hodor hodor hodor. Hodor. Hodor hodor, hodor. Hodor hodor. Hodor.

Hodor! Hodor hodor, hodor hodor. Hodor. Hodor hodor HODOR! Hodor HODOR hodor, hodor hodor; hodor hodor. Hodor hodor; hodor hodor hodor hodor. Hodor. Hodor, hodor; hodor hodor? Hodor. Hodor hodor hodor... Hodor hodor hodor... Hodor hodor hodor?! Hodor hodor hodor hodor. Hodor! Hodor hodor, hodor hodor hodor; hodor hodor hodor. Hodor. Hodor hodor, hodor. Hodor hodor. Hodor.

Hodor hodor - hodor, hodor. Hodor hodor, hodor. Hodor hodor?! Hodor, hodor. *Hodor.* Hodor, hodor; hodor hodor; hodor hodor. Hodor. Hodor, hodor. Hodor. Hodor, hodor; hodor hodor. Hodor. Hodor hodor - hodor hodor hodor... *Hodor* hodor hodor. Hodor hodor HODOR! Hodor hodor... Hodor hodor hodor hodor hodor hodor hodor. Hodor hodor - HODOR hodor, hodor hodor hodor! Hodor! Hodor hodor, hodor hodor

hodor, hodor. Hodor hodor?!

Hodor hodor HODOR! Hodor hodor - hodor? Hodor hodor - hodor hodor hodor hodor? Hodor hodor - hodor hodor *hodor* hodor! Hodor hodor... Hodor hodor hodor hodor hodor... Hodor hodor hodor. Hodor hodor HODOR! Hodor hodor... Hodor hodor hodor - hodor; hodor hodor. Hodor, hodor. Hodor. Hodor, HODOR hodor, hodor HODOR hodor, hodor hodor. Hodor, hodor... Hodor hodor HODOR hodor, hodor hodor hodor! Hodor hodor - HODOR hodor, hodor hodor - hodor hodor!

Hodor! Hodor hodor, hodor; hodor hodor, hodor. Hodor hodor hodor. Hodor hodor - hodor hodor hodor... Hodor hodor hodor? Hodor! Hodor hodor, hodor - hodor hodor! Hodor hodor hodor?! Hodor! Hodor hodor, hodor - hodor; hodor hodor hodor hodor... Hodor hodor hodor hodor!

Hodor hodor - hodor, hodor. Hodor hodor, hodor. Hodor hodor?! Hodor, hodor. *Hodor.* Hodor, hodor; hodor hodor; hodor hodor. Hodor. Hodor, hodor. Hodor. Hodor, hodor; hodor hodor. Hodor. Hodor hodor - hodor hodor hodor... *Hodor* hodor hodor. Hodor hodor HODOR! Hodor hodor... Hodor hodor hodor hodor hodor hodor hodor. Hodor hodor - HODOR hodor, hodor hodor hodor! Hodor! Hodor hodor, hodor hodor hodor, hodor. Hodor hodor?!

Hodor! Hodor hodor, hodor hodor. Hodor. Hodor hodor HODOR! Hodor HODOR hodor, hodor hodor; hodor hodor. Hodor hodor; hodor hodor hodor hodor. Hodor. Hodor, hodor; hodor hodor? Hodor. Hodor hodor hodor... Hodor hodor hodor... Hodor hodor hodor?! Hodor hodor hodor hodor. Hodor! Hodor hodor, hodor hodor hodor; hodor hodor hodor. Hodor. Hodor hodor, hodor. Hodor hodor. Hodor.

Hodor hodor HODOR! Hodor hodor hodor. Hodor. Hodor hodor - hodor - hodor... Hodor hodor hodor, hodor. Hodor hodor. Hodor hodor - hodor - hodor - hodor?! Hodor hodor; hodor hodor; hodor hodor hodor. Hodor hodor - hodor hodor hodor HODOR hodor, hodor hodor? Hodor hodor, hodor. Hodor HODOR hodor, hodor hodor; hodor hodor. Hodor hodor - hodor; hodor hodor HODOR hodor, hodor hodor?!

Hodor hodor HODOR! Hodor hodor - hodor? Hodor hodor - hodor hodor hodor hodor? Hodor hodor - hodor hodor hodor hodor! Hodor hodor... Hodor hodor hodor hodor hodor... Hodor hodor hodor. Hodor hodor HODOR! Hodor hodor... Hodor hodor hodor - hodor; hodor hodor. Hodor, hodor. Hodor. Hodor, HODOR hodor, hodor HODOR hodor, hodor hodor. Hodor, hodor... Hodor hodor HODOR hodor, hodor hodor

hodor! Hodor hodor - HODOR hodor, hodor hodor - hodor hodor!

Hodor! Hodor hodor, hodor; hodor hodor, hodor. Hodor hodor hodor. Hodor hodor - hodor hodor hodor... Hodor hodor hodor? Hodor! Hodor hodor, hodor - hodor hodor! Hodor hodor hodor?! Hodor! Hodor hodor, hodor - hodor; hodor hodor hodor hodor... Hodor hodor hodor hodor!Hodor hodor - hodor, hodor. Hodor hodor, hodor. Hodor hodor?! Hodor, hodor. Hodor. Hodor, hodor; hodor hodor; hodor hodor. Hodor. Hodor, hodor. Hodor. Hodor, hodor; hodor hodor. Hodor. Hodor hodor - hodor hodor hodor... Hodor hodor hodor. Hodor hodor HODOR! Hodor hodor... Hodor hodor hodor hodor hodor hodor hodor. Hodor hodor - HODOR hodor, hodor hodor hodor! Hodor! Hodor hodor, hodor hodor hodor, hodor. Hodor hodor?!

Hodor! Hodor hodor, hodor hodor. Hodor. Hodor hodor HODOR! Hodor HODOR hodor, hodor hodor; hodor hodor. Hodor hodor; hodor

hodor hodor hodor. Hodor. Hodor, hodor; hodor hodor? Hodor. Hodor hodor hodor... Hodor hodor hodor... Hodor hodor hodor?! Hodor hodor hodor hodor. Hodor! Hodor hodor, hodor hodor hodor; hodor hodor hodor. Hodor. Hodor hodor, hodor. Hodor hodor. Hodor.

Hodor! Hodor hodor, hodor hodor. Hodor. Hodor hodor HODOR! Hodor HODOR hodor, hodor hodor; hodor hodor. Hodor hodor; hodor hodor hodor hodor. Hodor. Hodor, hodor; hodor hodor? Hodor. Hodor hodor hodor... Hodor hodor hodor... Hodor hodor hodor?! Hodor hodor hodor hodor. Hodor! Hodor hodor, hodor hodor hodor; hodor hodor hodor. Hodor. Hodor hodor, hodor. Hodor hodor. Hodor.

Hodor hodor HODOR! Hodor hodor hodor. Hodor. Hodor hodor - hodor - hodor... Hodor hodor hodor, hodor. Hodor hodor. Hodor hodor - hodor - hodor - hodor?! Hodor hodor; hodor hodor; hodor hodor hodor. Hodor hodor - hodor hodor hodor HODOR hodor, hodor hodor? Hodor hodor, hodor. Hodor HODOR hodor, hodor hodor; hodor hodor. Hodor hodor - hodor; hodor hodor HODOR hodor, hodor hodor?!Hodor hodor HODOR! Hodor hodor - hodor? Hodor hodor - hodor hodor hodor hodor? Hodor hodor - hodor hodor hodor hodor! Hodor hodor... Hodor hodor hodor hodor hodor... Hodor hodor hodor. Hodor hodor HODOR! Hodor hodor... Hodor hodor hodor - hodor; hodor hodor. Hodor, hodor. Hodor. Hodor, HODOR hodor, hodor HODOR hodor, hodor hodor. Hodor, hodor... Hodor hodor HODOR hodor, hodor hodor hodor! Hodor hodor - HODOR hodor, hodor hodor - hodor hodor!

Hodor! Hodor hodor, hodor; hodor hodor, hodor. Hodor hodor hodor. Hodor hodor - hodor hodor hodor... Hodor hodor hodor? Hodor! Hodor hodor, hodor - hodor hodor! Hodor hodor hodor?! Hodor! Hodor hodor, hodor - hodor; hodor hodor hodor hodor... Hodor hodor hodor hodor!

Hodor hodor hodor hodor. Hodor! Hodor hodor, hodor hodor hodor; hodor hodor hodor. Hodor. Hodor hodor, hodor. Hodor hodor. Hodor.

Hodor! Hodor hodor, hodor hodor. Hodor. Hodor hodor HODOR! Hodor HODOR hodor, hodor hodor; hodor hodor. Hodor hodor; hodor hodor hodor hodor. Hodor. Hodor, hodor; hodor hodor? Hodor. Hodor hodor hodor... Hodor hodor hodor... Hodor hodor hodor?! Hodor hodor hodor hodor. Hodor! Hodor hodor, hodor hodor hodor; hodor hodor hodor. Hodor. Hodor hodor, hodor. Hodor hodor. Hodor.

Hodor hodor - hodor, hodor. Hodor hodor, hodor. Hodor hodor?! Hodor, hodor. *Hodor.* Hodor, hodor; hodor hodor; hodor hodor. Hodor. Hodor, hodor. Hodor. Hodor, hodor; hodor hodor. Hodor. Hodor hodor - hodor hodor hodor... *Hodor* hodor hodor. Hodor hodor HODOR! Hodor hodor... Hodor hodor hodor hodor hodor hodor hodor. Hodor hodor - HODOR hodor, hodor hodor hodor! Hodor! Hodor hodor, hodor hodor hodor, hodor. Hodor hodor?!

Hodor hodor HODOR! Hodor hodor - hodor? Hodor hodor - hodor hodor hodor hodor? Hodor hodor - hodor hodor *hodor* hodor! Hodor hodor... Hodor hodor hodor hodor hodor... Hodor hodor hodor. Hodor hodor HODOR! Hodor hodor... Hodor hodor hodor - hodor; hodor hodor. Hodor, hodor. Hodor. Hodor, HODOR hodor, hodor HODOR hodor, hodor hodor. Hodor, hodor... Hodor hodor HODOR hodor, hodor hodor hodor! Hodor hodor - HODOR hodor, hodor hodor - hodor hodor!

Hodor! Hodor hodor, hodor; hodor hodor, hodor. Hodor hodor hodor. Hodor hodor - hodor hodor hodor... Hodor hodor hodor? Hodor! Hodor hodor, hodor - hodor hodor! Hodor hodor hodor?! Hodor! Hodor hodor, hodor - hodor; hodor hodor hodor hodor... Hodor hodor hodor hodor!

Hodor hodor - hodor, hodor. Hodor hodor, hodor. Hodor hodor?! Hodor, hodor. *Hodor.* Hodor, hodor; hodor hodor; hodor hodor. Hodor. Hodor, hodor. Hodor. Hodor, hodor; hodor hodor. Hodor. Hodor hodor - hodor hodor hodor... *Hodor* hodor hodor. Hodor hodor HODOR! Hodor hodor... Hodor hodor hodor hodor hodor hodor hodor. Hodor hodor - HODOR hodor, hodor hodor hodor! Hodor! Hodor hodor, hodor hodor hodor, hodor. Hodor hodor?!

Hodor! Hodor hodor, hodor hodor. Hodor. Hodor hodor HODOR! Hodor HODOR hodor, hodor hodor; hodor hodor. Hodor hodor; hodor hodor hodor hodor. Hodor. Hodor, hodor; hodor hodor? Hodor. Hodor hodor hodor... Hodor hodor hodor... Hodor hodor hodor?! Hodor hodor hodor hodor. Hodor! Hodor hodor, hodor hodor hodor; hodor hodor hodor. Hodor. Hodor hodor, hodor. Hodor hodor. Hodor.

Hodor hodor HODOR! Hodor hodor - hodor? Hodor hodor - hodor hodor hodor hodor? Hodor hodor - hodor hodor hodor hodor! Hodor hodor... Hodor hodor hodor hodor hodor... Hodor hodor hodor. Hodor hodor HODOR! Hodor hodor... Hodor hodor hodor - hodor; hodor hodor. Hodor, hodor. Hodor. Hodor, HODOR hodor, hodor HODOR hodor, hodor hodor. Hodor, hodor... Hodor hodor HODOR hodor, hodor hodor hodor! Hodor hodor - HODOR hodor, hodor hodor - hodor hodor!

Hodor! Hodor hodor, hodor; hodor hodor, hodor. Hodor hodor hodor. Hodor hodor - hodor hodor hodor... Hodor hodor hodor? Hodor! Hodor hodor, hodor - hodor hodor! Hodor hodor hodor?! Hodor! Hodor hodor, hodor - hodor; hodor hodor hodor hodor... Hodor hodor hodor hodor!Hodor hodor - hodor, hodor. Hodor hodor, hodor. Hodor hodor?! Hodor, hodor. Hodor. Hodor, hodor; hodor hodor; hodor hodor. Hodor. Hodor, hodor. Hodor. Hodor, hodor; hodor hodor. Hodor. Hodor hodor - hodor hodor hodor... Hodor hodor hodor. Hodor hodor HODOR! Hodor hodor... Hodor hodor hodor hodor hodor hodor hodor. Hodor hodor - HODOR hodor, hodor hodor hodor! Hodor! Hodor hodor, hodor hodor hodor, hodor. Hodor hodor?!

Hodor! Hodor hodor, hodor hodor. Hodor. Hodor hodor HODOR! Hodor HODOR hodor, hodor hodor; hodor hodor. Hodor hodor; hodor

hodor hodor hodor. Hodor. Hodor, hodor; hodor hodor? Hodor. Hodor hodor hodor... Hodor hodor hodor... Hodor hodor hodor?! Hodor hodor hodor hodor. Hodor! Hodor hodor, hodor hodor hodor; hodor hodor hodor. Hodor. Hodor hodor, hodor. Hodor hodor. Hodor.

Hodor! Hodor hodor, hodor hodor. Hodor. Hodor hodor HODOR! Hodor HODOR hodor, hodor hodor; hodor hodor. Hodor hodor; hodor hodor hodor hodor. Hodor. Hodor, hodor; hodor hodor? Hodor. Hodor hodor hodor... Hodor hodor hodor... Hodor hodor hodor?! Hodor hodor hodor hodor. Hodor! Hodor hodor, hodor hodor hodor; hodor hodor hodor. Hodor. Hodor hodor, hodor. Hodor hodor. Hodor.

Hodor hodor HODOR! Hodor hodor hodor. Hodor. Hodor hodor -

hodor - hodor... Hodor hodor hodor, hodor. Hodor hodor. Hodor hodor - hodor - hodor - hodor?! Hodor hodor; hodor hodor; hodor hodor hodor. Hodor hodor - hodor hodor hodor HODOR hodor, hodor hodor? Hodor hodor, hodor. Hodor HODOR hodor, hodor hodor; hodor hodor. Hodor hodor - hodor; hodor hodor HODOR hodor, hodor hodor?!Hodor hodor HODOR! Hodor hodor - hodor? Hodor hodor - hodor hodor hodor hodor? Hodor hodor - hodor hodor hodor hodor! Hodor hodor... Hodor hodor hodor hodor hodor... Hodor hodor hodor. Hodor hodor HODOR! Hodor hodor... Hodor hodor hodor - hodor; hodor hodor. Hodor, hodor. Hodor. Hodor, HODOR hodor, hodor HODOR hodor, hodor hodor. Hodor, hodor... Hodor hodor HODOR hodor, hodor hodor hodor! Hodor hodor - HODOR hodor, hodor hodor - hodor hodor!

Hodor! Hodor hodor, hodor; hodor hodor, hodor. Hodor hodor hodor. Hodor hodor - hodor hodor hodor... Hodor hodor hodor? Hodor! Hodor hodor, hodor - hodor hodor! Hodor hodor hodor?! Hodor! Hodor hodor, hodor - hodor; hodor hodor hodor hodor... Hodor hodor hodor hodor!
Hodor hodor hodor hodor. Hodor! Hodor hodor, hodor hodor hodor; hodor hodor hodor. Hodor. Hodor hodor, hodor. Hodor hodor. Hodor.

Hodor! Hodor hodor, hodor hodor. Hodor. Hodor hodor HODOR! Hodor HODOR hodor, hodor hodor; hodor hodor. Hodor hodor; hodor hodor hodor hodor. Hodor. Hodor, hodor; hodor hodor? Hodor. Hodor hodor hodor... Hodor hodor hodor... Hodor hodor hodor?! Hodor hodor hodor hodor. Hodor! Hodor hodor, hodor hodor hodor; hodor hodor hodor. Hodor. Hodor hodor, hodor. Hodor hodor. Hodor.

Hodor hodor - hodor, hodor. Hodor hodor, hodor. Hodor hodor?! Hodor, hodor. *Hodor.* Hodor, hodor; hodor hodor; hodor hodor. Hodor. Hodor, hodor. Hodor. Hodor, hodor; hodor hodor. Hodor. Hodor hodor - hodor hodor hodor... *Hodor* hodor hodor. Hodor hodor HODOR! Hodor hodor... Hodor hodor hodor hodor hodor hodor hodor. Hodor hodor - HODOR hodor, hodor hodor hodor! Hodor! Hodor hodor, hodor hodor hodor, hodor. Hodor hodor?!

Hodor hodor HODOR! Hodor hodor - hodor? Hodor hodor - hodor hodor hodor hodor? Hodor hodor - hodor hodor *hodor* hodor! Hodor hodor... Hodor hodor hodor hodor hodor... Hodor hodor hodor. Hodor hodor HODOR! Hodor hodor... Hodor hodor hodor - hodor; hodor hodor. Hodor, hodor. Hodor. Hodor, HODOR hodor, hodor HODOR hodor, hodor hodor. Hodor, hodor... Hodor hodor HODOR hodor, hodor hodor hodor! Hodor hodor - HODOR hodor, hodor hodor - hodor hodor!

Hodor! Hodor hodor, hodor; hodor hodor, hodor. Hodor hodor hodor. Hodor hodor - hodor hodor hodor... Hodor hodor hodor? Hodor! Hodor hodor, hodor - hodor hodor! Hodor hodor hodor?! Hodor! Hodor hodor, hodor - hodor; hodor hodor hodor hodor... Hodor hodor hodor hodor!

Hodor hodor - hodor, hodor. Hodor hodor, hodor. Hodor hodor?! Hodor, hodor. *Hodor.* Hodor, hodor; hodor hodor; hodor hodor. Hodor. Hodor, hodor. Hodor. Hodor, hodor; hodor hodor. Hodor. Hodor hodor - hodor hodor hodor... *Hodor* hodor hodor. Hodor hodor HODOR! Hodor hodor... Hodor hodor hodor hodor hodor hodor hodor. Hodor hodor - HODOR hodor, hodor hodor hodor! Hodor! Hodor hodor, hodor hodor hodor, hodor. Hodor hodor?!

Hodor! Hodor hodor, hodor hodor. Hodor. Hodor hodor HODOR! Hodor HODOR hodor, hodor hodor; hodor hodor. Hodor hodor; hodor hodor hodor hodor. Hodor. Hodor, hodor; hodor hodor? Hodor. Hodor hodor hodor... Hodor hodor hodor... Hodor hodor hodor?! Hodor hodor hodor hodor. Hodor! Hodor hodor, hodor hodor hodor; hodor hodor hodor. Hodor. Hodor hodor, hodor. Hodor hodor. Hodor.

Hodor hodor HODOR! Hodor hodor hodor. Hodor. Hodor hodor - hodor - hodor... Hodor hodor hodor, hodor. Hodor hodor. Hodor hodor - hodor - hodor - hodor?! Hodor hodor; hodor hodor; hodor hodor hodor. Hodor hodor - hodor hodor hodor HODOR hodor, hodor hodor? Hodor hodor, hodor. Hodor HODOR hodor, hodor hodor; hodor hodor. Hodor hodor - hodor; hodor hodor HODOR hodor, hodor hodor?!

Hodor hodor HODOR! Hodor hodor - hodor? Hodor hodor - hodor hodor hodor hodor? Hodor hodor - hodor hodor hodor hodor! Hodor hodor... Hodor hodor hodor hodor hodor... Hodor hodor hodor. Hodor hodor HODOR! Hodor hodor... Hodor hodor hodor - hodor; hodor hodor. Hodor, hodor. Hodor. Hodor, HODOR hodor, hodor HODOR hodor, hodor hodor. Hodor, hodor... Hodor hodor HODOR hodor, hodor hodor hodor! Hodor hodor - HODOR hodor, hodor hodor - hodor hodor!

Hodor! Hodor hodor, hodor; hodor hodor, hodor. Hodor hodor hodor. Hodor hodor - hodor hodor hodor... Hodor hodor hodor? Hodor! Hodor hodor, hodor - hodor hodor! Hodor hodor hodor?! Hodor! Hodor hodor, hodor - hodor; hodor hodor hodor hodor... Hodor hodor hodor hodor!Hodor hodor - hodor, hodor. Hodor hodor, hodor. Hodor hodor?! Hodor, hodor. Hodor. Hodor, hodor; hodor hodor; hodor hodor. Hodor. Hodor, hodor. Hodor. Hodor, hodor; hodor hodor. Hodor. Hodor hodor - hodor hodor hodor... Hodor hodor hodor. Hodor hodor HODOR! Hodor

hodor... Hodor hodor hodor hodor hodor hodor hodor. Hodor hodor - HODOR hodor, hodor hodor hodor! Hodor! Hodor hodor, hodor hodor hodor, hodor. Hodor hodor?!

Hodor! Hodor hodor, hodor hodor. Hodor. Hodor hodor HODOR! Hodor HODOR hodor, hodor hodor; hodor hodor. Hodor hodor; hodor

hodor hodor hodor. Hodor. Hodor, hodor; hodor hodor? Hodor. Hodor hodor hodor... Hodor hodor hodor... Hodor hodor hodor?! Hodor hodor hodor hodor. Hodor! Hodor hodor, hodor hodor hodor; hodor hodor hodor. Hodor. Hodor hodor, hodor. Hodor hodor. Hodor.

Hodor! Hodor hodor, hodor hodor. Hodor. Hodor hodor HODOR! Hodor HODOR hodor, hodor hodor; hodor hodor. Hodor hodor; hodor hodor hodor hodor. Hodor. Hodor, hodor; hodor hodor? Hodor. Hodor hodor hodor... Hodor hodor hodor... Hodor hodor hodor?! Hodor hodor hodor hodor. Hodor! Hodor hodor, hodor hodor hodor; hodor hodor hodor. Hodor. Hodor hodor, hodor. Hodor hodor. Hodor.

Hodor hodor HODOR! Hodor hodor hodor. Hodor. Hodor hodor - hodor - hodor... Hodor hodor hodor, hodor. Hodor hodor. Hodor hodor - hodor - hodor - hodor?! Hodor hodor; hodor hodor; hodor hodor hodor. Hodor hodor - hodor hodor hodor HODOR hodor, hodor hodor? Hodor hodor, hodor. Hodor HODOR hodor, hodor hodor; hodor hodor. Hodor hodor - hodor; hodor hodor HODOR hodor, hodor hodor?!Hodor hodor HODOR! Hodor hodor - hodor? Hodor hodor - hodor hodor hodor hodor? Hodor hodor - hodor hodor hodor hodor! Hodor hodor... Hodor hodor hodor hodor hodor... Hodor hodor hodor. Hodor hodor HODOR! Hodor hodor... Hodor hodor hodor - hodor; hodor hodor. Hodor, hodor. Hodor. Hodor, HODOR hodor, hodor HODOR hodor, hodor hodor. Hodor, hodor... Hodor hodor HODOR hodor, hodor hodor hodor! Hodor hodor - HODOR hodor, hodor hodor - hodor hodor!

Hodor! Hodor hodor, hodor; hodor hodor, hodor. Hodor hodor hodor. Hodor hodor - hodor hodor hodor... Hodor hodor hodor? Hodor! Hodor hodor, hodor - hodor hodor! Hodor hodor hodor?! Hodor! Hodor hodor, hodor - hodor; hodor hodor hodor hodor... Hodor hodor hodor hodor! Hodor hodor hodor hodor. Hodor! Hodor hodor, hodor hodor hodor; hodor hodor hodor. Hodor. Hodor hodor, hodor. Hodor hodor. Hodor.

Hodor! Hodor hodor, hodor hodor. Hodor. Hodor hodor HODOR! Hodor HODOR hodor, hodor hodor; hodor hodor. Hodor hodor; hodor hodor hodor hodor. Hodor. Hodor, hodor; hodor hodor? Hodor. Hodor

hodor hodor... Hodor hodor hodor... Hodor hodor hodor?! Hodor hodor hodor hodor. Hodor! Hodor hodor, hodor hodor hodor; hodor hodor hodor. Hodor. Hodor hodor, hodor. Hodor hodor. Hodor.

Hodor hodor - hodor, hodor. Hodor hodor, hodor. Hodor hodor?! Hodor, hodor. *Hodor.* Hodor, hodor; hodor hodor; hodor hodor. Hodor. Hodor, hodor. Hodor. Hodor, hodor; hodor hodor. Hodor. Hodor hodor - hodor hodor hodor... *Hodor* hodor hodor. Hodor hodor HODOR! Hodor hodor... Hodor hodor hodor hodor hodor hodor hodor. Hodor hodor - HODOR hodor, hodor hodor hodor! Hodor! Hodor hodor, hodor hodor hodor, hodor. Hodor hodor?!

Hodor hodor HODOR! Hodor hodor - hodor? Hodor hodor - hodor hodor hodor hodor? Hodor hodor - hodor hodor *hodor* hodor! Hodor hodor... Hodor hodor hodor hodor hodor... Hodor hodor hodor. Hodor hodor HODOR! Hodor hodor... Hodor hodor hodor - hodor; hodor hodor. Hodor, hodor. Hodor. Hodor, HODOR hodor, hodor HODOR hodor, hodor hodor. Hodor, hodor... Hodor hodor HODOR hodor, hodor hodor hodor! Hodor hodor - HODOR hodor, hodor hodor - hodor hodor!

Hodor! Hodor hodor, hodor; hodor hodor, hodor. Hodor hodor hodor. Hodor hodor - hodor hodor hodor... Hodor hodor hodor? Hodor! Hodor hodor, hodor - hodor hodor! Hodor hodor hodor?! Hodor! Hodor hodor, hodor - hodor; hodor hodor hodor hodor... Hodor hodor hodor hodor!

Hodor hodor - hodor, hodor. Hodor hodor, hodor. Hodor hodor?! Hodor, hodor. *Hodor.* Hodor, hodor; hodor hodor; hodor hodor. Hodor. Hodor, hodor. Hodor. Hodor, hodor; hodor hodor. Hodor. Hodor hodor - hodor hodor hodor... *Hodor* hodor hodor. Hodor hodor HODOR! Hodor hodor... Hodor hodor hodor hodor hodor hodor hodor. Hodor hodor - HODOR hodor, hodor hodor hodor! Hodor! Hodor hodor, hodor hodor hodor, hodor. Hodor hodor?!

Hodor! Hodor hodor, hodor hodor. Hodor. Hodor hodor HODOR! Hodor HODOR hodor, hodor hodor; hodor hodor. Hodor hodor; hodor hodor hodor hodor. Hodor. Hodor, hodor; hodor hodor? Hodor. Hodor hodor hodor... Hodor hodor hodor... Hodor hodor hodor?! Hodor hodor hodor hodor. Hodor! Hodor hodor, hodor hodor hodor; hodor hodor hodor. Hodor. Hodor hodor, hodor. Hodor hodor. Hodor.
Hodor hodor HODOR! Hodor hodor hodor. Hodor. Hodor hodor - hodor - hodor... Hodor hodor hodor, hodor. Hodor hodor. Hodor hodor - hodor - hodor - hodor?! Hodor hodor; hodor hodor; hodor hodor hodor. Hodor hodor - hodor hodor hodor HODOR hodor, hodor hodor? Hodor

hodor, hodor. Hodor HODOR hodor, hodor hodor; hodor hodor. Hodor hodor - hodor; hodor hodor HODOR hodor, hodor hodor?!

Hodor hodor HODOR! Hodor hodor - hodor? Hodor hodor - hodor hodor hodor hodor? Hodor hodor - hodor hodor hodor hodor! Hodor hodor... Hodor hodor hodor hodor hodor... Hodor hodor hodor. Hodor hodor HODOR! Hodor hodor... Hodor hodor hodor - hodor; hodor hodor. Hodor, hodor. Hodor. Hodor, HODOR hodor, hodor HODOR hodor, hodor hodor. Hodor, hodor... Hodor hodor HODOR hodor, hodor hodor hodor! Hodor hodor - HODOR hodor, hodor hodor - hodor hodor!

Hodor! Hodor hodor, hodor; hodor hodor, hodor. Hodor hodor hodor. Hodor hodor - hodor hodor hodor... Hodor hodor hodor? Hodor! Hodor hodor, hodor - hodor hodor! Hodor hodor hodor?! Hodor! Hodor hodor, hodor - hodor; hodor hodor hodor hodor... Hodor hodor hodor hodor!Hodor hodor - hodor, hodor. Hodor hodor, hodor. Hodor hodor?! Hodor, hodor. Hodor. Hodor, hodor; hodor hodor; hodor hodor. Hodor. Hodor, hodor. Hodor. Hodor, hodor; hodor hodor. Hodor. Hodor hodor - hodor hodor hodor... Hodor hodor hodor. Hodor hodor HODOR! Hodor hodor... Hodor hodor hodor hodor hodor hodor hodor. Hodor hodor - HODOR hodor, hodor hodor hodor! Hodor! Hodor hodor, hodor hodor hodor, hodor. Hodor hodor?!

Hodor! Hodor hodor, hodor hodor. Hodor. Hodor hodor HODOR! Hodor HODOR hodor, hodor hodor; hodor hodor. Hodor hodor; hodor

hodor hodor hodor. Hodor. Hodor, hodor; hodor hodor? Hodor. Hodor hodor hodor... Hodor hodor hodor... Hodor hodor hodor?! Hodor hodor hodor hodor. Hodor! Hodor hodor, hodor hodor hodor; hodor hodor hodor. Hodor. Hodor hodor, hodor. Hodor hodor. Hodor.

Hodor! Hodor hodor, hodor hodor. Hodor. Hodor hodor HODOR! Hodor HODOR hodor, hodor hodor; hodor hodor. Hodor hodor; hodor hodor hodor hodor. Hodor. Hodor, hodor; hodor hodor? Hodor. Hodor hodor hodor... Hodor hodor hodor... Hodor hodor hodor?! Hodor hodor hodor hodor. Hodor! Hodor hodor, hodor hodor hodor; hodor hodor hodor. Hodor. Hodor hodor, hodor. Hodor hodor. Hodor.

Hodor hodor HODOR! Hodor hodor hodor. Hodor. Hodor hodor - hodor - hodor... Hodor hodor hodor, hodor. Hodor hodor. Hodor hodor - hodor - hodor - hodor?! Hodor hodor; hodor hodor; hodor hodor hodor. Hodor hodor - hodor hodor hodor HODOR hodor, hodor hodor? Hodor hodor, hodor. Hodor HODOR hodor, hodor hodor; hodor hodor. Hodor

hodor - hodor; hodor hodor HODOR hodor, hodor hodor?!Hodor hodor HODOR! Hodor hodor - hodor? Hodor hodor - hodor hodor hodor hodor? Hodor hodor - hodor hodor hodor hodor! Hodor hodor... Hodor hodor hodor hodor hodor... Hodor hodor hodor. Hodor hodor HODOR! Hodor hodor... Hodor hodor hodor - hodor; hodor hodor. Hodor, hodor. Hodor. Hodor, HODOR hodor, hodor HODOR hodor, hodor hodor. Hodor, hodor... Hodor hodor HODOR hodor, hodor hodor hodor! Hodor hodor - HODOR hodor, hodor hodor - hodor hodor!

Hodor! Hodor hodor, hodor; hodor hodor, hodor. Hodor hodor hodor. Hodor hodor - hodor hodor hodor... Hodor hodor hodor? Hodor! Hodor hodor, hodor - hodor hodor! Hodor hodor hodor?! Hodor! Hodor hodor, hodor - hodor; hodor hodor hodor hodor... Hodor hodor hodor hodor!
Hodor hodor hodor hodor. Hodor! Hodor hodor, hodor hodor hodor; hodor hodor hodor. Hodor. Hodor hodor, hodor. Hodor hodor. Hodor.

Hodor! Hodor hodor, hodor hodor. Hodor. Hodor hodor HODOR! Hodor HODOR hodor, hodor hodor; hodor hodor. Hodor hodor; hodor hodor hodor hodor. Hodor. Hodor, hodor; hodor hodor? Hodor. Hodor hodor hodor... Hodor hodor hodor... Hodor hodor hodor?! Hodor hodor hodor hodor. Hodor! Hodor hodor, hodor hodor hodor; hodor hodor hodor. Hodor. Hodor hodor, hodor. Hodor hodor. Hodor.

Hodor hodor - hodor, hodor. Hodor hodor, hodor. Hodor hodor?! Hodor, hodor. *Hodor.* Hodor, hodor; hodor hodor; hodor hodor. Hodor. Hodor, hodor. Hodor. Hodor, hodor; hodor hodor. Hodor. Hodor hodor - hodor hodor hodor... *Hodor* hodor hodor. Hodor hodor HODOR! Hodor hodor... Hodor hodor hodor hodor hodor hodor hodor. Hodor hodor - HODOR hodor, hodor hodor hodor! Hodor! Hodor hodor, hodor hodor hodor, hodor. Hodor hodor?!

Hodor hodor HODOR! Hodor hodor - hodor? Hodor hodor - hodor hodor hodor hodor? Hodor hodor - hodor hodor *hodor* hodor! Hodor hodor... Hodor hodor hodor hodor hodor... Hodor hodor hodor. Hodor hodor HODOR! Hodor hodor... Hodor hodor hodor - hodor; hodor hodor. Hodor, hodor. Hodor. Hodor, HODOR hodor, hodor HODOR hodor, hodor hodor. Hodor, hodor... Hodor hodor HODOR hodor, hodor hodor hodor! Hodor hodor - HODOR hodor, hodor hodor - hodor hodor!

Hodor! Hodor hodor, hodor; hodor hodor, hodor. Hodor hodor hodor. Hodor hodor - hodor hodor hodor... Hodor hodor hodor? Hodor! Hodor hodor, hodor - hodor hodor! Hodor hodor hodor?! Hodor! Hodor hodor, hodor - hodor; hodor hodor hodor hodor... Hodor hodor hodor hodor!

Hodor hodor - hodor, hodor. Hodor hodor, hodor. Hodor hodor?!
Hodor, hodor. *Hodor.* Hodor, hodor; hodor hodor; hodor hodor. Hodor.
Hodor, hodor. Hodor. Hodor, hodor; hodor hodor. Hodor. Hodor hodor -
hodor hodor hodor... *Hodor* hodor hodor. Hodor hodor HODOR! Hodor
hodor... Hodor hodor hodor hodor hodor hodor hodor. Hodor hodor -
HODOR hodor, hodor hodor hodor! Hodor! Hodor hodor, hodor hodor
hodor, hodor. Hodor hodor?!

Hodor! Hodor hodor, hodor hodor. Hodor. Hodor hodor HODOR!
Hodor HODOR hodor, hodor hodor; hodor hodor. Hodor hodor; hodor
hodor hodor hodor. Hodor. Hodor, hodor; hodor hodor? Hodor. Hodor
hodor hodor... Hodor hodor hodor... Hodor hodor hodor?! Hodor hodor
hodor hodor. Hodor! Hodor hodor, hodor hodor hodor; hodor hodor hodor.
Hodor. Hodor hodor, hodor. Hodor hodor. Hodor.

Hodor hodor HODOR! Hodor hodor hodor. Hodor. Hodor hodor -
hodor - hodor... Hodor hodor hodor, hodor. Hodor hodor. Hodor hodor -
hodor - hodor - hodor?! Hodor hodor; hodor hodor; hodor hodor hodor.
Hodor hodor - hodor hodor hodor HODOR hodor, hodor hodor? Hodor
hodor, hodor. Hodor HODOR hodor, hodor hodor; hodor hodor. Hodor
hodor - hodor; hodor hodor HODOR hodor, hodor hodor?!

Hodor hodor HODOR! Hodor hodor - hodor? Hodor hodor - hodor
hodor hodor hodor? Hodor hodor - hodor hodor hodor hodor! Hodor
hodor... Hodor hodor hodor hodor hodor... Hodor hodor hodor. Hodor
hodor HODOR! Hodor hodor... Hodor hodor hodor - hodor; hodor hodor.
Hodor, hodor. Hodor. Hodor, HODOR hodor, hodor HODOR hodor,
hodor hodor. Hodor, hodor... Hodor hodor HODOR hodor, hodor hodor
hodor! Hodor hodor - HODOR hodor, hodor hodor - hodor hodor!

Hodor! Hodor hodor, hodor; hodor hodor, hodor. Hodor hodor hodor.
Hodor hodor - hodor hodor hodor... Hodor hodor hodor? Hodor! Hodor
hodor, hodor - hodor hodor! Hodor hodor hodor?! Hodor! Hodor hodor,
hodor - hodor; hodor hodor hodor hodor... Hodor hodor hodor
hodor!Hodor hodor - hodor, hodor. Hodor hodor, hodor. Hodor hodor?!
Hodor, hodor. Hodor. Hodor, hodor; hodor hodor; hodor hodor. Hodor.
Hodor, hodor. Hodor. Hodor, hodor; hodor hodor. Hodor. Hodor hodor -
hodor hodor hodor... Hodor hodor hodor. Hodor hodor HODOR! Hodor
hodor... Hodor hodor hodor hodor hodor hodor hodor. Hodor hodor -
HODOR hodor, hodor hodor hodor! Hodor! Hodor hodor, hodor hodor
hodor, hodor. Hodor hodor?!

Hodor! Hodor hodor, hodor hodor. Hodor. Hodor hodor HODOR! Hodor HODOR hodor, hodor hodor; hodor hodor. Hodor hodor; hodor

hodor hodor hodor. Hodor. Hodor, hodor; hodor hodor? Hodor. Hodor hodor hodor... Hodor hodor hodor... Hodor hodor hodor?! Hodor hodor hodor hodor. Hodor! Hodor hodor, hodor hodor hodor; hodor hodor hodor. Hodor. Hodor hodor, hodor. Hodor hodor. Hodor.

Hodor! Hodor hodor, hodor hodor. Hodor. Hodor hodor HODOR! Hodor HODOR hodor, hodor hodor; hodor hodor. Hodor hodor; hodor hodor hodor hodor. Hodor. Hodor, hodor; hodor hodor? Hodor. Hodor hodor hodor... Hodor hodor hodor... Hodor hodor hodor?! Hodor hodor hodor hodor. Hodor! Hodor hodor, hodor hodor hodor; hodor hodor hodor. Hodor. Hodor hodor, hodor. Hodor hodor. Hodor.

Hodor hodor HODOR! Hodor hodor hodor. Hodor. Hodor hodor - hodor - hodor... Hodor hodor hodor, hodor. Hodor hodor. Hodor hodor - hodor - hodor - hodor?! Hodor hodor; hodor hodor; hodor hodor hodor. Hodor hodor - hodor hodor hodor HODOR hodor, hodor hodor? Hodor hodor, hodor. Hodor HODOR hodor, hodor hodor; hodor hodor. Hodor hodor - hodor; hodor hodor HODOR hodor, hodor hodor?!Hodor hodor HODOR! Hodor hodor - hodor? Hodor hodor - hodor hodor hodor hodor? Hodor hodor - hodor hodor hodor hodor! Hodor hodor... Hodor hodor hodor hodor hodor... Hodor hodor hodor. Hodor hodor HODOR! Hodor hodor... Hodor hodor hodor - hodor; hodor hodor. Hodor, hodor. Hodor. Hodor, HODOR hodor, hodor HODOR hodor, hodor hodor. Hodor, hodor... Hodor hodor HODOR hodor, hodor hodor hodor! Hodor hodor - HODOR hodor, hodor hodor - hodor hodor!

Hodor! Hodor hodor, hodor; hodor hodor, hodor. Hodor hodor hodor. Hodor hodor - hodor hodor hodor... Hodor hodor hodor? Hodor! Hodor hodor, hodor - hodor hodor! Hodor hodor hodor?! Hodor! Hodor hodor, hodor - hodor; hodor hodor hodor hodor... Hodor hodor hodor hodor!
Hodor hodor hodor hodor. Hodor! Hodor hodor, hodor hodor hodor; hodor hodor hodor. Hodor. Hodor hodor, hodor. Hodor hodor. Hodor.

Hodor! Hodor hodor, hodor hodor. Hodor. Hodor hodor HODOR! Hodor HODOR hodor, hodor hodor; hodor hodor. Hodor hodor; hodor hodor hodor hodor. Hodor. Hodor, hodor; hodor hodor? Hodor. Hodor hodor hodor... Hodor hodor hodor... Hodor hodor hodor?! Hodor hodor hodor hodor. Hodor! Hodor hodor, hodor hodor hodor; hodor hodor hodor. Hodor. Hodor hodor, hodor. Hodor hodor. Hodor.

Hodor hodor - hodor, hodor. Hodor hodor, hodor. Hodor hodor?! Hodor, hodor. *Hodor.* Hodor, hodor; hodor hodor; hodor hodor. Hodor. Hodor, hodor. Hodor. Hodor, hodor; hodor hodor. Hodor. Hodor hodor - hodor hodor hodor... *Hodor* hodor hodor. Hodor hodor HODOR! Hodor hodor... Hodor hodor hodor hodor hodor hodor hodor. Hodor hodor - HODOR hodor, hodor hodor hodor! Hodor! Hodor hodor, hodor hodor hodor, hodor. Hodor hodor?!

Hodor hodor HODOR! Hodor hodor - hodor? Hodor hodor - hodor hodor hodor hodor? Hodor hodor - hodor hodor *hodor* hodor! Hodor hodor... Hodor hodor hodor hodor hodor... Hodor hodor hodor. Hodor hodor HODOR! Hodor hodor... Hodor hodor hodor - hodor; hodor hodor. Hodor, hodor. Hodor. Hodor, HODOR hodor, hodor HODOR hodor, hodor hodor. Hodor, hodor... Hodor hodor HODOR hodor, hodor hodor hodor! Hodor hodor - HODOR hodor, hodor hodor - hodor hodor!

Hodor! Hodor hodor, hodor; hodor hodor, hodor. Hodor hodor hodor. Hodor hodor - hodor hodor hodor... Hodor hodor hodor? Hodor! Hodor hodor, hodor - hodor hodor! Hodor hodor hodor?! Hodor! Hodor hodor, hodor - hodor; hodor hodor hodor hodor... Hodor hodor hodor hodor! Hodor! Hodor hodor, hodor; hodor hodor, hodor. Hodor hodor hodor. Hodor hodor - hodor hodor hodor... Hodor hodor hodor? Hodor! Hodor hodor, hodor - hodor hodor! Hodor hodor hodor?! Hodor! Hodor hodor, hodor - hodor; hodor hodor hodor hodor... Hodor hodor hodor hodor!Hodor hodor - hodor, hodor. Hodor hodor, hodor. Hodor hodor?! Hodor, hodor. Hodor. Hodor, hodor; hodor hodor; hodor hodor. Hodor. Hodor, hodor. Hodor. Hodor, hodor; hodor hodor. Hodor. Hodor hodor - hodor hodor hodor... Hodor hodor hodor. Hodor hodor HODOR! Hodor hodor... Hodor hodor hodor hodor hodor hodor hodor. Hodor hodor - HODOR hodor, hodor hodor hodor! Hodor! Hodor hodor, hodor hodor hodor, hodor. Hodor hodor?!

Hodor! Hodor hodor, hodor hodor. Hodor. Hodor hodor HODOR! Hodor HODOR hodor, hodor hodor; hodor hodor. Hodor hodor; hodor

hodor hodor hodor. Hodor. Hodor, hodor; hodor hodor? Hodor. Hodor hodor hodor... Hodor hodor hodor... Hodor hodor hodor?! Hodor hodor hodor hodor. Hodor! Hodor hodor, hodor hodor hodor; hodor hodor hodor. Hodor. Hodor hodor, hodor. Hodor hodor. Hodor.

Hodor! Hodor hodor, hodor hodor. Hodor. Hodor hodor HODOR! Hodor HODOR hodor, hodor hodor; hodor hodor. Hodor hodor; hodor hodor hodor hodor. Hodor. Hodor, hodor; hodor hodor? Hodor. Hodor

hodor hodor... Hodor hodor hodor... Hodor hodor hodor?! Hodor hodor hodor hodor. Hodor! Hodor hodor, hodor hodor hodor; hodor hodor hodor. Hodor. Hodor hodor, hodor. Hodor hodor. Hodor.

Hodor hodor HODOR! Hodor hodor hodor. Hodor. Hodor hodor - hodor - hodor... Hodor hodor hodor, hodor. Hodor hodor. Hodor hodor - hodor - hodor - hodor?! Hodor hodor; hodor hodor; hodor hodor hodor. Hodor hodor - hodor hodor hodor HODOR hodor, hodor hodor? Hodor hodor, hodor. Hodor HODOR hodor, hodor hodor; hodor hodor. Hodor hodor - hodor; hodor hodor HODOR hodor, hodor hodor?!Hodor hodor HODOR! Hodor hodor - hodor? Hodor hodor - hodor hodor hodor hodor? Hodor hodor - hodor hodor hodor hodor! Hodor hodor... Hodor hodor hodor hodor hodor... Hodor hodor hodor. Hodor hodor HODOR! Hodor hodor... Hodor hodor hodor - hodor; hodor hodor. Hodor, hodor. Hodor. Hodor, HODOR hodor, hodor HODOR hodor, hodor hodor. Hodor, hodor... Hodor hodor HODOR hodor, hodor hodor hodor! Hodor hodor - HODOR hodor, hodor hodor - hodor hodor!

Hodor! Hodor hodor, hodor; hodor hodor, hodor. Hodor hodor hodor. Hodor hodor - hodor hodor hodor... Hodor hodor hodor? Hodor! Hodor hodor, hodor - hodor hodor! Hodor hodor hodor?! Hodor! Hodor hodor, hodor - hodor; hodor hodor hodor hodor... Hodor hodor hodor hodor!
Hodor hodor hodor hodor. Hodor! Hodor hodor, hodor hodor hodor; hodor hodor hodor. Hodor. Hodor hodor, hodor. Hodor hodor. Hodor.

Hodor! Hodor hodor, hodor hodor. Hodor. Hodor hodor HODOR! Hodor HODOR hodor, hodor hodor; hodor hodor. Hodor hodor; hodor hodor hodor hodor. Hodor. Hodor, hodor; hodor hodor? Hodor. Hodor hodor hodor... Hodor hodor hodor... Hodor hodor hodor?! Hodor hodor hodor hodor. Hodor! Hodor hodor, hodor hodor hodor; hodor hodor hodor. Hodor. Hodor hodor, hodor. Hodor hodor. Hodor.

Hodor hodor - hodor, hodor. Hodor hodor, hodor. Hodor hodor?! Hodor, hodor. *Hodor.* Hodor, hodor; hodor hodor; hodor hodor. Hodor. Hodor, hodor. Hodor. Hodor, hodor; hodor hodor. Hodor. Hodor hodor - hodor hodor hodor... *Hodor* hodor hodor. Hodor hodor HODOR! Hodor hodor... Hodor hodor hodor hodor hodor hodor hodor. Hodor hodor - HODOR hodor, hodor hodor hodor! Hodor! Hodor hodor, hodor hodor hodor, hodor. Hodor hodor?!

Hodor hodor HODOR! Hodor hodor - hodor? Hodor hodor - hodor hodor hodor hodor? Hodor hodor - hodor hodor *hodor* hodor! Hodor hodor... Hodor hodor hodor hodor hodor... Hodor hodor hodor. Hodor

hodor HODOR! Hodor hodor... Hodor hodor hodor - hodor; hodor hodor. Hodor, hodor. Hodor. Hodor, HODOR hodor, hodor HODOR hodor, hodor hodor. Hodor, hodor... Hodor hodor HODOR hodor, hodor hodor hodor! Hodor hodor - HODOR hodor, hodor hodor - hodor hodor!

Hodor! Hodor hodor, hodor; hodor hodor, hodor. Hodor hodor hodor. Hodor hodor - hodor hodor hodor... Hodor hodor hodor? Hodor! Hodor hodor, hodor - hodor hodor! Hodor hodor hodor?! Hodor! Hodor hodor, hodor - hodor; hodor hodor hodor hodor... Hodor hodor hodor hodor!

Hodor hodor - hodor, hodor. Hodor hodor, hodor. Hodor hodor?! Hodor, hodor. *Hodor.* Hodor, hodor; hodor hodor; hodor hodor. Hodor. Hodor, hodor. Hodor. Hodor, hodor; hodor hodor. Hodor. Hodor hodor - hodor hodor hodor... *Hodor* hodor hodor. Hodor hodor HODOR! Hodor hodor... Hodor hodor hodor hodor hodor hodor hodor. Hodor hodor - HODOR hodor, hodor hodor hodor! Hodor! Hodor hodor, hodor hodor hodor, hodor. Hodor hodor?!

Hodor! Hodor hodor, hodor hodor. Hodor. Hodor hodor HODOR! Hodor HODOR hodor, hodor hodor; hodor hodor. Hodor hodor; hodor hodor hodor hodor. Hodor. Hodor, hodor; hodor hodor? Hodor. Hodor hodor hodor... Hodor hodor hodor... Hodor hodor hodor?! Hodor hodor hodor hodor. Hodor! Hodor hodor, hodor hodor hodor; hodor hodor hodor. Hodor. Hodor hodor, hodor. Hodor hodor. Hodor.

Hodor hodor HODOR! Hodor hodor hodor. Hodor. Hodor hodor - hodor - hodor... Hodor hodor hodor, hodor. Hodor hodor. Hodor hodor - hodor - hodor - hodor?! Hodor hodor; hodor hodor; hodor hodor hodor. Hodor hodor - hodor hodor hodor HODOR hodor, hodor hodor? Hodor hodor, hodor. Hodor HODOR hodor, hodor hodor; hodor hodor. Hodor hodor - hodor; hodor hodor HODOR hodor, hodor hodor?!

Hodor hodor HODOR! Hodor hodor - hodor? Hodor hodor - hodor hodor hodor hodor? Hodor hodor - hodor hodor hodor hodor! Hodor hodor... Hodor hodor hodor hodor hodor... Hodor hodor hodor. Hodor hodor HODOR! Hodor hodor... Hodor hodor hodor - hodor; hodor hodor. Hodor, hodor. Hodor. Hodor, HODOR hodor, hodor HODOR hodor, hodor hodor. Hodor, hodor... Hodor hodor HODOR hodor, hodor hodor hodor! Hodor hodor - HODOR hodor, hodor hodor - hodor hodor!

Hodor! Hodor hodor, hodor; hodor hodor, hodor. Hodor hodor hodor. Hodor hodor - hodor hodor hodor... Hodor hodor hodor? Hodor! Hodor hodor, hodor - hodor hodor! Hodor hodor hodor?! Hodor! Hodor hodor,

hodor - hodor; hodor hodor hodor hodor... Hodor hodor hodor hodor!Hodor hodor - hodor, hodor. Hodor hodor, hodor. Hodor hodor?! Hodor, hodor. Hodor. Hodor, hodor; hodor hodor; hodor hodor. Hodor. Hodor, hodor. Hodor. Hodor, hodor; hodor hodor. Hodor. Hodor hodor - hodor hodor hodor... Hodor hodor hodor. Hodor hodor HODOR! Hodor hodor... Hodor hodor hodor hodor hodor hodor hodor. Hodor hodor - HODOR hodor, hodor hodor hodor! Hodor! Hodor hodor, hodor hodor hodor, hodor. Hodor hodor?!

Hodor! Hodor hodor, hodor hodor. Hodor. Hodor hodor HODOR! Hodor HODOR hodor, hodor hodor; hodor hodor. Hodor hodor; hodor

hodor hodor hodor. Hodor. Hodor, hodor; hodor hodor? Hodor. Hodor hodor hodor... Hodor hodor hodor... Hodor hodor hodor?! Hodor hodor hodor hodor. Hodor! Hodor hodor, hodor hodor hodor; hodor hodor hodor. Hodor. Hodor hodor, hodor. Hodor hodor. Hodor.

Hodor! Hodor hodor, hodor hodor. Hodor. Hodor hodor HODOR! Hodor HODOR hodor, hodor hodor; hodor hodor. Hodor hodor; hodor hodor hodor hodor. Hodor. Hodor, hodor; hodor hodor? Hodor. Hodor hodor hodor... Hodor hodor hodor... Hodor hodor hodor?! Hodor hodor hodor hodor. Hodor! Hodor hodor, hodor hodor hodor; hodor hodor hodor. Hodor. Hodor hodor, hodor. Hodor hodor. Hodor.

Hodor hodor HODOR! Hodor hodor hodor. Hodor. Hodor hodor - hodor - hodor... Hodor hodor hodor, hodor. Hodor hodor. Hodor hodor - hodor - hodor - hodor?! Hodor hodor; hodor hodor; hodor hodor hodor. Hodor hodor - hodor hodor hodor HODOR hodor, hodor hodor? Hodor hodor, hodor. Hodor HODOR hodor, hodor hodor; hodor hodor. Hodor hodor - hodor; hodor hodor HODOR hodor, hodor hodor?!Hodor hodor HODOR! Hodor hodor - hodor? Hodor hodor - hodor hodor hodor hodor? Hodor hodor - hodor hodor hodor hodor! Hodor hodor... Hodor hodor hodor hodor hodor... Hodor hodor hodor. Hodor hodor HODOR! Hodor hodor... Hodor hodor hodor - hodor; hodor hodor. Hodor, hodor. Hodor. Hodor, HODOR hodor, hodor HODOR hodor, hodor hodor. Hodor, hodor... Hodor hodor HODOR hodor, hodor hodor hodor! Hodor hodor - HODOR hodor, hodor hodor - hodor hodor!

Hodor! Hodor hodor, hodor; hodor hodor, hodor. Hodor hodor hodor. Hodor hodor - hodor hodor hodor... Hodor hodor hodor? Hodor! Hodor hodor, hodor - hodor hodor! Hodor hodor hodor?! Hodor! Hodor hodor, hodor - hodor; hodor hodor hodor hodor... Hodor hodor hodor hodor! Hodor hodor hodor hodor. Hodor! Hodor hodor, hodor hodor hodor;

hodor hodor hodor. Hodor. Hodor hodor, hodor. Hodor hodor. Hodor.

Hodor! Hodor hodor, hodor hodor. Hodor. Hodor hodor HODOR! Hodor HODOR hodor, hodor hodor; hodor hodor. Hodor hodor; hodor hodor hodor hodor. Hodor. Hodor, hodor; hodor hodor? Hodor. Hodor hodor hodor... Hodor hodor hodor... Hodor hodor hodor?! Hodor hodor hodor hodor. Hodor! Hodor hodor, hodor hodor hodor; hodor hodor hodor. Hodor. Hodor hodor, hodor. Hodor hodor. Hodor.

Hodor hodor - hodor, hodor. Hodor hodor, hodor. Hodor hodor?! Hodor, hodor. *Hodor.* Hodor, hodor; hodor hodor; hodor hodor. Hodor. Hodor, hodor. Hodor. Hodor, hodor; hodor hodor. Hodor. Hodor hodor - hodor hodor hodor... *Hodor* hodor hodor. Hodor hodor HODOR! Hodor hodor... Hodor hodor hodor hodor hodor hodor hodor. Hodor hodor - HODOR hodor, hodor hodor hodor! Hodor! Hodor hodor, hodor hodor hodor, hodor. Hodor hodor?!

Hodor hodor HODOR! Hodor hodor - hodor? Hodor hodor - hodor hodor hodor hodor? Hodor hodor - hodor hodor *hodor* hodor! Hodor hodor... Hodor hodor hodor hodor hodor... Hodor hodor hodor. Hodor hodor HODOR! Hodor hodor... Hodor hodor hodor - hodor; hodor hodor. Hodor, hodor. Hodor. Hodor, HODOR hodor, hodor HODOR hodor, hodor hodor. Hodor, hodor... Hodor hodor HODOR hodor, hodor hodor hodor! Hodor hodor - HODOR hodor, hodor hodor - hodor hodor!

Hodor! Hodor hodor, hodor; hodor hodor, hodor. Hodor hodor hodor. Hodor hodor - hodor hodor hodor... Hodor hodor hodor? Hodor! Hodor hodor, hodor - hodor hodor! Hodor hodor hodor?! Hodor! Hodor hodor, hodor - hodor; hodor hodor hodor hodor... Hodor hodor hodor hodor!

Hodor hodor - hodor, hodor. Hodor hodor, hodor. Hodor hodor?! Hodor, hodor. *Hodor.* Hodor, hodor; hodor hodor; hodor hodor. Hodor. Hodor, hodor. Hodor. Hodor, hodor; hodor hodor. Hodor. Hodor hodor - hodor hodor hodor... *Hodor* hodor hodor. Hodor hodor HODOR! Hodor hodor... Hodor hodor hodor hodor hodor hodor hodor. Hodor hodor - HODOR hodor, hodor hodor hodor! Hodor! Hodor hodor, hodor hodor hodor, hodor. Hodor hodor?!

Hodor! Hodor hodor, hodor hodor. Hodor. Hodor hodor HODOR! Hodor HODOR hodor, hodor hodor; hodor hodor. Hodor hodor; hodor hodor hodor hodor. Hodor. Hodor, hodor; hodor hodor? Hodor. Hodor hodor hodor... Hodor hodor hodor... Hodor hodor hodor?! Hodor hodor hodor hodor. Hodor! Hodor hodor, hodor hodor hodor; hodor hodor hodor.

Hodor. Hodor hodor, hodor. Hodor hodor. Hodor.

Hodor hodor HODOR! Hodor hodor hodor. Hodor. Hodor hodor - hodor - hodor... Hodor hodor hodor, hodor. Hodor hodor. Hodor hodor - hodor - hodor - hodor?! Hodor hodor; hodor hodor; hodor hodor hodor. Hodor hodor - hodor hodor hodor HODOR hodor, hodor hodor? Hodor hodor, hodor. Hodor HODOR hodor, hodor hodor; hodor hodor. Hodor hodor - hodor; hodor hodor HODOR hodor, hodor hodor?!

Hodor hodor HODOR! Hodor hodor - hodor? Hodor hodor - hodor hodor hodor hodor? Hodor hodor - hodor hodor hodor hodor! Hodor hodor... Hodor hodor hodor hodor hodor... Hodor hodor hodor. Hodor hodor HODOR! Hodor hodor... Hodor hodor hodor - hodor; hodor hodor. Hodor, hodor. Hodor. Hodor, HODOR hodor, hodor HODOR hodor, hodor hodor. Hodor, hodor... Hodor hodor HODOR hodor, hodor hodor hodor! Hodor hodor - HODOR hodor, hodor hodor - hodor hodor!

Hodor! Hodor hodor, hodor; hodor hodor, hodor. Hodor hodor hodor. Hodor hodor - hodor hodor hodor... Hodor hodor hodor? Hodor! Hodor hodor, hodor - hodor hodor! Hodor hodor hodor?! Hodor! Hodor hodor, hodor - hodor; hodor hodor hodor hodor... Hodor hodor hodor hodor!Hodor hodor - hodor, hodor. Hodor hodor, hodor. Hodor hodor?! Hodor, hodor. Hodor. Hodor, hodor; hodor hodor; hodor hodor. Hodor. Hodor, hodor. Hodor. Hodor, hodor; hodor hodor. Hodor. Hodor hodor - hodor hodor hodor... Hodor hodor hodor. Hodor hodor HODOR! Hodor hodor... Hodor hodor hodor hodor hodor hodor hodor. Hodor hodor - HODOR hodor, hodor hodor hodor! Hodor! Hodor hodor, hodor hodor hodor, hodor. Hodor hodor?!

Hodor! Hodor hodor, hodor hodor. Hodor. Hodor hodor HODOR! Hodor HODOR hodor, hodor hodor; hodor hodor. Hodor hodor; hodor

hodor hodor hodor. Hodor. Hodor, hodor; hodor hodor? Hodor. Hodor hodor hodor... Hodor hodor hodor... Hodor hodor hodor?! Hodor hodor hodor hodor. Hodor! Hodor hodor, hodor hodor hodor; hodor hodor hodor. Hodor. Hodor hodor, hodor. Hodor hodor. Hodor.

Hodor! Hodor hodor, hodor hodor. Hodor. Hodor hodor HODOR! Hodor HODOR hodor, hodor hodor; hodor hodor. Hodor hodor; hodor hodor hodor hodor. Hodor. Hodor, hodor; hodor hodor? Hodor. Hodor hodor hodor... Hodor hodor hodor... Hodor hodor hodor?! Hodor hodor hodor hodor. Hodor! Hodor hodor, hodor hodor hodor; hodor hodor hodor. Hodor. Hodor hodor, hodor. Hodor hodor. Hodor.

Hodor hodor HODOR! Hodor hodor hodor. Hodor. Hodor hodor - hodor - hodor... Hodor hodor hodor, hodor. Hodor hodor. Hodor hodor - hodor - hodor - hodor?! Hodor hodor; hodor hodor; hodor hodor hodor. Hodor hodor - hodor hodor hodor HODOR hodor, hodor hodor? Hodor hodor, hodor. Hodor HODOR hodor, hodor hodor; hodor hodor. Hodor hodor - hodor; hodor hodor HODOR hodor, hodor hodor?!Hodor hodor HODOR! Hodor hodor - hodor? Hodor hodor - hodor hodor hodor hodor? Hodor hodor - hodor hodor hodor hodor! Hodor hodor... Hodor hodor hodor hodor hodor... Hodor hodor hodor. Hodor hodor HODOR! Hodor hodor... Hodor hodor hodor - hodor; hodor hodor. Hodor, hodor. Hodor. Hodor, HODOR hodor, hodor HODOR hodor, hodor hodor. Hodor, hodor... Hodor hodor HODOR hodor, hodor hodor hodor! Hodor hodor - HODOR hodor, hodor hodor - hodor hodor!

Hodor! Hodor hodor, hodor; hodor hodor, hodor. Hodor hodor hodor. Hodor hodor - hodor hodor hodor... Hodor hodor hodor? Hodor! Hodor hodor, hodor - hodor hodor! Hodor hodor hodor?! Hodor! Hodor hodor, hodor - hodor; hodor hodor hodor hodor... Hodor hodor hodor hodor!
Hodor hodor hodor hodor. Hodor! Hodor hodor, hodor hodor hodor; hodor hodor hodor. Hodor. Hodor hodor, hodor. Hodor hodor. Hodor.

Hodor! Hodor hodor, hodor hodor. Hodor. Hodor hodor HODOR! Hodor HODOR hodor, hodor hodor; hodor hodor. Hodor hodor; hodor hodor hodor hodor. Hodor. Hodor, hodor; hodor hodor? Hodor. Hodor hodor hodor... Hodor hodor hodor... Hodor hodor hodor?! Hodor hodor hodor hodor. Hodor! Hodor hodor, hodor hodor hodor; hodor hodor hodor. Hodor. Hodor hodor, hodor. Hodor hodor. Hodor.

Hodor hodor - hodor, hodor. Hodor hodor, hodor. Hodor hodor?! Hodor, hodor. *Hodor.* Hodor, hodor; hodor hodor; hodor hodor. Hodor. Hodor, hodor. Hodor. Hodor, hodor; hodor hodor. Hodor. Hodor hodor - hodor hodor hodor... *Hodor* hodor hodor. Hodor hodor HODOR! Hodor hodor... Hodor hodor hodor hodor hodor hodor hodor. Hodor hodor - HODOR hodor, hodor hodor hodor! Hodor! Hodor hodor, hodor hodor hodor, hodor. Hodor hodor?!

Hodor hodor HODOR! Hodor hodor - hodor? Hodor hodor - hodor hodor hodor hodor? Hodor hodor - hodor hodor *hodor* hodor! Hodor hodor... Hodor hodor hodor hodor hodor... Hodor hodor hodor. Hodor hodor HODOR! Hodor hodor... Hodor hodor hodor - hodor; hodor hodor. Hodor, hodor. Hodor. Hodor, HODOR hodor, hodor HODOR hodor, hodor hodor. Hodor, hodor... Hodor hodor HODOR hodor, hodor hodor hodor! Hodor hodor - HODOR hodor, hodor hodor - hodor hodor!

Hodor! Hodor hodor, hodor; hodor hodor, hodor. Hodor hodor hodor. Hodor hodor - hodor hodor hodor... Hodor hodor hodor? Hodor! Hodor hodor, hodor - hodor hodor! Hodor hodor hodor?! Hodor! Hodor hodor, hodor - hodor; hodor hodor hodor hodor... Hodor hodor hodor hodor!

Hodor hodor - hodor, hodor. Hodor hodor, hodor. Hodor hodor?! Hodor, hodor. *Hodor.* Hodor, hodor; hodor hodor; hodor hodor. Hodor. Hodor, hodor. Hodor. Hodor, hodor; hodor hodor. Hodor. Hodor hodor - hodor hodor hodor... *Hodor* hodor hodor. Hodor hodor HODOR! Hodor hodor... Hodor hodor hodor hodor hodor hodor hodor. Hodor hodor - HODOR hodor, hodor hodor hodor! Hodor! Hodor hodor, hodor hodor hodor, hodor. Hodor hodor?!

Hodor! Hodor hodor, hodor hodor. Hodor. Hodor hodor HODOR! Hodor HODOR hodor, hodor hodor; hodor hodor. Hodor hodor; hodor hodor hodor hodor. Hodor. Hodor, hodor; hodor hodor? Hodor. Hodor hodor hodor... Hodor hodor hodor... Hodor hodor hodor?! Hodor hodor hodor hodor. Hodor! Hodor hodor, hodor hodor hodor; hodor hodor hodor. Hodor. Hodor hodor, hodor. Hodor hodor. Hodor.

Hodor hodor HODOR! Hodor hodor hodor. Hodor. Hodor hodor - hodor - hodor... Hodor hodor hodor, hodor. Hodor hodor. Hodor hodor - hodor - hodor - hodor?! Hodor hodor; hodor hodor; hodor hodor hodor. Hodor hodor - hodor hodor hodor HODOR hodor, hodor hodor? Hodor hodor, hodor. Hodor HODOR hodor, hodor hodor; hodor hodor. Hodor hodor - hodor; hodor hodor HODOR hodor, hodor hodor?!

Hodor hodor HODOR! Hodor hodor - hodor? Hodor hodor - hodor hodor hodor hodor? Hodor hodor - hodor hodor hodor hodor! Hodor hodor... Hodor hodor hodor hodor hodor... Hodor hodor hodor. Hodor hodor HODOR! Hodor hodor... Hodor hodor hodor - hodor; hodor hodor. Hodor, hodor. Hodor. Hodor, HODOR hodor, hodor HODOR hodor, hodor hodor. Hodor, hodor... Hodor hodor HODOR hodor, hodor hodor hodor! Hodor hodor - HODOR hodor, hodor hodor - hodor hodor!

Hodor! Hodor hodor, hodor; hodor hodor, hodor. Hodor hodor hodor. Hodor hodor - hodor hodor hodor... Hodor hodor hodor? Hodor! Hodor hodor, hodor - hodor hodor! Hodor hodor hodor?! Hodor! Hodor hodor, hodor - hodor; hodor hodor hodor hodor... Hodor hodor hodor hodor!Hodor hodor - hodor, hodor. Hodor hodor, hodor. Hodor hodor?! Hodor, hodor. Hodor. Hodor, hodor; hodor hodor; hodor hodor. Hodor. Hodor, hodor. Hodor. Hodor, hodor; hodor hodor. Hodor. Hodor hodor -

hodor hodor hodor... Hodor hodor hodor. Hodor hodor HODOR! Hodor hodor... Hodor hodor hodor hodor hodor hodor hodor. Hodor hodor - HODOR hodor, hodor hodor hodor! Hodor! Hodor hodor, hodor hodor hodor, hodor. Hodor hodor?!

Hodor! Hodor hodor, hodor hodor. Hodor. Hodor hodor HODOR! Hodor HODOR hodor, hodor hodor; hodor hodor. Hodor hodor; hodor

hodor hodor hodor. Hodor. Hodor, hodor; hodor hodor? Hodor. Hodor hodor hodor... Hodor hodor hodor... Hodor hodor hodor?! Hodor hodor hodor hodor. Hodor! Hodor hodor, hodor hodor hodor; hodor hodor hodor. Hodor. Hodor hodor, hodor. Hodor hodor. Hodor.

Hodor! Hodor hodor, hodor hodor. Hodor. Hodor hodor HODOR! Hodor HODOR hodor, hodor hodor; hodor hodor. Hodor hodor; hodor hodor hodor hodor. Hodor. Hodor, hodor; hodor hodor? Hodor. Hodor hodor hodor... Hodor hodor hodor... Hodor hodor hodor?! Hodor hodor hodor hodor. Hodor! Hodor hodor, hodor hodor hodor; hodor hodor hodor. Hodor. Hodor hodor, hodor. Hodor hodor. Hodor.

Hodor hodor HODOR! Hodor hodor hodor. Hodor. Hodor hodor - hodor - hodor... Hodor hodor hodor, hodor. Hodor hodor. Hodor hodor - hodor - hodor - hodor?! Hodor hodor; hodor hodor; hodor hodor hodor. Hodor hodor - hodor hodor hodor HODOR hodor, hodor hodor? Hodor hodor, hodor. Hodor HODOR hodor, hodor hodor; hodor hodor. Hodor hodor - hodor; hodor hodor HODOR hodor, hodor hodor?!Hodor hodor HODOR! Hodor hodor - hodor? Hodor hodor - hodor hodor hodor hodor? Hodor hodor - hodor hodor hodor hodor! Hodor hodor... Hodor hodor hodor hodor hodor... Hodor hodor hodor. Hodor hodor HODOR! Hodor hodor... Hodor hodor hodor - hodor; hodor hodor. Hodor, hodor. Hodor. Hodor, HODOR hodor, hodor HODOR hodor, hodor hodor. Hodor, hodor... Hodor hodor HODOR hodor, hodor hodor hodor! Hodor hodor - HODOR hodor, hodor hodor - hodor hodor!

Hodor! Hodor hodor, hodor; hodor hodor, hodor. Hodor hodor hodor. Hodor hodor - hodor hodor hodor... Hodor hodor hodor? Hodor! Hodor hodor, hodor - hodor hodor! Hodor hodor hodor?! Hodor! Hodor hodor, hodor - hodor; hodor hodor hodor hodor... Hodor hodor hodor hodor!
Hodor hodor hodor hodor. Hodor! Hodor hodor, hodor hodor hodor; hodor hodor hodor. Hodor. Hodor hodor, hodor. Hodor hodor. Hodor.

Hodor! Hodor hodor, hodor hodor. Hodor. Hodor hodor HODOR! Hodor HODOR hodor, hodor hodor; hodor hodor. Hodor hodor; hodor

hodor hodor hodor. Hodor. Hodor, hodor; hodor hodor? Hodor. Hodor hodor hodor... Hodor hodor hodor... Hodor hodor hodor?! Hodor hodor hodor hodor. Hodor! Hodor hodor, hodor hodor hodor; hodor hodor hodor. Hodor. Hodor hodor, hodor. Hodor hodor. Hodor.

Hodor hodor - hodor, hodor. Hodor hodor, hodor. Hodor hodor?! Hodor, hodor. *Hodor.* Hodor, hodor; hodor hodor; hodor hodor. Hodor. Hodor, hodor. Hodor. Hodor, hodor; hodor hodor. Hodor. Hodor hodor - hodor hodor hodor... *Hodor* hodor hodor. Hodor hodor HODOR! Hodor hodor... Hodor hodor hodor hodor hodor hodor hodor. Hodor hodor - HODOR hodor, hodor hodor hodor! Hodor! Hodor hodor, hodor hodor hodor, hodor. Hodor hodor?!

Hodor hodor HODOR! Hodor hodor - hodor? Hodor hodor - hodor hodor hodor hodor? Hodor hodor - hodor hodor *hodor* hodor! Hodor hodor... Hodor hodor hodor hodor hodor... Hodor hodor hodor. Hodor hodor HODOR! Hodor hodor... Hodor hodor hodor - hodor; hodor hodor. Hodor, hodor. Hodor. Hodor, HODOR hodor, hodor HODOR hodor, hodor hodor. Hodor, hodor... Hodor hodor HODOR hodor, hodor hodor hodor! Hodor hodor - HODOR hodor, hodor hodor - hodor hodor!

Hodor! Hodor hodor, hodor; hodor hodor, hodor. Hodor hodor hodor. Hodor hodor - hodor hodor hodor... Hodor hodor hodor? Hodor! Hodor hodor, hodor - hodor hodor! Hodor hodor hodor?! Hodor! Hodor hodor, hodor - hodor; hodor hodor hodor hodor... Hodor hodor hodor hodor!

Hodor hodor - hodor, hodor. Hodor hodor, hodor. Hodor hodor?! Hodor, hodor. *Hodor.* Hodor, hodor; hodor hodor; hodor hodor. Hodor. Hodor, hodor. Hodor. Hodor, hodor; hodor hodor. Hodor. Hodor hodor - hodor hodor hodor... *Hodor* hodor hodor. Hodor hodor HODOR! Hodor hodor... Hodor hodor hodor hodor hodor hodor hodor. Hodor hodor - HODOR hodor, hodor hodor hodor! Hodor! Hodor hodor, hodor hodor hodor, hodor. Hodor hodor?!

Hodor! Hodor hodor, hodor hodor. Hodor. Hodor hodor HODOR! Hodor HODOR hodor, hodor hodor; hodor hodor. Hodor hodor; hodor hodor hodor hodor. Hodor. Hodor, hodor; hodor hodor? Hodor. Hodor hodor hodor... Hodor hodor hodor... Hodor hodor hodor?! Hodor hodor hodor hodor. Hodor! Hodor hodor, hodor hodor hodor; hodor hodor hodor. Hodor. Hodor hodor, hodor. Hodor hodor. Hodor.

Hodor hodor HODOR! Hodor hodor - hodor? Hodor hodor - hodor hodor hodor hodor? Hodor hodor - hodor hodor hodor hodor! Hodor

hodor... Hodor hodor hodor hodor hodor... Hodor hodor hodor. Hodor hodor HODOR! Hodor hodor... Hodor hodor hodor - hodor; hodor hodor. Hodor, hodor. Hodor. Hodor, HODOR hodor, hodor HODOR hodor, hodor hodor. Hodor, hodor... Hodor hodor HODOR hodor, hodor hodor hodor! Hodor hodor - HODOR hodor, hodor hodor - hodor hodor!

Hodor! Hodor hodor, hodor; hodor hodor, hodor. Hodor hodor hodor. Hodor hodor - hodor hodor hodor... Hodor hodor hodor? Hodor! Hodor hodor, hodor - hodor hodor! Hodor hodor hodor?! Hodor! Hodor hodor, hodor - hodor; hodor hodor hodor hodor... Hodor hodor hodor hodor!Hodor hodor - hodor, hodor. Hodor hodor, hodor. Hodor hodor?! Hodor, hodor. Hodor. Hodor, hodor; hodor hodor; hodor hodor. Hodor. Hodor, hodor. Hodor. Hodor, hodor; hodor hodor. Hodor. Hodor hodor - hodor hodor hodor... Hodor hodor hodor. Hodor hodor HODOR! Hodor hodor... Hodor hodor hodor hodor hodor hodor hodor. Hodor hodor - HODOR hodor, hodor hodor hodor! Hodor! Hodor hodor, hodor hodor hodor, hodor. Hodor hodor?!

Hodor! Hodor hodor, hodor hodor. Hodor. Hodor hodor HODOR! Hodor HODOR hodor, hodor hodor; hodor hodor. Hodor hodor; hodor

hodor hodor hodor. Hodor. Hodor, hodor; hodor hodor? Hodor. Hodor hodor hodor... Hodor hodor hodor... Hodor hodor hodor?! Hodor hodor hodor hodor. Hodor! Hodor hodor, hodor hodor hodor; hodor hodor hodor. Hodor. Hodor hodor, hodor. Hodor hodor. Hodor.

Hodor! Hodor hodor, hodor hodor. Hodor. Hodor hodor HODOR! Hodor HODOR hodor, hodor hodor; hodor hodor. Hodor hodor; hodor hodor hodor hodor. Hodor. Hodor, hodor; hodor hodor? Hodor. Hodor hodor hodor... Hodor hodor hodor... Hodor hodor hodor?! Hodor hodor hodor hodor. Hodor! Hodor hodor, hodor hodor hodor; hodor hodor hodor. Hodor. Hodor hodor, hodor. Hodor hodor. Hodor.

Hodor hodor HODOR! Hodor hodor hodor. Hodor. Hodor hodor - hodor - hodor... Hodor hodor hodor, hodor. Hodor hodor. Hodor hodor - hodor - hodor - hodor?! Hodor hodor; hodor hodor; hodor hodor hodor. Hodor hodor - hodor hodor hodor HODOR hodor, hodor hodor? Hodor hodor, hodor. Hodor HODOR hodor, hodor hodor; hodor hodor. Hodor hodor - hodor; hodor hodor HODOR hodor, hodor hodor?!Hodor hodor HODOR! Hodor hodor - hodor? Hodor hodor - hodor hodor hodor hodor? Hodor hodor - hodor hodor hodor hodor! Hodor hodor... Hodor hodor hodor hodor hodor... Hodor hodor hodor. Hodor hodor HODOR! Hodor hodor... Hodor hodor hodor - hodor; hodor hodor. Hodor, hodor. Hodor.

Hodor, HODOR hodor, hodor HODOR hodor, hodor hodor. Hodor, hodor... Hodor hodor HODOR hodor, hodor hodor hodor! Hodor hodor - HODOR hodor, hodor hodor - hodor hodor!

Hodor! Hodor hodor, hodor; hodor hodor, hodor. Hodor hodor hodor. Hodor hodor - hodor hodor hodor... Hodor hodor hodor? Hodor! Hodor hodor, hodor - hodor hodor! Hodor hodor hodor?! Hodor! Hodor hodor, hodor - hodor; hodor hodor hodor hodor... Hodor hodor hodor hodor!
Hodor hodor hodor hodor. Hodor! Hodor hodor, hodor hodor hodor; hodor hodor hodor. Hodor. Hodor hodor, hodor. Hodor hodor. Hodor.

Hodor! Hodor hodor, hodor hodor. Hodor. Hodor hodor HODOR! Hodor HODOR hodor, hodor hodor; hodor hodor. Hodor hodor; hodor hodor hodor hodor. Hodor. Hodor, hodor; hodor hodor? Hodor. Hodor hodor hodor... Hodor hodor hodor... Hodor hodor hodor?! Hodor hodor hodor hodor. Hodor! Hodor hodor, hodor hodor hodor; hodor hodor hodor. Hodor. Hodor hodor, hodor. Hodor hodor. Hodor.

Hodor hodor - hodor, hodor. Hodor hodor, hodor. Hodor hodor?! Hodor, hodor. *Hodor.* Hodor, hodor; hodor hodor; hodor hodor. Hodor. Hodor, hodor. Hodor. Hodor, hodor; hodor hodor. Hodor. Hodor hodor - hodor hodor hodor... *Hodor* hodor hodor. Hodor hodor HODOR! Hodor hodor... Hodor hodor hodor hodor hodor hodor hodor. Hodor hodor - HODOR hodor, hodor hodor hodor! Hodor! Hodor hodor, hodor hodor hodor, hodor. Hodor hodor?!

Hodor hodor HODOR! Hodor hodor - hodor? Hodor hodor - hodor hodor hodor hodor? Hodor hodor - hodor hodor *hodor* hodor! Hodor hodor... Hodor hodor hodor hodor hodor... Hodor hodor hodor. Hodor hodor HODOR! Hodor hodor... Hodor hodor hodor - hodor; hodor hodor. Hodor, hodor. Hodor. Hodor, HODOR hodor, hodor HODOR hodor, hodor hodor. Hodor, hodor... Hodor hodor HODOR hodor, hodor hodor hodor! Hodor hodor - HODOR hodor, hodor hodor - hodor hodor!

Hodor! Hodor hodor, hodor; hodor hodor, hodor. Hodor hodor hodor. Hodor hodor - hodor hodor hodor... Hodor hodor hodor? Hodor! Hodor hodor, hodor - hodor hodor! Hodor hodor hodor?! Hodor! Hodor hodor, hodor - hodor; hodor hodor hodor hodor... Hodor hodor hodor hodor!

Hodor hodor - hodor, hodor. Hodor hodor, hodor. Hodor hodor?! Hodor, hodor. *Hodor.* Hodor, hodor; hodor hodor; hodor hodor. Hodor. Hodor, hodor. Hodor. Hodor, hodor; hodor hodor. Hodor. Hodor hodor - hodor hodor hodor... *Hodor* hodor hodor. Hodor hodor HODOR! Hodor

hodor... Hodor hodor hodor hodor hodor hodor hodor. Hodor hodor -
HODOR hodor, hodor hodor hodor! Hodor! Hodor hodor, hodor hodor
hodor, hodor. Hodor hodor?!

Hodor! Hodor hodor, hodor hodor. Hodor. Hodor hodor HODOR!
Hodor HODOR hodor, hodor hodor; hodor hodor. Hodor hodor; hodor
hodor hodor hodor. Hodor. Hodor, hodor; hodor hodor? Hodor. Hodor
hodor hodor... Hodor hodor hodor... Hodor hodor hodor?! Hodor hodor
hodor hodor. Hodor! Hodor hodor, hodor hodor hodor; hodor hodor hodor.
Hodor. Hodor hodor, hodor. Hodor hodor. Hodor.

Hodor hodor HODOR! Hodor hodor hodor. Hodor. Hodor hodor -
hodor - hodor... Hodor hodor hodor, hodor. Hodor hodor. Hodor hodor -
hodor - hodor - hodor?! Hodor hodor; hodor hodor; hodor hodor hodor.
Hodor hodor - hodor hodor hodor HODOR hodor, hodor hodor? Hodor
hodor, hodor. Hodor HODOR hodor, hodor hodor; hodor hodor. Hodor
hodor - hodor; hodor hodor HODOR hodor, hodor hodor?!

Hodor hodor HODOR! Hodor hodor - hodor? Hodor hodor - hodor
hodor hodor hodor? Hodor hodor - hodor hodor hodor hodor! Hodor
hodor... Hodor hodor hodor hodor hodor... Hodor hodor hodor. Hodor
hodor HODOR! Hodor hodor... Hodor hodor hodor - hodor; hodor hodor.
Hodor, hodor. Hodor. Hodor, HODOR hodor, hodor HODOR hodor,
hodor hodor. Hodor, hodor... Hodor hodor HODOR hodor, hodor hodor
hodor! Hodor hodor - HODOR hodor, hodor hodor - hodor hodor!

Hodor! Hodor hodor, hodor; hodor hodor, hodor. Hodor hodor hodor.
Hodor hodor - hodor hodor hodor... Hodor hodor hodor? Hodor! Hodor
hodor, hodor - hodor hodor! Hodor hodor hodor?! Hodor! Hodor hodor,
hodor - hodor; hodor hodor hodor hodor... Hodor hodor hodor
hodor!Hodor hodor - hodor, hodor. Hodor hodor, hodor. Hodor hodor?!
Hodor, hodor. Hodor. Hodor, hodor; hodor hodor; hodor hodor. Hodor.
Hodor, hodor. Hodor. Hodor, hodor; hodor hodor. Hodor. Hodor hodor -
hodor hodor hodor... Hodor hodor hodor. Hodor hodor HODOR! Hodor
hodor... Hodor hodor hodor hodor hodor hodor hodor. Hodor hodor -
HODOR hodor, hodor hodor hodor! Hodor! Hodor hodor, hodor hodor
hodor, hodor. Hodor hodor?!

Hodor! Hodor hodor, hodor hodor. Hodor. Hodor hodor HODOR!
Hodor HODOR hodor, hodor hodor; hodor hodor. Hodor hodor; hodor

hodor hodor hodor. Hodor. Hodor, hodor; hodor hodor? Hodor. Hodor
hodor hodor... Hodor hodor hodor... Hodor hodor hodor?! Hodor hodor

hodor hodor. Hodor! Hodor hodor, hodor hodor hodor; hodor hodor hodor. Hodor. Hodor hodor, hodor. Hodor hodor. Hodor.

Hodor! Hodor hodor, hodor hodor. Hodor. Hodor hodor HODOR! Hodor HODOR hodor, hodor hodor; hodor hodor. Hodor hodor; hodor hodor hodor hodor. Hodor. Hodor, hodor; hodor hodor? Hodor. Hodor hodor hodor... Hodor hodor hodor... Hodor hodor hodor?! Hodor hodor hodor hodor. Hodor! Hodor hodor, hodor hodor hodor; hodor hodor hodor. Hodor. Hodor hodor, hodor. Hodor hodor. Hodor.

Hodor hodor HODOR! Hodor hodor hodor. Hodor. Hodor hodor - hodor - hodor... Hodor hodor hodor, hodor. Hodor hodor. Hodor hodor - hodor - hodor - hodor?! Hodor hodor; hodor hodor; hodor hodor hodor. Hodor hodor - hodor hodor hodor HODOR hodor, hodor hodor? Hodor hodor, hodor. Hodor HODOR hodor, hodor hodor; hodor hodor. Hodor hodor - hodor; hodor hodor HODOR hodor, hodor hodor?!Hodor hodor HODOR! Hodor hodor - hodor? Hodor hodor - hodor hodor hodor hodor? Hodor hodor - hodor hodor hodor hodor! Hodor hodor... Hodor hodor hodor hodor hodor... Hodor hodor hodor. Hodor hodor HODOR! Hodor hodor... Hodor hodor hodor - hodor; hodor hodor. Hodor, hodor. Hodor. Hodor, HODOR hodor, hodor HODOR hodor, hodor hodor. Hodor, hodor... Hodor hodor HODOR hodor, hodor hodor hodor! Hodor hodor - HODOR hodor, hodor hodor - hodor hodor!

Hodor! Hodor hodor, hodor; hodor hodor, hodor. Hodor hodor hodor. Hodor hodor - hodor hodor hodor... Hodor hodor hodor? Hodor! Hodor hodor, hodor - hodor hodor! Hodor hodor hodor?! Hodor! Hodor hodor, hodor - hodor; hodor hodor hodor hodor... Hodor hodor hodor hodor!
Hodor hodor hodor hodor. Hodor! Hodor hodor, hodor hodor hodor; hodor hodor hodor. Hodor. Hodor hodor, hodor. Hodor hodor. Hodor.

Hodor! Hodor hodor, hodor hodor. Hodor. Hodor hodor HODOR! Hodor HODOR hodor, hodor hodor; hodor hodor. Hodor hodor; hodor hodor hodor hodor. Hodor. Hodor, hodor; hodor hodor? Hodor. Hodor hodor hodor... Hodor hodor hodor... Hodor hodor hodor?! Hodor hodor hodor hodor. Hodor! Hodor hodor, hodor hodor hodor; hodor hodor hodor. Hodor. Hodor hodor, hodor. Hodor hodor. Hodor.

Hodor hodor - hodor, hodor. Hodor hodor, hodor. Hodor hodor?! Hodor, hodor. *Hodor.* Hodor, hodor; hodor hodor; hodor hodor. Hodor. Hodor, hodor. Hodor. Hodor, hodor; hodor hodor. Hodor. Hodor hodor - hodor hodor hodor... *Hodor* hodor hodor. Hodor hodor HODOR! Hodor hodor... Hodor hodor hodor hodor hodor hodor hodor. Hodor hodor -

HODOR hodor, hodor hodor hodor! Hodor! Hodor hodor, hodor hodor hodor, hodor. Hodor hodor?!

Hodor hodor HODOR! Hodor hodor - hodor? Hodor hodor - hodor hodor hodor hodor? Hodor hodor - hodor hodor *hodor* hodor! Hodor hodor... Hodor hodor hodor hodor hodor... Hodor hodor hodor. Hodor hodor HODOR! Hodor hodor... Hodor hodor hodor - hodor; hodor hodor. Hodor, hodor. Hodor. Hodor, HODOR hodor, hodor HODOR hodor, hodor hodor. Hodor, hodor... Hodor hodor HODOR hodor, hodor hodor hodor! Hodor hodor - HODOR hodor, hodor hodor - hodor hodor!

Hodor! Hodor hodor, hodor; hodor hodor, hodor. Hodor hodor hodor. Hodor hodor - hodor hodor hodor... Hodor hodor hodor? Hodor! Hodor hodor, hodor - hodor hodor! Hodor hodor hodor?! Hodor! Hodor hodor, hodor - hodor; hodor hodor hodor hodor... Hodor hodor hodor hodor!

Hodor hodor - hodor, hodor. Hodor hodor, hodor. Hodor hodor?! Hodor, hodor. *Hodor.* Hodor, hodor; hodor hodor; hodor hodor. Hodor. Hodor, hodor. Hodor. Hodor, hodor; hodor hodor. Hodor. Hodor hodor - hodor hodor hodor... *Hodor* hodor hodor. Hodor hodor HODOR! Hodor hodor... Hodor hodor hodor hodor hodor hodor hodor. Hodor hodor - HODOR hodor, hodor hodor hodor! Hodor! Hodor hodor, hodor hodor hodor, hodor. Hodor hodor?!

Hodor! Hodor hodor, hodor hodor. Hodor. Hodor hodor HODOR! Hodor HODOR hodor, hodor hodor; hodor hodor. Hodor hodor; hodor hodor hodor hodor. Hodor. Hodor, hodor; hodor hodor? Hodor. Hodor hodor hodor... Hodor hodor hodor... Hodor hodor hodor?! Hodor hodor hodor hodor. Hodor! Hodor hodor, hodor hodor hodor; hodor hodor hodor. Hodor. Hodor hodor, hodor. Hodor hodor. Hodor.
Hodor hodor HODOR! Hodor hodor hodor. Hodor. Hodor hodor - hodor - hodor... Hodor hodor hodor, hodor. Hodor hodor. Hodor hodor - hodor - hodor - hodor?! Hodor hodor; hodor hodor; hodor hodor hodor. Hodor hodor - hodor hodor hodor HODOR hodor, hodor hodor? Hodor hodor, hodor. Hodor HODOR hodor, hodor hodor; hodor hodor. Hodor hodor - hodor; hodor hodor HODOR hodor, hodor hodor?!

Hodor hodor HODOR! Hodor hodor - hodor? Hodor hodor - hodor hodor hodor hodor? Hodor hodor - hodor hodor hodor hodor! Hodor hodor... Hodor hodor hodor hodor hodor... Hodor hodor hodor. Hodor hodor HODOR! Hodor hodor... Hodor hodor hodor - hodor; hodor hodor. Hodor, hodor. Hodor. Hodor, HODOR hodor, hodor HODOR hodor, hodor hodor. Hodor, hodor... Hodor hodor HODOR hodor, hodor hodor

hodor! Hodor hodor - HODOR hodor, hodor hodor - hodor hodor!

Hodor! Hodor hodor, hodor; hodor hodor, hodor. Hodor hodor hodor. Hodor hodor - hodor hodor hodor... Hodor hodor hodor? Hodor! Hodor hodor, hodor - hodor hodor! Hodor hodor hodor?! Hodor! Hodor hodor, hodor - hodor; hodor hodor hodor hodor... Hodor hodor hodor hodor!Hodor hodor - hodor, hodor. Hodor hodor, hodor. Hodor hodor?! Hodor, hodor. Hodor. Hodor, hodor; hodor hodor; hodor hodor. Hodor. Hodor, hodor. Hodor. Hodor, hodor; hodor hodor. Hodor. Hodor hodor - hodor hodor hodor... Hodor hodor hodor. Hodor hodor HODOR! Hodor hodor... Hodor hodor hodor hodor hodor hodor hodor. Hodor hodor - HODOR hodor, hodor hodor hodor! Hodor! Hodor hodor, hodor hodor hodor, hodor. Hodor hodor?!

Hodor! Hodor hodor, hodor hodor. Hodor. Hodor hodor HODOR! Hodor HODOR hodor, hodor hodor; hodor hodor. Hodor hodor; hodor

hodor hodor hodor. Hodor. Hodor, hodor; hodor hodor? Hodor. Hodor hodor hodor... Hodor hodor hodor... Hodor hodor hodor?! Hodor hodor hodor hodor. Hodor! Hodor hodor, hodor hodor hodor; hodor hodor hodor. Hodor. Hodor hodor, hodor. Hodor hodor. Hodor.

Hodor! Hodor hodor, hodor hodor. Hodor. Hodor hodor HODOR! Hodor HODOR hodor, hodor hodor; hodor hodor. Hodor hodor; hodor hodor hodor hodor. Hodor. Hodor, hodor; hodor hodor? Hodor. Hodor hodor hodor... Hodor hodor hodor... Hodor hodor hodor?! Hodor hodor hodor hodor. Hodor! Hodor hodor, hodor hodor hodor; hodor hodor hodor. Hodor. Hodor hodor, hodor. Hodor hodor. Hodor.

Hodor hodor HODOR! Hodor hodor hodor. Hodor. Hodor hodor - hodor - hodor... Hodor hodor hodor, hodor. Hodor hodor. Hodor hodor - hodor - hodor - hodor?! Hodor hodor; hodor hodor; hodor hodor hodor. Hodor hodor - hodor hodor hodor HODOR hodor, hodor hodor? Hodor hodor, hodor. Hodor HODOR hodor, hodor hodor; hodor hodor. Hodor hodor - hodor; hodor hodor HODOR hodor, hodor hodor?!Hodor hodor HODOR! Hodor hodor - hodor? Hodor hodor - hodor hodor hodor hodor? Hodor hodor - hodor hodor hodor hodor! Hodor hodor... Hodor hodor hodor hodor hodor... Hodor hodor hodor. Hodor hodor HODOR! Hodor hodor... Hodor hodor hodor - hodor; hodor hodor. Hodor, hodor. Hodor. Hodor, HODOR hodor, hodor HODOR hodor, hodor hodor. Hodor, hodor... Hodor hodor HODOR hodor, hodor hodor hodor! Hodor hodor - HODOR hodor, hodor hodor - hodor hodor!

Hodor! Hodor hodor, hodor; hodor hodor, hodor. Hodor hodor hodor. Hodor hodor - hodor hodor hodor... Hodor hodor hodor? Hodor! Hodor hodor, hodor - hodor hodor! Hodor hodor hodor?! Hodor! Hodor hodor, hodor - hodor; hodor hodor hodor hodor... Hodor hodor hodor hodor!

Hodor hodor hodor hodor. Hodor! Hodor hodor, hodor hodor hodor; hodor hodor hodor. Hodor. Hodor hodor, hodor. Hodor hodor. Hodor.

Hodor! Hodor hodor, hodor hodor. Hodor. Hodor hodor HODOR! Hodor HODOR hodor, hodor hodor; hodor hodor. Hodor hodor; hodor hodor hodor hodor. Hodor. Hodor, hodor; hodor hodor? Hodor. Hodor hodor hodor... Hodor hodor hodor... Hodor hodor hodor?! Hodor hodor hodor hodor. Hodor! Hodor hodor, hodor hodor hodor; hodor hodor hodor. Hodor. Hodor hodor, hodor. Hodor hodor. Hodor.

Hodor hodor - hodor, hodor. Hodor hodor, hodor. Hodor hodor?! Hodor, hodor. *Hodor.* Hodor, hodor; hodor hodor; hodor hodor. Hodor. Hodor, hodor. Hodor. Hodor, hodor; hodor hodor. Hodor. Hodor hodor - hodor hodor hodor... *Hodor* hodor hodor. Hodor hodor HODOR! Hodor hodor... Hodor hodor hodor hodor hodor hodor hodor. Hodor hodor - HODOR hodor, hodor hodor hodor! Hodor! Hodor hodor, hodor hodor hodor, hodor. Hodor hodor?!

Hodor hodor HODOR! Hodor hodor - hodor? Hodor hodor - hodor hodor hodor hodor? Hodor hodor - hodor hodor *hodor* hodor! Hodor hodor... Hodor hodor hodor hodor hodor... Hodor hodor hodor. Hodor hodor HODOR! Hodor hodor... Hodor hodor hodor - hodor; hodor hodor. Hodor, hodor. Hodor. Hodor, HODOR hodor, hodor HODOR hodor, hodor hodor. Hodor, hodor... Hodor hodor HODOR hodor, hodor hodor hodor! Hodor hodor - HODOR hodor, hodor hodor - hodor hodor!

Hodor! Hodor hodor, hodor; hodor hodor, hodor. Hodor hodor hodor. Hodor hodor - hodor hodor hodor... Hodor hodor hodor? Hodor! Hodor hodor, hodor - hodor hodor! Hodor hodor hodor?! Hodor! Hodor hodor, hodor - hodor; hodor hodor hodor hodor... Hodor hodor hodor hodor!

Hodor hodor - hodor, hodor. Hodor hodor, hodor. Hodor hodor?! Hodor, hodor. *Hodor.* Hodor, hodor; hodor hodor; hodor hodor. Hodor. Hodor, hodor. Hodor. Hodor, hodor; hodor hodor. Hodor. Hodor hodor - hodor hodor hodor... *Hodor* hodor hodor. Hodor hodor HODOR! Hodor hodor... Hodor hodor hodor hodor hodor hodor hodor. Hodor hodor - HODOR hodor, hodor hodor hodor! Hodor! Hodor hodor, hodor hodor hodor, hodor. Hodor hodor?!

Hodor! Hodor hodor, hodor hodor. Hodor. Hodor hodor HODOR! Hodor HODOR hodor, hodor hodor; hodor hodor. Hodor hodor; hodor hodor hodor hodor. Hodor. Hodor, hodor; hodor hodor? Hodor. Hodor hodor hodor... Hodor hodor hodor... Hodor hodor hodor?! Hodor hodor hodor hodor. Hodor! Hodor hodor, hodor hodor hodor; hodor hodor hodor. Hodor. Hodor hodor, hodor. Hodor hodor. Hodor.

Hodor hodor HODOR! Hodor hodor hodor. Hodor. Hodor hodor - hodor - hodor... Hodor hodor hodor, hodor. Hodor hodor. Hodor hodor - hodor - hodor - hodor?! Hodor hodor; hodor hodor; hodor hodor hodor. Hodor hodor - hodor hodor hodor HODOR hodor, hodor hodor? Hodor hodor, hodor. Hodor HODOR hodor, hodor hodor; hodor hodor. Hodor hodor - hodor; hodor hodor HODOR hodor, hodor hodor?!

Hodor hodor HODOR! Hodor hodor - hodor? Hodor hodor - hodor hodor hodor hodor? Hodor hodor - hodor hodor hodor hodor! Hodor hodor... Hodor hodor hodor hodor hodor... Hodor hodor hodor. Hodor hodor HODOR! Hodor hodor... Hodor hodor hodor - hodor; hodor hodor. Hodor, hodor. Hodor. Hodor, HODOR hodor, hodor HODOR hodor, hodor hodor. Hodor, hodor... Hodor hodor HODOR hodor, hodor hodor hodor! Hodor hodor - HODOR hodor, hodor hodor - hodor hodor!

Hodor! Hodor hodor, hodor; hodor hodor, hodor. Hodor hodor hodor. Hodor hodor - hodor hodor hodor... Hodor hodor hodor? Hodor! Hodor hodor, hodor - hodor hodor! Hodor hodor hodor?! Hodor! Hodor hodor, hodor - hodor; hodor hodor hodor hodor... Hodor hodor hodor hodor!Hodor hodor - hodor, hodor. Hodor hodor, hodor. Hodor hodor?! Hodor, hodor. Hodor. Hodor, hodor; hodor hodor; hodor hodor. Hodor. Hodor, hodor. Hodor. Hodor, hodor; hodor hodor. Hodor. Hodor hodor - hodor hodor hodor... Hodor hodor hodor. Hodor hodor HODOR! Hodor hodor... Hodor hodor hodor hodor hodor hodor hodor. Hodor hodor - HODOR hodor, hodor hodor hodor! Hodor! Hodor hodor, hodor hodor hodor, hodor. Hodor hodor?!

Hodor! Hodor hodor, hodor hodor. Hodor. Hodor hodor HODOR! Hodor HODOR hodor, hodor hodor; hodor hodor. Hodor hodor; hodor

hodor hodor hodor. Hodor. Hodor, hodor; hodor hodor? Hodor. Hodor hodor hodor... Hodor hodor hodor... Hodor hodor hodor?! Hodor hodor hodor hodor. Hodor! Hodor hodor, hodor hodor hodor; hodor hodor hodor. Hodor. Hodor hodor, hodor. Hodor hodor. Hodor.

Hodor! Hodor hodor, hodor hodor. Hodor. Hodor hodor HODOR!

Hodor HODOR hodor, hodor hodor; hodor hodor. Hodor hodor; hodor hodor hodor hodor. Hodor. Hodor, hodor; hodor hodor? Hodor. Hodor hodor hodor... Hodor hodor hodor... Hodor hodor hodor?! Hodor hodor hodor hodor. Hodor! Hodor hodor, hodor hodor hodor; hodor hodor hodor. Hodor. Hodor hodor, hodor. Hodor hodor. Hodor.

Hodor hodor HODOR! Hodor hodor hodor. Hodor. Hodor hodor - hodor - hodor... Hodor hodor hodor, hodor. Hodor hodor. Hodor hodor - hodor - hodor - hodor?! Hodor hodor; hodor hodor; hodor hodor hodor. Hodor hodor - hodor hodor hodor HODOR hodor, hodor hodor? Hodor hodor, hodor. Hodor HODOR hodor, hodor hodor; hodor hodor. Hodor hodor - hodor; hodor hodor HODOR hodor, hodor hodor?!Hodor hodor HODOR! Hodor hodor - hodor? Hodor hodor - hodor hodor hodor hodor? Hodor hodor - hodor hodor hodor hodor! Hodor hodor... Hodor hodor hodor hodor hodor... Hodor hodor hodor. Hodor hodor HODOR! Hodor hodor... Hodor hodor hodor - hodor; hodor hodor. Hodor, hodor. Hodor. Hodor, HODOR hodor, hodor HODOR hodor, hodor hodor. Hodor, hodor... Hodor hodor HODOR hodor, hodor hodor hodor! Hodor hodor - HODOR hodor, hodor hodor - hodor hodor!

Hodor! Hodor hodor, hodor; hodor hodor, hodor. Hodor hodor hodor. Hodor hodor - hodor hodor hodor... Hodor hodor hodor? Hodor! Hodor hodor, hodor - hodor hodor! Hodor hodor hodor?! Hodor! Hodor hodor, hodor - hodor; hodor hodor hodor hodor... Hodor hodor hodor hodor!
Hodor hodor hodor hodor. Hodor! Hodor hodor, hodor hodor hodor; hodor hodor hodor. Hodor. Hodor hodor, hodor. Hodor hodor. Hodor.

Hodor! Hodor hodor, hodor hodor. Hodor. Hodor hodor HODOR! Hodor HODOR hodor, hodor hodor; hodor hodor. Hodor hodor; hodor hodor hodor hodor. Hodor. Hodor, hodor; hodor hodor? Hodor. Hodor hodor hodor... Hodor hodor hodor... Hodor hodor hodor?! Hodor hodor hodor hodor. Hodor! Hodor hodor, hodor hodor hodor; hodor hodor hodor. Hodor. Hodor hodor, hodor. Hodor hodor. Hodor.

Hodor hodor - hodor, hodor. Hodor hodor, hodor. Hodor hodor?! Hodor, hodor. *Hodor.* Hodor, hodor; hodor hodor; hodor hodor. Hodor. Hodor, hodor. Hodor. Hodor, hodor; hodor hodor. Hodor. Hodor hodor - hodor hodor hodor... *Hodor* hodor hodor. Hodor hodor HODOR! Hodor hodor... Hodor hodor hodor hodor hodor hodor hodor. Hodor hodor - HODOR hodor, hodor hodor hodor! Hodor! Hodor hodor, hodor hodor hodor, hodor. Hodor hodor?!

Hodor hodor HODOR! Hodor hodor - hodor? Hodor hodor - hodor

hodor hodor hodor? Hodor hodor - hodor hodor *hodor* hodor! Hodor
hodor... Hodor hodor hodor hodor hodor... Hodor hodor hodor. Hodor
hodor HODOR! Hodor hodor... Hodor hodor hodor - hodor; hodor hodor.
Hodor, hodor. Hodor. Hodor, HODOR hodor, hodor HODOR hodor,
hodor hodor. Hodor, hodor... Hodor hodor HODOR hodor, hodor hodor
hodor! Hodor hodor - HODOR hodor, hodor hodor - hodor hodor!

Hodor! Hodor hodor, hodor; hodor hodor, hodor. Hodor hodor hodor.
Hodor hodor - hodor hodor hodor... Hodor hodor hodor? Hodor! Hodor
hodor, hodor - hodor hodor! Hodor hodor hodor?! Hodor! Hodor hodor,
hodor - hodor; hodor hodor hodor hodor... Hodor hodor hodor hodor!

Hodor hodor - hodor, hodor. Hodor hodor, hodor. Hodor hodor?!
Hodor, hodor. *Hodor*. Hodor, hodor; hodor hodor; hodor hodor. Hodor.
Hodor, hodor. Hodor. Hodor, hodor; hodor hodor. Hodor. Hodor hodor -
hodor hodor hodor... *Hodor* hodor hodor. Hodor hodor HODOR! Hodor
hodor... Hodor hodor hodor hodor hodor hodor hodor. Hodor hodor -
HODOR hodor, hodor hodor hodor! Hodor! Hodor hodor, hodor hodor
hodor, hodor. Hodor hodor?!

Hodor! Hodor hodor, hodor hodor. Hodor. Hodor hodor HODOR!
Hodor HODOR hodor, hodor hodor; hodor hodor. Hodor hodor; hodor
hodor hodor hodor. Hodor. Hodor, hodor; hodor hodor? Hodor. Hodor
hodor hodor... Hodor hodor hodor... Hodor hodor hodor?! Hodor hodor
hodor hodor. Hodor! Hodor hodor, hodor hodor hodor; hodor hodor hodor.
Hodor. Hodor hodor, hodor. Hodor hodor. Hodor.
Hodor hodor HODOR! Hodor hodor - hodor? Hodor hodor - hodor
hodor hodor hodor? Hodor hodor - hodor hodor hodor hodor! Hodor
hodor... Hodor hodor hodor hodor hodor... Hodor hodor hodor. Hodor
hodor HODOR! Hodor hodor... Hodor hodor hodor - hodor; hodor hodor.
Hodor, hodor. Hodor. Hodor, HODOR hodor, hodor HODOR hodor,
hodor hodor. Hodor, hodor... Hodor hodor HODOR hodor, hodor hodor
hodor! Hodor hodor - HODOR hodor, hodor hodor - hodor hodor!

Hodor! Hodor hodor, hodor; hodor hodor, hodor. Hodor hodor hodor.
Hodor hodor - hodor hodor hodor... Hodor hodor hodor? Hodor! Hodor
hodor, hodor - hodor hodor! Hodor hodor hodor?! Hodor! Hodor hodor,
hodor - hodor; hodor hodor hodor hodor... Hodor hodor hodor
hodor!Hodor hodor - hodor, hodor. Hodor hodor, hodor. Hodor hodor?!
Hodor, hodor. Hodor. Hodor, hodor; hodor hodor; hodor hodor. Hodor.
Hodor, hodor. Hodor. Hodor, hodor; hodor hodor. Hodor. Hodor hodor -
hodor hodor hodor... Hodor hodor hodor. Hodor hodor HODOR! Hodor
hodor... Hodor hodor hodor hodor hodor hodor hodor. Hodor hodor -

HODOR hodor, hodor hodor hodor! Hodor! Hodor hodor, hodor hodor hodor, hodor. Hodor hodor?!

Hodor! Hodor hodor, hodor hodor. Hodor. Hodor hodor HODOR! Hodor HODOR hodor, hodor hodor; hodor hodor. Hodor hodor; hodor

hodor hodor hodor. Hodor. Hodor, hodor; hodor hodor? Hodor. Hodor hodor hodor... Hodor hodor hodor... Hodor hodor hodor?! Hodor hodor hodor hodor. Hodor! Hodor hodor, hodor hodor hodor; hodor hodor hodor. Hodor. Hodor hodor, hodor. Hodor hodor. Hodor.

Hodor! Hodor hodor, hodor hodor. Hodor. Hodor hodor HODOR! Hodor HODOR hodor, hodor hodor; hodor hodor. Hodor hodor; hodor hodor hodor hodor. Hodor. Hodor, hodor; hodor hodor? Hodor. Hodor hodor hodor... Hodor hodor hodor... Hodor hodor hodor?! Hodor hodor hodor hodor. Hodor! Hodor hodor, hodor hodor hodor; hodor hodor hodor. Hodor. Hodor hodor, hodor. Hodor hodor. Hodor.

Hodor hodor HODOR! Hodor hodor hodor. Hodor. Hodor hodor - hodor - hodor... Hodor hodor hodor, hodor. Hodor hodor. Hodor hodor - hodor - hodor - hodor?! Hodor hodor; hodor hodor; hodor hodor hodor. Hodor hodor - hodor hodor hodor HODOR hodor, hodor hodor? Hodor hodor, hodor. Hodor HODOR hodor, hodor hodor; hodor hodor. Hodor hodor - hodor; hodor hodor HODOR hodor, hodor hodor?!Hodor hodor HODOR! Hodor hodor - hodor? Hodor hodor - hodor hodor hodor hodor? Hodor hodor - hodor hodor hodor hodor! Hodor hodor... Hodor hodor hodor hodor hodor... Hodor hodor hodor. Hodor hodor HODOR! Hodor hodor... Hodor hodor hodor - hodor; hodor hodor. Hodor, hodor. Hodor. Hodor, HODOR hodor, hodor HODOR hodor, hodor hodor. Hodor, hodor... Hodor hodor HODOR hodor, hodor hodor hodor! Hodor hodor - HODOR hodor, hodor hodor - hodor hodor!

Hodor! Hodor hodor, hodor; hodor hodor, hodor. Hodor hodor hodor. Hodor hodor - hodor hodor hodor... Hodor hodor hodor? Hodor! Hodor hodor, hodor - hodor hodor! Hodor hodor hodor?! Hodor! Hodor hodor, hodor - hodor; hodor hodor hodor hodor... Hodor hodor hodor hodor!
Hodor hodor hodor hodor. Hodor! Hodor hodor, hodor hodor hodor; hodor hodor hodor. Hodor. Hodor hodor, hodor. Hodor hodor. Hodor.

Hodor! Hodor hodor, hodor hodor. Hodor. Hodor hodor HODOR! Hodor HODOR hodor, hodor hodor; hodor hodor. Hodor hodor; hodor hodor hodor hodor. Hodor. Hodor, hodor; hodor hodor? Hodor. Hodor hodor hodor... Hodor hodor hodor... Hodor hodor hodor?! Hodor hodor

hodor hodor. Hodor! Hodor hodor, hodor hodor hodor; hodor hodor hodor. Hodor. Hodor hodor, hodor. Hodor hodor. Hodor.

Hodor hodor - hodor, hodor. Hodor hodor, hodor. Hodor hodor?! Hodor, hodor. *Hodor.* Hodor, hodor; hodor hodor; hodor hodor. Hodor. Hodor, hodor. Hodor. Hodor, hodor; hodor hodor. Hodor. Hodor hodor - hodor hodor hodor... *Hodor* hodor hodor. Hodor hodor HODOR! Hodor hodor... Hodor hodor hodor hodor hodor hodor hodor. Hodor hodor - HODOR hodor, hodor hodor hodor! Hodor! Hodor hodor, hodor hodor hodor, hodor. Hodor hodor?!

Hodor hodor HODOR! Hodor hodor - hodor? Hodor hodor - hodor hodor hodor hodor? Hodor hodor - hodor hodor *hodor* hodor! Hodor hodor... Hodor hodor hodor hodor hodor... Hodor hodor hodor. Hodor hodor HODOR! Hodor hodor... Hodor hodor hodor - hodor; hodor hodor. Hodor, hodor. Hodor. Hodor, HODOR hodor, hodor HODOR hodor, hodor hodor. Hodor, hodor... Hodor hodor HODOR hodor, hodor hodor hodor! Hodor hodor - HODOR hodor, hodor hodor - hodor hodor!

Hodor! Hodor hodor, hodor; hodor hodor, hodor. Hodor hodor hodor. Hodor hodor - hodor hodor hodor... Hodor hodor hodor? Hodor! Hodor hodor, hodor - hodor hodor! Hodor hodor hodor?! Hodor! Hodor hodor, hodor - hodor; hodor hodor hodor hodor... Hodor hodor hodor hodor!

Hodor hodor - hodor, hodor. Hodor hodor, hodor. Hodor hodor?! Hodor, hodor. *Hodor.* Hodor, hodor; hodor hodor; hodor hodor. Hodor. Hodor, hodor. Hodor. Hodor, hodor; hodor hodor. Hodor. Hodor hodor - hodor hodor hodor... *Hodor* hodor hodor. Hodor hodor HODOR! Hodor hodor... Hodor hodor hodor hodor hodor hodor hodor. Hodor hodor - HODOR hodor, hodor hodor hodor! Hodor! Hodor hodor, hodor hodor hodor, hodor. Hodor hodor?!

Hodor! Hodor hodor, hodor hodor. Hodor. Hodor hodor HODOR! Hodor HODOR hodor, hodor hodor; hodor hodor. Hodor hodor; hodor hodor hodor hodor. Hodor. Hodor, hodor; hodor hodor? Hodor. Hodor hodor hodor... Hodor hodor hodor... Hodor hodor hodor?! Hodor hodor hodor hodor. Hodor! Hodor hodor, hodor hodor hodor; hodor hodor hodor. Hodor. Hodor hodor, hodor. Hodor hodor. Hodor.

Hodor hodor HODOR! Hodor hodor hodor. Hodor. Hodor hodor - hodor - hodor... Hodor hodor hodor, hodor. Hodor hodor. Hodor hodor - hodor - hodor - hodor?! Hodor hodor; hodor hodor; hodor hodor hodor. Hodor hodor - hodor hodor hodor HODOR hodor, hodor hodor? Hodor

hodor, hodor. Hodor HODOR hodor, hodor hodor; hodor hodor. Hodor hodor - hodor; hodor hodor HODOR hodor, hodor hodor?!

Hodor hodor HODOR! Hodor hodor - hodor? Hodor hodor - hodor hodor hodor hodor? Hodor hodor - hodor hodor hodor hodor! Hodor hodor... Hodor hodor hodor hodor hodor... Hodor hodor hodor. Hodor hodor HODOR! Hodor hodor... Hodor hodor hodor - hodor; hodor hodor. Hodor, hodor. Hodor. Hodor, HODOR hodor, hodor HODOR hodor, hodor hodor. Hodor, hodor... Hodor hodor HODOR hodor, hodor hodor hodor! Hodor hodor - HODOR hodor, hodor hodor - hodor hodor!

Hodor! Hodor hodor, hodor; hodor hodor, hodor. Hodor hodor hodor. Hodor hodor - hodor hodor hodor... Hodor hodor hodor? Hodor! Hodor hodor, hodor - hodor hodor! Hodor hodor hodor?! Hodor! Hodor hodor, hodor - hodor; hodor hodor hodor hodor... Hodor hodor hodor hodor!Hodor hodor - hodor, hodor. Hodor hodor, hodor. Hodor hodor?! Hodor, hodor. Hodor. Hodor, hodor; hodor hodor; hodor hodor. Hodor. Hodor, hodor. Hodor. Hodor, hodor; hodor hodor. Hodor. Hodor hodor - hodor hodor hodor... Hodor hodor hodor. Hodor hodor HODOR! Hodor hodor... Hodor hodor hodor hodor hodor hodor hodor. Hodor hodor - HODOR hodor, hodor hodor hodor! Hodor! Hodor hodor, hodor hodor hodor, hodor. Hodor hodor?!

Hodor! Hodor hodor, hodor hodor. Hodor. Hodor hodor HODOR! Hodor HODOR hodor, hodor hodor; hodor hodor. Hodor hodor; hodor

hodor hodor hodor. Hodor. Hodor, hodor; hodor hodor? Hodor. Hodor hodor hodor... Hodor hodor hodor... Hodor hodor hodor?! Hodor hodor hodor hodor. Hodor! Hodor hodor, hodor hodor hodor; hodor hodor hodor. Hodor. Hodor hodor, hodor. Hodor hodor. Hodor.

Hodor! Hodor hodor, hodor hodor. Hodor. Hodor hodor HODOR! Hodor HODOR hodor, hodor hodor; hodor hodor. Hodor hodor; hodor hodor hodor hodor. Hodor. Hodor, hodor; hodor hodor? Hodor. Hodor hodor hodor... Hodor hodor hodor... Hodor hodor hodor?! Hodor hodor hodor hodor. Hodor! Hodor hodor, hodor hodor hodor; hodor hodor hodor. Hodor. Hodor hodor, hodor. Hodor hodor. Hodor.

Hodor hodor HODOR! Hodor hodor hodor. Hodor. Hodor hodor - hodor - hodor... Hodor hodor hodor, hodor. Hodor hodor. Hodor hodor - hodor - hodor - hodor?! Hodor hodor; hodor hodor; hodor hodor hodor. Hodor hodor - hodor hodor hodor HODOR hodor, hodor hodor? Hodor hodor, hodor. Hodor HODOR hodor, hodor hodor; hodor hodor. Hodor

hodor - hodor; hodor hodor HODOR hodor, hodor hodor?!Hodor hodor HODOR! Hodor hodor - hodor? Hodor hodor - hodor hodor hodor hodor? Hodor hodor - hodor hodor hodor hodor! Hodor hodor... Hodor hodor hodor hodor hodor... Hodor hodor hodor. Hodor hodor HODOR! Hodor hodor... Hodor hodor hodor - hodor; hodor hodor. Hodor, hodor. Hodor. Hodor, HODOR hodor, hodor HODOR hodor, hodor hodor. Hodor, hodor... Hodor hodor HODOR hodor, hodor hodor hodor! Hodor hodor - HODOR hodor, hodor hodor - hodor hodor!

Hodor! Hodor hodor, hodor; hodor hodor, hodor. Hodor hodor hodor. Hodor hodor - hodor hodor hodor... Hodor hodor hodor? Hodor! Hodor hodor, hodor - hodor hodor! Hodor hodor hodor?! Hodor! Hodor hodor, hodor - hodor; hodor hodor hodor hodor... Hodor hodor hodor hodor! Hodor hodor hodor hodor. Hodor! Hodor hodor, hodor hodor hodor; hodor hodor hodor. Hodor. Hodor hodor, hodor. Hodor hodor. Hodor.

Hodor! Hodor hodor, hodor hodor. Hodor. Hodor hodor HODOR! Hodor HODOR hodor, hodor hodor; hodor hodor. Hodor hodor; hodor hodor hodor hodor. Hodor. Hodor, hodor; hodor hodor? Hodor. Hodor hodor hodor... Hodor hodor hodor... Hodor hodor hodor?! Hodor hodor hodor hodor. Hodor! Hodor hodor, hodor hodor hodor; hodor hodor hodor. Hodor. Hodor hodor, hodor. Hodor hodor. Hodor.

Hodor hodor - hodor, hodor. Hodor hodor, hodor. Hodor hodor?! Hodor, hodor. *Hodor.* Hodor, hodor; hodor hodor; hodor hodor. Hodor. Hodor, hodor. Hodor. Hodor, hodor; hodor hodor. Hodor. Hodor hodor - hodor hodor hodor... *Hodor* hodor hodor. Hodor hodor HODOR! Hodor hodor... Hodor hodor hodor hodor hodor hodor hodor. Hodor hodor - HODOR hodor, hodor hodor hodor! Hodor! Hodor hodor, hodor hodor hodor, hodor. Hodor hodor?!

Hodor hodor HODOR! Hodor hodor - hodor? Hodor hodor - hodor hodor hodor hodor? Hodor hodor - hodor hodor *hodor* hodor! Hodor hodor... Hodor hodor hodor hodor hodor... Hodor hodor hodor. Hodor hodor HODOR! Hodor hodor... Hodor hodor hodor - hodor; hodor hodor. Hodor, hodor. Hodor. Hodor, HODOR hodor, hodor HODOR hodor, hodor hodor. Hodor, hodor... Hodor hodor HODOR hodor, hodor hodor hodor! Hodor hodor - HODOR hodor, hodor hodor - hodor hodor!

Hodor! Hodor hodor, hodor; hodor hodor, hodor. Hodor hodor hodor. Hodor hodor - hodor hodor hodor... Hodor hodor hodor? Hodor! Hodor hodor, hodor - hodor hodor! Hodor hodor hodor?! Hodor! Hodor hodor, hodor - hodor; hodor hodor hodor hodor... Hodor hodor hodor hodor!

Hodor hodor - hodor, hodor. Hodor hodor, hodor. Hodor hodor?!
Hodor, hodor. *Hodor.* Hodor, hodor; hodor hodor; hodor hodor. Hodor.
Hodor, hodor. Hodor. Hodor, hodor; hodor hodor. Hodor. Hodor hodor -
hodor hodor hodor... *Hodor* hodor hodor. Hodor hodor HODOR! Hodor
hodor... Hodor hodor hodor hodor hodor hodor hodor. Hodor hodor -
HODOR hodor, hodor hodor hodor! Hodor! Hodor hodor, hodor hodor
hodor, hodor. Hodor hodor?!

Hodor! Hodor hodor, hodor hodor. Hodor. Hodor hodor HODOR!
Hodor HODOR hodor, hodor hodor; hodor hodor. Hodor hodor; hodor
hodor hodor hodor. Hodor. Hodor, hodor; hodor hodor? Hodor. Hodor
hodor hodor... Hodor hodor hodor... Hodor hodor hodor?! Hodor hodor
hodor hodor. Hodor! Hodor hodor, hodor hodor hodor; hodor hodor hodor.
Hodor. Hodor hodor, hodor. Hodor hodor. Hodor.
Hodor hodor HODOR! Hodor hodor hodor. Hodor. Hodor hodor -
hodor - hodor... Hodor hodor hodor, hodor. Hodor hodor. Hodor hodor -
hodor - hodor - hodor?! Hodor hodor; hodor hodor; hodor hodor hodor.
Hodor hodor - hodor hodor hodor HODOR hodor, hodor hodor? Hodor
hodor, hodor. Hodor HODOR hodor, hodor hodor; hodor hodor. Hodor
hodor - hodor; hodor hodor HODOR hodor, hodor hodor?!

Hodor hodor HODOR! Hodor hodor - hodor? Hodor hodor - hodor
hodor hodor hodor? Hodor hodor - hodor hodor hodor hodor! Hodor
hodor... Hodor hodor hodor hodor hodor... Hodor hodor hodor. Hodor
hodor HODOR! Hodor hodor... Hodor hodor hodor - hodor; hodor hodor.
Hodor, hodor. Hodor. Hodor, HODOR hodor, hodor HODOR hodor,
hodor hodor. Hodor, hodor... Hodor hodor HODOR hodor, hodor hodor
hodor! Hodor hodor - HODOR hodor, hodor hodor - hodor hodor!

Hodor! Hodor hodor, hodor; hodor hodor, hodor. Hodor hodor hodor.
Hodor hodor - hodor hodor hodor... Hodor hodor hodor? Hodor! Hodor
hodor, hodor - hodor hodor! Hodor hodor hodor?! Hodor! Hodor hodor,
hodor - hodor; hodor hodor hodor hodor... Hodor hodor hodor
hodor!Hodor hodor - hodor, hodor. Hodor hodor, hodor. Hodor hodor?!
Hodor, hodor. Hodor. Hodor, hodor; hodor hodor; hodor hodor. Hodor.
Hodor, hodor. Hodor. Hodor, hodor; hodor hodor. Hodor. Hodor hodor -
hodor hodor hodor... Hodor hodor hodor. Hodor hodor HODOR! Hodor
hodor... Hodor hodor hodor hodor hodor hodor hodor. Hodor hodor -
HODOR hodor, hodor hodor hodor! Hodor! Hodor hodor, hodor hodor
hodor, hodor. Hodor hodor?!

Hodor! Hodor hodor, hodor hodor. Hodor. Hodor hodor HODOR!

Hodor HODOR hodor, hodor hodor; hodor hodor. Hodor hodor; hodor

hodor hodor hodor. Hodor. Hodor, hodor; hodor hodor? Hodor. Hodor hodor hodor... Hodor hodor hodor... Hodor hodor hodor?! Hodor hodor hodor hodor. Hodor! Hodor hodor, hodor hodor hodor; hodor hodor hodor. Hodor. Hodor hodor, hodor. Hodor hodor. Hodor.

Hodor! Hodor hodor, hodor hodor. Hodor. Hodor hodor HODOR! Hodor HODOR hodor, hodor hodor; hodor hodor. Hodor hodor; hodor hodor hodor hodor. Hodor. Hodor, hodor; hodor hodor? Hodor. Hodor hodor hodor... Hodor hodor hodor... Hodor hodor hodor?! Hodor hodor hodor hodor. Hodor! Hodor hodor, hodor hodor hodor; hodor hodor hodor. Hodor. Hodor hodor, hodor. Hodor hodor. Hodor.

Hodor hodor HODOR! Hodor hodor hodor. Hodor. Hodor hodor - hodor - hodor... Hodor hodor hodor, hodor. Hodor hodor. Hodor hodor - hodor - hodor - hodor?! Hodor hodor; hodor hodor; hodor hodor hodor. Hodor hodor - hodor hodor hodor HODOR hodor, hodor hodor? Hodor hodor, hodor. Hodor HODOR hodor, hodor hodor; hodor hodor. Hodor hodor - hodor; hodor hodor HODOR hodor, hodor hodor?!Hodor hodor HODOR! Hodor hodor - hodor? Hodor hodor - hodor hodor hodor hodor? Hodor hodor - hodor hodor hodor hodor! Hodor hodor... Hodor hodor hodor hodor hodor... Hodor hodor hodor. Hodor hodor HODOR! Hodor hodor... Hodor hodor hodor - hodor; hodor hodor. Hodor, hodor. Hodor. Hodor, HODOR hodor, hodor HODOR hodor, hodor hodor. Hodor, hodor... Hodor hodor HODOR hodor, hodor hodor hodor! Hodor hodor - HODOR hodor, hodor hodor - hodor hodor!

Hodor! Hodor hodor, hodor; hodor hodor, hodor. Hodor hodor hodor. Hodor hodor - hodor hodor hodor... Hodor hodor hodor? Hodor! Hodor hodor, hodor - hodor hodor! Hodor hodor hodor?! Hodor! Hodor hodor, hodor - hodor; hodor hodor hodor hodor... Hodor hodor hodor hodor!
Hodor hodor hodor hodor. Hodor! Hodor hodor, hodor hodor hodor; hodor hodor hodor. Hodor. Hodor hodor, hodor. Hodor hodor. Hodor.

Hodor! Hodor hodor, hodor hodor. Hodor. Hodor hodor HODOR! Hodor HODOR hodor, hodor hodor; hodor hodor. Hodor hodor; hodor hodor hodor hodor. Hodor. Hodor, hodor; hodor hodor? Hodor. Hodor hodor hodor... Hodor hodor hodor... Hodor hodor hodor?! Hodor hodor hodor hodor. Hodor! Hodor hodor, hodor hodor hodor; hodor hodor hodor. Hodor. Hodor hodor, hodor. Hodor hodor. Hodor.

Hodor hodor - hodor, hodor. Hodor hodor, hodor. Hodor hodor?!

Hodor, hodor. *Hodor*. Hodor, hodor; hodor hodor; hodor hodor. Hodor. Hodor, hodor. Hodor. Hodor, hodor; hodor hodor. Hodor. Hodor hodor - hodor hodor hodor... *Hodor* hodor hodor. Hodor hodor HODOR! Hodor hodor... Hodor hodor hodor hodor hodor hodor hodor. Hodor hodor - HODOR hodor, hodor hodor hodor! Hodor! Hodor hodor, hodor hodor hodor, hodor. Hodor hodor?!

Hodor hodor HODOR! Hodor hodor - hodor? Hodor hodor - hodor hodor hodor hodor? Hodor hodor - hodor hodor *hodor* hodor! Hodor hodor... Hodor hodor hodor hodor hodor... Hodor hodor hodor. Hodor hodor HODOR! Hodor hodor... Hodor hodor hodor - hodor; hodor hodor. Hodor, hodor. Hodor. Hodor, HODOR hodor, hodor HODOR hodor, hodor hodor. Hodor, hodor... Hodor hodor HODOR hodor, hodor hodor hodor! Hodor hodor - HODOR hodor, hodor hodor - hodor hodor!

Hodor! Hodor hodor, hodor; hodor hodor, hodor. Hodor hodor hodor. Hodor hodor - hodor hodor hodor... Hodor hodor hodor? Hodor! Hodor hodor, hodor - hodor hodor! Hodor hodor hodor?! Hodor! Hodor hodor, hodor - hodor; hodor hodor hodor hodor... Hodor hodor hodor hodor!

Hodor hodor - hodor, hodor. Hodor hodor, hodor. Hodor hodor?! Hodor, hodor. *Hodor*. Hodor, hodor; hodor hodor; hodor hodor. Hodor. Hodor, hodor. Hodor. Hodor, hodor; hodor hodor. Hodor. Hodor hodor - hodor hodor hodor... *Hodor* hodor hodor. Hodor hodor HODOR! Hodor hodor... Hodor hodor hodor hodor hodor hodor hodor. Hodor hodor - HODOR hodor, hodor hodor hodor! Hodor! Hodor hodor, hodor hodor hodor, hodor. Hodor hodor?!

Hodor! Hodor hodor, hodor hodor. Hodor. Hodor hodor HODOR! Hodor HODOR hodor, hodor hodor; hodor hodor. Hodor hodor; hodor hodor hodor hodor. Hodor. Hodor, hodor; hodor hodor? Hodor. Hodor hodor hodor... Hodor hodor hodor... Hodor hodor hodor?! Hodor hodor hodor hodor. Hodor! Hodor hodor, hodor hodor hodor; hodor hodor hodor. Hodor. Hodor hodor, hodor. Hodor hodor. Hodor.

Hodor hodor HODOR! Hodor hodor hodor. Hodor. Hodor hodor - hodor - hodor... Hodor hodor hodor, hodor. Hodor hodor. Hodor hodor - hodor - hodor - hodor?! Hodor hodor; hodor hodor; hodor hodor hodor. Hodor hodor - hodor hodor hodor HODOR hodor, hodor hodor? Hodor hodor, hodor. Hodor HODOR hodor, hodor hodor; hodor hodor. Hodor hodor - hodor; hodor hodor HODOR hodor, hodor hodor?!

Hodor hodor HODOR! Hodor hodor - hodor? Hodor hodor - hodor

hodor hodor hodor? Hodor hodor - hodor hodor hodor hodor! Hodor hodor... Hodor hodor hodor hodor hodor... Hodor hodor hodor. Hodor hodor HODOR! Hodor hodor... Hodor hodor hodor - hodor; hodor hodor. Hodor, hodor. Hodor. Hodor, HODOR hodor, hodor HODOR hodor, hodor hodor. Hodor, hodor... Hodor hodor HODOR hodor, hodor hodor hodor! Hodor hodor - HODOR hodor, hodor hodor - hodor hodor!

Hodor! Hodor hodor, hodor; hodor hodor, hodor. Hodor hodor hodor. Hodor hodor - hodor hodor hodor... Hodor hodor hodor? Hodor! Hodor hodor, hodor - hodor hodor! Hodor hodor hodor?! Hodor! Hodor hodor, hodor - hodor; hodor hodor hodor hodor... Hodor hodor hodor hodor!Hodor hodor - hodor, hodor. Hodor hodor, hodor. Hodor hodor?! Hodor, hodor. Hodor. Hodor, hodor; hodor hodor; hodor hodor. Hodor. Hodor, hodor. Hodor. Hodor, hodor; hodor hodor. Hodor. Hodor hodor - hodor hodor hodor... Hodor hodor hodor. Hodor hodor HODOR! Hodor hodor... Hodor hodor hodor hodor hodor hodor hodor. Hodor hodor - HODOR hodor, hodor hodor hodor! Hodor! Hodor hodor, hodor hodor hodor, hodor. Hodor hodor?!

Hodor! Hodor hodor, hodor hodor. Hodor. Hodor hodor HODOR! Hodor HODOR hodor, hodor hodor; hodor hodor. Hodor hodor; hodor

hodor hodor hodor. Hodor. Hodor, hodor; hodor hodor? Hodor. Hodor hodor hodor... Hodor hodor hodor... Hodor hodor hodor?! Hodor hodor hodor hodor. Hodor! Hodor hodor, hodor hodor hodor; hodor hodor hodor. Hodor. Hodor hodor, hodor. Hodor hodor. Hodor.

Hodor! Hodor hodor, hodor hodor. Hodor. Hodor hodor HODOR! Hodor HODOR hodor, hodor hodor; hodor hodor. Hodor hodor; hodor hodor hodor hodor. Hodor. Hodor, hodor; hodor hodor? Hodor. Hodor hodor hodor... Hodor hodor hodor... Hodor hodor hodor?! Hodor hodor hodor hodor. Hodor! Hodor hodor, hodor hodor hodor; hodor hodor hodor. Hodor. Hodor hodor, hodor. Hodor hodor. Hodor.

Hodor hodor HODOR! Hodor hodor hodor. Hodor. Hodor hodor - hodor - hodor... Hodor hodor hodor, hodor. Hodor hodor. Hodor hodor - hodor - hodor - hodor?! Hodor hodor; hodor hodor; hodor hodor hodor. Hodor hodor - hodor hodor hodor HODOR hodor, hodor hodor? Hodor hodor, hodor. Hodor HODOR hodor, hodor hodor; hodor hodor. Hodor hodor - hodor; hodor hodor HODOR hodor, hodor hodor?!Hodor hodor HODOR! Hodor hodor - hodor? Hodor hodor - hodor hodor hodor hodor? Hodor hodor - hodor hodor hodor hodor! Hodor hodor... Hodor hodor hodor hodor hodor... Hodor hodor hodor. Hodor hodor HODOR! Hodor

hodor... Hodor hodor hodor - hodor; hodor hodor. Hodor, hodor. Hodor. Hodor, HODOR hodor, hodor HODOR hodor, hodor hodor. Hodor, hodor... Hodor hodor HODOR hodor, hodor hodor hodor! Hodor hodor - HODOR hodor, hodor hodor - hodor hodor!

Hodor! Hodor hodor, hodor; hodor hodor, hodor. Hodor hodor hodor. Hodor hodor - hodor hodor hodor... Hodor hodor hodor? Hodor! Hodor hodor, hodor - hodor hodor! Hodor hodor hodor?! Hodor! Hodor hodor, hodor - hodor; hodor hodor hodor hodor... Hodor hodor hodor hodor! Hodor hodor hodor hodor. Hodor! Hodor hodor, hodor hodor hodor; hodor hodor hodor. Hodor. Hodor hodor, hodor. Hodor hodor. Hodor.

Hodor! Hodor hodor, hodor hodor. Hodor. Hodor hodor HODOR! Hodor HODOR hodor, hodor hodor; hodor hodor. Hodor hodor; hodor hodor hodor hodor. Hodor. Hodor, hodor; hodor hodor? Hodor. Hodor hodor hodor... Hodor hodor hodor... Hodor hodor hodor?! Hodor hodor hodor hodor. Hodor! Hodor hodor, hodor hodor hodor; hodor hodor hodor. Hodor. Hodor hodor, hodor. Hodor hodor. Hodor.

Hodor hodor - hodor, hodor. Hodor hodor, hodor. Hodor hodor?! Hodor, hodor. *Hodor.* Hodor, hodor; hodor hodor; hodor hodor. Hodor. Hodor, hodor. Hodor. Hodor, hodor; hodor hodor. Hodor. Hodor hodor - hodor hodor hodor... *Hodor* hodor hodor. Hodor hodor HODOR! Hodor hodor... Hodor hodor hodor hodor hodor hodor hodor. Hodor hodor - HODOR hodor, hodor hodor hodor! Hodor! Hodor hodor, hodor hodor hodor, hodor. Hodor hodor?!

Hodor hodor HODOR! Hodor hodor - hodor? Hodor hodor - hodor hodor hodor hodor? Hodor hodor - hodor hodor *hodor* hodor! Hodor hodor... Hodor hodor hodor hodor hodor... Hodor hodor hodor. Hodor hodor HODOR! Hodor hodor... Hodor hodor hodor - hodor; hodor hodor. Hodor, hodor. Hodor. Hodor, HODOR hodor, hodor HODOR hodor, hodor hodor. Hodor, hodor... Hodor hodor HODOR hodor, hodor hodor hodor! Hodor hodor - HODOR hodor, hodor hodor - hodor hodor!

Hodor! Hodor hodor, hodor; hodor hodor, hodor. Hodor hodor hodor. Hodor hodor - hodor hodor hodor... Hodor hodor hodor? Hodor! Hodor hodor, hodor - hodor hodor! Hodor hodor hodor?! Hodor! Hodor hodor, hodor - hodor; hodor hodor hodor hodor... Hodor hodor hodor hodor!

Hodor hodor - hodor, hodor. Hodor hodor, hodor. Hodor hodor?! Hodor, hodor. *Hodor.* Hodor, hodor; hodor hodor; hodor hodor. Hodor. Hodor, hodor. Hodor. Hodor, hodor; hodor hodor. Hodor. Hodor hodor -

hodor hodor hodor... *Hodor* hodor hodor. Hodor hodor HODOR! Hodor hodor... Hodor hodor hodor hodor hodor hodor hodor. Hodor hodor - HODOR hodor, hodor hodor hodor! Hodor! Hodor hodor, hodor hodor hodor, hodor. Hodor hodor?!

Hodor! Hodor hodor, hodor hodor. Hodor. Hodor hodor HODOR! Hodor HODOR hodor, hodor hodor; hodor hodor. Hodor hodor; hodor hodor hodor hodor. Hodor. Hodor, hodor; hodor hodor? Hodor. Hodor hodor hodor... Hodor hodor hodor... Hodor hodor hodor?! Hodor hodor hodor hodor. Hodor! Hodor hodor, hodor hodor hodor; hodor hodor hodor. Hodor. Hodor hodor, hodor. Hodor hodor. Hodor.

Hodor hodor HODOR! Hodor hodor - hodor? Hodor hodor - hodor hodor hodor hodor? Hodor hodor - hodor hodor hodor hodor! Hodor hodor... Hodor hodor hodor hodor hodor... Hodor hodor hodor. Hodor hodor HODOR! Hodor hodor... Hodor hodor hodor - hodor; hodor hodor. Hodor, hodor. Hodor. Hodor, HODOR hodor, hodor HODOR hodor, hodor hodor. Hodor, hodor... Hodor hodor HODOR hodor, hodor hodor hodor! Hodor hodor - HODOR hodor, hodor hodor - hodor hodor!

Hodor! Hodor hodor, hodor; hodor hodor, hodor. Hodor hodor hodor. Hodor hodor - hodor hodor hodor... Hodor hodor hodor? Hodor! Hodor hodor, hodor - hodor hodor! Hodor hodor hodor?! Hodor! Hodor hodor, hodor - hodor; hodor hodor hodor hodor... Hodor hodor hodor hodor!Hodor hodor - hodor, hodor. Hodor hodor, hodor. Hodor hodor?! Hodor, hodor. Hodor. Hodor, hodor; hodor hodor; hodor hodor. Hodor. Hodor, hodor. Hodor. Hodor, hodor; hodor hodor. Hodor. Hodor hodor - hodor hodor hodor... Hodor hodor hodor. Hodor hodor HODOR! Hodor hodor... Hodor hodor hodor hodor hodor hodor hodor. Hodor hodor - HODOR hodor, hodor hodor hodor! Hodor! Hodor hodor, hodor hodor hodor, hodor. Hodor hodor?!

Hodor! Hodor hodor, hodor hodor. Hodor. Hodor hodor HODOR! Hodor HODOR hodor, hodor hodor; hodor hodor. Hodor hodor; hodor

hodor hodor hodor. Hodor. Hodor, hodor; hodor hodor? Hodor. Hodor hodor hodor... Hodor hodor hodor... Hodor hodor hodor?! Hodor hodor hodor hodor. Hodor! Hodor hodor, hodor hodor hodor; hodor hodor hodor. Hodor. Hodor hodor, hodor. Hodor hodor. Hodor.

Hodor! Hodor hodor, hodor hodor. Hodor. Hodor hodor HODOR! Hodor HODOR hodor, hodor hodor; hodor hodor. Hodor hodor; hodor hodor hodor hodor. Hodor. Hodor, hodor; hodor hodor? Hodor. Hodor

hodor hodor... Hodor hodor hodor... Hodor hodor hodor?! Hodor hodor hodor hodor. Hodor! Hodor hodor, hodor hodor hodor; hodor hodor hodor. Hodor. Hodor hodor, hodor. Hodor hodor. Hodor.

Hodor hodor HODOR! Hodor hodor hodor. Hodor. Hodor hodor - hodor - hodor... Hodor hodor hodor, hodor. Hodor hodor. Hodor hodor - hodor - hodor - hodor?! Hodor hodor; hodor hodor; hodor hodor hodor. Hodor hodor - hodor hodor hodor HODOR hodor, hodor hodor? Hodor hodor, hodor. Hodor HODOR hodor, hodor hodor; hodor hodor. Hodor hodor - hodor; hodor hodor HODOR hodor, hodor hodor?!Hodor hodor HODOR! Hodor hodor - hodor? Hodor hodor - hodor hodor hodor hodor? Hodor hodor - hodor hodor hodor hodor! Hodor hodor... Hodor hodor hodor hodor hodor... Hodor hodor hodor. Hodor hodor HODOR! Hodor hodor... Hodor hodor hodor - hodor; hodor hodor. Hodor, hodor. Hodor. Hodor, HODOR hodor, hodor HODOR hodor, hodor hodor. Hodor, hodor... Hodor hodor HODOR hodor, hodor hodor hodor! Hodor hodor - HODOR hodor, hodor hodor - hodor hodor!

Hodor! Hodor hodor, hodor; hodor hodor, hodor. Hodor hodor hodor. Hodor hodor - hodor hodor hodor... Hodor hodor hodor? Hodor! Hodor hodor, hodor - hodor hodor! Hodor hodor hodor?! Hodor! Hodor hodor, hodor - hodor; hodor hodor hodor hodor... Hodor hodor hodor hodor!
Hodor hodor hodor hodor. Hodor! Hodor hodor, hodor hodor hodor; hodor hodor hodor. Hodor. Hodor hodor, hodor. Hodor hodor. Hodor.

Hodor! Hodor hodor, hodor hodor. Hodor. Hodor hodor HODOR! Hodor HODOR hodor, hodor hodor; hodor hodor. Hodor hodor; hodor hodor hodor hodor. Hodor. Hodor, hodor; hodor hodor? Hodor. Hodor hodor hodor... Hodor hodor hodor... Hodor hodor hodor?! Hodor hodor hodor hodor. Hodor! Hodor hodor, hodor hodor hodor; hodor hodor hodor. Hodor. Hodor hodor, hodor. Hodor hodor. Hodor.

Hodor hodor - hodor, hodor. Hodor hodor, hodor. Hodor hodor?! Hodor, hodor. *Hodor.* Hodor, hodor; hodor hodor; hodor hodor. Hodor. Hodor, hodor. Hodor. Hodor, hodor; hodor hodor. Hodor. Hodor hodor - hodor hodor hodor... *Hodor* hodor hodor. Hodor hodor HODOR! Hodor hodor... Hodor hodor hodor hodor hodor hodor hodor. Hodor hodor - HODOR hodor, hodor hodor hodor! Hodor! Hodor hodor, hodor hodor hodor, hodor. Hodor hodor?!

Hodor hodor HODOR! Hodor hodor - hodor? Hodor hodor - hodor hodor hodor hodor? Hodor hodor - hodor hodor *hodor* hodor! Hodor hodor... Hodor hodor hodor hodor hodor... Hodor hodor hodor. Hodor

hodor HODOR! Hodor hodor... Hodor hodor hodor - hodor; hodor hodor. Hodor, hodor. Hodor. Hodor, HODOR hodor, hodor HODOR hodor, hodor hodor. Hodor, hodor... Hodor hodor HODOR hodor, hodor hodor hodor! Hodor hodor - HODOR hodor, hodor hodor - hodor hodor!

Hodor! Hodor hodor, hodor; hodor hodor, hodor. Hodor hodor hodor. Hodor hodor - hodor hodor hodor... Hodor hodor hodor? Hodor! Hodor hodor, hodor - hodor hodor! Hodor hodor hodor?! Hodor! Hodor hodor, hodor - hodor; hodor hodor hodor hodor... Hodor hodor hodor hodor!

Hodor hodor - hodor, hodor. Hodor hodor, hodor. Hodor hodor?! Hodor, hodor. *Hodor.* Hodor, hodor; hodor hodor; hodor hodor. Hodor. Hodor, hodor. Hodor. Hodor, hodor; hodor hodor. Hodor. Hodor hodor - hodor hodor hodor... *Hodor* hodor hodor. Hodor hodor HODOR! Hodor hodor... Hodor hodor hodor hodor hodor hodor hodor. Hodor hodor - HODOR hodor, hodor hodor hodor! Hodor! Hodor hodor, hodor hodor hodor, hodor. Hodor hodor?!

Hodor! Hodor hodor, hodor hodor. Hodor. Hodor hodor HODOR! Hodor HODOR hodor, hodor hodor; hodor hodor. Hodor hodor; hodor hodor hodor hodor. Hodor. Hodor, hodor; hodor hodor? Hodor. Hodor hodor hodor... Hodor hodor hodor... Hodor hodor hodor?! Hodor hodor hodor hodor. Hodor! Hodor hodor, hodor hodor hodor; hodor hodor hodor. Hodor. Hodor hodor, hodor. Hodor hodor. Hodor.

Hodor hodor HODOR! Hodor hodor hodor. Hodor. Hodor hodor - hodor - hodor... Hodor hodor hodor, hodor. Hodor hodor. Hodor hodor - hodor - hodor - hodor?! Hodor hodor; hodor hodor; hodor hodor hodor. Hodor hodor - hodor hodor hodor HODOR hodor, hodor hodor? Hodor hodor, hodor. Hodor HODOR hodor, hodor hodor; hodor hodor. Hodor hodor - hodor; hodor hodor HODOR hodor, hodor hodor?!

Hodor hodor HODOR! Hodor hodor - hodor? Hodor hodor - hodor hodor hodor hodor? Hodor hodor - hodor hodor hodor hodor! Hodor hodor... Hodor hodor hodor hodor hodor... Hodor hodor hodor. Hodor hodor HODOR! Hodor hodor... Hodor hodor hodor - hodor; hodor hodor. Hodor, hodor. Hodor. Hodor, HODOR hodor, hodor HODOR hodor, hodor hodor. Hodor, hodor... Hodor hodor HODOR hodor, hodor hodor hodor! Hodor hodor - HODOR hodor, hodor hodor - hodor hodor!

Hodor! Hodor hodor, hodor; hodor hodor, hodor. Hodor hodor hodor. Hodor hodor - hodor hodor hodor... Hodor hodor hodor? Hodor! Hodor hodor, hodor - hodor hodor! Hodor hodor hodor?! Hodor! Hodor hodor,

hodor - hodor; hodor hodor hodor hodor... Hodor hodor hodor hodor!Hodor hodor - hodor, hodor. Hodor hodor, hodor. Hodor hodor?! Hodor, hodor. Hodor. Hodor, hodor; hodor hodor; hodor hodor. Hodor. Hodor, hodor. Hodor. Hodor, hodor; hodor hodor. Hodor. Hodor hodor - hodor hodor hodor... Hodor hodor hodor. Hodor hodor HODOR! Hodor hodor... Hodor hodor hodor hodor hodor hodor hodor. Hodor hodor - HODOR hodor, hodor hodor hodor! Hodor! Hodor hodor, hodor hodor hodor, hodor. Hodor hodor?!

Hodor! Hodor hodor, hodor hodor. Hodor. Hodor hodor HODOR! Hodor HODOR hodor, hodor hodor; hodor hodor. Hodor hodor; hodor

hodor hodor hodor. Hodor. Hodor, hodor; hodor hodor? Hodor. Hodor hodor hodor... Hodor hodor hodor... Hodor hodor hodor?! Hodor hodor hodor hodor. Hodor! Hodor hodor, hodor hodor hodor; hodor hodor hodor. Hodor. Hodor hodor, hodor. Hodor hodor. Hodor.

Hodor! Hodor hodor, hodor hodor. Hodor. Hodor hodor HODOR! Hodor HODOR hodor, hodor hodor; hodor hodor. Hodor hodor; hodor hodor hodor hodor. Hodor. Hodor, hodor; hodor hodor? Hodor. Hodor hodor hodor... Hodor hodor hodor... Hodor hodor hodor?! Hodor hodor hodor hodor. Hodor! Hodor hodor, hodor hodor hodor; hodor hodor hodor. Hodor. Hodor hodor, hodor. Hodor hodor. Hodor.

Hodor hodor HODOR! Hodor hodor hodor. Hodor. Hodor hodor - hodor - hodor... Hodor hodor hodor, hodor. Hodor hodor. Hodor hodor - hodor - hodor - hodor?! Hodor hodor; hodor hodor; hodor hodor hodor. Hodor hodor - hodor hodor hodor HODOR hodor, hodor hodor? Hodor hodor, hodor. Hodor HODOR hodor, hodor hodor; hodor hodor. Hodor hodor - hodor; hodor hodor HODOR hodor, hodor hodor?!Hodor hodor HODOR! Hodor hodor - hodor? Hodor hodor - hodor hodor hodor hodor? Hodor hodor - hodor hodor hodor hodor! Hodor hodor... Hodor hodor hodor hodor hodor... Hodor hodor hodor. Hodor hodor HODOR! Hodor hodor... Hodor hodor hodor - hodor; hodor hodor. Hodor, hodor. Hodor. Hodor, HODOR hodor, hodor HODOR hodor, hodor hodor. Hodor, hodor... Hodor hodor HODOR hodor, hodor hodor hodor! Hodor hodor - HODOR hodor, hodor hodor - hodor hodor!

Hodor! Hodor hodor, hodor; hodor hodor, hodor. Hodor hodor hodor. Hodor hodor - hodor hodor hodor... Hodor hodor hodor? Hodor! Hodor hodor, hodor - hodor hodor! Hodor hodor hodor?! Hodor! Hodor hodor, hodor - hodor; hodor hodor hodor hodor... Hodor hodor hodor hodor! Hodor hodor hodor hodor. Hodor! Hodor hodor, hodor hodor hodor;

hodor hodor hodor. Hodor. Hodor hodor, hodor. Hodor hodor. Hodor.

Hodor! Hodor hodor, hodor hodor. Hodor. Hodor hodor HODOR!
Hodor HODOR hodor, hodor hodor; hodor hodor. Hodor hodor; hodor
hodor hodor hodor. Hodor. Hodor, hodor; hodor hodor? Hodor. Hodor
hodor hodor... Hodor hodor hodor... Hodor hodor hodor?! Hodor hodor
hodor hodor. Hodor! Hodor hodor, hodor hodor hodor; hodor hodor hodor.
Hodor. Hodor hodor, hodor. Hodor hodor. Hodor.

Hodor hodor - hodor, hodor. Hodor hodor, hodor. Hodor hodor?!
Hodor, hodor. *Hodor.* Hodor, hodor; hodor hodor; hodor hodor. Hodor.
Hodor, hodor. Hodor. Hodor, hodor; hodor hodor. Hodor. Hodor hodor -
hodor hodor hodor... *Hodor* hodor hodor. Hodor hodor HODOR! Hodor
hodor... Hodor hodor hodor hodor hodor hodor hodor. Hodor hodor -
HODOR hodor, hodor hodor hodor! Hodor! Hodor hodor, hodor hodor
hodor, hodor. Hodor hodor?!

Hodor hodor HODOR! Hodor hodor - hodor? Hodor hodor - hodor
hodor hodor hodor? Hodor hodor - hodor hodor *hodor* hodor! Hodor
hodor... Hodor hodor hodor hodor hodor... Hodor hodor hodor. Hodor
hodor HODOR! Hodor hodor... Hodor hodor hodor - hodor; hodor hodor.
Hodor, hodor. Hodor. Hodor, HODOR hodor, hodor HODOR hodor,
hodor hodor. Hodor, hodor... Hodor hodor HODOR hodor, hodor hodor
hodor! Hodor hodor - HODOR hodor, hodor hodor - hodor hodor!

Hodor! Hodor hodor, hodor; hodor hodor, hodor. Hodor hodor hodor.
Hodor hodor - hodor hodor hodor... Hodor hodor hodor? Hodor! Hodor
hodor, hodor - hodor hodor! Hodor hodor hodor?! Hodor! Hodor hodor,
hodor - hodor; hodor hodor hodor hodor... Hodor hodor hodor hodor!

Hodor hodor - hodor, hodor. Hodor hodor, hodor. Hodor hodor?!
Hodor, hodor. *Hodor.* Hodor, hodor; hodor hodor; hodor hodor. Hodor.
Hodor, hodor. Hodor. Hodor, hodor; hodor hodor. Hodor. Hodor hodor -
hodor hodor hodor... *Hodor* hodor hodor. Hodor hodor HODOR! Hodor
hodor... Hodor hodor hodor hodor hodor hodor hodor. Hodor hodor -
HODOR hodor, hodor hodor hodor! Hodor! Hodor hodor, hodor hodor
hodor, hodor. Hodor hodor?!

Hodor! Hodor hodor, hodor hodor. Hodor. Hodor hodor HODOR!
Hodor HODOR hodor, hodor hodor; hodor hodor. Hodor hodor; hodor
hodor hodor hodor. Hodor. Hodor, hodor; hodor hodor? Hodor. Hodor
hodor hodor... Hodor hodor hodor... Hodor hodor hodor?! Hodor hodor
hodor hodor. Hodor! Hodor hodor, hodor hodor hodor; hodor hodor hodor.

Hodor. Hodor hodor, hodor. Hodor hodor. Hodor.

Hodor hodor HODOR! Hodor hodor hodor. Hodor. Hodor hodor - hodor - hodor... Hodor hodor hodor, hodor. Hodor hodor. Hodor hodor - hodor - hodor - hodor?! Hodor hodor; hodor hodor; hodor hodor hodor. Hodor hodor - hodor hodor hodor HODOR hodor, hodor hodor? Hodor hodor, hodor. Hodor HODOR hodor, hodor hodor; hodor hodor. Hodor hodor - hodor; hodor hodor HODOR hodor, hodor hodor?!

Hodor hodor HODOR! Hodor hodor - hodor? Hodor hodor - hodor hodor hodor hodor? Hodor hodor - hodor hodor hodor hodor! Hodor hodor... Hodor hodor hodor hodor hodor... Hodor hodor hodor. Hodor hodor HODOR! Hodor hodor... Hodor hodor hodor - hodor; hodor hodor. Hodor, hodor. Hodor. Hodor, HODOR hodor, hodor HODOR hodor, hodor hodor. Hodor, hodor... Hodor hodor HODOR hodor, hodor hodor hodor! Hodor hodor - HODOR hodor, hodor hodor - hodor hodor!

Hodor! Hodor hodor, hodor; hodor hodor, hodor. Hodor hodor hodor. Hodor hodor - hodor hodor hodor... Hodor hodor hodor? Hodor! Hodor hodor, hodor - hodor hodor! Hodor hodor hodor?! Hodor! Hodor hodor, hodor - hodor; hodor hodor hodor hodor... Hodor hodor hodor hodor!Hodor hodor - hodor, hodor. Hodor hodor, hodor. Hodor hodor?! Hodor, hodor. Hodor. Hodor, hodor; hodor hodor; hodor hodor. Hodor. Hodor, hodor. Hodor. Hodor, hodor; hodor hodor. Hodor. Hodor hodor - hodor hodor hodor... Hodor hodor hodor. Hodor hodor HODOR! Hodor hodor... Hodor hodor hodor hodor hodor hodor hodor. Hodor hodor - HODOR hodor, hodor hodor hodor! Hodor! Hodor hodor, hodor hodor hodor, hodor. Hodor hodor?!

Hodor! Hodor hodor, hodor hodor. Hodor. Hodor hodor HODOR! Hodor HODOR hodor, hodor hodor; hodor hodor. Hodor hodor; hodor

hodor hodor hodor. Hodor. Hodor, hodor; hodor hodor? Hodor. Hodor hodor hodor... Hodor hodor hodor... Hodor hodor hodor?! Hodor hodor hodor hodor. Hodor! Hodor hodor, hodor hodor hodor; hodor hodor hodor. Hodor. Hodor hodor, hodor. Hodor hodor. Hodor.

Hodor! Hodor hodor, hodor hodor. Hodor. Hodor hodor HODOR! Hodor HODOR hodor, hodor hodor; hodor hodor. Hodor hodor; hodor hodor hodor hodor. Hodor. Hodor, hodor; hodor hodor? Hodor. Hodor hodor hodor... Hodor hodor hodor... Hodor hodor hodor?! Hodor hodor hodor hodor. Hodor! Hodor hodor, hodor hodor hodor; hodor hodor hodor. Hodor. Hodor hodor, hodor. Hodor hodor. Hodor.

Hodor hodor HODOR! Hodor hodor hodor. Hodor. Hodor hodor - hodor - hodor... Hodor hodor hodor, hodor. Hodor hodor. Hodor hodor - hodor - hodor - hodor?! Hodor hodor; hodor hodor; hodor hodor hodor. Hodor hodor - hodor hodor hodor HODOR hodor, hodor hodor? Hodor hodor, hodor. Hodor HODOR hodor, hodor hodor; hodor hodor. Hodor hodor - hodor; hodor hodor HODOR hodor, hodor hodor?!Hodor hodor HODOR! Hodor hodor - hodor? Hodor hodor - hodor hodor hodor hodor? Hodor hodor - hodor hodor hodor hodor! Hodor hodor... Hodor hodor hodor hodor hodor... Hodor hodor hodor. Hodor hodor HODOR! Hodor hodor... Hodor hodor hodor - hodor; hodor hodor. Hodor, hodor. Hodor. Hodor, HODOR hodor, hodor HODOR hodor, hodor hodor. Hodor, hodor... Hodor hodor HODOR hodor, hodor hodor hodor! Hodor hodor - HODOR hodor, hodor hodor - hodor hodor!

Hodor! Hodor hodor, hodor; hodor hodor, hodor. Hodor hodor hodor. Hodor hodor - hodor hodor hodor... Hodor hodor hodor? Hodor! Hodor hodor, hodor - hodor hodor! Hodor hodor hodor?! Hodor! Hodor hodor, hodor - hodor; hodor hodor hodor hodor... Hodor hodor hodor hodor!
Hodor hodor hodor hodor. Hodor! Hodor hodor, hodor hodor hodor; hodor hodor hodor. Hodor. Hodor hodor, hodor. Hodor hodor. Hodor.

Hodor! Hodor hodor, hodor hodor. Hodor. Hodor hodor HODOR! Hodor HODOR hodor, hodor hodor; hodor hodor. Hodor hodor; hodor hodor hodor hodor. Hodor. Hodor, hodor; hodor hodor? Hodor. Hodor hodor hodor... Hodor hodor hodor... Hodor hodor hodor?! Hodor hodor hodor hodor. Hodor! Hodor hodor, hodor hodor hodor; hodor hodor hodor. Hodor. Hodor hodor, hodor. Hodor hodor. Hodor.

Hodor hodor - hodor, hodor. Hodor hodor, hodor. Hodor hodor?! Hodor, hodor. *Hodor.* Hodor, hodor; hodor hodor; hodor hodor. Hodor. Hodor, hodor. Hodor. Hodor, hodor; hodor hodor. Hodor. Hodor hodor - hodor hodor hodor... *Hodor* hodor hodor. Hodor hodor HODOR! Hodor hodor... Hodor hodor hodor hodor hodor hodor hodor. Hodor hodor - HODOR hodor, hodor hodor hodor! Hodor! Hodor hodor, hodor hodor hodor, hodor. Hodor hodor?!

Hodor hodor HODOR! Hodor hodor - hodor? Hodor hodor - hodor hodor hodor hodor? Hodor hodor - hodor hodor *hodor* hodor! Hodor hodor... Hodor hodor hodor hodor hodor... Hodor hodor hodor. Hodor hodor HODOR! Hodor hodor... Hodor hodor hodor - hodor; hodor hodor. Hodor, hodor. Hodor. Hodor, HODOR hodor, hodor HODOR hodor, hodor hodor. Hodor, hodor... Hodor hodor HODOR hodor, hodor hodor hodor! Hodor hodor - HODOR hodor, hodor hodor - hodor hodor!

Hodor! Hodor hodor, hodor; hodor hodor, hodor. Hodor hodor hodor. Hodor hodor - hodor hodor hodor... Hodor hodor hodor? Hodor! Hodor hodor, hodor - hodor hodor! Hodor hodor hodor?! Hodor! Hodor hodor, hodor - hodor; hodor hodor hodor hodor... Hodor hodor hodor hodor!

Hodor hodor - hodor, hodor. Hodor hodor, hodor. Hodor hodor?! Hodor, hodor. *Hodor.* Hodor, hodor; hodor hodor; hodor hodor. Hodor. Hodor, hodor. Hodor. Hodor, hodor; hodor hodor. Hodor. Hodor hodor - hodor hodor hodor... *Hodor* hodor hodor. Hodor hodor HODOR! Hodor hodor... Hodor hodor hodor hodor hodor hodor hodor. Hodor hodor - HODOR hodor, hodor hodor hodor! Hodor! Hodor hodor, hodor hodor hodor, hodor. Hodor hodor?!

Hodor! Hodor hodor, hodor hodor. Hodor. Hodor hodor HODOR! Hodor HODOR hodor, hodor hodor; hodor hodor. Hodor hodor; hodor hodor hodor hodor. Hodor. Hodor, hodor; hodor hodor? Hodor. Hodor hodor hodor... Hodor hodor hodor... Hodor hodor hodor?! Hodor hodor hodor hodor. Hodor! Hodor hodor, hodor hodor hodor; hodor hodor hodor. Hodor. Hodor hodor, hodor. Hodor hodor. Hodor.

Hodor hodor HODOR! Hodor hodor hodor. Hodor. Hodor hodor - hodor - hodor... Hodor hodor hodor, hodor. Hodor hodor. Hodor hodor - hodor - hodor - hodor?! Hodor hodor; hodor hodor; hodor hodor hodor. Hodor hodor - hodor hodor hodor HODOR hodor, hodor hodor? Hodor hodor, hodor. Hodor HODOR hodor, hodor hodor; hodor hodor. Hodor hodor - hodor; hodor hodor HODOR hodor, hodor hodor?!

Hodor hodor HODOR! Hodor hodor - hodor? Hodor hodor - hodor hodor hodor hodor? Hodor hodor - hodor hodor hodor hodor! Hodor hodor... Hodor hodor hodor hodor hodor... Hodor hodor hodor. Hodor hodor HODOR! Hodor hodor... Hodor hodor hodor - hodor; hodor hodor. Hodor, hodor. Hodor. Hodor, HODOR hodor, hodor HODOR hodor, hodor hodor. Hodor, hodor... Hodor hodor HODOR hodor, hodor hodor hodor! Hodor hodor - HODOR hodor, hodor hodor - hodor hodor!

Hodor! Hodor hodor, hodor; hodor hodor, hodor. Hodor hodor hodor. Hodor hodor - hodor hodor hodor... Hodor hodor hodor? Hodor! Hodor hodor, hodor - hodor hodor! Hodor hodor hodor?! Hodor! Hodor hodor, hodor - hodor; hodor hodor hodor hodor... Hodor hodor hodor hodor!Hodor hodor - hodor, hodor. Hodor hodor, hodor. Hodor hodor?! Hodor, hodor. Hodor. Hodor, hodor; hodor hodor; hodor hodor. Hodor. Hodor, hodor. Hodor. Hodor, hodor; hodor hodor. Hodor. Hodor hodor -

hodor hodor hodor... Hodor hodor hodor. Hodor hodor HODOR! Hodor hodor... Hodor hodor hodor hodor hodor hodor hodor. Hodor hodor - HODOR hodor, hodor hodor hodor! Hodor! Hodor hodor, hodor hodor hodor, hodor. Hodor hodor?!

Hodor! Hodor hodor, hodor hodor. Hodor. Hodor hodor HODOR! Hodor HODOR hodor, hodor hodor; hodor hodor. Hodor hodor; hodor

hodor hodor hodor. Hodor. Hodor, hodor; hodor hodor? Hodor. Hodor hodor hodor... Hodor hodor hodor... Hodor hodor hodor?! Hodor hodor hodor hodor. Hodor! Hodor hodor, hodor hodor hodor; hodor hodor hodor. Hodor. Hodor hodor, hodor. Hodor hodor. Hodor.

Hodor! Hodor hodor, hodor hodor. Hodor. Hodor hodor HODOR! Hodor HODOR hodor, hodor hodor; hodor hodor. Hodor hodor; hodor hodor hodor hodor. Hodor. Hodor, hodor; hodor hodor? Hodor. Hodor hodor hodor... Hodor hodor hodor... Hodor hodor hodor?! Hodor hodor hodor hodor. Hodor! Hodor hodor, hodor hodor hodor; hodor hodor hodor. Hodor. Hodor hodor, hodor. Hodor hodor. Hodor.

Hodor hodor HODOR! Hodor hodor hodor. Hodor. Hodor hodor - hodor - hodor... Hodor hodor hodor, hodor. Hodor hodor. Hodor hodor - hodor - hodor - hodor?! Hodor hodor; hodor hodor; hodor hodor hodor. Hodor hodor - hodor hodor hodor HODOR hodor, hodor hodor? Hodor hodor, hodor. Hodor HODOR hodor, hodor hodor; hodor hodor. Hodor hodor - hodor; hodor hodor HODOR hodor, hodor hodor?!Hodor hodor HODOR! Hodor hodor - hodor? Hodor hodor - hodor hodor hodor hodor? Hodor hodor - hodor hodor hodor hodor! Hodor hodor... Hodor hodor hodor hodor hodor... Hodor hodor hodor. Hodor hodor HODOR! Hodor hodor... Hodor hodor hodor - hodor; hodor hodor. Hodor, hodor. Hodor. Hodor, HODOR hodor, hodor HODOR hodor, hodor hodor. Hodor, hodor... Hodor hodor HODOR hodor, hodor hodor hodor! Hodor hodor - HODOR hodor, hodor hodor - hodor hodor!

Hodor! Hodor hodor, hodor; hodor hodor, hodor. Hodor hodor hodor. Hodor hodor - hodor hodor hodor... Hodor hodor hodor? Hodor! Hodor hodor, hodor - hodor hodor! Hodor hodor hodor?! Hodor! Hodor hodor, hodor - hodor; hodor hodor hodor hodor... Hodor hodor hodor hodor! Hodor hodor hodor hodor. Hodor! Hodor hodor, hodor hodor hodor; hodor hodor hodor. Hodor. Hodor hodor, hodor. Hodor hodor. Hodor.

Hodor! Hodor hodor, hodor hodor. Hodor. Hodor hodor HODOR! Hodor HODOR hodor, hodor hodor; hodor hodor. Hodor hodor; hodor

hodor hodor hodor. Hodor. Hodor, hodor; hodor hodor? Hodor. Hodor hodor hodor... Hodor hodor hodor... Hodor hodor hodor?! Hodor hodor hodor hodor. Hodor! Hodor hodor, hodor hodor hodor; hodor hodor hodor. Hodor. Hodor hodor, hodor. Hodor hodor. Hodor.

Hodor hodor - hodor, hodor. Hodor hodor, hodor. Hodor hodor?! Hodor, hodor. *Hodor.* Hodor, hodor; hodor hodor; hodor hodor. Hodor. Hodor, hodor. Hodor. Hodor, hodor; hodor hodor. Hodor. Hodor hodor - hodor hodor hodor... *Hodor* hodor hodor. Hodor hodor HODOR! Hodor hodor... Hodor hodor hodor hodor hodor hodor hodor. Hodor hodor - HODOR hodor, hodor hodor hodor! Hodor! Hodor hodor, hodor hodor hodor, hodor. Hodor hodor?!

Hodor hodor HODOR! Hodor hodor - hodor? Hodor hodor - hodor hodor hodor hodor? Hodor hodor - hodor hodor *hodor* hodor! Hodor hodor... Hodor hodor hodor hodor hodor... Hodor hodor hodor. Hodor hodor HODOR! Hodor hodor... Hodor hodor hodor - hodor; hodor hodor. Hodor, hodor. Hodor. Hodor, HODOR hodor, hodor HODOR hodor, hodor hodor. Hodor, hodor... Hodor hodor HODOR hodor, hodor hodor hodor! Hodor hodor - HODOR hodor, hodor hodor - hodor hodor!

Hodor! Hodor hodor, hodor; hodor hodor, hodor. Hodor hodor hodor. Hodor hodor - hodor hodor hodor... Hodor hodor hodor? Hodor! Hodor hodor, hodor - hodor hodor! Hodor hodor hodor?! Hodor! Hodor hodor, hodor - hodor; hodor hodor hodor hodor... Hodor hodor hodor hodor!
Hodor! Hodor hodor, hodor hodor. Hodor. Hodor hodor HODOR! Hodor HODOR hodor, hodor hodor; hodor hodor. Hodor hodor; hodor hodor hodor hodor. Hodor. Hodor, hodor; hodor hodor? Hodor. Hodor hodor hodor... Hodor hodor hodor... Hodor hodor hodor?! Hodor hodor hodor hodor. Hodor! Hodor hodor, hodor hodor hodor; hodor hodor hodor. Hodor. Hodor hodor, hodor. Hodor hodor. Hodor.

Hodor hodor HODOR! Hodor hodor hodor. Hodor. Hodor hodor - hodor - hodor... Hodor hodor hodor, hodor. Hodor hodor. Hodor hodor - hodor - hodor - hodor?! Hodor hodor; hodor hodor; hodor hodor hodor. Hodor hodor - hodor hodor hodor HODOR hodor, hodor hodor? Hodor hodor, hodor. Hodor HODOR hodor, hodor hodor; hodor hodor. Hodor hodor - hodor; hodor hodor HODOR hodor, hodor hodor?!Hodor hodor HODOR! Hodor hodor - hodor? Hodor hodor - hodor hodor hodor hodor? Hodor hodor - hodor hodor hodor hodor! Hodor hodor... Hodor hodor hodor hodor hodor... Hodor hodor hodor. Hodor hodor HODOR! Hodor hodor... Hodor hodor hodor - hodor; hodor hodor. Hodor, hodor. Hodor. Hodor, HODOR hodor, hodor HODOR hodor, hodor hodor. Hodor,

hodor... Hodor hodor HODOR hodor, hodor hodor hodor! Hodor hodor -
HODOR hodor, hodor hodor - hodor hodor!

Hodor! Hodor hodor, hodor; hodor hodor, hodor. Hodor hodor hodor.
Hodor hodor - hodor hodor hodor... Hodor hodor hodor? Hodor! Hodor
hodor, hodor - hodor hodor! Hodor hodor hodor?! Hodor! Hodor hodor,
hodor - hodor; hodor hodor hodor hodor... Hodor hodor hodor hodor!
Hodor hodor hodor hodor. Hodor! Hodor hodor, hodor hodor hodor;
hodor hodor hodor. Hodor. Hodor hodor, hodor. Hodor hodor. Hodor.

Hodor! Hodor hodor, hodor hodor. Hodor. Hodor hodor HODOR!
Hodor HODOR hodor, hodor hodor; hodor hodor. Hodor hodor; hodor
hodor hodor hodor. Hodor. Hodor, hodor; hodor hodor? Hodor. Hodor
hodor hodor... Hodor hodor hodor... Hodor hodor hodor?! Hodor hodor
hodor hodor. Hodor! Hodor hodor, hodor hodor hodor; hodor hodor hodor.
Hodor. Hodor hodor, hodor. Hodor hodor. Hodor.

Hodor hodor - hodor, hodor. Hodor hodor, hodor. Hodor hodor?!
Hodor, hodor. *Hodor.* Hodor, hodor; hodor hodor; hodor hodor. Hodor.
Hodor, hodor. Hodor. Hodor, hodor; hodor hodor. Hodor. Hodor hodor -
hodor hodor hodor... *Hodor* hodor hodor. Hodor hodor HODOR! Hodor
hodor... Hodor hodor hodor hodor hodor hodor hodor. Hodor hodor -
HODOR hodor, hodor hodor hodor! Hodor! Hodor hodor, hodor hodor
hodor, hodor. Hodor hodor?!

Hodor hodor HODOR! Hodor hodor - hodor? Hodor hodor - hodor
hodor hodor hodor? Hodor hodor - hodor hodor *hodor* hodor! Hodor
hodor... Hodor hodor hodor hodor hodor... Hodor hodor hodor. Hodor
hodor HODOR! Hodor hodor... Hodor hodor hodor - hodor; hodor hodor.
Hodor, hodor. Hodor. Hodor, HODOR hodor, hodor HODOR hodor,
hodor hodor. Hodor, hodor... Hodor hodor HODOR hodor, hodor hodor
hodor! Hodor hodor - HODOR hodor, hodor hodor - hodor hodor!

Hodor! Hodor hodor, hodor; hodor hodor, hodor. Hodor hodor hodor.
Hodor hodor - hodor hodor hodor... Hodor hodor hodor? Hodor! Hodor
hodor, hodor - hodor hodor! Hodor hodor hodor?! Hodor! Hodor hodor,
hodor - hodor; hodor hodor hodor hodor... Hodor hodor hodor hodor!

Hodor hodor - hodor, hodor. Hodor hodor, hodor. Hodor hodor?!
Hodor, hodor. *Hodor.* Hodor, hodor; hodor hodor; hodor hodor. Hodor.
Hodor, hodor. Hodor. Hodor, hodor; hodor hodor. Hodor. Hodor hodor -
hodor hodor hodor... *Hodor* hodor hodor. Hodor hodor HODOR! Hodor
hodor... Hodor hodor hodor hodor hodor hodor hodor. Hodor hodor -

HODOR hodor, hodor hodor hodor! Hodor! Hodor hodor, hodor hodor hodor, hodor. Hodor, hodor, hodor, hodor, HODOR, HODOR, HODOR! HODOR! HODOR! HOLD THE DOOR!

ABOUT THE AUTHOR

The great grandson of Old Nan, Wylis began his career as a stablehand for the House Stark. Wylis often found himself overjoyed by basic things like presenting Bran with a new saddle, hearing the echo of his own voice in a well, or greeting one of the Stark direwolves. He is deeply loyal to the Starks, who have treated him very well, apart from the time Bran Stark destroyed his mind by warging into him as a child. Despite his large size and strength, Hodor is a gentle soul who is terrified by violence - even violence done by himself, as he often cowers in fear instead of fighting back against foes who are actually smaller than he is. Even so, his loyalty to the Starks is so great that he continued to follow (or rather, carry) Bran Stark through great dangers.

37571185R00300

Made in the USA
Middletown, DE
28 February 2019